Brigitte Vetter

Sexualität:
Störungen, Abweichungen, Transsexualität

Mit 7 Abbildungen
und 30 Tabellen

Schattauer Stuttgart New York

Dipl.-Psychologin Brigitte Vetter
Psychologische Psychotherapeutin, Kiel
Anschrift c/o Verlag

Bibliografische Information der Deutschen Nationalbibliothek:
Die Deutsche Nationalbibliothek verzeichnet diese Publikation in der Deutschen Nationalbibliografie; detaillierte bibliografische Daten sind im Internet über <http://dnb.d-nb.de> abrufbar.

Besonderer Hinweis:
Die Medizin unterliegt einem fortwährenden Entwicklungsprozess, sodass alle Angaben, insbesondere zu diagnostischen und therapeutischen Verfahren, immer nur dem Wissensstand zum Zeitpunkt der Drucklegung des Buches entsprechen können. Hinsichtlich der angegebenen Empfehlungen zur Therapie und der Auswahl sowie Dosierung von Medikamenten wurde die größtmögliche Sorgfalt beachtet. Gleichwohl werden die Benutzer aufgefordert, die Beipackzettel und Fachinformationen der Hersteller zur Kontrolle heranzuziehen und im Zweifelsfall einen Spezialisten zu konsultieren. Fragliche Unstimmigkeiten sollten bitte im allgemeinen Interesse dem Verlag mitgeteilt werden. Der Benutzer selbst bleibt verantwortlich für jede diagnostische oder therapeutische Applikation, Medikation und Dosierung.
In diesem Buch sind eingetragene Warenzeichen (geschützte Warennamen) nicht besonders kenntlich gemacht. Es kann also aus dem Fehlen eines entsprechenden Hinweises nicht geschlossen werden, dass es sich um einen freien Warennamen handelt.
Das Werk mit allen seinen Teilen ist urheberrechtlich geschützt. Jede Verwertung außerhalb der Bestimmungen des Urheberrechtsgesetzes ist ohne schriftliche Zustimmung des Verlages unzulässig und strafbar. Kein Teil des Werkes darf in irgendeiner Form ohne schriftliche Genehmigung des Verlages reproduziert werden.

© 2007 by Schattauer GmbH, Hölderlinstraße 3, 70174 Stuttgart, Germany
E-Mail: info@schattauer.de
Internet: http://www.schattauer.de
Printed in Germany

Lektorat: Dipl.-Biologin Katharina Baumgärtner, Claudia Campisi
Umschlagabbildung: Pablo Picasso „Le Moulin de la Galette" (1900); © Succession Picasso/VG Bild-Kunst, Bonn 2006.
Satz: Satzstudio 90 (A. Kretschmer), 86556 Kühbach
Druck und Einband: CPT books, Ebner & Spiegel GmbH, Eberhard-Finckh-Straße 61, 89075 Ulm

ISBN 978-3-7945-2463-1

Brigitte Vetter

Sexualität:
Störungen, Abweichungen,
Transsexualität

Vorwort

Sexualität – ein im wahrsten Sinne des Wortes bewegendes Thema. Doch was passiert, wenn die Lust zur Last wird? Obwohl im Gegensatz zu früher heute öffentlich über Sexualität gesprochen werden darf, stehen Menschen mit sexuellen Problemen, abweichenden Neigungen oder einer gestörten Geschlechtsidentität noch immer im Abseits. Hinzu kommt, dass sexuelle Probleme meist mit Versagensgefühlen verbunden sind und mit einem hohen Leidensdruck einhergehen. Viele Betroffene verbergen ihre Scham hinter Schweigen und Rückzug. Dabei sind sie nicht so allein, wie sie es empfinden, denn Sexualstörungen sind weiter verbreitet als allgemein angenommen wird.

Wissenschaftlich erforscht wurde menschliches Sexualverhalten erst in den letzten Jahrzehnten. Nach der sogenannten sexuellen Revolution Ende der 60er, Anfang der 70er Jahre, verschwand das Thema Sexualität in den 90er Jahren aus den verschiedensten Gründen (z.B. AIDS, veränderte Lebensverhältnisse) wieder aus dem Blickpunkt der Öffentlichkeit. Damit einhergehend wurde auch die Förderung der Forschung in Deutschland eingestellt.

Erst in den letzten Jahren erwachte das allgemeine Interesse am Thema Sexualität wieder neu, nicht zuletzt wegen der Publikationen und Medienberichte anlässlich des 150. Geburtstages von S. Freud, vor allem wohl aber auch wegen der zunehmenden Berichterstattung im Zusammenhang mit sexueller Gewalt, Kindesmissbrauch und sexuell-sadistisch motivierten Straftaten.

Und gerade hier ist es zu beobachten, dass kaum ein anderes Thema die Menschen seit jeher auch so polarisiert hat wie die Sexualität und erst recht ihre Abweichungen und Varianten. Zwischen den beiden Enden des Kontinuums, der Bekämpfung auf der einen und der Kommerzialisierung auf der anderen Seite, befinden sich die Medizinalisierung sowie Zeiten, zu denen „ausschweifendes" Verhalten z.B. nur in „verruchten" Cafés, Cabarets und Clubs gezeigt werden konnte. Einen Eindruck aus der „Pariser Szene" um 1900 vermittelt das auf dem Cover dieses Buches abgebildete Gemälde von Picasso mit dem Titel „Le Moulin de la Galette", bei dem sich der Betrachter fragen mag, ob es sich bei den drei Frauen im Vordergrund tatsächlich auch um Frauen handelt …

Während zum Thema der ungestörten Sexualität inzwischen umfangreiche Literatur zu finden ist, besteht im Hinblick auf die gestörte Sexualität noch ein erheblicher Aufklärungsbedarf.

Ziel des vorliegenden Buches ist es, nicht nur Fachleuten, sondern auch interessierten Laien und Betroffenen eine systematische Darstellung sämtlicher sexueller Funktions-, Präferenz- und Geschlechtsidentitätsstörungen an die Hand zu geben, die gut verständlich und leicht nachzuvollziehen ist und die gleichzeitig den aktuellen Forschungsstand wiedergibt. Entsprechend dem „State of the Art" wurden für Psychotherapeuten und Ärzte die Diagnosesysteme ICD-10 und DSM-IV-TR berücksichtigt.

Im Grundlagenteil werden die körperliche und seelische Geschlechtsentwicklung, der sexuelle Reaktionszyklus sowie Varianten und Praktiken ungestörter Sexualität (Homo-, Bi- und Asexualität, sexuelle Phantasien, Masturbation) beschrieben und die Auswirkungen verschiedener Einflussfaktoren (körperliche und psychiatrische Erkrankungen, Medikamente, Alkohol, Drogen, Schwangerschaft, Behinderung) auf die Sexualität dargestellt. Darüber hinaus wird in der Einleitung Fragen zur Bedeutung der Sexualität in den verschiedenen geschichtlichen Epochen sowie zum heutigen Sexualverhalten nachgegangen. Ferner werden die Einflüsse, durch die die Sexualität des Einzelnen geprägt wird, und die Auswirkungen auf die Partnerschaften beschrieben. Auch wird auf die Entstehung und Problematik von Normen eingegangen.

In den drei klinischen Teilen des Buches werden Ursachen, Symptomatik, Komorbidität, Verlauf, Häufigkeit und Behandlungsmöglichkeiten der einzelnen Störungsbilder beschrieben. Im Kapitel über die Transsexualität werden auch Geschlechtsidentitätsstörungen bei Kindern dargestellt. Ein Überblick über geschlechtsumwandelnde Behandlungsmöglichkeiten und die rechtlichen Aspekte rundet dieses Kapitel ab.

Mein Dank an dieser Stelle gilt all denen, die die Entstehung des Buches mit ihren guten Wünschen begleitet haben.

Kiel, im Januar 2007 **Brigitte Vetter**

Inhalt

| I | **Sexualität: Grundlagen, Formen, Einflussfaktoren** 1 |

1 Einführung 3

1.1 Sexualität: ihre Bedeutung heute und damals 3
1.2 Zum Gegenstand der Sexualwissenschaft 4
1.3 Sexualforschung: von den Anfängen bis zur Gegenwart 5
1.3.1 Menschliches Sexualverhalten als Studienobjekt 6
1.3.2 Sexualverhalten heute 8
1.3.3 Sexualverhalten als Spiegel der Lebenserfahrung 12
1.4 Zum Begriff der Normalität 13
1.4.1 Norm als Verhaltensregel und Norm als Einstellungsmuster ... 14
1.4.2 Abweichendes Verhalten: eine konstante Eigenschaft? 16
1.4.3 Abnormität: Entsteht sie durch Etikettierung? 17
1.4.4 Natürliches versus widernatürliches Verhalten 17
1.4.5 Vom Sinn und Unsinn sexueller Normen 18
1.4.6 Aus dem Sexualstrafrecht 18
Inzest 19
Sexueller Missbrauch von Kindern, Schutzbefohlenen u.a. 19
Sexuelle Nötigung, Vergewaltigung, sexueller Missbrauch von Jugendlichen 19
Förderung der Prostitution und Zuhälterei 19
Förderung sexueller Handlungen Minderjähriger 19
Verbreitung pornographischer Schriften und Erregung öffentlichen Ärgernisses 20

1.5 Sexuelle Gesundheit – sexuelle Krankheit 20
1.6 Diagnosesysteme: ICD und DSM 21
ICD (International Classification of Diseases) 21
DSM (Diagnostic Statistical Manual) 22

2 Die Geschlechtsentwicklung 23

2.1 Die körperliche Geschlechtsentwicklung 23
2.1.1 Die Zeit vor der Geburt 23
1. Chromosomengeschlecht ... 23
2. Gonadales und endokrines Geschlecht 23
3. Gonoduktales Geschlecht ... 23
4. Genitales Geschlecht 24
5. Cerebrales Geschlecht 24
6. Zuweisungsgeschlecht 24
7. Erziehungsgeschlecht 24
8. Geschlechtsidentität 24
2.1.2 Varianten: Intersex-Syndrome 24
Chromosomenbedingte Varianten 24
Hormonell bedingte Geschlechtsvarianten 26
Gonoduktale und genitale Geschlechtsvarianten 27
Cerebrale Varianten 28

2.1.3	Von der Geburt bis zur Alterung 28	4	**Formen des Sexualerlebens** 55	
2.2	**Die psychosexuelle Entwicklung** 30	4.1	**Häufigkeit und Vorkommen sexueller Praktiken** 55	
2.2.1	Säuglings- und Kindesalter 30			
	Säuglingsalter 30	4.2	**Sexuelle Phantasien** 58	
	Kleinkindalter 31			
	Vorschulalter 32	4.3	**Masturbation bzw. Onanie (Selbstbefriedigung)** 60	
	Schulalter 34			
2.2.2	Jugendalter 34	4.4	**Homosexualität** 61	
2.2.3	Erwachsenenalter 34	4.4.1	Subkulturen 65	
2.2.4	Entwicklung der Geschlechtsidentität 37	4.4.2	Ursachen 66	
			Biologische Befunde 66	
2.2.5	Entwicklung von Geschlechtspartner- und sexuellen Präferenzen 38		Psychologische Erklärungsaspekte 68	
2.3	**Sexualität im Alter** 39	4.5	**Bisexualität** 70
		4.6	**Asexualität** 71
3	**Die sexuelle Reaktion** 42		
		5	**Auswirkungen verschiedener Faktoren auf die Sexualität** 72
3.1	**Anatomie der Geschlechtsorgane** 42		
3.1.1	Bei der Frau 43	5.1	**Körperliche Krankheiten** 72
3.1.2	Beim Mann 45	5.1.1	Schwere Allgemeinerkrankungen 72
3.2	**Physiologische Grundlagen** 47	5.1.2	Internistische Erkrankungen ... 72
3.2.1	Der sexuelle Reaktionszyklus nach Masters und Johnson 48	5.1.3	Kardiovaskuläre Erkrankungen 75
	Brust 48	5.1.4	Neurologische Erkrankungen und Traumen 75
	„Sex-Flush" 48		
	Muskelanspannung, Hyperventilation, Tachykardie und Blutdruck 49	5.1.5	Urogenitale Erkrankungen 78
		5.1.6	Operative Eingriffe im Abdominal-, Becken- und Urogenitalbereich 78
	Transpiration 50		
	Geschlechtsorgane 50	5.1.7	Hormonelle Störungen 79
3.2.2	Das sexuelle Reaktionsmuster im Alter 52	5.2	**Einfluss von Medikamenten** 79
3.2.3	Sexualphysiologische Unterschiede und Besonderheiten zwischen Frau und Mann 53	5.3	**Folgen von Alkohol und Drogen** 80

5.4	Psychische Erkrankungen	83	10.1.3	Wissens- und Erfahrungsdefizite ... 114
5.5	Sexualität und geistige Behinderung	83	10.1.4	Selbstverstärkungsmechanismen ... 116
5.6	Sexualität und Schwangerschaft	84	10.2	**Körperliche Ursachen** ... 117

II Sexuelle Funktionsstörungen 87

10.2.1	Limbisches System und spinale Zentren	118
10.2.2	Periphere Erregung	120
10.2.3	Genitale Reaktionen	120
10.2.4	Bewusstsein der Reaktion	121
10.2.5	Taktile Stimulation	121
10.2.6	Orgasmus und Ejakulation	121

6	**Einführung: gestörte Sexualität**	89
7	**Definition und Klassifikation**	91
7.1	**Definitionen**	91
7.2	**Klassifikationen: inhaltliche und formale Beschreibungskriterien**	92
7.2.1	Inhaltliche Beschreibungskriterien	92
7.2.2	Formale Beschreibungskriterien	94
8	**Diagnostik: DSM-IV-TR und ICD-10**	96
9	**Epidemiologie**	100
10	**Ätiologie und Pathogenese**	103
10.1	**Psychische Ursachen**	104
10.1.1	Angst	104
10.1.2	Partnerprobleme	111

11	**Symptomatik**	123
11.1	**Störungen der sexuellen Appetenz**	123
11.1.1	Gesteigertes sexuelles Verlangen	128
11.2	**Störungen der sexuellen Erregung**	129
11.2.1	Bei der Frau	130
11.2.2	Beim Mann: Erektionsstörungen	132
	Priapismus	136
11.3	**Orgasmusstörungen**	137
11.3.1	Bei der Frau	137
11.3.2	Beim Mann	140
	Vorzeitige Ejakulation	140
	Verzögerter und ausbleibender Orgasmus	144
	Ejakulation ohne Orgasmus	147
	Retrograde Ejakulation	148
	Ausbleibende Ejakulation mit Orgasmus („trockener Orgasmus")	148
	Spermatorrhoe	148
11.4	**Schmerzstörungen: Dyspareunie und Vaginismus**	148
11.4.1	Dyspareunie	148
11.4.2	Vaginismus (Scheidenkrampf)	151

11.4.3	Andere sexuelle Schmerzstörungen 153	12.5	**Therapie einzelner Störungsbilder** 167
11.5	**Nachorgastische Reaktionen** 153	12.5.1	Appetenzstörungen 168
			Bei der Frau 168
11.6	**Andere sexuelle Störungen: KORO und DHAT-Syndrom** 154		Beim Mann 169
		12.5.2	Erregungsstörungen 169
			Bei der Frau 169
11.6.1	KORO 154		Beim Mann: Erektionsstörungen 169
11.6.2	DHAT-Syndrom 155	12.5.3	Orgasmusstörungen 170
			Bei der Frau 170
12	**Behandlung** 156		Beim Mann 171
		12.5.4	Schmerzstörungen: Dyspareunie und Vaginismus .. 174
12.1	**Sexualberatung** 156		
12.2	**Psychotherapie** 156		
12.2.1	Einzeltherapie 157	**III**	**Störungen der Sexualpräferenz (Paraphilien)** 177
12.2.2	Sexualtherapie 158		
	Effektivität der Sexualtherapie 161		
12.2.3	Rückfallvermeidungstraining .. 161	**13**	**Begriffe: Sexualpräferenz, Paraphilie, Deviation, Perversion, Dissexualität und Sexualdelinquenz** 179
12.2.4	Gruppentherapie 161		
	Paargruppen 161		
	Frauen- und Männergruppen 162		
12.2.5	Paartherapie 162	**14**	**Definition und Klassifikation** 182
12.2.6	Erfahrungsorientierte Therapien 162		
12.2.7	Einzelübungen im Rahmen einer Paartherapie 163	14.1	**Definition** 182
		14.2	**Klassifikation** 183
12.3	**Somatische Therapie** 163		
12.3.1	Nicht-invasive Behandlungen 163	**15**	**Diagnostik: DSM-IV-TR und ICD-10** ... 186
	Orale Medikation 164		
	Mechanische Hilfsmittel 165		
	Verfahren mit transkutaner Applikation 165	15.1	**Besonderheiten in beiden Diagnosesystemen** 186
12.3.2	Teil-invasive Behandlungen ... 166		
	SKAT 166	15.2	**Nicht näher bezeichnete Präferenzstörungen und paraphilieverwandte Störungen** ... 187
	Intraurethrale Applikation von PGE 1 (MUSE®) 166		
12.3.3	Invasive Behandlungen 167		
12.4	**Somato-Psychotherapie** 167	15.3	**Diagnoseschritte** 187

16	Epidemiologie	189	18.7	Sadomasochismus	231
			18.7.1	Sexueller Masochismus	233
			18.7.2	Sexueller Sadismus	237
17	Ätiologie und Pathogenese	191	18.8	Multiple Sexualpräferenzstörungen	242
17.1	Persönlichkeitsfaktoren	191			
17.1.1	Persönlichkeitsstörungen und Sexualdelinquenz	192	18.9	Andere Störungen der Sexualpräferenz	242
17.1.2	Sexualstraftätertypologien	193	18.9.1	Sodomie (Zoophilie)	244
	Sexuell unerfahrene Jugendliche	193	18.9.2	Gerontophilie	245
			18.9.3	Nekrophilie	245
	Dissoziale Täter	193	18.9.4	Monomentophilie	245
	„Symbolisch agierende" Täter	194	18.9.5	Exkrementophilie/Urophilie	246
			18.9.6	Klismaphilie	246
	Intelligenzgeminderte Täter	194	18.9.7	Asphyxophilie	246
	Sadistische Täter	194	18.9.8	Apotemnophilie	246
			18.9.9	Obszöne Telefonanrufe (Telefonskatologie)	246
17.2	Psychodynamische Theorien	194			
17.3	Lerntheoretische Konzepte	198	19	Therapie	248
17.4	Biomedizinische Ursachen	199	19.1	Beratung	248
17.5	Integrative psychologische Erklärungsansätze für die paraphile Sexualdelinquenz	199	19.2	Psychotherapeutische Behandlung	248
			19.2.1	Psychotherapieergebnisse	252
18	Symptomatik	202	19.3	Medikamentöse Behandlung	252
18.1	Fetischismus	204	19.3.1	Antiandrogene („chemische Kastration")	253
18.2	Fetischistischer Transvestitismus (Transvestitismus)	208	19.3.2	Serotonin-Wiederaufnahmehemmer (SSRI)	253
18.3	Exhibitionismus	212	19.4	Chirurgische Kastration	254
18.4	Voyeurismus	216	19.5	Somato-psychotherapeutisches Behandlungsschema	254
18.5	Frotteurismus	219	19.6	Prognose	254
18.6	Pädophilie, sexueller Kindesmissbrauch und Inzest	220			
18.6.1	Päderastie, Ephebophilie, Parthenophilie	225			
18.6.2	Inzest	226			

IV Transsexualität 257

20 Einführung: gestörte Geschlechtsidentität 259

21 Ein Leben im falschen Körper 260

22 Transsexuell – und was nun? 261

23 Geschlechtsidentitätsstörungen: zur Geschichte eines Begriffs 263

24 Terminologie, Definition und Klassifikation 265
24.1 Terminolgie 265
24.2 Klassifikation in der ICD-10 265
24.3 Klassifikation im DSM-IV-TR 266

25 Diagnostik 269
25.1 Standarddiagnostik in Deutschland seit 1997 269
25.2 Standards der Differenzialdiagnostik 270

26 Epidemiologie 271

27 Ätiologie 273
27.1 Biomedizinische Ursachen 273
27.2 Psychodynamische Theorien .. 273
27.3 Psychosoziale Aspekte 277
27.4 Biopsychosoziales Erklärungsmodell 277

28 Symptomatik 280

29 Transsexuelle Entwicklungen 284
29.1 Geschlechtsidentitätsstörung bei biologischen Frauen 284
29.2 Geschlechtsidentitätsstörung bei biologischen Männern 288
29.2.1 Androphil orientierte transsexuelle Männer 289
29.2.2 Gynäphil orientierte transsexuelle Männer 290

30 Geschlechtsidentitätsstörungen im Kindesalter 293
30.1 Diagnostik bei Kindern 293
30.1.1 Klassifikation in der ICD-10 293
30.1.2 Klassifikation im DSM-VI-TR 294
30.2 Epidemiologie 294
30.3 Ätiologie 294
30.4 Symptomatik bei Kindern 295

30.5	Verlaufsprognosen bei Kindern und Jugendlichen 297		32	Rechtliche Aspekte 307	
30.6	Therapeutische Möglichkeiten bei Kindern 298		32.1	Das Transsexuellengesetz (TSG) 307	
			32.1.1	Begutachtung zur Vornamensänderung 308	
31	**Behandlung Transsexueller** 299		32.1.2	Begutachtung zur Personenstandsänderung 308	
31.1	**Stufen des diagnostisch- therapeutischen Vorgehens** ... 300		32.2	Kostenübernahme durch die Krankenkassen 309	
31.1.1	Verlaufsdiagnostik 301				
31.1.2	Psychotherapie 301				
31.1.3	Alltagstest und psychologische Begleitung 302		V	**Anhang**	311
31.1.4	Indikation zur geschlechts- umwandelnden Behandlung .. 305 Indikation zur hormonellen Behandlung .... 305 Indikation zu geschlechtstrans- formierenden Operationen ... 306			**Kleines Glossar sexueller Abweichungen** ..... 313 **Literatur** 319	
31.1.5	Nachbetreuung 306			**Sachverzeichnis** 326	

Sexualität: Grundlagen, Formen, Einflussfaktoren

1 Einführung

Kaum ein anderes Thema hat Menschen seit jeher so interessiert wie die Sexualität. Ins Visier der Wissenschaftler geriet es allerdings erst in den letzten Jahrzehnten, wobei sich rasch zeigte, dass nur eine fachübergreifende Forschung dem komplexen Phänomen gerecht werden konnte, denn eines wurde klar: Die Sexualität des Menschen ist ein umfassendes Geschehen, das von biologischen, psychologischen und soziologischen Faktoren bestimmt wird und das ganz unterschiedliche Funktionen zu erfüllen hat. Entwicklungsgeschichtlich gesehen hat die Sexualität natürlich in erster Linie Fortpflanzungsfunktion, aber darüber hinaus war Sexualität auch immer eine wesentliche Form des zwischenmenschlichen Kontaktes. Gerade dieser Aspekt wurde vor allem in neuerer Zeit entscheidend in den Vordergrund gerückt. Seither gilt die Sexualität nicht nur als eine wichtige, die Partnerschaft fördernde und erhaltende Kommunikationsform, sondern aufgrund ihrer Lustfunktion auch als eine Möglichkeit der Rekreation und des körperlichen Ausdrucks der Persönlichkeit.

Daraus wird verständlich, welche erheblichen psychischen und sozialen Auswirkungen eine gestörte Sexualität für den einzelnen und die Partnerschaft haben kann. So lösen Störungen der Sexualfunktionen je nach Art und Ausprägung Versagensgefühle aus, sexuelle Abweichungen führen in die Außenseiterposition und eine transsexuelle Geschlechtsidentität kann die Grundfeste der Existenz erschüttern. Hinzu kommen zerbrochene Beziehungen und soziale Isolation als mögliche weitere Folgen.

Inwieweit Sexualstörungen oder Abweichungen zu Leiden und Beeinträchtigungen in sozialen, beruflichen und anderen Funktionsbereichen führen, ist immer auch eine Frage sozialer Normen und medizinischer Krankheitsbegriffe, die einem steten Wandel unterlegen sind.

1.1 Sexualität: ihre Bedeutung heute und damals

Die Bedeutung der Sexualität für die Ehe hat sich im Laufe der Geschichte ganz erheblich verschoben. Der Begriff der „Sexualität" entstand erst Ende des 18./Anfang des 19. Jahrhunderts und umfasste damals noch alles Sexuelle, also auch Schwangerschaft und Geburt. Bis zu diesem Zeitpunkt waren „leidenschaftliche Sexualität und Liebe", so, wie es heute erwartet wird, noch nicht in die Ehe eingebunden, sondern Ehen wurden aus Vernunftgründen geschlossen und intensive sexuelle Gefühle waren in der Regel außerehelichen Beziehungen vorbehalten. Erst im Verlaufe des 18. Jahrhunderts lösten sich die Gegensätze zwischen Ehe einerseits und leidenschaftlicher Sexualität und Liebe andererseits auf und verschmolzen zu einer einzigen Sexualität, die alles umfasste und die Ehe mit einschloss. Doch mit der Einführung der fragilen Gefühle von Liebe und Leidenschaft in die Ehe wuchs auch die Gefahr des Auseinanderbrechens der Institution der Ehe, die ja von ihrer Intention her auf Dauer angelegt ist. Folglich ist es heute üblich geworden, die Sexualität vor der Eheschließung genauso zu überprüfen wie seinerzeit die Vermögensverhältnisse. Die eingetretene Akzentverschiebung liegt somit darin, dass Ehen heute nicht mehr durch Ausgrenzung sexueller Lust gekennzeichnet sind, sondern im Gegenteil durch die Qualität sexueller Fähigkeiten, über die ein Paar verfügt.

Eine Bedeutungsverschiebung erfuhr die Sexualität auch hinsichtlich ihrer Thematik, denn seit dem Altertum bis zum 18. Jahrhundert beschäftigen sich Untersuchungen der Sexualfunktionen und des Sexualverhaltens vorwiegend mit der Frage der Auswirkungen sexueller Handlungen auf den Körper und die Gesundheit.

So diskutierten bereits die griechischen Philosophen Platon und Aristoteles die Ursachen und Vorteile von Homosexualität. Ärzte wie Hippokrates (460–377 v. Chr.) entdeckten wichtige Fakten über die menschliche Fortpflanzung. Weitere Entdeckungen gehen auf den Arzt Soranos von Ephesos (Anfang des 2. Jahrhunderts n. Chr.) zurück, der die erste Abhandlung über Schwangerschaftsverhütung schrieb. Galenos (129–199 n. Chr.) entwickelte eine erste zusammenhängende Theorie über das Sexualverhalten. Mit dem Niedergang des römischen Reiches gingen viele alte Kenntnisse verloren. Einige wurden jedoch durch die islamischen Ärzte im Mittleren Osten und in Afrika bewahrt. Sie brachten später ihr Wissen in das mittelalterliche Spanien und durch den Stauferkaiser Friedrich II. nach Italien. Gelehrte und Künstler der Renaissance zeigten ein neues Interesse am menschlichen Körper und begannen, ihn genauer zu untersuchen. Die Skizzenbücher von Leonardo da Vinci zeigen genaue Darstellungen der sexuellen Reaktion des Koitus, der Entwicklung der Föten etc. Die zunehmenden Kenntnisse der Anatomie im 16. und 17. Jahrhundert, die von großem medizinischen Wert waren, da Ärzte ihre Patienten wirksamer behandeln und ihnen bei bestimmten Fortpflanzungsproblemen helfen konnten, erlitten im 18. Jahrhundert einen erheblichen Rückschritt und erzeugten viel sexuelles Elend dadurch, dass die angeblich „schädliche Wirkung der Masturbation" entdeckt wurde. Ärzte des Altertums, wie Galen, waren zuvor davon überzeugt gewesen, dass Masturbation manchmal notwendig und gesund sei, weil sie von der Annahme ausgingen, dass der Samen giftig werden könne, wenn er nicht ejakuliert werden würde. „Masturbation als Therapie" wurde hingegen von der Medizin des 18. Jahrhunderts nicht nur abgelehnt, sondern z. B. von Tissot (1728–1797) als Krankheit bezeichnet, die zu ständigem Verlust von Samen führe und den Körper bis hin zum Tode schwächen könne. Die Kirchen und Regierungen des 18. Jahrhunderts hatten kein Interesse am Fortschritt der Sexualforschung und wollten nicht, dass deren Ergebnisse der allgemeinen Öffentlichkeit zugänglich würden. Dies hatte zur Folge, dass auch viele Gelehrte sexuell äußerst intolerant waren und ungewöhnliches Sexualverhalten als „Entartung" oder „Degeneration" beschrieben, „die durch Umwelteinflüsse entstände, und durch Vererbung weitergegeben werden könne, so dass ihr frühzeitig entgegengewirkt werden müsse" (z. B. Morel 1857). Erst durch die im 19. Jahrhundert erfolgte Einführung des Begriffes der „Sexualität" und der wissenschaftlichen Beschäftigung mit ihr, stand nicht mehr die Handlungs-, sondern die Seinsebene der Sexualität im Vordergrund, d. h., dass Sexualität als integrierter Bestandteil der Persönlichkeit betrachtet und ihr Erlebniswert in den Vordergrund gestellt wurde. Sexualforschung im heutigen, engeren Sinne gibt es seit dem 19. Jahrhundert.

1.2 Zum Gegenstand der Sexualwissenschaft

Sexualwissenschaft bzw. Sexologie bedeutet wörtlich „die Lehre vom Geschlechtsleben". Die Sexualwissenschaft ist ein sehr umfassendes Gebiet, das in die Medizin, Psychologie und Soziologie hineinreicht. Ein Teilgebiet ist die klinische Sexualforschung, die sich mit dem Vorkommen, den Erscheinungsweisen, den Variationen, Störungen und Abweichungen des Sexualverhaltens beschäftigt. Abteilungen bzw. Institute für Sexualforschung sind den Universitäten Frankfurt, Hamburg, Berlin, Heidelberg und Kiel angegliedert. Neben ihrer Forschungstätigkeit leisten sie ambulante diagnostische und therapeutische Versorgung. Auch erstellen sie Gutachten für die forensische Psychiatrie.

1.3 Sexualforschung: von den Anfängen bis zur Gegenwart

Die Sexualwissenschaft bzw. die wissenschaftliche Beschäftigung mit Sexualität, ihren Erscheinungsformen, Störungen und Varianten, wie sie heute verstanden wird, hat eine relativ kurze Geschichte. Darstellungen sexueller Szenen hat es jedoch in der Malerei, aber auch in der Literatur, schon immer in allen Gesellschaften und Kulturen gegeben. Vor allem die Dichter haben viele Jahrhunderte über Liebe und Sexualität geschrieben. Besonders bekannt geworden sind die Romane von Casanova (1725–1798) und Marquis de Sade (1740–1814), in denen dieser sexuelle Varianten und Perversionen dargestellt hat, die vom Ehebruch über Promiskuität, Inzest und Sodomie bis hin zu aggressiv-quälenden, zum Lustmord führenden Handlungen reichten. Nach ihm ist die sexuelle Deviation Sadismus benannt. Der österreichische Schriftsteller Sacher-Masoch (1836–1895) hat in seinen Erzählungen Szenen beschrieben, bei denen eine sexuelle Befriedigung dadurch erfolgt, dass einer der Partner vom anderen erniedrigt oder schmerzhaft gequält wird. Nach ihm ist die sexuelle Perversion des Masochismus benannt. Zu Beginn des 19. Jahrhunderts setzte ein reges Interesse an der Erforschung und Behandlung seelischer Störungen ein. In der 2. Hälfte des 19. Jahrhunderts wurden von französischen und deutschen Ärzten seelische Krankheiten in Systematiken eingeteilt und Nosologien wurden entwickelt. Im Rahmen des Fachgebietes der Psychiatrie begann dann im 19. Jahrhundert die Perversionsforschung als Gebiet der Sexualwissenschaft. Von diesem Zeitpunkt ab war es entsprechend des damaligen wissenschaftlichen Verständnisses üblich, sexuelle Abweichungen im Rahmen einer Krankheitslehre zu beschreiben und sie als Krankheitseinheiten aufzufassen. Französische Ärzte legten im 19. Jahrhundert die ersten wissenschaftlichen Beschreibungen des Exhibitionismus (Lasègue 1877) und des Fetischismus (Binet 1887) vor. Der deutsche Arzt Westphal hatte 1870 den Transvestitismus beschrieben, der nach dem 2. Weltkrieg als Transsexualismus durch Benjamin (1954) dargestellt wurde. Die erste Gesamtstudie sexueller Perversionen wurde im Jahre 1886 von dem Gerichtspsychiater Krafft-Ebing in seinem Werk „Psychopathia sexualis" herausgegeben. In seinem Buch über die „Verirrungen des Sexuallebens" gibt er extreme Einzeldarstellungen von Lustmördern, Nekrophilen, Sodomisten, Sadisten und Masochisten und greift in seinem Buchtitel das Werk von Kaan auf, der 1843 die von ihm benannten „Erotomanien" (exzessives, unzüchtiges Verlangen) und sexuelle Aberrationen differenziert aufgelistet hatte. Nach Kaan litten fast alle Menschen an einer sog. „phantasia morbosa", einem krankhaften Phantasieleben, das sie insbesondere für sexuelle Exzesse anfällig machte. Gemäß der damaligen Vorstellung, sexuelle Abweichungen als Krankheiten aufzufassen, fühlten sich vor allem forensische Psychiater und Nervenärzte für die Erforschung und Beschreibung sexueller Variationen zuständig. Im „Handbuch der Geisteskrankheiten" wurde „Sexualpsychopathie" entsprechend mit Krankheiten oder Degenerationen der Nervenbahnen bei psychopathischen Persönlichkeiten in Verbindung gebracht und es herrschte die Vorstellung, dass Sexualität eine gefährliche Kraft sei, die bei Überreizung zu Nervenschwäche und Erschöpfung führen könne. Die Medizinalisierung und die Einteilung sexuellen Verhaltens in „gesund" und „krank" schien im 19. Jahrhundert zunächst ein Fortschritt zur Versachlichung und Objektivierung der Sexualität zu sein, denn bis dahin galt die Sexualität in der kirchlichen und moralischen Auffassung des

Abendlandes meist als niedrig und sündhaft. Und sexuelle Abweichungen gar wurden als Besessenheit oder Verbrechen an der Sittlichkeit verfolgt und ausgetrieben. Doch wie die Kirche, so waren auch die meisten Psychiater der Ansicht, dass eine gesunde Persönlichkeit „naturgemäß" Sexualität nur in heterosexuellen Beziehungen auszuüben hat. Entsprechend kam es zu Beginn des 20. Jahrhunderts zur zunehmenden Psychiatrisierung devianten Verhaltens und damit auch der Homosexualität. Zwar hatten die ersten Sexualforscher, wie Magnus Hirschfeld (1896) und Sigmund Freud (1905) noch davor gewarnt, die Homosexualität vorschnell als Geisteskrankheit einzustufen, aber viele Verfechter der psychiatrischen Sexualpathologie schenkten ihnen kaum Beachtung.

Die Masturbation gehörte ebenfalls zu den ersten Formen sexueller Aktivitäten, die in die Liste der behandlungswerten Krankheiten aufgenommen wurde. Onanie wurde damals nicht nur mit einer durch sie bedingten „Aufweichung des Gehirns" in Zusammenhang gebracht, sondern sie galt für die Väter der Psychiatrie, wie Rush (1812) in Amerika und Maudsley (1874) in England zugleich auch noch als eine der Hauptursachen für viele andere Geisteskrankheiten und körperliche Gebrechen. Eine Neubewertung der Sexualität und damit die von Sigusch (2001) bezeichnete erste sexuelle Revolution des 20. Jahrhunderts erfolgte am Ende des 19. und Anfang des 20. Jahrhunderts unter dem Einfluss der Psychoanalyse, die von Sigmund Freud entwickelt wurde. Seine Bücher „Studien zur Hysterie" (1895) und die „Drei Abhandlungen zur Sexualtherapie" (1905) waren bahnbrechend für das psychologische Verständnis des Sexualität. Das besondere der Psychoanalyse lag darin, dass die Sexualität auf die gesamte frühkindliche und kindliche Entwicklung ausgeweitet wurde. Seit dieser Zeit stellt die Reifung der sexuellen Triebe in den ersten fünf Lebensjahren die Grundlage der Entwicklungspsychologie des Menschen dar. Indem die Psychoanalyse zum Verständnis der Sexualität in allen ihren Erscheinungsformen beitrug, erschienen auch Perversionen und Variationen sexuellen Verhaltens nicht mehr gänzlich als krankhaft, entfremdet und isoliert, sondern psychologisch erklärlich und einfühlbar. Damit wurde die Sexualität zunehmend aus moralischen Verurteilungen befreit. Allerdings galt die Homosexualität auch in der Psychoanalyse lange Zeit als psychische Störung. Die Diskussion um die Homosexualität und deren Erforschung gipfelte 1919 in der Gründung eines Institutes für Sexualforschung in Berlin durch den Arzt Magnus Hirschfeld. Hirschfeld setzte sich nicht nur für die Rechte der Homosexuellen ein, sondern er bekannte sich zu seiner eigenen Homosexualität, die er „als eine in der körperlichen Anlage schicksalhaft von der Natur mitgegebenen Form der Partnerwahl" verstand. Sein Institut wurde 1933 von den Nationalsozialisten zerstört, er selbst starb in der Emigration. In den Jahren nach dem 2. Weltkrieg knüpfte in der Bundesrepublik Deutschland Hans Giese an die wissenschaftliche Tradition Hirschfelds an und gründete ein zunächst privates Institut für Sexualforschung in Frankfurt. 1955 eröffnete Giese auch in Hamburg ein Institut für Sexualforschung, das später als permanente Universitätseinrichtung verankert wurde.

1.3.1 Menschliches Sexualverhalten als Studienobjekt

Die wissenschaftliche Beschäftigung mit der Sexualität trat nach dem 2. Weltkrieg zunächst in den USA, später auch in den europäischen Ländern, in ein neues Stadium. In den USA erfolgte eine breite Bestandsaufnahme sexuellen Verhaltens durch den amerikanischen Sexualforscher Alfred C. Kinsey. Zwischen 1938 und 1953 interviewte er zusammen mit seinen Mitarbeitern zwölftausend Männer und Frauen über deren Sexualverhalten und publizierte das Material wissenschaftlich und distanziert geschrieben in zwei dicken Bänden. Damit wurde eine neue Seite in der Sexualforschung aufgeschlagen. Bereits zwei Monate nach Erscheinen seiner 1948 (Männer betr.) und 1953 (Frauen betr.) veröffentlichten Bücher wurden 200.000 Exemplare verkauft. Die Ergebnisse von Kinseys Befragungen z. B. über die Häufigkeit homosexueller Handlungen bei Männer und Frauen sowie die Darstellung der Verbreitung von Selbstbefriedigung und der Häufigkeit von Geschlechtsverkehr vor der Ehe, wurden ebenso überrascht aufgenommen wie die Feststellungen über die Häufigkeit oraler Praktiken, die in manchen Staaten der USA bis heute als Perversion gelten und strafrechtlich verfolgt werden können. Spätere Untersuchungen erfolgten auch in anderen Ländern. 1978 wurde der „RALF-Report" („**R**epräsentative **A**nalyse sexueller **L**ebens**f**ormen") von Eichner und Habermehl als Antwort auf den amerikanischen Hite-Report (1977) veröffentlicht. Auch diese Studien zeigten, dass Sexualität in allen Varianten selbstverständlich praktiziert wird und dass es breite Übergänge vom Normalen zum Abnormen gibt. Durch solche Publikationen kam es letztlich zu einer Art kollektiver Entlastung von schlechtem Gewissen und der Grundstein für die sexuelle Befreiung war in der westlichen Welt gelegt.

Wissenschaftlich erforscht wurde in den 60er Jahren auch die Physiologie der sexuellen Reaktionen bei Frauen und Männern durch Masters und Johnson (1967).

Die wissenschaftliche Beschäftigung mit Sexualverhalten führte allerdings auch zu einem neuen Problem: so half sie zwar **Ver**bote aufzugeben, gleichzeitig schuf sie aber auch neue **Ge**bote. Dasjenige, was vorher als abnorm gegolten hat, wurde nun zur Norm erhoben. Derjenige, der ein vorher als abnorm bezeichnetes sexuelles Verhalten nicht praktizierte, wurde nun zum Außenseiter und geriet in den Verdacht, verklemmt, gehemmt oder anders nicht normal zu sein.

In der Bundesrepublik wurde in den 60er Jahren Oswald Kolle zum „Aufklärer der Nation" ernannt. Er predigte die sexuelle Befreiung, produzierte sog. Aufklärungsfilme und erweckte den Eindruck, dass insbesondere Millionen von Frauen nur darauf gewartet hätten, ständig und zu jeder Zeit viele Orgasmen zu haben. Unterstützt wurde dies durch die zunehmende Verbreitung der Antibabypille Ende der 60er Jahre. Tatsächlich bereitete diese neue Norm der Sexualität vielen Frauen und Mädchen Schwierigkeiten, denn sie sahen sich im Konflikt mit ihrer hergebrachten Erziehung, die sie quasi über Nacht über Bord zu werfen hatten. Als sich herausstellte, dass viele Frauen gar nicht ständig sexuelle Lust verspürten, die nur durch gesellschaftliche Sanktionen vorher nicht ausgelebt werden durfte, wie die Ideologien verkündeten, geriet die „Pille" in Verdacht, frigide zu machen. In Wirklichkeit fiel für viele Frauen aber nur die Ausrede fort, aus Angst vor Schwangerschaft keinen Geschlechtsverkehr haben zu wollen. Hinzu kam, dass die religiös-moralischen Vorstellungen an Bedeutung verloren und die Frauen sich nicht mehr ohne weiteres hinter diesen Vorschriften und Geboten verstecken konnten. So passten sich die meisten Frauen den neuen Normen an und täuschten oftmals Orgasmen vor und taten so, als ob es ihnen in den damals gegründeten Kommunen mit den ausgehängten Türen nichts ausmachen würde, Geschlechtsverkehr zu haben, während Mitbewohner ein- und ausgingen. Sexuell verklemmt sein zu können gehörte bei beiden Geschlechtern zu den größten Ängsten, über die damals selbstverständlich genauso wenig gesprochen wurde, wie vor der sog. sexuellen Revolution, nur aus anderen Gründen. Letztlich führte die Liberalisierung in den 70er Jahren, die von Sigusch (2001) als zweite sexuelle Revolution bezeichnet wurde, schleichend zu einer neuen Form sozialer Kontrolle und Regulierung, indem, wie Sigusch (2001) es ausdrückte, ein „Zwang zur Ungezwungenheit" herrschte.

Parallel dazu wurden von wissenschaftlicher Seite her Masters und Johnsons Forschungen über sexuelle Reaktionen zur Grundlage genommen, sexuelle Störungen sexualphasenspezifisch zu diagnostizieren und zu therapieren. Entsprechend setzte in den 70er Jahren auch die therapeutische Beschäftigung mit sexuellen Problemen ein. Dies führte dazu, dass die Gleichsetzung der sexuellen Befriedigung mit einem bestimmten muskulären Geschehen im sexuellen Akt viele Frauen und Männer aufs Neue verunsicherte und sie an ihrer bisherigen individuellen Befriedigung zweifeln ließ. Erst etliche Jahre später trauten sich vor allem die Frauen zuzugeben, dass sie unter dem neuen Zwang zur Sexualität litten und sie eine Aversion gegen Sexualität aufgrund der jahrelang vorgetäuschten Orgasmen entwickelt hatten. Aus dieser Haltung heraus ist die in den 70er und 80er Jahren einsetzende Emanzipationsbewegung zu verstehen, die z. T. radikale „Schnipp schnapp, Schwanz ab"-Parolen an die Wände sprühte.

1.3.2 Sexualverhalten heute

Auch setzte die Frauenbewegung der 70er Jahre eine Geschlechterdebatte in Gang, die einen enormen Wandel in den bis dahin bestehenden Sexual-, Beziehungs- und Familienverhältnisse herbeigeführt hat. Durch die neu entstandene „Sanftheit" der männlichen Sexualität und die Demokratisierung von Beziehungen einerseits und die z. T. verstärkte sexuelle Aggression, Machtausübung und Gewalt von Männern gegenüber Frauen andererseits, bildete sich jedoch allmählich ein neues Paradoxon heraus. In seinen Interviewstudien an 16- und 17-jährigen Mädchen und Jungen aus Großstädten, die Schmidt (1993) zwischen 1970 und 1990 durchführte, zeigte sich, dass Jungen ihre Sexualität einerseits heute seltener als vor 30 Jahren als impulshaft und bedrängend erleben und dass sie die von den Mädchen selbstbewusst geäußerten Wünsche und Grenzen besser respektieren können, ohne sich dabei unmännlich zu fühlen, andererseits machten diese Untersuchungen aber auch deutlich, dass viele Mädchen schon mit 16 oder 17 Jahren traumatische sexuelle Erfahrungen gemacht haben. Dies spiegelt die von Sigusch (2001) seit den achtziger Jahren beobachtete Dissoziation der „Sphäre der Libido", also der zärtlich-verbindenden Seite der Sexualität von der „Sphäre der Destrudo", also der aggressiv-trennenden Seite der Sexualität wider. Daneben scheint sich der gesellschaftliche Wandel im sexuellen Verhalten in der heutigen Zeit auch dahingehend zu polarisieren, dass auf der einen Seite zunehmend sexuelle Gewalt in Familien ausgeübt wird, und auf der anderen Seite in den letzten fünfzehn Jahren eine deutliche Tendenz zur sexuellen Langeweile und Lustlosigkeit zu verzeichnen ist. So zeigten neuere Untersuchungen über das Sexualverhalten von Frauen und Männern in der westlichen Industriegesellschaft verblüffend einhellig ein eher karges Sexualleben zwischen Männern und Frauen. 80 % der Befragten hatten im Jahr vor der Befragung keinen oder nur einen Sexualpartner, nur 3–4 % der Verheirateten hatten im Jahr vor der Befragung außereheliche Beziehungen. Die Hälfte aller Befragten hatten seltener als ein Mal in der Woche Geschlechtsverkehr (Schmidt 1998). Diese Studien machen den Widerspruch zwischen der Sexualität, wie sie in den Medien dargestellt wird und der, die im Alltag von den meisten Menschen gelebt wird, deutlich. Und die Reaktion der Menschen auf den Kinsey-Report vor 50 Jahren wiederholt sich jetzt, nur in umgekehrter Weise: damals waren die Frauen und Männer erleichtert zu lesen, dass andere Menschen genau das machten, was sie sich selber wünschten, sich aber nicht trauten oder nur schlechten Gewissens taten, während hingegen sich heute viele Menschen durch die neuen Untersuchungen vom Leistungsdruck entlastet fühlen, weil sie nun wissen, dass andere genauso wenig Exotisches machen wie sie selbst.

Dieser Wandel des Sexualverhaltens, den Sigusch (2001) als die dritte sexuelle oder auch die neosexuelle Revolution bezeichnete, steht im Zusammenhang mit einem weiteren Phänomen, dass dadurch gekennzeichnet ist, dass mit der zunehmenden äußeren Sexualisierung durch eine mit Sexualreizen vollgestopfte Außen- und Medienwelt gleichzeitig eine innere Desexualisierung stattfindet. So werden z. B. Konsumgüter oder das Einkaufen selbst („Shoppen statt Poppen") sexualisiert und in der Mode Erotik und Androgynität der Körper inszeniert, aber es gibt keine Einlösung (Walder 1995). Dannecker (1985) schreibt über diese Diskrepanz, dass unsere Gesellschaft das verwirklicht hat, wovon die Askese träumte: Die Menschen bewegen sich in einem Meer von Sex ohne die Empfindungen, die einmal als sexuelle Lust bezeichnet wurden, ohne Schaden für ihre Anständigkeit zu nehmen und ohne spürbaren Kampf gegen Anfechtungen.

Der auffallende Kontrast zwischen der zunehmenden „Pornographisierung des Alltagslebens" und dem gleichzeitigen sexuellen Rückzug lässt sich dadurch erklären, dass zum einen bei einem Zugeschüttetwerden von Darstellungen sexueller Wünsche die eigenen nur kaum noch oder gar nicht mehr gespürt werden können, zum anderen kann der Rückzug als eine Art enttäuschte Antwort auf die „nicht eingehaltenen Versprechungen der sexuellen Revolution" verstanden werden. Mit einer als selbstverständlich betrachteten Freizügigkeit wurden die Partner gewechselt und mit der gleichen Erlebnisgier konsumiert wie auch andere Verbrauchsgüter in dem Glauben, dass ein Mehr besser sei und dass die Quantität irgendwann in Qualität umschlagen würde. Statt dessen setzte die schmerzliche Erfahrung ein, dass sich gegenseitig dabei auch Schaden zugefügt werden kann. Vor diesem Hintergrund wird der derzeitige Trend verständlich, Sexualität ganz aus Beziehungen auszulagern und sie autonom zur Verfügung haben zu wollen. Dies geschieht u. a. durch Masturbation, die über ihren Ersatz- und Kompensationscharakter hinaus neben der Partnerschaftssexualität gleichwertig ausgeübt wird und die, wie Schmidt (1995) seine Untersuchungsergebnisse resümierte, „gerade bei jungen Männern und Frauen eine Möglichkeit selbstbestimmter, frei verfügbarer, autonomer Sexualität ist, die auch in Liebesbeziehungen als sexuelle Praktik beibehalten wird." Dieses selbstoptimierte neosexuelle Verhalten bezeichnet Sigusch (2001) als Selfsex, in Anlehnung an Ausdrücke wie Selfservice, Selfcontrol und Selfhelp oder als Lean Sexuality, zu der er auch Erscheinungen wie die Love Parade oder Raver-Parties zählt.

Als eine weitere Folge verletzter Partnersexualitätserfahrungen und als ein anderer Ausdruck der „Dissoziation von seelisch-sozialem Erleben und körperlichen Reaktionen" (Sigusch 2001) sind die zahlreichen Fluchten in die Freiheit der Unverbindlichkeit zu sehen, wie z. B. der Telefonsex (Mooren 1994) sie anzubieten hat. Die Kommunikation hinterlässt keine Spuren und garantiert Anonymität. Die Intimität dauert nur einen flüchtigen Moment und jederzeit kann die Verbindung aufgegeben werden.

Das gleiche gilt für Internet und Cyberspace, die darüber hinaus den Teilnehmern virtuelles Sexualverhalten ermöglichen, mit der Option, eine beliebige sexuelle Identität über Wochen und Monate anzunehmen und zu wechseln, solange der „Chat" eben dauert. Da solche elektronische Sexualität (sog. „E-Sex") ein auf alle Wünsche zugeschnittenes Angebot umfasst, wird sie auch **Designer-Sex** genannt, in Anlehnung an Designer-Drogen, durch die psychische Zustände maßgeschneidert entworfen werden sollen.

Der erwähnte Trend der Desexualisierung durch ein Überangebot an sexuellen Reizen und Verführungsmöglichkeiten schlägt sich auch in Partnerschaften nieder. Viele Paare versuchen, die in ihrer Beziehung herrschende Langeweile und Lustlosigkeit mit besonders „aufregendem Sex" zu kaschieren. Solche Bemühungen sind langfristig jedoch zum Scheitern verurteilt, da die Beziehungsqualität sich irgendwann doch in der Sexualität wiederspiegeln wird, denn sie ist ihre körperliche Ausdrucksform. Aber es gibt auch psychische Arrangements bei Paaren, die *unbewusst* das Ziel haben, die Ödigkeit zu verleugnen. Verweigert sich z. B. die Frau sexuell, wird der Mann sie zu erobern versuchen und sie zu verführen beginnen. Dadurch wird es ihm möglich, die herrschende sexuelle Langeweile zu leugnen, denn bewusst erlebt er nun ein Verlangen und die Frau das Gefühl, von ihm begehrt zu sein. Somit wird die Lustlosigkeit von beiden rollenverteilt abgewehrt und gleichzeitig durch das Ausleben der geschlechtstypischen Klischees konserviert. Kehren bei der Frau, z. B. durch einen Anstoß von Außen, ihre Wünsche zurück, relativiert sich das sexuelle Verlangen des Mannes und die Frau ist verwundert, wo sein ständiges Begehren bleibt. Durch eine Sexualberatung z. B. kann beiden dieser Mechanismus bewusst und die Ursache einsichtig gemacht werden.

Selbstverständlich kann die partnerdynamische Abwehr der Ödigkeit auch umgekehrt dadurch erfolgen, dass die Frau dem sexuellen Rückzug des Mannes mit verstärkten Verführungsversuchen begegnet und ihre Techniken und Praktiken erweitert, bis schließlich der Mann reagiert. Nach einiger Zeit stellt sich dann meist heraus, dass die Frau dies nicht aufrechterhalten kann. Sie nimmt sich folglich zurück, und der Mann tut es ihr gleich. Somit erleben schließlich beide ihre ursprüngliche Langeweile und sexuelle Lustlosigkeit wieder gemeinsam.

Allerdings gehören – wie auch Schmidt (1998) betont – Perioden sexueller Langeweile und sexuellen Desinteresses zum festen Bestandteil fester Beziehungen. Die weit verbreitete Annahme, dass sich jedes Paar auf Dauer leidenschaftlich begehren und sexuell erfüllen können müsste oder sollte, macht Paaren sexuelle Leidenschaft beinahe zur Pflicht. Paare gehen oft von der illusionären Vorstellung aus, dass sich Zweierbeziehungen auf Dauer mit intensiver Sexualität, wie sie etwa in Phasen der Verliebtheit erlebt wird, vereinbaren lassen. Eine Nähe, die sich aus dem Zusammen-Wohnen, aus dem Zusammen-Schlafen, aus dem Zusammen-Essen, aus dem Zusammen-Freizeit-Machen oder aus dem Zusammen-Kinder-Aufziehen ergibt, hält jedoch nicht auch noch die Symbiose im Sexuellen aus, sondern bestenfalls die Distanz einer gerade noch liebevoll-befriedigenden Sexualität. Mehr Nähe wird kaum ertragbar, es sei denn, dass Trennendes, wie eine längere örtliche Abwesenheit oder ein gehöriger Streit, sexuelles Erleben und das Gefühl der Verliebtheit wieder spürbar werden lässt. Von daher sind in festen Beziehungen intensive sexuelle Erlebnisse nur möglich, wenn sie Ferne schaffen oder gerade geschaffene Ferne wieder überwinden, nicht aber in der alltäglichen Harmonie, auch wenn diese keine Selbsttäuschung ist. Das heißt aber nicht, dass die Trivialisierung der Sexualität durch den Alltag nur als Abstumpfung oder Gleichgültigkeit verstanden werden kann, sondern sie dient auch dem Schutz der eigenen Autonomie und Identität und ist damit ein wichtiges Ventil des Nähe/Distanz-Gleichgewichtes. Dies erklärt, warum sich in festen Beziehungen meist längere Phasen sexueller Langeweile mit meist kürzeren Phasen erotischer Anziehung und sexueller Lust abwechseln.

Sexualität hat aber auch kompensatorische Funktionen und kann narzisstische Bedürfnisse und/oder gesellschaftliche Missstände ausgleichen helfen.

Gegenwärtig hat die narzisstische Funktion der Sexualität ein großes Gewicht. Zwar spielt in jedem sexuellen Akt die Bestätigung des Selbstwertgefühls, d. h. des Gefühls des Geliebt- und des Begehrtwerdens als Frau oder Mann eine gewisse Rolle, aber in der heutigen Gesellschaft, die durch Arbeitslosigkeit, berufliche Perspektivlosigkeit, erlebte Bedeutungslosigkeit und den damit verbundenen

Gefühlen der Ohnmacht, der Leere, der Sinnlosigkeit und der Unlebendigkeit gekennzeichnet ist, weitet sich die narzisstische Funktion der Sexualität erschreckend aus.

Gesucht wird in der Sexualität der aufregende Augenblick, das aufregende Erlebnis, der Kick, der von der allgemein empfundenen Sinn- und Wertlosigkeit ablenken soll. Die Sexualität gerät so zu einer Art Erlebnisware, die oft die heutigen Beziehungen bestimmt. Dabei herrscht die Illusion vor, dass Beziehung und Sexualität Gefühle der Enttäuschung, Langeweile und Selbstzweifel verdrängen könnten. Schlagen solche kompensatorischen Bewältigungsversuche fehl, sind Trennungen vorprogrammiert, wobei diese dann oft einem, wie Schmidt (1986) es beschreibt, magischen Erneuerungsritus gleichen. Sie enthalten die Hoffnung auf einen neuen Versuch, auf die Erfüllung der nicht erkannten falschen Ideale, die in der Vorstellung von der Möglichkeit einer Dauerverliebtheit ohne Konflikte bestehen. Und so wird von einer Verliebtheit zur nächsten gehetzt und nach jeder Enttäuschung werden nur die Beziehungen, nicht aber die Vorstellungen gewechselt. Aber nur in den Anfangsstadien einer Beziehung werden narzisstische Bedürfnisse erfüllt sowie Gefühle der Wichtigkeit und Unentbehrlichkeit befriedigt. Flauen die prickelnden Gefühle mit der Zeit aber ab, stellen sich Depression und Langeweile wieder ein, und zwar meist an dem Punkt, wo Verliebtheit in Liebe hätte umschlagen können. Bei der narzisstischen Funktion der Liebe geht es jedoch nicht um den Geliebten als Person, sondern gemeint ist der Zustand der Verliebtheit. In dieser Anfangsphase wird nicht der andere, der ja noch unbekannt ist, geliebt, sondern man liebt sich selbst. Der in diesem Stadium häufig gesprochene Satz „Ich liebe Dich" heißt übersetzt, dass „ich es liebe, dass Du mich liebst". Die Illusion wird für Realität gehalten, und wenn, erfahrungsgemäß nach ca. drei Monaten, diese Täuschung aufgegeben werden muss, wenn also man ent-täuscht ist, wird dies dem Partner vorgeworfen, meist mit den Worten: **Du** hast mich enttäuscht.

Irgendwann kann die Kette der Enttäuschungen zu einer aggressiven selbstzerstörerischen Abkehr von Beziehungen führen.

Die Single-Bewegung oder neuerdings die Abstinenz- bzw. die neue „Keuschheits"bewegung (s. Kap. 4.6, S. 71) wurde als Reaktion zum Kult erhoben. Alleinsein, Einsamkeit, Beziehungslosigkeit und Fremdheit wurden zur Autoerotik und Geschlechtsverkehr zur umständlichen Form der Selbstbefriedigung. Die Furcht vor AIDS kam dabei sehr gelegen und wurde oft benutzt, den neuen Trend logisch zu erklären.

In dieser Situation, in der Sexualität ihre eigentliche Funktion verloren zu haben scheint, warnte Schmidt (1986) Paar- und Sexualtherapeuten davor, Beziehungen und Sexualität einen neuen Sinn und eine neue Richtung verleihen zu wollen. Partnertherapieschulen, so Schmidt, würden Beziehungen verklären und ein Ideal der Partnerschaft „als gemeinsames Wachsen und Reifen in wärmender Geborgenheit und stimulierender Kritik des Partners" schaffen. Deshalb würden Sexualtherapeuten auch eine Sexualität ohne Aggression, frei von Ängsten und Konflikten, verordnen. Phallisch-aggressive Anteile der Sexualität würden als krank bezeichnet und therapiert werden, während Sanftheit, Friedfertigkeit und Aggressionsverleugnung als Therapieziel angestrebt würden.

Schmidt (1986) und Sigusch (1984) weisen ferner darauf hin, dass die affektiven Regungen eines Menschen auch vergesellschaftet sind. So vertraten sie die Ansicht, dass die Sexualität durch ihre Liberalisierung auch eine kompensatorische Funktion bekommen hat, indem sie zur Ablenkung und zur Beschwichtigung gesellschaftlicher Missstände dient. Dennoch zeigt Schmidt auf, dass das Sexuelle auch immer individuell und einzigartig ist und dass in der Sexualität eines Menschen sich seine individuelle Geschichte, d. h. seine gesamte Bedürfniserfahrung, seine Beziehungsgeschichte und seine Geschlechtsgeschichte, wie sie von Kindheit an verlief, niederschlägt.

1.3.3 Sexualverhalten als Spiegel der Lebenserfahrung

Drei zentrale Erfahrungsbereiche, die Bedürfnisgeschichte, die Beziehungsgeschichte und die Geschlechtsgeschichte, d. h. die Erfahrung eines Menschen mit seiner Weiblichkeit oder Männlichkeit, bestimmen die sexuelle und die Persönlichkeitsentwicklung eines Menschen.

So wird bezüglich der Bedürfnisgeschichte eines Menschen das spätere Sexualleben selbstverständlich davon beeinflusst, wie die Grundbedürfnisse, z. B. das des sofortigen Gestilltwerdens, das nach Saugen, nach Hautkontakt, nach Wärme und Versorgtwerden, in der Kindheit befriedigt wurden. Ein Kind, das die stetige und zuverlässige Befriedigung seiner Bedürfnisse erfährt, wird sich sexuell anders entwickeln als ein Kind, das Versagen, Unregelmäßigkeit und Unzuverlässigkeit erfahren hat.

Nicht nur wie die sog. oralen Bedürfnisse in der Kindheit befriedigt wurden, sondern auch welche Erfahrungen ein Kind in der sog. analen Phase mit seinen Ausscheidungsfunktionen und den neu erworbenen Fähigkeiten zur Kontrolle dieser Funktionen gemacht hat, beeinflusst das spätere Sexualverhalten. Es spielt eine entscheidende Rolle, ob das Kind gelernt hat, lustvoll und autonom mit der Spannung zwischen Körperbeherrschung und Sichüberwältigenlassen von körperlichen Reaktionen umzugehen, oder ob das Luststreben mit rigorosen Kontrollen der Eltern, z. B. mit starrem Reinlichkeitstraining, kollidierte. Später wird vielleicht die Angst, Kontrolle über den Körper zu verlieren, die sexuelle Erlebnisfähigkeit behindern.

Da sich Sexualität real oder in der Phantasie in Beziehungen zu anderen Menschen vollzieht, schlägt sich auch die individuelle Beziehungsgeschichte eines Menschen, d. h. seine Erfahrungen mit Beziehungen von früh an, in der Sexualität nieder. Entsprechend beeinflussen auch die frühen Erfahrungen mit den ersten Bezugspersonen, also Vater, Mutter und Geschwister, das spätere Verhalten in sexuellen Beziehungen. So werden z. B. Ängste vor dem Verlassenwerden, vor zu großer Abhängigkeit, die Angst vor Selbstaufgabe, vor Hilflosigkeit und vor Ausgeliefertsein, aber auch vor deren Gegenteil durch Beziehungserfahrungen in der Kindheit geprägt.

Für die Entwicklung der Geschlechtsidentität eines Menschen ist es von Bedeutung, ob er als Kind eine enge emotionale Beziehung zu einem gleichgeschlechtlichen Elternteil, mit dem er sich identifizieren konnte, erlebt hat und ob es einen gegengeschlechtlichen Elternteil gab, der ihn in seiner Geschlechtszugehörigkeit akzeptierte und ihm ermöglichte, seine Geschlechtsidentität in der Auseinandersetzung mit dem anderen Geschlecht bestätigend zu erfahren. Die Entstehung von späteren Störungen der Geschlechtsidentität steht in engem Zusammenhang mit der Bewältigung dieser sog. ödipalen Phase.

Für jede Form oder Orientierung der Sexualität, ob gestört oder ungestört, ob normal oder deviant, gilt, dass in der gelebten Sexualität eines Menschen seine Bedürfnis-, Beziehungs- und Geschlechtsidentitätsgeschichte verschlüsselt ist, d. h. dass die Sexualität das verdichtete Abbild all dieser Erfahrungen ist. Erlittene Wunden werden mit ihren resultierenden Ängsten und Konflikten in der Sexualität inszeniert, umgangen, kompensiert oder auch durch den Verzicht auf Sexualität vermieden. Dies ist der Grund, warum Menschen unterschiedliche Vorlieben und Abneigungen für bzw. gegen bestimmte Praktiken und Partner haben und warum sie sich so unterschiedlichen sexuellen Phantasien und Tagträumen hinzugeben pflegen.

Zusammenfassung

Fasst man die Geschichte der Sexualforschung zusammen, so standen an ihren Anfängen im 19. Jahrhundert somatisch-biologische Fragen der Medizin im Vordergrund, in der ersten Hälfte des 20. Jahrhunderts setzten psychoanalytische Beobachtungen neue Akzente und die letzten Jahrzehnte wurden stärker durch empirisch-sozialwissenschaftliche und klinisch-therapeutische Entwicklungen bestimmt.

Auch zeigt der Blick in die Geschichte, dass sich die Bedeutung der Sexualität in den letzten Jahrzehnten erheblich verändert hat und dass das sexuelle Erleben und Verhalten immer auch von sozialen Einflüssen geprägt ist, die einem ständigen Wandel unterliegen und in engem Zusammenhang stehen mit ebenfalls sich stets verändernden Normen.

1.4 Zum Begriff der Normalität

Jede Gesellschaft, jede Epoche ist durch ein normatives Sexualverhalten ihrer Mitglieder gekennzeichnet. Diese Maßstäbe und Regeln können von einer Gesellschaft zur anderen und je nach der historischen Situation sehr verschieden sein. Gemeinsam ist allen Normen, dass sie die Menschen in zwei Gruppen einteilen, in diejenigen, die sich den Normen anpassen, d. h. in die normalen Menschen, und in diejenigen, die von diesen Normen abweichen, d. h. in die nicht normalen oder devianten Menschen.

Nicht nur sexuelle Normen sind relativ, sondern auch Abweichungen von Normen führen zu sehr unterschiedlichen gesellschaftlichen Reaktionen. Was in einer Kultur als sexuell angepasst gilt, kann in einer anderen als sexuelle Abweichung aufgefasst werden. So war es im 19. Jahrhundert normal, dass „anständige" Frauen keinen Orgasmus hatten. Wenn sie dennoch Orgasmen hatten oder darauf bestanden, Orgasmen haben zu wollen, wurden sie oft als unmoralisch oder sogar als krank bezeichnet. Heute gilt die Frau, die keinen Orgasmus hat, als nicht normal bzw. als funktionsgestört und behandlungsbedürftig. Im antiken Griechenland war die sexuelle Beziehung zwischen Männern, vor allem die zwischen Männern und Knaben, eine mit dem kulturellen Leben eng verwobene Lebensform. In anderen Epochen wurde die Homosexualität, wie es in einigen Ländern auch heute noch immer der Fall ist, unter Strafe gestellt, im Mittelalter stand sie zeitweise unter Todesstrafe. Das Ausbleiben der Selbstbefriedigung bei Jungen in der Pubertät wirft heute Fragen nach einer normalen körperlichen Reifung auf, während vor 100 Jahren noch drakonische Strafmaßnahmen und chirurgische Behandlungen eingesetzt wurden.

In Tabelle 1-1 werden in Anlehnung an Lautmann (1992) die Normen des 19. und 20. Jahrhunderts hinsichtlich der Masturbation und in Tabelle 1-2 hinsichtlich des weiblichen Begehrens gegenübergestellt.

Eine Abweichung, die in moralische, juristische oder medizinische Begriffe gefasst ist, wird schnell entsprechend zur Angelegenheit der Kirche, der Justiz und der Medizin. Der Abweichende wird dann zum Sünder, den es zu retten, zum Verbrecher den es zu bestrafen, oder zum Patienten, den es zu therapieren gilt. In sog. permissiven Gesellschaften sind sexuelle Normen dagegen sehr weit gefasst, so dass viele Varianten zugelassen sind. Bezüglich der Frage, was Normen eigentlich sind und wie sie entstehen, gibt die Fachliteratur verschiedene Definitionen zur Antwort, die sich jedoch auf zwei Hauptaspekte zurückführen lassen: Norm als Verhaltensregel und Norm als Einstellungsmuster.

Tab. 1-1 Einstellung zur Masturbation zu zwei Zeitpunkten (nach Lautmann 1992)

Bezug	Ende 19. Jahrhundert	Ende 20. Jahrhundert
	(soziale Mittelschichten in Westeuropa)	
Einstellung	„Selbstbefleckung"; asozial-einsam	„Selbstbefriedigung"; individuell-autonom
Erste Onanie im Alter von ... Jahren	Frauen = 20; Männer = 16 (Geburtsjahrgänge 1906–1920)	Frauen = 14; Männer = 13 (Geburtsjahrgänge 1952–1958)
Anteil praktizierender Männer/Frauen	?	in den 70er Jahren für beide Geschlechter zunehmend; 1981: Männer über 90 %, Frauen über 70 %
Resultiert in Orgasmus	?	für Frauen der letzten Jahrzehnte zunehmend
Stellenwert in den Lebensphasen	Jugendliche in und nach der Pubertät; Erwachsene kehren in der Mehrzahl nur „dann und wann" dahin zurück	in sämtlichen Lebensaltern „möglich"
Kommunikation über masturbatorische Praxis	findet nicht statt	ist (in Maßen) möglich
Erregende Phantasien werden eingesetzt	(wahrscheinlich) oft nicht, insbesondere bei Frauen nicht	in aller Regel ja
Körperbezug	„Entleerung"	Orgasmus
Käufliche Apparaturen	zur Verhinderung der Masturbation	zur Durchführung der Masturbation
Verhältnis zum Koitus	„Ersatz"	Ergänzung
Risiken	bestehen in gesundheitlicher und moralischer Hinsicht; es drohen Sucht und Exzess	im Allgemeinen keine; psychologischer Verdacht: vorlagengestützte Onaniephantasie wird durch Lustbelohnung verankert
Kindern angedrohtes Risiko	viele	keines
Verhältnis zur „Normalsexualität"	Abgleiten in Homosexualität droht; Narzissmus wird unterstellt	Es wird kein Problem gesehen.
Ideologie	„Gefahr für die sexuelle und soziale Ordnung"	„harmloser Spaß"

1.4.1 Norm als Verhaltensregel und Norm als Einstellungsmuster

Betrachtet man Normen einfach als **Verhaltensregeln**, sieht man in ihnen etwas Gegebenes, Nachweisbares und Objektives. Normen sind dann in Gesetzen, Bestimmungen, Statuten etc. nachzulesen oder sie können mündlich, wie z. B. durch Sitten, Gebräuche und Gewohnheiten, von anderen erfahren werden. Normen können aber auch als **Einstellungsmuster** verstanden werden, die mit anderen geteilt werden. Diese Einstellungsmuster entstehen über Lernprozesse im Zuge der Sozialisation, d. h. des Hineinwachsens in die Gesellschaft. Durch das Erlernen der geltenden Verhaltensregeln entwickeln sich die inneren Einstellungen, sozusagen von außen

Tab. 1-2 Einstellung zur weiblichen Sexualität zu zwei Zeitpunkten (nach Lautmann 1992)

Bezug	Ende 19. Jahrhundert	Ende 20. Jahrhundert
	(soziale Mittelschichten in Westeuropa)	
Sexualform	ganz überwiegend Koitus	diverse heterosexuelle Begegnungsformen
Lebensphase	nur Erwachsenenalter; bis zur Menopause	Jugend bis zum Alter
Partnerschaft	Ehe	Freundschaft, Ehe, nichteheliche Lebensgemeinschaft
Deutung des weiblichen Begehrens	zwiegespalten: „anständige" Frauen empfinden nicht intensiv; „verdorbene" Frauen sind „triebhaft"	einheitlich: alle Frauen können Lust empfinden
Leidenschaftliche Frau	droht sich und ihren Mann unglücklich zu machen	wird bewundert
Intellektuelle Beteiligung	nur intuitiv, weil das Wissen über physiologische und psychische Abläufe gering ist	beobachtend-kritisch, auf einem „mittleren" Stand der Kenntnisse
Szenarios für weibliche Initiative	für die „anständige" Frau nur über das Signal zu Verlöbnis und Heirat	indirektes Signalisieren der sexuellen Bereitschaft auf verschiedene Weise möglich
Abwehr sexueller Zumutungen	meist schwierig	oft schwierig
Beziehung zum anderen Geschlecht	dem Mann „zu Willen sein"; Pflicht innerhalb der ehelichen Lebensgemeinschaft	mit dem Mann „im Konsens"; der Mann ist nicht der einzige Zugang zur sexuellen Erfahrung
Attraktion an der Frau	„süß", sich hingebend	diverse Charakteristika sind attraktiv
Attraktion am Mann	guter Ehemann: Sozialstatus, Vermögen, Gatte und Vater	zusätzlich werden erotische Qualitäten anerkannt
Stellenwert der Jungfräulichkeit	für Unverheiratete unabdingbar	gering
Bewertung sexuellen Erfahrenseins	macht Respektabilität zweifelhaft	wird begrüßt (wenn in Maßen)
Erotisches Raffinement	wird nicht erwartet und ist nicht vorhanden; kann vom Gatten vermittelt werden	wird nachgefragt und ist zunehmend vorhanden
Einstellung zur Fortpflanzung	sehr eng; Kontrazeption stets unsicher	locker; durch „Pille" nahezu ausschließbar
Nichteheliche Mutterschaft	ruinös, wenn keine Ehe folgt	zuweilen gesucht, meist erträglich
Bild eines authentischen weiblichen Begehrens	nicht vorhanden	beginnt sich auszudifferenzieren

nach innen. Ein vollständiger Normbegriff berücksichtigt sowohl die Außenseite, also das Verhalten, als auch die Innenseite, also die Einstellung. Normen können deshalb definiert werden als gemeinsame standardisierte Verhaltensregeln und/oder gemeinsame Einstellungsmuster. Diese Form des Normbegriffs bezieht sich vor allem auf die **soziale Norm**. Die Einhaltung der sozialen Normen steht unter einem Gruppendruck, d. h. die Gruppenmitglieder oder bestimmte Organe der Gruppe kontrollieren und sanktionieren das Verhalten und Denken des einzelnen Mitglieds auf Normgerechtigkeit hin. Im Unterschied zur sozialen Norm bezieht sich die **statistische Norm** nicht auf konkrete, sondern auf abstrakte Gruppen. Statistische Normen werden errechnet. Normalität in diesem Sinne wird durch den Mittelwert ausgedrückt. Erst wenn statistische Normen, die ja Istwerte sind, als zu erreichende Sollwerte aufgefasst werden, können sie zu sozialen Werten werden mit dem Unterschied, dass sie auf anderem Wege entstanden sind. Der statistische Normbegriff definiert demnach Abnormität als eine quantitative Abweichung vom statistischen Mittelwert. Aus der Unterscheidung zwischen sozialer und statistischer Norm ergeben sich zwei Kriterien für die Bestimmung der Normalität: das **soziokulturelle** und das **objektive Kriterium**. Dem soziokulturellen Kriterium zufolge bezieht sich die Aussage normal oder abnorm auf bestimmte Gruppenstandards. Beim objektiven Kriterium bezieht sich das Urteil „normal" auf einen Mittelwert und dessen Streuungsbereich, so dass Abnormität die Überschreitung dieses Bereiches bedeutet. Allerdings gibt es ein drittes, nämlich das **subjektive Kriterium**, das zur Bestimmung der Normalität herangezogen werden sollte. Mit dem subjektiven Kriterium ist das Befinden des Einzelnen gemeint. Entscheidend dabei ist ausschließlich, ob sich der Betreffende wohl oder unwohl, gesund oder krank, gestört oder nicht gestört fühlt, wobei das subjektive Empfinden durchaus nicht mit den objektiven Daten oder den soziokulturellen Normen übereinzustimmen braucht.

Normen sind keine einheitliche Größe, sondern sie werden innerhalb einer Gesellschaft von unterschiedlichen Instanzen anders gesetzt, so dass sie sich überschneiden können. So stimmen moralische, juristische oder medizinische Normen nicht immer überein und Menschen können innerhalb einer Gesellschaft mehreren Kategorien der Abweichung zugeteilt werden. Dabei kann auch die Anpassung an eine bestimmte Norm die Abweichung von einer anderen bedeuten. So kann z. B. einer anorgastischen Frau von einem Therapeuten der Hinweis auf Selbstbefriedigung gegeben werden, um sich selbst erst mal kennenzulernen, während ihr Geistlicher ihr gleichzeitig sagt, dass Masturbation eine Sünde sei. Auf den Punkt gebracht hat diese Frau die Wahl, entweder sexuell funktionsfähig und unmoralisch zu sein oder moralisch und sexuell gestört. Wie auch immer sie sich entscheidet, eine Norm wird sie verletzen. Allerdings verstößt auch der Therapeut, der ihr den Rat zur Masturbation gegeben hat, u. U., wie in einigen Bundesstaaten der USA, gegen das Gesetz, so dass auch er in einem Norm-Dilemma steht.

1.4.2 Abweichendes Verhalten: eine konstante Eigenschaft?

Sexuell abweichendes Verhalten wurde lange Zeit als konstante Eigenschaft betrachtet, mit der ein Mensch behaftet ist. So ging man davon aus, dass es „abweichende" oder „deviante" Persönlichkeiten gäbe, und dass diese wieder angepasst werden müssten, wobei die Mittel sich unterschieden und abhängig waren von der Instanz, die sich berufen fühlte, dafür zu sorgen.

Im Mittelalter, als die Kirche die beherrschende soziale Macht war, wurde Devianz in der Hauptsache in religiöse und moralische Begriffe gefasst. Sexuell Abweichende wurden für vom Teufel oder von bösen Geistern besessen gehalten. Nur Gebete und Bußfertigkeit, so glaubte man, könnte sie wieder in „normale" Menschen verwandeln. Mit dem Verlust des Einflusses der Kirchen begann man, Devianz hauptsächlich als juristisches Problem zu sehen. Der Unterschied zwischen sexuellem Angepasstsein und sexueller Abweichung wurde nun gleichbedeutend mit Gesetzestreue und Verbrechen. Sexuell Deviante wurden jetzt als „geborene Verbrecher" bezeichnet und man ging davon aus, dass sie nur durch Strafe und Wiedereingliederungsmaßnahmen in „normale" Menschen verwandelt werden könnten.

Nachdem im 19. und 20. Jahrhundert der Einfluss der Wissenschaft wuchs, begann man, Devianz in medizinische Begriffe zu fassen. Der Unterschied zwischen sexueller Anpassung und sexueller Abweichung wurde nun als Unterschied zwischen geistiger Gesundheit und Krankheit gesehen. Sexuell Abweichende wurden jetzt als Psychopathen bezeichnet, die nur durch psychiatrische Behandlung, wie man glaubte, wieder „geheilt" werden könnten.

1.4.3 Abnormität: Entsteht sie durch Etikettierung?

Gegenstand der Sexualforschung war nicht nur die Suche nach den Gründen für das abweichende Verhalten einzelner Menschen, sondern auch die Frage, wann, wie und warum ihnen die Rolle des Abweichenden zugesprochen wird.

Die sog. Labeling-Theorie (Scheff 1973, Goffman 1974) geht davon aus, dass Menschen, die als abweichend etikettiert (engl. label) wurden, sich auch entsprechend ihres zugeschriebenen Etiketts verhalten. Gleichzeitig bestimmt dieses Etikett die Reaktionen anderer auf das Verhalten der Betroffenen. Somit wird das abweichende Verhalten durch das „Labeling" auch stabilisiert. Oft entwickeln „etikettierte Menschen" eine Subkultur und bezeichnen, wie es das Beispiel der Homosexualität zeigt, ihrerseits Menschen, die sich normgerecht verhalten (Heterosexuelle), als deviant. Subkulturen haben unterschiedliche Funktionen (s. Kap. 4.4.1, S. 65), u. a. die, dass sich unter ihrem Schutz die Selbsteinschätzung und das Selbstbewusstsein der Devianten erheblich verbessern kann.

Dem Labeling-Ansatz zufolge gibt es abweichendes Verhalten also nur in den Augen des Betrachters, der gleichzeitig die Abweichung durch seine Beobachtung mitbedingt.

1.4.4 Natürliches versus widernatürliches Verhalten

Bei der Begründung und Durchsetzung sexueller Normen wird oft mit den Begriffen „natürlich" und „widernatürlich" argumentiert, wobei ein Naturrecht bzw. die Prämisse zugrunde gelegt wird, dass die Natur eine Absicht verfolgt. Die westliche Welt berief sich dabei auf Thomas von Aquin (1225–1274), der in seiner „Summa theologica" vier verschiedene Arten von Gesetzen unterschied. Eines davon, das Naturrecht, sei von Gott als ewiges Recht in die Natur und den menschlichen Geist eingepflanzt.

Problematisch dabei ist, dass alle Vorstellungen über die Natur menschengemacht bleiben und dass diejenigen, die ihre moralischen Werturteile auf die Natur gründen, sich selbst für objektiv halten und die Absichten der Natur zu kennen glauben. So wird in einigen Religionen gelehrt, dass die „Natur" der Sexualität die Fortpflanzung sei und das jede sexuelle Handlung, die nicht diesem Ziel diente, „widernatürlich" sei. Mit dieser Begründung werden z. B. auch Homosexualität und Masturbation als widernatürlich bezeichnet. Aus der Biologie weiß man heute allerdings, dass Homosexualität auch bei Tieren vorkommt (vgl. Bagemihl 1999), ebenso wie die Masturbation (Ford und Beach 1971).

Nur „natürliche" Handlungen als moralisch zu bezeichnen, basiert, ebenso wie die Unterstellung, dass die Natur überhaupt Absichten verfolgt, auf einer Projektion, die der Begrenztheit der dreidimensionalen Denkkraft des Menschen entspringt, mit der er das komplexe Naturgeschehen, von dem er ja selbst ein Teil ist, zu erfassen sucht, indem er sich gleichzeitig auch darüber stellen will.

1.4.5 Vom Sinn und Unsinn sexueller Normen

Inzwischen wird zunehmend die Frage gestellt, ob es überhaupt bindende normative Maßstäbe sexuellen Verhaltens geben sollte oder ob nicht alles erlaubt sein sollte, was gefällt, was der derzeitigen „Irgendwas geht immer noch-Mentalität" in unserer Gesellschaft entsprechen würde.

Relativ breite Übereinstimmung herrscht heute hinsichtlich der Schutzwürdigkeit des Kindes vor sexuellen Zugriffen Erwachsener. Auch besteht ein breiter Konsens in Bezug auf die negative Beurteilung von Gewaltanwendung in der Sexualität. Aber andere sexuelle Wertvorstellungen stehen immer wieder auf dem Prüfstand, wie gegenwärtig die Überlegung, ob nicht jeder freien Zugang zu geschlechtsumwandelnden Maßnahmen bekommen sollte. Von den meisten Menschen wird heute die sexuelle Normfrage ganz pragmatisch durch die sog. „duale Norm" gelöst. Das bedeutet, dass zwei Menschen im Einander-Kennenlernen und in gegenseitiger Abstimmung jeweils ihre eigenen Maßstäbe entwickeln und selbst herausfinden, was ihnen angemessen erscheint.

Allerdings kann auch eine duale Wertnorm das Recht verletzen und zum juristischen Problem werden.

1.4.6 Aus dem Sexualstrafrecht

Im bundesrepublikanischen Strafgesetzbuch werden im 13. Abschnitt des StGB unter der Bezeichnung „Straftaten gegen die sexuelle Selbstbestimmung" sexueller Missbrauch und weitere sexuelle Verhaltensweisen unter Strafe gestellt, die die persönliche Freiheit und die Gesundheit von Menschen in Ausdruck und Entwicklung verletzen. Die Inzestregelung (Verbot des Beischlafs zwischen Verwandten) des Strafgesetzbuches erfolgt unter der gesonderten Bezeichnung „Straftaten gegen Personenstand, Ehe und Familie" und die Verbreitung pornographischer Schriften unter der Überschrift „Verletzung des persönlichen Lebens- und Geheimbereichs".

Das Sexualstrafrecht der Bundesrepublik hat seit 1969 mit Abschaffung des Straftatbestandes des Ehebruchs, der Unzucht mit Tieren, der Erschleichung außerehelichen Beischlafs und schließlich der Homosexualität zwischen Erwachsenen in der letzten Reform eine entscheidende Veränderung erfahren. Seit April 1998 gelten für den 13. Abschnitt des StGB überarbeitete und verschärfte Strafvorschriften.

Das Sexualstrafrecht unterscheidet die Tathandlungen „Beischlaf" und „sexuelle Handlungen". Unter „Beischlaf" ist ausschließlich das Eindringen des Penis zumindest in den Scheidenvorhof zu verstehen. Dabei spielt es keine Rolle, ob es zur Ejakulation kommt. Zu den „sexuellen Handlungen" zählen u. a. eindeutiges Berühren der Geschlechtsorgane oder der weiblichen Brüste, sexuelle Praktiken wie Oral- und Analverkehr sowie der Zungenkuss zwischen Erwachsenen und Kindern. Eine Erregung des Täters muss dabei nicht deutlich werden. Der von der sexuellen Handlung Betroffene muss noch nicht einmal die „Sexualbezogenheit" erkannt haben. Strafbar sind die folgenden Tathandlungen:

Inzest

Strafbar macht sich, wer mit leiblichen Verwandten in aufsteigender Linie Beischlaf vollzieht. Letzteres gilt auch für leibliche Geschwister. Der Beischlaf unter Verschwägerten ist straflos. Für Abkömmlinge und Geschwister unter 18 Jahren ist die Tat straffrei.

Sexueller Missbrauch von Kindern, Schutzbefohlenen u. a.

Strafbar macht sich, wer sexuelle Handlungen mit einem Kind unter 14 Jahren vornimmt oder an sich vornehmen lässt oder gar den Beischlaf vollzieht. Ebenso sind sexuelle Handlungen mit Personen unter 16 Jahren von Strafe bedroht, die dem Täter zur Erziehung, Ausbildung oder Betreuung in der Lebensführung (sog. „Schutzbefohlene") anvertraut sind. Bestraft wird auch, wer sexuelle Handlungen mit Personen unter 18 Jahren unter Missbrauch einer mit Erziehungs-, Ausbildungs-, Betreuungs-, Dienst- oder Arbeitsverhältnis verbundenen Abhängigkeit vornimmt oder wenn es sich bei der Person um das eigene, leibliche oder angenommene Kind handelt.

Unter Strafe stehen auch sexuelle Handlungen mit Gefangenen, behördlich verwahrten Patienten in Krankenhäusern oder Heimen, seelisch oder körperlich Widerstandsunfähigen sowie sexuelle Handlungen, die unter Missbrauch einer Amtsstellung oder unter Ausnutzung eines Beratungs-, Behandlungs- oder Betreuungsverhältnis geschehen. Außerdem macht sich in Fällen mit Kindern und Schutzbefohlenen strafbar, wer diese dazu bestimmt, sexuelle Handlungen an sich selbst oder an einem Dritten vor dem Täter vorzunehmen. Dies gilt auch, wenn er sexuelle Handlungen in deren Gegenwart an sich selbst vornimmt. Zum sexuellen Missbrauch gehören ebenfalls das Vorzeigen pornographischer Bilder oder Darstellungen, das Abspielen von Tonträgern pornographischen Inhalts und entsprechende „Reden", wenn der Täter sich, das Kind oder eine andere Person dadurch sexuell erregen will.

Anzumerken ist, dass die Strafbarkeit nur bei Kindern unter 14 Jahren ausgeschlossen ist, so dass ein 14-jähriger Junge, der z. B. ein 13-jähriges Mädchen bestimmt, sexuelle Handlungen an einem 13-jährigen Jungen vorzunehmen, in den Bereich strafrechtlicher Verfolgungen gelangen kann.

Sexuelle Nötigung, Vergewaltigung, sexueller Missbrauch von Jugendlichen

Wer eine Frau mit Gewalt oder durch Drohungen mit gegenwärtiger Gefahr für Leib und Leben zu sexuellen Handlungen oder zum Beischlaf nötigt, macht sich strafbar. Inzwischen ist auch erzwungener ehelicher Beischlaf unter Strafe gestellt. Ebenfalls strafbar macht sich, wer eine körperlich oder seelisch widerstandsunfähige Person zu sexuellen Handlungen oder zum Beischlaf unter Ausnutzung ihres Zustandes missbraucht.

Wer als über 18-Jähriger eine Person unter 16 Jahren unter Ausnutzung einer Zwangslage dazu bestimmt, an sich oder einem Dritten sexuelle Handlungen vorzunehmen oder an sich vornehmen zu lassen, macht sich ebenfalls strafbar.

Förderung der Prostitution und Zuhälterei

Der Prostitution selbst nachzugehen ist grundsätzlich straflos. Allerdings werden jedwede Förderung der Prostitution Minderjähriger sowie Vermittlung, Ausbeutung und Zwang zur Prostitution unter Strafe gestellt.

Förderung sexueller Handlungen Minderjähriger

Wer sexuelle Handlungen eines anderen mit einer Person unter 16 Jahren durch seine Vermittlung oder Gewährung oder Verschaffung von Gelegenheit Vorschub leistet, wird bestraft. Dies gilt nicht für die Eltern oder Erziehungsberechtigten Minderjähriger, wenn diese dabei ihre Erziehungspflicht nicht wirklich verletzen. Bestraft wird ebenfalls, wer Personen unter 18 Jahren bestimmt, gegen Entgelt sexuelle Handlungen mit anderen Personen vorzunehmen.

Verbreitung pornographischer Schriften und Erregung öffentlichen Ärgernisses

Erlaubt sind Anbieten, Überlassen und Zugänglichmachen pornographischer Bücher, Hefte, Fotos, Filme, Videos und sonstiger Darstellungen, soweit dies nicht in irgendeiner Form in der Öffentlichkeit und an öffentlichen und allgemein, auch gegen Entgelt, zugänglichen Orten und Ausschluss von Personen unter 18 Jahren geschieht. Das Überlassen pornographischer Schriften an Minderjährige durch Eltern oder Erziehungsberechtigte ist straflos.

Verboten sind jedoch Herstellung, Verbreitung in jeder Form, Anpreisen und Zugänglichmachen von Pornographie, die Gewalttätigkeiten, den sexuellen Missbrauch von Kindern oder sexuelle Handlungen von Menschen mit Tieren zum Gegenstand haben.

Bestraft wird auch, wer öffentliche sexuelle Handlungen vornimmt und dadurch Ärgernis erregt. Belästigt ein Mann eine Person durch exhibitionistische Handlungen, macht er sich ebenfalls strafbar. Verfolgt wird die Tat jedoch nur auf Antrag der Belästigten oder wenn ein öffentliches Interesse an einer Strafverfolgung vorliegt.

1.5 Sexuelle Gesundheit – sexuelle Krankheit

Wenn die Verletzung sexueller Normen als medizinisches oder psychiatrisches Problem gesehen wird, wird sexuelle Abweichung als Krankheit bzw. Störung definiert und unauffälliges Sexualverhalten als reif, produktiv und gesund bezeichnet. Laut der Weltgesundheitsorganisation WHO (World Health Organization) ist Gesundheit ein „Zustand vollkommenen körperlichen, geistigen und sozialen Wohlbefindens und nicht allein das Fehlen von Krankheiten und Gebrechen". Ergänzend wird heute in der Psychologie unter seelischer Gesundheit allgemein Gemeinschafts-, Arbeits- und Liebesfähigkeit verstanden.

Als Kriterium des seelischen Krankseins gilt heute, dass jemand subjektiv leidet und/oder psychiatrisch klassifizierte Symptome aufweist, wobei er im letzten Fall nicht über Krankheitseinsicht verfügen muss. Eine sexuelle Dysfunktion oder abweichendes Verhalten gilt demzufolge nur dann als Störung, wenn der Betroffene unter dem Zustand leidet. Selbst eine völlig aufgehobene sexuelle Funktion (z. B. eine dauerhafte Unfähigkeit zur Gliedversteifung) stellt nach diesen Kriterien keine Störung dar, wenn der Betroffene unter diesem Zustand nicht leidet oder hieraus nicht zwischenmenschliche Schwierigkeiten resultieren.

Wie schon in 1.3 dargestellt wurde, ist das medizinische Erklärungsmodell sexueller Abweichungen, historisch gesehen, eine relativ neue Betrachtungsweise, denn die Psychiatrie hat sich erst im 19. Jahrhundert entwickelt.

Die beginnende medizinische Deutung abweichenden Verhaltens hatte jedoch auch ihre Nachteile, denn unter dem wachsenden Einfluss der Psychiatrie wurden wesentlich mehr Menschen als sexuelle „Psychopathen" bezeichnet, als es jemals vorher sexuelle Ketzer oder Verbrecher gegeben hatte. Die Psychiater behandelten nicht nur Fälle von „Sodomie", „Bestialität", Vergewaltigung und Inzest, sondern auch Menschen, die ihre sexuellen Partner häufig wechselten. Die „Krankheit" „Promiskuität" wurde genauso diagnostiziert und behandelt wie die „Nymphomanie", der „Masturbationswahnsinn" oder die „Homosexualität". Fiedler (2004) hat in einem kleinen Glossar eine Auflistung medizinisch-psychiatrischer Bezeichnungen für sexuelle Abweichungen, wie sie früh seit Ende des 19. Jahrhunderts gebräuchlich waren, vorgenommen. Im Laufe der letzten 100 Jahre wurde diese Auflistung zunehmend ausgeweitet und einige Ausdrücke sind auch heute noch gebräuchlich (s. Glossar im Anhang, S. 313).

Vorstellungen von **sexueller** Gesundheit und Krankheit haben im Laufe der Jahrhunderte genauso viele Veränderungen erfahren, wie sich die Normen gewandelt haben. In einem WHO-Bericht (1975) wird sexuelle Gesundheit wie folgt definiert: „Sexual health is the integration of the somatic, emotional, intellectual, and social aspects of sexual being, in ways that are positively enriching and that enhance personality, communication, and love". Diese Definition ist zumindest weder eng heterosexuell orientiert noch auf eine bestimmte Form des Zusammenlebens beschränkt, wie es die verbreitete Definition vom „normalen Sexualverhalten" von Bräutigam (1973) ist, der unter einem normalen Sexualverhalten versteht, „dass zwei erwachsene Menschen verschiedenen Geschlechts durch stufenweise Annäherung miteinander vertraut werden und durch genitale Vereinigung zu sexueller Befriedigung kommen".

Zusammenfassend kann festgestellt werden, dass heute sexuelle Störungen und Abweichungen als Krankheiten gelten, die eigene Ursachen und Symptome haben und nach einer entsprechenden Diagnose medizinisch oder psychotherapeutisch behandelt werden können. Entsprechend diesem medizinischen Erklärungsmodell wird normal mit gesund gleichgesetzt und abnorm mit krank.

1.6 Diagnosesysteme: ICD und DSM

Eine Diagnose zu erstellen bedeutet, die Symptome im Rahmen eines nosologischen Systems (Nosologie: Lehre von den Krankheiten) einzuordnen. Dazu müssen Krankheitsbilder klassifiziert werden. Unter Klassifikation versteht man, dass die individuell ermittelte Diagnose derjenigen Kategorie zugeordnet wird, der sie am meisten entspricht. Dabei wird geprüft, ob eine hinreichende Anzahl von Kriterien auf das entsprechende Krankheitsbild zutrifft.

Die bekanntesten Klassifikationssysteme sind die „International Classification of Diseases, Chapter V (F): Mental and Behavioural Disorders (dt.: Internationale Klassifikation psychischer Störungen), abgekürzt ICD, und das „Diagnostic and Statistical Manual of Mental Disorders" (dt.: „Diagnostisches und Statistisches Manual Psychischer Störungen") (Wittchen et al. 1991); Kurzfassung: „Kriterien und Differentialdiagnosen des Diagnostischen und Statistischen Manuals Psychischer Störungen", abgekürzt DSM.

ICD (International Classification of Diseases)

Die im Jahre 1948 gegründete Weltgesundheitsorganisation (WHO) sah es als eine ihrer ersten Aufgaben an, eine internationale Klassifikation der Krankheiten zu schaffen. Sie erweiterte die bereits bestehende internationale Klassifikation der Todesursachen um die Klassifikation der psychiatrischen Krankheiten. Dieses Verzeichnis wurde 1948 zur „Internationalen Statistischen Klassifikation von Krankheiten, Verletzungen und Todesursachen". Die darin enthaltenen psychiatrischen Kapitel erschienen den meisten Psychiatern in der Welt als unannehmbar. Deshalb wurden in der darauf folgenden Zeit eine Reihe von internationalen Konferenzen abgehalten, um einen tragbaren Kompromiss zu erzielen. Die 8. Revision der ICD wurde dann von der großen Mehrheit der Mitgliedsländer der Vereinten Nationen akzeptiert. 1975 erschien die 9. Revision (ICD-9, dt.: 1979), die sich von der ICD-8 durch die Einführung einer multikategorialen Diagnostik unterschied. Damit konnte ein Patient gleichzeitig durch mehrere Nummern aus dem Gesamtbereich der ICD charakterisiert werden. Seit 1991 liegt die ICD-10 in deutscher Übersetzung vor. Diese 10. Revision wurde gegenüber den früheren Ausgaben wesentlich erweitert und wie das DSM multiaxial angelegt, so dass die Klassifikation unter verschiedenen Aspekten vorgenommen werden kann. Während die beiden vorhergehenden Revisionen in wesentlichen Teilen auch den klassischen Ansätzen der deutschsprachigen Psychiatrie entsprachen, folgt die ICD-10 einem „atheoretischen" Ansatz. Die Klassifikation geschieht deskriptiv, d. h. dass die Störungen entsprechend ihrer Hauptthematik und Ähnlichkeit beschrieben und zusammengefasst werden.

DSM (Diagnostic Statistical Manual)

Obwohl amerikanische Psychiater am Bemühen der WHO entscheidenden Anteil hatten, veröffentlichte die amerikanische Psychiatriegesellschaft „American Psychiatric Association" (APA) 1952 ihr eigenes Klassifikationssystem, das „Diagnostische und Statistische Manual Psychischer Störungen" (DSM-I). Die zweite Version des DSM, die 1968 erschien, war der ICD-8 von 1969 ähnlich. 1980 kam die 3. Version (DSM-III) heraus. Sie beinhaltete nicht nur eine weitgehend neue Krankheitseinteilung, sondern auch eine detaillierte Merkmalsbeschreibung und eine Klassifikation in mehreren Achsen. Da diese Version in vielen Ländern sehr positiv aufgenommen wurde, hätte die WHO eigentlich eine mehr oder weniger revidierte Ausgabe nur zu übernehmen brauchen und es hätte eine einzige einheitliche internationale Klassifikation gegeben. Eine solche Lösung war aber nicht möglich, weil die WHO die Verpflichtung hat, eine Klassifikation zu schaffen, die von allen Ländern der Vereinten Nationen genehmigt werden kann. Eine Übereinkunft ist aber wegen der amerikanischen Psychiater schwierig, die auf die ganz speziellen amerikanischen Verhältnisse, z. B. im Versicherungssystem, Rücksicht nehmen müssen. Aus diesem Grunde bestehen heute die beiden Diagnosesysteme nebeneinander, wobei die ICD-10 inzwischen in Deutschland verpflichtend zur Diagnoseerstellung angewendet werden muss.

1994 ist in den USA das DSM-IV erschienen, das seit 1998 in einer Bearbeitung von Sass et al. in deutscher Übersetzung vorliegt. 2003 erschien in deutscher Übersetzung die revidierte Ausgabe DSM-IV-TR (Vetter 2001).

2 Die Geschlechtsentwicklung

Die Worte „Sexus" und „Sexualität" leiten sich vom lateinischen Wort „*secare*" ab, das schneiden, trennen, teilen bedeutet. Diese Begriffe beziehen sich also ursprünglich auf eine Teilung der Menschheit in zwei verschiedene Gruppen, eine männliche und eine weibliche.

2.1 Die körperliche Geschlechtsentwicklung

Ob ein neugeborenes Kind ein Junge oder ein Mädchen ist, erkennt man gewöhnlich an den äußeren Geschlechtsorganen. Diese einfache Zuordnung reicht jedoch nicht aus, um einen Menschen als weiblich oder männlich zu definieren. Heute weiß man, dass sich das Geschlecht auf mindestens acht verschiedenen Ebenen manifestieren kann. Schon auf somatischer Ebene lassen sich 1. ein chromosomales, 2. ein gonadales und endokrines, 3. ein gonoduktales, 4. ein genitales und 5. ein cerebrales Geschlecht unterscheiden. Betrachtet man auch die psychosoziale Entwicklung, so kommt 6. ein Zuweisungsgeschlecht, 7. ein Erziehungsgeschlecht und 8. ein Identifizierungsgeschlecht hinzu.

2.1.1 Die Zeit vor der Geburt

1. Chromosomengeschlecht

Das genetische Geschlecht ist durch die Geschlechtschromosomen bestimmt, die sich in einer jeden Zelle des Körpers befinden. Bei der gesunden Frau sind dies zwei X-Chromosomen, beim Mann ein X- und ein Y-Chromosom. Speziell das Y-Chromosom legt das männliche Geschlecht fest. Bei der Vereinigung von Samenfäden und Eizellen, gewöhnlich 12–36 Stunden nach dem Koitus, fällt die Entscheidung über den neuen Chromosomensatz und damit über das Geschlecht der Frucht. Entscheidend ist, ob ein Samenfaden mit einem X- oder einem Y-Satz als erster die Eizelle erreicht. Da die kleineren und beweglicheren Samenfäden mit den Y-Chromosomen schneller in die Eizelle eindringen, gibt es auf 100 Mädchengeburten statistisch 106 bis 107 Knabengeburten. Ist die Teilung der Geschlechtschromosomen XX oder XY zum halben Chromosomensatz unvollkommen, kommt es durch die überzählige oder unterzählige Chromosomenzahl der Ei- oder Samenzelle zu Anomalien mit nur 45 oder auch 47 Chromosomen. Die häufigsten gegenwärtig bekannten chromosomenbedingten Varianten werden in Kapitel 2.1.2 beschrieben.

2. Gonadales und endokrines Geschlecht

In den ersten 5 Wochen ist die Gonadenanlage noch nicht geschlechtsdifferenziert. Erst danach werden durch den Einfluss männlicher Hormone (Androgene), vor allem des Testosterons, männliche Geschlechtsdrüsen (Hoden) entwickelt und die Entwicklung weiblicher Geschlechtsdrüsen unterdrückt. Ohne Androgeneinwirkung kommt es zur Entwicklung der weiblichen Geschlechtsdrüsen, der Ovarien (Eierstöcke). Die Keimdrüsen (Gonaden) haben später die Funktion der Keimzellenproduktion und der geschlechtsspezifischen Hormonproduktion.

3. Gonoduktales Geschlecht

Die gonoduktale Differenzierungsebene der Geschlechtsentwicklung determiniert das innere Körpergeschlecht, d. h. es entwickeln sich Nebenhoden, Samenleiter, Samenbläschen und die Prostata als inneres männliches Geschlecht und Eileiter, Gebärmutter und die Vagina als weibliches inneres Geschlecht.

4. Genitales Geschlecht

In dieser Entwicklungsstufe werden die äußeren Genitalien angelegt. Es bilden sich Skrotum (Hodensack) und Penis als männliches Geschlecht und die großen und kleinen Schamlippen sowie die Klitoris beim weiblichen Geschlecht heraus.

5. Cerebrales Geschlecht

Auch das Gehirn hat eine geschlechtsspezifische Differenzierung. Bereits intrauterin findet eine geschlechtspezifische Ausrichtung des Hypothalamus in männliche oder weibliche Richtung unter dem Einfluss der Androgene statt. Der Hypothalamus regelt über die Hypophyse die Produktion der Geschlechtshormone und damit auch die sexuelle Reifung in der Pubertät, bei den Frauen zusätzlich den Menstruationszyklus, die Schwangerschaft, den Geburtsvorgang und die Stillperiode. Die Hormonausschüttung und der Hormonspiegel sensibilisieren auch die spinalen Kopulationszentren. Vermutlich gibt es ein männliches und ein weibliches Erotisierungszentrum (zyklisch und tonisch funktionierendes Sexualhormonsekretionszentrum im Hypothalamus = weiblich, nur tonisch funktionierendes Sexualhormonsekretionszentrum im Hypothalamus = männlich).

6. Zuweisungsgeschlecht

Ist die anatomische Geschlechtsentwicklung normal verlaufen, wird das Geschlecht des Kindes gleich nach der Geburt festgestellt. Wie ein Kind sich im Hinblick auf sein psychologisches Geschlecht nach der Geburt entwickelt, hängt sehr davon ab, wie es erzogen wird.

7. Erziehungsgeschlecht

Jede Kultur hat geschlechtstypische Rollenerwartungen, wie sich ein Mädchen oder ein Junge bzw. Frauen und Männer zu verhalten haben. Das sog. Erziehungsgeschlecht beinhaltet, dass ein Kind in seinem Verhalten den geschlechtsspezifischen Anforderungen, Normen und Regeln einer Gesellschaft angepasst wird.

8. Geschlechtsidentität

Das Identifizierungsgeschlecht entwickelt sich aus der tief inneren und überdauernden Gewissheit und der konstanten Erfahrung der eigenen Individualität, die sich im Verhalten und Erleben niederschlägt und die als eindeutig weiblich oder männlich oder als irgendwo dazwischen liegend empfunden wird.

2.1.2 Varianten: Intersex-Syndrome

Die somato-sexuelle Entwicklung in der fetalen Entwicklungsphase kann auf den verschiedenen Differenzierungsebenen zahlreiche Abweichungen aufweisen, so dass in diesen Fällen die somatische Geschlechtszugehörigkeit nicht immer eindeutig ist. Diese Abweichungen können zu klinisch relevanten Störungsbildern, den sog. Intersex-Syndromen, führen (s. Tab. 2-1).

Chromosomenbedingte Varianten

Die häufigsten gegenwärtig bekannten chromosomenbedingten Varianten sind das Klinefelter-Syndrom, das Turner-Syndrom, die XXX-Anomalie und die XYY-Anomalie.

Klinefelter-Syndrom

Das Klinefelter-Syndrom mit dem XXY-Chromosomensatz ist die häufigste Anoma-

Tab. 2-1 Klassifikation von Intersex-Störungen

Störungsbilder	Symptomatik
Chromosomenbedingte Varianten	
Klinefelter-Syndrom	Genotyp: XXY; männliches Aussehen bei kleinem Penis und rudimentären Hoden aufgrund geringer Androgenproduktion; schwache Libido; meist als männlich bezeichnet
Turner-Syndrom	resultiert aus dem Fehlen des zweiten weiblichen Geschlechtschromosom (X0); geht mit Faltenhals, Kleinwüchsigkeit, Kubitus valgus, fehlender Geschlechtshormonproduktion, Infertilität einher; wegen der weiblich aussehenden Genitalien üblicherweise als weiblich bezeichnet
Hormonell bedingte Varianten	
Androgenresistenz-Syndrom (Testikuläre Feminisierung)	angeborene X-chromosomale rezessive Störung, die zu einer Unfähigkeit des Gewebes führt, auf Androgene zu reagieren; die äußeren Genitalien sehen weiblich aus, in den Leistenbeugen liegende Hoden sind vorhanden; als weiblich bezeichnet, obwohl der Genotyp XY ist; in extremer Form hat der Patient Brüste, äußerlich unauffällige weibliche Genitalien, eine kurze, blind endende Vagina, fehlende Scham- und Achselbehaarung
Enzymdefekte bei XY-Genotypus (5-α-Reduktase-Mangel)	angeborene Unterbrechung der Testosteron-Produktion, die zur Ausbildung uneindeutiger Genitalien und weiblichem Habitus führt; üblicherweise als weiblich bezeichnet, da die Genitalien weiblich aussehen
Adrenogenitales Syndrom	resultiert aus einem zu hohen Androgenspiegel beim Fötus mit XX-Genotyp; häufigste weibliche Intersex-Störung; geht einher mit einer vergrößerten Klitoris, verschmolzenen Labien und Hirsutismus in der Adoleszenz
Gonoduktale und genitale Varianten	
Hermaphrodismus	echter Hermaphrodismus ist selten; gekennzeichnet durch das Vorhandensein von sowohl Hoden als auch Eierstöcken bei derselben Person (Genotypus kann XX oder XY sein)
Pseudohermaphrodismus	weibliche Pseudohermaphroditen haben männlich aussehende Genitalien, haben jedoch einen XX-Genotyp; männliche Pseudohermaphroditen haben rudimentäre Hoden und unvollkommene externe Genitalien, Genotyp: XY; in Abhängigkeit von der Morphologie der Genitalien als männlich oder weiblich bezeichnet

lie. Es handelt sich phänotypisch um männliche Individuen. Zum klinischen Bild des Klinefelter-Syndroms gehören sehr kleine Hoden, Sterilität, weibliche Behaarung, Brustentwicklung und in der Regel ein hoher Körperwuchs. Beeinträchtigungen der Intelligenz, Persönlichkeitsstörungen und abnorme sexuelle Präferenzen können ebenfalls vorkommen. Das voll ausgeprägte Syndrom ist allerdings sehr selten, d. h. dass die Mehrzahl der Männer mit dieser Störung unauffällig leben, in ihrer psychosexuellen Neigung meistens heterosexuell, aber mit schwacher Potenz, sind.

Turner-Syndrom (Gonaden-Dysgenesie)

Bei dieser Geschlechtschromosomen-Anomalie existiert in den Zellkernen nur ein Geschlechtschromosom X, durch X0 gekennzeichnet. Diese Monosomie kommt nur bei Frauen vor. Die äußeren und inneren Geschlechtsmerkmale sind weiblich, aufgrund des deutlichen Defizits an Geschlechtshormonen sind jedoch die Brüste und die sekundären Geschlechtsmerkmale nicht entwickelt. Auch bleibt die Menstruation aus und die sexuelle Appetenz ist meist schwach. Das Wachstum ist gebremst und es können sich eine Reihe von körperlichen Anomalien entwickeln, wobei charakteristisch die flügelartigen Hautfalten sind, die seitlich vom Hals zu den Schultern führen, aber auch der Cubitus valgus (verstärkte Auswärtsdrehung des Ellenbogens). Die Geschlechtsidentität der Betroffenen ist weiblich. Über die Entwicklung sexueller Präferenzen, das sexuelle Verlangen und die sexuellen Reaktionen bei Mädchen mit Turner-Syndrom liegen kaum Untersuchungen vor.

XXX-Trisomie

Die sexuelle Entwicklung dieser Triplo-X-Anomalie scheint in den meisten Fällen normal zu verlaufen. Phänotypisch handelt es sich um Frauen, die fruchtbar sind und gesunde Kinder gebären können. Bei einer relativ großen Zahl Betroffener ist der Menstruationszyklus gestört. Die weiblichen Geschlechtsorgane können unvollkommen ausgebildet sein.

XYY-Anomalie

Mehr durch Zufall sind Chromosomenaberrationen von XYY bei phänotypisch männlichen Personen mit Hochwuchs aufgefallen. Offenkundige sexuelle Folgen gibt es bei diesem Syndrom nicht, die Betroffenen sind meist fruchtbar und können Kinder mit normalem Chromosomenbefund zeugen. Die Fertilität ist allerdings oft reduziert. Umstritten bleibt, ob bei diesen Männern, die man gehäuft unter Straftätern fand, eine besondere Neigung zur Aggressivität besteht.

Hormonell bedingte Geschlechtsvarianten

Unter den vielen Arten von angeborenen Stoffwechselstörungen gibt es einige, die direkt die Produktion der Geschlechtshormone (Steroidhormone) beeinflussen. Die wichtigsten Störungen sollen hier aufgeführt werden.

Androgen-Insuffizienz-Syndrom (Testikuläre Feminisierung)

Bei diesem Intersex-Syndrom besteht ein Androgen-Rezeptorgendefekt auf dem X-Chromosom, der, in Abhängigkeit von dem Ausmaß des Defekts, bei ursprünglich männlich angelegten Feten zu einer mehr oder weniger kompletten Feminisierung des externen Genitals bis hin zu einem äußerlich unauffälligen weiblichen Genitale führt. Die Betroffenen haben neben den männlichen Chromosomen meist in der Leistenbeuge liegende Gonaden (Leistenhoden), aber eine äußerlich weibliche Entwicklung mit weiblicher Brust. Beim kompletten Syndrom endet die Vagina blind und Uterus sowie Eileiter fehlen. Die als Mädchen erzogenen Individuen fallen durch ausbleibende Menstruation, die geringe oder ganz fehlende Schambehaarung und durch Probleme beim Geschlechtsverkehr auf. Psychisch erscheinen sie meist unauffällig. Auch entwickeln sie später eine normale sexuelle Appetenz und Präferenz. Ihre psychosexuelle Entwicklung stimmt also meist mit dem Zuweisungsgeschlecht überein. Deshalb kommen in der Regel bei den Betroffenen auch keine Zweifel in Bezug auf ihre Geschlechtszugehörigkeit auf.

5-α-Reduktase-2-Mangelsyndrom

Dieses Intersex-Syndrom besteht aufgrund einer Störung des auf dem Chromosom 2 gelegenen Genortes, der die für die Umwandlung von Testosteron zu Dihydrotestosteron (DHT) notwendige 5-α-Reduktase kodiert. DHT wiederum ist für die normale Entwicklung der Urogenitalfalte zu den normalen äußeren Genitalien des Mannes nötig. Bei dieser Störung kommt es deshalb im Extremfall zu einer pseudo-femininen Entwicklung des äußeren Genitals. Die Urogenitalfalte bleibt ein blinder Vaginalschlauch mit einem kleinen Penis, der der Klitoris gleicht, einem gespaltenen Hodensack, ähnlich den Schamlippen und labialen Hoden. Bleibt die Diagnose unentdeckt, kommt es bei den weiblich erzogenen Betroffenen zu einer männlichen Pubertät mit zunehmender Klitorisvergrößerung, Erektionen und Ejakulationen sowie spärlichem männlichen Behaarungstyp und muskulärem Körperbau. Auch tritt in der Pubertät eine Veränderung der Geschlechtsidentität und eine sexuelle Präferenz für Frauen auf.

Das adrenogenitale Syndrom (AGS)

Das AGS ist das Resultat eines autosomal-rezessiven Enzymdefekts in der Cortisonsynthese. Dies führt letztlich zu einer Überfunktion der Nebennierenrinde und eines daraus resultierenden Überschusses an androgenen Steroidhormonen. Diese Hyperandrogenisierung führt bei chromosomal, gonadal und gonoduktal unauffällig entwickelten *weiblichen* Feten zu einer unterschiedlich ausgeprägten genitalen Virilisierung bis hin zur Maskulinisierung der externen Genitalien und Hirsutismus. Die Klitoris kann bei den Betroffenen so stark vergrößert sein, dass sie wie ein „Pseudopenis" wirkt und durch Labienfusion kann die Scheide geschlossen sein. Deshalb werden manche betroffene Kinder auch als Jungen erzogen, die sich dann diesem Zuweisungsgeschlecht anpassen. Beim Mann führt dieses Syndrom aufgrund der Hyperandrogenisierung zu einer frühzeitigen Pubertät. Bei Mädchen kommt das AGS dreimal häufiger vor als bei Jungen. Mädchen und Jungen mit AGS zeigen ein erhöhtes Größenwachstum in der frühen Kindheit und Wachstumsstillstand vom 12. Lebensjahr an, so dass sie relativ klein bleiben. Bei gedrungenem Körperbau ist die Muskulatur aber recht kräftig entwickelt. Die betroffenen Jugendlichen sind sexuell frühreif, aber meist unfruchtbar, da die Hoden nicht voll entwickelt sind. Bemerkenswert ist, dass bei unmittelbar nach der Geburt behandelten Mädchen dennoch häufig ein jungenhaftes Verhalten auffällt und dass es eine deutlich erhöhte Rate bi- und homosexueller Phantasien und/oder Verhaltensweisen gibt. Dies deutet darauf hin, dass eine pränatale Erhöhung des Androgens auch bei Frauen zu einer eher für das männliche Geschlecht typischen Ausrichtung der sexuellen Orientierung führt. Auch kommen transsexuelle Geschlechtskonflikte häufiger vor, als statistisch zu erwarten wäre. Untersuchungen zur psychosexuellen Entwicklung von Frauen mit AGS beschreiben auch übereinstimmend eine mehr oder weniger ausgeprägte Verzögerung bei der Aufnahme sexueller Aktivitäten.

Gonoduktale und genitale Geschlechtsvarianten

Echte Zwitter sind Menschen, die nebeneinander männliche und weibliche Gonaden haben, wobei Eierstock und Hodengewebe getrennt oder auch in einem Organ vereint liegen können. Beide Keimdrüsen können das Reifestadium erreichen. Bei diesem sog. **Hermaphroditismus verus** finden sich nebeneinander alle Formen unvollkommener Ausbildung männlicher und weiblicher, innerer und äußerer Genitalbildungen. Der häufigste Geschlechtschromosomenbestand ist XX. In der Literatur sind nur 150 Fälle eines Hermaphroditismus verus beschrieben. Die Betroffenen leiden und schämen sich unter ihrer Sonderstellung. Die Partnerpräferenz richtet sich nach der anerzogenen Geschlechtsrolle. Bei 5–10 % findet sich in der Pubertät eine Tendenz zum Geschlechtswechsel und zwar von der weiblichen zur männlichen Seite.

Bei eindeutig männlichen oder weiblichen Gonaden, jedoch intersexuellem Genital- und/oder Gonoduktenbefund wird von **Pseudohermaphroditismus masculinus** bzw. **femininus** gesprochen.

Männliche Scheinzwitter weisen also bei vorhandenen männlichen Keimdrüsen eine unvollkommene Maskulinisierung der äußeren und inneren Genitalien auf. Bei leichten Störungen zeigt sich nur eine Verlagerung des Harnröhrenabganges an die Unterseite des Penis (Hypospadie), doch kann der Penis auch nur fingernagelgroß bleiben. An der Seite finden sich meist größere Hautfalten, die wie Schamlippen aussehen. Die übrige Körperentwicklung ist gewöhnlich normal.

Als weibliche Scheinzwitter bezeichnet man Frauen mit einem intersexuellen Genitale, die eine weibliche Geschlechtsdrüse besitzen und deren äußere und/oder auch innere Organe ganz oder teilweise männliche Formen haben. Am häufigsten findet sich bei sonst weiblichem äußeren Genitale ein Phallus von der Größe eines kleinen Penis mit spontanen Erektionen, oft mit Hypospadie. Die Geschlechtsidentität der weiblichen Hermaphroditen, die in der Regel auch weiblich erzogen werden, ist im Allgemeinen weiblich. Es gibt aber auch vereinzelt Fälle, die in der Pubertät eine männliche Geschlechtsidentität entwickeln und sich zu Frauen hingezogen fühlen.

Cerebrale Varianten

Hirnorganische Forschungen lassen geschlechtsspezifische Charakteristika des Hypothalamus vermuten, die durch hormonelle Einflüsse während der fetalen Entwicklung bedingt werden. Wie Untersuchungen nicht nur an Tieren sondern auch an Menschen ergeben haben, drücken sich durch Hormonvariationen bedingte Veränderungen des Androgen- bzw. Östrogenspiegels z. T. in morphologischen Veränderungen bestimmter hypothalamischer Kernregionen aus, besonders im Bereich des „Sexually Dimorphic Nucleus of the Preoptic Area" (SDN-POA).

2.1.3 Von der Geburt bis zur Alterung

Ultraschalluntersuchungen während der Schwangerschaft zeigten, dass es in der zweiten Hälfte der Schwangerschaft bei männlichen Feten regelmäßige Spontanerektionen und ebenso Penis-Hand-Kontakte gibt. Auch bei weiblichen Feten wurden Hand-Genitale-Kontakte beobachtet. Somit scheint es bereits intrauterin genitalbezogene Lusterfahrungen zu geben. Auch unmittelbar nach der Geburt können männliche Säuglinge Erektionen des Penis haben, bei weiblichen Säuglingen kann es zum Feuchtwerden der Vagina und zu Klitoriserektionen kommen. Manche Jungen werden sogar mit erigiertem Penis geboren. Säuglinge beiderlei Geschlechts können ihre Genitalien oder andere erogene Zonen berühren und stimulieren und zufällige Orgasmen dabei erleben, sobald ihre motorische Koordinationsfähigkeit entwickelt ist. Ebenfalls treten beim Stillen und beim Gebadetwerden bei sehr jungen weiblichen und männlichen Kleinkindern reflexhafte Sexualerregungen auf, wobei die Säuglinge das Geschehen selbstverständlich noch nicht bewusst erfassen können, selbst wenn ein Orgasmus dabei entsteht. Wissenschaftlich wurde Masturbation bis zum Orgasmus bei Kindern beiderlei Geschlechts bereits im Alter von 6 Monaten beobachtet (Bakwin 1973). Galenson und Roiphe (1974) beobachteten Kleinkinder in einer Tagesstätte und berichteten, dass Jungen etwa im Alter von 6–7 Monaten und Mädchen etwa im Alter von 10–11 Monaten beginnen, mit ihren Genitalien zu spielen. Bei Jungen dauerte es bis zu einem Alter von 15–16 Monaten, bis sich aus dieser Form der Stimulation offenkundig Masturbation entwickelte. Bei Mädchen war eher ein zeitweiliges Spiel mit den Genitalien zu beobachten. Mädchen wandten auch eher indirekte Methoden der Stimulation, wie das Zusammenpressen der Oberschenkel oder Schaukeln, an. Dieses Verhalten bei Kleinkindern geschieht ohne Verlegenheit oder Befangenheit. Wenn das Kind älter wird, lernt es, aufgrund des ablehnenden Verhaltens Erwachsener sein Verhalten eher zu verheimlichen. Befragungen von Elias und Gebhard (1969) ergaben, dass das mittlere Alter bei der ersten absichtlichen Masturbation und bei ersten sexuellen Spielen für Jungen etwa 8–9 Jahre betrug, bei Mädchen lag es etwas darunter. Das Vorzeigen der Genitalien war in fast allen Formen sexueller Spiele enthalten, also bei hetero- und homosexuellen Spielen, bei Jungen genauso wie bei Mädchen.

Das Verhältnis von Jungen- zu Mädchen-Lebendgeburten beträgt seit Jahrzehnten kulturübergreifend ca. 106 zu 100. Aufgrund der höheren Sterblichkeit bei männlichen Feten, aber auch aufgrund der höheren peri- und postnatalen Mortalität von Knaben ist diese Sexualproportion um das 6. Lebensjahr herum dann ausgeglichen, also 100 zu 100. Das weibliche Geschlecht ist biologisch stabiler und trotz des anfänglichen ca. um 150 bis 200 g leichteren Geburtsgewichtes der Mädchen gegenüber Jungen gibt es einen Entwicklungsvorsprung der Mädchen. So durchschreiten Mädchen im Durchschnitt mit 4,7 Jahren den sog. ersten kindlichen Gestaltwandel, während er bei Jungen im Durchschnitt im Alter von 5,10 Jahren liegt. Der kindliche Körper durchläuft dabei eine charakteristische Umgestaltung von der Klein- zur Schulkindform. Auch durchlaufen Mädchen früher als Jungen den zweiten Gestaltwandel, d. h. die körperliche Pubertät. Während noch im frühen Schulalter keine wesentlichen extragenitalen körperlichen Geschlechtsunterschiede zu beobachten sind, treten mit Beginn der Pubertät deutliche geschlechtstypische Phasenunterschiede auf. Der Pubertätsbeginn, d. h. das erste Auftreten der sekundären Geschlechtsmerkmale, liegt in Mitteleuropa bei Mädchen ca. im Alter von 8–14 Jahren, bei Jungen von 10–16 Jahren. Die körperliche Pubertät dauert etwa 3–5 Jahre, das Ende, also das Erreichen der vollen Geschlechtsreife, liegt bei Mädchen im Alter von ca. 14–18 Jahren, bei Jungen von ca. 16–20 Jahren (s. Tab. 2-2, S. 35). Untersuchungen über den Bezug zwischen Pubertätshormonspiegel und Sexualverhalten zeigten, dass Jungen, die eine späte Pubertät durchleben, im Allgemeinen auch eine geringere und später einsetzende Sexualaktivität einschließlich Masturbation und Geschlechtsverkehr zeigen, ebenso wie Mädchen mit früh einsetzender Menarche auch früher Geschlechtsverkehr haben und schwanger werden.

Nach Abschluss der körperlichen Pubertät sind die geschlechtstypischen Unterschiede im Körperbau sichtbar. Bei Männern ist das Muskel-Knochen-Fett-Verhältnis anders als bei Frauen. Die Unterschiede sind jedoch fließend und werden auf einem gynäkomorphen-andromorphen Kontinuum angeordnet.

Nach Beendigung der Pubertät kommt es bei Männern zu einer relativ kontinuierlichen, nur geringfügigen Schwankungen unterworfenen Androgenproduktion mit höchsten Werten am Morgen und im Frühling, während es bei Frauen zu den bekannten Veränderungen der Östrogen- und Gestagen-Produktion im Menstruationszyklus kommt. Bezüglich des Zusammenhangs von aktuellem Sexualhormonspiegel und Sexualerleben zeigte sich, dass sich die Höhe des Androgenspiegels als einflussreich für die sexuelle Gestimmtheit erweist. Bei Frauen bewirkt eine Erhöhung des Testosteronspiegels eine deutliche Steigerung der Reaktion auf erotische Stimuli, die durch die Erhöhung der Vaginaldurchblutung auch objektiv messbar gemacht werden kann. Bei Männern führt ein Absinken des Androgenspiegels zu einer Beeinträchtigung der Libido. Wie Untersuchungen zeigten, kann eine Erhöhung des Testosteronspiegels innerhalb des männlichen Normbereichs gelegentlich zwar eine Steigerung der sexuellen Phantasien, nicht aber der sexuellen Aktivität bedingen. Künstliche Testosteronzufuhren wie z. B. durch Anabolika-Doping bergen vielmehr die Gefahr zahlreicher somatischer Risiken. Das Klimakterium und die Menopause stellen für Frauen eine wesentliche Zäsur der somato-sexuellen Entwicklung über die Lebensspanne dar. In dieser Phase kommt es zu einem allmählichen Abfall der ovariellen Hormonproduktion. Der menopausale Rückgang der Östrogenproduktion kann zur Atrophie der Vulva und der Vagina sowie zum Rückgang der vaginalen Kontraktionsfähigkeit und Lubrikation führen, was zur Minderung des Lusterlebens bis hin zur Dyspareunie führen kann. Der Androgenabfall bedingt u. U. ein Nachlassen der sexuellen Interessiertheit und der Orgasmusfähigkeit.

Bei Männern sind die Zusammenhänge zwischen Hormonverhältnissen und Alterungsprozessen noch ungesichert. So ist noch umstritten, ob es ein Klimakterium virili gibt und ob hormonelle Ursachen für das Nachlassen der Libido und der erektilen und orgasmischen Fähigkeiten verantwortlich sind.

2.2 Die psychosexuelle Entwicklung

Das Sexualleben beginnt nicht erst mit dem Einsetzen der Pubertät, wie man früher glaubte, sondern es ist das Ergebnis eines langen Entwicklungsprozesses, der bereits in frühester Kindheit beginnt.

2.2.1 Säuglings- und Kindesalter

Säuglingsalter

Im Phasenmodell der **psychoanalytischen Entwicklungslehre** wird der früheste Entwicklungsabschnitt, der etwa die ersten einundhalb Lebensjahre umfasst, als **orale Phase** oder auch als **oral-kutane** Phase bezeichnet, denn in diesem ersten Lebensabschnitt findet die „Welteroberung durch Mund und Haut" statt. Zum Begriff der Oralität gehört aus tiefenpsychologischer Sicht nicht nur der Mundbereich und die Nahrungsaufnahme, sondern alles, was ein Säugling an materieller und emotionaler Zuwendung braucht. Die Tiefenpsychologie geht ferner davon aus, dass die Nahrungsaufnahme nicht nur die Unlustspannung des Hungergefühls löst, sondern dass sie selbst durch den Saugvorgang mit lustvollen Empfindungen in der Mundschleimhaut verbunden ist. Für Freud (1905) stellt damit der Saugvorgang eine Art von sexueller Betätigung dar, wobei Freud den Begriff der Sexualität dahingehend erweitert hat, dass er darunter alle Betätigungen fasst, die nicht der Selbsterhaltung dienen, sondern die offensichtlich ausschließlich auf Lustgewinn an einer erogenen Zone aus sind. Aus dieser Sicht ist die Mundschleimhaut eine prägenitale erogene Zone. Freud unterscheidet also scharf zwischen sexuell und genital. Sobald der Säugling Zähne hat, ist nicht nur der Saugvorgang, sondern auch das Beißen, Zerbeißen und Einverleiben mit lustvollen Empfindungen verknüpft. Dieser Abschnitt des oralen Stadiums wird wegen seiner Beziehung zur Aggressivität auch als **oral-sadistische** Phase bezeichnet. Somit manifestieren sich bereits auf der oralen Entwicklungsstufe die beiden Triebaspekte, die nach der psychoanalytischen Theorie für das psychische Leben von zentraler Bedeutung sind: der Sexualtrieb und der Aggressionstrieb. Auch die Haut der Körperoberfläche ist am „Lustgewinn" wesentlich beteiligt. Ein Kind bringt offensichtlich Zärtlichkeitsansprüche mit, die befriedigt werden wollen. Ob ein Kind sich von der Welt, repräsentiert durch die Mutter, angenommen fühlt und ein „Urvertrauen" entwickelt oder aber die Welt als bedrohlich, unverlässlich und angsterregend erlebt, hängt von der Befriedigung oder Frustration der oralen Bedürfnisse ab. In dieser Lebensphase werden aber auch die Fundamente für die Selbstannahme und das Selbstwertgefühl sowie die Fähigkeit zur Selbstkommunikation bzw. Autoerotik, für das Selbstvertrauen und das Vertrauen in andere gelegt. Die oralen Verhaltens- und Erlebensweisen der Erwachsenensexualität, wie die Lust am Küssen, Saugen, Lutschen, Beißen, Schmecken, Riechen usw. leiten sich aus der frühen Oralität genauso ab wie die Beziehungs- und Kontaktfähigkeit bzw. -freudigkeit, die das Gelingen von Beziehungen disponiert. Neben den oralen Elementen der Erotik wird die Beziehungsqualität auch über die Hauterotik bestimmt. Über die Haut wird angenehmer, warmer Kontakt vermittelt, es können jedoch auch schmerzvolle Berührungen und Erfahrungen gemacht werden. In einer sexuellen Begegnung spielt Hauterotik über den Geschlechtsakt hinaus als Zärtlichkeit in der Gesamtatmosphäre einer Beziehung eine unverzichtbare Rolle. Eine Beziehung selbst kann oral dominiert sein. Das ist dann immer der Fall, wenn Symbiose, Verschmelzung und Einander-Umsorgen den Schwerpunkt bilden. Die Auflösung der Mutter-Kind-Symbiose leitet die Individuation ein und bestimmt die Qualität der Liebes- und Beziehungsfähigkeit in der späteren Partnerschaft. Die Aufhebung der ursprünglichen Spaltung in eine „gute" und eine „böse" Mutter und damit die Fähigkeit, beide Erlebnisqualitäten in ein und derselben Person integriert wahrnehmen zu können, begründet wiederum die Fähigkeit des Ertragens von Ambivalenzen. Der andere darf dann sowohl gut als auch böse sein, er hat nicht nur entweder gute oder schlechte Eigenschaften.

Die Folge einer gestörten oralen Entwicklung könnte das spätere Bevorzugen des Fehlen eines menschlichen Partners bei der Ausübung der Sexualität sein, wie es bei einigen sexuellen Deviationen, z. B. dem Fetischismus oder dem Transvestitismus der Fall ist. Auch ausgeprägte mechanische Onanie ohne Gefühlsbeteiligung und ohne einen zumindest phantasierten Partner könnte eine solche Auswirkung sein. Parallel dazu kommt es in **narzisstischen** Beziehungen zu einer Art „Übersehen" des Partners, denn dieser dient dem Narzissten als Publikum zur Bestätigung der eigenen „Größe" und kann in seiner Eigenheit gar nicht wahrgenommen werden. Als „oral fixiert" bezeichnet man ein Sexualverhalten, das vorwiegend nur Nestwärme sucht und über Kuscheln und Streicheln nicht hinauskommt. Als „oral verhaftet" ist aber ebenso ein Sexualverhalten zu verstehen, das die Partner unersättlich vernascht und verschlingt oder ausbeutet und aussaugt. Auch die entsprechenden Ängste vor dem Verschlungenwerden, vor dem Verschmelzen und dem Verlust des eigenen Ich, also vor der Dominanz des Partners, sowie große Verlustängste gehören ebenso zu den Störungen der oralen Entwicklung wie die sexuelle Hörigkeit als versuchte Angstabwehr durch Anklammern oder als eine Form von Suchtverhalten.

Kleinkindalter

Mit dem Beginn der Sauberkeitserziehung treten ab dem ca. 18. bis 24. Lebensmonat die Ausscheidungsfunktionen in den Mittelpunkt des kindlichen Erlebens. In der psychoanalytischen Theorie wird dieses Stadium als **anale Phase** bezeichnet. In dieser Phase werden erste Fundamente für all das gelegt, was mit Hergeben, Produktion und Leistung zusammenhängt. Der Darminhalt wird als zum Körper gehörig und zugleich als abtrennbar erlebt. Das Kind kann die Erfahrung des Schenkens oder Vorenthaltens machen, es kann mit der Mutter in einen Kampf treten und sich in diesem anpassen oder durchsetzen. Somit werden in der analen Entwicklungsstufe erste Anfänge gelegt für die Erlebnisbereiche Wert, Besitz, Produzieren, Behalten, Abgeben, Macht, Trotz, Wille und Aggression. Nach Erikson (1976) bildet die Spannung zwischen Autonomie versus Zweifel und Scham das zentrale Thema dieser Phase. Zweifel und Scham beziehen sich auf die Selbstzweifel am eigenen Können, am Erbringen der geforderten Leistungen und auf das Sich-Schämen wegen des eigenen Versagens („Es ist wieder in die Hose gegangen."). Auswirkungen der analen Phase zeigen sich in der Erwachsenensexualität nicht nur in der Analerotik, sondern auch hinsichtlich des Umgangs mit Macht, Aggression, Ekel und Tabu in der sexuellen Begegnung. Macht und Aggression spielen beim Sadomasochismus eine entscheidende Rolle, aber sie sind auch Bestandteil der normalen Sexualität in Form von Potenz und Impotenz, von Eindringen und In-Angriff-Nehmen. Mit der Reinlichkeitserziehung sind die Aspekte des Ekels und des Gehemmtseins eng assoziiert. Da Kinder noch nicht zwischen Ausscheidungs- und Geschlechtsorganen unterscheiden können, wird die untere Körperregion oftmals mit „Pfui" verbunden, so dass Erwachsenensexualität als unsauber, unappetitlich, schmutzig oder ekelhaft erlebt werden kann. Ein weiteres wichtiges Thema der analen Phase ist das Leistungsdenken und die Unterwürfigkeit. Auswirkungen in der Erwachsenensexualität können sich als Potenz- und Orgasmuszwang sowie als Versagensängste zeigen. Die Unterwürfigkeit kann sich in Beziehungen durch die Vorstellung zeigen, dass Liebe mit einer Gegenleistung abgegolten werden könne.

Vorschulalter

Wie erwähnt können schon Säuglinge Erektionen haben und kleine Kinder erleben, dass die Berührung der Genitalien andere Empfindungen auslöst als die anderer Körperteile. So gewinnt das Genitale schon lange vor der phallischen Phase neben den jeweils führenden erogenen Zonen eine allmählich wachsende Bedeutung als Lustquelle, die dann in der nächsten, der sog. **phallischen oder ödipalen Phase**, einen vorläufigen Höhepunkt erreicht. In seltenen Fällen kann das genitale Spiel in so ausgeprägter Weise lustvoll sein, dass orgasmusähnliche vegetative Erscheinungen auftreten. Da die genitale Aktivität des Kindes nicht auf einen orgastischen Höhepunkt abzielt und sich somit von der Sexualität des Erwachsenen unterscheidet, lehnen es einige Autoren ab, sie bereits als Masturbation zu bezeichnen. Aus psychoanalytischer Sicht dient die frühe genitale Betätigung dem Zweck, die prägenitalen erogenen Zonen durch das Primat der Genitalzone abzulösen. Auch in der phallischen bzw. ödipalen Entwicklungsstufe ist neben dem Sexualtrieb auch der Aggressionstrieb beteiligt. So stecken nach Freud hinter den Spielen mit Pistolen, Wurfpfeilen, Schwertern etc. phallische Impulse, die sich im Eindringen, Durchbohren, Stechen, Schießen etc. zeigen. Das phallische Prinzip, das sich in der Erwachsenensexualität widerspiegelt, drückt sich im Beherrschen, Überlegensein und im Triumphieren, d. h. im sog. Penetrieren des anderen aus. Kinder beiderlei Geschlechts zeigen in dieser Phase eine zerstörerische Neugierde, die sich im Zerlegen von Gegenständen und Puppen äußert. Auch das Interesse für den Körperbau des anderen Geschlechts gehört zu der eindringlichen Neugierde dieser Phase.

Aus der phallischen Entwicklungsstufe, die im 4./5. Lebensjahr erreicht wird, bildet sich allerdings auch aus dem „Schicksalsdreieck" Vater-Mutter-Kind eine ganz besondere Konstellation heraus, die als „**Ödipus-Komplex**" bezeichnet wird. Das Kind wächst von der dyadischen, also von der Zweierbeziehung hinein in eine triadische Beziehung, in ein Dreierverhältnis, in dem der Junge den Vater als Rivalen um die Mutter erlebt und in dem es zu einer Konkurrenz zwischen beiden kommt. In dieser Zeit des aktiven Austragens der Rivalität fühlt sich der Junge vom Vater durch die Kastration bedroht, wenn er die Mutter sexuell begehrt. Die Kastrationsangst wird durch die Wahrnehmung der Penislosigkeit der Mädchen ausgelöst. Aufgrund dieser Kastrationsangst gibt der Junge die Mutter als Liebesobjekt auf und richtet seine Wünsche auf andere Frauen aus. Der Vater bzw. seine Gebote werden internalisiert und das sog. Über-Ich wird konstelliert. Damit wird der Junge zu einer heterosexuellen Liebesbeziehung fähig. Kommt es nicht zu einer aktiven Auseinandersetzung in der Rivalität mit dem Vater, verhält sich der Junge also eher passiv dem Vater gegenüber, d. h. verzichtet der Junge früh auf die Mutter als Liebesobjekt und identifiziert sich mit ihr, weil er sie z. B. als zu beengend oder sexuell verführend und zugleich tabuisierend erlebt, kommt es bei dem Jungen zur negativen, passiven ödipalen Einstellung und Entwicklung. Er möchte passiv vom Vater geliebt werden, wie die Mutter von ihm geliebt wird, oder auch aktiv den Vater lieben, wie die Mutter den Vater liebt. Dies ist dann die homosexuelle Position, wie sie aus dem negativen Ödipuskomplex resultiert. Für die analoge Konstellation bei Mädchen – Gebundenheit an den Vater, Eifersucht gegenüber der Mutter – hat Freud die Bezeichnung **Elektra-Komplex** verwandt. Da diese Bezeichnung sich nicht durchgesetzt hat, spricht man bei dieser Konstellation auch bei Mädchen von einem Ödipuskomplex.

Das Mädchen lebt zunächst ebenfalls in der primären Liebesbeziehung zur Mutter. Dadurch, dass es feststellt, dass es keinen Penis besitzt und ihn auch nicht bekommen wird, erlebt es sich selbst als verstümmelt und kastriert. Die Idee des „Penisneides" ist im symbolischen Sinne zu verstehen. Sie bezieht sich auf die bevorzugte gesellschaftliche Stellung und die soziale Machtposition des Mannes, die auch in Familienstrukturen spürbar sein können. Das Mädchen macht nach Freuds Vorstellungen die Mutter für diese Penislosigkeit verantwortlich und es überträgt die Erwartung, einen Penis zu bekommen, auf den Vater. Deshalb wendet sich das Mädchen dem Vater zu, in der Hoffnung, von ihm ein Kind, d. h. in der kindlichen Phantasie einen Penis zu bekommen. Das Mädchen bleibt in einer passiven Einstellung gegenüber dem Vater und überträgt diese Erwartung dann später auf andere Männer. Das Mädchen kann aber auch in dem Wunsch, einen Phallus zu bekommen und andere phallisch erobern zu wollen, sich unter Umständen wieder der Mutter zuwenden. Dabei erwartet das Mädchen nicht passiv ein Kind vom Vater oder von anderen Männern empfangen zu wollen, sondern das Mädchen tritt aktiv phallisch der Mutter bzw. anderen Frauen gegenüber. Diese aktive ödipale Entwicklung soll nach Freud später zur homosexuellen Einstellung bei Frauen führen. Nach psychoanalytischer Auffassung gehört die Bewältigung der ödipalen Situation zur normalen Entwicklung, so dass man erst bei einer misslungenen Verarbeitung dieses Entwicklungsabschnittes von einem Ödipuskomplex spricht. Nach dem Durchlaufen der ödipalen Konfliktsituation findet in der weiteren Entwicklung die geschlechtstypische Differenzierung statt.

Wenngleich Freuds triebtheoretischer Ansatz umstritten ist, bleiben Themen wie die Inzestschranke, d. h. das Verbot sexueller Kontakte mit den Eltern oder das Thema der eigenen Geschlechtsidentität durch Identifikation mit dem geliebten und zugleich störenden Rivalen sowie das Thema des Neides auf das andere Geschlecht (Penisneid, Gebär- und Stillneid) und die damit verbundene Entmächtigung oder „Kastration" des Partners von enormer Bedeutung für den alltäglichen Umgang der Geschlechter miteinander. Gerade das unbewusste Austragen früherer Konflikte bzw. die Wiederholung früherer Beziehungen mit dem gegen- und gleichgeschlechtlichen Elternteil sind typisch in Partnerschaften und spielen, ebenso wie das „Dreiecksverhältnis" bzw. die Faszination durch „unerreichbare Partner" eine große

Rolle, wobei es bei dieser letzten Konstellation mehr um den Sieg über den Rivalen und um das Erlangen des Unmöglichen geht, als um den Menschen selbst, weshalb der faszinierende Reiz mit dem Erreichen des Ziels in der Regel schlagartig erlischt. Die Gefahr solch neurotischer Wiederholungen entsteht, wenn ödipale Konfliktsituationen nicht befriedigend durchlebt und aufgelöst worden sind. Erschwert werden kann die Bewältigung z. B. durch „verführerische" Elternteile, die ein Kind in die Rolle des Ersatzpartners bringen, oder durch den Verlust eines Elternteils, aber auch oder durch Familienstrukturen, die von vornherein die ödipale Liebe und ihre Auflösung nicht zulassen.

Schulalter

Nach dem Abschluss der ödipalen Phase folgt nach psychoanalytischer Auffassung zwischen dem 6. und etwa dem 11. Lebensjahr die sog. **Latenzperiode**, in der die Entwicklung der Sexualtriebe ruht, während die soziale und persönliche Entwicklung wichtige Abschnitte durchläuft. Die Vorstellung von einer sexuellen Latenzzeit gilt heute als überholt, da auch empirische Untersuchungen und Beobachtungen eher ein Anwachsen sexuellen Interesses und sexueller Aktivität in diesen Jahren bestätigen.

2.2.2 Jugendalter

Während die Pubertät eher ein biologisches Phänomen, ein körperlicher Entwicklungsprozess ist, bei dem sich die sekundären Geschlechtsmerkmale ausbilden und der zu Fruchtbarkeit führt, kann das Jugendalter als ein psychischer und sozialer Reifeprozess verstanden werden, der u. a. zur vollen gesellschaftlichen Verantwortung führt.
Neben den bekannten biologischen Veränderungen in der Pubertät (s. Tab. 2-2) finden in dieser Zeit die ersten sozio-sexuellen Erfahrungen statt, die von Verabredungen, Küssen und Genitalpetting bis hin zum Geschlechtsverkehr reichen, den im Alter von 18 Jahren etwa 50 % der männlichen Jugendlichen bereits erlebt haben. Durch die körperlichen Veränderungen müssen von den Jugendlichen nun die neu hinzugekommenen Funktionen der Genitalorgane, wie die Ejakularche und Menarche, auch psychisch bewältigt und verantwortet werden, denn mit den ausgereiften Genitalien können Wünsche nicht nur geträumt, sondern auch aktiv realisiert werden. Dadurch bekommen „Über-Ich"-Forderungen eine neue Dimension und zwischen Erwünschtem und Zulässigem gilt es einen Kompromiss zu finden. Die „hinzugewonnene Körperlichkeit" geht mit dem beginnenden Ablösungsprozess von den Eltern einher, denen gegenüber jetzt eine neue Position bezogen werden muss. Damit verbunden ist der verstärkte Wunsch nach Anschluss an Gleichaltrige des gleichen oder des anderen Geschlechts, der neuen Halt und andere Normen sowie eine Art Rückversicherung verspricht.

Zusammengefasst ist die Phase der Jugendzeit durch einen gesamten Umstrukturierungsprozess gekennzeichnet, der von einer großen Verunsicherung hinsichtlich der psychosexuellen und auch der psychosozialen Selbst- und Fremdwahrnehmung begleitet wird.

2.2.3 Erwachsenenalter

Mit zunehmendem Erwachsenwerden kommt es zu weitgehend konstanten Rollenübernahmen und Festlegungen hinsichtlich der Berufs- und Partnerwahl. Die meisten Menschen wählen ein Leben in Partnerschaften bzw. Ehen. Trotz erheblichen Forschungsaufwandes ist allerdings noch immer recht wenig über die Faktoren, die die Partnerwahl bestimmen, bekannt. Man weiß jedoch, dass die körperliche Attraktivität der Partner eine erhebliche Rolle spielt. Untersuchungen von Berscheid und Walster (1974) haben gezeigt,

Tab. 2-2 Verlauf einer durchschnittlichen Pubertätsentwicklung

Entwicklungs-stufe	Psychische Prozesse Mädchen und Jungen	Alter	Körperliche Prozesse Mädchen	Körperliche Prozesse Jungen
		9–10	• Veränderung der Vagina • Vergrößerung der Brüste • Vergrößerung des Beckens • FSH im Blut steigt	
Präadoleszenz weiblich: 10–12 J. männlich: 11–13 J.	• Bedürfnis nach Intimität und Aktivität mit Gleichaltrigen („Peergroup") • Erfahrung der Einsamkeit und deren Kompensation • gemeinsame Verarbeitung des neuen Körpergefühls • oft homophile Objektwahl	10–11	• Auftreten der Schambehaarung • LH und Östradiol im Blut steigen • Beschleunigung des Wachstums	• Vergrößerung des Hodens und des Skrotums • FSH im Blut steigt
		11–12	• beobachtbare Vergrößerung der Geschlechtsorgane	• Vergrößerung des Penis • Auftreten der Schambehaarung • LH und Testosteron im Blut steigen
Frühe Adoleszenz weiblich: 12–14 J. männlich: 13–15 J.	• heterophile Objektwahl • „Dating", „Kissing"	12–13	• Pigmentierung der Brustwarzen • maximale Beschleunigung des Wachstums • apokrine Schweißdrüsensekretion	• Prostataaktivität • Beschleunigung des Wachstums
		13–14	• Haare in der Achselhöhle (Adrenarche) • 1. Monatsblutung (Menarche)	• evtl. Vergrößerung der Brüste • apokrine Schweißdrüsensekretion
Späte Adoleszenz weiblich: 14–17 J. männlich: 15–18 J.	• Aufnahme genitalsexueller Aktivitäten • Ausbildung der Selbst- und Fremdwahrnehmung im Kontakt mit anderen • mehrere Gleichaltrigenbeziehungen • Unabhängigkeit wird angestrebt	14–15	• erste Ovulation	• maximale Beschleunigung des Wachstums • Veränderung der Stimme • Haare in der Achselhöhle • Oberlippenbart • 1. Ejakulation (Ejakularche)
		15–16	• Akne • Veränderung der Stimme	• Akne • reife Spermatozoen
		16–17	• Epiphysenschluss • Aufhören des Längenwachstums • Abschluss der weiblichen Beckenformung	• Körperbehaarung
		17–18		• Aufhören des Längenwachstums • Epiphysenschluss

dass Menschen entsprechend der eigenen Einschätzung ihrer körperlichen Attraktivität Partner wählen, die ihnen in der physischen Attraktivität ebenbürtig sind (matching). Fühlen sich Menschen also subjektiv sehr attraktiv, so trauen sie sich auch, einen entsprechend sehr körperlich attraktiven Partner anzusprechen. Schätzen Menschen ihr Äußeres dagegen gering ein, so werden sie einen Partner wählen, der nicht sehr gut aussieht. Bedeutsam bei der Partnerwahl ist allerdings auch die soziale Stellung, wobei Frauen Partner der gleichen oder einer höheren Stellung bevorzugen, während Männer noch immer vorrangig Frauen wählen, die einen geringeren oder gleichwertigen sozialen Status haben als sie selbst. Eine gut aussehende Akademikerin wird nach dieser sog. Matching-Hypothese weniger Chancen haben einen Partner zu finden, als eine körperlich unattraktivere Frau aus einer unteren sozialen Schicht.

Während die voreheliche Sexualität häufiger untersucht wurde, liegen über die **eheliche Sexualität** und die Koitusfrequenzen weniger Daten vor. Untersuchungen weisen jedoch darauf hin, dass eine mittlere Häufigkeit von zweimal pro Woche üblich ist.

Die Frage nach **Geschlechtsunterschieden** hinsichtlich des sexuellen Verhaltens ist nicht eindeutig zu beantworten. In Bezug auf das Ergreifen der sexuellen Initiative zeigen Untersuchungen, dass Männer eher dazu neigen, sexuell aktiv zu werden als Frauen. Die weibliche Zurückhaltung hat wohl kulturelle Ursprünge. In festen Beziehungen jedoch fällt es Frauen leichter, sexuelle Initiative zu zeigen. Aber es gibt selbst in der Ehe noch viele Frauen, die sich in einer aktiven Rolle unwohl fühlen und nur ganz versteckt ihre sexuellen Wünsche zum Ausdruck bringen können. Bezüglich der Frage der Häufigkeit spontanen sexuellen Verlangens ergab eine Studie von Garde und Lunde (1980) an 40-jährigen dänischen Frauen, dass 32 % nie spontane Appetenz verspürten, 24 % mindestens einmal pro Woche, 41 % einmal oder zweimal monatlich und 23 % seltener. In diesem Zusammenhang ist die Frage interessant, ob weibliche Sexualität durch Submissivität und männliche durch (körperliche) Dominanz gekennzeichnet ist. In diese Richtung weisen jedenfalls weibliche sexuelle Phantasien, die sich von denen der Männer darin unterscheiden, dass Frauen in ihren phantasierten sexuellen Wünschen eher eine passive Rolle einnehmen. Auch sind sexuelle Auslöser für Frauen beinahe immer an Personen gebunden, während Männer relativ häufig sexuelle Reaktionen auch auf depersonalisierte Reize entwickeln, wie es z. B. beim Fetischismus der Fall ist. Auffallend ist ein Geschlechterunterschied hinsichtlich der Verbindung von Orgasmus und Angst. Die meisten Frauen kommen schwerer zum Orgasmus, wenn sie angespannt oder ängstlich sind. Auch wirken sich Schuldgefühle negativ auf das Orgasmuserleben aus. Männer dagegen berichten, dass die Ejakulation durch diese psychologischen Faktoren eher beschleunigt wird, wobei es hier einige wichtige Ausnahmen gibt (s. Kap. 10.1.1). Weitere Geschlechterunterschiede bestehen darin, dass Männer ihre maximale Orgasmusfähigkeit schon sehr bald nach der Pubertät erreichen, während die meisten Frauen ihr volles Potenzial erst mit Ende 20 oder darüber hinaus erreichen. Auch scheinen Frauen eher längere Perioden sexueller Inaktivität zu tolerieren als Männer.

Wissenschaftliche Untersuchungen zu geschlechtstypischen Unterschieden hinsichtlich der **Sexualpraktiken** zeigten, dass die einzigen nachweisbaren Unterschiede in der Häufigkeit der Masturbation sowie in der Einstellung zu Gelegenheitssex bestanden. Männer masturbierten häufiger und zeigten sich deutlich bereiter zum Gelegenheitssex (Oliver u. Hyde 1993). Darüber hinaus zeigten Untersuchungen von Regan (1998), dass Frauen, sofern sie sich doch auf Gelegenheitssex einlassen, wesentlich weniger bereit sind, Abstriche hinsichtlich ihrer bereits bestehenden Vorstellungen und Erwartungen, z. B. an die soziale Position des Partners, hinzunehmen als Männer. Wilson (1997) fand in einer Befragung, dass die größten Geschlechtsunterschiede hinsichtlich der Phantasie über das Zusammensein mit einem anonymen Sexualpartner und mit mehreren Partnern auftraten. Männer hatten diese Phantasie viermal häufiger als Frauen, die sich dafür häufiger den Sexualkontakt mit einer Frau oder einen berühmten Mann vorstellten.

2.2.4 Entwicklung der Geschlechtsidentität

Ein Mann oder eine Frau zu sein bedeutet wesentlich mehr als nur das entsprechende biologische Geschlecht zu haben. Money (1994) nahm deshalb in den 50er Jahren die begriffliche Unterscheidung von **Sex** für das biologische Geschlecht und **Gender** für die subjektiv erlebte Identität und die öffentlich präsentierte soziale Rolle vor. Daraus leitete er dann die Begriffe der Gender Identity und Gender Role ab. Insbesondere die beiden Gender-Aspekte der Geschlechtsidentität (Gender Identity) und der Geschlechtspräsentation (Gender Role) sind für ein Verständnis der sexuellen Interessen, Vorlieben, Störungen und Abweichungen des Menschen bedeutsam. Die Geschlechtsidentität kann aus unterschiedlichen Perspektiven betrachtet werden. Einerseits kann sie als innerpsychische Orientierung in Richtung Männlichkeit oder Weiblichkeit verstanden werden, andererseits als interpersonelle Orientierung in Richtung Heterosexualität, Bisexualität und/oder Homosexualität. Die Geschlechtsrolle dagegen beinhaltet die interpersonelle bzw. öffentliche Präsentation i. S. von eher maskulin oder eher feminin.

Geschlechtsrollenvorstellungen werden im Verlauf der Entwicklung durch Sozialisation von frühester Kindheit an aktiv übernommen. Der Prozess der Geschlechtsrollenaneignung ist spätestens bis zum 4. Lebensjahr abgeschlossen. Bis zu diesem Alter haben die Kinder bereits ein Wissen um die eigene Geschlechtszugehörigkeit. Eine Vorstellung davon scheint jedoch bereits schon vor dem 18. Lebensmonat vorhanden zu sein. Nach der endgültigen Festlegung der Geschlechtsidentität im 4. Lebensjahr geben die Jungen nicht nur an, lieber mit Jungen als mit Mädchen zu spielen, sondern sie tun es auch tatsächlich und Mädchen umgekehrt. Auch haben Kinder in diesem Alter bereits typisch männliche bzw. typische weibliche Berufswünsche und Urteile darüber, was Mädchen und Jungen können oder nicht. Die Geschlechtsidentität kann nur in den ersten Lebensmonaten erzieherisch beeinflusst werden. Nach dem 18. Lebensmonat wird dies wesentlich schwieriger und nach dem 4. Lebensjahr misslingt es fast immer. Während die Geschlechtsidentität bereits in den ersten Lebensjahren weitgehend festgelegt zu sein scheint, differenziert sich die Entwicklung der persönlichen Geschlechtsrolle (Gender Identity) und die Rollenpräsentation (Gender Role) weiter aus und orientiert sich an kulturspezifischen Vorstellungen und Normen sowie an sozialen Erwartungen.

Unabhängig davon, wie sich die Menschen später entwickeln, basiert ihre jeweilige sexuelle Orientierung eindeutig auf der nach den ersten vier Lebensjahren festgelegten Geschlechtsidentität. Homosexuelle und bisexuelle Männer erleben sich genauso wie heterosexuelle Männer subjektiv gleichermaßen dem männlichen Geschlecht zugehörig, wie sich homosexuelle, bisexuelle und heterosexuelle Frauen eindeutig dem weiblichen Geschlecht zurechnen. Eine Ausnahme bildet lediglich die Transsexualität. Das gleiche wie für die Geschlechtsidentität gilt fast uneingeschränkt auch für die nach außen präsentierte Geschlechtsrolle. Die von heterosexuellen, bisexuellen oder homosexuellen Menschen nach außen dargestellte Geschlechtsrolle entspricht meist der Geschlechtsidentität. Eine Ausnahme bildet auch hier wieder die Transsexualität und in gewisser Weise der Transvestitismus.

2.2.5 Entwicklung von Geschlechtspartner- und sexuellen Präferenzen

Neben den Untersuchungen zur Entwicklung sexueller Präferenzen ist die Frage interessant, wann und wie sich die jeweils unterschiedliche **Geschlechtspartnerorientierung** entwickelt. Einen Erklärungsansatz hat Bem (1996) vorgelegt. Bem geht von einem „zentralen Wendepunkt" aus, der sich offensichtlich bei allen Menschen irgendwann in der Jugend oder im frühen Erwachsenenalter vollzieht: Es ist der entscheidende Wechsel hin zum Interesse am anderen Geschlecht. Die Menschen, die in der Kindheit gern mit Mädchen spielen, nämlich später heterosexuelle Frauen und später homosexuelle Männer, bevorzugen im späteren Leben Männer als Sexual- und Lebenspartner. Diejenigen, die in der Kindheit lieber mit Jungen spielen, nämlich später homosexuelle Frauen und später heterosexuelle Männer, fühlen sich im späteren Leben vorzugsweise von Frauen angezogen. Diese Theorie widerspricht den meisten sozialpsychologischen Untersuchungen zur Partnerwahl, die feststellten, dass in den meisten Fällen die Partnerwahl von der Ähnlichkeit zwischen Menschen beeinflusst wird. Die Geschlechtswahl scheint eine Ausnahme zu bilden. Die Kernannahme von Bems Theorie besteht darin, dass sich Menschen sexuell und erotisch zunehmend von Personen angezogen fühlen, zu denen sie sich selbst **in der Kindheit** eher als deutlich unterschiedlich erlebt hatten. Bem hat in seiner „Exotisches wird Erotisches"-Entwicklungstheorie die zeitlichen Abfolgen von Einflüssen, Ereignissen und Phasen beschrieben, die für die Entwicklung der sexuellen Orientierung entscheidend sind und er hat auch in einer Reihe von Forschungsarbeiten Belege für die Schlüssigkeit seiner von ihm beschriebenen Stufenabfolge vorgelegt. Bem geht davon aus, dass zwar genetische oder pränatal-hormonelle Voraussetzungen keinen direkten Einfluss auf die spätere sexuelle Orientierung haben, dass diese Faktoren aber bei der Entwicklung von Persönlichkeitsmerkmalen, die sich auf einer Dimension zwischen „aktiv" und „passiv" einordnen lassen, eine wichtige Rolle spielen. Das kindliche Temperament ist Voraussetzung dafür, ob das Kind z. B. eher Spaß an Rauf- und Kampfspielen oder an eher zurückhaltenden Spielen, wie z. B. mit Puppen, Freude hat. Mit zunehmendem Alter werden sich die Kinder ihrer eigenen geschlechtsrollenkonformen oder nichtgeschlechtsrollenkonformen Vorlieben und Aktivitäten bewusst. In der nächsten Entwicklungsphase spüren die Kinder ihre Andersartigkeit gegenüber dem anderen Geschlecht, was zu einer Art innerer Aufregung und Spannung führt. Bem geht davon aus, dass Kinder unabhängig davon, ob sie geschlechtsrollenkonform sind oder nicht, in dieser Entwicklungsphase in der Gegenwart von Gleichaltrigen, die nicht den eigenen Neigungen entsprechen, also in der Regel gegengeschlechtliche Gleichaltrige, regelhaft erhöhte nichtspezifische Erregungsphasen erleben. Diese rühren von den in dieser Zeit gravierenden geschlechtshormonellen Veränderungen, so dass Kinder subjektiv ein neuartig unbekanntes, ein „exotisches" Geschehen erfahren. In der nächsten Entwicklungsphase wird nach Bem im Zusammenhang mit den weiter zunehmenden hormonellen Veränderungen in der Jugend aus dem exotischen ein erotisches Interesse. Das Andere, das Fremdartige, wird nun in „erotisierende" Reize verwandelt. Bei homosexueller Orientierung ist das Exotische, Fremde folglich das eigene Geschlecht, mit dem vorher nicht gespielt wurde. Eine Studie von McClintock und Herdt (1996) belegt, dass sich die erste sexuelle Zuneigung bei Kindern tatsächlich etwa im Alter von 10 Jahren entwickelt, unabhängig davon, ob diese auf das eigene oder auf das andere Geschlecht bezogen war.

Während sich Bems Theorie auf die Entwicklung der Geschlechtspartnerpräferenz bezieht, gehen andere Untersuchungen der Frage nach den **Auslösern sexueller Anziehung** nach. Zwar ist, was jeweils als sexuell attraktiv gilt, von kulturellen und von den jeweiligen gesellschaftlichen Modeeinflüssen abhängig, daneben spielen aber Merkmale wie soziale Schicht, finanzielles Vermögen und Macht eine Rolle. Solche Merkmale fördern eine erste Zuneigung, aber es sind zwischenmenschliche Faktoren, die in der Regel ausschlaggebend dafür sind, ob diese Zuneigung zu irgendeiner Art von Bindung oder Beziehung führt. Für einige Menschen kann allerdings ein sexueller Reiz von Beziehungen oder Menschen losgelöst bleiben. So kann in manchen Fällen der sexuelle Reiz ein einzelner Körperteil, z. B. der Fuß sein, in anderen Fällen kann der erotische Reiz auch eine Art erweitertes Abbild der Person, beispielsweise ein Kleidungsstück, sein. Solche sog. Fetische können durchaus mit einer sexuellen Beziehung vereinbar sein, oftmals sind sie aber so dominierend, dass sie Beziehungen verhindern oder zerstören.

Unterschiedliche, z. T. variierende **Präferenzen** gibt es auch hinsichtlich verschiedener Arten **sexueller Aktivitäten**. So gibt es Präferenzen für bestimmte Stellungen während des Koitus oder für bestimmte Arten der Stimulation usw. Wenn solche Vorlieben mit denen des Partners übereinstimmen, wirken sie auf eine Beziehung stabilisierend. Ist jedoch eine sexuelle Befriedigung überwiegend an außergewöhnliche Sexualobjekte oder Stimulierungspraktiken geknüpft, liegt eine Paraphilie vor. Einige solcher sexuellen Präferenzstörungen wie etwa der Voyeurismus oder der Exhibitionismus, lassen sich überhaupt nicht in eine Beziehung integrieren.

Bei der **Entwicklung sexueller Präferenzen** spielen nicht nur soziale Lernprozesse eine wesentliche Rolle, sondern auch der Faktor Angst. Dabei kann es sich um die Angst zu versagen, aber auch um die Angst vor Erfolg handeln. Die Angst vor sexuellem Versagen oder vor Zurückweisung hängt in der Regel mit einem mangelnden Selbstvertrauen und einem geringen Selbstwertgefühl zusammen. Eine solche Angst kann z. B. dazu führen, dass ein Mann, der an seiner Männlichkeit und Attraktivität für Frauen zweifelt, eine Beziehung zu einem Kind eingeht. Angst vor Erfolg dagegen kann sich in der Angst vor echter sexueller Hingabe, z. B. aufgrund von Schuldgefühlen wegen des Erlebens sexueller Lust oder aufgrund anderer Konsequenzen äußern. Eine erhebliche Bedeutung für die Entwicklung von sexuellen Präferenzen hat aber auch die Eltern-Kind-Beziehung, denn das Sexualverhalten wird, wie bereits in der Einführung beschrieben wurde, ganz entscheidend von der gesamten Bedürfnis-, Beziehungs- und Geschlechtsgeschichte eines Menschen bestimmt.

2.3 Sexualität im Alter

Früher war man der Ansicht, dass eine Frau ihre sexuellen Fähigkeiten nach der Menopause verliert und dass sich Männer damit abzufinden hätten, beim Erreichen der mittleren Jahre ihre „Manneskraft" einzubüßen. Die heutige Sexualforschung hat jedoch gezeigt, dass diese Auffassung falsch ist und dass Menschen tatsächlich bis ins hohe Alter sexuell aktiv sind. Insgesamt hat sich in den letzten Jahrzehnten die Einstellung in Bezug auf das Alter grundlegend geändert. Es wird nicht mehr bloß negativ als ein unaufhaltsamer Abstieg und Abbau körperlicher und geistiger Kräfte und Fähigkeiten betrachtet, sondern es wird vielmehr positiv als eine weitere Lebensphase mit spezifischen Chancen gesehen, die es zu nutzen gilt, auch, um Abbauprozessen entgegenzuwirken. Dieser Wandel spiegelt sich auch hinsichtlich der Einstellung gegenüber der Sexualität im Alter wider. Schiavi (1990) fand bei den von ihm untersuchten Männern, dass sich ihre Freude an der ehelichen Sexualität trotz der u. U. nachlassenden genitalen Funktionen mit dem Alter nicht verändert hatte. Sexuelle Aktivitäten werden zwar mit zunehmenden Alter, insbesondere bei Männern über 60, seltener, wie Untersuchungen von Smith (1998) über die Koitusfrequenzen in verschiedenen Altersstufen zeigten (s. Abb. 2-1), aber sie werden nicht durch die üblichen Alterungsvorgänge beendet. Im Vergleich zu anderen Körperfunktionen altert die Sexualfunktion sehr langsam. Die Umfrage von Kinsey (1948) ergab, dass ältere Männer bis zum 70. und 80. Lebensjahr ein gewisses Maß an sexueller Aktivität beibehielten, sofern sie körperlich gesund und schon immer im Leben sexuell relativ aktiv waren. Die gleiche Studie zeigte, dass der Durchschnittswert der sexuellen Gesamtbefriedigung bei Männern, gemessen an der Häufigkeit von Ejakulationen durch jede Form sexueller Aktivität, mit 50 Jahren 1,8 pro Woche, mit 60 Jahren 1,2 pro Woche und mit 70 Jahren 0,7 pro Woche betrug. Hatten die Männer jedoch neue Partnerinnen oder übten sie neue sexuelle Praktiken aus, nahm die Häufigkeit sexueller Kontakte sprunghaft zu. Allerdings sank die Frequenz innerhalb weniger Monate dann wieder auf das alte Niveau ab. Frauen erreichen ihr maximales sexuelles Interesse im Allgemeinen um das 25.–35. Lebensjahr. Die Libido bleibt dann relativ unverändert bis über das Klimakterium hinaus erhalten. Entsprechend gaben nach Kinseys (1953) Befragungen noch 93 % der Frauen im Alter von 50 Jahren an, ehelichen Koitus zu erleben. Im Alter von 60 Jahren waren es noch 80 %. Die durchschnittliche Frequenz des ehelichen Koitus lag mit 50 Jahren bei 1 x wöchentlich und mit 60 Jahren bei 0,6 pro Woche. Die unterschiedlichen Antworten der Frauen und Männer über sexuelle Aktivitäten stehen wohl damit in Zusammenhang, dass bei Männern in den Zahlen die gesamte sexuelle Aktivität, bei Frauen hingegen nur die Häufigkeit der ehelichen Sexualakte enthalten waren. Hinzu kommt, dass, zumindest zur damaligen Zeit, die Frauen dazu neigten, niedrigere Häufigkeiten sexueller Kontakte zu nennen. Die Untersuchungen von Kinsey stehen in Übereinstimmung mit denen von Newman und Nichols (1960), die 250 Männer und Frauen im Alter zwischen 60 und 93 Jahren befragten. 101 Personen dieser Gruppe waren alleinstehend, von dieser Gruppe gaben noch 7 % sexuelle Aktivitäten an. 149 Personen waren noch verheiratet. 54 % von ihnen waren einmal monatlich bis zu dreimal wöchentlich in der einen oder anderen Form sexuell aktiv. Die Häufigkeit sexueller Kontakte bei den verheirateten Menschen ließ erst deutlich nach dem 75. Lebensjahr nach und betrug ca. 28 %. Wenn also Möglichkeiten zu geschlechtlichen Kontakten gegeben waren, wurden sie auch im Alter wahrgenommen.

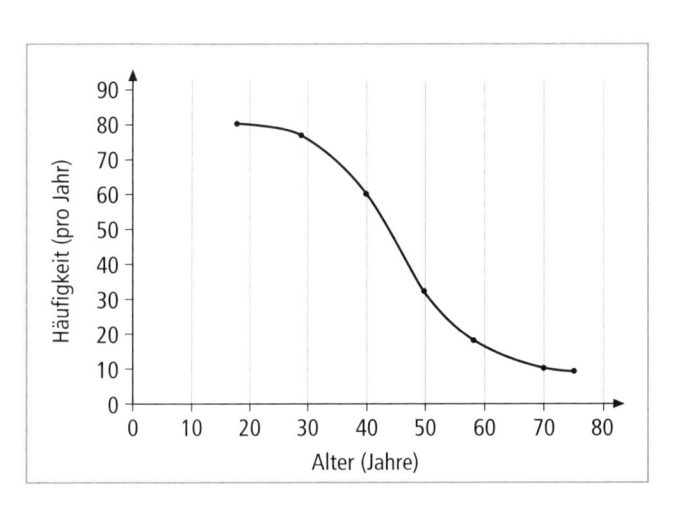

Abb. 2-1 Häufigkeit der Koitusfrequenz pro Jahr in verschiedenen Altersstufen (nach Smith 1998)

Allerdings zeigten Untersuchungen von Martin (1981) an 181 gesunden Männern im Alter zwischen 60 und 79 Jahren, dass Männer, die in früheren Lebensjahren wenig sexuell aktiv waren, dies auch im Alter nicht waren und umgekehrt.

Die Sexualität im Alter wird von vielen Menschen sogar befriedigender erlebt als in jüngeren Jahren. Dies hängt z. T. damit zusammen, dass die Paare mehr Zeit füreinander haben, dass die Kinder aus dem Haus sind und dass die beruflichen Tätigkeiten eingeschränkt oder aufgegeben worden sind. Hinzu kommt, dass die Angst vor ungewollten Schwangerschaften fortfällt und dass sich in der Regel insgesamt eine größere Gelassenheit und zunehmende Reife breit macht, die sich positiv auf das Sexualverhalten im Alter auswirkt. Hinzu kommt, dass, wie eine Untersuchung von Schneider (1980) zeigte, bei Menschen über 64 Jahren der Koitus eine geringere Rolle spielt als der Aspekt der Zärtlichkeit und der Zufriedenheit mit den Partnerschaften.

Allerdings besteht auch ein zunehmendes Risiko, dass altersbedingte Komorbiditäten, wie z. B. Herzkreislauferkrankungen, Diabetes, rheumatische Erkrankungen, Tumore etc. (s. Kap. 1.5) das Sexualleben einschränken oder gar beenden können. Auch psychische Erkrankungen wie Depressionen und Alkoholismus können das Sexualleben in Mitleidenschaft ziehen. Männer sind mit zunehmendem Alter in der Regel stärker von organisch bedingten Störungen betroffen als Frauen.

3 Die sexuelle Reaktion

Jeder gesunde Mensch ist zu Reaktionen auf sexuelle Reize fähig. Welche Reize im Einzelnen als stimulierend empfunden werden, ist nicht nur interpersonell unterschiedlich, sondern auch situativ bei jedem Menschen anders und hängt u. a. von individuellen Erfahrungen ab. Das physiologische Grundprinzip des sexuellen Reaktionsmusters ist jedoch bei allen Menschen und auch bei beiden Geschlechtern sehr ähnlich. Die anatomischen und physiologischen Reaktionen auf eine wirksame sexuelle Stimulierung wurden erstmals von Masters und Johnson (1967) beschrieben.

Im Gegensatz zu Tieren kann beim Menschen sexuelle Erregung fast zu jeder Zeit auf unterschiedlichste Weise und durch viele verschiedene Auslöser entstehen. So kann sie durch den Anblick oder das Berühren einer bestimmten Person, durch bestimmte Gerüche oder Töne, aber natürlich einfach auch durch Gedanken, Erinnerungen und Phantasien hervorgerufen werden. Manche Menschen könne allein über Phantasien zum Orgasmus kommen. Männer sind durch erotische Gedanken, Vorstellungen und Phantasien in der Regel leichter beeinflussbar als Frauen. Von den fünf Sinnesorganen führt wahrscheinlich der Tastsinn am häufigsten zur sexuellen Erregung. Da bestimmte Regionen des Körpers besonders viele Nervenendigungen aufweisen, sind sie berührungsempfindlicher und daher auch empfänglicher für sexuelle Stimulation. Deshalb werden diese Körperregionen auch „erogene" Zonen genannt. Sexuelle Reaktionen können allerdings auch ohne sexuelle Ursachen und vom Gehirn unabhängig hervorgerufen werden. Solche sog. „reflexive Reize" wirken auch nach Durchtrennung des Rückenmarks und kommen somit auch bei Querschnittsgelähmten vor. Ebenso bekannt ist, dass besonders morgens eine gefüllte Harnblase, aber auch das Heben schwerer Gewichte zu Erektionen führen können. Aber auch unangenehme psychische Reize, wie Angst und Stress, z. B. in Prüfungsvorbereitungen, können ungewollte Erektionen hervorrufen. Generell gilt, dass Männer mehr als Frauen auf visuelle Reize reagieren, während bei Frauen die sexuelle Erregung durch ein gesamtes „zärtlich-erotisches Ambiente" und durch die Stimme ausgelöst wird. Ein Sprichwort besagt, dass die Liebe der Männer durch die Augen und die der Frauen durch die Ohren geht. In diesen Themenbereich gehört, dass es Reize, atmosphärische Schwingungen, Andeutungen etc. gibt, die eine sinnliche Gestimmtheit bewirken, die aber keine direkte sexuelle Reaktion hervorrufen. Dieser Empfindungsbereich wird als **Erotik** bezeichnet. Erotik resultiert vor allem aus der Spannung, die durch das Einhalten einer Grenze entsteht. Damit umfasst Erotik wesentlich mehr als nur das Sexuelle. Leider wird der Begriff inzwischen eher mit „Rotlichtmilieu" gleichgesetzt und dadurch seiner Vielschichtigkeit beraubt.

3.1 Anatomie der Geschlechtsorgane

Weibliche und männliche Geschlechtsorgane haben einen gemeinsamen embryologischen Ursprung und differenzieren sich erst im Verlauf der Schwangerschaft zu den typischen anatomischen Unterschieden aus.

3.1.1 Bei der Frau

Die äußeren weiblichen Geschlechtsorgane bestehen aus dem Venushügel, den großen und kleinen Schamlippen, der Klitoris und dem Scheideneingang. Diese Organe werden auch unter dem Oberbegriff Vulva zusammengefasst.

Der **Venushügel** (Mons veneris) besteht aus Fettgewebe, das unter der Haut unmittelbar über dem Schambein liegt. Seine Oberfläche ist mit Schamhaaren bewachsen.

Die **großen Schamlippen** (Labia majora) sind zwei dicke Hautfalten aus Fettgewebe, die vom Venushügel abwärts verlaufen und die äußere Begrenzung der Vulva bilden. Sie sind außen ebenfalls mit Schamhaaren bedeckt. Die großen Schamlippen liegen normalerweise dicht nebeneinander und bedecken die übrigen Teile der Vulva, so dass sie einen mechanischen Schutz für die Urethra- und Vaginalöffnung bilden.

Die **kleinen Schamlippen** (Labia minora) liegen unter den großen Schamlippen. Sie werden von zwei dünnen Hautfalten gebildet, die ein dichtes Netz von Blutgefäßen und Nervenendungen durchzieht. Daher sind sie sehr berührungsempfindlich. Nach oben wachsen die kleinen Schamlippen zusammen und bilden eine Hautfalte, die die Klitoris bedeckt. Diese Hautfalte wird als Vaginaltubus oder auch als Vorhaut der Klitoris bezeichnet. An der Hinterseite sind die kleinen Schamlippen durch ein Hautbändchen, das **Frenulum**, verbunden. Den Bereich, der durch die Klitoris, die kleinen Schamlippen und das Hautbändchen umschlossen wird, bezeichnet man als **Vorhof** (Vestibulum vaginae). Dieser ist gewöhnlich feucht.

Die **Klitoris** ist ein kurzes zylindrisches Organ, das hauptsächlich aus zwei Schwellkörpern besteht, die sich in kurzer Zeit mit Blut füllen können, wodurch sich das ganze Organ vergrößert und versteift. Die Klitoris liegt unter dem Punkt, an dem sich die Spitzen der inneren Lippen berühren. Sie ist zum Teil von einer Vorhaut bedeckt. Die durchschnittliche Länge der Klitoris beträgt im Ruhezustand weniger als 2,5 cm, wovon der größte Teil verdeckt liegt. Im Erregungszustand kann sich ihr Umfang jedoch fast verdoppeln. Die Klitoris kann mit einem kleinen Penis verglichen werden, denn auch ihre Glans (clitoridis) wird von unzähligen Nervenendungen versorgt, so dass sie besonders berührungsempfindlich ist. Deshalb wird von den meisten Frauen eine direkte Stimulation der Klitoris als schmerzhaft empfunden und eine indirekte bevorzugt. Anders als der Penis tritt jedoch die Klitoris im Erregungszustand nicht hervor, sondern sie zieht sich hinter ihre Vorhaut zurück.

Der **Scheideneingang** liegt ca. 2 cm unterhalb der Klitoris. Dazwischen liegt der Harnröhrenausgang. Im jungfräulichen Zustand ist die Scheidenöffnung durch eine dünne Hautfalte, das **Jungfernhäutchen** (Hymen) teilweise verschlossen. Ein unverletztes Hymen ist kein Beweis für die Jungfräulichkeit, denn es hat gewöhnlich ein oder mehrere Löcher, die so dehnbar sein können, dass ein Finger oder auch ein Penis eingeführt werden kann, ohne dass es dabei verletzt zu werden braucht. Bei manchen Frauen zerreißt es auch durch Sport. Bei einem zerrissenen Hymen bilden seine zurückgezogenen Überreste Fransen aus Hautfetzen, die die Scheidenöffnung umgeben. Auf beiden Seiten der Scheidenöffnung, am Rande der Befestigungsstellen des Hymens und der kleinen Schamlippen, liegen die **Bartholinischen Drüsen**, die den Cowper-Drüsen beim männlichen Geschlecht entsprechen. Diese Drüsen sondern kleine Mengen einer Gleitflüssigkeit ab.

Die **Scheide** (Vagina) ist ein ca. 8–11 cm langer, muskulöser Schlauch, der sich vom Gebärmuttermund bis zur Öffnung nach außen in die Vulva erstreckt. Im nichterregten Zustand ist die Scheide zusammengefaltet, sie bildet also keinen Hohlraum. Im ausgedehnten Zustand weitet sich die Scheide und gleicht einer umgedrehten Flasche. Dies liegt daran, dass die ersten beiden (proximalen)

Drittel der Scheide nachgiebig und geräumig sind, während das äußere (distale) Drittel von den Muskeln des Beckenbodens umschlossen wird. Eine intensive Verkrampfung dieser Muskeln kann die Scheide vollständig verschließen und zum sog. Scheidenkrampf (Vaginismus) führen. In den dicht aneinander liegenden Scheidenwänden befindet sich eine Schleimhaut (Tunica mucosa vaginae) mit zahlreichen schleimproduzierenden Zellen und Blutgefäßen. Drüsen in der Scheide gibt es aber keine und außer an der Vaginalöffnung gibt es auch nur wenige Nervenendigungen. Während der sexuellen Erregung sondern die Scheidenwände eine wässrige Substanz ab, die beim Koitus als Gleitflüssigkeit dient. Durch eigene Sekretionen ist die Vagina in der Lage, sich selbst zu reinigen. Bei manchen Frauen tritt während des Orgasmus eine geringe Menge Flüssigkeit aus der Harnröhre aus. Hierbei handelt es sich jedoch nicht um Urin, sondern um eine Substanz, die von verschiedenen urethralen Drüsen produziert wird. Dieses Drüsensystem ist bei manchen Frauen stärker ausgebildet als bei anderen. In Analogie zum männlichen Geschlecht wurde das Austreten von Flüssigkeit aus diesem Drüsensystem beim Orgasmus als „weibliche Ejakulation" bezeichnet. Vermutlich kommt sie nur bei relativ wenigen Frauen vor. Einige Frauen weisen eine bestimmte sehr sensible Zone auf, die um die Harnröhre gelegen ist und die durch die vordere Wand der Vagina getastet und gereizt werden kann. Dieses Gewebe schwillt bei intensiver Reizung an und trägt dann zu einem besonders intensiven Gefühl des Orgasmus bei. Koital kann es am besten durch die „a tergo-Position" erreicht werden. Anatomisch werden diese mehr oder weniger stark ausgeprägten paraurethralen Wülste nach ihrem „Entdecker" Gräfenberg (1950) als „Gräfenberg-Zone" bzw. als G-Punkt oder als G-Spot bezeichnet. Dieses Phänomen gilt bis heute aber als umstritten und wird von einigen Experten auch als „gynäkologisches Ufo" bezeichnet.

Die Scheide passt sich in ihrer Größe jedem Penis an. Es kommt jedoch in einigen Fällen vor, dass, z. B. als Folge einer Geburt oder einfach des Alterungsprozesses, der äußere Teil der Scheide so erschlafft ist, dass er den Penis nicht mehr fest umschließen kann. Kegel (1952) hat bestimmte nach ihm benannte Übungen entwickelt, durch die Frauen erlernen können, ihre Vaginalmuskeln bzw. den sog. PC-Muskel (Musculus pubococcygeus), der beim Orgasmus klonische Kontraktionen zeigt, zu steuern, um so während des Verkehrs den Druck auf den Penis erhöhen zu können. Die Übungen sollen auch den Beckenboden kräftigen und Kontinenzprobleme lindern helfen. Wissenschaftliche Nachweise darüber, dass eine Beeinträchtigung des Muskeltonus die sexuelle Befriedigung einschränkt und dass die „Kegelübungen" tatsächlich zu einer Besserung führen, liegen allerdings bisher nicht vor.

Die **Gebärmutter** (Uterus) ist ein ca. 7 cm langes, birnenförmiges Organ, das ungefähr in der Mitte des Unterleibes liegt. Der untere Teil des Uterus, der in das Innere der Scheide hineinreicht, wird als Gebärmutterhals oder Cervix bezeichnet. Er besitzt eine kleine Öffnung, den Muttermund, durch den die Samenzellen aus der Scheide in die Gebärmutter gelangen können. Mit Ausnahme einer kurzen Phase um den Eisprung herum ist diese Öffnung jedoch für Samenzellen durch einen zähen Schleimpfropf verschlossen. Die Wand der Gebärmutter setzt sich aus drei Gewebeschichten zusammen, einer äußeren Schicht, der eigentlichen Muskelschicht und der inneren Schleimhautschicht, dem Endometrium. Das Gewebe des Endometriums besitzt die Fähigkeit, sich jeden Monat teilweise neu aufzubauen, um so die Aufnahme einer eventuell befruchteten Eizelle zu gewährleisten. Kommt es nicht dazu, löst sich der größte Teil dieses Gewebes ab und wird während der Menstruation durch Gebärmutterhals und Scheide ausgeschieden. Im Falle einer Schwangerschaft dehnt sich die Gebärmutter mit dem wachsenden Fötus aus. Dies wird durch die enorm dehnbare Muskelstruktur ermöglicht, die auch für die Presswehen bei der Geburt sorgt. Auch beim Orgasmus ziehen sich die Muskeln der Gebärmutter zusammen.

Die **Eileiter** führen von den seitlich zum Uterus gelegenen Eierstöcken beidseitig in die Gebärmutter. Durch die Eileiter wandern die Samenzellen, um die Eizelle zu befruchten. Die Befruchtung findet meistens im oberen Teil des Eileiters statt. In seinem Inneren befinden sich unzählige haarähnliche Fortsätze (Zilien), deren Bewegungen, zusammen mit den Kontraktionen der Muskeln in der Wand des Eileiters, das Ei in die Gebärmutter bewegen.

Die **Eierstöcke** (Ovarien) sind zwei walnussgroße Organe, die auf beiden Seiten des Uterus und mit ihm durch Bänder verankert im Unterleib liegen. Sie produzieren Eizellen, die in die Eileiter aufgenommen werden und Hormone, die direkt in die Blutbahn abgegeben werden.

3.1.2 Beim Mann

Die männlichen äußeren Geschlechtsorgane bestehen aus Penis und Hodensack (Skrotum), der die Hoden (Testes) und Nebenhoden enthält.

Der **Penis** ist ein zylindrisches Organ, über dessen Länge sich drei Schwellkörper erstrecken. Zwei verlaufen seitlich zum Schwammgewebe auf der Oberseite (Corpora cavernosa) und einer entlang der Unterseite (Corpus spongiosum). Die Schwellkörper bestehen aus Zylindern von festem Fasergewebe, die gefüllt sind mit einem schwammigen Gitter von Gefäßräumen und Schwellgewebe, das während der Erektion mit Blut gefüllt wird. Der an der Unterseite des Penis verlaufende Schwellkörper, das Corpus spongiosum, umhüllt die an der Unterseite des Penis verlaufende Harnröhre. Diese dient nicht nur zur Ausscheidung von Harn, sondern auch von Samenflüssigkeit. Bei Anschwellung des Corpus spongiosum bleibt der Hohlraum der Harnröhre soweit geöffnet, dass eine schnelle Ejakulation der Samenflüssigkeit möglich ist. Der Druck innerhalb des Corpus spongiosum während der Erektion ist deutlich geringer als der Druck in den Corpora cavernosa, den oberen Schwellkörpern, die somit für die vollständige Erektion am wichtigsten sind. Die Vergrößerung des Penis bei einer Erektion ist möglich, weil seine Haut sehr elastisch und locker ist. An der Spitze des Penis hängt die Haut so locker, dass sie eine Hautfalte, die sog. Vorhaut, bildet. Die **Vorhaut** bedeckt normalerweise die Spitze des Penis, die sog. **Eichel** (Glans). Diese tritt während der Erektion ganz unter der Vorhaut hervor und ist in der Regel dicker als der Peniskörper. Die Glans ist die Verlängerung des Corpus spongiosum, der sich nahe der Spitze des Penis erweitert. Dort tritt auch die Harnröhre aus. Die glatte Oberfläche der Eichel ist mit zahllosen Nervenendigungen übersät, und daher äußerst berührungsempfindlich, insbesondere an ihrem äußeren Gewebsrand, der die Eichel vom Penisstamm trennt, der sog. **Eichelwulst** (Corona glandis). Die Unterseite der Eichel ist durch ein dünnes Gewebeband (Frenulum) mit der Vorhaut verbunden. Dieser Bereich ist ebenfalls äußerst berührungsintensiv. Am Rande der Eichel und unter der Vorhaut liegen Drüsen, die eine schleimige Substanz, das **Smegma**, absondern. Wenn die Vorhaut zu eng ist, kann sich dieses Smegma ansammeln und Reizungen hervorrufen, ebenso dann, wenn bei unzureichender Körperpflege die Reinigung der Glans nicht nach Zurückschieben der Vorhaut erfolgt. Eine zu enge Vorhaut (Phimose) oder religiöse Gebräuche sind Gründe für die Beschneidung, d. h. die operative Entfernung der Vorhaut. Während der Erektion des Penis wird die Vorhaut bei einem nicht beschnittenen Mann teilweise nach hinten gezogen, bedingt durch die Anspannung der Haut entlang des Penisschaftes. Dadurch werden die Spitze der Eichel und die Harnröhrenöffnung freigelegt. Während der stoßartigen Bewegungen beim

Koitus wird die Vorhaut durch die Reibung an der Scheidenwand weiter zurückgezogen und die Eichel vollständig freigelegt. Bei eingeschränkter Beweglichkeit der Vorhaut kann dies zu Schwierigkeiten und Beschwerden beim Geschlechtsverkehr führen.

Die Länge des Penis steht in keinerlei Zusammenhang mit dem Körperbau, der Hautfarbe oder der sexuellen Leistungsfähigkeit des Mannes. Größenunterschiede des schlaffen Penis gleichen sich durch die Erektion aus, d. h., dass ein kleiner Penis bei der Erektion zu doppelter Größe anwachsen kann, während ein in nicht erigiertem Zustand großer Penis proportional weniger zunimmt. Selbst wenn ein Penis während der Erektion relativ klein bleibt, passt sich die Scheide der Frau der Größe des Penis an, und, da in den Vaginawänden selbst nur wenige Nervenendingungen verlaufen, hängen die sexuellen Empfindungen der Frau in erster Linie von der Festigkeit der Muskeln der Scheidenöffnung und von psychischen Faktoren, nicht aber von der Größe des Penis ab.

Der **Hodensack** (Skrotum) ist eine Hauttasche, die die Hoden enthält. Das Skrotum hängt zwischen den Schenkeln an der Peniswurzel. Die Haut des Hodensacks ist etwas dunkler gefärbt und enthält viele Schweißdrüsen. Das Innere ist in zwei getrennte Räume aufgeteilt, die je einen Hoden und die dazugehörigen ebenfalls paarweise angelegten Samenwege enthalten, die im Samenstrang in die Bauchhöhle führen. Im Samenstrang verläuft ein dünner Kanal, durch den die Spermien wandern, der Samenleiter. Das Skrotum hat eine Schicht von Muskelfasern, die sich mit den Muskeln des Samenstranges auf bestimmte Reize, z. B. bei Kälteeinwirkung oder sportlichen Tätigkeiten, zusammenziehen und die Hoden dichter an den Unterleib heranholen. Ähnlich reagiert die Haut des Hodensacks, die dann dick und faltig aussieht. Bei heißem Wetter streckt sich der Hodensack, wodurch die Hoden vom Körper weggeführt werden, so dass mehr Hautoberfläche für die Abstrahlung der Wärme entstehen kann. Dieser Reflex wirkt gewissermaßen wie ein Thermostat, der eine gleichbleibende Temperatur für die Spermienbildung sichert, die etwas niedriger sein soll als die des übrigen Körpers. Gewöhnlich hängt der Hodensack jedoch locker und die Haut sieht glatt und weich aus.

Die männlichen Keimdrüsen bzw. **Hoden** werden während der Entwicklung des Embryos innerhalb des Unterbauches herangebildet. Sie senken sich gewöhnlich noch vor der Geburt in den Hodensack ab und bringen sich dadurch in eine kühlere Umgebung. Bei Jungen, bei denen diese Verlagerung der Hoden nicht erfolgt, sind die keimzellproduzierenden und endokrinen Funktionen der Hoden beeinträchtigt, falls diese Störung nicht rechtzeitig behandelt wird. Beim geschlechtsreifen Mann sind die Hoden zwei ovale Körper von etwa 4 cm Länge, die in zwei getrennten Hüllen im Hodensack hängen. Obwohl beide Hoden ungefähr die gleiche Größe haben, hängt der linke gewöhnlich bei Rechtshändern etwas tiefer, wodurch er größer wirken kann. Die Hoden enthalten zwei verschiedene Arten von Zellen. Die hormonproduzierenden Zellen in den Hoden sind die Interstitialzellen (Leydig-Zellen), die vor allem Testosteron produzieren. In den Fußzellen (Sertoli-Zellen) werden Spermatozoen gebildet. Die Samenzellen, die ständig in den Hodenkanälchen produziert werden, treten aus den Samenkanälchen in ein kompaktes, zusammengerolltes Kanalsystem, in die sog. **Nebenhoden** (Epididymides), die rückwärtig der Oberfläche jedes der beiden Hoden anliegen. Die Nebenhoden sind an jeder Seite durch ein langes, paarweise angelegtes fibromuskuläres Gefäß, den **Samenleiter** (Vas deferens), der sich zur ebenfalls paarweise angelegten Ampulle des Samenleiters erweitert, mit der Harnröhre (Urethra) verbunden. Diese hinter der Harnblase gelegene Ampulle dient als Speicher für Spermien. Die Wanderung der Samenzellen durch das mehrere Meter lange Nebenhodengeflecht in die Samenleiter dauert mehrere Wochen. In dieser

Zeit entwickeln die Samenzellen auch die Fähigkeit, sich selbst fortzubewegen. Die Samenleiter, ca. 40 cm lange Röhren, führen bis in das kleine Becken. Innerhalb des kleinen Beckens beschreibt jeder der beiden Samenleiter eine weite Kurve bis hinter die Harnblase. (Bei einer Vasektomie werden die Samenleiter an ihrem unteren Teil durchtrennt.) Die Samenleiter vergrößern sich dann zu den Ampullen, in denen die Samenzellen bis zur Ejakulation gespeichert werden. Jede der Ampullen trifft auf einen weiteren Gang, den Ausführungsgang der Samenblase und bildet dann jeweils einen kurzen, geraden Gang, den Ejakulationsgang. Diese Ejakulationsgänge verlaufen durch die Prostata in die Harnröhre.

Die **Harnröhre** ist ein Rohr, das von der Blase bis zur Spitze des Penis führt. Sie dient sowohl der Ausscheidung von Harn als auch von Samen. Aufgrund bestimmter Muskeln können Harn und Samen jedoch nicht gleichzeitig ausgeschieden werden. Während der Harn direkt aus der Blase in die Harnröhre kommt, setzt sich die Samenflüssigkeit aus verschiedenen Sekreten zusammen, die durch verschiedene Öffnungen in der Wand der Harnröhre in die Harnröhre gelangen. Die wichtigsten Sekrete werden in den nachstehend beschriebenen Organen gebildet:

Die **Samenblasen** sind zwei Beutel, die dicht neben den Ampullen hinter der Blase liegen, nahe der Spitze der Prostata. In den Samenblasen wird eine Flüssigkeit produziert, die zusammen mit dem Prostata-Sekret die Beweglichkeit der Spermien nach der Ejakulation gewährleistet.

Die **Prostata** ist ein fester runder Körper von der Größe einer Kastanie. Sie liegt unmittelbar unter der Blase. Sowohl die Harnröhre als auch die Ejakulationsgänge führen durch sie hindurch. Die Prostata produziert ein Sekret, das etwa 30 % der Samenflüssigkeit beträgt, die bei der Ejakulation ausgestoßen wird.

Unterhalb der Prostata liegen zwei erbsengroße Drüsen, die bei sexueller Erregung eine klare Flüssigkeit in die Harnröhre absondern.

Diese Drüsen werden **Cowper-Drüsen** genannt. Oft kann ein winziger Tropfen dieser Flüssigkeit schon vor der Ejakulation am Harnröhrenausgang zu sehen sein. Dieser Tropfen, im Volksmund Sehnsuchtstropfen genannt, kann u. U. einzelne Samenzellen enthalten, so dass es in seltenen Fällen auch ohne Samenerguss zur Schwangerschaft kommen kann. Die meist nicht mehr als einen Teelöffel voll betragende Samenflüssigkeit, die bei einer Ejakulation ausgeschieden wird, setzt sich also aus Samenzellen und dem Sekret von Nebenhoden, Samenblasen, Prostata und Cowper-Drüsen zusammen. (Keines dieser Sekrete enthält schädliche Substanzen.) Die Menge, Konsistenz und Zusammensetzung der Samenflüssigkeit hängt u. a. von der Häufigkeit der Ejakulationen ab.

3.2 Physiologische Grundlagen

Sexuelle Aktivität führt zu bestimmten physiologischen Veränderungen im Körper, die nach einem bestimmten typischen Muster verlaufen. Am einfachsten lässt sich dieses Muster als Auf- und Abbau von Spannungen beschreiben. Es läuft stets in gleicher Weise ab, unabhängig davon, durch welche Reize die Erregung ausgelöst wird. Dieses Reaktionsmuster wurde 1967 von Masters und Johnson in ihrem bekannten Buch „Die sexuelle Reaktion" beschrieben. Die Ergebnisse beruhen auf Untersuchungen an 382 Frauen und 312 Männern. Zusätzlich zu den physiologischen Untersuchungen wurden 619 Frauen und 654 Männer befragt.

3.2.1 Der sexuelle Reaktionszyklus nach Masters und Johnson

Masters und Johnson sprechen von einem sexuellen Reaktionszyklus, der in gleicher Weise nach wirksamer Stimulierung abläuft. Er erfolgt nach einem von Masters und Johnson erarbeiteten Vierphasenschema. Unterschieden wird 1. die Erregungsphase, 2. die Plateauphase, 3. die Orgasmusphase und 4. die Rückbildungsphase.

Die **Erregungsphase** kann durch jede körperliche oder psychische sexuelle Stimulierung hervorgerufen werden. Zusammen mit der Rückbildungsphase nimmt sie zeitlich den größten Teil des gesamten Reaktionszyklus ein. In der zweiten Phase, der **Plateauphase**, steigt die sexuelle Spannung an und erreicht die hohe Stufe, von der aus der Orgasmus möglich ist. Die Dauer der Plateauphase hängt größtenteils von der Wirksamkeit der Reize ab, aber auch von psychischen Faktoren. Die **Orgasmusphase** ist auf wenige Sekunden begrenzt, in denen es zu Kontraktionen der Gefäße und Muskeln kommt. Die subjektive Empfindung ist dabei auf das Becken gerichtet, obwohl der gesamte Körper physiologisch einbezogen ist. Während der weibliche Orgasmus in Dauer und Intensität sehr unterschiedlich verlaufen kann, ist der männliche Orgasmus in seinem Ablauf stärker standardisiert. Die **Rückbildungsphase** beim Mann schließt immer eine individuell unterschiedlich lange Refraktärzeit ein, während Frauen die Fähigkeit zu multiplen Orgasmen haben. Masters und Johnson fanden heraus, dass trotz geschlechtsbedingter Unterschiede in den Abläufen der Reaktionen, vor allem hinsichtlich der Dauer und Intensität, bei beiden Geschlechtern eine große Ähnlichkeit feststellbar ist. Die wichtigsten gemeinsamen physiologischen Reaktionen werden nachfolgend dargestellt und in Tabelle 3-1 zusammengefasst.

Brust

Bei Frauen erigieren die Brustwarzen (Mamillen) in der Erregungsphase und behalten diese Erektion während der anderen Phasen bei. In der Plateauphase sind die Mamillen prall gefüllt, der Brustumfang nimmt zu und es entstehen dunkle Höfe um die Brustwarzen herum. In der Rückbildungsphase kommt es zu einem schnellen Abschwellen und einer langsamen Abnahme der Brustvergrößerung und der Venenzeichnung.

Bei Männern tritt eine Mamillenerektion in etwa 50 bis 60 % der Fälle auf. Im Gegensatz zu Frauen kann diese Reaktion bei Männern verzögert sein und erst in der Plateauphase auftreten; dort kann sie viele Minuten oder sogar Stunden nach der Ejakulation fortbestehen. Eine Größenzunahme der Brust mit Schwellung der Brustwarzenhöfe findet bei Männern nicht statt. Bei einigen Männern kann die Brustwarzenerektion durch direkte Stimulation herbeigeführt werden.

„Sex-Flush"

In der späten Erregungsphase kommt es bei den meisten Frauen zum „Sex-Flush"-Phänomen, einer Hautrötung, die in der Magengegend beginnt und sich auf Brust und Nacken ausbreitet. In der Plateauphase ist sie über den ganzen Körper verteilt und hält bis nach der Orgasmusphase an. Bei Männern tritt der „Sex-Flush" nicht immer auf, aber wenn, dann erscheint er in der Plateauphase und breitet sich von der Magengegend über die vordere Brustwand bis über den Hals zum Gesicht und zur Stirn, gelegentlich auch über die Schultern und Arme, aus. In der Orgasmusphase ist er auf den ganzen Körper ausgeweitet und bildet sich in umgekehrter Reihenfolge des Erscheinens in der Rückbildungsphase schnell wieder zurück.

Tab. 3-1 Sexueller Reaktionszyklus nach Masters und Johnson (1967)

Psychische Veränderungen	Körperliche Veränderungen	Bei der Frau	Beim Mann
Erregungsphase			
• zunehmendes Lustgefühl	• Pulsanstieg • Blutdrucksteigerung • Atmung wird schneller • verstärkte Muskelspannung	• Lubrikation der Vagina • Erektion der Brustwarzen • „Sex-Flush"	• Erektion des Penis • Hoden werden nach oben gezogen • evtl. „Sex-Flush"
Plateauphase			
• weiter zunehmendes Lustgefühl	• weiterer Pulsanstieg • weitere Blutdrucksteigerung • verstärkte Muskelspannung	• Bildung der vaginalen Manschette • innere 2/3 der Scheide erweitern sich • „Sex-Flush" • Klitoris zieht sich zurück	• max. Erektion • max. Schwellung der Hoden • evtl. Tropfen aus Cowper-Drüsen
Orgasmusphase			
• intensives Lustgefühl • äußere Einwirkungen werden ausgeblendet	• max. Pulssteigerung • max. Blutdrucksteigerung • max. Hautrötung • max. Muskelspannung	• rhythmische Kontraktionen des äußeren Scheidendrittels • Kontraktionen des Uterus • „Sex-Flush"	• Schluss des Blasensphinkters • Ejakulation
Rückbildungsphase			
• Gefühl der Befriedigung, evtl. Schlafbedürfnis	• Transpiration • Muskelentspannung • Puls, Blutdruck und Atmung kehren zu den Ausgangswerten zurück • Rückgang des „Sex-Flush"	• Entspannung des äußeren Scheidendrittels • Rückgang der Brustvergrößerung • Klitoris tritt wieder heraus	• Abnahme der Erektion • Skrotum und Hoden kehren zur normalen Größe zurück • Beginn der Refraktärphase

Muskelanspannung, Hyperventilation, Tachykardie und Blutdruck

Mit zunehmender sexueller Erregung steigt bei beiden Geschlechtern die Muskelspannung. Pulsfrequenz und Blutdruck erhöhen sich. In der Plateauphase beträgt die Herzfrequenz bei beiden Geschlechtern zwischen 100 und 175/min und in der Orgasmusphase zwischen 110 und über 180/min. Höhere Herzfrequenzen in der Orgasmusphase kommen eher bei Frauen als bei Männern vor. In der späten Plateauphase steigt bei beiden Geschlechtern die Atemfrequenz. In der Orgasmusphase beträgt sie bei beiden Geschlechtern, abhängig von Intensität und Dauer der sexuellen Erregung, 40/min. Frauen können zu erneutem Orgasmus gelangen, auch wenn die Hyperventilation des ersten Orgasmus noch besteht. Auch die Blutdrucksteigerung in der Plateau- und vor allem in der Orgasmusphase ist bei beiden Geschlechtern gleich. Mit zunehmender sexueller Stimulierung steigt bei beiden Geschlechtern auch die Spannung der willkürlichen und unwillkürlichen Muskulatur. Nach der Anspannung in der Plateauphase und des Gefühls des „Stehenbleibens", erfolgt bei beiden Geschlechtern in der Orgasmusphase der Verlust der willkürlichen Kontrolle und es finden unwillkürliche Kontraktionen und Spasmen von Muskelgruppen statt. Die Rückbildungsphase verläuft bei beiden Geschlechtern wiederum gleich.

Transpiration

Bei ca. einem Drittel der Frauen und Männer kommt es unmittelbar nach dem Orgasmus in der Rückbildungsphase zur Transpiration, die unabhängig von der körperlichen Anstrengung beobachtet wird. Bei Frauen tritt sie häufiger an Rücken, Oberschenkeln und der Brustwand und bei Männern meist an den Fußsohlen und den Handinnenflächen auf.

Geschlechtsorgane

Erregungsphase

Als erstes physiologisches Zeichen sexueller Erregung tritt beim Mann die Erektion des Penis auf. Die drei Schwellkörper füllen sich mit Blut, wodurch der Penis sich hebt und versteift. Gleichzeitig zieht sich die glatte Muskulatur des Hodensacks zusammen, seine Haut verdickt sich, die Hoden werden durch die Muskeln der Samenstränge aufwärts zur Bauchhöhle gezogen. Die Reaktion erfolgt beim Mann unter 40 Jahren ca. drei bis acht Sekunden nach Beginn der sexuellen Stimulierung. Zu den ersten und deutlichsten Anzeichen sexueller Erregung zählt bei Frauen die vaginale Lubrikation, die bei Frauen unter 40 Jahren ca. 10 bis 30 Sekunden nach Beginn der sexuellen Stimulierung auftritt. Mit fortschreitender Erregung vergrößern sich die inneren (proximalen) zwei Drittel der Vagina in der Breite und in der Länge. Gleichzeitig mit der leichten Aufblähung der Scheide verändert sich die Färbung von hellrot zu dunkelrot. Die Veränderung der großen Schamlippen ist bei Frauen davon abhängig, ob sie Kinder geboren haben oder nicht. Bei der Nullipara (Frau, die noch nicht geboren hat) flachen die großen Schamlippen bei sexueller Erregung ab und legen so die Scheidenöffnung frei. Bei der Pluri- bzw. Multipara (Frau, die einmal oder mehrmals geboren hat) sind die großen Schamlippen ohnehin größer und sie schwellen infolge der Durchblutung weiter an. Aber auch hier wird die Scheidenöffnung freigelegt. Bei allen Frauen schwellen die kleinen Schamlippen an und bekommen eine zunehmend rote Farbe. Die Klitoris nimmt, dadurch dass sich die Schwellkörper mit Blut füllen, an Umfang und Größe zu. Gleichzeitig beginnt der Uterus anzuschwellen und sich in den Unterleib hinein zu ziehen. Dadurch entsteht das oben beschriebene vaginale Zeltphänomen.

Plateauphase

Das Wort „Plateau" weist darauf hin, dass ein bestimmter Grad der Erregung erreicht ist, der eine bestimmte Zeit bestehen bleibt, bis es zum Orgasmus kommt. Die Plateauphase ist letztlich die Fortsetzung der Erregungsphase. Bei Männern verändert sich der erigierte Penis nicht wesentlich. Es kommt jedoch zu einem weiteren Anschwellen und manchmal zu einer Farbveränderung der Eichel. Die Hoden dagegen vergrößern sich um ca. 50 % und werden noch dichter an den Unterleib herangezogen. Die Cowper-Drüsen sondern ca. zwei bis drei Tropfen klare Flüssigkeit ab, die aus der Harnröhre austreten können. Diese Tropfen können auch Samenzellen enthalten. Bei Frauen füllt sich in der Plateauphase die Vaginalwand des äußeren (distalen) Drittels mit Blut. Dieser Teil der Vagina, der sich in der Erregungsphase geringfügig erweitert hat, verengt sich dadurch um ungefähr ein Drittel. Das stark durchblutete und sich dadurch verengende äußere Drittel der Scheide wird deshalb auch als „orgastische Manschette" (Sigusch) oder „Plattform" bezeichnet. Die großen Schamlippen verändern sich im Laufe der Plateauphase nicht mehr. Jedoch wird die Rotfärbung der kleinen Schamlippen noch intensiver, besonders bei Frauen, die bereits Kinder geboren haben. Dieser auffallende Farbwechsel zeigt das Bevorstehen des Orgasmus an. Wenn ein bestimmter Grad der Erregung erreicht ist, zieht sich die Klitoris unter ihre Vorhaut zurück und ist dadurch nicht mehr tastbar. Der Uterus wird weiter in den Unterleib hineingezogen und nimmt an Umfang zu.

Orgasmusphase

Der Orgasmus ist das plötzliche Nachlassen der Muskel- und Nervenanspannung auf dem Höhepunkt sexueller Erregung, das mit intensiven Lustgefühlen verbunden ist. Ein Orgasmus dauert nur wenige Sekunden und er wird wie ein kurzer krampfartiger Anfall oder eine schnelle Folge von Zuckungen erlebt, die den ganzen Körper ergreifen und dann rasch zu völliger Entspannung führen. Bei Männern beginnt der Orgasmus nach einem ca. zwei bis drei Sekunden anhaltenden Gefühl der Unvermeidbarkeit der Ejakulation mit rhythmischen, unwillkürlichen, austreibenden Kontraktionen. Die ersten zwei bis vier Kontraktionen erfolgen in Abständen von weniger als einer Sekunde, danach werden sie schwächer und die Abstände werden länger. Im Gefolge der Kontraktionen wird der Samen durch die Harnröhre in mehreren schnellen Schüben herausgeschleudert. Die Wucht der Ejakulation kann unterschiedlich sein. Die Menge ejakulierter Samenflüssigkeit entspricht etwa einem Teelöffel voll. Bei wiederholten Ejakulationen innerhalb kurzer Zeit wird die Menge jedes Mal geringer. Bei manchen Männern bildet sich unmittelbar nach der Ejakulation Schweiß an Handflächen und Fußsohlen.

Bei Frauen verläuft der Orgasmus mit ca. 5–12 Kontraktionen der orgastischen Manschette. Die Kontraktionen finden anfangs in Abständen von weniger als einer Sekunde statt. Nach ca. drei bis sechs Kontraktionen vergrößern sich die Intervalle und die Intensität der Kontraktionen nimmt ab. Fast gleichzeitig beginnt der Uterus sich zusammenzuziehen. Diese Kontraktionen sind jedoch unregelmäßig. Sie beginnen in der oberen Hälfte des Uterus und sind nach unten gerichtet. Auch die Schließmuskeln des Anus kontrahieren entsprechend der orgastischen Manschette. Die große Muskelkontraktion erfasst nicht nur den gesamten Raum des kleinen Beckens, sondern den gesamten Körper, Nacken, Arme, Hände, Beine und Füße. Orgasmen können bei Frauen auf sehr verschiedene Arten und situativ unterschiedlich erlebt werden. Bei manchen Frauen ist er eher kurz und sanft, bei anderen ist er länger und heftiger und einige haben mehrere Orgasmen hintereinander. Der grundlegende physiologische Vorgang ist jedoch immer der gleiche.

Rückbildungsphase

Nach dem Orgasmus dauert es eine bestimmte Zeit, bis der Ruhezustand wieder erreicht ist. Während dieser sog. Rückbildungsphase lässt bei Frauen der Blutstau im äußeren Drittel der Vagina nach und auch die großen und kleinen Schamlippen nehmen wieder ihre ursprüngliche Form an. Die Klitoris tritt wieder unter ihrer Vorhaut hervor. Auch der Uterus kehrt zu seiner Normalgröße zurück, und, indem er aus seiner aufgerichteten Position in das kleine Becken zurücksinkt, verschwindet die Erweiterung der inneren Zweidrittel der Vagina. Auch das „Sex-Flush"-Phänomen verschwindet. Die Brustwarzen und die Brüste kehren ebenfalls langsam in den Ruhestand zurück. Mit dem Nachlassen der Muskelanspannung nehmen auch Pulsfrequenz und Blutdruck wieder ab und die Atmung normalisiert sich. Frauen haben im Gegensatz zu Männern keine bzw. nur eine sehr kurze „Refraktärperiode". Deshalb kann es bei einer fortgesetzten Stimulation unmittelbar nach dem ersten Orgasmus bei Frauen zu weiteren Höhepunkten kom-

men. In diesen Fällen setzt die Rückbildungsphase erst nach dem letzten Orgasmus ein.
Bei Männern dauert die Rückbildungsphase proportional zur Dauer der Erregungsphase. Die deutlichste körperliche Veränderung während der Rückbildungsphase ist das Nachlassen der Erektion, das in zwei Stadien verläuft. Der hauptsächliche Rückgang der Erektion findet unmittelbar nach der Ejakulation statt. Der Penis behält jedoch zunächst noch eine gewisse Steife bei, die besonders dann, wenn die Erregungs- und Plateauphase lang war, einige Zeit anhalten kann. Ablenkungen können den Rückgang jedoch beschleunigen. Falls eine Erektion der Brustwarzen vorhanden war, bleibt diese noch eine gewisse Zeit bestehen. Die Muskelspannung im Körper lässt aber nach und Atmung, Pulsfrequenz und Blutdruck bilden sich auf ihr Normalniveau zurück. Ebenso verschwinden das „Sex-Flush"-Phänomen und auch der Schweiß sehr rasch.

Refraktärperiode

Unmittelbar nach dem Orgasmus setzt eine Phase sexueller Reizunempfindlichkeit, die sog. Refraktärperiode, ein. Während dieser Zeit, die bereits in der Rückbildungsphase beginnt, ist keine Reaktion auf sexuelle Reize möglich, und es kann weder zu einer neuen Erektion noch zu einem weiteren Orgasmus kommen. In jungen Jahren kann die Refraktärperiode bei Männern relativ kurz sein, ihre Dauer nimmt jedoch mit fortschreitendem Alter zu. Auch bei Frauen gibt es eine Zeitspanne nach dem Orgasmus, in der auf weitere sexuelle Reize keine Reaktion möglich ist und in der weitere Reizung als schmerzhaft empfunden wird. Sie ist allerdings erheblich kürzer, so dass Frauen zu mehreren Orgasmen in rascher Abfolge fähig sind.

Appetenzphase

Masters und Johnsons sexueller Reaktionszyklus wurde von Kaplan (1974) um die Phase des Sexualverlangens, d. h. der sog. Lust-Appetenz erweitert. Sie ist das Stadium der sexuellen Einstimmung und die erste wichtige Einheit des sexuellen Reaktionszyklus, die der Erregungs- und Orgasmusphase vorausgeht. Inzwischen hat sich Kaplans triphasisches Konzept, das als Kernelemente Appetenz, Erregung und Orgasmus umfasst, so durchgesetzt, dass es Eingang in die beiden Klassifikationssysteme ICD und DSM gefunden hat.

3.2.2 Das sexuelle Reaktionsmuster im Alter

Die physiologischen Veränderungen der Reaktionen auf sexuelle Reize bei älteren Frauen und Männern wurden ebenfalls von Masters und Johnson (1967) akribisch untersucht.
Bei älteren **Frauen** tritt die Lubrikation während der Erregungsphase wesentlich später ein oder sie bleibt aus, wenn der Penis zu rasch eingeführt wird. Wegen der beginnenden Atrophie der Vaginalwände wird auch die Dehnbarkeit der Scheide begrenzt und in Verbindung mit der schwächeren Durchblutung und verminderten Gleitfähigkeit der Scheide ist eine erhöhte Verletzlichkeit und die Gefahr einer Dyspareunie gegeben. Zusätzlich können die dünner gewordenen Scheidenwände die Harnröhre und Blase nicht mehr so gut vor den mechanischen Reizungen des Penis schützen, so dass es zur Reizblase, Harninkontinenz oder zum Harndrang beim Geschlechtsverkehr kommen kann. Zwischen dem 60. und 70. Lebensjahr können die kleinen Schamlippen leicht schrumpfen, wodurch die Klitoris weniger geschützt, leichter reizbar und schmerzempfindlicher ist. Die Sensibilität bleibt aber ansonsten unverändert erhalten. Die großen Schamlippen weichen weniger auseinander

und die Brustvergrößerung sowie die Erektion der Brustwarzen können fehlen. Auch ist das „Sex-Flush"-Phänomen kaum noch vorhanden. Die Orgasmusphase ist bei älteren Frauen ebenfalls erheblich kürzer als früher und verläuft mit weniger Uteruskontraktionen. Auch tritt die Rückbildung nach dem Orgasmus sehr viel rascher ein. Prinzipiell gilt aber, dass die Sexualität im Alter umso unproblematischer ist, je regelmäßiger Sexualkontakte bis ins hohe Alter aufrechterhalten werden, denn durch regelmäßigen Verkehr wird die Atrophie hinausgezögert und die Lubrikation bleibt erhalten, so dass damit Schmerzen beim Verkehr verhindert werden können.

Bei älteren **Männern** dauert die Entwicklung einer Erektion in der Erregungsphase länger, wenngleich Appetenz und Phantasien nicht altern. Die Erektionen können auch schneller wieder abnehmen als in jüngeren Jahren. In der Plateauphase können solche schwächeren Erektionen länger aufrechterhalten werden, so dass die Ejakulation besser kontrollierbar wird. Auch lässt das Bedürfnis nach, den Samenerguss schnell erreichen zu wollen. Insgesamt verlaufen die einzelnen sexuellen Reaktionsphasen weniger intensiv und lassen sich nicht so deutlich unterscheiden. Der Koitus ohne Ejakulation tritt bei älteren Männern häufiger auf, er wird aber dennoch durchaus als befriedigend erlebt. Auch die präejakulatorische Sekretion verringert sich und der „Sex-Flush" kann fehlen. Die Ejakulation selbst wird weniger kraftvoll und es finden weniger Kontraktionen statt. Auch ist die Menge des Ejakulats reduziert. Das Orgasmuserleben selbst ist aber davon wenig beeinflusst. In der Rückbildungsphase klingt die Erektion rascher ab und die Refraktärzeit wird wesentlich länger. Sie kann sogar Stunden bis Tage dauern. Grundsätzlich gilt aber, dass ein älterer gesunder Mann nie seine Erektionsfähigkeit im Alter verliert.

3.2.3 Sexualphysiologische Unterschiede und Besonderheiten zwischen Frau und Mann

Die Erektion bei Männern ist vorwiegend parasympathisch und die Ejakulation vorwiegend sympathisch gesteuert. Dies bedeutet, dass das Auftreten einer Erektion nicht der Willkür unterworfen ist. Dagegen ist der Ejakulationsprozess kontrollierbar, d. h. er kann zeitlich hinausgezögert werden. Ejakulation bedeutet das kraftvolle Ausstoßen des Samens aus der Harnröhre. Das Ejakulat kann dabei eine Entfernung von 60 cm oder mehr zurücklegen. Fließt der Samen ohne Kraft und Orgasmusgefühl aus der Urethra, spricht man von einer Emission. Der Ejakulationsprozess ist ein sehr komplexes Geschehen, das in zwei Stadien verläuft: im ersten Stadium erfolgt die Kontraktion der inneren Geschlechtsorgane und das Verschließen des Blasenhalses durch den inneren Sphinkter, wodurch das rückwärtige Ausfließen des Samens in die Harnblase verhindert wird. Durch den kompletten Verschluss des Blasenhalses und die gleichzeitige Kontraktion des äußeren Sphinkters bildet sich eine Druckkammer, durch die im psychischen Erleben das Gefühl der Unvermeidbarkeit der Ejakulation hervorgerufen wird, das dem Erguss in einem Abstand von 1–3 Sekunden vorausgeht. Das zweite Stadium beginnt mit der Entspannung des äußeren Sphinkters der Harnblase, wodurch der Weg für den Samen in die Harnröhre freigegeben wird, und endet mit der Ejakulation. Die Ejakulationsphase vermittelt bei gesunden Männern das Orgasmusgefühl. Bei Querschnittsgelähmten treten Emissionen ohne Orgasmusgefühl auf. Bei Jungen vor der Pubertät kommen hingegen Orgasmen, z. T. sogar mehrfach, auch ohne Ejakulationen vor. Auch gibt es das Phänomen, dass erwachsene Männer durch Übung (Tantra- und Carrezza-Praktiken) erst nach dem Orgasmus ejakulieren, d. h. dass sie beide Vorgänge getrennt wahrzunehmen trainiert haben. Ebenfalls gibt es einige meist junge Männer, die innerhalb kurzer Zeit mehrere Orgasmen haben können, wobei diese dann aber ohne Ejakulation bleiben, da vorübergehend die Samenflüssigkeit nicht verfügbar ist. Postpubertär kommen bei Männern gelegentlich auch sehr kurze Refraktärzeiten vor. Mit zunehmendem Alter verlängern sich diese dann aber erheblich.

Während Männer, vor allem wenn sie in der Phantasie sexuelle Vorstellungen vorwegnehmen, in weniger als einer Minute alle Phasen der sexuellen Erregung im Verkehr durchlaufen können, ist dies bei Frauen nicht möglich. Die Verlaufskurve der sexuellen Erregung bei Frauen ist sowohl im Ganzen als auch in den einzelnen Phasen länger. Auch gibt es im sexuellen Erregungsablauf bei Frauen eine größere individuelle Varianz als bei Männern. Dies betrifft sowohl die Art und den Ablauf des Erregungsbeginns als auch den Höhepunkt und die Art der Abfuhr der Erregung. Vor allem betrifft sie aber auch das subjektive Empfinden, das von Frauen sehr viel variabler und mit ganz unterschiedlichen Akzenten beschrieben wird. Dazu gehört, dass sich Frauen subjektiv auch ohne Höhepunkte befriedigt erleben können. Die frühere Streitfrage um den klitoralen vs. vaginalen („reifen") Orgasmus gilt heute als längst geklärt. Nachweislich ist der Orgasmus bei Frauen sowohl vaginal, als auch klitoridal auslösbar. In beiden Fällen spielt sich, wie die Untersuchungen von Masters und Johnson eindeutig ergeben haben, physiologisch die gleiche Reaktion ab.

Einen deutlichen Unterschied zwischen Männern und Frauen gibt es hinsichtlich des Alters der maximalen sexuellen Reaktionsfähigkeit. Während Männer gewöhnlich während der Jugend bis zu einem Alter von etwa 20 Jahren, ihren Kulminationspunkt sexuellen Interesses erreichen, erlangen Frauen ihr volles Reaktionspotenzial wesentlich später, etwa ab dem 28. Lebensjahr, wobei die Libidostärke bis zum ca. 35. Lebensjahr ansteigt und erhalten bleibt, bis sie im Klimakterium leicht, in der Menopause dann kaum noch weiter abfällt. Das unterschiedliche Alter der Kulminationspunkte bei beiden Geschlechtern führt nicht selten zu entsprechendem sexuellen Konfliktpotenzial innerhalb von Partnerschaften.

4 Formen des Sexualerlebens

Die Sexualität umfasst eine sehr große Variationsbreite von Erlebens- und Verhaltensweisen, zu denen innerhalb des „Normbereiches" neben dem hetero- und homosexuellen Geschlechtsverkehr auch manuell-, oral- und anal-genitale Kontakte sowie Masturbation und der Gebrauch sexueller Phantasien gehören.

4.1 Häufigkeit und Vorkommen sexueller Praktiken

Die erste große Untersuchung über das Sexualverhalten der Menschen erfolgte durch Kinsey (1948, 1953). Durch die inzwischen eingetretene Liberalisierung sind die damaligen Ergebnisse jedoch in vielen Bereichen überholt. Hinzu kommt, dass die in den USA gefundenen Ergebnisse nicht unbedingt auf deutsche Verhältnisse übertragen werden können. In Deutschland wurden seit 1960 mehrere Untersuchungen zum Sexualverhalten verschiedener Bevölkerungsgruppen veröffentlicht. So untersuchten Giese und Schmidt (1968) Studenten, Schmidt und Sigusch (1970) junge Arbeiter, Schmidt und Sigusch (1972) Jugendliche. Gerade in der Jugendsexualität waren große Veränderungen zwischen 1960 und 1970 zu beobachten. Daraus zogen Schmidt und Sigusch (1972) das Fazit, dass sich 1970 Jugendliche im Alter von 16 und 17 Jahren bereits so verhalten, wie es 1960 nur 19- und 20-Jährige getan haben. Der Trend der Vorverlagerung sexueller Aktivitäten zwischen 1960 und 1970 hat sich dann zwar bis in die 90er Jahre nicht weiter fortgesetzt, jedoch traten, wie die groß angelegten Untersuchungen von Schmidt (1993) zeigten, Veränderungen hinsichtlich des Verhältnisses der Geschlechter zueinander auf. Dieser Wandel zeigte sich darin, dass die Jungen seit den 90er Jahren ihre Sexualität mehr romantisieren und weniger triebhaft erleben, während Mädchen offensiver geworden sind und häufiger die sexuelle Initiative und Kontrolle übernehmen. Mädchen lehnen auch die traditionelle weibliche Rollenverteilung in der Familie stärker ab und bestehen auf einer Autonomie in Partnerschaften. Gleichzeitig erleben sie aber ihre Sexualität weniger lustvoll und weniger aufregend als es Mädchen der vorigen Generation noch getan haben. Schmidt (1993) stellte außerdem fest, dass sich seit den 70er Jahren das Ausmaß, in dem die Eltern die Sexualität ihrer Kinder akzeptieren, stark zugenommen hat. Auch seien sich Mädchen und Jungen der Verantwortung für ihre Sexualität viel bewusster geworden, als es noch 1970 der Fall war.

Die letzte repräsentative Umfrage in Deutschland stammt von Schnabl (1973), der Mitte der 60er Jahre rund 2000 Frauen und Männer interviewt hat. Da diese Untersuchungen auch schon wieder 40 Jahre zurückliegen, können ihre Ergebnisse nur Anhaltspunkte für das heutige Sexualverhalten des Bevölkerungsdurchschnittes liefern. Bei den Ergebnissen von Schnabl (s. Tab. 4-1 bis 4-4) ist auch zu berücksichtigen, dass in seine Untersuchungen auch Angaben von Personen mit Sexualstörungen einflossen, so dass das Gesamtbild davon eingefärbt ist. Wahrscheinlich deshalb gaben nur 72 % der Frauen und 80 % der Männer an, mit ihrem Geschlechtsleben zufrieden bzw. mittelmäßig zufrieden zu sein. Bezüglich der Koitusstellungen wurden von Schnabl nur die sog. Standardpositionen mit Varianten befragt, wohingegen in der Literatur angeblich insgesamt 188 verschiedene Stellungen beschrieben worden sind. Über 50 % der Frauen erlebten die

Tab. 4-1 Praktiziertes Sexualverhalten in Deutschland nach einer repräsentativen Studie von Schnabl (1973)

	Frauen	Männer
Masturbation	ca. 50 %	90 %
Sexuelle Träume	50 %	60 %
Menarche	13,05 Jahre	
Erster Samenerguss		14,15 Jahre
Erster Koitus	18 Jahre	18 Jahre
Erster Orgasmus		ca. 3 Jahre nach dem 1. Koitus, viele später; je früher der 1.Geschlechtsverkehr, desto später die 1. Orgasmuserfahrung
Koitusverhalten		
Vorspiel		wichtiger bis notwendiger Teil des Geschlechtsverkehrs; 20 % fanden Zärtlichkeiten der Partner ungenügend
Dauer		wird wohl von beiden Geschlechtern übertrieben 50 % = 3–10 Minuten 15 % = kürzere Zeit 35 % = längere Zeit
Gleichzeitiger Orgasmus	10 % kommen vor dem Mann 25 % gemeinsamer Orgasmus	66 % kommen vor der Frau
Häufigkeit		80 % = 1–10-mal wöchentlich
	12,5 % wünschen sich häufiger Geschlechtsverkehr	50 % wünschen sich häufiger Geschlechtsverkehr
	66 % regelmäßig 12,5 % hatten jahrelange Pausen 33 % Wünsche stimmen überein	

Tab. 4-2 Orgasmushäufigkeit der Frauen unter 60 Jahren beim Koitus (nach Schnabl 1973)

nie	8,8 %
sehr selten	16,4 %
nur gelegentlich	19,3 %
häufig	12,1 %
meistens	17,2 %
fast immer	26,2 %

Tab. 4-3 Potenzstörungen des Mannes (nach Schnabl 1973)

oft	13 %
gelegentlich	23 %
selten	31 %
nie	26 %
keine Angaben	7 %

stärkste sexuelle Reizung an der Klitoris, nur 20 % intravaginal und weitere 20 % an der Brust.

Wissenschaftliche repräsentative Untersuchungen sind sehr zeit- und kostenintensiv, so dass aktuelle deutsche Studien derzeit nicht vorliegen.

Tab. 4-4 Koituspositionen (nach Schnabl 1973; Prozentangaben)

Arten des Geschlechtsaktes	Häufigster Akt Frauen	Männer	Gelegentlicher Akt Frauen	Männer	Erregendster Akt Frauen	Männer
Mann über der Frau	77 (s.)	72	16	17	24 (s.)	16
Frau über dem Mann	13 (s.)	19	38 (s.)	28	18	19
Seitenlage (nebeneinander)	20	19	33	34	14	11
a tergo (von hinten)	8 (s.)	13	27 (s.)	34	14 (s.)	28
sitzend	1	2	14	13	6	8
manuell	5	4	20	21	13 (s.)	8
oral	4	4	18	16	27	28
andere Methoden	1	2	3	3	3	4
Prozentsumme*	129	135	169	166	119	123
keine Angaben machten	8	7	54	45	67	65

* zum Teil mehrere Angaben, daher über 100 Prozent; (s.) = Geschlechtsunterschiede auf dem 1 %- oder 5 %-Niveau signifikant

Wie bereits in Kapitel 1.3.2 erwähnt wurde, hat sich in den letzten 15 Jahren eine deutliche Tendenz zur sexuellen Langeweile und Lustlosigkeit gezeigt. So ergaben neuere Befragungen, dass die Hälfte der Erwachsenen seltener als einmal in der Woche Geschlechtsverkehr hatten. Auch ist die Zahl der Personen, die sich selbst als sexuell inaktiv bezeichnen, beträchtlich (Schmidt 1988). Gründe dafür sind neben AIDS auch ansteigende Scheidungsraten, die steigende Zahl alleinerziehender Elternteile und die Zahl der allein lebenden Erwachsenen. Einen Einfluss auf die Koitusfrequenz haben auch das Alter und der ökonomische Status. Je höher das Einkommen ist, desto häufiger sind auch regelmäßige sexuelle Kontakte.

Bezüglich der Anzahl der Geschlechtspartner auf ein Jahr gerechnet zeigte eine Studie von Michael und Gagnon (1994), dass drei Viertel der Frauen und zwei Drittel der Männer nur einen Sexualpartner hatten. 3 % Frauen und Männer hatten mehr als 5 Geschlechtspartner im Jahr und 2–4 Geschlechtspartner wurden vom 10 % der Frauen und 18 % der Männer angegeben.

Untersuchungen zur Verbreitung der **Prostitution** lassen nur relativ grobe Schätzungen zu. Diese liegen zwischen 0,3 und 2 % hinsichtlich der Männer, die bei Befragungen angaben, innerhalb des letzten Jahres bezahlten Sex gehabt zu haben. 16 % der US-amerikanischen Männer gaben an, irgendwann im zurückliegenden Leben eine Prostituierte aufgesucht zu haben (Davis und Smith, 1998). Während auf der einen Seite Prostitution in Deutschland inzwischen als sozialversicherungspflichtige Tätigkeit gilt und Honorare eingeklagt werden dürfen, nimmt auf der anderen Seite das hochgradige Gewinne abwerfende Geschäft mit dem Menschenhandel und dem gewaltsamen Zwang zur Prostitution seit den letzten zwei Jahrzehnten enorm zu. Schätzungen gehen in die Richtung, dass gegenwärtig etwa 700.000 bis 2 Mio. Frauen jährlich zum Zwecke ihrer sexuellen Ausbeutung über Landesgrenzen verschoben werden (O'Neill 1999). In diesen Zahlen sind diejenigen Frauen nicht eingeschlossen, die innerhalb der Landesgrenzen aus gleichen Gründen verkauft und zur Prostitution gezwungen werden. Prostitution ist oft mit Gewalttätigkeit verbunden, die nicht nur von den Zuhältern und von den Kunden, sondern auch von den sog. psychologischen und medizinischen „Betreuern" der Prostituierten auszugehen scheint (Church et al. 2001).

4.2 Sexuelle Phantasien

Sexuelle Phantasien spielen für das Sexualleben eines Menschen eine große Rolle. Erotische Vorstellungen können in der Funktion eines Aphrodisiakums sexuelle Erregung bewirken und dazu motivieren, reale sexuelle Aktivitäten aufzunehmen, in Phantasien können aber auch reale sexuelle Erfahrungen wiederbelebt werden. Sexuelle Wünsche zu wecken, darzustellen und auszudrücken ist oft Absicht in der Literatur, Malerei, Musik und in Filmen. In der heutigen Gesellschaft wird das Erzeugen und Darstellen sexueller Träume darüber hinaus mit einer großen Selbstverständlichkeit auch zu kommerziellen Zwecken eingesetzt. Nicht nur in der Mode-, sondern z. B. auch in der Autobranche wird das Design erotisch konzipiert (langgezogene Motorhaube) und die erotische Präsentation mit Sekt und Pumps auf dem Tablett sind Teile des Geschäftsgebarens. Daneben ist ein ganzer Wirtschaftszweig entstanden, der sich mit der Produktion pornographischer Darstellungen befasst. Problematisch wirkt sich in jüngster Zeit die Tatsache aus, dass Phantasien durch ständige Wiederholungen ihre Wirkung verlieren, so dass sexuelle Darstellungen für einige Menschen immer extremer und gewalttätiger werden müssen, um überhaupt noch Reaktionen zu erwecken. Während vor 30 Jahren noch eine barbusige Frau auf dem Titelblatt einer Illustrierten sexuelle Regungen und peinliches Berührtsein hervorrufen konnte und erotische Filme, wenn überhaupt, nur nach Mitternacht ausgestrahlt wurden, gehören sexuelle Gewaltvideos heute für nicht wenige Männer (s. Kap. 16, S. 199 f.) quasi in einem Einkaufskorb dazu. Und da das Betrachten sexuell-sadistischer Handlungen an Erwachsenen vielen auch nicht mehr genügt, werden Bilder von brutal misshandelten Kindern und Babys im Internet als Masturbationsvorlage benutzt. Eine andere Tatsache ist, dass durch wiederholten, wenn auch nicht-devianten Konsum „harter" pornographischer Darstellungen eine Scheinrealität erzeugt wird, mit der Folge, dass Männern, die sowieso ihre sozialen Kontakte eingeschränkt und dadurch den Realitätsbezug verloren haben, „normales" reales Sexualverhalten nicht nur langweilig vorkommt, sondern sie können, da für sie die Pornographie Alltagssexualität geworden ist, nicht akzeptieren, dass reale Partner anders reagieren als im Film. Ein erhöhtes Interesse an pornographischen Schriften konnte in Untersuchungen tatsächlich zwar nicht bei Vergewaltigern im Vorfeld ihrer Tat, jedoch bei Personen nachgewiesen werden, die zu gefährlich sexuell sadistischen Handlungen neigen. Die Nutzung pornographischer Schriften scheint Untersuchungen zufolge auch ein Indikator für das Vorliegen paraphiler Neigungen zu sein. Insbesondere pädophile Täter benutzen Sex-Videos oder Schriften für Phantasien beim Masturbieren zwischen ihren Übergriffen (Marshall, 1989; Carter et al. 1987).

Eine Verwischung von sexueller Phantasie und Realität stellt auch der bei manchen Männern verbreitete Irrtum dar, dass tatsächlich ausgeführte Vergewaltigungen den weiblichen masochistischen Phantasien entgegenkämen, so dass Frauen an Vergewaltigungen eigentlich Spaß zu haben hätten. Tatsächlich haben viele Frauen sexuelle Vergewaltigungsphantasien. Entscheidend dabei ist jedoch, dass eine Frau in ihrer masochistischen Phantasie stets ihre eigene Regisseurin ist und dass sie somit jederzeit aus der Fiktion aussteigen kann, was bei einer realen Vergewaltigung niemals der Fall sein kann.

Innerhalb des „Normalbereichs" können sexuelle Phantasien dann zum Problem werden, wenn sie immer nach dem gleichen Muster vorgestellt werden müssen oder wenn ohne sie keine sexuelle Erregung mehr möglich ist, aber auch dann, wenn sich wie in allerdings selteneren Fällen, solche Sexualphantasiemuster zu Zwangsvorstellungen entwickeln.

Phantasien lassen sich daraufhin untersuchen, ob sie im Verlauf sexueller Aktivität auftreten oder ob es sich um Tagträume handelt, die zu anderen Zeiten vorkommen. Verschiedene Studien (Kinsey 1953, Wilson 1980, Wagman 1967) weisen darauf hin, dass Männer häufiger als Frauen Gedanken oder Erinnerungen an sexuelle Aktivität haben, oder davon träumen, sie zu haben, woraus Kinsey schloss, dass Männer, anders als Frauen, eher bei Beginn einer sexuellen Begegnung erregt werden, also noch bevor jeglicher Kontakt mit der Frau aufgetreten ist. Bzgl. des Inhalts der Phantasien und Tagträume bestätigten sich die gängigen Stereotypen weiblicher und männlicher Sexualität. Während Männer mehr aggressive heroische und selbstverherrlichende Träume hatten, kamen bei Frauen eher passive, „narzisstische" und gefühlsbetonte Themen vor. Auch bestätigten mehrere Untersuchungen, dass Männer ihre Phantasien mit besonderer Betonung visueller Aspekte beschrieben und Frauen dagegen die damit verbundenen Gefühle hervorhoben. Bei der Masturbation benutzten den Untersuchungsergebnissen von Kinsey zufolge 60 % der Männer immer Phantasien, während nur 41 % der Frauen Phantasien bei der Masturbation einsetzten. Eine interessante Studie von Hariton und Singer (1974) ergab, dass mehr als die Hälfte der **verheirateten** Frauen ab und zu beim Koitus mit ihren Ehemännern erotische Phantasien benutzten. Bei 37 % der Frauen waren solche Vorstellungen die Regel. Aus Untersuchungen über den Zusammenhang zwischen dem Gebrauch von Phantasien und sexuellem Verlangen lässt sich schließen, dass Phantasien bei Männern eher dann auftreten, wenn ihr sexuelles Verlangen nicht ganz erfüllt wurde, während Frauen mehr Phantasien zu haben scheinen, wenn ihr Sexualleben in Ordnung ist.

Bezüglich der Frage, welche Auswirkungen es hat, wenn von Paaren sexuelle Wunschvorstellungen in die Realität umgesetzt werden, zeigte sich, dass nur in wenigen Fällen die ausgelebten Phantasievorstellungen die realen Partnerbeziehungen anschließend befriedigender werden ließen, dass sich aber in den meisten Fällen die ausprobierten Sexualphantasien als enttäuschend oder sogar als unangenehm herausstellten. Auch kehren die einmal in die Realität umgesetzten Wunschvorstellungen meist nicht mehr als sexuelle Phantasien zurück. Ebenfalls fanden Masters und Johnson (1993) in Untersuchungen, dass die meisten Frauen, die durch ungewöhnliche sexuelle Phantasien erregt wurden (etwa Inzest, Sodomie oder sadomasochistische Praktiken) nicht das geringste Interesse hatten, diese in die Wirklichkeit umzusetzen.

Untersuchungen über den Vergleich der Reaktionen von Frauen und Männern auf erotische Bilder und Erzählungen ergaben, dass Frauen eine nur minimal geringere sexuelle Erregung aufwiesen als Männer. Deutliche Geschlechtsunterschiede gab es hingegen bei Reaktionen auf Filme von Vergewaltigungen. Sowohl Frauen als auch Männer berichteten von einer Mischung aus sexueller Erregung und starker Abneigung. Frauen zeigten jedoch emotionale Konflikte dadurch, dass die Vergewaltigung im Film sexuelle Erregung hervorrief, während sie sich gleichzeitig mit dem weiblichen Opfer und der Angst, hilflos ausgeliefert zu sein, identifizierten. Bei Männern war der Konflikt eher charakterisiert durch Schuldgefühle darüber, dass sie durch aggressive sexuelle Aktivität stimuliert worden waren, was nicht mit ihren bewussten Idealen von Sexualität vereinbar war. Anzumerken ist in diesem Zusammenhang, dass diese Studien in den 60er und 70er Jahren durchgeführt wurden und dass die meisten Untersuchungen auf subjektiven Selbsteinschätzungen sexueller Erregung beruhen. Die wenigen Untersuchungen, in denen genitale Reaktionen auf sexuelle Reize **gemessen** wurden, ergaben interessante Hinweise auf Geschlechtsunterschiede. Bei Männern stimmte die Selbsteinschätzung sexueller Erregung mit den Maßen ihrer genitalen Reaktionen mehr überein als bei Frauen; aufgrund der deutlichen Penisreaktionen bei Männern können sie allerdings auch weniger als Frauen leugnen, sexuell reagiert zu haben.

4.3 Masturbation bzw. Onanie (Selbstbefriedigung)

In dem Wort Masturbation stecken die lateinischen Substantive *manus* (Hand) und *stuprum* (Schändung, Unzucht). Der Begriff wurde erst vor 200 Jahren in die deutsche Sprache übernommen. Heute ist es der übliche fachliche Ausdruck für Selbstbefriedigung. Im Grunde ist die Bezeichnung jedoch irreführend, weil Masturbation nicht an die Hände gebunden ist. In der Sexualpsychologie wird deshalb Masturbation als „jede bewusste körperliche Selbststimulierung, die eine sexuelle Reaktion hervorruft", bezeichnet.

Im Jahre 1710 erschien in England eine von einem ehemaligen Pfarrer namens Bekker verfasste Schrift mit dem Titel „Onanie, oder die abscheuliche Sünde der Selbstbefleckung und alle ihre schrecklichen Folgen für beide Geschlechter, betrachtet mit Ratschlägen für Körper und Geist". Bekker benannte die Selbstbefriedigung nach Onan, von dem die Bibel erzählt, dass er von Gott bestraft wird, weil er „seinen Samen zur Erde fallen ließ" (1. Mose 38,8–10). Einige Jahre später beschäftigten sich auch die Mediziner mit den unterstellten gesundheitsschädigenden Folgen der Selbstbefriedigung. 1758 verfasste Tissot eine Schrift unter dem Titel „Onanismus – oder eine Abhandlung über Krankheiten, die durch Masturbation entstehen". Nach Tissots Auffassung war die Masturbation nicht nur eine Sünde und ein Verbrechen, sondern sie war verantwortlich für viele Krankheiten, wie Schwindsucht, Minderung der Sehkraft, Störungen der Verdauung, Impotenz und Wahnsinn. Tissots Buch verbreitete sich sehr schnell in der ganzen westlichen Welt und zu Beginn des 19. Jahrhunderts begannen die Ärzte, die Wurzeln fast aller körperlicher und seelischer Erkrankungen in der Masturbation zu sehen. Auch galt die Masturbation im fortgeschrittenen Stadium als unheilbar. Die „Behandlung" bestand darin, Masturbation zu verhüten. Es wurden vielfältige Vorrichtungen entwickelt, die Menschen davor schützen sollten, „sich selbst zu beflecken". Eltern wurden angewiesen, ihren Kindern die Hände am Bett festzubinden oder ihnen Fausthandschuhe überzuziehen. Wenn alles nicht half, wurden chirurgische Eingriffe empfohlen, wie z. B. bei Frauen das Herausschneiden der Klitoris oder bei Männern das Einsetzen eines Metallringes zur Verhinderung der Erektion. Auch wurde versucht, die Geschlechtsorgane durch Verätzung von Nerven oder mittels Durchtrennung gefühllos zu machen. Erst zu Beginn des 20. Jahrhunderts änderte sich die Einstellung gegenüber der Masturbation. Es dauerte dann aber noch ca. 50 Jahre, bis sich allgemein die Erkenntnis durchsetzte, dass durch Masturbation keinerlei körperliche oder geistige Schäden entstehen. Spätestens durch Kinseys (1948, 1953) Untersuchungen wurde auch deutlich, dass nur sehr wenige Menschen nie oder selten masturbieren. Untersuchungen von Gebhard und Johnson (1979), die sich in etwa mit denen von Schnabl (s. Tab. 4-1, S. 56) decken, zeigten, dass 94 % Männer und 40 % der Frauen mindestens einmal im Leben bis zum Orgasmus onaniert hatten. Im Alter von 20 Jahren hatten etwa 30 % der Frauen und 87 % der Männer bereits masturbiert. Bezüglich der Masturbationstechniken ist die manuelle Stimulation bei beiden Geschlechtern am häufigsten. Andere Methoden sind bei Männern Beckenbewegungen in der Bauchlage gegen ein Bett oder ein Kissen, die Benutzung von Löchern in verschiedenen Gegenständen oder Wasserrohren oder, was nur wenige Männer praktizieren, das Einführen von Gegenständen in die Harnröhre. Sehr selten gelingt es Männern, sich oral selbst zu befriedigen. Bei Frauen ist das Einführen von Gegenständen in die Scheide eine nur von 1–3 % der Befragten praktizierte Masturbationsmethode. Das Zusammenpressen der Oberschenkel wird ebenfalls nur von wenigen Frauen angewandt. Orgasmen während der Masturbation sind physiologisch nicht von denen verschieden, die während sexueller Aktivität mit einem Partner erlebt werden. Allerdings werden sie aufgrund des Fehlens des Partners psychisch anders empfunden.

4.4 Homosexualität

Die begriffliche Unterscheidung von Hetero- und Homosexualität geht auf den Arzt Benkert (Schriftstellerpseudonym: Kerthbeny) zurück, der 1869 den Begriff Homosexualität prägte. Zuvor wurde jedes gleichgeschlechtliche sexuelle Verhalten undifferenziert als „Sodomiterei", „widernatürliche Unzucht", „Effiemeniertheit" oder auch als „konträre Sexualempfindung" bezeichnet.

Im ersten DSM wurde 1952 die Homosexualität unter die Kategorie „sexuelle Abweichungen" gefasst und den soziopathischen Persönlichkeitsstörungen zugeordnet. Im DSM-II wurde 1968 die Homosexualität zwar nicht mehr der Soziopathie zugeordnet, aber sie wurde noch immer als seelische Erkrankung im Sinne der „Perversion" bzw. „Inversion" begriffen. Bereits kurz nach Veröffentlichung des DSM-II erhob sich große Kritik, und nach heftigen Auseinandersetzungen zwischen Befürwortern und Gegnern innerhalb der American Psychiatric Association (APA) wurde 1973 die Homosexualität aus dem Kanon psychischer Störungen gestrichen. Als Kompromiss blieb im DSM-III 1980 eine Kategorie der „ich-dystonen Homosexualität" erhalten. Diese Kategorie war Personen zugedacht, die ihre Homosexualität ablehnen, daran leiden und den Wunsch haben, heterosexuell zu werden. In der revidierten Auflage von 1987 wurde auch diese Kategorie als Störung fallengelassen. Ähnlich verfuhr später die WHO mit der ICD-10, in der Homosexualität ebenfalls nicht mehr als Störung verzeichnet ist. Tritt sie allerdings in Verbindung mit einer psychischen Verhaltensstörung auf und wird sie als ich-dyston erlebt, kann sie durch die Kategorie F66.81 gekennzeichnet werden. Nach den Kriterien der beiden Diagnosesysteme kann eine bestimmte sexuelle Orientierung tatsächlich auch gar nicht als krankhaft bezeichnet werden, denn der Indikator für eine Störung bedeutet das Leiden an einem Zustand. Homosexuelle Menschen leiden jedoch nicht an ihrer sexuellen Ausrichtung, sondern an den Folgen einer gesellschaftlichen Norm. Versteht man Sexualität als eine kommunikative Ausdrucksform von Menschen, steht nicht die Genitalität der Partner, sondern ihre Liebes- und Paarfähigkeit im Zentrum der Betrachtung. Hierin unterscheiden sich jedoch homosexuelle Menschen nachweislich nicht von Personen mit ausschließlich heterosexueller Orientierung.

Durch die Untersuchungen von Kinsey (1948, 1953) wurde erstmals offenkundig, dass 50 % der befragten Männer zwischen 16 und 55 Jahren und 28 % der Frauen zwischen 12 und 45 Jahren sich im Laufe ihres Lebens auch durch Angehörige des eigenen Geschlechts sexuell angezogen fühlten. Dabei hatten 37 % der Männer bzw. 13 % der Frauen gleichgeschlechtliche Kontakte bis zum Orgasmus, ohne dass die Befragten ausschließlich homosexuell orientiert waren. Letzteres traf nur für 4 % der Männer und 1–3 % der Frauen zu. Kinsey zog aus seinen Ergebnissen den Schluss, dass eine homosexuelle bzw. heterosexuelle Partnerwahl nur die Endpunkte eines homosexuell-heterosexuellen Kontinuums sind. Die von Kinsey aufgestellte Zuordnungsskala (s. Tab. 4-5) umfasst 8 Kategorien auf einer Skala, die von 0 bis 6 reicht. Mit einem X werden diejenigen Menschen bezeichnet, die sich asexuell verhalten,

Tab. 4-5 Hetero-homosexuelle Zuordnungsskala von Kinsey (nach Giese 1973)

0 =	**Ausschließlich heterosexuell, ohne jede Homosexualität**
	Mit 0 werden Individuen bezeichnet, deren psychische Reaktionen und tatsächliche sexuelle Betätigungen ausschließlich auf Personen des anderen Geschlechts gerichtet sind. Ihnen sind jegliche homosexuellen Reaktionen und Betätigungen fremd.
1 =	**Vorwiegend heterosexuell, nur vereinzelte Homosexualität**
	Mit 1 werden Individuen bezeichnet, deren psychosexuelle Reaktionen und/oder deren tatsächliche Erlebnisse fast ausschließlich auf Menschen des anderen Geschlechts gerichtet sind, obgleich sie gelegentlich auch zu gleichgeschlechtlichen psychosexuellen Reaktionen und/oder zu gelegentlichen gleichgeschlechtlichen sexuellen Begegnungen fähig sind. Wenn, wie in seltenen Fällen, homosexuelle Reaktionen bzw. Erlebnisse stattfinden, haben sie meist eine geringe psychische Bedeutung, und die meist nur zufällig begonnenen homosexuellen Kontakte werden meist nicht wiederholt.
2 =	**Vorwiegend heterosexuell, stärkere Homosexualität**
	Mit 2 werden Individuen bezeichnet, bei denen der überwiegende Teil der psychosexuellen Reaktionen und/oder tatsächlichen Kontakte heterosexuell ist, obwohl sie auch auf homosexuelle Reize reagieren und/oder mehr als nur gelegentliche homosexuelle Erlebnisse haben. Auch wenn sie mehr oder weniger oft homosexuelle Erfahrungen gemacht haben, überwiegt bei ihnen immer das heterosexuelle Element. Einige können ihre gesamten tatsächlichen Erlebnisse heterosexuell ausrichten, während ihre psychosexuellen Reaktionen weitgehend homosexuell verlaufen. Sie werden aber immer erotisch erregt, wenn sie sich die Möglichkeit homosexueller Erlebnisse vorstellen und/oder körperliche Berührungen von Personen ihres eigenen Geschlechts erleben.
3 =	**Heterosexualität und Homosexualität zu gleichen Teilen**
	Mit 3 werden Individuen bezeichnet, die in ihren psychosexuellen Reaktionen und/oder ihren tatsächlichen Kontakten gleichmäßig hetero- und homosexuell sind.
4 =	**Vorwiegend homosexuell, stärkere Heterosexualität**
	Mit 4 werden Individuen bezeichnet, die psychosexuell häufiger auf Angehörige des eigenen Geschlechts reagieren und die diese Begegnungen auch vorziehen, obwohl sie trotzdem ausgesprochen auf Personen des anderen Geschlechtes ansprechen und/oder ein deutliches Maß tatsächlicher Kontakte mit diesen zeigen.
5 =	**Vorwiegend homosexuell, nur vereinzelt Heterosexualität**
	Mit 5 werden Individuen bezeichnet, die in ihren psychischen Reaktionen und/oder Betätigungen fast ausschließlich homosexuell sind und die nur gelegentlich auf Personen des entgegengesetzten Geschlechts reagieren und/oder nur gelegentlich tatsächlich Erlebnisse mit ihnen haben.
6 =	**Ausschließlich homosexuell, ohne jede Heterosexualität**
	Mit 6 werden Individuen bezeichnet, die in ihren psychischen Reaktionen und in allen tatsächlichen Kontakten ausschließlich homosexuell sind und die niemals psychisch auf Personen des anderen Geschlechtes reagieren oder eine tatsächliche heterosexuelle Begegnung gehabt haben. In diese Kategorie gehören allerdings auch Menschen, die niemals tatsächliche homosexuelle Kontakte hatten.

d. h. die weder auf hetero- noch auf homosexuelle Reize reagieren und die weder mit dem gleichen noch mit dem entgegengesetzten Geschlecht sexuelle Körperkontakte haben. Anhand dieses Kontinuums kann nach Kinsey jeder Mensch hinsichtlich seiner psychischen Reaktionen auf sexuelle Reize und seines praktizierten Verhaltens angesiedelt werden. Kinsey betont, dass auf seiner Zuordnungsskala auch Personen eingeordnet werden können, die keine tatsächlichen hete-

Tab. 4-6 Klein Sexual Orientation Grid (KSOG) [1]

Variable	Vergangenheit	Gegenwart	In idealer Weise
A: Sexuelle Neigung			
B: Sexuelles Verhalten			
C: Sexuelle Phantasien			
D: Emotionale Vorlieben[2]			
E: Soziale Vorlieben[3]			
F: Hetero-/homosexueller Lebensstil			
G: Selbstidentifikation			

[1] Es werden die unten angegebenen Werte in die freien Felder eingetragen; bei größeren Diskrepanzen zwischen „Gegenwart" und „in idealer Weise" wird von einem aktuell vorhanden Konflikt ausgegangen.
[2] Bei welcher Art von Sex möchten Sie gern emotional involviert sein?
[3] Welcher sozialen Gruppierung möchten Sie sich zugehörig fühlen?

Für die Variablen A bis E	Für die Variablen F und G
1 = ausschließlich mit dem anderen Geschlecht	1 = ausschließlich heterosexuell
2 = meistens mit dem anderen Geschlecht	2 = meistens heterosexuell
3 = etwas mehr mit dem anderen Geschlecht	3 = etwas mehr heterosexuell
4 = gleichermaßen gleich-/gegengeschlechtlich	4 = gleichermaßen hetero-/homosexuell
5 = etwas mehr mit dem gleichen Geschlecht	5 = etwas mehr homosexuell
6 = meistens mit dem gleichen Geschlecht	6 = meistens homosexuell
7 = ausschließlich mit dem gleichen Geschlecht	7 = ausschließlich homosexuell

ro- oder homosexuellen Erfahrungen gemacht haben.
Kritisiert wurde Kinseys Zuordnungsskala in dem Punkt, dass sich bei ein- und derselben Person die Balance zwischen hetero- und homosexuellem Verhalten über eine Zeitspanne hinweg in die eine oder andere Richtung verschieben kann. Auch können Menschen hetero- und homosexuelle Verhaltensmuster mit unterschiedlichen Intensitäten zeigen. Klein et al. (1985) legten deshalb eine Erweiterung der Kinsey-Zuordnungsskala, das sog. **„Klein Sexual Orientation Grid (KSOG)"** vor. Auch hier können sich die Probanden selbst entsprechend der Vorgaben in dem Raster einschätzen. Sind dabei größere Diskrepanzen zwischen „Gegenwart" und „in idealer Weise" zu verzeichnen, wird von einem aktuell vorhandenen Konflikt ausgegangen (s. Tab. 4-6).

Neben der Selbsteinordnung anhand des Verhaltens und der Phantasien lässt sich die sexuelle Orientierung auch anhand physiologischer Reaktionen mittels Penisplethysmographie bzw. vaginaler Photoplethysmographie objektiv feststellen. Der große technische Aufwand und die möglichen Fehlerquellen lassen eine massenhafte Anwendung allerdings nicht zu. Zur Bestimmung der sexuellen Orientierung können also insgesamt vier Kriterien (Selbsteinschätzung, physiologische Reaktionen, Verhalten und Phantasien) herangezogen werden, die, wie erwähnt, allerdings nicht zusammenfallen müssen.
Es gibt tatsächlich viele Menschen, die sich zu bestimmten Zeiten auf verschiedene Arten von Sexualität einlassen und Phasen durchlaufen, in denen sie sich einmal als homosexuell und dann wieder als heterosexuell be-

trachten. Wie oben erwähnt sollen Männer während einer begrenzten Phase ihres Lebens zu einem Drittel bis zur Hälfte homosexuell empfinden, wobei sich davon etwa die Hälfte auch homosexuell verhält. Bei Frauen liegen diese Zahlen niedriger (Bancroft, 1985). Als „latente Homosexualität" wird vor allem von psychoanalytischer Seite eine homosexuelle Neigung bezeichnet, die dem Betreffenden nicht bewusst sein muss und die sich nicht im Verhalten manifestiert, sondern eher sogar offen abgelehnt wird. Während über die männliche Homosexualität ausgiebig publiziert worden ist, wurde die weibliche Homosexualität in der Gesellschaft und entsprechend auch in der Sexualwissenschaft eher vernachlässigt. Zum einen liegt die Ursache wohl darin, dass die weibliche Sexualität allgemein lange Zeit eine untergeordnete Rolle spielte und zum anderen, dass durch die weibliche Homosexualität – anders als durch die männliche – keine Gefahr für die Reproduktion der Bevölkerung auszugehen droht. Bräutigam (1967) unterscheidet vier Arten der Homosexualität: die Entwicklungs-, Hemmungs-, Neigungs- und Pseudohomosexualität.

Bei der **Entwicklungshomosexualität** handelt es sich nach Bräutigam um „gleichgeschlechtliche Handlungen, zu denen es vereinzelt oder auch häufiger in den Entwicklungsjahren bei jungen Menschen kommt, die sich im Erwachsenenalter dann aber heterosexuell verhalten". Die Entwicklungshomosexualität tritt bei männlichen Jugendlichen häufiger auf als bei weiblichen und geht meist mit zunehmender Entwicklung in ein heterosexuelles Verhalten über. Schätzungen zufolge stellt sie für ein Drittel aller jungen Männer eine Durchgangsphase in der sexuellen Entwicklung dar. Die Entwicklungshomosexualität entsteht vorwiegend situationsabhängig, da das in der Pubertät erwachende sexuelle Bedürfnis in der Regel aus inneren oder äußeren Gründen mit dem anderen Geschlecht nicht ausgelebt werden kann.

Die **Hemmungshomosexualität** kommt nach Bräutigam bei Menschen vor, „die sich vor dem fremden Geschlecht gehemmt fühlen und die in ihrer psychosexuellen Einstellung bei Beziehungen zu dem vertrauteren Geschlecht stehen bleiben". Diese Form der Homosexualität ist auch bei Minderbegabten, Dementen oder auch bei einigen Schizophrenen anzutreffen.

Die **Neigungshomosexualität** oder **genuine Homosexualität** ist sozusagen die „echte" Homosexualität. Bei Neigungshomosexuellen liegt eine dauernde und entschiedene homosexuelle Ausrichtung mit ausgesprochener sexueller Anziehung durch den gleichgeschlechtlichen Körper vor. Die Neigungshomosexualität kommt bei etwa 4 % der männlichen und 1–2 % der weiblichen Bevölkerung gesellschafts- und länderübergreifend vor.

Als **Pseudohomosexuelle** werden Menschen bezeichnet, die sich gleichgeschlechtlichen Praktiken hingeben, ohne homosexuell zu empfinden. Diese Form der Homosexualität ist nicht auf die eigene Neigung, sondern auf materiellen Gewinn, wie z. B. bei Strichjungen, ausgerichtet. Pseudohomosexualität findet sich häufig in sog. Notsituationen, wie in Kasernen, Gefängnissen, Lagern und Krankenhäusern, in denen eine Geschlechtertrennung herrscht.

In westlichen Gesellschaften wird die Homosexualität mehr oder weniger noch immer allgemein abgelehnt, wenngleich auch in den letzten Jahren eine zunehmende Akzeptanz bzw. Duldung zu verzeichnen ist. Die Abwehr gegenüber der Homosexualität kann aus tiefenpsychologischer Sicht als Angst vor eigenen homosexuellen Tendenzen verstanden werden. Diese Abwehrform wird Reaktionsbildung genannt, d. h., dass mit dem bewussten Verhalten das Gegenteil der unbewussten Impulse demonstriert wird. Für die ablehnende Haltung gegenüber der Homosexualität führte Weinberg (1972) den Begriff **Homophobie** ein, der auch seit 1982 Eingang in den Duden fand und dort als „krankhafte

Angst und Abneigung gegen Homosexualität" beschrieben wird. Untersuchungen zur Homophobie haben ergeben, dass homophobische Menschen mit den größten Befürchtungen zumeist gar keine Homosexuellen persönlich kennen und sie auch gar nicht kennen lernen wollen. Eigene Familienangehörige, sollten sie sich als homosexuell erweisen, werden deshalb oft verstoßen. Psychische Störungen wie Einsamkeit, depressive Verfassungen und Kränkungen bis hin zu Suizidversuchen und Suiziden sind bei den betroffenen Homosexuellen häufig die Folgen. Mitte der 90er Jahre lag die Rate der Suizidversuche bei homo- und bisexuell orientierten Jugendlichen in Vergleichsstudien mit anderen Jugendlichen mit weit über 20 % jeweils mehr als doppelt so hoch. Aufgrund der negativen Einstellungen zur Homosexualität vergehen meist viele konfliktreiche Jahre, bis sich die meist noch Jugendlichen zum **Coming-out** entschließen. Ein günstig verlaufendes Coming-out vollzieht sich im Wesentlichen in zwei Phasen: Die erste ist die der Identitätsfindung, in der sich die Jugendlichen aktiv bemühen, zunehmende Dissonanzen und Widersprüche zu überwinden, die sich aus ihrer bisherigen Geschlechtsrolle einerseits und den bestehenden Vorbehalten gegenüber der gleichgeschlechtlichen Partnerschaft andererseits ergeben, und die zweite ist die der Identitätsintegration, in der schließlich die Akzeptanz der homo- bzw. bisexuellen Orientierung stattfindet. Die Entwicklungsphase des Coming-out ist oft ein bis weit in das Erwachsenenalter hinein reichender komplexer Prozess. Seit Anfang der 80er Jahre wurden sog. Stufenmodelle entwickelt, um diesen Entwicklungsprozess abzubilden. Solche Abfolgemodelle können auch als Orientierungshilfen für Psychotherapeuten und Berater Homosexueller beim Coming-out-Prozess zugrunde gelegt werden. Am weitesten verbreitet und am akzeptiertesten ist das sechsstufige Modell von Cass (1979), das in Tabelle 4-7 dargestellt ist.

4.4.1 Subkulturen

Subkulturen dienen nicht nur der Partnerfindung, sondern sie haben auch eine stabilisierende Funktion dadurch, dass sie eigene Richtlinien und Normen einführen. Sie vermitteln ein Gemeinschaftsgefühl, das den Mitgliedern das Ertragen der negativen Einstellung der Gesamtbevölkerung erleichtert. In Subkulturen kann ein Verhalten gezeigt werden, das außerhalb der Randgruppe als unmännlich bzw. bei weiblichen Homosexuellen als unweiblich gelten würden. Negative Einstellungen gegenüber Homosexuellen scheinen häufig bedingt zu sein durch das Bedürfnis, eine klare Unterscheidung zwischen männlichen und weiblichen Rollen zu treffen. Diese Rollenzuweisungen sind jedoch kulturell bedingt. Im alten Griechenland z. B. war Homosexualität durchaus mit Männlichkeit und großem Mut vereinbar. Platon nahm an, dass die beste Armee der Welt aus sich liebenden Soldaten bestände, die sich gegenseitig zu Helden- und Opfertaten inspirieren würden. Die militärische Schlagkraft der Dorer in Sparta und Kreta schreibt man oft einem solchen Faktor zu. Die Elitekampftruppen in Theben wurden traditionsgemäß aus Paaren sich liebender Männer zusammengestellt. Im krassen Gegensatz dazu steht, dass im Dritten Reich die Homosexuellen in die Konzentrationslager geschickt wurden.
Innerhalb der homosexuellen Subkultur gibt es wiederum Minderheiten, die von den Homosexuellen z. T. selbst abgewertet werden. So gibt es die effeminierten Homosexuellen, die als Tunten bezeichnet werden, aber es gibt auch die pädophilen Homosexuellen, die, wie Untersuchungen von Dannecker und Reiche (1974) zeigten, häufiger vorkommen als sich Homosexuelle vor sich selbst und vor anderen zugestehen wollen. Hinzu kommt die sadomasochistische Lederszene. In der weiblichen Szene werden „Butches" („männliche" Frauen) und „Femmes" („weibliche" Frauen) unterschieden.

Tab. 4-7 Sechs-Stufen-Modell der Entwicklung des Coming-out (nach Cass 1979)

Identitätsaspekte	Wahrnehmung und Verhalten
Konfusion	Mit dem Gewahrwerden sexuell-erotisierender Gefühle dem gleichen Geschlecht gegenüber deuten sich die ersten Eigenarten homosexueller Orientierung an und bilden sich dann zunehmend aus.
Vergleich	Die betreffende Person wird sich zunehmend klar darüber, dass sie – was die Geschlechtspartnerorientierung angeht – nicht mehr zur Mehrheit in der Gesellschaft gehört und dass sie sich damit auch grundlegend von Personen in der eigenen Familie wie im Freundeskreis unterscheidet.
Toleranz	Gegen Ende der zweiten Phase findet eine Veränderung vom bisherigen heterosexuell geprägten hin zu einem zunehmend homosexuell ausgestalteten Selbstbild statt. Die gleichgeschlechtliche sexuelle Orientierung wird zunehmend toleriert.
Akzeptanz	Ein beginnender und zunehmend häufiger Kontakt zu anderen homosexuell orientierten Personen normalisiert und festigt die eigene Homosexualität und beeinflusst den weiteren Lebensstil.
Stolz	Die betreffende Person entwickelt hinsichtlich ihrer sexuellen Orientierung ein positives Selbstwertgefühl, obwohl dieses in der Gesellschaft auf Ablehnung stößt. Um mit diesem Widerspruch fertig zu werden, werden zunächst selektiv negative Aspekte an der „Heterosexualität" sowie positive Aspekte an der „Homosexualität" gesucht, wobei persönlich der letzteren (zunehmend stolz) der Vorzug gegeben wird.
Synthese	Die betreffende Person wird sich zunehmend klar darüber, dass die negativen Einstellungen zur „Heterosexualität" nicht haltbar sind. Auch wenn die eigene Homosexualität in der Gesellschaft keine allgemeine Zustimmung findet, kann die homosexuelle Orientierung dennoch voll in die eigene Identität integriert werden. Sie wird damit zugleich mit den vielen anderen Aspekten des eigenen Selbst vereinbar.

4.4.2 Ursachen

Obwohl es sich bei der homosexuellen Orientierung nur um eine Normvariante menschlicher Liebesfähigkeit handelt, hat sich die Sexualforschung entsprechend störungsorientierter Vorstellungen immer wieder mit den Ursachen befasst. Die in älteren Untersuchungen beschriebenen Korrelationen homosexueller Orientierung mit psychopathologischen Auffälligkeiten werden heute als Resultat der Ausgrenzung der Betroffenen und nicht der Homosexualität selbst gesehen. Transkulturelle Forschungen haben im Übrigen ergeben, dass gleichgeschlechtliche Sexualität in allen Kulturen vorkommt. Allerdings gibt es keine Kultur, in der die sexuell-erotische Anziehung von Männern durch Frauen und von Frauen durch Männer aufgehoben oder gänzlich umgekehrt ist.

Hinsichtlich der Umwelteinflüsse hat eine Fülle von Untersuchungen gezeigt, dass es keine spezifischen Sozialisationsbedingungen für die Entwicklung zur Hetero- oder zur Homosexualität gibt, d. h., dass man weder zur homosexuellen noch zur heterosexuellen Neigung erzogen oder verführt werden kann.

Biologische Befunde

Etliche Untersuchungen über homosexuelles Verhalten im Tierreich haben ergeben, dass bei den uns biologisch am nächsten stehenden Zwergschimpansen, mit denen wir ca. 99 % unseres Erbguts und somit mehr gemein haben als diese mit dem Gorilla, gleichgeschlechtliche Sexualität regelhaft als Verhalten auftritt. In Tierexperimenten konnten durch hormonelle Manipulationen morphologische Veränderungen bestimmter hypothalamischer Kernregionen, besonders im Bereich des Sexually Dimorphic Nucleus of the Preoptic Area (SDN-POA) hervorgerufen werden. Dieser Bereich war bei männlichen und bei pränatal androgenisierten weiblichen Tieren deutlich größer als bei weiblichen bzw. pränatal demaskulinisierten Tieren. Als Grundprinzip konnte eine Maskulinisierung/Defeminisierung des Verhaltens durch erhöhte pränatale Androgenspiegel oder auch erhöhte Östrogenspiegel, und eine Feminisierung/Demaskulinisierung durch herabgesetzte Androgenspiegel erreicht werden. Die Frage nach dem Zusammenhang möglicher biomedizinischer Faktoren und der homosexuellen Orientierung kann dahingehend beantwortet werden, dass **Chromosomenaberrationen** keinen Einfluss auf die Entwicklung der sexuellen Orientierung zu haben scheinen. Eindeutige Belege für **hormonelle Abweichungen** bzw. Funktionsstörungen bei exklusiv homosexueller Orientierung gibt es bei Männern nicht. Bei Frauen mit homosexueller Orientierung und/oder transsexueller Geschlechtsidentitätsstörung gibt es dagegen vermehrt Hinweise auf hyperandrogenämische Störungen der Ovarial- und/oder Nebennierenrindenfunktion. Eine pränatale Erhöhung des Androgenspiegels scheint bei Frauen zu einer eher für das männliche Geschlecht typischen Ausrichtung der sexuellen Orientierung zu führen.

Bezüglich der Frage nach **genetischen Ursachen** erbrachten Stammbaum- und Zwillingsuntersuchungen Hinweise auf die familiäre Häufung von Homosexualität. Danach wiesen eineiige, gemeinsam oder getrennt aufgezogene Zwillinge eine überdurchschnittliche Konkordanz (50 %) hinsichtlich der homosexuellen Orientierung auf. Diese Zahl sank auf weniger als 20 %, wenn die Geschwister zweieiige Zwillinge oder normale Geschwister und unter 10 %, wenn die Kinder nur adoptiert waren (Bailey und Pillard 1991). Weiterhin haben Untersuchungen ergeben, dass homosexuelle Männer signifikant mehr ältere Brüder haben als nicht homosexuelle Männer. Nicht bestätigt dagegen wurden die Studienergebnisse von Hamer et al. (1993) zur Existenz eines DNA-Markers in der Xq28-Region des X-Chromosoms bei homosexuellen Männern. Mit genetischen Markern bezeichnet man Regionen oder Abschnitte auf der DNA, die bei Familienangehörigen gleichermaßen zu finden sind. Hu et al. (1995) fanden in Nachfolgeuntersuchungen zwar bei homosexuellen Brüdern Marker in der Xq28-Region, nicht jedoch bei den lesbischen Geschwistern. Endgültig geklärt ist eine mögliche Anlagebedingtheit und eine mögliche Vererbung über die mütterlichen Gene also nicht. Genetische Ursachen sind auch nicht ohne weiteres vereinbar mit den Auffassungen von Dörner et al. (1975), der **exogene hormonale Einflüsse** in der frühen intrauterinen Entwicklung des Fötus annimmt. Dörner postulierte, dass auf seine Östrogeninjektionen das positive Östrogen-Feedback normalerweise nur bei Frauen auslösbar und Ausdruck eines zyklisch wirkenden, also dominant weiblich strukturierten hypothalamischen Sexualzentrums ist. Das Auftreten eines solchen positiven Östrogen-Feedbacks bei homosexuellen Männern, wie er es in seinen Untersuchungen gefunden hat, belege, dass deren Hypothalamus weiblich differenziert sei. Dörner räumte später ein, dass dies nur für effeminierte Homosexuelle gelte. Seine Befunde konnten in anderen Ländern und bei anderen Stichproben nicht reproduziert werden. Auch Dörners (1995) Hypothese, dass Störungen der adrenalen Steroidbiosynthese bei der Mutter zu pränatalen Androgenimbalancen beim männlichen Fötus führen könnten, konnte nicht abschließend geklärt werden. Dörner vermutet, dass erhöhte Androgene der Mutter plazentar zu Östrogenen umgewandelt werden und beim männlichen Fötus eine LH-Suppression bewirken, die wiederum zu einer Minderung der fetalen testikulären Testosteronproduktion und damit zu einem Ausbleiben der hypothalamischen Maskulinisierung/Defeminisierung führt. Stress bei der Mutter während der Schwangerschaft verstärke diesen Prozess, denn er führt bei der Mutter durch die adrenale Stimulation zu einem Androgenanstieg und damit beim männlichen Fötus sekundär zu einer Senkung des testikulären Androgenspiegels.

Zusammenfassend kann festgehalten werden, dass die bisherigen sexualwissenschaftlichen Ergebnisse zwar auf eine biologische Prädisposition für die individuelle Ausprägung der sexuellen Orientierung deuten, dass das strukturell-funktionelle Substrat dieser biologischen Prädisposition bislang jedoch noch ungesichert ist.

Einige Wissenschaftler lehnen sämtliche Forschungen zu diesem Themenkomplex ab mit dem Verweis auf deren Missbrauchbarkeit i. S. einer „Ausmerzung" Homosexueller, wie sie im Dritten Reich erfolgte. Schmidt (1986) und Sigusch et al. (1982) befürchten, dass, sollten biologische Ursachen für Homosexualität gefunden werden, Homosexuelle wieder als „abartig" betrachtet und verfolgt und von medizinischer Seite mit verschiedenen Techniken „behandelt" werden könnten, anstatt Homosexualität als eine bloße Variante der sexuellen Orientierung zu akzeptieren.

Psychologische Erklärungsaspekte

Es gibt psychoanalytische und lerntheoretische Vorstellungen über die Entstehung der Homosexualität, aber es sind auch von psychologischer Seite Versuche unternommen worden, aufgrund eines bestimmten Verhaltens in der Kindheit Vorhersagen über die spätere sexuelle Orientierung zu treffen (vgl. Kap. 2.2.5, S. 38).

Während die Lerntheorie von Konditionierungsprozessen ausgeht, hat die **Psychoanalyse** unterschiedliche Theorien über den Ursprung homosexueller Neigungen entwickelt. Freud ging von einem negativen Ausgang der ödipalen Konfliktsituation aus, indem er annahm, dass der Homosexuelle sich dem Vater unterwirft und in anderen Männern passiv die väterliche Liebe sucht. Nach Freud identifiziert sich der Homosexuelle mit der Mutter, zu der er eine starke Bindung beibehält und mit der er sich in zärtlicher Nähe identifikatorisch verbindet. Dieses frühe Freud'sche Schema ist im Laufe der Zeit durch die Narzissmuslehre und durch Hinweise auf Fixierungen in immer früheren Entwicklungsphasen erweitert worden. Bei Ferenczi (1911) wird die homosexuelle Partnerwahl mit narzisstischen Einstellungen in Verbindung gebracht. Sowohl Ferenczi als auch später Freud (1941) vermuteten, dass sich Homosexuelle selbst zum Sexualobjekt nehmen, d. h., dass sie der eigenen Person ähnliche Männer aussuchen, die sie so lieben wollen, wie die Mutter sie geliebt hat. In seinen späteren Schriften hat Freud die Homosexualität wiederholt mit Störungen der Mutter-Kind-Beziehung in Verbindung gebracht und das „zwanghafte Streben nach dem Mann" als sexuelle Flucht vor der Frau verstanden. Morgenthaler (1987) sieht ganz ähnlich narzisstische Störungen als Ursache der Homosexualität an und verbindet sie mit der Vorstellung von einer gestörten Mutter-Kind-Beziehung. Er geht davon aus, dass in der narzisstischen Entwicklungsphase, also ca. im 1. Lebensjahr, es zu einer unvollkommenen Abgrenzung der Selbst- und der Objektrepräsentanzen kommt, was zu einem Ich-Defekt führt. Phasenspezifisch inadäquates Verhalten der Mutter führt nach Auffassung von Morgenthaler bei dem Kleinkind zu einer Überbesetzung autoerotischer Aktivitäten, die das Kind einsetzt, um Autonomie zu bewahren und das Selbstwertgefühl zu regeln. Die sexuellen Interessen richten sich auf die eigene Person und nur dann auf andere, wenn sie das gleiche Geschlecht haben. In der ödipalen Phase wird das Liebesobjekt zur Repräsentanz der eigenen Person, d. h., dass der homosexuelle Mann und die homosexuelle Frau ihre Sexualität in ein Selbstbild einordnen, das ihnen innere und äußere Autonomie gewährleistet. Autonomie und Autoerotik bleiben auf diese Weise nach Morgenthaler dauerhaft verbunden. Während Heterosexuelle nach Morgenthaler in der Lage sind, sich einem polaren Gegensatz, also einer heterosexuellen Partnerschaft, auszusetzen, ohne dass ihre Identität dadurch infrage gestellt wird, können Homosexuelle dies nicht. Untersuchungen des Psychoanalytikers Bieber et al. (1962) an männlichen homosexuellen Analysepatienten ergaben, dass homosexuelle häufiger als heterosexuelle Patienten ihre Mutter als stark und bindend, dabei erotisch stimulierend, zugleich aber sexuelles Ausleben gegenüber anderen Frauen verbietend, beschrieben haben. Die Väter wurden als feindlich, uninteressiert oder gar als abwesend geschildert. Die Autoren bezeichneten demzufolge die starke Intimität mit der starken Mutter und die Gleichgültigkeit der Väter als klassisches Muster der Entwicklung von Homosexualität. In der als San-Francisco-Studie bekannt gewordenen Untersuchung von Bell et al. (1981) ließen sich dagegen keine nennenswerten familiären Variablen und Erziehungsstile identifizieren, mit denen sich ein Einfluss auf die spätere sexuelle Orientierung hätte voraussagen lassen. Bell konnte die Befunde von Bieber bezüglich der Mutterdominanz und Vaterindifferenz nicht bestätigen. Dies liegt wohl auch darin begründet, dass Biebers Untersuchungen an Analysepatienten vorgenommen wurden, die nicht repräsentativ für alle Homosexuelle sind. Auch widerlegt die San Francisco-Studie eindeutig die Vermutung, dass erste eigene hetero- oder homosexuelle Erfahrungen die Grundlagen für die spätere sexuelle Orientierung darstellen. Die meisten homosexuellen bzw. bisexuellen Erfahrungen werden gemacht, *nachdem* sich die Betreffenden ihrer Orientierung selbst bewusst geworden sind. Dies entspricht den lern- und entwicklungspsychologischen Aussagen, die die wichtigsten „Kristallisationskerne" für die Geschlechtspartnerorientierung im Übergang zur Jugendzeit und nicht bereits in den ersten Bindungserfahrungen vermuten, denn für die Lerntheoretiker findet ein Coming-out auch bei heterosexueller, nicht nur bei homosexueller Orientierung statt, wenngleich es bei Heterosexuellen bei weitem nicht so problematisch verläuft wie bei Homosexuellen. Ferner ergab die Studie, dass es den homosexuellen Frauen und Männern in der Kindheit und Jugend nicht an heterosexuellen Erfahrungen gemangelt hat, diese unterschieden sich jedoch von den homosexuellen darin, dass sie als unbefriedigend empfunden wurden.

Im Hinblick auf die Entstehung der sexuellen Orientierung kann aus der San Francisco-Studie von Bell geschlossen werden, dass als einer der sicheren Prädiktoren für die spätere Geschlechtspartnerorientierung das geschlechtsrollenkonforme bzw. nicht geschlechtsrollenkonforme Verhalten in der Kindheit anzusehen ist. Aber obwohl sich heute statistisch hoch signifikante Korrelationen zwischen den für das Geschlecht untypischen Verhaltensweisen in der Kindheit und der späteren Homosexualität finden lassen, schließt dies nicht aus, dass es auch viele Fälle gibt, in denen sich später trotzdem eine heterosexuelle Geschlechtspartnerorientierung zeigt, denn auch viele Heterosexuelle berichten, dass sie in der Kindheit ein nicht geschlechtsrollenkonformes Interesse gehabt und geäußert hätten. Hinzu kommt, dass es selbst unter Homosexuellen eine größere Gruppe gibt, bei der sich Abweichungen hinsichtlich der Geschlechtsrollenkonformität in der Kindheit nicht finden lassen. Weiterhin ergab die Bell-Studie, dass die Identifikation mit dem andersgeschlechtlichen Elternteil während des Heranwachsens keinen nennenswerten Einfluss darauf hat, ob die Betreffenden homosexuell werden oder nicht, während das Ausmaß der Identifikation mit dem gleichgeschlechtlichen Elternteil sehr wohl einigen Einfluss auf die Entwicklung der sexuellen Orientierung zu haben scheint. Entsprechend der Tatsache, dass Homosexualität von Frauen in der Öffentlichkeit viel weniger in Erscheinung tritt als die von Männern, ist auch über die **Ursachen weiblicher homosexueller Orientierung** explizit kaum geforscht worden. Allerdings gibt es eine Reihe psychoanalytischer Hypothesen zur Ätiologie der weiblichen Homosexualität. Diese weisen zunächst gemeinsam darauf hin, dass bei der weiblichen homosexuellen Beziehungsform das erste weibliche Liebesobjekt (die Mutter) erhalten bleibt. Von psychoanalytischer Seite wird oft die These angenommen, dass homosexuelle Frauen auf der Suche nach zärtlichen und liebevollen Beziehungen zu Frauen seien, die der Mutter-Kind-Beziehung gleichen. Zugleich wird darauf hingewiesen, dass die Beziehung zur tatsächlichen leiblichen Mutter meist enttäuschend war, z. B., weil diese selbst innerseelische Probleme mit ihrer Frauenrolle hatte oder weil sie die Autonomiebestrebungen des Kindes behinderte. Freud beschrieb 1920 die Psychogenese der weiblichen Homosexualität als Folge eines negativen Ausgangs der ödipalen Konfliktsituation in dem Sinne, dass sich das vom Vater enttäuschte Mädchen wieder der Mutter zuwendet. Freud selbst scheiterte in der Behandlung seiner homosexuellen Patientinnen und meinte schließlich, dass die Psychoanalyse nicht berufen sei, das Problem der Homosexualität zu lösen und dass sie es vielmehr der biologischen Forschung überlassen sollte. Entsprechend ist bis heute der Erklärungswert psychoanalytischer Ätiologien gering und wenig schlüssig. Dies wird wohl daran liegen, dass, wie die Psychoanalytikerin Christa Rohde-Dachser (1994) in ihrem Artikel über männliche und weibliche Homosexualität treffend schreibt, „es *die* Homosexualität nicht gibt, sondern statt dessen eine Vielfalt von Formen und Erscheinungsweisen homosexuellen Verhaltens mit vermutlich unterschiedlicher Genese. Aus diesem Grund muss auch der Versuch fehlschlagen, eine psychoanalytische Theorie der Homosexualität zu formulieren."

4.5 Bisexualität

Mit dem öffentlichen Coming-out der Homosexuellen in den 70er Jahren setzte fast zeitgleich ein Prozess ein, der Bisexualität als eigenständige Möglichkeit der sexuellen Orientierung proklamierte. Durch das Auftauchen von AIDS gerieten bisexuelle Männer ins Zentrum der Aufmerksamkeit, weil ihnen eine große Bedeutung bei der HIV-Übertragung auf Frauen zugeschrieben wurde. Von sexualwissenschaftlicher Seite wurde die Bisexualität zunächst als eine Übergangsform im Rahmen eines homosexuellen Comingout betrachtet. Psychoanalytiker hielten Bisexuelle für auf dem Weg zur Homosexualität stecken Gebliebene und sprachen von „Abwehrbisexualität". Dieses psychoanalytische Konstrukt konnte empirisch widerlegt werden (Goos 2003). Inzwischen wird Bisexualität in der Sexualforschung als eigenständige Möglichkeit der sexuellen Orientierung betrachtet. Bisexuelle Menschen unterscheiden sich von monosexuellen dadurch, dass sie eine doppelte, eine homosexuelle und eine heterosexuelle Option haben. Das Besondere der Bisexuellen besteht darin, dass sie beide Geschlechter anziehend finden und von beiden Geschlechtern sexuell angezogen werden. Masters und Johnson (1979) bevorzugten in ihren Untersuchungen den Begriff „ambisexuell". Bisexuelle, die ca. 1–1,6 % der Bevölkerung ausmachen, haben inzwischen eine eigene Subkultur entwickelt, die der homosexuellen ähnlich ist.

Im Gegensatz zu homosexuellen Neigungen unterliegt die bisexuelle Orientierung soziokulturellen Einflüssen, und zwar insofern, als sie sich durch kulturelle Forderungen unterdrücken lässt, und deshalb nicht offensichtlich zu sein braucht, während exklusiv homosexuelle und ausschließlich heterosexuelle Orientierung nicht unterdrückbar ist.

4.6 Asexualität

In letzter Zeit formiert sich eine Gruppe von Frauen und Männern, die sich als durchgehend asexuell empfindet und die die Asexualität als eigenständige sexuelle Orientierung öffentlich anerkannt bekommen will. Asexuelles Verhalten kann aus den unterschiedlichsten Gründen gezeigt werden. So kann es neben einer freiwillig gewählten Lebensform auch dadurch bedingt sein, dass der geeignete Partner noch nicht gefunden wurde oder dass tatsächlich keinerlei sexuelle Bedürfnisse oder Phantasien bei den Betroffenen vorhanden sind. Es kann aber auch die Folge einer gestörten Sexualfunktion oder einer abweichenden Sexualempfindung sein, wie es z. B. im Vorfeld einer transsexuellen Geschlechtsidentitätsstörung der Fall sein kann. Tritt eine sexuelle Lustlosigkeit nur vorübergehend auf, spricht man von sexueller Inappetenz. Die Ursachen solcher Appetenzstörungen werden in Kapitel 11.1, S. 127 näher beschrieben.

Liegen dauerhaft keinerlei erotische Gefühle bei ansonsten normalem Ablauf von Erregung und Orgasmus vor, handelt es sich um einen Zustand sexueller Anhedonie.

5 Auswirkungen verschiedener Faktoren auf die Sexualität

Körperliche Erkrankungen, pharmakologische Wirkstoffe, Alkohol und Drogen, Chemikalien und operative Eingriffe sowie Behinderungen körperlicher und psychischer Art können die sexuelle Funktionsfähigkeit beeinträchtigen. Allerdings sind in der Praxis nur wenige sexuelle Störungen somatisch bedingt. Die häufigsten körperlichen Ursachen sind vaskuläre Störungen, besonders beim Mann, neurologische Erkrankungen, Erkrankungen im Urogenitalbereich, endokrinologische Veränderungen und toxische Einflüsse durch Drogen und Alkohol sowie Nebeneffekte von Pharmaka. Im DSM-IV-TR sind für sexuelle Funktionsstörungen, die auf die genannten Ursachen zurückzuführen sind, eigene Kategorien zur Klassifizierung geschaffen worden.

Von besonderer Bedeutung sind Erkrankungen, die zu einer chronisch körperlichen Beeinträchtigung führen, vor allem wenn mehrere chronische Erkrankungen vorliegen und mehrere Organsysteme negativ beeinflusst sind. Chronische Krankheiten müssen aber nicht zwangsläufig das sexuelle Erleben und die sexuelle Funktion beeinträchtigen, denn bei der Bewältigung einer Erkrankung spielen psychosoziale Faktoren eine große Rolle. Es kann jedoch auch vorkommen, dass chronische Beeinträchtigungen „genutzt" werden, um sich der vielleicht „unliebsamen" Sexualität zu entledigen. Einflüsse chronischer Behinderungen auf die Sexualität können qualitativer und quantitativer Art i. S. von Reduktion, Versiegen oder ggf. auch Steigerung der sexuellen Aktivität sein. Manchmal sind sexuelle Funktionsstörungen auch das erste Symptom einer Krankheit.

Im Folgenden werden Krankheitsbilder genannt und in Tabelle 5-1 und 5-2 dargestellt, von denen bekannt ist, dass sie gehäuft mit sexuellen Funktionsstörungen einhergehen.

5.1 Körperliche Krankheiten

5.1.1 Schwere Allgemeinerkrankungen

Bei schweren, u. U. lebensbedrohlichen Erkrankungen ist das sexuelle Interesse grundsätzlich herabgesetzt, da die Sexualität als eine nicht unmittelbar lebenserhaltende Funktion anderen für das Überleben wichtigen Funktionen untergeordnet wird. Zu den Allgemeinerkrankungen können infektiöse, parasitäre und mangelernährungsbedingte Krankheiten gezählt werden.

5.1.2 Internistische Erkrankungen

Zu den internistischen und endokrinen Erkrankungen, die die Sexualfunktion beinträchtigen, zählen vor allem der Diabetes mellitus, aber auch Nieren-, Leber- und Lungenerkrankungen sowie Schilddrüsen- und Hypophysenstörungen.

Als Folge des **Diabetes mellitus** treten bei Männern gehäuft Erektions- und Appetenzstörungen sowie die Ejaculatio retrograda, also der Samenerguss in die Blase, auf. Aber auch Orgasmen ohne Emission und das Ausbleiben der Pumpempfindung beim Samenerguss wurden beschrieben. Erektionsstörungen sind häufiger als die reduzierte Appetenz

Tab. 5-1 Körperliche Erkrankungen, Fehlbildungen und Operationen im Zusammenhang mit sexuellen Funktionsstörungen

Schwere Allgemeinerkrankungen	Internistische Erkrankungen	Kardiovaskuläre Erkrankungen	Neurologische Erkrankungen und Traumen	Urogenitale Erkrankungen und Traumen	Operative Eingriffe im Bauch-, Becken-Urogenitalbereich	Sonstiges
• Infektiöse, parasitäre und ernährungsmangelbedingte Erkrankungen (z. B. Mumps, HIV-Infektionen, Vitaminmangel)	• Diabetes mellitus	• Koronare Herzkrankheit	• Querschnittsmyelitis	• Hydrozele und Varikozele	• abdominale Aortenoperationen	• Elephantiasis
	• chronische Lebererkrankungen	• Myokardinfarkt	• Schlaganfall	• Sclerosis penis, angeborene vaskuläre und strukturelle Penisdeviationen	• lumbale Sympathektomien	• Akromegalie
	• chronische Nierenerkrankungen	• Hypertonie	• Multiple Sklerose		• retroperitoneale Lymphadenektomien	• schwere Allgemeinerkrankungen und Schwächezustände
		• Arteriosklerose	• Morbus Parkinson			
	• Hypothyreose	• Aortenaneurysma	• progressive Paralyse	• Penisfraktur	• perineale Prostatektomien	• Strahlentherapie
	• Hyperthyreoidismus	• Gefäßanomalien im Bereich der Becken- und Genitalarterien	• Temporallappenepilepsien	• Phimose	• Blasen-, Kolon- und Rektumoperationen	• Chemotherapie
	• Morbus Cushing		• Polyneuropathien	• Hypospadie, Epispadie	• Hysterektomien, Ovarektomien, Vulvektomien	
	• Morbus Addison	• Kauda-Syndrom	• traumatische und neoplastische Rückenmarkserkrankungen	• Zustand nach Nierentransplantation		
	• respiratorische Insuffizienz	• Störungen des venookklusiven Schwellkörpersystems		• Beckenfraktur	• Mastektomien	
	• Chromosomenanomalien (z. B. Klinefelter-Syndrom)		• Tabes dorsalis, Spina bifida	• Entzündungen, Neoplasmen	• Episiotomien	
			• Tumoren des ZNS	• Zustand nach Priapismus	• Scheidenoperationen	
	• Funktionsstörungen der Hypophysen-Gonaden-Achse		• Bandscheibenvorfall	• Zustand nach Penisprothesenoperation	• Operationen bei Neoplasmen	
	• Hypogonadismus (Androgenmangel)		• Schädel-Hirn-Traumen	• vaginale Fehlbildungen		
	• Neoplasie der Nebennierenrinde		• Zustand nach Hirnoperationen	• Entzündungen, Narbenbildungen		
	• Hyperprolaktinämie			• Endometriose		

Tab. 5-2 Auswirkungen körperlicher Erkrankungen auf die Sexualität (in Anlehnung an Kockott 1977)

Erkrankung	Art der Sexualstörung	Vermutete Ursache
Lebererkrankungen	kann Libido erniedrigen	Stoffwechselstörung der Sexualhormone
Nierenerkrankungen	kann Libido erniedrigen	Stoffwechselstörung der Sexualhormone über gestörte Ausscheidung
Endokrinologische Erkrankungen Insbesondere:		
Schilddrüsenerkrankung	kann Libido erniedrigen	Stoffwechselstörung der Sexualhormone
Diabetes mellitus	Erektionsstörung, zunächst ohne oder geringeren Appetenzverlust, u. U. retrograde Ejakulation, schleichender Verlauf	Neuropathogenese, Gefäßveränderungen
Hypophysenstörung Morbus Cushing	Potenzstörungen, Amenorrhoe	
Morbus Klinefelter	Potenzstörungen beginnen meist im vierten Lebensjahrzehnt	
Durchblutungsstörungen der peripheren Gefäße	Erektionsstörung, zunächst ohne Libidoverlust	periphere Durchblutungsstörung des Genitalbereiches
Myokardinfarkt	Erektionsstörungen, Minderung der sexuellen Appetenz, vorzeitige Ejakulation	periphere Gefäßerkrankung Hypertonie
Lokale körperliche Schäden		
Entzündungen	Schmerzen beim Koitus	
Störungen der testikularen Funktion	kann Libido erniedrigen	Stoffwechselstörung der Sexualhormone
Mechanische Hindernisse für den Koitus	Schmerzen beim Koitus	
Traumatische Schäden	Koitus nicht ausführbar	
Neurologische Erkrankungen		
Peripheres Nervensystem Tabes dorsalis Amyotrophische Lateralsklerose Syringomyelie Spina bifida Multiple Sklerose Polyneuropathie Traumatische Schädigung	kann Erektions- und Orgasmusfähigkeit beeinträchtigen, zunächst ohne Libidoverlust	Störungen der nervalen Versorgung des Sexualbereiches und der peripheren kaudalen Sexualzentren
Zentrales Nervensystem Vorderhirn-, Temporallappenschädigung, generell: schweres Schädel-Hirn-Trauma	Libidoveränderung, meist Hyposexualität	Störungen am ehesten im limbischen System

und stehen in Zusammenhang mit dem Alter. Die Häufigkeitsangaben sexueller Störungen bei männlichen Diabetikern schwanken zwischen ca. 30 und 80 %. Diabetesbedingte sexuelle Funktionsstörungen bei Frauen (35 %, davon 24 % Appetenzstörungen und 11 % Orgasmusstörungen) traten häufiger auf als bei einer weiblichen Kontrollgruppe (6 %). Die häufigeren Dyspareunien bei Diabetikerinnen können mit der besonderen Neigung zu Scheideninfektionen zusammenhängen.

5.1.3 Kardiovaskuläre Erkrankungen

Von männlichen Herzinfarktpatienten werden häufig Erektionsstörungen, vor allem in der Rekonvaleszenzphase, in der die sexuelle Erregung mit der Angst vor einem Rezidiv einhergeht, berichtet. In vielen Fällen lagen jedoch bereits vor dem Infarkt sexuelle Störungen vor. 40–70 % weiblicher und männlicher Herzinfarkt- und leichterer Schlaganfallpatienten sowie Menschen nach einer Bypass-Operation reduzieren ihre sexuelle Aktivität und geben herabgesetztes sexuelles Interesse, verzögertes Orgasmuserleben und Erregungsstörungen an. Eine große Sorge ist die Angst, bei sexuellem Kontakt einen tödlichen Herzinfarkt, den sog. Liebestod, zu erleiden. Dieser ist aber ein sehr seltenes Ereignis. In zwei großen Untersuchungen lag seine Häufigkeit unter 1 % aller plötzlichen Todesfälle, wobei eine Reihe anderer Risikofaktoren bei den Betroffenen mit im Spiel war. Meistens traf es Männer im höheren Lebensalter, „die nach reichlichem Essen und Trinken in einem Hotelzimmer mit einer deutlich jüngeren Frau außereheliche sexuelle Kontakte hatten". Der „Liebestod" kommt auch in Ehen vor, nur lässt er sich dort leichter verbergen, so dass es wohl eine Dunkelziffer gibt, die aber ebenfalls gering sein wird. Sexuelle Dysfunktionen in Zusammenhang mit kardiovaskulären Erkrankungen wie der koronaren Herzkrankheit, der arteriellen Hypertonie und dem Myokardinfarkt, sind seit längerem bekannt. Jedoch muss hier zwischen der direkten Wirkung der Erkrankung, also beispielsweise der Beeinträchtigung der arteriellen Blutversorgung der Genitalien, den sexuellen Folgen der Behandlung, wie den unerwünschten Wirkungen z. B. von Antihypertensiva und psychischen Faktoren unterschieden werden.

Die Steigerung der Herzfrequenz und des Blutdrucks während sexueller Erregung und Aktivität ist nicht höher als alltägliche körperliche Belastungen wie Treppensteigen oder rasches Gehen. Folgende Symptome gelten allerdings als bedenklich: pectanginöse Beschwerden während und nach dem Koitus, Herzklopfen und Atemnot, die länger als eine Viertelstunde nach dem Koitus anhalten, Schlaflosigkeit infolge sexueller Anstrengung und Gefühle der Erschöpfung am Tage nach sexuellen Aktivitäten.

5.1.4 Neurologische Erkrankungen und Traumen

Da das spinale sympathische Erektionszentrum thorakolumbal in Höhe Th11-L2 und das parasympathische Erektionszentrum im Sakralmark in Höhe S2-S4 lokalisiert ist und die somato-sensible Innervation des Penis über den Nervus pudendus erfolgt, der aus afferenten und efferenten Anteilen zusammengesetzt ist, die den Segmenten S2-S4 entspringen, hängen die Auswirkungen einer **Querschnittslähmung** davon ab, ob es sich um eine hohe oder tiefe Schädigung handelt und davon, ob die Verletzung komplett ist oder nicht. Reflektorische Erektionen sind bei Erhalt des Sakralmarks und seiner Afferenzen und Efferenzen, „psychogene" Erektionen bei Erhalt des thorakal-sympathicotonen Zuflusses möglich. Die Ejakulationsfähigkeit besteht aus zwei Komponenten, der Emission und der Expulsion. Die Emission setzt die Intaktheit der sympathicotonen Efferenzen am Ende des Thorakalmarks und die Ejakulation die des parasympathicotonen sakralen Sexualzentrums voraus. Die Wahrscheinlichkeit der Erektionsfähigkeit ist bei einer oberen Läsion hoch, die der Ejakulationsfähigkeit dagegen ist bei oberen Querschnittslähmungen gering. Reflexerektionen werden von Berührungsreizen der Genitalien ausgelöst. Sie halten nur sehr kurz an und führen auch nicht zu angenehmen körperlichen Gefühlen. Für einen Koitus können sie oft ausreichend sein. Ansonsten kann die als „stuffing" (Stopftechnik) bezeichnete Methode angewendet werden. Psychogene Erektionen kommen aufgrund von Phantasien zustande und nicht durch direkte Stimulation. Sie können zwar länger anhalten als reflektorische, sie sind aber nicht immer vollständig und können durch Berührungsreize nicht verstärkt werden. Bei 25 % der Männer mit kompletten Läsionen des Sakralmarks sind sie möglich, dabei kommt auch bei 20 % eine Emission vor. Bei einer inkompletten Zerstörung des Sakralmarks sind reflektorische Erektionen bei 90 % der Patienten und Samenergüsse, z. T. retrograde Ejakulationen oder Emissionen bei 70 % möglich. Bei den meisten kompletten tiefen Rückenmarksschädigungen besteht völlige Erektionsunfähigkeit, Emissionen kommen aber bei 20 % vor.

Bei inkompletter oberer Querschnittslähmung (oberhalb Th12) können fast 100 % der Männer eine Reflexerektion erreichen und 30 % können auch ejakulieren. Bei kompletter Zerstörung des Rückenmarks im oberen Thorakalmark sind bei 90 % der Patienten reflektorische Erektionen, aber bei weniger als 5 % Ejakulationen möglich. Bei Frauen mit einem Querschnitt oberhalb Th12 können ebenfalls keine klitoralen Reaktionen oder die vaginale Lubrikation über psychische Stimulierung ausgelöst werden, wohl aber sind, wie bei Männern, reflektorische Reaktionen über sensible Körperteile, wie z. B. Lippen, Ohrläppchen etc. möglich. Trotzdem berichten einige Frauen und Männer von „Phantom"-(nicht genital bedingten)Orgasmen, bei denen Lusterfahrungen psychisch erlebt und in nicht geschädigten Körperbereichen empfunden werden, die kompensatorisch wesentlich gefühlsintensiver zu werden scheinen. Analog zur männlichen Erektion scheint auch bei Frauen der Zustand des Sakralmarks entscheidend dafür zu sein, ob eine reflektorische Lubrikation möglich ist. Bei einer kompletten Läsion auf der Höhe sakraler Segmente kommt es zu einem vollständigen Lubrikationsverlust. Für die Lubrikation durch psychogene Stimuli scheint der Erhalt des Thorakalmarks bedeutsam zu sein. Auf jeden Fall scheint bei Frauen die subjektive Beurteilung der sexuellen Zufriedenheit nicht mit dem Ausmaß der Verletzung zu korrelieren. Interviewte Frauen mit Rückenmarksverletzungen berichteten, dass ihre Verletzungen die sexuelle Erregung nicht beeinträchtigt hätten.

Die **Fertilität** von Frauen mit Rückenmarkverletzungen bleibt relativ unbeeinträchtigt. Die Menstruation stellt sich gewöhnlich innerhalb von sechs Monaten nach dem Unfall wieder ein. Schwangerschaften können auftreten und zu einer normalen Entbindung führen. Bei Männern mit Rückenmarksverletzungen ist aufgrund der oft infolge eintretenden Sterilität und der Ejakulationsstörungen die Fertilität weniger wahrscheinlich. Da Ejakulationen allerdings mechanisch induziert werden können, ist eine künstliche Befruchtung möglich.

Sakrale Wurzelläsionen führen in der Regel zu keiner oder nur zu einer geringen Beeinträchtigung der sexuellen Funktionen, da die Schädigungen meist einseitig sind und die Innervationen der anderen Seite für einen genitalen Reflex ausreichend ist. Da jedoch fast alle Patienten mit dieser Symptomatik unter z. T. erheblichen Schmerzen beim Koitus leiden, ist das sexuelle Erleben dadurch deutlich beeinträchtigt, insbesondere bei einer Neuropathie des Nervus pudendus oder seiner Zweige. Bilaterale Schädigungen in allen S2-S5-Wurzeln oder Nerven (s. o.) führen zu einer Tröpfel-Ejakulation (Emission). Reflexerektionen sind in solchen Fällen aber nicht möglich. Allerdings kann es zu psychogenen Erektionen kommen.

Bei **multipler Sklerose** leiden im fortgeschrittenen Stadium 5–50 % der Frauen und 20–80 % der Männer an verschiedenen Formen sexueller Funktionsstörungen. Betroffene Männer klagen überwiegend über Erektions- und Appetenzstörungen und Frauen über herabgesetztes sexuelles Interesse und Orgasmusstörungen. Für die geminderte Appetenz bei beiden Geschlechtern sind vermutlich die allgemeine Schwäche, die Muskelspastizität der Extremitäten und Sensibilitätsstörungen im Genitalbereich verantwortlich. Letztere äußern sich in verminderten Reaktionen auf Berührungen oder in Überempfindlichkeit, was den Genitalkontakt und den Orgasmus unangenehm machen kann. Lubrikations- und Erektionsstörungen korrelieren mit den neurologischen Symptomen der Blasen- und Mastdarmentleerungsstörungen. Bei manchen MS-Patienten erfolgt keine psychogene Erektion als Reaktion auf Phantasien, wohl aber als Reaktion auf Berührungen der Genitalien. Bei solchen Reflexerektionen ist auch die Ejakulationsfähigkeit gestört.

30 % der Frauen und 50 % der Männer, die von der **Parkinson-Krankheit** betroffen sind, geben sexuelle Beeinträchtigungen an. Als Grund werden vor allem Parkinson-bedingte Symptome wie Rigidität und Akinesie, aber auch reaktive Depression und Ängste genannt. Auffällig ist, dass sexuelle Störungen auch bei den Partnern der Betroffenen als Reaktion auf die Erkrankung auftreten.

Nach einem **Schlaganfall** sind Veränderungen im Sexualleben eher die Regel als die Ausnahme. Vor allem wurde von Appetenzverlust, Abnahme der Koitusfrequenz, von Erregungs- und Orgasmusstörungen sowie von einer Abnahme der sexuellen Zufriedenheit berichtet. Die Gründe sind zum einen die möglichen körperlichen Beeinträchtigungen und die psychischen Folgen, wie die eingeschränkte Kommunikationsfähigkeit, aber auch die Angst vor einem erneuten Schlaganfall bei sexuellem Kontakt.

3–15 % der unter **Epilepsie** leidenden Patienten geben Appetenz- und/oder Erregungsstörungen an. Allgemein ist die Prävalenz sexueller Funktionsstörungen vom Alter zu Beginn der Erkrankung abhängig. Diejenigen Frauen und Männer, die vor dem 21. Lebensjahr erkranken, haben eine deutliche, bei Frauen um die Hälfte, geringere Prävalenz. Später Erkrankte weisen im Vergleich zum Bevölkerungsdurchschnitt eine stärkere Belastung mit sexuellen Funktionsstörungen auf.

Hyperventilation im Rahmen sexueller Aktivität kann häufiger als genitale Stimulation oder Orgasmus einen epileptischen Anfall provozieren. Allerdings können sexuelle Phänomene wie klitorale Wärme, ein heißes Gefühl in der Vagina, angenehme Empfindungen analer oder vaginaler Kontraktionen, aber auch unangenehme Schmerzreize, vor allem bei Patienten mit symptomatischer Epilepsie aufgrund von Hirntumoren, auch als Teil eines epileptischen Anfalls auftreten. Ebenfalls kommen Erektion, Lubrikation, Ejakulation oder Orgasmus während eines Anfalls vor. Bei Temporallappenepilepsie können vor allem bei Männern genitale Automatismen wie Kratzen der Genitalorgane oder Masturbation vorkommen. Auch manchmal zu beobachtende abweichende sexuelle Präferenzen, wie Transvestitismus, Fetischismus und Exhibitionismus, scheinen vorwiegend mit der Temporallappenepilepsie verbunden zu sein.

Bezüglich des sonstigen Sexualverhaltens waren einer Studie zufolge die meisten Epileptiker hyposexuell, d. h., sie zeigten ein geringes sexuelles Verlangen und nur selten sexuelle Phantasien oder Träume. Oftmals waren sie auch nicht in der Lage, einen Orgasmus zu erleben. Gelegentlich wird auch von besonders ausgeprägter sexueller Aktivität berichtet, die dann gewöhnlich episodisch auftritt und sich meist in exzessiver Masturbation äußert.

Aber auch **Schädel-Hirn-Traumen** und Zustände nach **Hirntumor-Operationen** können, wie Tabelle 5-1 (S. 73) zeigt, die sexuelle Funktion beeinträchtigen. Bei Patienten mit Frontal- und rechtsseitigen Temporallappenläsionen wurde häufiger auch ein sexuell übergriffiges Verhalten beobachtet.

5.1.5 Urogenitale Erkrankungen

Bei Patienten mit chronischen **Nierenschäden** kommen sexuelle Störungen sehr häufig vor. Die Zahlen in der Literatur schwanken zwischen 20–90 %. Insbesondere bei Dialysepatienten vermindert sich die sexuelle Appetenz, die jedoch durch eine Transplantation wieder gesteigert werden kann, während spezifische sexuelle Funktionsstörungen durch eine Transplantation unbeeinflusst bleiben. Auch durch eine Dialyse verbessern sich sexuelle Funktionsstörungen selten, sie können sich sogar verschlimmern, während das sexuelle Verlangen zu Beginn einer Dialyse manchmal zunehmen kann. Bei chronisch nierenerkrankten Männern stellen sich oft Erektionsstörungen, bei Frauen Erregungs- und Orgasmusstörungen ein. Neben dem metabolisch-toxischen und endokrinen Einfluss auf die Sexualität spielen auch psychische Faktoren eine wichtige Rolle.

Sexuelle Funktionsstörungen können auch durch urogenitale Fehlbildungen, beim Mann durch Traumen, durch Erkrankungen wie Phimosen, Penisdeviationen, Penisfrakturen etc. entstehen.

Im **gynäkologischen Bereich** können bei Frauen Entzündungen, vaginale Fehlbildungen, Endometriose, Narbenbildungen, Neoplasmen usw. sexuelle Störungen hervorrufen. Ein psychosomatisches gynäkologisches Problem stellt der **Fluor vaginalis** dar. Die Hypersekretion kann als Folge von Stress und psychischer Belastung i. S. einer lokal gesteigerten physiologischen Reaktion verstanden werden, wobei dem Parasympathicus eine besondere Rolle zukommt, da es eine gegenläufige Reaktion zwischen der Haut (Minderdurchblutung) und der Vaginalwanddurchblutung (zunehmende Durchblutung) gibt. Resultiert der Vaginalausfluss aus einer sexuellen Störung, erhält er diese gleichzeitig aufrecht und verstärkt damit wiederum das gynäkologische Problem.

5.1.6 Operative Eingriffe im Abdominal-, Becken- und Urogenitalbereich

Bei der **Prostatektomie** kommt es auf die Art der Operationstechnik an, ob und inwieweit die sexuelle Funktion danach beeinträchtigt ist. Am seltensten treten Erektionsstörungen (0–5 %) auf, wenn der operative Eingriff über die Harnröhre bei nichtradikalem Vorgehen geschieht. In bis zu 50 % der Fälle treten jedoch retrograde Ejakulationen, also Ejakulationen in die Harnblase, auf. Beim Eingriff durch den Damm kommt es in 30–90 % der Fälle zu Erektionsstörungen, selten aber zu Ejakulationsstörungen. Die über die Harnblase und zwischen Schambein und Harnblase geführten Zugänge führen in ca. 10–30 % der Fälle zu Erektionsstörungen und in ca. 30–90 % zu Ejakulationsstörungen. Die Wahl des operativen Eingriffes ist von der Art und dem Ausmaß des zu entfernenden Tumors abhängig. Die sich oft anschließende Antiandrogen-Behandlung bei Prostata-Karzinomen bewirkt eine Abnahme der sexuellen Appetenz.

Die Orgasmusfähigkeit ist durch eine totale **Hysterektomie** nicht gestört, denn die Kontraktionen in der „orgastischen Manschette" der Vagina laufen auch ohne Uterus ab. Untersuchungen von Masters und Johnson haben auch bestätigt, dass die Verlängerung und Erweiterung der inneren Zweidrittel der Vagina (Zeltphänomen) erhalten bleibt, so dass es nicht zu einer Scheidenverkürzung, die zu Kohabitationsschmerzen führen könnte, kommt, sofern die Operation nicht zu dieser geführt hat. Auch bleibt die übliche Lubrikation erhalten. Andere negative sexuelle Folgen sind selten, selbst wenn ein Teil der Scheide mit entfernt werden musste, es sei denn, die Operation selbst hat schädliche Folgen hinterlassen. Wenn sich allerdings die Patientinnen durch die Operation nicht mehr als vollwertige Frauen fühlen, können depressive Reaktionen mit Beeinträchtigung des sexuellen Empfindens auftreten. Auch in Fällen, in denen die Familienplanung noch nicht abgeschlossen ist, kann sich die Operation negativ auf die Sexualität auswirken. Das Gleiche gilt für die **Ovarektomie** (Entfernung der Eierstöcke). Andererseits gibt es gerade aus diesem Grund auch postoperative positive Veränderungen, weil eine mögliche Angst vor Schwangerschaft weggefallen ist. Endokrine Folgen bei gleichseitiger Ovarektomie lassen sich medikamentös kompensieren.

Bei der **Vulvektomie** kommt es zum Verlust der Schamlippen und der Klitoris. Häufig wird der Scheideneingang dabei so stark verengt, dass Kohabitationen nicht mehr möglich sind. Es gibt aber Frauen, die auch nach solchen Operationen orgasmusfähig bleiben. Mehr als die Hälfte der operierten Frauen haben allerdings keinen Geschlechtsverkehr mehr. Nimmt eine Frau auch drei Monate nach der Operation noch keinen Verkehr auf, geschieht das nach aller Erfahrung auch später nicht mehr.

Erheblich stärker auf die Sexualität wirkt sich eine **Mastektomie** (Brustentfernung) aus. Sie beeinträchtigt fast alle Frauen in ihrem weiblichen Körpererleben erheblich. Durch die Fortschritte der plastischen Chirurgie konnten die negativen Folgen ein wenig gemindert werden. Dennoch zeigten Untersuchungen, dass aufgrund der Körperscham, aber auch der existenziellen Ängste infolge der Tumoroperation, ein großer Teil der Frauen kein sexuelles Interesse mehr zeigte (Eicher 2001).

5.1.7 Hormonelle Störungen

Hormonelle Störungen führen v.a. zu einer Reduktion der sexuellen Appetenz und zu einer erniedrigten sexuellen Erregbarkeit. Bei Frauen sind das Östrogenmangel-Syndrom in der Post-Menopause, der Androgenmangel und die Hyperprolaktinämie am bedeutsamsten. Der Östrogenmangel zeigt sich in atrophischen Veränderungen der Genitalien, durch die es zu einer verringerten Lubrikation (Scheidenfeuchtigkeit) und damit zu schmerzhaftem Koitus kommen kann. Ein Androgenmangel bei Frauen kann zu erheblichen Appetenzstörungen führen, besonders, wenn er z. B. durch eine beidseitige Ovarektomie abrupt auftritt. Die Hyperprolaktinämie aufgrund hypophysärer Tumoren, hypothalamischer Störungen oder antidopaminerger Pharmaka, z. B. Neuroleptika, führt vor allem zu Appetenzstörungen und verursacht außerdem oft eine sekundäre Amenorrhoe und Galaktorrhoe.

Bei Männern führen alle Formen des Hypogonadismus und sonstige Störungen in der Hypophysen-Gonaden-Achse zu sexuellen Appetenzstörungen, wobei letztere z. B. durch eine toxische Leberschädigung, durch chronisches Nierenversagen oder eine Schilddrüsenüberfunktion bedingt sein können (Beier et al. 2005, Kockott und Fahrner 2004).

5.2 Einfluss von Medikamenten

Die sexuelle Funktionsfähigkeit kann durch zahlreiche Medikamente beeinflusst werden. Zu nennen sind die blutdrucksenkenden Mittel, wobei die Auswirkungen von Dosis und Einnahmedauer abhängig sind. Bei den heute am häufigsten verwendeten Antihypertonika, den Betablockern, treten sexuelle Nebenwirkungen allerdings kaum auf. Mit

Beeinträchtigungen der sexuellen Funktionsfähigkeit ist besonders dann zu rechnen,
- wenn das Medikament eine zentral-nervöse Wirkung hat, wie z. B. Psychopharmaka und Antihypertensiva;
- wenn es mit Neurotransmittern, insbesondere Dopamin und/oder Serotonin interferiert, wie z. B. Psychopharmaka (Neuroleptika und Parkinsonmittel);
- wenn es eine dämpfende Wirkung auf die Hypophysen-Gonaden-Achse hat, wie z. B. Sexualhormone;
- wenn es den Prolaktinspiegel erhöht, wie z. B. Neuroleptika, oder hemmt, wie z. B. Schilddrüsenhormone;
- wenn es Auswirkungen auf das periphere vegetative Nervensystem hat, wie z. B. Antihypertensiva und
- wenn es Veränderungen der peripheren Durchblutung, die für die Lubrikation und die Schwellkörperreaktionen wichtig sind, bewirkt, wie z. B. ebenfalls Antihypertensiva (Sigusch 2001).

Kontrollierte Untersuchungen über sexuelle Veränderungen unter Pharmaka sind kaum vorhanden, so dass die Aussagen z. T. widersprüchlich sind. Hinzu kommt, dass dieselbe Substanz oft recht unterschiedliche Störungen hervorrufen kann, die auch bei beiden Geschlechtern verschieden und zudem dosisabhängig sein können. Trotzdem herrscht weitgehende Übereinstimmung darin, dass die meisten **Psychopharmaka**, vor allem Antidepressiva, sexuelle Nebenwirkungen haben, die allerdings auch therapeutisch genutzt werden können. Die am häufigsten nachgewiesenen Effekte sind Appetenzstörungen bei beiden Geschlechtern, sowie Erektions- und Ejakulationsstörungen, die weitgehend dosisunabhängig auftreten. Atypische Neuroleptika scheinen in ihren unerwünschten Nebenwirkungen auf die Sexualität nicht besser als die bisherigen Neuroleptika zu sein. Unter den selektiven Serotonin-Wiederaufnahme-Hemmern (SSRI) scheinen sexuelle Störungen gehäuft aufzutreten, insbesondere in Form von Appetenz- und Orgasmusstörungen, speziell der Ejaculatio retardata oder deficiens. Die durch SSRI-Gaben bedingte Verlangsamung der Reaktionsabläufe erleben einige Patienten jedoch als positiv, so dass ihre sexuelle Appetenz gesteigert wird. Die irreversiblen MAO-Hemmer und die trizyklischen Antidepressiva (TCA) können ebenfalls alle sexuellen Funktionen beeinträchtigen. In den Tabellen 5-3 und 5-4 nach Kaplan und Sadock (2000) findet sich ein Überblick über psychopharmakologische Wirkstoffe im Zusammenhang mit sexuellen Funktionsstörungen bei Frauen und Männern. Umfangreiche Auflistungen von auch anderen Arzneimitteln, die bei Frauen und Männern sexuelle Funktionsstörungen bedingen und/oder mitbedingen können, wie Herz-/Kreislaufmittel (insbesondere Antihypertensiva), Psychopharmaka, Hormone und Antihormone, Magen-/Darmpräparate, Parkinson-Medikamente, antiretrovirale Mittel etc. sind in der Fachliteratur z. B. bei Beier et al. (2005) oder Sigusch (2001) nachzulesen.

5.3 Folgen von Alkohol und Drogen

Während geringer Alkoholgenuss durch seine enthemmende Wirkung die sexuelle Reaktionsbereitschaft erhöhen kann, beeinträchtigen größere Mengen bei Männern die Erektionsfähigkeit und Appetenz. Es treten aber auch Störungen der ejakulativen Funktionen, die sich in vorzeitigem, verzögertem oder ausbleibendem Erguss zeigen können, auf. Sexuelle Probleme bei alkoholkranken Männern kommen sehr häufig (50 %) vor. Dies liegt zum einen daran, dass der Alkohol direkt den Testosteronspiegel im Blut senkt und zum anderen beeinflusst die alkoholische Leberschädigung indirekt die Testosteronproduktion. Hinzu kommen alkoholbedingte Gefäßveränderungen und periphere Nervenschädigungen (Polyneuropathien)

Tab. 5-3 Pharmakologische Wirkstoffe im Zusammenhang mit sexuellen Funktionsstörungen beim Mann (nach Kaplan und Sadock 2000)

Substanz	Beeinträchtigung der Erektion	Beeinträchtigung der Ejakulation
Psychopharmaka		
Zyklische Wirkstoffe[1]		
Imipramin	+	+
Desipramin	+	+
Clomipramin	+	+
Amitriptylin	+	+
Trazodon[2]	–	–
Monoaminoxidasehemmer		
Tranylcypromin	+	
Andere affektiv wirksame Medikamente		
Lithium	+	
Amphetamin	+	+
Fluoxetin (SSRI-Typ)	–	+
Neuroleptika[3]		
Fluphenazin	+	
Thioridazin	+	+
Chlorprothixen	–	+
Mesoridazin	–	+
Perphenazin	–	+
Trifluoperazin	–	+
Reserpin	+	+
Haloperidol	–	+
Anxiolytika[4]		
Chlordiazepoxid	–	+
Antihypertensiva		
Clonidin	+	+
Methyldopa	+	–
Spironolacton	+	–
Hydrochlorothiazid	+	–
Guanethidin	+	+
Häufig missbrauchte Substanzen		
Alkohol	+	+
Barbiturate	+	+
Cannabis	+	–
Kokain	+	+
Heroin	+	+
Methadon	+	–
Morphium	+	+

Tab. 5-3 Fortsetzung

Substanz	Beeinträchtigung der Erektion	Beeinträchtigung der Ejakulation
Sonstige Substanzen		
Antiparkinsonmittel	+	+
Clofibrat	+	–
Digoxin	+	–
Indomethacin	+	–
Propranolol	+	–

[1] Die Inzidenz der Erektionsstörung beim Mann in Verbindung mit der Einnahme von Trizyklika ist gering.
[2] Trazodon wurde bei einigen Fällen von Priapismus (schmerzhafte Dauererektion) als ursächlich angesehen.
[3] Eine Beeinträchtigung der Sexualfunktion ist eine seltene Komplikation bei der Einnahme von Neuroleptika. In einigen Fällen trat Priapismus im Zusammenhang mit der Einnahme von Neuroleptika auf.
[4] Benzodiazepine stehen in Verdacht, die Libido zu vermindern, verringern bei einigen Patienten jedoch auch Ängste, so dass die Sexualfunktion verbessert wird.

Tab. 5-4 Psychopharmaka, die mit weiblichen Orgasmusstörungen in Zusammenhang gebracht werden* (nach Kaplan und Sadock 2000)

Substanz*	Beeinträchtigung der Appetenz	Beeinträchtigung des Orgasmus
Trizyklische Antidepressiva		
Imipramin		
Clomipramin		
Nortriptylin		
Monoaminoxidasehemmer		
Tranylcypromin		
Phenelzin		
Isocarboxazid		
Dopaminrezeptorenantagonisten		
Thioridazin	+	
Trifluoperazin		
Serotoninspezifische Wiederaufnahmehemmer		
Fluoxetin		
Paroxetin		+
Sertralin		

* Der Zusammenhang zwischen sexuellen Funktionsstörungen und pharmakologischen Wirkstoffen ist bei Frauen weniger gut untersucht als bei Männern. Oral eingenommene Kontrazeptiva stehen im Verdacht, die Libido bei einigen Frauen zu verringern. Einige Medikamente mit anticholinergen Nebeneffekten können sowohl Erregung als auch Orgasmus beeinflussen. Benzodiazepine stehen im Verdacht, die Libido zu verringern, bewirken jedoch bei einigen Patienten eine Verringerung der Angst und fördern somit die Sexualfunktion.
Sowohl Abfall als auch Steigerung der Libido werden von psychotropen Wirkstoffen berichtet. Es ist schwierig, diese Wirkungen von den zugrunde liegenden Ursachen oder einer Verbesserung derselben Bedingungen zu trennen. Sexuelle Funktionsstörungen in Zusammenhang mit Substanzkonsum verschwinden, sobald die Substanz abgesetzt wird.

mit Sensibilitätsstörungen, die Erektionsstörungen verursachen können. Appetenzprobleme sind neben den o.g. organischen Ursachen auch die Folge von psychischen Störungen und partnerschaftlichen Spannungen. Da nur 10–20 % der Alkoholiker eine Leberzirrhose aufweisen, aber mehr als 50 % über sexuelle Störungen klagen, sind die psychischen Faktoren offensichtlich. Die Forschungsergebnisse, die Frauen betreffen, sind widersprüchlich. Bei beiden Geschlechtern treten allerdings eindeutig bei höheren Dosen oder chronischem Abusus Appetenz-, Erregungs- und Orgasmusstörungen auf.

Die Wirkung von Drogen auf die Sexualität ist sehr unterschiedlich, weil auch andere Faktoren, wie die Applikationsart, die Erwartungshaltungen, die Drogensubkultur und die Persönlichkeitsvariablen der Konsumenten einen wesentlichen Einfluss haben. In geringen Dosen haben Haschisch, Marihuana, Kokain, Psychodelika, intravenös gespritzte Amphetamine, aber auch Methaqualon, eine stimulierende, aphrodisische Wirkung. In hohen Dosen senken sie allerdings die sexuelle Appetenz und die sexuelle Reaktionsfähigkeit. Auch lässt chronischer Gebrauch stimulierender Drogen mit der Zeit die Wirkung in eine Dämpfung umschlagen. So kann auch Kokain zu Appetenz-, Erektions- und Orgasmusstörungen führen. Sedativa, Hypnotika, Narkotika und Opiate wie Morphium, Heroin und Methadon wirken auch in kleinen Dosen dämpfend auf den sexuellen Bereich.

5.4 Psychische Erkrankungen

Am häufigsten treten Sexualstörungen bei **depressiven Erkrankungen** auf. Der Appetenzverlust und die reduzierte sexuelle Aktivität gehören fast regelhaft zur depressiven Symptomatik dazu. Gelegentlich zeigen einige wenige depressive Patienten einen Anstieg sexueller Aktivität, der aber auch als Bewältigungs- bzw. Abwehrmechanismus verstanden werden kann. Sicher scheint jedoch zu sein, dass bei Depressiven die Erektionshäufigkeit, auch die der nächtlichen Erektionen, während einer depressiven Phase geringer ist. Bei der **Manie** besteht meistens, nicht aber bei allen manischen Patienten, ein Anstieg sexuellen Interesses, wobei es auch häufiger zu enthemmten und sozial unangemessenem Verhalten kommen kann. Funktionsstörungen bei manischen Patienten wurden bisher in der Literatur nicht beschrieben.

Bei der **Schizophrenie** treten häufig sexuelle Wahrnehmungsstörungen in Form von unangenehmen Empfindungen im Genitalbereich auf. Diese werden von den Patienten als brennend, juckend, als Hitze- bzw. Kältegefühl oder manchmal sogar als elektrische Schläge beschrieben. Die Häufigkeit solcher Empfindungen wird mit 30–40 % angegeben. Zu den häufigsten Denkstörungen mit sexuellem Inhalt gehören bei Schizophrenen der Eifersuchtswahn und Vorstellungen, von anderen Personen erzwungene Sexualität erdulden zu müssen. Diese Symptome treten bei 5–20 % schizophrener Patienten auf. Die Häufigkeit sexueller Funktionsstörungen wird auch noch nach Abklingen einer akuten Schizophrenie, vor allem unter Langzeitmedikation, mit 18–60 % angegeben.

Bei Patientinnen mit **Essstörungen** bulimischer oder anorektischer Symptomatik kommen ebenfalls sehr häufig sexuelle Appetenz, Erregungs- und/oder Orgasmusstörungen vor. Auch tritt bei sehr vielen anorektischen Patientinnen eine Amenorrhoe als Folge der Unterernährung auf.

5.5 Sexualität und geistige Behinderung

Etwa 3 % der Gesamtbevölkerung ist geistig behindert. Über die Sexualität dieser Menschen ist nur sehr wenig bekannt. Die wenigen verfügbaren Befunde weisen jedoch darauf hin, dass geistig Behinderte sexuell etwas weniger aktiv sind als Menschen mit durchschnittlicher Intelligenz und dass sexuelles Verhalten umso unwahrscheinlicher wird, je ausgeprägter die Behinderung ist. Geistig Behinderte sind selten fruchtbar. Untersuchungen zur Sexualität vor der Pubertät zeigten, dass die geistig Behinderten etwas weniger heterosexuelle und dafür wesentlich mehr homosexuelle Erfahrungen, zumindest bis zu einem Alter von 15 Jahren hatten als Vergleichspersonen. Der Anteil derer, die als Kinder sexuelle Kontakte mit Erwachsenen hatten, war in beiden Gruppen gleich. Etwa die Hälfte der Behinderten hatte bereits vor der Pubertät masturbiert. Die Vergleichsgruppe hatte dies nur zu einem Drittel der Fälle getan. Nach der Pubertät war das sexuelle Verhalten in beiden Gruppen wieder sehr ähnlich, lediglich die Masturbationshäufigkeit war bei den Behinderten in jeder Altersgruppe niedriger als bei den Vergleichspersonen (Gebhard 1973). Geistig Behinderte scheinen häufiger in Sexualstraftaten verwickelt zu sein. So fanden Gebhard et al. (1965), dass unter Tätern, die nichtgewalttätige sexuelle Handlungen mit Kindern, Inzest mit Erwachsenen, voyeuristische und exhibitionistische Handlungen ausführten, geistig Behinderte mit einem IQ unter 70 etwas überrepräsentiert waren, nicht aber unter sexuell aggressiven Tätern (s. auch Kap. 17.1.2, S. 194 und Kap. 18.6, S. 223). Geistig Behinderte neigen dazu, sich Menschen mit vergleichbarem Entwicklungsalter sexuell anzunähern. Dies könnte die bei geistig Behinderten häufiger zu beobachtenden sexuellen Handlungen mit Kindern erklären. Sehr viel häufiger werden geistig Behinderte jedoch selbst Opfer eines sexuellen Übergriffs. Die Viktimisierung liegt um ein Vielfaches höher als in der Allgemeinbevölkerung. Einer Studie von Zemp et al. (1997) zufolge waren 63 % der Frauen und knapp 50 % der Männer Opfer sexueller Gewalt, wobei das Spektrum der von geistig behinderten Männern selbst begangenen Übergriffe von „festgehalten und geküsst" (38,3 %), über „Geschlechtsteil berührt" (29,8 %) bis zu „Jemanden gezwungen, das Glied zu berühren" (8,5 %) und „Vergewaltigung" (6,4 %) reichten, wobei 15 % der Handlungen Männer betrafen. Inwieweit von Pflegekräften sexuelle Übergriffe begangen wurden, ist u. a. aufgrund der Nachweisschwierigkeiten bisher empirisch noch nicht untersucht worden.

5.6 Sexualität und Schwangerschaft

Untersuchungen von Masters und Johnson (1967) über körperliche Reaktionen schwangerer Frauen auf sexuelle Reize zeigten, dass Nulliparae (Frauen, die noch nicht geboren haben) in den ersten drei Monaten der Schwangerschaft in der Erregungsphase öfters ein schmerzhaftes Anschwellen der Brust feststellten. Ansonsten ist über die gesamte Schwangerschaft in der Erregungsphase die Lubrikation gesteigert und in der Plateauphase die orgastische Manschette besonders ausgebildet. Mit Fortschreiten der Schwangerschaft gehen die regelmäßigen Kontraktionen des Uterus beim Orgasmus, besonders im Monat vor der Geburt, oft in einen tonischen Spasmus über. Während dieser Zeit verlangsamen sich vorübergehend die fetalen Herztöne, was aber als unbedenklich gilt. Je fortgeschrittener die Schwangerschaft ist, desto weniger bildet sich die Vasokongestion nach dem Orgasmus zurück. Das kann zum Wunsch nach Fortsetzung sexueller Stimulierung führen und bei den Frauen das Empfinden der gesteigerten Libido im 2. Trimester ihrer Schwangerschaft erklären, denn in diesem Trimester berichteten alle Frauen, unabhängig von Alter, Geburtszahl und sozialem Status, von einer Zunahme der Libido und Intensität sexueller Reaktionen, was auch die sexuellen Phantasien und Träume betraf. In den ersten zwei Monaten nach der Geburt treten alle typischen Reaktionen während der

Erregungs-, Plateau- und Orgasmusphase schwächer und verlangsamter auf. Subjektiv kann der sexuelle Kontakt jedoch bald nach der Geburt wieder genauso intensiv empfunden werden wie vorher. Drei Monate nach der Geburt läuft der sexuelle Reaktionszyklus wieder unverändert ab. Nach der Geburt trat bei stillenden Müttern eine Milchabsonderung beim Orgasmus im Gegensatz zu nichtstillenden Müttern auf.

Das **praktizierte Sexualverhalten** während der Schwangerschaft scheint besonders abhängig zu sein von der Geburtenzahl und dem psychosozialen Milieu in der Familie. Die meisten Nulliparae geben ein völliges Fehlen sexueller Appetenz im ersten Trimester an. Die Angst vor einer Schädigung der Frucht spielt dabei eine große Rolle. Die Multiparae (Frauen, die schon geboren haben) gaben in den Untersuchungen von Masters und Johnson (1970) keine wesentlichen Beeinträchtigungen ihrer sexuellen Appetenz an. Im 3. Trimester lässt im Allgemeinen die sexuelle Aktivität nach. Auch 3 Monate nach der Geburt war bei der Hälfte der Frauen das Sexualverhalten erniedrigt oder fehlte fast völlig. Als Begründung wurden Müdigkeit, Schwäche, Schmerzen beim Verkehr und vaginaler Ausfluss angegeben. Stillende Mütter empfanden jedoch eine höhere sexuelle Appetenz. Sie nahmen deshalb auch eher wieder Sexualkontakte auf und erlebten oft während des Stillens eine sexuelle Stimulierung.

Vom medizinischen Standpunkt aus sollte bei Neigung zu Aborten und bei drohender Cervixinsuffizienz schon im ersten Trimester der Schwangerschaft weder Geschlechtsverkehr noch Masturbation praktiziert werden, denn nach den Untersuchungen von Masters und Johnson sind die Uteruskontraktionen beim durch Masturbation ausgelösten Orgasmus eher heftiger als beim Orgasmus durch einen Koitus. Im späten 3. Trimester der Schwangerschaft kann es beim Koitus zur Berührung der Cervix durch den Penis kommen. Sollte es dadurch zu einer leichten Blutung kommen, sollte ebenfalls auf den Koitus verzichtet werden. Ein Orgasmus während des Koitus oder bei der Masturbation kann kurz vor dem errechneten Geburtstermin Wehen oder einen vorzeitigen Blasensprung auslösen. Auch können in seltenen Fällen die im Samen enthaltenen Prostaglandine in den letzten drei Monaten der Schwangerschaft Wehen auslösen und zu einer Frühgeburt führen. Die Infektionsgefahr durch Geschlechtsverkehr für den Fötus ist in der Schwangerschaft allerdings nicht größer als sonst, sofern keine Komplikationen aufgetreten sind. Jedoch sollte wegen der Gefahr der Lufteinblasung in die Vagina mit der möglichen tödlichen Folge eines sich über die Tuben ausbreitenden Pneumoperitoneums (Gasansammlung) in der Bauchhöhle während der Schwangerschaft auf Cunnilingus verzichtet werden oder er sollte sehr vorsichtig praktiziert werden. Vom medizinischen Standpunkt aus kann ca. vier Wochen nach der Schwangerschaft wieder Geschlechtsverkehr aufgenommen werden. Die pauschale Regel, sechs Wochen vor und nach der Geburt weder Koitus noch Masturbation auszuüben, kann im Einzelfall abweichend gehandhabt werden. Schlecht heilende Dammrisse oder Dammschnitte und spätere Narben können bei der Wiederaufnahme von Geschlechtsverkehr Schmerzen verursachen, die ggf. durch Nachoperationen behoben werden können. In vielen Fällen sind die nach der Entbindung auftretenden Schmerzen beim Koitus jedoch psychisch z. B. durch die veränderte Lebenssituation bedingt. Manchmal liegt der Grund auch darin, dass die Frau das vom Mann ersehnte Kind bekommen hat und nun die Appetenz nachlässt. Dies geschieht häufiger bei Frauen, die schon immer ein geringes sexuelles Interesse hatten, es aber in der Anfangszeit der Beziehung verbargen, oder es in der Zeit der Verliebtheit anders empfanden.

II Sexuelle Funktionsstörungen

6 Einführung: gestörte Sexualität

Während sich die ersten vier Kapitel mit der sog. ungestörten Sexualität befassten und in Kapitel 5 die Auswirkungen von körperlichen Erkrankungen und anderen Faktoren auf die Sexualität beschrieben wurde, setzen sich die nachfolgenden Kapitel mit der sog. gestörten Sexualität auseinander. Besonders bei sexuellen Störungen zeigt sich, dass die Übergänge von normalem zu beeinträchtigtem sexuellen Verhalten und Erleben fließend sind, so dass eine Abgrenzung oft schwierig ist. Auch gibt es gerade in diesem Bereich große individuell unterschiedliche Toleranzgrenzen. So kann der eine Mann eine ausbleibende Erektion noch als normal empfinden, wenn sie gelegentlich auftritt, während ein anderer darunter leidet. Hinzu kommt, dass das sexuelle Verhalten von der religiösen Orientierung eines Menschen geprägt wird, aber auch von seiner kulturellen, sozialen und ethnischen Herkunft sowie von seiner persönlichen Einstellung und Erziehung. Aber auch Partnerbeziehungen und familiäre Bindungen spielen eine wichtige Rolle, ebenso wie gesellschaftliche und politische Aspekte. In diesem Zusammenhang seien Themenbereiche wie die Einstellung zur Homosexualität oder Masturbation sowie die gesellschaftliche und rechtliche Bewertung abweichenden sexuellen Verhaltens genannt. In Kapitel 1 wurden solche sozialen und kulturellen Einflüsse auf die Sexualität dargestellt und die Wandlung sexueller Normen im Laufe der Geschichte beschrieben.

Bei einer vorhandenen Symptomatik müssen bestimmte Kriterien erfüllt sein, um diese als Störung bezeichnen zu können. Solche Kriterien unterliegen sich verändernden gesellschaftlichen Vorstellungen von gesunder und gestörter Sexualität und müssen laufend angepasst werden. Maßgeblich für unser heutiges Gesundheitsverständnis sind die internationalen Kriterien der WHO und die der amerikanischen Psychiatriegesellschaft APA, die in den Diagnosesystemen ICD-10 und DSM-IV-TR festgelegt sind. Nach diesen Maßstäben wird eine Störung diagnostiziert, wenn erstens eine spezifische Funktionsbeeinträchtigung besteht, wenn sie zweitens seit mindestens 6 Monaten andauert (WHO und APA) und wenn sie drittens zu deutlichem Leiden oder zu zwischenmenschlichen Schwierigkeiten führt (APA). Vor allem das letzte Kriterium hat den Sinn, unterschiedliche Auffassungen von Patienten und Therapeuten hinsichtlich der Behandlungsbedürftigkeit einer sexuellen Problematik auszuschließen und sexuelle Beeinträchtigungen bzw. Probleme, die temporär oder aus Unerfahrenheit auftreten, von Störungen mit Krankheitswert zu unterscheiden.

Unter dem Oberbegriff „sexuelle Störungen" werden ganz unterschiedliche Problemkreise zusammengefasst. Auf der einen Seite fallen darunter die sog. sexuellen Funktionsstörungen, auf der anderen Seite werden darunter auch Störungen verstanden, die die Ausrichtung bzw. die Präferenzen sexuellen Verhaltens betreffen. Diese Störungen sind dadurch gekennzeichnet, dass das sexuelle Verhalten und Erleben in der Partnerwahl oder im Lustempfinden vom „normalen" Verhalten abweicht. Deshalb wurden sie früher Perversionen, heute Präferenzstörungen oder Paraphilien genannt. Weiterhin zählen zu den sexuellen Störungen auch die Geschlechtsidentitätsstörungen, die durch ein starkes Unbehagen mit dem eigenen Geburtsgeschlecht und einem anhaltenden Zugehörigkeitsgefühl zum anderen Geschlecht gekennzeichnet sind.

Die sexuellen Funktionsstörungen spielen in der Sexualwissenschaft und in der sexualtherapeutischen Praxis mit Abstand die größte

Rolle. Mehr als bei den anderen beiden Gruppen sexueller Störungen greifen bei ihnen organische und psychische Faktoren ineinander und sind in unterschiedlichem Ausmaß von Bedeutung.

7 Definition und Klassifikation

7.1 Definitionen

Als sexuelle Funktionsstörungen werden alle diejenigen Störungen bezeichnet, die die sexuellen Funktionen betreffen und die das sexuelle Verhalten und Erleben beeinträchtigen. Dazu gehören insbesondere Störungen des sexuellen Verlangens, der sexuellen Erregung, der Orgasmusfähigkeit sowie Störungen, die im Zusammenhang mit der Imission des Penis beim Koitus stehen. Als weiteres Kriterium gilt, dass sie ein deutliches Leiden und zwischenmenschliche Schwierigkeiten verursachen müssen.

Unter sexuellem **Verlangen** (Appetenz) wird der Wunsch verstanden, sexuell aktiv zu werden. Auslöser können Phantasien, sprachliche und sinnliche Reize sein. Als **Erregung** wird der Zustand sexuellen Erregtseins bezeichnet. In dieser Phase nimmt die Durchblutung des Genitalbereichs bei beiden Geschlechtern zu und führt zu den von Masters und Johnson (1967) beschriebenen körperlichen Reaktionen. Als **Orgasmus** wird der Höhepunkt der sexuellen Erregung bezeichnet. Er geht mit intensiven Lustgefühlen einher und mit den im Kapitel 3 beschriebenen genitalphysiologischen Veränderungen. Die **Entspannung** folgt auf den Orgasmus und ist mit einem Gefühl des Wohlbefindens und der allgemeinen Muskelerschlaffung verbunden. Zur Begriffsbestimmung des Koitus bzw. des Geschlechtsverkehrs soll hier die weit gefasste Definition von Eicher (1975) zitiert werden: „Koitus ist die sexuelle Vereinigung zweier Partner, wobei die Genitalien eines oder beider Partner so erregt werden, dass ein Orgasmus folgt, oder zumindest angestrebt wird." Mit dieser Definition sind auch Koitusformen erfasst, bei denen es nicht zu einer Einführung des Penis in die Vagina kommt.

Bezüglich der Begriffe „sexuelle Funktionsstörung", „sexuelle Dysfunktion" und „funktionelle Sexualstörung" hat sich die bereits 1980 von Sigusch vorgenommene folgende Unterscheidung durchgesetzt: „unter dem Oberbegriff „**sexuelle Funktionsstörungen**" werden alle Beeinträchtigungen sexueller Funktionen subsumiert, und zwar unabhängig von ihrer angenommenen oder nachgewiesenen Genese. Sexuelle Funktionsstörungen manifestieren sich in Beeinträchtigungen des sexuellen Erlebens und Verhaltens in Form von ausbleibenden, reduzierten oder unerwünschten genitalphysiologischen Reaktionen. Zu den sexuellen Funktionsstörungen werden auch Störungen der sexuellen Appetenz und Befriedigung sowie Schmerzen im Zusammenhang mit dem Geschlechtsverkehr gezählt. Als „**sexuelle Dysfunktionen**" werden alle Störungen verstanden, bei denen eine vorwiegende oder ausschließliche körperliche Ursache vorliegt, während unter „**funktionellen Sexualstörungen**" Beeinträchtigungen verstanden werden, die als psychisch bedingt anzusehen sind. Diese werden genauer definiert als jene Beeinträchtigungen im sexuellen Verhalten, Erleben und in den physiologischen Reaktionsweisen, die eine für beide Partner befriedigende sexuelle Interaktion behindern oder unmöglich machen, obwohl die organischen Voraussetzungen bestehen und keine Fixierung auf unübliche Sexualziele oder -objekte vorliegt.

7.2 Klassifikationen: inhaltliche und formale Beschreibungskriterien

Die Beschreibung sexueller Funktionsstörungen kann hinsichtlich zweier Hauptgesichtspunkte vorgenommen werden: Die inhaltlichen Beschreibungsmerkmale kennzeichnen die Phase der sexuellen Interaktion, in der die Störung auftritt, die formalen Beschreibungskriterien sind Typisierungen der genauen Umstände des Auftretens der Funktionsstörung.

7.2.1 Inhaltliche Beschreibungskriterien

Seit der Erforschung des sexuellen Reaktionszyklus durch Masters und Johnson (s. Kap. 3, S. 48) ist es üblich geworden, die Klassifikation und Definition der sexuellen Funktionsstörungen den vier Phasen (Erregung, Plateau, Orgasmus und Rückbildung) anzulehnen. Kaplan (1974) kritisierte diese Unterscheidung als physiologisch nicht sinnvoll, denn ihr zufolge beziehen sich Erregung und Plateau lediglich auf unterschiedliche Ausprägungen derselben vaso-dilatorischen Reaktion und gehörten demnach physiologisch zusammen. Auch sei die Rückbildungsphase nur negativ definiert als Fehlen von sexueller Erregung und Erregbarkeit. Dagegen hätten Masters und Johnson die Phase der Appetenz als eine eigene Physiologie und als ein besonderes Muster des Gestörtwerdens vernachlässigt. Kaplan stellte ihr triphasisches Konzept (Appetenz, Erregung und Orgasmus) dem Vierphasenmodell von Masters und Johnson gegenüber und schlug erstmals den Begriff der sexuellen Funktionsstörung für die Beschreibung von Hemmungen in der Erregungsphase vor. Ihr Konzept hat sich rasch durchgesetzt und fand Eingang in die beiden Klassifikationssysteme ICD und DSM. In der aktuellen Version, im DSM-IV-TR, wird die Klassifikation der sexuellen Funktionsstörungen unter Einbeziehung des sexuellen Reaktionszyklus in 7 Untergruppen vorgenommen: 1. Störungen der sexuellen Appetenz, 2. Störungen der sexuellen Erregung, 3. Orgasmusstörungen, 4. Störungen mit sexuell bedingten Schmerzen, 5. sexuelle Funktionsstörungen aufgrund eines medizinischen Krankheitsfaktors, 6. substanzinduzierte sexuelle Funktionsstörungen und 7. nicht näher bezeichnete sexuelle Funktionsstörungen. Der Entspannungsphase werden im DSM-IV-TR keine Störungsbilder zugeordnet, in der ICD-10 können nachorgastische Verstimmungen unter F52.9 klassifiziert werden (s. Tab. 8-1, S. 97).

Praxisnah und nicht am sexuellen Reaktionszyklus, sondern vielmehr am Ablauf einer sexuellen Interaktion orientiert, ist dagegen die Klassifikation von Arentewicz und Schmidt (1993), die fünf Abschnitte der sexuellen Interaktion unterscheiden: 1. die sexuelle Annäherung, 2. die sexuelle Stimulation, 3. die Einführung des Penis/Koitus, 4. den Orgasmus und 5. die nachorgastische Reaktion (s. Tab. 7-1). Die funktionellen Störungen lassen sich hier eindeutig dem entsprechenden, allerdings heterosexuellen, Interaktionsabschnitt zuordnen, was als klassifikatorischer Vorteil gegenüber dem Kaplan'schen triphasischen Modell gilt, das eine eindeutige Zuordnung des Vaginismus und des schmerzhaften Geschlechtsverkehrs (Dyspareunie) nicht möglich macht. Kritik an dem Konzept von Arentewicz und Schmidt wird dahingehend geübt, dass die sexuelle Inappetenz in diesem Modell lediglich auf der Ebene der sexuellen Interaktion zweier Partner gesehen wird. Sexuelle Inappetenz ist aber umfassender und erstreckt sich auch auf sexuelle Phantasien und auf die Masturbation. Deshalb haben Bräutigam und Clement (1989) in ihrem Modell das Konzept von Arentewicz und Schmidt mit den klassifikatorischen Vorteilen des Kaplan'schen Modells kombiniert. Durch Hinzufügen der aus dem Konzept von Arentwicz und Schmidt stammenden Phase

Tab. 7-1 Klassifikation sexueller Funktionsstörungen in den verschiedenen Abschnitten der sexuellen Interaktion durch Arentewicz und Schmidt 1993

Abschnitt	Probleme beim Mann	Probleme bei der Frau
Sexuelle Annäherung	**Sexuelle Lustlosigkeit, sexuelle Aversion:** sexuelles Verlangen nie oder selten gespürt; Gleichgültigkeit gegenüber Sexualität, passiver Widerstand, Sich-belästigt-Fühlen, Widerwillen, Ekel, Furcht zu „versagen" usw.; Vermeidungsverhalten	
Sexuelle Stimulation	**Erektionsstörungen:** Erektion im Hinblick auf Dauer und Stärke nicht ausreichend für Geschlechtsverkehr	**Erregungsstörungen:** Erregung im Hinblick auf Dauer und Stärke nicht ausreichend für Geschlechtsverkehr
Einführung des Penis, Koitus		**Vaginismus (Scheidenkrampf):** Einführen des Penis durch krampfartige Verengung des Scheideneingangs gar nicht oder nur unter Schmerzen möglich
	Schmerzhafter Geschlechtsverkehr (Dyspareunie): Brennen, Stechen, Jucken im Genitalbereich; bei Frauen auch wehenähnliche Krämpfe beim Orgasmus	
Orgasmus	**Vorzeitige Ejakulation:** Samenerguss schon vor dem Einführen des Penis in die Scheide, beim Einführen oder unmittelbar danach (bis 60 Sekunden)	**Orgasmusschwierigkeiten:** Orgasmus nie oder nur selten
	Ausbleibende Ejakulation: trotz voller Erektion und intensiver Reizung kein Samenerguss	
	Ejakulation ohne Befriedigung: Samenerguss ohne Lust- und Orgasmusgefühl	**Orgasmus ohne Befriedigung:** „physiologischer" Orgasmus ohne Lustgefühl und Orgasmuserleben
Nachorgastische Reaktion	**Nachorgastische Verstimmungen:** Gereiztheit, innere Unruhe, Schlafstörungen, Depressionen, Weinanfälle, Missempfindungen im Genitalbereich usw.	

der Intermissio/Koitus zu den drei Kaplan'schen Phasen der Appetenz, Erregung und Orgasmusphase kommen sie zu einer Unterscheidung von vier störungsrelevanten Phasen, die in Tabelle 7-2 dargestellt sind.

Beide Übersichten veranschaulichen, dass bei Frauen und Männern die Störbarkeit der einzelnen Phasen sehr unterschiedlich ist. Drei Störungen sind nur bei einem Geschlecht zu finden, der Vaginismus bei der Frau und beim Mann die retrograde und die vorzeitige Ejakulation, für die es weder eine anatomisch-physiologische Entsprechung noch eine im Erleben analoge weibliche Störung gibt. Auch bei den anderen Störungen lässt sich die Vergleichbarkeit zwischen den Geschlechtern nur auf ihren physiologischen Aspekt begrenzt halten, mit Ausnahme der Dyspareunie, die allerdings bei Frauen und Männern unterschiedliche Ursachen hat. Wissenschaftlich umstritten bleibt die Klassifikation der Dyspareunie und des Vaginismus in Systemen wie dem DSM-IV-TR, in denen auf die Phase der Intermissio verzichtet wird,

Tab. 7-2 Klassifikation sexueller Funktionsstörungen in den verschiedenen Phasen der sexuellen Interaktion durch Bräutigam und Clement 1989

Phase	Störungen beim Mann	Störungen bei der Frau
1. Appetenz	Appetenzstörung	Appetenzstörung
2. Erregung	Erektionsstörung	Erregungsstörung/Lubrikationsstörung
3. Intermissio/Koitus	– Dyspareunie	Vaginismus Dyspareunie
4. Orgasmus	vorzeitige Ejakulation ausbleibende Ejakulation retrograde Ejakulation Ejakulation ohne Orgasmusgefühl	– Orgasmusstörung – „physiologischer" Orgasmus ohne Orgasmusgefühl

wobei auch verschiedentlich diskutiert wird, ob diese Störungen nicht vielmehr primär als Schmerzstörungen verstanden werden sollten. Doch da Schmerzen bei sexuellen Aktivitäten nach einer gewissen Zeit beinahe zwangsläufig zu sexuellen Funktionsstörungen führen, erscheint diese Diskussion für die Praxis als wenig relevant.

Die Existenz mehrerer unterschiedlicher Phasen- bzw. Klassifizierungsmodelle lässt das Problem der mangelnden Vergleichbarkeit epidemiologischer Studien gerade auch im internationalen Vergleich entstehen, vor allem wenn es sich um ältere Untersuchungen handelt, in denen die ICD und das DSM noch nicht herangezogen wurden. Aber selbst wenn eines der beiden Klassifikationssysteme zur Bestimmung angewendet wird, kann es immer noch aufgrund von Unklarheiten in den Systemen zu unterschiedlichen Klassifizierungen kommen. So kann z. B. die Ejakulation ohne Orgasmus unter die Orgasmus- oder unter die Appetenzstörungen „mangelnde sexuelle Befriedigung" (F52.11) fallen.

7.2.2 Formale Beschreibungskriterien

Neben der Unterscheidung der Störungsbilder danach, in welcher Phase sie auftreten, ist es auch wichtig, die Störungen nach formalen Beschreibungskriterien weiter zu spezifizieren. Solche Kategorien bzw. Subtypen können die Häufigkeit der Problematik (z. B. immer oder gelegentlich), die Umstände und Bedingungen ihres Auftretens (plötzlich oder schleichend) sowie den Verlauf (akut oder chronisch) und den Schweregrad (partiell oder total) beinhalten. Der Vorteil einer solchen Diagnostik liegt in einer genauen und damit therapierelevanten Syndrombeschreibung. Auch dient eine solche Erfassung gleichzeitig als guter Leitfaden für die Exploration von Patienten. Andere formale Kriterien beziehen sich auf den Beginn einer Störung. Als primär wird eine sexuelle Störung bezeichnet, die von Anfang an existiert, als sekundär eine Störung, die nach einer kürzeren oder längeren symptomfreien Zeit auftritt. Als situationsbezogen bzw. situativ gelten Störungen, die nur unter bestimmten Bedingungen auftreten. So kann sich beispielsweise eine Erektionsstörung nur bei festen Beziehungen, nicht aber bei flüchtigen Bekanntschaften manifestieren oder umgekehrt. Nicht situationsbezogen sind Störungen, die unabhängig von besonderen Situationen immer vorhanden sind. Partnerbezogen sind Störungen, die nur bei einem oder nur bei einigen Partnern bestehen. Entsprechend werden als partnerunabhängige Störungen bezeichnet, die bei allen Partnern gleichermaßen in Erscheinung treten. Als praktikbezogene Störungen gelten bestimmte Formen sexueller Aktivitäten, die z. B. beim Koitus, nicht aber bei der Masturbation vorkommen. Praktikunabhängige Störungen treten dagegen bei allen sexuellen Praktiken auf, die von dem Patienten ausgeübt werden. Als initiale Störungen bezeichnet man diejenigen Probleme, die anfangs bei der Aufnahme sexueller Aktivitäten aus Unerfahrenheit auftauchen und die sich mit zunehmender sexueller Erfahrung meist von selbst wieder zurückbilden.

Der DSM-IV-TR schlägt als Subtypisierungs-Kriterien (in Tab. 7-3 extra gekennzeichnet) den Beginn, den Kontext des Auftretens sowie die bestimmenden ätiologischen Faktoren vor. Danach können die Funktionsstörungen vom **lebenslangen Typus** oder vom **erworbenen Typus** sein (d. h. sie entwickeln sich erst später nach einer Zeit normaler Funktionsfähigkeit) oder auch vom **generalisierten** oder **situativen Typus** (d. h. sie sind auf einen bestimmten Partner oder eine bestimmte Situation begrenzt), und sie können hinsichtlich der Entstehungsbedingungen **aufgrund psychischer Faktoren** oder **aufgrund kombinierter Faktoren** auftreten.

Tab. 7-3 Formale Beschreibungskriterien sexueller Funktionsstörungen und ihre äquivalenten Bezeichnungen

Beginn*	
lebenslang* (primär)	Störung besteht seit dem Beginn sexueller Erfahrungen
erworben* (sekundär)	Störung tritt erst nach symptomfreier Phase auf
initial	Störung tritt anfangs aus Unerfahrenheit auf, bildet sich später zurück
Verlauf	
akut	plötzlich auftretend, nicht chronifiziert
chronisch	langsam einschleichend auftretend, chronifiziert
Kontext des Auftretens*	
generalisierter Typ* (partner-, praktik-, situationsunabhängig)	Störung tritt durchgängig (obligatorisch) auf
situativer Typ* (partner-, praktik-, situationsabhängig)	Störung tritt situativ (fakultativ) auf
Häufigkeit	
immer oder nie	
gelegentlich, oft, selten	
Schweregrad	
partiell	Funktion ist beeinträchtigt
total	Funktion ist ausgefallen
Ätiologische Faktoren*	
aufgrund psychischer Faktoren*	
aufgrund kombinierter Faktoren*	psychische und/oder medizinische und/oder substanzinduzierte Faktoren

* Subtypen des DSM-IV-TR

8 Diagnostik: DSM-IV-TR und ICD-10

Die Klassifikationssysteme DSM-IV-TR und ICD-10 haben sich weitestgehend an der Unterteilung der sexuellen Funktionsstörungen nach den inhaltlichen und formalen Beschreibungskriterien orientiert.

Die nachfolgend in Tabelle 8-1 dargestellten Diagnosesysteme ICD-10 und DSM-IV-TR zeigen, dass die sexuellen Funktionsstörungen von Frauen und Männern trotz ihrer eingeschränkten Analogisierbarkeit gemeinsam erfasst und beschrieben werden. Allgemein gilt, dass die Störungsbilder bei Männern begrenzter sind als bei Frauen und dass bei Frauen insgesamt Erlebensstörungen, die sich v.a. in mangelnder sexueller Lust, aber auch in Erregungs- oder Orgasmusstörungen äußern, eine größere Rolle spielen. Auch sind diese Störungen häufig eng miteinander verknüpft, was eine Differenzialdiagnose erschwert. So stellt sich z. B. die Frage, ob eine Frau keine Lust auf Sexualität hat, weil sie nie einen Orgasmus bekommt, oder bekommt sie keinen Orgasmus, weil sie kein Interesse an der Sexualität hat. Auch ist die Partnerbeziehung bei der Diagnostik von Sexualstörungen von Bedeutung. Diese hat in der Regel auf das sexuelle Erleben von Frauen einen größeren Einfluss als auf das der Männer, denn Frauen lassen sich durch atmosphärische Störungen in der Partnerschaft leichter in ihrem sexuellen Empfinden irritieren als Männer.

Bei der Gegenüberstellung der beiden Diagnosesysteme DSM-IV-TR und ICD-10 lässt sich eine weitgehende Übereinstimmung in den drei Hauptgruppen der Appetenz, Erregungs- und Orgasmusstörungen erkennen. Im Gegensatz zur ICD-10 wurden im DSM-IV-TR die sehr wichtigen Kategorien der substanzinduzierten und der durch körperliche Erkrankungen bedingten sexuellen Funktionsstörungen als neue Diagnosegruppen aufgenommen. Eine substanzinduzierte sexuelle Funktionsstörung wird diagnostiziert, wenn die Funktionsstörung ausschließlich auf die direkte körperliche Wirkung einer Substanz zurückgeführt werden kann, d. h., wenn sie innerhalb eines Monats nach der Substanzintoxikation oder dem Beginn eines Entzugs auftritt. Da allerdings substanzinduzierte sexuelle Funktionsstörungen typischerweise erst im Verlaufe einer Substanzintoxikation entstehen, kann dies unter der Rubrik „mit Beginn/während der Intoxikation" vermerkt werden. Außerdem werden Zusatzkodierungen nach dem im Vordergrund stehenden sexuellen Störungsbild genannt. Demnach können substanzinduzierte sexuelle Funktionsstörungen mit beeinträchtigter Appetenz, mit beeinträchtigter Erregung, mit beeinträchtigtem Orgasmus oder mit sexuell bedingten Schmerzen klassifiziert werden.

Bezüglich der Kategorie „aufgrund eines medizinischen Krankheitsfaktors" gilt als Hauptmerkmal das Bestehen einer klinisch bedeutsamen sexuellen Funktionsstörung, die ausschließlich auf die direkte körperliche Wirkung eines medizinischen Krankheitsfaktors zurückgeführt werden kann. Neben der spezifischen Beschreibung der sexuellen Funktionsstörung muss auch der als ursächlich erkannte medizinische Krankheitsfaktor auf der Achse I des DSM-IV-TR angegeben werden.

Die Gruppe der „nicht näher bezeichneten sexuellen Funktionsstörungen" umfasst Störungen, die nicht die Kriterien einer spezifischen Funktionsstörung erfüllen. Beispiele sind postkoitale Kopfschmerzen, sexuelle Anhedonie (keine oder beträchtlich verminderte subjektive erotische Gefühle bei ansonsten normalem Ablauf von Erregung und Orgasmus) oder Schmerzen bei der Masturbation. Zur Diagnostik muss im klassifikatorischen Grundmuster des DSM-IV-TR zunächst das

Tab. 8-1 Klassifikation und Kodierung sexueller Funktionsstörungen in DSM-IV-TR und ICD-10

DSM-IV-TR		ICD-10	
* Bestimme den Typus: lebenslanger Typus erworbener Typus generalisierter Typus situativer Typus aufgrund psychischer Faktoren aufgrund kombinierter Faktoren			
Störungen der sexuellen Appetenz*			
302.71	Störung mit verminderter sexueller Appetenz	F52.0	Mangel oder Verlust von sexuellem Verlangen
		F52.1	sexuelle Aversion und mangelnde sexuelle Befriedigung
302.79	Störung mit sexueller Aversion	F52.10	sexuelle Aversion
302.70	nicht näher bezeichnete sexuelle Funktionsstörung keine Entsprechung zur ICD-10	F52.11	mangelnde sexuelle Befriedigung
Störungen der sexuellen Erregung*			
302.72	Störung der sexuellen Erregung bei der Frau	F52.2	Versagen genitaler Reaktionen Frauen: Mangel oder Ausfall der vaginalen Lubrikation
302.72	Erektionsstörungen beim Mann	F52.2	Versagen genitaler Reaktionen Männer: Erektionsstörungen
Orgasmusstörungen*			
302.73	weibliche Orgasmusstörung	F52.3	Orgasmusstörung
302.74	männliche Orgasmusstörung	F52.3	Orgasmusstörung
302.75	Ejaculatio praecox	F52.4	Ejaculatio praecox
Störungen mit sexuell bedingten Schmerzen*			
302.76	Dyspareunie, nicht aufgrund eines medizinischen Krankheitsfaktors	F52.6	nicht-organische Dyspareunie
306.51	Vaginismus, nicht aufgrund eines medizinischen Krankheitsfaktors	F52.5	nicht-organischer Vaginismus
302.70	nicht näher bezeichnete sexuelle Funktionsstörung keine Entsprechung zur ICD-10	F52.7	gesteigertes sexuelles Verlangen
302.70	nicht näher bezeichnete sexuelle Funktionsstörung keine Entsprechung zur ICD-10	F52.8	andere sexuelle Funktionsstörungen, nicht verursacht durch eine organische Störung oder Erkrankung (psychogene Dysmenorrhoe)
302.70	nicht näher bezeichnete sexuelle Funktionsstörung keine Entsprechung zur ICD-10	F52.9	nicht näher bezeichnete sexuelle Funktionsstörung, nicht verursacht durch eine organische Störung oder Erkrankung

Tab. 8-1 Fortsetzung

DSM-IV-TR		ICD-10	
Sexuelle Funktionsstörungen aufgrund einer körperlichen Erkrankung			
625.8	Störung mit verminderter sexueller Appetenz bei der Frau aufgrund von … (Benenne den medizinischen Krankheitsfaktor.)	N 94.8	
609.89	Störung mit verminderter sexueller Appetenz beim Mann aufgrund von … (Benenne den medizinischen Krankheitsfaktor.)	N 50.8	
607.84	Erektionsstörung beim Mann aufgrund von … (Benenne den medizinischen Krankheitsfaktor.)	N 48.4	
625.0	Dyspareunie bei der Frau aufgrund von … (Benenne den medizinischen Krankheitsfaktor.)	N 94.1	
608.89	Dyspareunie beim Mann aufgrund von … (Benenne den medizinischen Krankheitsfaktor.)	N 50.8	
625.8	andere sexuelle Funktionsstörungen bei der Frau aufgrund von … (Benenne den medizinischen Krankheitsfaktor.)	N 94.8	
608.89	andere sexuelle Funktionsstörungen beim Mann aufgrund von … (Benenne den medizinischen Krankheitsfaktor.)	N 50.8	
Substanzinduzierte sexuelle Funktionsstörungen		**Psychische und Verhaltensstörungen durch psychotrope Substanzen**	
291.89	Alkohol	F10.8	durch Alkohol
292.89	Amphetamine (oder amphetaminähnliche Substanz)	F15.8	durch Stimulanzien
292.89	Kokain	F14.8	durch Kokain
292.89	Opiat	F11.8	durch Opioide
292.89	Sedativum, Hypnotikum oder Anxiolytikum	F13.8	durch Sedativa oder Hypnotika
292.89	andere (oder unbekannte) Substanz	F19.8	durch mutiplen Substanzgebrauch und Konsum anderer psychotroper Substanzen
	Bestimme, ob: mit beeinträchtigter Appetenz, Erregung oder Orgasmus. Bestimme, ob: mit sexuell bedingten Schmerzen. Bestimme, ob: mit Beginn/während der Intoxikation.		
302.70	**Nicht näher bezeichnete sexuelle Funktionsstörung**	F52.9	

Kriterium A, das die spezifische Funktionsstörung beschreibt, erfüllt sein. Darüber hinaus wird gefordert, dass die Störung einen deutlichen Leidensdruck oder zwischenmenschliche Schwierigkeiten verursacht (Kriterium B) und dass die Symptomatik nicht auf eine andere psychische Störung oder ausschließlich auf eine körperliche

Krankheit oder auf substanzbedingte Wirkungen zurückzuführen ist (Kriterium C). Für die Diagnose einer sexuellen Funktionsstörung mit Beeinträchtigung der Erregung oder des Orgasmus wird eine adäquate Stimulation vorausgesetzt, ansonsten wird die Diagnose nicht gestellt. Auf die Angabe von minimalen Häufigkeiten oder Praktiken für die Feststellung einer Störung wird im DSM-IV-TR verzichtet. Die bei den einzelnen Störungen jeweils geforderten Merkmale „anhaltend" oder „wiederkehrend" sollen vom Diagnostiker unter Einbeziehung von Informationen zum Lebensalter, zur sexuellen Erfahrung, zum Leidensdruck sowie zur Häufigkeit und Dauer des Symptoms und weiterer symptomassoziierter und kultureller Aspekte in einer individuellen Beurteilung eingeschätzt werden. Neben der zusätzlich vorzunehmenden Bestimmung der formalen Kriterien hinsichtlich der vorgegebenen Subtypen ist als weiterer Gesichtspunkt die Komorbidität zu berücksichtigen, und zwar nicht nur zu anderen psychischen Störungen, sondern auch insbesondere im Bereich der sexuellen Funktionsstörungen selbst. Besonders häufig tritt z. B. – wie oben erwähnt – die Komorbidität von Appetenz- und Erregungsstörungen auf.

Kritisiert werden können beide Diagnosesysteme dahingehend, dass sie überwiegend symptomatologisch-deskriptiv aufgebaut sind und Brüche in ihrer eigenen Systematik aufweisen. So werden psychogene Sexualstörungen im DSM-IV-TR als „Störungen" bezeichnet und die somatogenen als „Dysfunktionen", beide Begriffe werden dann aber unter der Überschrift „Sexuelle Dysfunktionen" geführt, ohne dass eine Erläuterung gegeben wird. Auch wurden in der ICD-10 die abwertend wirkenden Begriffe „Mangel", „Verlust", „Versagen" oder „Unfähigkeit", entsprechend den Übersetzungen aus dem Englischen „lack", „loss" oder „failure" kommentarlos übernommen. Ebenfalls problematisch gilt in der ICD-10 sowohl das o.g. Fehlen der substanzinduzierten sexuellen Funktionsstörungen als auch die Kategorie F52.7 „gesteigertes sexuelles Verlangen", die sich auf „meist junge Erwachsene oder Teenager" bezieht, aber gleichzeitig die zugehörigen Begriffe „Nymphomanie" und „Satyriasis" nennt. Im DSM-IV-TR gibt es dafür auch keine Entsprechung. Inkonsequent ist auch der Fortfall des Neurosebegriffes, gleichzeitig werden neurotische Störungen aber noch in der Zusammenfassung mit „Belastungs- und somatoformen Störungen" genannt. Gerade unter diese Kategorie fallen unverständlicherweise die aus dem Asiatischen stammenden und in unserem Kulturkreis unbekannten Erkrankungen wie KORO (Überzeugung von der Schrumpfung des Penis) oder DHAT (ungerechtfertigte Sorge der schwächenden Wirkungen des Samenergusses), die unter F48.8 als „andere neurotische Störungen" klassifiziert werden. Im Übrigen wird nicht berücksichtigt, dass KORO auch bei Frauen vorkommen kann. Als problematisch ist auch die Zuordnung der in der ICD-10 vorgesehenen Kategorie „mangelnde sexuelle Befriedigung" (F52.11) zu den Appetenzstörungen (F52.0) zu sehen, da diese Störung unabhängig von einem reduzierten Sexualverlangen auftreten kann und auch eher den Orgasmusstörungen zuzurechnen ist. Ein weiterer Kritikpunkt ist, dass die „sexuelle Aversion" nur auf Partnerschaftssexualität bezogen und damit zu eng gefasst ist. Insgesamt erscheinen die Kategorisierungen in der ICD-10 nicht immer nachvollziehbar und auch die inhaltlichen Erläuterungen wirken z. T. vage, unvollständig oder missverständlich.

9 Epidemiologie

Epidemiologische Studien zur Prävalenz und Inzidenz sexueller Funktionsstörungen sind aus verschiedenen Gründen schwierig durchzuführen. Repräsentative Erhebungen sind aufwendig, kostenintensiv und methodisch anspruchsvoll. Hinzu kommt der Fehlereinfluss durch die Stichprobenselektion, die u. a. durch Antwortverweigerungen zustande kommt, da ein besonders privater und intimer Bereich abgefragt wird. Ein anderer Faktor ist, dass in den Untersuchungen sexuelle Störungen sehr unterschiedlich diagnostiziert werden, so dass die Ergebnisse nicht immer vergleichbar sind. Viele Untersuchungen sind auch nicht repräsentativ für die Allgemeinbevölkerung, weil sie an klinischen Gruppen, also bei Menschen, die aufgrund eines Leidensdruckes eine Institution mit einem Behandlungsanliegen aufgesucht haben, durchgeführt worden sind. Deshalb kann von der relativen Häufigkeit einer Störung in einer klinischen Population nicht auf die Prävalenz in der Gesamtbevölkerung geschlossen werden. So kommen z. B. Frauen mit einem Vaginismus relativ häufig in eine klinische Sprechstunde, während Frauen mit Appetenzstörungen dies seltener tun. Würde man auf die Verbreitung dieser Störungen in der Allgemeinbevölkerung schließen, würde die Häufigkeit des Vaginismus überschätzt und die der Appetenzstörungen unterschätzt werden.

Aus den genannten Gründen liegen nur sehr wenige systematische repräsentative epidemiologische Daten vor und selbst diese weisen aufgrund unterschiedlicher Untersuchungsmethoden, Klassifikationen, Definitionen und Stichproben eine z. T. zweistellige Schwankungsbreite in ihren Ergebnissen auf. Dennoch lassen sich, wie aus den nachfolgend dargestellten Studien hervorgeht, übereinstimmende Trends hinsichtlich der Prävalenz und Inzidenz feststellen. Diese zeigen, dass sexuelle Störungen sehr häufig vorkommen, wobei bei Frauen Appetenzmangel und bei Männern Erektionsstörungen und der vorzeitige Samenerguss dominieren.

In der jüngsten Veröffentlichung von 1999 zur Prävalenz sexueller Funktionsstörungen in der Allgemeinbevölkerung bestätigten Laumann et al. (1999) insgesamt das hohe Vorkommen sexueller Probleme mit den deutlichen Geschlechtsunterschieden. Die häufigste sexuelle Störung war bei Frauen ein Mangel an sexuellem Interesse und bei Männern der vorzeitige Samenerguss. Auf die Frage, welche sexuellen Probleme in den letzten zwölf Monaten vor der Befragung bestanden haben, gaben 22 % der Frauen eine mangelnde sexuelle Appetenz, 14 % Erregungsstörungen und 7 % Schmerzen bei sexuellem Kontakt an. Bei den Männern hatten im vorausgegangenen Jahr 21 % eine Ejaculatio praecox, 8 % einen verzögerten Orgasmus, 5 % ein herabgesetztes sexuelles Interesse und weitere 5 % Erektionsprobleme. Einschränkend zu dieser Studie ist zu erwähnen, dass die an die Probanden gestellten Fragen nicht den Diagnosekriterien der ICD-10 entsprachen, so dass die Ergebnisse nur einen begrenzten Wert haben. Bezüglich des Zusammenhanges von Bildungsgrad, finanziellem Einkommen und sexuellen Störungen zeigte diese Studie weiterhin, dass Frauen umso seltener über Schmerzen beim Koitus und über ein Ausbleiben des Orgasmus sowie über ein fehlendes sexuelles Interesse klagten, je höher ihr Bildungsgrad und je größer ihr Einkommen war. Ähnliche Korrelationen zwischen Bildungsgrad, Einkommen und sexuellen Funktionsstörungen fanden sich auch bei Männern, von denen 36 % mit dem geringsten Bildungsstand und 24 % mit dem höchsten Bildungsgrad angaben, einen vorzeitigen Samenerguss in dem Jahr vor der Erhebung für einige Monate oder länger gehabt zu haben. Der Tendenz nach ähnlich sind die Ergebnisse, die sich auf eine Erektionsstörung beziehen. Diese wiesen 15 % der befragten Männer mit geringem und 9 % mit hohem Bildungsstand auf.

In ihrer Studie von 1992, in der Laumann et al. (1994) das Sexualleben von 1.622 Frauen und 1.346 Männern im Alter von 18 bis 59 Jahren anhand von Interviews und Fragebogen ermittelten, fielen die Prozentangaben insgesamt etwas höher aus. So gaben 33,4 % der Frauen aller Altersstufen, und somit jede dritte Frau, ein mangelndes sexuelles Interesse an. Am zweithäufigsten mit 24,1 % wurde von Frauen eine Anorgasmie genannt, während Männer am häufigsten mit 28,5 % über einen zu frühen Höhepunkt und am zweithäufigsten über Leistungsängste mit 17 % klagten. Diese wuden auch von 11,5 % der Frauen genannt. 18,8 % der Frauen gaben eine Lubrikationsstörung an, für 21,2 % der Frauen und für 8,1 % der Männer war die sexuelle Aktivität nicht angenehm bzw. nicht befriedigend. Für 14,4 % der Frauen und 3,0 % der Männer war der Geschlechtsverkehr schmerzhaft, von den Männern gaben 15,8 % fehlendes sexuelles Interesse und 10,4 % Erektionsstörungen an. Diese waren mit 5,6 % bei den 18–24-Jährigen am niedrigsten und mit 20,2 % in der Altersgruppe zwischen 55 bis 59 Jahren am höchsten. Ein Anstieg auf 35,2 % in der gleichen Altersstufe war auch beim vorzeitigen Orgasmus zu verzeichnen. Altersabhängig erwies sich ebenfalls die Anorgasmie, die durchschnittlich bei 8,3 % der Männer auftrat, die aber mit 14,2 % in der Altersstufe zwischen 50 bis 54 Jahren am höchsten war. Bei den Frauen war ein Rückgang der Schmerzstörung mit dem Älterwerden auffällig. Bei den 50- bis 59-Jährigen litten fast dreimal weniger Frauen an Schmerzen beim Verkehr als es in der Gruppe der 18- bis 29-Jährigen der Fall war. Bezüglich des Einflusses des Alters auf sexuelle Funktionsstörungen zeigte eine parallele Untersuchung von Johnson et al. 1994 in Großbritannien, dass die Dauer einer Partnerschaft die sexuelle Aktivität erheblich stärker reduziert als das Lebensalter, jedenfalls mindestens bis zum Alter von 45 Jahren.

Aus ihrer Meta-Analyse von 52 verschiedenen Prävalenzstudien schließen Simons und Carey (2001), dass in der Allgemeinbevölkerung 7–10 % der Frauen Orgasmusstörungen, 0–5 % der Männer Erektionsstörungen, 0–3 % der Männer ein herabgesetztes sexuelles Interesse, 4–5 % einen vorzeitigen Samenerguss und 0–3 % der Männer einen verzögerten Orgasmus aufweisen. Die Lebenszeitprävalenz für die Dyspareunie bei Männern liegt den Schätzungen nach bei 0,2 %. Für alle übrigen Störungen erwiesen sich die Daten als zu ungenau.

Ergebnisse aus dem klinischen Bereich sind durch die Besonderheiten der jeweiligen Institution und die schwer einzuschätzenden Selektionsvariablen noch eingeschränkter interpretierbar als die Daten der repräsentativen Erhebungen in der Allgemeinbevölkerung. Dennoch sind sie geeignet, Veränderungen in der Verteilung der Störungsbilder zu erfassen. So hat Schmidt 2001 in einer Gegenüberstellung der Probleme, die in der Sexualberatungsstelle der Hamburger Universitätsklinik Mitte der 70er und Anfang der 90er Jahre den Konsultationsanlass bildeten, einen dramatischen Anstieg der Appetenzprobleme bei Frauen (von 8 % auf 58 %) aufzeigen können, während der Anteil der Erregungs- und Orgasmusstörungen in einer gegenläufigen Entwicklung von 80 % auf 29 % zurückgegangen ist. Bei den Männern dagegen sind die Störungsbilder sehr viel konstanter. Die Erektionsstörungen sind bei weitem der häufigste Konsultationsanlass gewesen, in deutlichem Abstand gefolgt vom vorzeitigen Samenerguss. Aber auch bei Männern ist ein Anstieg der sexuellen Appetenzstörungen erkennbar, wenngleich nicht in dem Ausmaß wie bei Frauen.

Zusammenfassend kann festgestellt werden, dass die dargestellten Daten wegen der anzunehmenden hohen Dunkelziffer nur Schätzwerte sein können. Dennoch zeigt sich, dass sexuelle Probleme sehr häufig vorkommen. Bei Männern dominieren Erektionsstörungen und der vorzeitige Samenerguss, aber auch sexuelle Appetenzstörungen haben in den letzten Jahren prozentual zugenommen. Schmerzen beim Geschlechtsverkehr treten bei Männern nur sehr selten auf. Bei Frauen ist die häufigste Störung das mangelnde sexuelle Interesse. Erregungs- und Orgasmusstörungen sowie Schmerzen beim Koitus sind etwa gleich häufig anzutreffen. Diese Störungen bestehen oft nebeneinander und sind schwer voneinander abzugrenzen. Der Vaginismus dagegen ist eine relativ seltene Störung, die auch isoliert auftreten kann.

Der zu beobachtende Symptomwandel bei den weiblichen Funktionsstörungen ist ein komplexes Phänomen, das von terminologischen und anderen Faktoren bestimmt wird. Zum einen hat sich die diagnostische Sichtweise und die Klassifikation durch die Einführung der Appetenzphase verändert. Früher wurde dieses Störungsbild den Erregungs- oder Orgasmusstörungen zugeordnet. Zum anderen beruht der Symptomwandel aber auch auf tatsächlichen Verschiebungen sexueller Erlebens- und Verhaltensmuster, die ihrerseits wiederum auf Veränderungen im Geschlechterverhältnis und auf eine sich wandelnde Bedeutung der Sexualität sowie auf andere gesellschaftlich-kulturelle Veränderungsprozesse, die im Kapitel 1 ausführlicher dargestellt wurden, zurückzuführen sind.

10 Ätiologie und Pathogenese

Mehr als bei den anderen Gruppen sexueller Störungen greifen bei der Entstehung der Funktionsstörungen organische und psychische Faktoren ineinander und machen sowohl für das Verständnis als auch die Behandlung einen integrativen, bio-psycho-sozialen Zugang notwendig. Dies wird auch in der ICD-10 berücksichtigt, in der auch bei „nicht organisch bedingten sexuellen Funktionsstörungen" von einem Zusammenspiel psychologischer und somatischer Prozesse bei der Entstehung ausgegangen wird. So heißt es dort: „Sexuelle Funktionsstörungen verhindern die von der betreffenden Person gewünschte sexuelle Beziehung. Die sexuellen Reaktionen sind psychosomatische Prozesse, d. h. bei der Entstehung von sexuellen Funktionsstörungen sind gewöhnlich sowohl psychologische als auch somatische Prozesse beteiligt."

Eine allseits anerkannte, auf alle Symptombilder anwendbare Theorie der Verursachung sexueller Dysfunktionen liegt allerdings bis heute nicht vor. Auch schwanken die Angaben in der Literatur zum prozentualen Anteil organisch bzw. psychisch bedingter Störungen erheblich, insbesondere bei den Funktionsstörungen der Männer. Dies hat zum einen seine Gründe in den oft nicht vergleichbaren Patientenstichproben der Untersuchungen, zum anderen in der multifaktoriellen Bedingtheit sexueller Störungen. Bezüglich der differierenden Patientenstichproben spielt der Altersfaktor eine wesentliche Rolle. So sind in der Gruppe der Männer ab etwa 50 Jahren körperliche Ursachen sexueller Störungen häufiger anzutreffen als bei jüngeren Männern. Auch ist entscheidend, ob die Patientenstichproben aus medizinischen oder aus psychologischen Beratungsstellen stammen oder ob die Daten durch Befragung der Allgemeinbevölkerung erhoben worden sind. Hinsichtlich der multifaktoriellen Bedingtheit gilt – wie bereits erwähnt – grundsätzlich ein Zusammenwirken psychischer und somatischer Faktoren. Nur in ganz seltenen Fällen sind sexuelle Störungen durch eine alleinige Ursache zu erklären. Hinzu kommt, dass sich Ursachen nicht einzeln und linear auswirken, sondern dass sie in einem komplexen, dynamischen und individuellen Prozessgeschehen interagieren. Somit führt z. B. eine sexuelle Traumatisierung nicht zwangsläufig zu einem Symptom und auch nicht in dem Sinne, dass je schwerer das Trauma ist, je schwerer auch die sexuelle Störung ausfällt, sondern auch ein Zusammenspiel weniger schwerwiegender Faktoren kann in der Summierung ein sexuelles Symptom bewirken. Als ein weiterer Faktor zum Verständnis der Entstehungsbedingungen kommt hinzu, dass die möglichen psychischen und/oder organischen Ursachen weitgehend unspezifisch sind, d. h., dass nicht eine ganz bestimmte Ursache bei allen Menschen gleichermaßen zu einer spezifischen Funktionsstörung führen muss. Vielmehr wirken bei der Pathogenese Persönlichkeitseigenschaften, Lebenserfahrungen, auslösende Bedingungen ggf. auch körperliche Faktoren und Krankheiten sowie die Eigendynamik des Symptoms selbst, zusammen. Insgesamt gesehen sind nach klinischer Erfahrung psychische Ursachen jedoch deutlich häufiger als körperliche, insbesondere bei jungen Menschen. Organische Ursachen werden lediglich bei Dyspareunien bei Frauen und bei Erektionsstörungen bei älteren Männern als Hauptgrund für die sexuelle Problematik angenommen.

10.1 Psychische Ursachen

Eine psychogene Funktionsstörung lässt sich – wie erwähnt – nicht aus einer einzelnen Ursache, wie z. B. einer einzelnen traumatischen Erfahrung, ableiten, sondern psychopathogenetisch wirkt in der Regel ein ganzes Ursachenbündel, bestehend aus dem Zusammenspiel der Persönlichkeits- und Konfliktstruktur, der sexuellen Erfahrungen, der Partnerbeziehung, in der die sexuelle Störung entsteht oder sich chronifiziert, den auslösenden Bedingungen und der Eigendynamik des Symptoms mit. Auch wenn – wie es oft bei sekundären Störungen der Fall ist – eine Auslösesituation zu erkennen ist, wird diese dennoch erst im biographischen Kontext verstehbar. Da es also störungsspezifische Ursachen für die einzelnen Symptombilder nicht gibt, sondern Funktionsstörungen generell Ausdruck sexueller Hemmungen, Konflikte oder anderer psychischer Faktoren sind, gleichgültig, in welchen Symptomen sie sich äußern, gelten die nachfolgend dargestellten psychischen Entstehungsbedingungen für alle sexuellen Funktions- und Erlebensstörungen. Schwerpunktmäßig lassen sich die Ursachen in vier Bereiche untergliedern:

1. in den Bereich der **Ängste**, die die sexuelle Funktionsfähigkeit hemmen, wobei sich innerpsychische Ängste in der Regel aus der Psychodynamik des Patienten ableiten lassen;
2. in den Bereich der **partnerschaftlichen Probleme**, wobei die sexuelle Funktionsstörung nicht nur aus offenen partnerschaftlichen Konflikten, sondern auch aus der Paardynamik und der sich stellenden Frage nach der Bedeutung des Symptoms für das Partnergleichgewicht verstanden werden kann;
3. in den Bereich der **Lern- und Wissensdefizite** bzw. Erfahrungslücken, die zu einer sexuellen Störung beitragen und
4. in den Bereich der **Selbstverstärkungsmechanismen** des Symptoms, das durch Erwartungs- bzw. Versagensangst aufrechterhalten wird.

10.1.1 Angst

Angst wurde schon immer als ein wesentlicher ursächlicher Faktor sexueller Funktionsstörungen angesehen. Angst und Angstabwehr stellten bereits wesentliche Elemente psychoanalytischer Erklärungskonzepte dar. Auch Kaplan (1981) griff die Angst in Form der Versagens- und Leistungsangst auf und machte sie zur zentralen Dimension in ihrem Konzept der Sexualtherapie. In ihrem **dualen Verursachungsmodell** ordnet Kaplan (1981) die Ursachen sexueller Funktionsstörungen zwei Ebenen zu: einer Ebene unmittelbarer Ursachen und einer Ebene der tiefer verwurzelten Faktoren. Zu den **unmittelbaren Ursachen** rechnet Kaplan vier Themenbereiche:

1. eine destruktive erotische Atmosphäre, zu der unzureichende Stimulation, übertriebene Erwartungen und Leistungsmythen zählen;
2. einen Selbstverstärkungsmechanismus, der aus Versagensangst mit dem aus Furcht vor Ablehnung herrührenden übermäßigen Bemühen, den Partner zu befriedigen und aus dem aus der Versagensangst resultierenden Vermeidungsverhalten besteht;
3. den Bereich der sensorischen und kognitiven Barrieren, zu der die Selbstbeobachtung und die übermäßige Kontrolle während des Sexualaktes gehören und
4. Kommunikationsprobleme.

Nach Kaplan sind die unmittelbaren Ursachen grundsätzlich immer an der Entstehung einer sexuellen Funktionsstörung beteiligt, sie müssen sich aber nicht notwendigerweise aus tiefer liegenden Ursachen entwickeln. Vielmehr geht Kaplan bezüglich der Pathogenese von einem Kontinuum aus, das von oberflächlicher Erwartungs- und Versagensangst bis hin zu tiefgehender psychopathologischer Dynamik reicht.

Zu den **tiefer liegenden Ursachen** gehören intrapsychische Konflikte. Dazu zählen alle klassischen neurotischen Konflikte, bei denen entsprechend des psychoanalytischen Modells der neurotischen Symptombildung das sexuelle Symptom als Kompromissbildung zwischen Triebimpulsen und Über-Ich entsteht, aber auch die Folgen einer restriktiven Erziehung sowie traumatische Erlebnisse fallen darunter. Eine weitere tiefer liegende Ursache stellen im Kaplan'schen Modell Partnerschaftsfaktoren dar, die sich in Machtkämpfen mit Feindseligkeit und Ablehnung, aber auch in „verträglichen" Problemen und in sexuellen Kollusionen äußern können.

Für die Pathogenese bedeuten die zwei Ebenen in diesem Modell, dass es nur dann, wenn es den zugrunde liegenden Konflikten während des Sexualaktes gelingt, über die Ebene der unmittelbaren Ursachen die physiologischen Abläufe der sexuellen Reaktion zu stören, es zu einer sexuellen Funktionsstörung kommt. Folglich kann es bei Menschen trotz tiefgreifender sexueller Probleme oder Partnerkonflikten vorkommen, dass sie keine Funktionsstörungen entwickeln, weil es nicht zu einer Störung des sexuellen Reaktionsablaufes gekommen ist. Dagegen können sexuelle Funktionsstörungen durchaus auch bei Menschen ohne tief verwurzelte Konflikte auftreten. Damit wird im Kaplan'schen Modell die Wichtigkeit der eher oberflächlicheren Faktoren wie ablenkende Gedanken, Selbstbeobachtung etc. betont, aber auch Versagensängste und Leistungsmythen haben als störungsverursachende Faktoren eine Bedeutung. Für die Praxis bedeutet das, dass therapeutische Erfolge schon dann erreicht werden können, wenn die Behandlung nur auf die Kaplan'schen unmittelbaren Ursachen ausgerichtet wird, ohne dass immer Ängste und tiefer liegende Konflikte bearbeitet zu werden brauchen.

Gegen den alleinigen Faktor Angst als zentrale Störungsursache wandte sich auch Barlow (1986), der aus seinen Untersuchungen zur Erklärung der psychisch bedingten Sexualstörungen ein eigenes Konzept entwickelt hat, in dem Angst nur ein Teilfaktor eines komplexen Geschehens ist. Sein sog. **kognitives Interferenzmodell** geht im Kern davon aus, dass sexuelle Funktionsstörungen vor allem durch einen kognitiven Ablenkungsprozess verursacht werden, der im Wesentlichen von mangelnder Aufmerksamkeit gegenüber sexuellen Reizen und einer Verarbeitung irrelevanter Informationen bestimmt wird und der mit Angst interagiert. In einer Reihe von Laboruntersuchungen konnte Barlow nachweisen, dass Angst die genital-physiologisch messbare Erregung bei Männern sogar erhöhen kann und dass Angst bei ihnen wahrscheinlich in einer U-förmigen Beziehung zur sexuellen Erregung steht. Diese Ergebnisse treffen Barlows Untersuchungen zufolge allerdings nur auf sexuell nicht gestörte Männer zu. Bei Männern mit sexuellen Störungen dagegen wird die Erregung durch Angst gehemmt. Als weitere Unterschiede zwischen den Gruppen der Männer mit gestörter und nicht gestörter Funktion fand Barlow, dass sexuell gestörte Männer durch sexuelle Leistungsanforderungen abgelenkt und behindert werden, während die gleichen Faktoren die sexuelle Erregung bei Männern ohne Störungen erhöhen. Auch erleben Männer mit Sexualstörungen bei sexuellem Kontakt häufig negative Gefühle, während „normale" Männer bei sexueller Aktivität vorwiegend positive Emotionen haben. Ferner neigen sexuell gestörte Männer dazu, das Ausmaß ihrer sexuellen Erregung im Vergleich zu sexuell nicht gestörten Männern zu unterschätzen.

Barlows Modell betont also ein Zusammenspiel von autonomer Erregung und kognitiven Prozessen, das entscheidet, ob es zu einer gestörten oder nicht gestörten Reaktion kommt. Bei Männern ohne sexuelle Probleme besteht ein positiver Rückkopplungskreis, d. h., dass ein sexueller Reiz positive Gefühle und Erwartungen auslöst, wobei nicht sexuell gestörte Männer ein exaktes Gefühl für die Erektionsstärke und die Kontrolle über die Situation haben. Der Brennpunkt der Aufmerksamkeit liegt bei ihnen auf den erotischen Reizen, die eine ansteigende psychophysiologische Erregung auslösen, wodurch es zu einer stetig zunehmenden gezielten Konzentration auf die erotischen Reize kommt, bis das Geschehen schließlich in der intakten funktionalen Reaktion mündet. Dieser positive Verstärkungsprozess bewirkt bei sexuell ungestörten Männern wieder eine Annäherung an eine Partnerin bzw. an eine Situation, die sexuelle Erwartungen impliziert. Bei Männern mit Erektionsproblemen kommt es dagegen zu einem negativen Rückkopplungskreis. Sexuelle Anforderungsreize rufen bei ihnen negative Gefühle und Erwartungen sowie ein ungenaues Gefühl für die Erektionsstärke und ein Gefühl mangelnder Kontrolle über die Situation hervor. Im Brennpunkt der Aufmerksamkeit stehen bei ihnen die Folgen eines Erektionsversagens oder andere nicht-erotische Reize. Mit zunehmender psycho-physiologischer Erregung engt sich die Aufmerksamkeit auf die Konsequenzen sexuellen Versagens ein, so dass es dann zu einer dysfunktionalen sexuellen Reaktion kommt, die wiederum zur Vermeidung sexueller Anforderungsreize bzw. Partnerinnen führt. Angst ist für Barlow also nur ein ursächlicher Teilfaktor der Psychopathogenese, die ansonsten am lerntheoretischen Erklärungsansatz orientiert ist.

Im psychoanalytischen Verständnis sexueller Funktionsstörungen haben Ängste, Hemmungen und Konflikte jedoch eine ganz zentrale Bedeutung. Psychoanalytiker, aber auch Verhaltenstherapeuten wie Wolpe und Lazarus (1977), haben sexuelle Störungen als Schutzmechanismen gegen irrationale Ängste, die im Zusammenhang mit Sexualität stehen, aufgefasst. Erregung und Orgasmus werden aus psychodynamischer Sicht in der Regel unbewusst als gefährlich angesehen oder aber der Sexualpartner selbst wird als bedrohlich erlebt. Nach Freud (1926) wird die Angst vor diesen Gefahren durch „einen Verzicht auf Funktion und einen Verzicht auf Lust" abgewehrt. Somit sind, wie Fenichel (1945) es beschreibt, sexuelle Störungen „klinische Manifestationen und Schwerpunkte der Abwehr". Das Symptom hat aus dieser Sicht eine stabilisierende Funktion, weil es für ein relativ angstfreies, neurotisches Gleichgewicht sorgt. Versuche, das Symptom zu beseitigen, bedrohen die Stabilität des psychischen Haushaltes, aktualisieren die Ängste und mobilisieren den Widerstand gegen diese Versuche.

Auch den frühen Verhaltenstherapeuten schien Angst als klassische konditionierte negative Reaktion auf sexuelle Reize die wichtigste Variable bei der Entstehung und Aufrechterhaltung sexueller Störungen zu sein. Heute spielen im lerntheoretischen Verständnis dagegen operantes Konditionieren, z. B. beim Vermeidungsverhalten, Modell-Lernen und kognitive Aspekte eine wesentliche Rolle. Von **psychoanalytischer** Seite wird die Entstehung sexueller Funktionsstörungen wie die Entwicklung sonstiger neurotischer Symptome erklärt. So sind aus psychodynamischer Sicht sexuelle Symptome das Resultat eines Konflikts von angstauslösenden Triebimpulsen und deren Abwehr. Als Triebimpulse spielen dabei nicht nur ödipale, d. h. genitale Eroberungs- und Hingabe-, sondern auch orale Versorgungswünsche eine Rolle. Aber auch anal-sadistische Bemächtigungs- und Kontrolllust, ebenso wie narzisstische Größenphantasien können dabei zum Tragen kommen. Zwar wird in gewisser Weise alles sexuelle Erleben von solchen Wunschphantasien gefärbt, aber bei funktionell ungestörten Menschen werden diese aufgrund geringerer Über-Ich-Ängste nicht als bedrohlich, sondern sogar eher als lustvoll erlebt. Sind solche Triebimpulse oder Über-Ich-Ängste jedoch zu stark, kann es zu einem Versagen der Abwehr und als Reaktion zur Entwicklung eines sexuellen Symptoms i. S. einer neurotischen Kompromissbildung kommen.

Neben den genannten Triebängsten aus der oralen, analen oder ödipalen Phase der Entwicklung (s. Kap. 2.2, S. 30) spielen sehr häufig auch Beziehungsängste eine große Rolle, insbesondere die Angst vor regressiver Hingabe. Diese Angst kann unbewusst, oft aber auch bewusstseinsnah sein. Vor allem Frauen mit Erregungs- und Orgasmusstörungen haben häufig Angst, sich fallen zu lassen und die emotionale Kontrolle über sich zu verlieren. Ohne die Fähigkeit zur vorübergehenden Ich-Regression mit Aufgabe der Kontrolle kann ein Orgasmusgeschehen aber nicht erlebt werden. Eine solche Unfähigkeit zur benignen Ich-Regression wird aus psychodynamischer Sicht mit einer gestörten Auflösung der Mutter-Kind-Symbiose in Zusammenhang gebracht. Die symbiotische Einheit, z. B. durch ein klammerndes Verhalten der Mutter, wird nach psychoanalytischer Auffassung als traumatisch erlebt; später werden dann die Verschmelzungswünsche und -ängste auf den Partner übertragen und als bedrohlich erlebt, weil sie mit der befürchteten Gefahr der Ich-Auflösung und des Kontrollverlustes verbunden sind.

Im psychoanalytischen Verständnis haben auch Gewissensängste eine große Bedeutung. Wie auf alle Triebimpulse reagiert ein strenges Über-Ich auch auf sexuelle Wünsche mit Strafandrohung. Kommt eine sexualfeindliche Erziehung oder Umgebung hinzu, kann Sexualität darüber hinaus auch zur realen Gefahr werden, und zwar dann, wenn sie tatsächlich auch mit Sanktionen belegt wird. Reale Strafen sowie die im 4. und 5. Lebensjahr in der sog. ödipalen Phase verinnerlichten Normen, die sich während der Pubertätszeit weiter ausdifferenzieren (s. Kap. 2.2.1, S. 30) und die das Über-Ich, also die Gewissensinstanz, bilden, werden von fast allen psychoanalytischen Autoren als ätiologisch bedeutsame Faktoren betrachtet. Ein unaufgelöster Ödipuskonflikt in Form einer unvollständigen oder fehlenden Lösung des Jungen von der Mutter führt nach Freud bei späteren erotischen Beziehungen zu Frauen aufgrund der durch Konfusion zwischen der aktuellen Liebespartnerin und der Mutter resultierenden Inzestängste zur sexuellen Hemmung in Form von Potenzstörungen, da der sexuelle Kontakt mit der geliebten Partnerin zu einer gefährlichen, tabuisierten Handlung wird. Wie in Kapitel 2.2.1 bereits beschrieben wurde, kommt es dagegen bei der normalen psychodynamischen Entwicklung aufgrund von Kastrationsängsten zu einer Verdrängung der auf die Mutter gerichteten libidinösen Wünsche und durch die Identifikation mit dem Vater zu einer stabilen Auflösung der ödipalen Situation. Ist die Fixierung an das inzestuöse frühkindliche mütterliche Liebesobjekt zwar vorhanden, aber nicht vollständig, resultiert nach Freud das bei erwachsenen Männern häufig vorkommende Phänomen der „Madonna-Hure-Spaltung" (Freud 1912). Dieser Zustand ist dadurch gekennzeichnet, dass sexuelles Begehren und Potenz einerseits sowie partnerschaftlich respektierende Liebe andererseits nicht ein und derselben Frau gegenüber empfunden werden können und sexuelle Befriedigung nur bei einer Abwertung und Erniedrigung der Sexualpartnerin erreichbar ist. Männer mit dieser Störung begehren Frauen, die sie lieben, nicht, und umgekehrt lieben sie Frauen nicht, die sie begehren. Das Mädchen interpretiert – nach psychoanalytischem Verständnis – das Fehlen des Penis, für das sie die Mutter verantwortlich macht, als Kastration. Das eigene Geschlechtsteil wird als Wunde erlebt. Diese Entdeckung führt zur Abwendung von der Mutter und zur Hinwendung zum Vater, in der Hoffnung, ihn für sich erobern zu können und durch ein Kind von ihm quasi zu einem Penisersatz zu kommen. Zu einem guten Verlauf der ödipalen Phase kommt es bei Mädchen, wenn der Vater das Werben der Tochter in einer angemessenen Form beantwortet. Dann führen Schuldgefühle gegenüber der Mutter und Verlustängste zum Aufgeben der ödipalen Rivalität und es kommt zur weiteren Identifizierung mit der Mutter und zur Ausbildung des Gewissens, allerdings damit auch von Über-Ich-Ängsten, die sexuelles Erleben mit Schuld, Angst und Abwehr verbinden können.

Inzwischen geht man bei der Entstehung sexueller Funktionsstörungen zunehmend von präödipalen, also von noch früher angelegten Konflikten (Separations-Individuations-Konflikt) aus, aber auch davon, dass nachpubertäre Störfaktoren i. S. nicht integrierbarer Phantasien oder traumatische Erfahrungen sowie andere starke Sexualängste, die aus verschiedenen nachfolgend dargestellten Quellen gespeist werden können, eine psychopathogenetische Bedeutung haben.

Arentewicz u. Schmidt (1993) ordnen Ängste, die potenziell sexuelle Funktionsstörungen auslösen können, den bereits in Kapitel 1.3.3, S. 12 ausgeführten drei zentralen Erfahrungsbereichen zu, die die sexuelle Entwicklung eines Menschen kennzeichnen, und beschreiben, wie Trieb- und Gewissensängste aus der gesamten individuellen Bedürfnisgeschichte eines Menschen verstehbar werden.

Zu den Triebängsten gehören, wie oben erwähnt, nicht nur die o.g. aus einer unverarbeitet gebliebenen ödipalen Konfliktsituation resultierenden Kastrationsängste, die eine zentrale Rolle in der Ätiologie sexueller Funktionsstörungen bei Männern spielen, sondern auch Ängste, die sich aus der Konfrontation oraler Bedürfnisse und analer Triebimpulse mit der Umwelt entwickeln und die auf die spätere Sexualität übertragen werden können. So kann sich ein aus der Säuglingszeit durch Versagungen oraler Bedürfnisse nach sofortiger Befriedigung des Hungers, nach Saugen, Hautkontakt und Wärme herrührendes Grundgefühl des Zukurzgekommenseins entwickeln, aber ebenso auch die misstrauische Angst, immer unbefriedigt zu bleiben oder enttäuscht zu werden. Entsprechend können später sexuelle Wünsche Angst vor unausweichlicher Enttäuschung auslösen, so dass sexuelle Störungen dann als Schutz vor solchen phantasierten Frustrationen verstanden werden können. In der analen Phase kann der kindliche Wunsch, aus seinen Ausscheidungsfunktionen durch Selbstbestimmung von Hergeben und Zurückhalten maximalen Lustgewinn zu schöpfen, mit dem Sauberkeitsanspruch der Eltern kollidieren. Wird die Körperbeherrschung gegen das sich Überwältigenlassen einseitig zugunsten der Beherrschung entschieden, können Hemmungen des Genießenkönnens sexueller Lust und des Orgasmus die Folge sein und die Angst, die Kontrolle über Körper und Emotionen zu verlieren, blockieren die sexuelle Funktion. Auch können generell körperliche Bedürfnisse in dieser Entwicklungsphase mit Schmutz und Ekel assoziiert werden. Lernt das Kind in der analen Phase seine körperlichen Bedürfnisse aggressiv gegen seine Umwelt einzusetzen oder erlebt es, dass die Umwelt das Ausleben dieser Bedürfnisse als feindselig wahrnimmt, kann es später im Erwachsenenalter auch die Sexualität als aggressiven Akt erleben. Ebenfalls kann die Angst vor im Zusammenhang mit Sexualität phantasierter Gewalttätigkeit später eine Hemmung der sexuellen Funktion bedingen.

Da sich Sexualität real oder in der Phantasie in Beziehungen zu einem anderen Menschen vollzieht, schlägt sich in der Sexualität auch die gesamte Beziehungsgeschichte eines Menschen nieder. Das frühe Verhältnis zu seinen Bezugspersonen, in der Regel Mutter und Vater, bestimmt entscheidend die Möglichkeit eines Menschen, später Beziehungen einzugehen, ohne irrationale Ängste vor dem Verlassenwerden, vor Selbstaufgabe, Selbstauflösung oder Abhängigkeit zu haben. Auf die Bedeutung der frühen präödipalen Mutter-Kind-Beziehung und die Folgen einer nur mangelhaft erfolgten Auflösung der frühen symbiotischen Mutterbeziehung, z. B. durch einen frühen Mutterverlust oder durch ein besitzergreifendes, klammerndes Verhalten der Mutter für die Entstehung sexueller Störungen wurde bereits oben verwiesen. Andere Ängste können sich in späteren Phasen der Eltern-Kind-Beziehung herausbilden. So entsteht eine ausgeprägte Angst vor Partnerverlust vor allem bei Menschen, die aus Familien stammen, in denen der Vater bzw. die Mutter real oder psychologisch abwesend waren oder dem Kind ablehnend gegenüberstanden. Auch tritt eine solche Angst häufig bei Menschen auf, die in ihrer Kindheit z. B. durch Krankenhausaufenthalte von ihrer Familie getrennt gewesen waren. Durch die daraus entstehende Verunsicherung im Zuwendungsbereich fällt es ihnen schwer, Intimität und Nähe zu geben und zu nehmen, und sich zu trauen, die Kontrolle über sich im Beisein des Partners zu verlieren. Jede engere Beziehung mobilisiert die Furcht, wieder verlassen zu werden und die alten enttäuschenden Erfahrungen wieder erleben zu müssen. Durch die innere unbewusste Vorwegnahme des alten Kindheitstraumas wird die sexuelle Hingabe zur Gefahr und es kommt zu Störungen der sexuellen Funktion. Aber auch eine zu enge Bindung an die Eltern, insbesondere an den gegengeschlechtlichen Elternteil, kann die Ursache sexueller Störungen sein. Bleibt beim Jungen eine ödipale Fixierung an die Mutter bestehen, werden alle späteren Partnerinnen unbewusst mit der Mutter identifiziert und alte Inzestverbote bzw. Kastrationsdrohungen werden geweckt. Das gleiche gilt umgekehrt für eine ungelöste Vaterfixierung bei Frauen.

Da Sexualität an das Geschlecht gebunden ist, schlägt sich in ihr auch die individuelle Geschichte als Frau oder Mann nieder, d. h. die Erfahrung, die ein Mensch mit seiner Weiblich- oder Männlichkeit gemacht hat. Geschlechtsidentitätsängste äußern sich bei beiden Geschlechtern in der tiefen Angst, keine richtige Frau oder kein richtiger Mann zu sein. Entsprechend treten Gefühle auf, in dem eigenen Geschlecht nicht liebens- und begehrenswert zu sein, oder auch Ängste, sexuell zu versagen und ungeschickt zu sein. Männer vermeiden Zärtlichkeit und Hingabe oft ganz, weil sie beides als schwach, passiv und weiblich erleben. Ihre verunsicherte Identität wehren manche durch eine harte, genitalbetonte, schnelle Sexualität ab oder sie überkompensieren sie durch eine scheinbar nie versiegende Potenz. Eine vorzeitige oder ausbleibende Ejakulation kann in solchen Fällen die Folge sein. Bei Frauen wird die weibliche Geschlechtsidentität durch die primäre Identifizierung mit der Mutter geformt, wobei die Akzeptanz und Erwünschtheit des Geschlechts der Tochter durch die Mutter von großer Bedeutung sind. In ihrer Identität verunsicherte Frauen können ihr Geschlechtsteil als Wunde erleben und Sexualität aus ihrem Erleben ausblenden. Auch Lebenskrisen wie z. B. schwächende Krankheiten oder den Körper verändernde Operationen, aber auch das Alter, können die Geschlechtsidentität bedrohen oder verunsichern, und zum Auslöser für sexuelle Störungen werden.

Aus psychodynamischer Sicht können sexuelle Funktionsstörungen auch eine Abfuhr verstellter Triebwünsche i. S. des Ausagierens z. B. masochistischer oder aggressiver Impulse darstellen. So kann die vorzeitige Ejakulation durch eine Lust am Besudeln der Frau oder durch eine aggressive Genugtuung, sie zu enttäuschen, mit verursacht sein. Bei einer ausbleibenden Ejakulation kann die anale Lust am Zurückhalten und bei einem Vaginismus der aggressive Wunsch, den Penis seiner Potenz zu berauben, eine Rolle spielen. Der Sinn des Ausagierens solcher verdrängter Triebimpulse liegt darin, dass die zugrunde liegenden direkten Wünsche aufgrund von Über-Ich-Ängsten dem Bewusstsein nicht zugänglich gemacht werden dürfen.

Tiefenpsychologisch lassen sich die mit einer sexuellen Funktionsstörung abgewehrten Ängste bei einem Patienten aus dessen sexuellem Verhalten bzw. aus dessen spezieller Symptomatik, aber auch aus dessen sexuellen Phantasien und den bevorzugten sexuellen Praktiken und vor allem aus den besonderen Bedingungen, unter denen die sexuelle Störung auftritt, schließen. So können sexuelle Phantasien im einfachsten Fall direkt sexuelle Wünsche und Vorlieben erkennen lassen, manchmal bringen sie aber auch Konflikte und mit der Sexualität verbundene Ängste und den Umgang des Patienten mit ihnen zum Ausdruck. Die Analyse bevorzugter Sexualpraktiken kann zeigen, dass eine einseitige Orientierung auf Geschlechtsverkehr und Orgasmus und das Vermeiden von Vorspiel und Zärtlichkeit möglicherweise den Versuch darstellt, die schwer zu ertragende Intimität und Nähe, die mit der Sexualität verbunden sind, mit einer Flucht in schnelle und selbstbezogen erlebte Erregungsstufen zu umgehen. Wichtige Hinweise ergeben sich auch aus der Analyse situationsspezifischer Störungen. Wenn ein Patient z. B. bei jedem Versuch, den Koitus auszuüben, seine Erektion verliert, aber beim Petting nie Erektionsprobleme aufweist, lässt dies darauf schließen, dass die Vagina von ihm wohl als kastrierend und vernichtend erlebt wird. Am deutlichsten lassen sich abgewehrte Ängste aber an den partnerbezogenen Störungen erkennen. So kann eine Frau, die Angst hat, von Männern unterworfen und unterdrückt zu werden und die auf dominante Männer aggressiv und feindselig reagiert, bei sanften, submissiven und wenig rivalisierenden Männern, die es ertragen können, dass eine Frau sexuell initiativ ist und phallisch mit ihnen verkehrt, sexuell voll funktionsfähig sein. Ein Mann, der durch sexuell initiative, „potente" Frauen aus Angst vor seiner Unmännlichkeit eine Erektionsstörung oder eine vorzeitige Ejakulation entwickelt, und der nur bei sexuell zurückhaltenden Frauen, die ihm das Gefühl geben, der Potentere zu sein, sexuell problemlos reagieren kann, wird mit großer Wahrscheinlichkeit Geschlechtsidentitätsängste aufweisen.

Zusammenfassend lässt sich aus alledem das Fazit ziehen, dass die erotische Anziehung, die ein Mensch für einen anderen hat, sich entscheidend auch danach bemessen lässt, inwieweit er die geheimen Sexualängste seines Partners *nicht* mobilisiert oder aber beschwichtigt (Arentewicz und Schmidt 1993). Nicht immer sind Ängste bzw. Belastungen die Ursache einer Störung, sondern psychopathogenetisch sind auch traumatische Erlebnisse von Bedeutung. Hierzu zählen Fälle, in denen Sexualität in der Vorerfahrung als schmerzhaft und gefährlich empfunden wurde. So kann bei Frauen z. B. nach einer Vergewaltigung oder einer schmerzhaften gynäkologischen Untersuchung die resultierende Angst zu einer sich selbst erfüllenden Prophezeiung werden, indem sie zu Muskelspasmen führt, die dann im Zusammenspiel mit anderen Faktoren eine Erregungs- oder Orgasmusstörung hervorrufen oder eine bestehende verstärken können.

Neben Ängsten aufgrund erlebter Traumen können auch offensichtliche, „an der Oberfläche liegende" Befürchtungen, wie die, eine Geschlechtskrankheit oder HIV-Infektion zu bekommen oder die Furcht vor einer Schwangerschaft, eine sexuelle Störung bewirken.

Angst kann manchmal auch mit einer Störung einhergehen, ohne dass sie manifest erlebt wird. Wird etwa eine sexuelle Begegnung als bedrohlich wahrgenommen, entsteht daraus eine direkte Hemmung der sexuellen Reaktion. Die Hemmung der Reaktion tritt dann in Verbindung mit Angst auf, beide haben dann eine gemeinsame Ursache, aber das eine bedingt nicht das andere. Hier spielt das Konzept der neuro-physiologischen Hemmung eine Rolle, das besagt, dass eine psychologische Bedrohung, die zur Aktivierung inhibitorischer Mechanismen führt, nicht unbedingt mit manifester Angst einhergehen muss. Dies würde erklären, warum eine pharmakologische Angstreduktion nicht notwendigerweise sexuelle Probleme löst. Vielmehr müsste die zugrunde liegende Bedrohung reduziert werden, damit auch die Hemmung der Reaktion abnehmen und die sexuelle Funktion sich wieder herstellen könnte.

Die Schnelligkeit, mit der Angstreaktionen erlernt bzw. konditioniert werden, steht wahrscheinlich mit einer neurotischen Disposition in Zusammenhang, deren zusätzliches Vorhandensein die Entstehung einer sexuellen Störung zu begünstigen scheint. So stellte Eysenck (1976) in seinen Untersuchungen einen ausgeprägten Neurotizismusfaktor in Verbindung mit allen von ihm untersuchten Funktionsstörungen bei Frauen und Männern fest. Cooper (1968) fand, dass im Vergleich zu anderen sexuellen Funktionsstörungen bei Männern besonders die vorzeitige Ejakulation mit großer Wahrscheinlichkeit mit Neurotizismus assoziiert ist. Bei Frauen zeigte sich (Cooper 1969), dass insbesondere sexuelle Aversion und Vaginismus mit ausgeprägtem Neurotizismus verbunden waren.

Ebenso wie Angst kann sich auch **Ärger** als autonomer Zustand direkt auf die sexuelle Reaktion negativ auswirken. Für viele ist es unmöglich, gleichzeitig ärgerlich und sexuell erregt zu sein. Allerdings kann man Ärger bisher nicht mit spezifischen sexuellen Funktionsstörungen in Verbindung bringen. Jedoch kann die Sexualität als Mittel benutzt werden, Ärger auszudrücken, so wie umgekehrt die sexuelle Verweigerung durch das Bedürfnis, den Partner zu verletzen, bedingt sein kann. Da Ärger und Angst antagonistisch sind, d. h., dass sie nicht gleichzeitig vorkommen können, kann Angst (unbewusst) mit provoziertem Ärger abgewehrt werden. Aber ebenso, wie es Menschen gibt, bei denen Angst nicht mit einer Beeinträchtigung sexueller Reaktionen verbunden ist, sondern die, wie es bei vielen Männern der Fall ist, auf angstprovozierende Situationen sexuell reagieren, gibt es auch Menschen, deren sexuelle Reaktionen durch Ärger erleichtert oder zumindest nicht negativ beeinflusst werden.

10.1.2 Partnerprobleme

Da sexuelle Störungen in der Regel in Beziehungen auftreten, sind Partnerprobleme und sexuelle Schwierigkeiten eng miteinander verknüpft. Dies trifft auch dann zu, wenn nur einer der beiden Partner ein manifestes Symptom aufweist. Aus psychodynamischer Sicht lassen sich zwei Situationen unterscheiden: In der einen hatte einer der beiden Partner das sexuelle Symptom bereits vor dem Beginn der Partnerschaft und der andere war zuvor symptomfrei. In diesem Fall stellt sich die Frage nach den bewussten und unbewussten Motiven für die Partnerwahl und nach dem unbewussten Gewinn des sexuell symptomfreien Partners aus dieser sexuellen Asymmetrie. In der anderen Situation gingen beide Partner symptomfrei oder sexuell unerfahren in die Partnerschaft und das Symptom entwickelte sich dann erst im Verlauf der Beziehung bei einem oder auch bei beiden Partnern. Hier stellt sich die Frage nach der offenen und der unbewussten Paardynamik sowie danach, ob und welche Veränderungen des Partnergleichgewichtes stattgefunden und welche Einstellung beide zur Symptomatik gefunden haben.

In beiden Situationen hat – wie erwähnt – auch der symptomfreie Partner einen Anteil an der sexuellen Störung. Möglicherweise braucht er die Störung seines Partners, um seine eigenen Probleme zu kaschieren. In diesem Fall findet eine sog. **Delegation** des Problems an den Partner statt. Der Symptomträger ist dann nur derjenige, bei dem sich die Störung manifestiert. Gerade bei Männern kommt es nicht selten vor, dass sie sich über die fehlende Appetenz ihrer Frau beklagen und sie damit zur Symptomträgerin machen, um unbewusst ihre eigenen vorhandenen Erektionsstörungen zu verdecken. Andere Beispiele für die Delegation eines Problems sind, dass der symptomfreie Partner Leistungsdruck ausübt oder eine distanzierte, feindselige Haltung beim Verkehr einnimmt oder vielleicht auch sexuelle Aktivität fordert, wenn der Partner ausdrücklich keine Lust hat, dass er sie aber gezielt abweist, wenn der Partner Appetenz verspürt. In der Therapiesituation geht der Widerstand gegen die Beseitigung des Symptoms deshalb auch vom symptomfreien Partner aus. Wird das sexuelle Problem behoben, ohne dass dies für den symptomfreien Partner akzeptabel ist, werden mit großer Wahrscheinlichkeit sexuelle Symptome dann bei ihm auftreten. Bricht allerdings das gesamte psychische Gleichgewicht, das durch die Delegation in Balance gehalten wurde, zusammen, können psychische Erkrankungen, vor allem Depressionen bis hin zum Suizid ausgelöst werden.

Eine sexuelle Funktionsstörung, die bei einem der Partner auftritt oder schon vorhanden war, kann auch in Form eines unbewussten, stillschweigenden **Arrangements** (Arentewicz und Schmidt, 1993) zwischen beiden Partnern der Beziehung dienen und für beide nützlich sein. Dies trifft gerade auf Männer vaginistischer Frauen zu, bei denen immer wieder zu beobachten ist, dass sie besonders sanft, passiv, zartfühlend und extrem rücksichtsvoll, oft auch sexuell unerfahren sind und sich sexuell unaggressiv und unmotiviert geben. Vaginistische Frauen und ihre Männer ziehen sich offenbar unbewusst an, weil sie durch eine solche Partnerwahl ihre mit der Sexualität verbundenen Ängste, insbesondere die vor Aggressivität, abwehren können. Da jeder der beiden Partner dem jeweils anderen seine Angst vor der Sexualität abnimmt, fühlen sich beide mit ihrem sexuellen Problem gut beieinander aufgehoben. Diese Paare gehen auffällig harmonisch miteinander um und leben in dem Bewusstsein, dass das sexuelle Problem das einzig Störende in ihrer sonst vollkommenen Beziehung ist. Die sexuelle Störung stabilisiert also die Partnerschaft und ermöglicht so über viele Jahre eine gute Beziehung. In anderen Fällen ist oft auch gar nicht mehr feststellbar, ob der fehlende Verkehr auf vaginistische Reaktionen der Frau oder auf vorhandene Erektionsprobleme des Mannes oder auf beides zurückzuführen ist. Bei stillschweigenden Arrangements ist meistens auch ein typisches Muster zu Beginn der Partnerschaft zu erkennen, das darin besteht, dass der erste Koitus mit moralisierenden Rationalisierungen möglichst lange aufgeschoben und dann nach den ersten missglückten Versuchen schließlich ganz aufgegeben wird. Behandlungsversuche werden, wenn überhaupt, erst nach jahrzehntelanger Partnerschaft und mit einer ambivalenten Motivation aufgenommen, um sie dann bald nach Fehlschlägen beruhigt wieder aufgeben zu können.

Stillschweigende unbewusste Zusammenspiele in Paarbeziehungen bezeichnete Willi (1975) als Kollusionen (lat: *colludere* = zusammenspielen) und definierte sie speziell als das unbewusste **komplementäre** Zusammenwirken zweier Partner in einem gemeinsamen Grundkonflikt. In seinem Kollusionsmodell stellte er unterschiedliche Typen neurotischer Partnerbeziehungen dar (narzisstische, orale, anal-sadistische und phallisch-ödipale) und zeigte, wie in ihnen die Partnerdynamik durch unbewusste gemeinsame Phantasien, Ängste und Konflikte, die bereits bei der Partnerwahl bestanden haben und/oder die erst im Verlauf einer Beziehung zu einer Polarisierung von Verhaltensweisen geführt haben, bestimmt wird. Das unbewusste Zusammenspiel besteht aus einem komplementären Kommunikationsverhalten, das sich durch eine manifeste Gegensätzlichkeit zeigt, wie Drängen versus Verweigern, Distanzierung versus Nähe suchen, oder auch in einem starren polarisierten Rollenverhalten, das dadurch die Funktion der Abwehr des gleichartigen Grundkonfliktes bekommt. Bei einer Kollusion werden die beiden Seiten des intrapsychischen Konfliktes, den jeder Partner in sich selbst trägt, also nicht intra-, sondern interindividuell ausgetragen und zwar insofern, als jeder Partner manifest die eine Seite des Konflikts übernimmt und die andere dadurch verdrängt, dass er sie an den Partner delegiert. Buddeberg (1987) hat das Modell von Willi auf sexuelle Störungen übertragen.

Da das Kollusionsmodell von Willi nur **komplementäre** neurotische Paarstrukturen beschreibt, kann es nicht alle partnerdynamisch erklärbaren Störungen erfassen. Zum Verständnis müssen deshalb auch **symmetrische** Sexualabwehrstrukturen herangezogen werden. Solche symmetrischen Abwehrformen finden sich in sog. symbiotischen Beziehungen, die durch eine geringe Abgegrenztheit nach innen und eine starke Abgrenzung nach außen gekennzeichnet sind. Paardynamisch handelt es sich hier nicht um eine interindividuelle polarisierte Abwehr eines gemeinsamen unbewussten Konflikts beider Partner wie bei den Kollusionen, sondern um eine sog. **Abwehrkoalition**. Als häufigste Variante dieser symmetrischen Abwehrform gegen sexuelle Ängste lässt sich die Harmonisierung finden. Die Grundstruktur dieses Abwehrbündnisses besteht darin, dass beide Partner mit dem manifesten Gefühl leben, eine besonders enge und offene Beziehung zu haben, bei der alles stimmt und in der es keine Geheimnisse der Partner voreinander gibt. Entsprechend wird das sexuelle Problem, z. B. die gemeinsame Inappetenz, als partnerschaftsdyston, also als unverständlich und gar nicht zur empfundenen vollkommenen Liebesbeziehung passend erlebt. Konflikthaftes, Trennendes wird verleugnet oder bagatellisiert und die Sexualität wird ausschließlich unter einem romantischen Gesichtspunkt als Ausdruck von Zuneigung gesehen. Entsprechend wird der „triebhafte", „narzisstische" Aspekt der Sexualität verdrängt und oft auf der bewussten Ebene abgelehnt. Aufgrund des gemeinsamen „sekundären Störungsgewinnes", der in der Harmonisierung liegt, suchen solche Paare in der Regel auch keine Beratung auf oder erst dann, wenn die Abwehrkoalition z. B. durch eine Außenbeziehung gestört wird. Kommen Paare, häufig nach sehr langer Symptomdauer, aber dennoch zur Beratung mit dem meist halbherzigen Anliegen, häufiger Verkehr haben zu wollen, „da ihr Zustand ja nicht normal sei", werden therapeutische Probedeutungen als potenziell gefährlich erlebt und schnell gemeinsam ängstlich abgewehrt oder beschwichtigt, so dass die Wahrscheinlichkeit eines Behandlungsabbruches hier relativ hoch ist. Um eine sexuelle Abwehrkoalition handelt es sich auch bei dem o.g. Fall eines unbewussten gemeinsamen Arrangements zwischen einer vaginistischen Frau und einem rücksichtsvollen Partner, der aus Angst vor dem weiblichen Genitale unbewusst gar nicht eindringen will oder andernfalls mit Erektionsproblemen reagieren würde.

Eine andere Form der symmetrischen Abwehr stellt die sexuelle Hemmung dar, die vor allem im Zusammenhang mit konservativ-moralischen oder auch religiösen Einstellungen eine Rolle spielt. In solchen Fällen haben beide Partner eine ähnlich gehemmte Einstellung zur Sexualität und sie sind in der Regel beide unerfahren. Eine bestehende sexuelle Funktionsstörung des einen Partners wird dabei von dem anderen Partner scheinbar verständnisvoll mitgetragen, unbewusst aber, um die eigene sexuelle Hemmung zu kaschieren.

Aus therapeutischer Sicht ist es wichtig, bei sexuellen Kollusionen mit komplementären Abwehrstrukturen, bei denen die Gegensätzlichkeit des Paares manifest und die Gemeinsamkeit latent ist, das *Paar* und nicht einen der beiden Partner als Patienten zu betrachten, da ansonsten die Gefahr besteht, Partei zu ergreifen und damit selbst der Dynamik zu erliegen. Bei symmetrischen Abwehrkoalitionen, bei denen die Gemeinsamkeit des Paares manifest und die Gegensätzlichkeit latent ist, besteht aus therapeutischer Sicht gerade bei stark harmonisierenden Paaren die Gefahr, in eine Dynamik des Ausgestoßenwerdens oder des Vereinnahmtwerdens zu geraten, wobei die unbewusste Einladung an den Therapeuten, die Harmonisierung mitzumachen, ebenfalls der Abwehr dient und keine effektive Behandlung ermöglicht.

Neben der unbewussten Partnerdynamik können selbstverständlich auch bewusste Partnerprobleme bei der Entstehung oder Aufrechterhaltung einer sexuellen Funktionsstörung eine Rolle spielen. Dabei kann die Sexualität von den Partnern entweder bewusst und offensiv oder auch unbewusst als Waffe eingesetzt werden. Häufig wird z. B. die Sexualität oder eine sexuelle Störung benutzt, um unterschwellige Feindseligkeiten oder Dominanzkonflikte auszutragen. Dies geschieht bei beiden Geschlechtern in unterschiedlicher Weise: Männer drücken Machtansprüche und Aggressionen eher direkt durch Potenz aus, indem sie z. B. sexuelle Forderungen ohne jede Zärtlichkeit ganz bewusst mit dem Ziel durchsetzen, die Partnerin zu unterwerfen. Frauen hingegen drücken Aggressionen eher indirekt aus und benutzen sexuelle Störungen, um sich Machtansprüchen zu widersetzen, da ein sexuelles Funktionieren ihr Gefühl der Machtlosigkeit noch verstärken würde und der Aufgabe des letzten Restes von Autonomie gleichkäme. Ein solches Verhalten stellt aber ebenfalls eine Form der Machtausübung dar, denn die Frauen können dadurch zum einen sexuelle Störungen bei Männern bewirken oder bestehende verfestigen, zum anderen können sie durch ihre Zurückhaltung die Wünsche des Mannes nach Sexualität verstärkt provozieren. Dies kann zur Folge haben, dass der Mann zunehmend in die sexuelle Offensive geht und u. U. sogar Gewalt anwendet, während die Frau gleichzeitig mit vermehrter Defensive, also mit Rückzug, Ablehnung und Flucht reagiert. Arentewicz und Schmidt (1993) bezeichnen diese Form der Partnerdynamik, bei der am Ende sich wechselseitig bedingende Zustände der totalen Defensive und der totalen Offensive stehen, und die in Gefühlen der Lustlosigkeit und des Widerwillens bei der Frau und der Wut, Hilflosigkeit und Kränkung beim Mann enden, als „**Wendung gegen den Partner**".

Die Sexualität in einer Partnerschaft kann aber auch unbewusst ein wichtiges Regulativ für die Balance des Nähe-Distanz-Verhältnisses sein. So kann dort, wo eine bedrohlich erscheinende Entfernung zum Partner erlebt wird, Nähe wieder durch Sexualität hergestellt werden, wie es oft nach heftigen Streitigkeiten geschieht, wobei die Sexualität dann besonders intensiv erlebt wird und gelegentlich sogar chronische sexuelle Funktionsstörungen aufgehoben sein können. Sie kann aber auch der Rückeroberung dienen, wenn der Partner z. B. eine Außenbeziehung hat, wobei dann ebenfalls evtl. vorhandene Appetenz- oder andere Funktionsstörungen vorübergehend zurückgedrängt sein können. In der Regel ist jedoch der umgekehrte Vorgang, bei dem die sexuelle Störung eine Distanzierung bzw. eine Flucht vor der bedrohlich erlebten Nähe darstellt, häufiger anzutreffen. Menschen, die aufgrund ihrer individuellen Beziehungsgeschichte ein ambivalentes Nähe-Distanz-Erleben haben, die also Nähe zugleich stark wünschen und fürchten, sind besonders anfällig für sexuelle Probleme. Auch Nähe-Distanz-Konflikte können in Partnerschaften unbewusst kollusiv gelöst werden, indem die Ambivalenz, die jeder Partner in sich selbst hat, interindividuell durch ein unbewusst verteiltes Rollenspiel abgewehrt wird. In diesem Fall übernimmt ein Partner dann die Distanz und der andere die Nähe. Häufige Auslöser für Nähe-Distanz-Probleme sind Veränderungen in den Lebensverhältnissen der Partner, wie z. B. eine Heirat, die Geburt eines Kindes, das Ausscheiden aus dem oder der Eintritt in das Berufsleben, der Wegzug von Kindern und ähnliche Situationen.

Neben unbewussten Ambivalenzkonflikten, die mit einem sog. **Ambivalenzmanagement**, wie Arentewicz und Schmidt (1993) es bezeichnen, abgewehrt werden, gibt es auch ein Sexualverhalten, das bewusst als Nähe-Distanz-Regulativ eingesetzt wird, und zwar dann, wenn beide Partner tatsächlich unterschiedliche Nähe- und Distanzbedürfnisse haben, die jeweils von dem anderen Partner über- oder unterschritten werden.

10.1.3 Wissens- und Erfahrungsdefizite

Nicht alle sexuellen Störungen sind psycho- oder paardynamisch verwurzelt. Es gibt eine Reihe von anderen, eher „an der psychischen Oberfläche" liegende Faktoren wie schädliche Einstellungen und Vorurteile oder Wissens- bzw. Lerndefizite, die die Sexualität negativ beeinflussen können. So führen gerade **Wissensdefizite** aufgrund mangelnder Aufklärung über die Anatomie der Geschlechtsorgane und die Physiologie sexueller Reaktionen nicht selten zu Missverständnissen und Problemen. Tatsächlich kommt es noch immer vor, dass Paare über lange Zeit Femoralverkehr ausüben und glauben, dass der Penis in die Scheide eingeführt worden ist. Sexuelle Störungen, bei denen Unkenntnis die Ursache sind, lassen sich in der Regel rasch mit Sexualberatung und Aufklärung behandeln. Häufig zu beobachtende Veränderungen, die nach einer solchen Aufklärung erfolgen, können dabei auf die Erlaubnis zurückgeführt werden, die implizit durch die Information erteilt wurde, so dass die Klärung solcher oberflächlichen Gründe oftmals dazu beitragen kann, auch tiefer liegende Ursachen zu beheben.

Eine besonders wichtige Form von Fehlinformationen sind falsche und schädliche Auffassungen darüber, was normal und erwünscht ist. Solche sog. **Sexualmythen** und Geschlechtsstereotypen existieren in jeder Gesellschaft und unterliegen demselben sozialen Wandel wie das Sexualverhalten selbst. Zu den Sexualmythen zählen auch Leistungsmythen, wie z. B. die Vorstellung über die „normale" Häufigkeit sexuellen Verkehrs oder die Annahme, dass es üblich sei, wenn beide Partner gleichzeitig zum Orgasmus kommen und dass alles andere falsch sei. Auch existiert in manchen Köpfen noch immer die Freud'sche Fehlannahme, dass nur der vaginale Orgasmus „reif und richtig" sei. Auch gibt es Mythen darüber, welche Koituspositionen normal, und welche unakzeptabel seien sowie die falschen Annahmen, dass Masturbation den Körper schwäche und Homosexualität krankhaft sei oder die Fehlauffassung, dass ältere Menschen keine Sexualität mehr hätten. Auf solche Mythen, ihre Entstehung und die sich wandelnden Einstellungen sowie auf andere traditionelle Vorstellungen von weiblicher und männlicher Sexualität wurde bereits an anderer Stelle eingegangen.

Eine mögliche Ursache für solche Vorurteile kann das Fehlen wichtiger Modellpersonen gerade für die sensiblen Bereiche der Sexualität und Erotik sein, denn hier findet weniger als sonst ein orientierendes Lernen am Modell statt, da das Sexualleben der Eltern für die Kinder in der Regel nicht sichtbar ist. Ein empirischer Beleg dafür kann in Untersuchungen gesehen werden, die zeigten, dass weibliche und männliche Studenten die Koitusfrequenz ihrer Eltern um mehr als die Hälfte unterschätzten. Kinder nehmen ihre Eltern als nicht sexuell wahr und so stellen sich Eltern ihren Kindern gegenüber auch in der Regel dar, auch wenn die Tatsachen anders sind. Den meisten Menschen ist die Vorstellung, dass die Eltern sexuellen Verkehr haben könnten, nicht möglich, besonders gelingt dies bei den Müttern nicht, die vor allem von den Töchtern eher als Opfer der männlichen Wünsche erlebt werden, während den Vätern schon mehr ein sexuelles Interesse zugetraut wird. Der Ausfall von positiven Modellpersonen kann zur Folge haben, dass gerade die ersten sexuellen Erlebnisse aufgrund des Auf-sich-allein-Gestelltseins mit Frustrationen und Ängsten verbunden werden, die sich auf Dauer zu sexuellen Störungen verfestigen können.

Falsche Kognitionen, Erfahrungs- und Wissensdefizite sowie Missverständnisse führen besonders dann zu sexuellen Störungen, wenn sie mit Selbstzweifeln einhergehen und/oder wenn sie z. B. in Kontrast mit den Erwartungen des Partners stehen. Entsprechend des Kaplan'schen Verursachungsmodells können solche Informationsdefizite als unmittelbare Ursachen allein eine Störung bedingen oder an der Peripherie bei Problemen eine Rolle spielen, deren Ursachen tiefer liegen.

10.1.4 Selbstverstärkungsmechanismen

Im Gegensatz zu den bisher genannten drei ätiologischen Bereichen lässt sich der Selbstverstärkungsmechanismus des Symptoms bei allen **chronifizierten** sexuellen Störungen finden. Allerdings muss er dort nicht für die sexuelle Störung ursächlich sein, aber immer ist er symptomstabilisierend und bewirkt eine Eigendynamik des Symptoms. Durch den Selbstverstärkungsmechanismus kann sich somit eine Störung auch von den ursprünglichen Ursachen, seien es frühkindliche Konflikte, Partnerschaftsprobleme, Lerndefizite oder eine strenge religiöse Erziehung etc., völlig lösen und funktionell autonom werden. Die Auflösung der Selbstverstärkungsmechanismen ist in der Therapie sexueller Funktionsstörungen vor allem auch bei einer tiefenpsychologisch orientierten Behandlung von zentraler Bedeutung, da ja durch die Eigendynamik des Symptoms die sexuelle Störung weiter fortbestehen kann, selbst wenn die zugrunde liegende Ursache längst behoben werden konnte.

Selbstverstärkungsmechanismen spielen aus **lerntheoretischem Verständnis** für die Entstehung und Aufrechterhaltung sexueller Dysfunktionen folgende Rolle: Normalerweise läuft in erotischen Situationen eine Verhaltenskette ab, die von sexueller Erregung über den Orgasmus zur Entspannung reicht und die durch die erfolgte positive Verstärkung (Orgasmus) aufrechterhalten wird. Bei gestörtem Sexualverhalten entwickeln sich zwar zunächst ebenfalls erotische Gefühle, aufgrund verschiedener Auslöser (z. B. berufliche Belastung, sexueller Leistungsdruck, ein vielleicht bestehendes psychosexuelles Trauma, Partnerprobleme, körperliche Erkrankung etc.) bleibt die weitergehende Erregung aber aus, so dass der Geschlechtsakt nicht zustande kommt. Die Verhaltenskette endet damit unangenehm (ausbleibender Höhepunkt) und bei wiederholten Versuchen entwickelt sich aufgrund der Beschäftigung mit den negativen Konsequenzen eine Leistungs- und Versagensangst, die die sexuelle Erregung erheblich herabsetzt oder gar nicht mehr aufkommen lässt. Hinzu kommt, dass der Partner das gestörte Sexualverhalten ebenfalls als Enttäuschung erlebt und diese Frustration steigert die Angst vor dem Versagen noch mehr. Um der Situation aus dem Wege zu gehen, beginnt der Patient, Sexualität zu vermeiden. Dadurch gerät er in einen weiteren Konflikt, denn einerseits bringt ihm das Vermeiden des sexuellen Kontaktes eine Erleichterung, andererseits registriert der Partner diesen Rückzug und interpretiert ihn als Zurückweisung. Dies wiederum bewirkt Partnerkonflikte, die wiederum die Angst vor einem erneuten Versagen vergrößern. Dieser Teufelskreis von Misserfolg-Angst-Erwartungsdruck-Misserfolg führt i. S. der sich selbst erfüllenden Prophezeiung dazu, dass eine neue sexuelle Situation nur noch von der Befürchtung der frustrierenden Wiederholung belastet erlebt wird. Einher geht dieser Selbstverstärkungsmechanismus mit einer ängstlichen Selbstbeobachtung, die es unmöglich macht, nicht mehr an das vorweggenommene vermeintliche Versagen zu denken. Eine zunehmend fordernde oder feindselige Haltung des Partners kann diesen Prozess beschleunigen. Die Geschwindigkeit, mit der ein solcher Selbstverstärkungsmechanismus einsetzt, bzw. wie traumatisch ein gelegentliches sexuelles Versagen erlebt wird, hängt von der Persönlichkeit des Betroffenen ab. Damit bestimmen Variablen wie mangelnde Selbstsicherheit, ein geringes Selbstwertgefühl und/oder eine starke Leistungsbezogenheit, aber auch ein Neurotizismusfaktor darüber, ob eine einzelne negative Erfahrung zu einer sexuellen Störung führt oder nicht. So wird ein sich seiner Potenz sicherer Mann aus einer gelegentlichen situativen Erektionsstörung keine Angst entwickeln, die einen Selbstverstärkungsmechanismus in Gang setzt, auch dann nicht, wenn dies öfters vorkommt, wohingegen ein selbstunsicherer Mann bereits bei einem einzigen frustrierenden Erlebnis eine Störung entwickeln kann.

Zusammengefasst sind also die vor dem ersten Auftreten eines sexuellen Symptoms bestehenden sexuellen Ängste sowie die Persönlichkeitsvariablen und die Reaktionen des Partners darüber entscheidend, ob und wie stark die Selbstverstärkungsdynamik greift und ob sich eine chronische Störung entwickeln wird.

10.2 Körperliche Ursachen

Die sexuelle Funktion ist ein psychosomatischer Prozess, d. h. die oben beschriebene psychologische Verhaltenskette hat ein physiologisches Korrelat. Inputs wie kognitive Faktoren und sensorische Reize in Form von taktilen Stimulationen beeinflussen das System der sexuellen Reaktionen im limbischen System und in den damit verbundenen Zentren des Rückenmarks. Die spinalen Zentren sind für die Genitalreaktionen und die begleitenden körperlichen Veränderungen verantwortlich, die darauf folgen. Das Bewusstsein bzw. die Wahrnehmung dieser körperlichen Veränderungen und der Genitalreaktionen kann entweder erregend sein oder unangenehme Empfindungen, aber auch Ängste hervorrufen, so dass davon wiederum die Kognitionen beeinflusst werden und sich damit der Kreis wieder schließt. Wenn das System einmal positiv aktiviert ist, wird der Prozess in Gang gesetzt, der zum Output, also zum Orgasmus führt bis ein temporärer Abschaltmechanismus, d. h. die Refraktärzeit, einsetzt (s. Abb. 10-1). Im Zusammenhang mit sexuellen Funktionsstörungen sind vorwiegend negative Einflussfaktoren von Be-

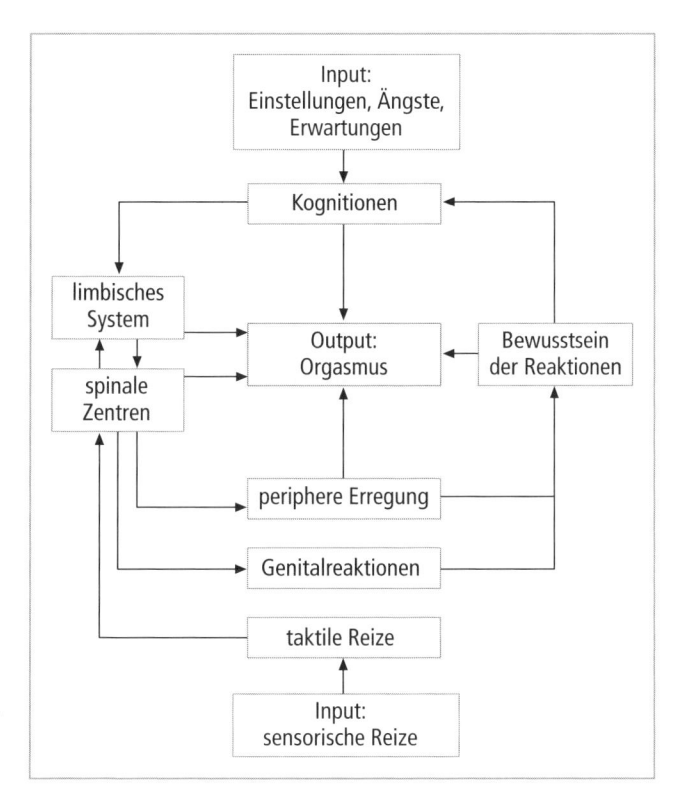

Abb. 10-1 Das psychosomatische System der Sexualität (in Anlehnung an Bancroft 1985)

deutung, die das System hemmen. Einmal ausgelöste Prozesse wie z. B. Angst und Versagen, die ursprünglich vielleicht durch den Missbrauch von Alkohol hervorgerufen wurden, können im System noch bestehen bleiben, auch wenn die anfängliche Ursache längst beseitigt ist. Während die Einflüsse kognitiver Aspekte wie Ängste und Erwartungen bereits im vorangegangenen Abschnitt beschrieben wurden, sollen nachfolgend die anderen Glieder der psychosomatischen Reaktionskette dargestellt werden sowie Einflussfaktoren, die sie stören.

10.2.1 Limbisches System und spinale Zentren

Das **limbische** System ist eine Art Verbindung zwischen Hirnstamm- und neokortikalen Funktionen und stellt ein zentrales Regulationsgebiet des vegetativen Gesamtgeschehens dar. Es scheint das neurale Substrat der Sexualität zu bilden und es spielt eine entscheidende Rolle für das gesamte emotionale Verhalten, da in ihm die „Gefühle" und ihre Bezüge zur Umwelt im Mandelkern (Amygdala) und im Hippocampus als mnestischem Verknüpfungsapparat anatomisch verankert sind. Im Hypothalamus, der den Boden des Zwischenhirns bildet und dem das limbische System direkt übergeordnet ist, befinden sich verschiedene übergeordnete Zentren des autonomen Nervensystems, von denen aus lebenswichtige vegetative Funktionen des Organismus gesteuert werden. Über die Hypophyse regelt der Hypothalamus vor allem auch die Funktionen verschiedener Hormondrüsen, wie umgekehrt auch Hormondrüsen regulierend auf das Zwischenhirn zurückwirken. Die Erregbarkeit des limbischen Systems determiniert, ob sexuelle Reize zu sexuellem Verhalten führen. Wahrscheinlich liegt hierin auch die physiologische Grundlage für die sexuelle Appetenz. Einige Faktoren können dieses System negativ beeinflussen. Es gibt aber wahrscheinlich auch angeborene und konstitutionell bedingte individuelle Unterschiede in der Erregbarkeit dieses Systems, d. h., dass Menschen sehr niedrig oder sehr hoch erregbar sein können. Solche Unterschiede sind wahrscheinlich aber nicht psychopathologisch bedingt. Da verschiedene Hormone für eine normale Funktion des limbischen Systems und der Reflexmechanismen in den spinalen Zentren notwendig sind, beeinflussen Ungleichgewichte das System. Das für das sexuelle Verhalten wichtigste endokrine System ist das Hypothalamus-Hypophysenvorderlappen-Gonadenzentrum, dessen Regelkreis, wie Abbildung 10-2 veranschaulicht, folgendermaßen funktioniert: Im Hypophysenvorderlappen werden Hormone produziert, die den Sexualbereich beeinflussen. Bei der Frau ist das das luteinisierende Hormon LH und beim Mann das follikelstimulierende Hormon FSH. Unter dem zusätzlichen Einfluss des Kortex wird im Hypothalamus ein Hormon gebildet, das die Produktion des LH und FSH im Hypophysenvorderlappen in Gang setzt. Dieses Hormon ist das Gonadotropin Releasing Hormon (GnRH). Unter dem Einfluss des LH und FSH kommt es in den Hoden, und zu einem wesentlich geringeren Anteil in den Ovarien, zur Testosteronbildung. Das Testosteron wird z. T. in Dihydrotestosteron (DHT) und in geringerer Menge in der Peripherie in Östradiol überführt. Der größte Anteil des Testosterons ist im Plasma über ein testosteronbindendes Globulin gebunden. Der wesentlich kleinere Anteil freien Testosterons scheint der biologisch wirksamste zu sein. Die Höhe des Plasmatestosteronspiegels hat i. S. eines Rückkopplungsmechanismus einen regulierenden Einfluss auf die LH- und FSH-Produktion im Hypophysenvorderlappen und wahrscheinlich auch auf die GnRH-Produktion im Hypothalamus. Bedeutsam ist, dass bei beiden Geschlechtern auch Hormone des anderen Geschlechts ausgeschüttet werden. Bei Frauen wird Testosteron zu etwa gleichen Teilen in den Ovarien und in den Nebennieren produziert. Ein Entzug von Androgenen beim erwachsenen Mann scheint sich negativ auf die sexuelle Appetenz auszuwirken. Geringe Mengen an Androgenen bei der Frau scheinen dagegen die Appetenz zu erhöhen. Bei Frauen haben Östrogen und Progesteron keinen direkten Einfluss auf die sexuelle Appetenz. Wohl kann aber ein Östrogenmangel vor allem nach dem Klimakterium zu einer vaginalen Atrophie und damit zu Problemen der Lubrikation führen, die ihrerseits Appetenz- und Erregungsprobleme zur Folge haben können. Bei Männern führt eine Östrogenkonzentration über dem normalen, niedrigen Spiegel zur Beeinträchtigung der sexuellen Appetenz. Normalerweise werden die geringen Östrogenmengen, die Männer produzieren, über die Leber abgebaut. Ist diese funktionsgestört, ist der Östrogenspiegel erhöht und das sexuelle Verlangen herabgesetzt. Erhöhte Konzentrationen von Prolaktin, einem anderen vom Hypophysenvorderlappen sezerniertes Hormon, beeinträchtigen ebenfalls die Sexualität bei beiden Geschlechtern i. S. herabgesetzter sexueller Bedürfnisse.

Aufgrund von Auswirkungen spinaler Läsionen werden für den Ablauf der sexuellen Reaktion zwei **spinale Zentren** angenommen, das thorakolumbale und das sakrale. Für Querschnittsläsionen gilt, dass komplette Zerstörungen des Rückenmarks im oberen Thorakal- oder Zervikalmark nur reflektorische Erektionen, aber keine Ejakulationen ermöglichen und dass bei kompletter Zerstörung des Sakralmarkes in den meisten Fällen weder eine Erektion noch eine Ejakulation möglich ist. Sowohl bei hohen als auch bei tiefen Läsionen sind perineale Empfindungsfähigkeit und Muskelkontrolle verloren. Einige wenige Männer mit kompletter Zerstörung des Sakralmarks sind zu psychogenen, für einen Koitus meist aber unzureichenden Erektionen und zu Emissionen imstande. Bei inkompletten hohen und tiefen Läsionen ergeben sich Mischbilder, die in Kapitel 5.1.4 detaillierter beschrieben worden sind. Die beiden spinalen Zentren haben folgende, jeweils zweifache Funktion: Im thorakolumbalen Bereich entspringen sympathische Fasern, die über den Grenzstrang und den Beckenplexus (Plexus hypogastricus inferior) zu den Genitalien, der Harnblase und dem Rektum verlaufen. Sie vermitteln beim Mann einerseits Erektionen psychogen-cerebralen Ursprungs und andererseits den Emissionsprozess, der durch im unteren Thorakalbe-

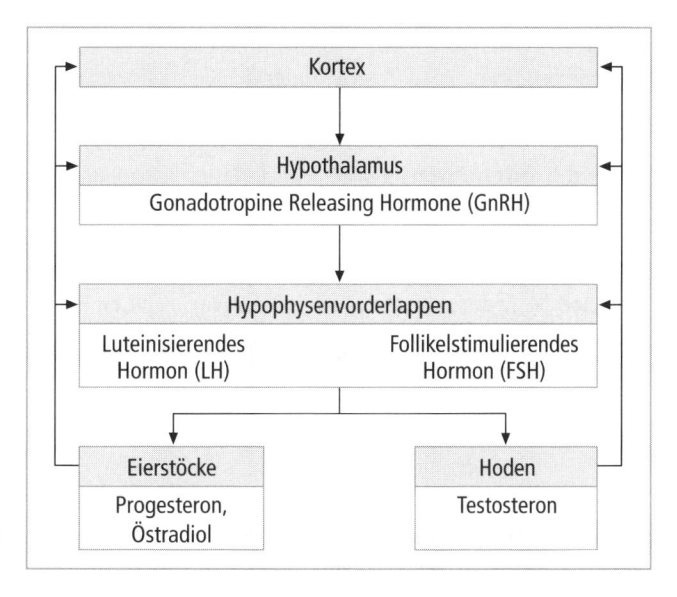

Abb. 10-2 Regelkreis der Sexualhormone (in Anlehnung an Kockott 1977)

reich initiierte glattmuskuläre Kontraktion der ableitenden Samenwege zustande kommt. Das sakrale Zentrum koordiniert einen Reflexbogen mit Input über den Nervus pudendus durch genitale Stimulation und zweierlei Output beim Mann: Erektionsvermittlung durch parasympathische, ebenfalls über den Beckenplexus verlaufende Fasern (bei Frauen kommt es durch Vasodilatation zur Durchblutungssteigerung von Vaginalhaut und dem Gewebe der Klitoris sowie des Scheidenhofes) und Vermittlung der Ejakulatausstoßung durch rhythmische Kontraktionen der entsprechend quergestreiften, durch den Nervus pudendus innervierten Muskulatur. Bei der Frau geht die motorische sakrale Efferenz zur circumvaginalen und Beckenbodenmuskulatur, die sich mit Beginn des Orgasmus erst tonisch und dann klonisch kontrahiert. Negative Einflussfaktoren sind außer Läsionen und Operationsfolgen Medikamente, Alkohol, Stoffwechselstörungen und neurologische Erkrankungen, auf deren Auswirkungen bereits in Kapitel 5 eingegangen wurde.

10.2.2 Periphere Erregung

Die gesamte genitale sexuelle Reaktion bei Frauen und Männern wird von muskulären Ereignissen, wie der vegetativ innervierten Muskulatur der Blutgefäße und anderem Gewebe (z. B. Uterus, cavernöses Gewebe) und von willkürlich innervierbarer Muskulatur bestimmt. Dass es bei sexueller Erregung einerseits zur Steigerung der Herzfrequenz und des Blutdruckes und andererseits zur lokalen genitalen Mehrdurchblutung infolge der Vasodilatation kommen kann, wird durch die komplementärsynergistische Wirkung sympathischer und parasympathischer Mechanismen möglich. Die Innervationsstrukturen für die genital-sexuellen Organe sind sehr komplex: Thorakale und lumbale sympathische Fasern bilden den Plexus hypogastricus, der den Genitalien, der Blase und dem Rektum benachbart ist. Diese Fasern können in einzelnen hypogastrischen Nerven gebündelt oder in einem komplexen Fasernetz verzweigt sein. Von diesem Beckenplexus aus verlaufen die Fasern zu den genannten Organen, in denen er seine Efferenzen hat, von denen er aber auch viscerale Afferenzen bekommt. Neben sympathischen enthält der Plexus auch parasympathische Zuflüsse. Die parasympathische Versorgung erfolgt über die sakralen Wurzeln S2-S4. Diese Fasern verlaufen über die Nervi splanchnici des Beckens zu den Genitalien. Bei Operationen im Genitalbereich sind aufgrund der unterschiedlich anatomischen Verteilung der Fasern Beschädigungen der Nerven nicht immer auszuschließen. Neben operativ bedingten Einflüssen können Störungen der vaskulären Mechanismen sowie Störungen von deren neuraler Kontrolle auftreten. Faktoren, die die Funktion der Beckenmuskeln beeinträchtigen, wie z. B. Verwachsungen, Fibrose oder Medikamente, sind insbesondere bei Frauen bedeutsam.

10.2.3 Genitale Reaktionen

Auswirkungen von körperlichen Erkrankungen und Missbildungen sowie von Medikamenten und Drogen auf die genitalen Reaktionen wurden bereits in Kapitel 5 dargestellt. Die wichtigsten Beeinträchtigungen sind zusammengefasst beim Mann: Erektionsstörungen durch Alterungsvorgänge, durch arterielle Erkrankungen, durch neurologische Defekte, Traumen und Verletzungen, durch Erkrankungen und Fehlbildungen der Genitalien, durch Hormonmangel und durch Krampfadern.

Bei Frauen kommen Zysten, Verwachsungen und Vernarbungen im Becken- und Scheidenbereich, genitale Organdefekte sowie Folgen von Östrogenmangel, Scheidenmuskulaturprobleme, prolabierte Ovarien, chronische Entzündungen und Endometriose als negative Störfaktoren in Betracht.

Bei beiden Geschlechtern können alle körperlichen und seelischen Krankheiten, die sich auf das Wohlbefinden auswirken oder Schmerzen verursachen, die also zentralnervöse, autonome oder endokrine Steuerungsprozesse negativ beeinflussen, die Sexualität beeinträchtigen. Hinzu kommen allergische Reaktionen, z. B. auf Verhütungsmittel oder Gummi und die Einnahme von Medikamenten oder Drogen.

10.2.4 Bewusstsein der Reaktion

Große Bedeutung kommt im psychosomatischen System der Sexualität dem Bewusstsein zu, denn es entscheidet sich dort, ob ein belohnender Effekt zur Annäherung oder zur aktiven Vermeidung führt, die ebenfalls eine Belohnung beinhaltet. Den Zustand genitaler Reaktionen mit den körperlichen Veränderungen als Erregungsgefühl wahrzunehmen, ist bei ungestörter Sexualität unproblematisch. Störungen ergeben sich, wenn auf das Bewusstwerden peripherer Veränderungen mit Angst reagiert wird. Problematisch ist allerdings auch, wenn vor allem Männer genitale Veränderungen ausschließlich als Hinweis auf sexuelle Erregung interpretieren und situationsunangemessen reagieren. Frauen hingegen sind sich häufiger ihrer vorhandenen genitalen Reaktionen gar nicht bewusst.

10.2.5 Taktile Stimulation

Die Wahrnehmung von Berührung ist ein sehr komplexer Prozess, der gleichermaßen vom sensorischen Input wie von der zentralen Regulation dieses Inputs abhängig ist. Während normaler sexueller Stimulation nimmt die taktile Sensibilität zu, was zur Steigerung sexueller Erregung beiträgt. Ein erigierter Penis hat eine niedrigere Schwelle für taktile Stimulation als der schlaffe Penis. Beeinträchtigungen der afferenten sensorischen Nervenversorgung, wie sie bei Läsionen peripherer Nerven oder des Rückenmarks auftreten, schränken die Wahrnehmung taktiler Stimulation ein. Eine Abnahme der taktilen Sensibilität des Penis ist mit zunehmenden Alter zu beobachten.

Taktile Stimulation kann auch in seltenen Fällen zu einer Überempfindlichkeit, die als unangenehm erlebt wird, führen. Solche Empfindungen treten am häufigsten nach dem Orgasmus an der Klitoris oder an der Eichel auf, es können aber auch neurologische Ursachen für eine Hyperästhesie (z. B. MS), bestehen.

10.2.6 Orgasmus und Ejakulation

Der Ablauf der sexuellen Reaktion stellt einen zentralnervösen Prozess spezifischer, sich steigernder Erregung dar, der sich im Orgasmus selbst begrenzt. Diese Selbstbegrenzung durch Erregungsverlust ist in der Regel beim Mann an die Ejakulation gebunden. Ob und wie sie bei Frauen, die ja zu multiplen Orgasmen fähig sind, stattfindet, ist individuell sehr unterschiedlich und nicht verallgemeinerbar. Der Orgasmus kann im Schlaf und Traum auftreten und zumindest bei Frauen von nicht-genitalen Zonen oder durch Phantasie ausgelöst werden und bei querschnittsgelähmten Männern ohne genitale Empfindungen als Phantasmo-Orgasmus erlebt werden. Das Orgasmusgefühl selbst ist von einer vorübergehenden Destabilisierung des Bewusstseins begleitet, d. h. es geht mit einer veränderten Innen- und Außenwahrnehmung, mit verändertem Raum-Zeiterleben und mit einer Veränderung des Identitätsgefühls und der Emotionalität einher. Bei Frauen ist der Orgasmus oft mit einem bestimmten, unwillkürlich ausgelösten Vokalisationsmuster (Schreien) verbunden.

Während des Orgasmus wurde bei beiden Geschlechtern im EEG eine Dissoziation von rechter und linker Gehirnhälfte nachgewiesen. Während die linke Gehirnhälfte vom Orgasmus unbeeinflusst bleibt, verändert sich die elektrische Aktivität der rechten Hälfte dergestalt, dass schlagartig statt der Alpha-Wellen Theta-Wellen mit hoher Amplitude auftreten. Solche Effekte wurden bei vorgetäuschten Orgasmen nicht nachgewiesen.

Aus psychologischer Sicht und möglicherweise physiologisch bedingt, gibt es beim Orgasmus ein geschlechtsunterschiedliches konträres Erleben und Verhalten insofern, als der Orgasmus für die Frau die Fähigkeit herausfordert, sich gehen zu lassen, während für den Mann die Herausforderung im Steuern der Kontrolle besteht, um eine schnelle Ejakulation zu vermeiden.

Zu den wichtigsten negativen Einflussfaktoren, die eine verzögerte oder ausbleibende Ejakulation bewirken, gehören Rückenmarksläsionen und andere neurologische Veränderungen, Störungen genitaler Mechanismen und Funktionen der Harnblase, die z. B. zu einer retrograden Ejakulation führen, Medikamente (Clomipramin, Monoaminooxidase-Hemmer) und Androgenentzug. Ein vorzeitiger Erguss kann durch psychische Faktoren wie Aufregung, Anspannung und Angst, aber vor allem durch die psychische Unfähigkeit, den Zeitpunkt der Ejakulation zu steuern, hervorgerufen werden. Bei Frauen entstehen körperliche Beeinträchtigungen des Orgasmuserlebens am häufigsten durch Schmerzen im Becken und im Unterbauch, die in der Regel durch Muskelspasmen bedingt sind, sowie durch Kopfschmerzen.

11 Symptomatik

Das Besondere an sexuellen Funktionsstörungen ist, dass es sich nicht allein um individuelle Beeinträchtigungen handelt, sondern dass sie dynamischer Natur sind, d. h. sie treten meist erst in Beziehungen zu Tage und sie können unbewusst sowohl die Partnerwahl beeinflussen als auch durch die Partnerschaft selbst verstärkt und aufrechterhalten werden (s. Kap. 10.1.2, S. 111). Dies zeigt auch die Tatsache, dass knapp ein Drittel der Partner von Patienten ebenfalls eine sexuelle Dysfunktion aufweist.

Vor noch ca. 25 Jahren wurden als sexuelle Funktionsstörungen in der ICD-9 lediglich Frigidität bei der Frau und Impotenz beim Mann aufgeführt. Beide Störungen waren auf den Koitus bezogen. Durch die vorwiegend physiologischen Erforschungen des sexuellen Reaktionszyklus (Masters und Johnson 1967) werden heute sexuelle Funktionsstörungen nach den Phasen, in denen sie auftreten, klassifiziert. Auch die nachfolgende Beschreibung der klinischen Erscheinungsbilder (Übersicht s. Tab. 11-1 mit ICD-10- und DSM-IV-TR-Nummern) orientiert sich an dem phasendifferenzierten Modell, das den Diagnosesystemen zugrunde gelegt ist.

11.1 Störungen der sexuellen Appetenz

Als wesentliches klinisches Merkmal sexueller Appetenzstörungen (F52.0, 302.71) gilt ein Mangel oder ein Fehlen sexueller Motivation, Phantasien und sexuellen Verlangens. Menschen mit dieser Störung verspüren nur wenig Lust, sexuelle Aktivitäten aufzusuchen und sie sind auch nicht enttäuscht, wenn diese nicht stattfinden. Auch in der Partnerschaft übernehmen sie gewöhnlich keine Initiative oder sie machen nur widerwillig mit, wenn der Partner diese ergreift. In der Regel finden nur selten sexuelle Kontakte statt. Druck durch den Partner oder der Wunsch nach körperlicher Nähe kann jedoch häufigere sexuelle Begegnungen bewirken, die dann durchaus als erregend und befriedigend erlebt werden. Zum Problem wird sexuelle Lustlosigkeit meist erst dann, wenn sich der sexuelle Partner beklagt. Ein objektives Kriterium für einen Appetenzmangel gibt es nicht, da neben der Frequenz auch die Intensität der sexuellen Wünsche eine Rolle spielt. Dennoch geht Kockott (1977) bei Frequenzwünschen von einem Mal pro Monat oder weniger vom Vorliegen einer erniedrigten Appetenz aus. Die sexuelle Lustlosigkeit kann generalisiert sein und alle Formen sexueller Betätigung einschließen oder sie kann situativ auftreten und auf einen einzigen Partner oder eine spezielle sexuelle Aktivität begrenzt sein (z. B. Masturbation, aber nicht Geschlechtsverkehr). Als **Appetenzverlust** wird das Nachlassen eines früher vorhandenen sexuellen Interesses bezeichnet. Eine solche Störung ist häufig durch Partnerkonflikte bedingt. Neben dem sexuellen Appetenzmangel oder -verlust gibt es die Störungsbilder der Sexualaversion (F52.10; 302.79) und der Sexualphobie. Als Hauptmerkmal der **sexuellen Aversion** gilt die Abneigung gegenüber genitalen Kontakten oder ihre aktive Vermeidung. Allein die Vorstellung sexueller Kontakte ist bei den Patienten stark mit negativen Gefühlen verbunden und sie erzeugt so viel Furcht, Angst oder Widerwillen, dass sexuelle Handlungen gemieden werden. Eine Aversion kann sich sekundär entwickeln, wenn trotz fehlender sexueller Bedürfnisse sexuelle Kontakte aufgenommen und negativ erlebt werden. Einige Menschen reagieren nur auf einen bestimmten Aspekt der sexuellen Er-

Tab. 11-1 Sexuelle Funktionsstörungen in den verschiedenen Phasen der sexuellen Interaktion

Phase	Störungen bei der Frau	Störungen beim Mann
1. Appetenz	anhaltende und deutliche **Minderung des sexuellen Verlangens** (F52.0; 302.71)	
	sexuelle Aversion, Ekel, Ängste (F52.1; 302.79), **gesteigertes sexuelles Verlangen** (F52.7)	
2. Erregung	**Erregungsstörungen:** Erregung im Hinblick auf Dauer und Stärke nicht ausreichend für befriedigenden Geschlechtsverkehr (F52.2; 302.72)	**Erregungsstörungen:** Erektion im Hinblick auf Dauer und Stärke nicht ausreichend für befriedigenden Geschlechtsverkehr (F52.2; 302.72)
3. Schmerzen	**Vaginismus** (Scheidenkrampf): Einführung des Penis durch krampfartige Verengung des Scheideneingangs nicht oder nur unter Schmerzen möglich (F52.5; 306.51)	
	nicht-organische Dyspareunie (bei beiden Geschlechtern): Schmerzen im Genitalbereich während oder unmittelbar nach dem Koitus (F52.6; 302.76)	
	andere sexuelle Schmerzstörungen (bei beiden Geschlechtern)	
4. Orgasmus	**Orgasmusschwierigkeiten/ Anorgasmie:** Orgasmus nie oder nur selten (F52.3; 302.73)[1]	**Vorzeitige Ejakulation (Ejaculatio praecox):** Samenerguss schon vor dem Einführen des Penis in die Scheide, beim Einführen oder unmittelbar danach (F52.4; 302.75)
		Verzögerte Ejakulation (Ejaculatio retardata): Samenerguss erst nach sehr langer Reizung (F52.3; 302.74)[1]
		Ausbleibende Ejakulation (Ejaculatio deficiens sine orgasmo): trotz voller Erektion und intensiver Reizung kein Samenerguss und kein Orgasmus, Anorgasmie (F52.3; 302.74)[1]
		Ejakulation ohne Orgasmus (Ejaculatio sine orgasmo) (Anorgasmie mit Ejakulation): Samenerguss ohne Lust und Orgasmusgefühl (F52.11; 302.70)
		Orgasmus ohne Ejakulation (Ejaculatio deficiens cum orgasmo) („trockener Orgasmus"): ist in der Regel organisch bedingt
		Ejakulation in die Blase (retrograde Ejakulation): Orgasmus wird erreicht; Störung ist i.d.R. körperlich oder medikamentös bedingt
		Ejaculatio diurna spontana: tagsüber spontan erfolgender Samenerguss (Spermatorrhoe: Herausfließen des Samens ohne Erregung)
5. Entspannung	**Nachorgastische Verstimmung:** Gereiztheit, innere Unruhe, Schlafstörungen, Depressionen, Weinanfälle, Missempfindungen im Genitalbereich usw. (F52.9)	

[1] Früher: gehemmter Orgasmus (Ejaculatio tarda)

fahrung aversiv, wie z. B. auf genitale Sekretionen oder die vaginale Penetration. Andere empfinden eine generalisierte Abscheu gegenüber allen sexuellen Reizen einschließlich Küssen und Berührungen, so dass Störungen der partnerschaftlichen Beziehungen meist die Folgen sind. Viele Patienten verbergen ihre Aversion und gehen sexuellen Situationen oder ihren Partnern durch verdeckte Strategien, wie z. B. frühes Zubettgehen, Reisen oder Vernachlässigen der äußeren Erscheinung aus dem Weg. Aber auch ein übertriebenes Engagement in beruflichen, sozialen oder familiären Aktivitäten und der Konsum von Alkohol stellen solche Ausweichmanöver dar. Die Intensität der Abneigung kann von mäßiger Angst und dem Fehlen jeglicher Lust bis zu extremem psychischen Leiden reichen. Dieses kann soweit gehen, dass Menschen, die unter einer schweren Störung der sexuellen Aversion leiden, mit Panikattacken und extremer Angst, mit Gefühlen des Schreckens und der Ohnmacht sowie mit Übelkeit, Herzklopfen, Schwindel und Atembeschwerden reagieren, wenn sie mit sexuellen Situationen konfrontiert werden. Eine derart starke sexuelle Aversion wird als **Sexualphobie** bezeichnet. Sie führt fast unvermeidlich früher oder später zu einer massiven Sexualvermeidung.

Mangel oder Verlust von sexuellem Verlangen wird in der ICD-10 unter der Kategorie F52.0 aufgeführt. Dazu zählen die Begriffe Frigidität und sexuelle Hypoaktivität. Als weitere Kategorie wird unter F52.1 die „sexuelle Aversion (F52.10) und mangelnde Befriedigung" (F52.11) mit dem dazugehörigen Begriff der sexuellen Anhedonie genannt.

Bei der **mangelnden sexuellen Befriedigung** verlaufen die sexuellen Reaktionen normal, aber der Orgasmus wird ohne entsprechendes Lustgefühl erlebt und damit als unbefriedigend oder mechanisch, oft bei gleichzeitiger emotionaler Sperre gegenüber dem Partner.

Komorbidität

Ein geringes sexuelles Interesse ist bei beiden Geschlechtern häufig mit Schwierigkeiten verbunden, sexuelle Erregung oder den Orgasmus zu erreichen, so dass der Mangel an sexuellem Verlangen entweder als primäre Funktionsstörung oder als Folge einer Erregungs- und Orgasmusstörung auftreten kann. Trotz sexueller Lustlosigkeit bleibt einigen Patienten jedoch die Fähigkeit zu ausreichender sexueller Erregung und zum Orgasmus erhalten. Eine Komorbidität geringer Appetenz besteht häufig zu psychiatrischen, u. a. zu depressiven Erkrankungen, aber auch zu anderen schweren psychischen Störungen. So kann einer Depression ein Appetenzmangel vorausgehen oder ihr folgen, oft ist ein Mangel an sexuellem Verlangen auch das erste Symptom. Eine weitere Komorbidität besteht zu Partnerschaftskonflikten, die bis hin zum Zerbrechen der Ehen führen können, da in vielen Beziehungen einer der Partner häufiger als der andere sexuelle Kontakte wünscht. Zu Konflikten kommt es auch dann, wenn die Sexualität für die Partner unterschiedliche Funktionen erfüllen soll. So versuchen Männer, bei Streitigkeiten in der Partnerschaft eher, Nähe und Zuneigung wieder durch Sexualität herzustellen, während Frauen in der Regel zunächst die Konflikte bereinigen wollen, bevor sie sich zur Sexualität, die sie dann als Ausdruck der Harmonie empfinden, bereit erklären können. Paare, die darum wissen, dass in jedem sexuellen Akt auch aggressive Anteile ausgelebt werden, und dass sich hinter banalen Streitigkeiten auch unbewusste sexuelle Wünsche verbergen können, gelingt es oft, Konflikte „im Bett" auszutragen und erfolgreich zu beenden.

Differenzialdiagnose

Eine sexuelle Appetenzstörung tritt häufig in Verbindung mit einer anderen sexuellen Funktionsstörung auf, beim Mann vor allem mit einer erektilen Dysfunktion oder einem verzögerten Orgasmus, bei der Frau mit Erregungsstörungen oder einer Dyspareunie, wobei dann zu erwägen ist, ob der sexuelle Appetenzmangel nicht eher die Folge sein kann. Stellen sich die Appetenzprobleme aber tatsächlich als Hauptproblem heraus, sollte differenzialdiagnostisch abgeklärt werden, ob nicht deviante Sexualpräferenzen, massive Sexualängste, sexuelle Orientierungskonflikte i. S. bewusster oder verdrängter homoerotischer Neigungen, oder sexuelle Traumatisierungen, zugrunde liegen. Bei einem primären, immer schon bestehenden Fehlen sexueller Appetenz sollte an chromosomale oder hormonale körperliche Störungen gedacht werden. Gelegentliche Probleme mit der sexuellen Appetenz, die nicht anhaltend oder wiederkehrend auftreten, oder die nicht mit deutlichem Leiden oder zwischenmenschlichen Schwierigkeiten einhergehen, sind nicht als Störung anzusehen. Sexuelle Lustlosigkeit kann vor allem von Frauen als getarnter Widerstand gegen ihre Partner eingesetzt werden. Bei solchem bewussten Verhalten in offenen Partnerkonflikten gilt die Lustlosigkeit dann nicht als sexuelle Inappetenz, sondern als Ausdruck, Sexualität in einer ganz bestimmten Form nicht erleben zu wollen.

Auch eine Störung der sexuellen **Aversion** kann in Verbindung mit anderen sexuellen Funktionsstörungen, z. B. einer Dyspareunie, auftreten, und ist differenzialdiagnostisch als Ursache oder Folge der Begleitstörung in Betracht zu ziehen. Auch hier gilt wieder, dass gelegentliche sexuelle Aversion, die nicht anhaltend oder wiederkehrend auftritt und unter der die Betroffenen und deren Partner nicht leiden, nicht als Störung anzusehen ist.

Verlauf

Die lebenslange Form der sexuellen Appetenzstörung beginnt in der Pubertät. Häufiger jedoch entwickelt sich die Störung erst im Erwachsenenalter im Zusammenhang mit psychischem Leiden oder kritischen Lebensereignissen oder auch zwischenmenschlichen Schwierigkeiten. Der Verlust sexueller Appetenz kann kontinuierlich oder episodisch verlaufen und von psychosozialen oder Beziehungsfaktoren abhängen. Ein episodisches Muster findet sich vor allem bei Menschen, die Schwierigkeiten im Umgang mit Intimität und den damit verbundenen Erwartungsvorstellungen haben.

Häufigkeit

Störungen der sexuellen Appetenz sind erst Ende der 70er Jahre als umschriebenes klinisches Störungsbild erkannt und beschrieben worden. Sexuelle Lustlosigkeit kommt bei Frauen wesentlich häufiger vor als bei Männern. In Untersuchungen von Laumann et al. (1994) gab jede dritte Frau und 16 % der Männer ein vermindertes sexuelles Interesse an. Jede 5. Frau, aber nur 8 % der Männer erklärten, keinen Spaß an Sexualität zu haben. Ein Diagnosevergleich zwischen den 70ern und Anfang der 90er Jahre, den Schmidt (1996) an der Sexualberatungsstelle der Universität Hamburg vorgenommen hat, ergab einen zunehmenden Anstieg der sexuellen Inappetenz bei Frauen von 8 auf 58 %, aber auch bei Männern war eine Zunahme von 4 % auf 16 % zu verzeichnen. Bei Männern hat das Alter einen Einfluss auf die sexuelle Lust. Der Studie von Laumann (1994) zufolge nahm der sexuelle Appetenzmangel bei Männern von 13,6 % in der Altersgruppe von 18–24 Jahren auf 24,2 % in der Altersgruppe von 55–59 Jahren zu. Altersbedingte Veränderungen bei Frauen dagegen fallen weniger ins Gewicht. Klinisch relevante Inappetenz ohne Verbindung mit anderen Funktionsstörungen kommt bei alleinstehenden und jüngeren Männern bis zum 40. Lebensjahr selten vor. Auszunehmen sind dabei jedoch diejenigen Männer, die ihre Partnerlosigkeit ich-synton auf asexuelle Weise erleben oder für die die Sexualität nur eine untergeordnete Rolle spielt. Insgesamt gesehen ist die Appetenz bei jüngeren Männern weniger störanfällig als bei Frauen. Beeinträchtigungen des sexuellen Verlangens beruhen bei Männern eher auf den Folgen von Orgasmus- oder Erektionsstörungen.

Ursachen

Als **psychische** Ursachen für Störungen des Sexualverlangens gelten innerpsychische Probleme im Bereich der Persönlichkeit, der individuellen Lebensgeschichte und der Sexualentwicklung mit ihren sozialen Einflussfaktoren sowie bewusste und unbewusste Partnerkonflikte. In letzter Zeit werden darüber hinaus auch frühe sexuelle Missbrauchserfahrungen als psychopathogenetische Faktoren genannt, denen besonders bei Frauen eine hohe Bedeutung zugeschrieben wird, die aber auch bei Jungen keine Seltenheit mehr sind. Appetenzprobleme können aber auch als Folge einer anderen sexuellen Funktionsstörung i. S. eines Vermeidungsverhaltens, oder aufgrund einer psychiatrischen Erkrankung, vor allem einer Depression, auftreten. Kaplan (1981) sieht als die unmittelbare und auslösende Ursache der sexuellen Lusthemmung einen sog. „Turn off"-Effekt, also einen Abschaltmechanismus, durch den die aktive Unterdrückung des Sexualverlangens durch negative Gedanken und Vorstellungen stattfindet und durch den eine effektive sexuelle Stimulation unbewusst verhindert wird. Dies kann aus oberflächlichen Schuldgefühlen, aus sexuellen Hemmungen, aus einfachen sexuellen Leistungsängsten oder aus dem übermäßigen Bedürfnis, den Partner befriedigen zu wollen, bei gleichzeitiger Unfähigkeit, eigene Bedürfnisse zu äußern, geschehen. Als Ursachen auf „mittlerer psychischer Ebene" gelten unbewusste Ängste vor Erfolg und Lust in der Liebe sowie vor enger und intimer Bindung. Als tiefe unbewusste Wurzeln der Lusthemmung gelten nach Kaplan intrapsychische Konflikte, die tiefenpsychologisch ableitbar sind sowie schwerwiegende Beziehungskonflikte. Gerade bei Frauen ist das Sexualverlangen in starkem Maße von der Qualität der Partnerschaft abhängig. So können Beziehungskonflikte bewusster oder offener Art, wie sie in Abschnitt II, Kapitel 10.1.2 beschrieben wurden, aber auch Diskrepanzen des sexuellen Interesses beider Partner das Sexualinteresse blockieren. Auch Druck von Seiten des Partners oder aufgrund von Sexualmythen, ständig sexuell verfügbar und leistungsfähig sein zu müssen, verhindert spontanes Sexualverlangen und zerstört häufig die Lust.

Bei Männern verbergen sich hinter Appetenzstörungen häufig erektile Probleme. Mehr als bei Frauen findet sich in der Pathogenese männlicher Appetenzstörungen deutlich die charakteristische Interaktion von somatischen, intrapsychischen und interpersonellen Faktoren, aber auch soziale Faktoren sind von erheblicher Bedeutung. Lange Arbeitslosigkeit, berufliche Zurücksetzung, aber auch nachlassende Leistungsfähigkeit und eine damit einhergehende Überforderung führen oft und vor allem bei älteren Männern zu ausgeprägten Selbstwertproblemen, Selbstzweifeln und einem Verlust von Energie und Lebensinteressen, und in der Folge damit auch zu sexueller Lustlosigkeit.

Organische Faktoren bei verminderter sexueller Appetenz umfassen ein breites Spektrum möglicher Ursachen, die ganz unterschiedlicher Natur sein können. Wie bereits in Abschnitt II, Kapitel 10.2.1 ausgeführt wurde, kann davon ausgegangen werden, dass die sexuellen Regulationsmechanismen integriert in Funktionen des gesamten Gehirns in hypothalamisch-limbischen Strukturen zu lokalisieren sind. Wie diese Regulation genau geschieht, ist bis heute nicht vollständig geklärt. Man geht aber davon aus, dass die Regulation dual, d. h. entweder aktivierend oder hemmend ist. Sexuelle Motivation lässt sich also durch äußere Einflüsse aktivieren oder unterdrücken. Als die wichtigsten somatischen sexuell unterdrückenden Faktoren können hormonale Störungen, Nebenwirkungen von Pharmaka und Depressionen angesehen werden. Aber auch schwere

Allgemeinerkrankungen, wie fortgeschrittene Herz-, Nieren- und Atemwegserkrankungen oder auch chronisch entzündliche und infektiöse Erkrankungen sowie Stoffwechselstörungen und in seltenen Fällen Schilddrüsendysfunktionen gehen mit nachlassender sexueller Lust einher. Bei Männern kommen auch chronischen Erkrankungen wie Leberzirrhose durch Alkoholismus und Drogenabhängigkeit eine größere Bedeutung zu. Eine besondere Rolle nehmen neurologische Erkrankungen ein, bei denen es, wie bei der Multiplen Sklerose, aber auch bei Systematrophien und demenziellen Entwicklungen, zusätzlich zu einer primär hirnorganisch bedingten Appetenzminderung kommen kann. Bei Frauen können gynäkologische Probleme je nach Schweregrad und Lokalisation zum Verlust sexueller Appetenz führen.

Als hormonelle Störungen bei Frauen sind das Östrogenmangelsyndrom in der Postmenopause, der Androgenmangel und die Hyperprolaktinämie zu nennen. Seltener ist eine Über- oder eine Unterfunktion der Schilddrüse für die Abnahme sexueller Lust verantwortlich. Östrogenmangel führt nicht direkt, sondern indirekt durch mangelnde Lubrikation und eine atrophische Vaginalschleimhaut zu häufig schmerzhaftem Koitus und damit sekundär zu Vermeidungsverhalten und Appetenzverlust. Androgenmangel bei Frauen kann sexuelle Inappetenz bewirken, vor allem tritt sie bei beidseitig ovarektomierten Frauen aufgrund des abrupten Testosteronabfalls, aber auch nach zytotoxischer Chemotherapie, nach Radiotherapie oder unter Antiandrogentherapie und bei neuroendokrinen Erkrankungen wie z. B. dem Morbus Addison z. T. komplett auf. Bezüglich des Einflusses des Menstruationszyklus auf das sexuelle Interesse ergaben etliche Untersuchungen übereinstimmend, dass um den Zeitpunkt des Eisprunges dieses bei den meisten Frauen am größten ist.

Bei einer Hyperprolaktinämie kommt es zu einem Anstieg des Serumprolaktins über den Normbereich, der bei beiden Geschlechtern zur sexuellen Inappetenz führen kann. Wie bei Frauen führen auch bei Männern Testosterondefizite zu einer Verminderung der sexuellen Appetenz.

Auf Beeinträchtigungen der sexuellen Lust durch Pharmaka wurde bereits in Kapitel 5.2 eingegangen. Hauptsächlich spielen hier Medikamente mit kardiovaskulärer Indikation und zentralen Wirkungskomponenten eine Rolle, aber auch Psychopharmaka mit ihrem Eingriff in die cerebralen Neurotransmissionssysteme und unterschiedliche Pharmaka mit endokrinen Nebenwirkungen sind hier von Bedeutung. Als psychiatrische Störungen, die das sexuelle Verlangen reduzieren oder aufheben können, sind von allem Depressionen, aber auch Angst- und Persönlichkeitsstörungen zu nennen.

Zusammenfassend ist durch die Anamneseerhebung des körperlichen Befundes diagnostisch abzuklären, ob sich Hinweise auf intrakranielle Erkrankungen (mit hypothalamisch-hypophysischen Störungen), auf gonadale Dysfunktionen, auf chronische Krankheiten (vor allem Diabetes im Frühstadium) oder auf Suchtmittelmissbrauch oder -abhängigkeit ergeben.

11.1.1 Gesteigertes sexuelles Verlangen

Das Gegenteil der sexuellen Appetenzminderung stellt das gesteigerte sexuelle Verlangen dar. Da es keine klaren Kriterien für eine „normale" Appetenz gibt, ist es problematisch, eine hypersexuelle Appetenz als verhaltensauffällig anzusehen. Dennoch wurde ein „gesteigertes sexuelles Verlangen" als Störung in die ICD-10 aufgenommen und unter der Kategorie F52.7 geführt. Als Anmerkung wird zu dieser Störung in der ICD-10 genannt, dass Männer und Frauen (meist Teenager oder junge Erwachsene) gelegentlich über ein gesteigertes sexuelles Verlangen als eigenständiges Problem klagen. Als dazugehörige Begriffe werden die überholten und wertenden Begriffe Nymphomanie und Satyriasis genannt. Das Wort „Nymphomanie" ist von dem griechischen Wort *Nymphe* abgeleitet und bedeutet Braut, im Plural aber auch kleine Schamlippen. Als Nymphomanie wird in abwertender Weise eine Art „Mannstollheit" bei Frauen, d. h. ein „zügelloser Drang" nach Geschlechtsverkehr bezeichnet. In dem griechischen Wort „Satyriasis" ist die Bezeichnung *Satyr* enthalten. Die Satyrn waren in der griechischen Mythologie dämonische Begleiter des Gottes Bakchos, die als besonders lüstern galten. Deshalb wurde früher ein gesteigertes sexuelles Verlangen bei Männern als Satyriasis bezeichnet. Menschen, die sich von ihrer „sexuellen Süchtigkeit" selbst getrieben fühlen, werden auch als hypersexuell oder im Englischen als „over-sexed" bezeichnet. Wissenschaftlich sind diese Zustände bisher kaum erforscht worden, weil sie als Störung nicht ernst genommen werden. Betroffene Menschen mit einem Beratungsanliegen klagen allerdings darüber, dass sich ihr gesteigertes sexuelles Verlangen auf andere Funktionsbereiche des täglichen Lebens negativ auswirkt. Auch berichten die Betroffenen, dass die Sexualität trotz hoher Orgasmusfrequenz unbefriedigend bleibt und dass das sexuelle Bedürfnis nur flüchtig oder oft auch gar nicht gestillt wird. Aus diesem Grunde gehen sie in der Hoffnung, doch noch irgendwann Erfüllung zu finden, immer wieder neue sexuelle Kontakte ein. Aber da die Sexualität unpersönlich und mit wechselnden Partnern ohne emotionale Bindungen an sie ausgeübt wird, bleibt sie weiter leer. Bei Männern wird ein solches Verhalten auch als „Don Juanismus" bezeichnet. Dahinter können sich Wünsche nach Selbstbestätigung durch das Erleben der eigenen erotischen Anziehungskraft verbergen, es kann aber auch eine Unfähigkeit vorliegen, über andere, nicht erotische Wege Nähe und Intensität zu erreichen.

Enthemmtes sexuelles Verhalten bei deutlich älteren Männern ist dagegen meistens ein Symptom im Rahmen eines hirnorganischen Syndroms. Exzessive Appetenz kann allerdings auch im Rahmen affektiver Psychosen, insbesondere bei Manien, vorkommen.

11.2 Störungen der sexuellen Erregung

Unter Erregungsstörungen werden Probleme verstanden, subjektiv im Erleben oder physiologisch bedingt, erregt zu werden, so dass eine hinreichende Erektion oder genitale Durchblutung und Lubrikation nicht erreicht werden kann und auch das subjektive psychische Erregungsgefühl ausbleibt. Die Erregung entwickelt sich normalerweise beim Vorspiel oder bei anderer sexueller Stimulation und führt zu physiologischen Reaktionen, die mit lustvollen Empfindungen sowie der Wahrnehmung der körperlichen Erregung verbunden sind. Durch negative Erinnerungen oder Vorstellungen, aber auch durch Ängste, Leistungsdruck und Alltagsgedanken ausgelöst, kann die Erregung abrupt abnehmen. Dies kommt häufig bei Menschen vor, die sich selbst keinen Genuss erlauben können. Erregungsstörungen können auf den Geschlechtsverkehr und das Vorspiel beschränkt sein, sie können aber auch alle anderen Stimulationsarten, wie Masturbation, Phantasien, erotische Reize usw. betreffen. Wenn eine Person noch nie und durch nichts sexuell erregt wurde, bezeichnet Kaplan (1974) diese Form der Störung als „general sexual unresponsiveness". Wenn überhaupt, dann treffen die alten Termini der Frigidität und Impotenz auf diese Form der Störung zu. Einige Autoren bezeichnen Erregungsstörungen auch als Libidostörungen. Dieser Begriff impliziert jedoch das umstrittene Vorhandensein eines Sexualtriebes und vernachlässigt die Umweltbezogenheit sexuellen Verhaltens, so dass er heute kaum noch üblich ist. Diagnostisch setzen sexuelle Erregungsstörungen voraus, dass ein Verlangen nach Sexualität erlebt werden kann.

11.2.1 Bei der Frau

Während männliche Erregung äußerlich durch die Erektionsstärke leicht erkennbar ist, zeigt sich die weibliche sexuelle Erregung im Scheideninneren durch die Lubrikation und das Anschwellen der äußeren Genitalien. Bei Frauen mit Erregungsstörungen entwickelt sich während der sexuellen Stimulierung diese sog. Lubrikations-Schwell-Reaktion (Kaplan 1974) nur ungenügend oder sie kommt gar nicht zustande. Die Beeinträchtigung geht subjektiv mit einem ausbleibenden Lustgefühl einher und die genitale Stimulation wird oft nur als Berührung empfunden.

In einem typisch sexuell gestörten Erregungsmuster wird nach oft mühsam aufgebautem Erregungsbeginn die Steigerung durch eine einsetzende, mit negativen Gefühlen verbundene Selbstbeobachtung verhindert oder es treten andere konfliktreiche Gedanken, z. B. an die Arbeit oder die Familie, auf. Zusätzlich erhöht die Wahrnehmung der gesteigerten Erregung des Partners in Verbindung mit der Orgasmuserwartung der Frau an sich selbst oder die des Partners an sie den Druck, so dass es zu weiterem Erregungsverlust kommt, der dann oft bei der Frau in dem enttäuschten Gefühl endet, unbefriedigt und ausgenutzt worden zu sein.

Einige wenige Frauen mit Erregungsstörungen können einen plötzlichen, aber meist kurz und schwach verlaufenden Orgasmus erleben. Dies sind aber seltene Ausnahmen, denn fast alle Frauen mit einer Erregungsstörung haben auch Orgasmusprobleme. Eine Erregungsstörung kann auch dissoziiert auftreten, z. B. wenn trotz hoher psychischer sexueller Erregung die Lubrikation nur mangelhaft ist, wie es bei Frauen nach der Menopause vorkommt. Andere Frauen wiederum beklagen das Fehlen des sexuellen Genießens trotz körperlicher Erregung, während für andere Frauen die Nähe und Intimität mit dem Partner trotz mangelnder Erregung oder fehlendem Orgasmus die wichtigste Erlebniskomponente darstellt.

Solche Frauen lassen sich gerne auch auf Geschlechtsverkehr ein, ohne sexuell erregt zu sein, denn anders als Männer können Frauen mit Erregungsstörungen den Koitus jederzeit ausüben. Bei der Mehrzahl der Frauen mit Erregungsstörungen treten allerdings wegen der mangelnden Lubrikation Schmerzen und Missempfindungen auf, die zu ausgeprägten Erregungsstörungen mit sexuell-aversiven Einstellungen, Gefühlen und Verhaltensweisen führen können.

Im DSM-IV-TR werden Erregungsstörungen bei der Frau unter der Kategorie 302.72 geführt. Als Hauptmerkmal wird eine anhaltende und wiederkehrende Unfähigkeit beschrieben, eine adäquate Lubrikation und ein Anschwellen der äußeren Genitalien bei sexueller Erregung zu erlangen oder bis zur Beendigung der sexuellen Aktivität aufrechtzuerhalten. Das subjektive Empfinden der sexuellen Erregung – so die Erläuterungen – kann dabei ganz ausbleiben oder nur geringfügig vorhanden sein.

Die Definition der ICD-10 beschränkt sich auf die organische Sichtweise und beschreibt unter der Kategorie F52.2 „Versagen genitaler Reaktionen", dass „bei Frauen ein Mangel oder Ausfall der vaginalen Lubrikation besteht, der psychisch bedingt oder infolge einer lokalen Erkrankung, z. B. einer Infektion, oder eines Östrogenmangels, z. B. in der Postmenopause, sein kann". Auf das subjektive Erregungserleben wird in der ICD-10 im Gegensatz zum DSM-IV-TR nicht eingegangen.

Komorbidität

Eine Erregungsstörung ist häufig begleitet von Störungen der sexuellen Appetenz, des Orgasmus und des schmerzhaften Geschlechtsverkehrs. Dadurch kann es zur Vermeidung sexueller Situationen und zu Beeinträchtigungen von ehelichen oder sexuellen Beziehungen kommen.

Zu den Substanzen, die die Lubrikation mindern, gehören Antihypertensiva oder Antihistaminika, aber auch bestimmte Antikonzeptiva.

Differenzialdiagnose

Die Abgrenzung sexueller Erregungsstörungen von Appetenz- und Orgasmusstörungen erfordert eine sehr genaue Sexualanamneseerhebung. Gelegentliche Schwierigkeiten bei der sexuellen Erregung oder Probleme, die nicht mit deutlichem Leiden oder zwischenmenschlichen Schwierigkeiten verbunden sind, werden nicht als sexuelle Erregungsstörungen angesehen. Ebenso wird die Diagnose nicht gestellt, wenn die Erregungsschwierigkeiten auf eine in Intensität, Dauer und Art ungeeignete sexuelle Stimulierung zurückgeht. Differenzialdiagnostisch ist abzuklären, ob und welche Medikamente eingenommen werden.

Verlauf

Erregungsstörungen können seit Aufnahme sexueller Aktivitäten bestehen oder sekundär auftreten.

Häufigkeit

Frauen klagen – laut Angaben der ICD-10 – selten über einen primären Mangel an vaginaler Lubrikation, außer im Rahmen eines Östrogenmangels in der Postmenopause. Tatsächlich scheinen isolierte Erregungsstörungen eher selten vorzukommen.
In der Literatur sind die Angaben über die Verbreitung der Störung aufgrund der unterschiedlichen Diagnosekriterien und Erhebungsmethoden sehr breit gestreut. In einer Untersuchung von Frank et al. (1978) an Nichtpatienten gaben 48 % an, Schwierigkeiten zu haben, erregt zu werden. 33 % hatten auch Probleme, die Erregung aufrechtzuerhalten. In den Untersuchungen von Laumann et al. (1994) berichteten knapp 19 % aller Frauen, Lubrikationsprobleme zu haben, wobei diese ab dem 45. Lebensjahr von knapp 23 % auf 25 % bei den 55–59-Jährigen anstiegen. Leistungsdruck gaben 11,5 % aller Frauen an, wobei dieser bei den 18–24-jährigen Frauen mit 18,4 % am höchsten war und ab dem 45. Lebensjahr von knapp 9 % auf ca. 4 % in der Altersstufe der 55–59-Jährigen sank, was auf zunehmende Erfahrung und Gelassenheit zurückgeführt werden kann. Von Patientinnen mit sexuellen Missbrauchserfahrungen wurden in einer Studie von Becker et al. (1982) sexuelle Erregungsprobleme von 42 % der Befragten als zweithäufigste sexuelle Störung genannt.

Ursachen

Als eher an der Oberfläche liegende ursächliche Faktoren sind ungünstige örtliche Verhältnisse, ungenügende sexuelle Stimulation, Unerfahrenheit und andere Bedingungen, wie z. B. Zeitdruck, zu nennen. Tiefer liegende Ursachen können intrapsychisch sein und auf Ängsten, Persönlichkeitsstörungen und mangelnder Beziehungsfähigkeit beruhen. Darüber hinaus spielen zwischenmenschliche Faktoren eine Rolle. So können Erregungsstörungen aus der Paardynamik resultieren und in Partnerschaften entstehen, in denen z. B. durch Ausagieren von Machtkämpfen und Ärger sexuelle Erregung bei der Frau verhindert wird. Aber auch Sozialisationsbedingungen und Geschlechtsstereotypen sind als pathogenetische Faktoren wirksam. Gerade Frauen, die einerseits der traditionellen passiv-empfangenden Rolle gerecht werden wollen und andererseits sich bemühen, sexuell aktiv zu sein, zeigen häufig eine gestörte sexuelle Erregung, da ihnen die Befriedigung des Mannes vorrangig erscheint und sie sich gleichzeitig nicht trauen, ihre eigenen sexuellen Bedürfnisse wahrzunehmen oder sie gar zu äußern. Bei Frauen vor allem der älteren Generation tritt der noch weit verbreitete Mythos hinzu, dass eine anständige Frau keine Lust zu verspüren habe. Aber auch das gegenteilige Problem, dass sich Frauen besonders seit der sog. sexuellen Revolution unter Leistungsdruck gesetzt fühlen oder sich selbst setzen, kann die sexuelle Erregung beeinträchtigen.

Als **organische** Ursache kommt der atrophischen Vulva-Vaginitis eine entscheidende Bedeutung zu. Die hauptsächlichen Ursachen hierfür sind die Reduktion des Östrogenspiegels in der Meno- oder Postmenopause, beidseitige Ovarektomie, Bestrahlung im Beckenbereich sowie Chemotherapie und u. U. Gestagene mit einem niedrigen Östrogenverhältnis. Neurologische Erkrankungen und Läsionen sind weitere störungsverursachende Faktoren. Bei der Multiplen Sklerose können zumindest bei einem Schub schwerwiegende Beeinträchtigungen der Erregung verursacht werden, hauptsächlich durch Missempfindungen im Vaginalbereich, Lubrikationsmangel, verminderter Klitorisempfindlichkeit und Unterbrechung spinaler Leitungsbahnen. Spinale Querschnittsläsionen beeinträchtigen die Erregung auf unterschiedliche Weise: unterhalb der Läsion sind Empfindungsfähigkeit und Sphinkterkontrolle aufgehoben oder schwer beeinträchtigt, liegt die Läsion im Bereich des Sakralmarks, entfallen im Allgemeinen vulvo-vaginale Erregungs- und Orgasmusreaktionen. Dennoch sind Orgasmen und „psychogene" Erregungsformen möglich. Diabetische und alkoholische Neuropathien sowie Lebererkrankungen und Diabetes mellitus können ebenfalls den Erregungsprozess beeinträchtigen. Eine Lubrikationsstörung kann auch in Verbindung mit der Laktation auftreten.

11.2.2 Beim Mann: Erektionsstörungen

Als Erektionsstörung wird eine anhaltende oder wiederkehrende Unfähigkeit bezeichnet, eine ausreichende Erektion zu erlangen oder aufrechtzuerhalten, die für einen befriedigenden Geschlechtsverkehr notwendig ist. Diese Dysfunktion wird in der ICD-10 unter der Kategorie F52.2 „Versagen genitaler Reaktionen" mit dem dazugehörigen Begriff der psychogenen Impotenz und im DSM-IV-TR als „Erektionsstörung" unter 302.72 aufgeführt. In der internationalen Fachwelt hat sich der Begriff der „erektilen Dysfunktion" durchgesetzt. Sie ist eine Störung der Erregungsphase des sexuellen Reaktionszyklus, in der als wichtigste Veränderungen beim Mann das Anschwellen und die Erektion des Penis auftreten. Es gibt verschiedene Formen von Erektionsstörungen, die danach eingeteilt sind, ob der Mann im Laufe der sexuellen Stimulation gar keine Erektion erreichen kann, oder ob sich die einmal erreichte Erektion wieder zurückbildet. Dieses Grundmuster lässt sich wiederum nach dem Zeitpunkt und der Stärke des Erektionsverlustes differenzieren. So tritt bei einigen Männern die Erektionsunfähigkeit bereits zu Beginn des sexuellen Kontaktes auf, während manche Männer klagen, dass nach anfänglich vollständiger Gliedsteife die Erektion nachlässt, wenn sie das Glied einführen wollen. Bei wiederum anderen Männern ist die Erektion für die Penetration zwar ausreichend, sie bildet sich aber vor oder während der koitalen Stossbewegungen wieder zurück. Manche Männer erreichen eine Erektion nur während der Selbstbefriedigung oder beim Aufwachen. Zwar können durch Masturbation erzeugte Erektionen ebenfalls zurückgehen, aber dies geschieht nicht häufig. In der Praxis besteht in den meisten Fällen kein vollständiger Erektionsverlust, sondern die erforderliche Gliedsteife wird nur unzureichend bzw. nur ungenügend lange erreicht. Die von Patienten oft berichteten morgendlichen oder nächtlichen Erektionen sind aufgrund der unterschiedlichen autonom-neurogenen Verschaltung nicht notwendigerweise mit Erektionen vergleichbar, die durch sexuelle Stimulation ausgelöst werden. Grundsätzlich muss zwischen psychogenen, reflexogenen und nächtlichen Erektionen differenziert werden. Während reflektorische Erektionen vom parasympathischen Erektionszentrum im Sakralmark S2-4 induziert werden, ist das sympathische Erektionszentrum Th11-L2 für nächtliche und morgendliche Erektionen verantwortlich. Aufgrund unterschiedlicher Verletzbarkeit dieser autonomen Nervensysteme haben manche Betroffene zwar nächtliche, aber keine ausreichende psychogene Erektionen. Die früher oft benutzte diagnostische Folgerung, dass das Vorhandensein nächtlicher Erektionen auf einen psychogenen Ursprung erektiler Dysfunktionen hinweisen, ist aufgrund des heutigen Wissens nicht mehr haltbar.

Erektionsstörungen wurden hinsichtlich verschiedener Kriterien, die teils deskriptiv, teils ätiologieorientiert sind, eingestuft. Lizza u. Rosen (1999) unterteilen z. B. organisch bedingte Störungen in vaskulär bedingte, neurogene, anatomische und endokrinologische und grenzen sie von psychogenen Störungen ab, die sie wiederum nach dem generalisierten und situativen Typus unterscheiden, bei dem in der Regel nicht-koitale Erektionen möglich sind.

Komorbidität

Im Allgemeinen ist das Ausbleiben der Erektion mit dem Ausbleiben der Ejakulation verbunden. In seltenen Fällen ejakulieren Männer jedoch auch mit schlaffem Penis. Diese Orgasmen werden aber als schwach und wenig befriedigend erlebt.

Erektionsstörungen sind häufig mit sexueller Angst und einem reduzierten Gefühl sexueller Befriedigung sowie mit verminderter Appetenz verbunden. Chronifizierte erektile Dysfunktionen führen sehr oft zu starken Versagensgefühlen und zu sexuellem Vermeidungsverhalten. Dadurch kann es zum Scheitern von Beziehungen und aufgrund des nicht ausgeübten Geschlechtsverkehrs zur Kinderlosigkeit kommen. Manchmal findet sich in der Vorgeschichte bei den Patienten eine seit langem bestehende Ejaculatio praecox, obwohl diese gewöhnlich erst nach einer erektilen Dysfunktion auftritt. In einzelnen Fällen, in denen die Erektionsproblematik auch mit einer Ejaculatio retardata verbunden ist, liegt meist ein tiefer liegendes, intrapsychisches Problem zugrunde. Über Erregungsstörungen klagen häufig auch Männer mit affektiven Erkrankungen und Störungen im Zusammenhang mit psychotropen Substanzen. Erektionsstörungen rufen einen enormen Leidensdruck hervor. Da die Vorstellung von „potent sein" mehr als nur die sexuelle Erektion umfasst, wird vor allem bei der chronischen Erkrankungsform und bei jüngeren Männern durch den Verlust der erektilen Potenz das gesamte körperliche, seelische und soziale Selbstwertgefühl erschüttert.

Differenzialdiagnose

Erektionsstörungen müssen im DSM-IV-TR von erektilen substanzinduzierten Problemen und von Störungen aufgrund eines medizinischen Krankheitsfaktors unterschieden werden. Als körperliche Erkrankungen werden z. B. Diabetes mellitus, Multiple Sklerose, Nierenversagen, periphere Neuropathien, periphere Gefäßerkrankungen, Rückenmarksverletzungen, Verletzungen des autonomen Nervensystems durch chirurgische Eingriffe oder Strahlentherapie aufgeführt. Auf eine Schwellkörpererkrankung lässt eine Verbiegung oder Verkrümmung des Penisschafts bei der Resterektion schließen, so dass diese beim Patienten abgefragt werden sollte. Isolierte Erektionsstörungen im Zusammenhang mit psychischen Erkrankungen sind selten. Gelegentliche Schwierigkeiten bei der Erektion, die nicht anhaltend oder wiederkehrend auftreten, und die nicht mit deutlichem Leiden oder zwischenmenschlichen Schwierigkeiten verbunden sind, werden nicht als Erektionsstörungen angesehen. Ebenso wird die Diagnose nicht gestellt, wenn die Erektionsstörung auf eine in Intensität, Dauer und Art ungeeignete sexuelle Stimulierung zurückgeht. Zu berücksichtigen ist auch, dass ältere Männer u. U. eine stärkere Stimulierung und mehr Zeit benötigen, um zu einer ausreichenden Erektion zu gelangen.

Verlauf

Die verschiedenen Formen der Erektionsstörung zeigen unterschiedliche Verläufe mit variierendem Alter bei Beginn der Störung. Männer mit einer primären erektilen Dysfunktion leiden typischerweise seit der Pubertät und dann chronisch und lebenslang unter der Störung. Diese Form kommt mit einer Häufigkeit von 5–8 % im Gesamtkollektiv der Patienten vor. Der erworbene Verlaufstypus bzw. die sekundäre erektile Dysfunktion tritt zumeist nach dem 40. Lebensjahr auf. In 15–30 % der Fälle kommt es bei dieser Form der Störung zu einer Remission. Situativ auftretende Erektionsstörungen hängen vom Partnertyp oder der Intensität und Qualität der Beziehung ab, so dass sie eher einen episodischen bzw. häufig wiederkehrenden Verlauf aufweisen.

Häufigkeit

In ihrer Metaanalyse von 23 Studien zur Prävalenz sexueller Dysfunktionen fanden Spector und Carey (1990) Prävalenzzahlen zwischen 4 % und 9 % für Erektionsstörungen. Als verlässlich gelten aber auch die Angaben der „Massachusetts Male Aging Study" (MMAS) (Feldman et al. 1994), die in Boston und Umgebung durchgeführt wurde. In dieser Untersuchung äußerten sich 1290 von insgesamt 1709 Probanden im Alter von 40 bis 70 Jahren hinsichtlich ihrer sexuellen Aktivität in Form von Fragebögen mit 9 Items, die sich u. a. auf die unterschiedlichsten erektilen Zustände bezogen. Die Ergebnisse zeigen, dass nur 48 % der Männer keine Erektionsschwierigkeiten angaben. 52 % der 40–70 Jahre alten Männer wiesen eine leichtgradige, moderate oder komplette Störung der Erektionsfähigkeit auf. Im Einzelnen hatten 9,6 % eine komplette Impotenz, 25,2 % eine mittelgradige und 17,2 % eine geringgradige Erektionsstörung. Sigusch (2001) rechnete die Daten auf deutsche Verhältnisse hoch und kommt zu dem Schluss, dass gegenwärtig knapp 1,5 Mio. deutsche Männer komplett impotent sind, und dass 3,9 Mio. mittelgradige sowie knapp 2,7 Mio. Männer geringgradige Erektionsstörungen aufweisen. Damit wären gegenwärtig insgesamt 8 Mio. Männer von Erektionsstörungen betroffen. Die Ergebnisse der MMAS bestätigen auch die starke Altersabhängigkeit erektiler Dysfunktionen. Während die 40-Jährigen nur mit 5,1 % über komplette Erektionsstörungen klagten, gaben dreifach so viele 70-jährige Männer, also 15 %, eine komplette Impotenz an. Eine mittelgradige erektile Impotenz wiesen 17 % der 40-jährigen Männern und 34 % der 70-Jährigen auf, während der Anteil minimaler Impotenz mit 17 % konstant blieb. Nur ca. 32 % der 70-Jährigen beschrieben sich als frei von Erektionsstörungen. Neben dem Alter hatten bestimmte Krankheiten und Medikationen einen signifikanten Einfluss auf die Rate der Erektionsimpotenz. Auch das Ausmaß des Zigarettenrauchens erhöhte die erektile Impotenzrate z. T. auf das Doppelte oder Dreifache, sofern bereits bestimmte Krankheiten bestanden oder entsprechende Präparate eingenommen wurden. Exzessiver Alkoholkonsum korrelierte dagegen nur schwach und vorhandene Fettsucht gar nicht mit Erektionsstörungen. Dagegen traten erektile Dysfunktionen bei 39 % der wegen Herzkrankheit behandelten Männer, bei 28 % der Patienten mit Diabetes mellitus und bei 15 % der wegen Bluthochdruck behandelten Männer auf. Auch 15 % der Befragten mit einer unbehandelten Arthritis klagten über eine komplette Erektionsunfähigkeit. Laumann et al. (1994) fanden eine durchschnittliche Erektionsimpotenz bei 10,4 % der Männer, wobei sich diese ebenfalls als stark altersabhängig erwies. In der Altersgruppe von 18–24 Jahren gaben 5,6 % der Befragten Erektionsunfähigkeit an, in der Altersgruppe von 30–34 Jahren waren es schon 10 %, ebenso in der Altersgruppe von 40–49 Jahren, und in der Altersgruppe von 50–59 Jahren klagten sogar über 20 % der Befragten über das Problem.

Wie aus den Daten der MMAS hervorgeht, suchen jährlich zwischen 2,6 % und 5,2 % der Männer mit Erektionsstörungen professionelle Hilfe auf. Erektionsstörungen machen auch in speziellen Behandlungseinrichtungen den höchsten Anteil bei den männlichen Störungen aus. So stellten in der Sexualambulanz der Hamburger Abteilung für Sexualforschung Erektionsstörungen sowohl Mitte der 70er Jahre mit 67 % als auch Anfang der 90er Jahre mit 63 % jeweils das häufigste Symptom bei den männlichen Ratsuchenden dar.

Zusammenfassend kann aufgrund der heute verfügbaren Daten festgestellt werden, dass erektile Dysfunktionen sowohl in der Allgemeinbevölkerung als auch im klinischen Bereich sehr häufig vorkommen und dass sie tatsächlich ein signifikantes Gesundheitsproblem darstellen.

Ursachen

Für die Erektionsstörungen gelten die in Kapitel 10.1 und 10.2 dargestellten Grundprinzipien der Verursachung sexueller Funktionsstörungen in besonderem Maße. Dies betrifft sowohl die geringe Spezifität der Ursachen als auch die multifaktorielle Genese und zwar sowohl hinsichtlich des Zusammenwirkens organischer und psychosozialer Faktoren als auch innerhalb der psychischen und paarbezogenen Faktoren selbst. Prinzipiell lässt sich aber sagen, dass primäre Erektionsstörungen meistens durch psychische Ursachen oder durch hormonelle Erkrankungen bedingt sind. Sekundäre, d. h. erst später aufgetretene Erektionsstörungen kommen weitaus häufiger vor, und ihre Ursachen sind sehr unterschiedlich. Nach Levine (1992) und Althof (1989) gibt es drei unterschiedliche Kausalfaktoren, die wiederum drei Zeitphasen bzw. biographischen Abschnitten im Leben des betroffenen Mannes zuzuordnen sind:

1. die **Versagensangst**, die unmittelbar in der sexuellen Begegnung wirkt,
2. die **Lebensereignisse**, die der Erektionsstörung in den letzten Monaten oder Jahren vorausgehen und
3. **entwicklungsbedingte Vulnerabilitäten**, denen länger zurückliegende lebensgeschichtliche Ereignisse zuzurechnen sind.

Das Gewicht der drei Bereiche ist bei primären und sekundären Erektionsstörungen unterschiedlich. Sekundäre erektile Dysfunktionen beruhen in erster Linie auf belastenden Lebensereignissen, deren Auswirkungen sich der Patient nicht bewusst ist bzw. die er nicht wahrhaben will und die über die Versagensangst dann zum Erektionsproblem führen. Zwar kann es auch bei sekundären Erektionsstörungen entwicklungsbedingte Vulnerabilitäten geben, doch spielen diese bei den primären erektilen Dysfunktionen eine viel wichtigere Rolle. Bei diesen lebenslangen Erektionsstörungen führen meist früh angelegte neurotische Konflikte und Traumatisierungen dazu, dass eine stabile sexuelle Funktionsfähigkeit erst gar nicht hergestellt werden kann, so dass die „mittlere" Ebene der belastenden Lebensereignisse störungsursächlich kaum zum Tragen kommt. Allerdings manifestieren sich auch bei primären Erektionsstörungen Versagensängste. Besonders in der Pathogenese und bei der Chronifizierung erektiler Dysfunktionen spielt die im Kapitel 10.1.4 beschriebene Selbstverstärkungskette, bestehend aus Versagensangst, Leistungsdruck und Vermeidungsverhalten, eine entscheidende Rolle.

Paarbezogene Störungsursachen können in Form von tiefverwurzelten Ängsten vor Frauen bzw. vor der weiblichen Sexualität beim Patienten selbst liegen, sie können aber auch direkt aus der Partnerbeziehung herrühren. Dabei drehen sich die Konflikte, wie Leiblum und Rosen (1991) herausfanden, hauptsächlich um Status und Dominanz, um Probleme mit Intimität und Vertrauen und um Schwierigkeiten mit sexueller Attraktivität und sexuellem Verlangen. Viele erektionsgestörte Männer weisen in ihrem sexuellen Verhalten gegenüber Frauen auch eine tiefe Unsicherheit und Kompetenzangst auf und erleben sich in belastender Weise alleinverantwortlich für die sexuelle Befriedigung der Partnerin. Hinzu kommen die verbreiteten überhöhten Vorstellungen bezüglich sexueller Leistungsfähigkeit und das gestiegene sexuelle Selbstbewusstsein der Frauen als weitere Faktoren, durch die sich zahlreiche Patienten in der Sexualität unter Druck gesetzt erleben und die bei ihnen die Angst entstehen lassen, etwas falsch zu machen. Allerdings finden etliche Paare auch ein befriedigendes Arrangement, mit der Störung umzugehen. In diesem Zusammenhang sei erwähnt, dass Untersuchungen gezeigt haben, dass Männer in einer längerfristigen Beziehung mit ihrer Sexualität zufriedener sind und weniger Erektionsstörungen aufweisen.

Als **organische** Ursachen kommen endokrinologische Faktoren und hier insbesondere ein Testosterondefizit sowie eine Hyperprolaktinämie in Betracht. Ein Testosterondefizit wurde bei 6,5–8,5 % der Patienten mit erektiler Dysfunktion festgestellt. In einem unselektionierten Patientengut mit erektiler Dysfunktion wurde bei ca. 0,3 % eine Erhöhung des Prolaktinspiegels festgestellt. Nur bei einem Teil der Patienten mit Hyperprolaktinämie konnte die erektile Funktion nach medikamentöser Therapie wieder hergestellt werden (Beier et al. 2005). Erektile Funktionsstörungen kommen allerdings auch bei Patienten mit Über- oder Unterfunktion der Schilddrüse vor. In ihrem unselektionierten Patientengut fanden Beier et al. (2005) außerdem, dass bei 40 % ein Verdacht auf eine autonome kavernöse Neuropathie bestand. Insbesondere bei Patienten mit Diabetes mellitus kann eine autonome Neuropathie als Folgeerkrankung bestehen.

Auch sind degenerative Veränderungen der glatten Schwellkörpermuskulatur eng mit Störungen des Erektionsablaufes verbunden. Eine solche myozytäre Degeneration bewirkt eine mangelnde Ausdehnung des kavernösen Gewebes und somit eine ungenügende Tumeszenz (Anschwellung) der Erektion.

Erektionsstörungen können auch durch Störungen des arteriellen Einstroms hervorgerufen werden. Allerdings fand man in Untersuchungen diese bei weniger als 20 % der Patienten mit organisch bedingter erektiler Dysfunktion (Beier et al. 2005).

Als Grunderkrankungen, die zu erektilen Dysfunktionen führen können, sind außer dem bereits genannten Diabetes mellitus, Bluthochdruck, koronare Herzerkrankungen, Fettstoffwechselstörungen und Niereninsuffizienz sowie Lebererkrankungen, neurologische Erkrankungen wie M. Parkinson und Multiple Sklerose, Asthma und urologische Erkrankungen, Traumen und Operationsfolgen zu nennen. Lebensgewohnheiten wie Rauchen, Alkohol- und Drogenmissbrauch tragen ebenfalls zur erektilen Störung bei. Zu den die Erektion beeinträchtigenden Medikamenten zählen Blutdrucksenker, Beta-Blocker, Diuretika, Antidepressiva, Antiepileptika, Neuroleptika und Kortikoide.

Priapismus

Eine andere Form der Erektionsstörung ist der sogenannte Priapismus, unter dem eine starke, über lange Zeit bestehende Erektion verstanden wird, die schließlich schmerzhaft werden kann und die vorwiegend organisch verursacht ist. Betroffen sind jedoch nur die Corpora cavernosa, nicht aber das Corpus spongiosum und die Glans. Besteht die Erektion länger als sechs Stunden, gilt ein Priapismus als urologischer Notfall, da sich irreversible Schwellkörperschäden bilden können, die zur Impotenz führen.

Die **Ursachen** sind bisher nicht eindeutig geklärt. Als Nebenwirkung der sogenannten Schwellkörperinjektionstherapie, einer Behandlungsmethode der Erektionsstörung, kommt der Priapismus öfter vor. Er kann auch als Folge einer medikamentösen Therapie (Trazodon) auftreten (s. Kapitel 12.3). In der ICD-10 wird der Priapismus unter der Kategorie N40.3 geführt.

11.3 Orgasmusstörungen

Als Orgasmusstörung wird das völlige Ausbleiben des Orgasmus oder das stark zeitlich verzögerte Eintreten des Orgasmus bezeichnet. Als dazugehöriger Begriff wird von der ICD-10 die psychogene Anorgasmie genannt. Das vorzeitige Orgasmuserleben des Mannes (Ejaculatio praecox) erhielt in beiden Klassifikationssystemen eine eigene Kategorie. In der ICD-10 wird die Orgasmusstörung unter der Kategorie F52.3 wie folgt beschrieben: „Der Orgasmus tritt nicht oder nur stark verzögert ein. Dies kann situativ, d. h. nur in bestimmten Situationen, mit psychogener Verursachung, oder ständig auftreten. Bei ständig vorhandener Orgasmusstörung können körperliche oder konstitutionelle Faktoren schwer ausgeschlossen werden, außer durch eine positive Reaktion auf eine psychologische Behandlung. Orgasmusstörungen finden sich bei Frauen häufiger als bei Männern." Außer der Benennung hypothetischer Ursachenfaktoren als psychisch oder organisch bzw. konstitutionell bedingt, geht diese Kategorisierung über die formalen Beschreibungsmerkmale „primär" bzw. „sekundär" und „global" bzw. „situativ" kaum hinaus. Das DSM-IV-TR beschreibt als Hauptmerkmal der Orgasmusstörung bei beiden Geschlechtern „eine anhaltende oder wiederkehrende Verzögerung oder ein Fehlen des Orgasmus nach einer normalen sexuellen Erregungsphase".

Früher wurden die weiblichen (302.73) und männlichen (302.74) Orgasmusstörungen als „gehemmter Orgasmus" bezeichnet. Beim Mann sprach man auch von einer „Ejaculatio tarda". Kaplan (1974) führte den Begriff der orgasmischen Dysfunktion ein. Gebräuchlich sind auch die Ausdrücke „Anorgasmie" bzw. das Adjektiv „anorgastisch".

11.3.1 Bei der Frau

Die Orgasmusstörung bei Frauen kann zusammen mit einer mehr oder weniger stark ausgeprägten Erregungsstörung auftreten oder sie kann mit einer unbeeinträchtigten sexuellen Erregbarkeit einhergehen. Bei dieser „reinen" Form der Anorgasmie sind die Frauen appetent und initiativ, sie genießen den Geschlechtsverkehr und entwickeln intensive Lustgefühle, sie kommen aber trotz langer und intensiver Stimulation nicht über die Plateauphase hinaus. Oft beklagen die Patientinnen, dass ihre Erregung „auf einem Punkt stehen bleibt" bzw. dass „der letzte Kick fehlt", obwohl bewusst die innere Bereitschaft zum Erleben des Höhepunktes da ist. Die Rückbildungsphase dauert ohne Orgasmus sehr viel länger, oft Stunden, und es kann vor allem, wenn die Erregung stark war, zu Missempfindungen und Schmerzen im Genitalbereich kommen.

Anders als bei Männern weist die Orgasmusfähigkeit der Frauen eine große Bandbreite auf, gemessen daran, wie häufig und intensiv der Orgasmus beim Geschlechtsverkehr erlebt wird. Untersuchungen zufolge kommen höchstens die Hälfte aller Frauen immer oder fast immer beim Geschlechtsverkehr zum Orgasmus. Einige Frauen können bei keiner sexuellen Praktik einen Orgasmus erleben (5–10 %), andere erreichen ihn bei der Selbstbefriedigung, nicht aber bei Anwesenheit eines Partners, wiederum sind manche Frauen nicht beim Koitus, aber bei anderen Stimulationsformen orgasmusfähig. Der subjektive Leidensdruck der Frauen, die nur hin und wieder einen Orgasmus haben, ist situations- und stimmungsabhängig verschieden. In der Regel wird ein gelegentlich ausbleibender Orgasmus nicht als Problem erlebt, sofern der Partner dies genauso sieht und sich nicht in seiner Männlichkeit gekränkt fühlt oder Druck ausübt. Die meisten koital nicht orgasmusfähigen Frauen lassen sich vor oder nach dem Koitus manuell oder oral zum Orgasmus bringen oder stimulieren sich selbst zum Höhepunkt. Orgasmusstörungen können, wie oben erwähnt, aber auch diese Praktiken (Masturbation und Petting) betreffen. Praktikbezogene und „totale" Orgasmusstörungen kommen etwa gleich häufig vor. Zwar wird physiologisch fast jeder Orgasmus direkt oder indirekt durch eine Klitorisstimulation ausgelöst, aber Frauen erleben den Orgasmus durch manuelle Klitorisreizung subjektiv anders als durch den Koitus. Dies hängt aber mit dem intimen Augenblick der Nähe, dem Gefühl des Sichöffnens, der Vereinigung und dem gemeinsamen Erleben, und nicht mit der Stimulationstechnik zusammen, denn das physiologische Reaktionsmuster ist bei beiden Orgasmusarten gleich. Das Freud'sche Postulat des reifen vaginalen und des minderwertigen klitoralen Orgasmus gilt inzwischen wissenschaftlich als längst überholt. Hilfreicher ist das Konzept von Kaplan (1974), die von einer individuell unterschiedlichen Orgasmusschwelle bei Frauen ausgeht, die, wenn sie niedrig ist, durch koitale Reizung oder in Extremfällen schon durch Phantasien erlangt wird, bei hoher Schwelle aber erst durch intensive direkte Klitorisreizung erreicht werden kann. Ungefähr 20–30 % der Frauen gelingt es, einen Orgasmus nur über den Koitus zu erlangen, 50–60 % bedürfen einer zusätzlichen Klitorisreizung. Möglicherweise spielt bei denjenigen Frauen, die ohne klitorale Stimulation einen vaginalen Orgasmus erreichen können, die sog. G-Zone doch eine Rolle, denn die Prozentrate deckt sich in etwa mit dem Drittel der Frauen, bei denen der G-Spot gynäkologisch von Goldberg et al. (1983) festgestellt werden konnte. Was insgesamt die Orgasmusfähigkeit betrifft, so zeigen übereinstimmende Untersuchungen, dass 20–25 % der unter 40-jährigen Frauen manchmal (in 1–3 von 10 Koitusfällen), 25–30 % oft (in 4–7 von 10 Koitusfällen) und 40–50 % der Frauen fast immer oder immer (in 8 oder mehr von 10 Koitusfällen) beim Verkehr zum Orgasmus kommen.

Das DSM-IV-TR beschreibt unter der Kategorie 302.73 die weibliche Orgasmusstörung als eine anhaltende oder wiederkehrende Verzögerung oder ein Fehlen des Orgasmus nach einer normalen sexuellen Erregungsphase, wobei diagnostisch einzuschätzen ist, ob die Orgasmusfähigkeit der betreffenden Frau geringer ist als für ihr Alter, ihre sexuellen Erfahrungen und die Art der vorangegangenen sexuellen Stimulation zu erwarten wäre. Dabei wird eine große Variabilität hinsichtlich Art oder Intensität der Stimulation, die zum Orgasmus führt, berücksichtigt.

Komorbidität

Die Störung kann sich negativ auf die eigene Körperbefindlichkeit, das Selbstwertgefühl oder die Zufriedenheit in einer Beziehung auswirken. Bei Frauen mit Rückenmarksläsionen, entfernter Scheide oder vaginaler Exzision und Rekonstruktion sind Orgasmusstörungen die Regel, wenngleich einige Frauen auch trotz der genannten Erkrankungen einen Orgasmus erreichen können. Situative Orgasmusstörungen gehen oft mit Schwierigkeiten auch der sexuellen Appetenz und der sexuellen Erregung einher.

Differenzialdiagnose

Gelegentliche Orgasmusprobleme, die nicht anhaltend oder wiederkehrend auftreten, oder die nicht mit deutlichem Leiden oder zwischenmenschlichen Schwierigkeiten verbunden sind, werden nicht als Störung angesehen. Die Diagnose wird ebenso nicht gestellt, wenn die Orgasmusschwierigkeiten auf eine in Intensität, Dauer und Art ungeeignete sexuelle Stimulierung zurückgeht.

Verlauf

Da die Orgasmusfähigkeit bei Frauen mit zunehmender sexueller Erfahrung und somit in der Regel mit dem Alter ansteigt, tritt die Störung bei jungen Frauen häufiger auf. Die meisten weiblichen Orgasmusstörungen sind eher lebenslang als erworben, denn wenn eine Frau einmal gelernt hat, wie sie zum Höhepunkt – auch mehrfach – kommen kann, ist es ungewöhnlich, dass sie diese Fähigkeit wieder verliert. Dies kann jedoch in den Fällen geschehen, in denen ein Beziehungskonflikt, eine traumatische Erfahrung, wie z. B. eine Vergewaltigung, eine affektive Störung oder eine körperliche Erkrankung aufgetreten ist, oder einfach auch dann, wenn keine Kommunikation mehr zwischen den Partnern während der sexuellen Aktivität stattfindet. Auf der anderen Seite steigt bei vielen Frauen die Orgasmusfähigkeit, wenn sie eine breitere Stimulationsvielfalt erfahren und ihren eigenen Körper besser kennen gelernt haben.

Häufigkeit

Die Orgasmushäufigkeit lässt sich verteilt in Form einer Glockenkurve vorstellen, an deren einen Pol sich Frauen befinden, die nie einen Orgasmus erlebt haben, gefolgt von Frauen, die nur ohne Partner durch Selbstbefriedigung einen Höhepunkt erreichen und zur Mitte liegend Frauen, die durch gezielte klitorale Stimulation in Gegenwart des Partners orgasmusfähig sind oder Frauen, die dazu eine längere koitale Stimulation benötigen. Im wieder abfallenden Bereich befinden sich diejenigen Frauen, die durch Koitus schnell einen Orgasmus erreichen und am Endpol Frauen, die allein durch Phantasietätigkeit oder Bruststimulation zum Orgasmus kommen können. Bei Frauen an den Endpunkten der Skala ist die diagnostische Zuordnung einfach. Eine kontroverse Beurteilung kann sich bei den Frauen im mittleren Spektrum der Orgasmusschwellen je nach den zugrundegelegten Orgasmuskriterien und der Bewertung, die der benötigten Stimulationsform zugeschrieben wird, ergeben. Im Allgemeinen benötigen Frauen eine länger dauernde Stimulation als Männer, um zum Höhepunkt zu gelangen. Für Masturbation scheint dies allerdings nicht zu gelten. In ihren Untersuchungen fanden Masters und Johnson (1967), dass die physiologisch intensivsten Orgasmen durch Selbstbefriedigung entstanden. Dennoch bewerten die meisten Frauen Partneraktivitäten, unabhängig vom Orgasmuserleben, als die wichtigste und befriedigendste Form sexueller Erfüllung. Michael et al. (1994) konnten in ihren Untersuchungen entsprechend auch keinen eindeutigen Zusammenhang zwischen dem Erreichen des Orgasmus und einem erfüllten Sexualleben nachweisen. In ihren Befragungen gaben, abweichend von den o.g. Daten, nur 29 % der 30–39-jährigen Frauen an, beim Koitus immer zum Orgasmus zu gelangen. In etwa übereinstimmend waren die Daten mit anderen Untersuchungen. Danach kamen 41 % meistens, 22 % manchmal, 5 % selten und 4 % nie zum Orgasmus. Ihre Ergebnisse bestätigen im Übrigen, dass mit zunehmendem Alter die Orgasmusfähigkeit zunimmt. In den Untersuchungen von Laumann et al. (1994) gaben insgesamt 24 % der Frauen eine Orgasmusstörung an.

Eine große Zahl von Frauen täuscht aufgrund von Orgasmusmythen einen Höhepunkt vor. In Untersuchungen von Darling und Davidson (1986) gaben 58 % der Frauen an, schon einmal einen Orgasmus vorgespielt zu haben. Dies ist deshalb möglich, weil viele Männer nicht in der Lage sind, den Unterschied zu erkennen. Michael et al. (1994) berichteten, dass 44 % ihrer befragten männlichen Studienteilnehmer annahmen, dass die Partnerin immer zum Höhepunkt gelangt ist, während dies bei nur 29 % der Frauen tatsächlich der Fall war.

Ursachen

Als **psychische** Ursachen sind unterschiedliche Formen von Angst wirksam. Aus tiefenpsychologischer Sicht wird angenommen, dass intime Beziehungen als bedrohlich erlebt werden, wenn sie aufgrund einer problematischen Mutterbeziehung die frühere Verschmelzung mit ihr wiederbeleben, denn, um Intimität zulassen zu können, bedarf es klarer innerer Grenzen. Andernfalls können unbewusste Ängste vor dem Verschlungenwerden entstehen, die zur Abwehr führen und sich als Feindseligkeit gegenüber dem Partner äußern. In der Folge entwickelt sich dann ein gehemmter Orgasmus i. S. einer neurotischen Kompromissbildung. Andere Überlegungen gehen davon aus, dass die Qualität der frühen Vater-Tochter-Beziehung von Bedeutung ist, denn anorgastische Frauen hätten einer Studie von Fisher (1973) zufolge ihr erstes Liebesobjekt, besonders den Vater, häufig als unzuverlässig erlebt, so dass sie ihre Erfahrungen und Verlustängste auf spätere Liebesobjekte übertragen würden. Als Ergebnis entsteht Angst vor Kontrollverlust und damit die Unfähigkeit, sich im Orgasmus fallen zu lassen. Dass stark kontrollierte Frauen weniger orgasmusfähig sind, bestätigt sich auch bei sexuell missbrauchten Frauen, für die Kontrollverlust extrem bedrohlich ist. In diesem Zusammenhang ist als ein weiterer Hemmfaktor für das Orgasmuserleben eine ständige Selbstbeobachtung und ein gedankliches Fixiertsein auf das Erreichen des Höhepunktes zu nennen.

In einer Studie von Kelly et al. (1990) zeigten Frauen mit Orgasmusproblemen eine negativere Einstellung gegenüber Selbstbefriedigung. Auch hatten sie Schwierigkeiten, ihren Wunsch nach direkter klitoraler Stimulation durch den Partner zu äußern. Des Weiteren wiesen sie stärkere sexuelle Schuldgefühle und ein Verhaftetsein in Sexualmythen auf. Nach dem lerntheoretischen Modell wird sexuelles Verhalten durch Angst oder Schmerz aversiv konditioniert, so dass Entspannung, Erregung und Orgasmus blockiert werden.

Als **organische** Ursachen kommen Beeinträchtigungen nervaler Strukturen oder Mechanismen in Frage, die den Orgasmusreflex vermitteln. Am häufigsten geschieht dies durch Pharmaka und Drogen, aber auch durch hohe Alkoholmengen. Unter den neurologischen Erkrankungen hat die Multiple Sklerose eine große Bedeutung, aber auch Schädigungen peripherer Nerven haben bei diabetischen oder alkoholischen Neuropathien negative Auswirkungen. Chirurgische Eingriffe und Querschnittsläsionen des Rückenmarks können ebenfalls Orgasmusstörungen bedingen.

11.3.2 Beim Mann

Die Orgasmusstörungen des Mannes umfassen zwei gegensätzliche Symptombilder: den vorzeitigen Orgasmus (Ejaculatio praecox) und den gehemmten Orgasmus (Ejaculatio tarda). Sowohl in der ICD-10 als auch im DSM-IV-TR hat die vorzeitige Ejakulation eine eigene Kategorie (F52.4, 302.75), während die verzögerte und die ausbleibende Ejakulation in beiden Klassifikationssystemen unter die Kategorie Orgasmusstörung (F52.3, 302.74) gefasst werden, die früher „gehemmter Orgasmus" (Ejaculatio tarda) genannt wurde. Die Anorgasmie kann mit und ohne Ejakulation auftreten, wobei nur die letztgenannte Form (Ejaculatio deficiens sine orgasmo) als psychisch bedingt gilt. Beide Anorgasmieformen zählen klar zu den Orgasmusstörungen, während die anderen in Tabelle 11.1 aufgeführten Störungen auch als Ejakulationsprobleme gesehen werden könnten. Isoliert treten nur der „trockene Orgasmus" (Ejaculatio deficiens cum orgasmo), die retrograde Ejakulation und die Spermatorrhoe (Herausfließen des Samens ohne sexuelle Erregung) auf. Im Gegensatz zu den anderen Krankheitsbildern sind diese Störungen auf organische Ursachen bzw. auf Medikamente zurückführbar.

Vorzeitige Ejakulation

Bei der Ejaculatio praecox (F52.4, 302.75) handelt es sich nicht um eine Ejakulationsstörung im engeren Sinne, denn nicht die vorzeitige Ejakulation, sondern der vorzeitige Orgasmus ist für das Erleben das wichtigste.

Deshalb wäre es präziser, vom vorzeitigen Orgasmus bzw. vom Orgasmus praecox zu sprechen. Aber nicht nur die Terminologie, sondern auch die Definition dessen, was unter „vorzeitig" verstanden werden soll, ist problematisch. Im DSM-IV-TR wird eine Ejaculatio praecox definiert als ein anhaltendes oder wiederkehrendes Einsetzen des Orgasmus und der Ejakulation vor, bei oder kurz nach der Penetration und bevor der Mann es wünscht, und zwar bei bereits minimaler sexueller Stimulation. Der Samenerguss erfolgt bei dieser Störung also sehr schnell, entweder vor dem Einführen des Penis in die Scheide („ante portas"), beim Einführen oder unmittelbar danach. Die Ejakulation vor dem Einführen tritt seltener auf, dafür ist sie ohne Schwierigkeit zu diagnostizieren. Im Extremfall ejakulieren die betroffenen Männer schon bei der ersten Berührung der Partnerin, in schweren Fällen auch ohne Erektion. Andere Männer kommen bereits beim Vorspiel durch Körperkontakt oder genitale Berührung zum Orgasmus. In der ICD-10 wird zusätzlich darauf hingewiesen, dass eine Ejakulation auch nur scheinbar vorzeitig erfolgen kann, nämlich dann, wenn für die Erektion eine verlängerte Stimulation nötig ist, denn dies führt zu einem verkürzten Zeitintervall zwischen dem Erreichen einer ausreichenden Erektion und der Ejakulation. In derartigen Fällen ist das primäre Problem die verzögerte Erektion. Sehr viel häufiger tritt der Samenerguss allerdings unmittelbar nach der Immissio auf. Dieses „unmittelbar nach" lässt sich ebenfalls nur schwer definieren. Als Kriterium wurde z. B. die Zeit gewählt, die von der Einführung des Penis bis zum Orgasmus vergeht. Erfolgt der Samenerguss innerhalb von 30 oder 60 Sekunden, manche Autoren definieren auch zwei Minuten als Grenze, wird ein vorzeitiger Erguss diagnostiziert. Als ein anderes Kriterium wurde die Anzahl der Beckenbewegungen zugrunde gelegt, wobei eine Ejakulation dann als vorzeitig betrachtet wird, wenn sie bereits nach weniger als 7 oder 10 Stößen eintritt. Masters und Johnson (1970) schlagen vor, die Reaktion der Partnerin einzubeziehen und sprechen von einer vorzeitigen Ejakulation dann, wenn der Mann den Erguss nicht so lange kontrollieren kann, dass für die Partnerin zumindest jeder zweite Koitus als befriedigend erlebt werden kann. Auch in der ICD-10 wird zur Definition der Störung die Reaktion der Partnerin hinzugezogen, indem der vorzeitige Erguss als Unfähigkeit beschrieben wird, die Ejakulation so zu kontrollieren, dass der Geschlechtsverkehr für beide Partner befriedigend ist. Das Problem bei einer solchen Definition ist, dass bei einem Mann ein vorzeitiger Erguss auch diagnostiziert werden könnte, wenn er nur vorzeitig erlebt wird, aber nicht tatsächlich vorzeitig eintritt. Dies ist dann der Fall, wenn die Partnerin selbst bei ausgedehntem Koitus nur selten zum Orgasmus kommt. Die Schwierigkeit der Definition des vorzeitigen Orgasmuserlebens beim Mann wird durch das Einbeziehen der Partnerreaktion also nur auf das Problem der Messung der Orgasmusgeschwindigkeit der Frau verlagert. Dabei kann es allerdings auch sein, dass die Reaktionsgeschwindigkeit der Partnerin sehr schnell ist. Hier würde die Diagnose eines vorzeitigen, behandlungsbedürftigen Ergusses ebenso wenig gestellt werden wie in Fällen, in denen Frauen aus persönlichen, kulturellen oder religiösen Gründen froh sind, „wenn alles schnell vorbei ist". Eine andere „Vorzeitigkeitsdefinition" geht von folgender Überlegung aus: Sexuelles Erleben besteht aus einem Wechselspiel von Kontrolle und Erregung, wobei auf der einen Seite des Spannungsbogens die kurze, intensive, leidenschaftliche sexuelle Erregung steht und auf der anderen Seite die auf Erregungsverzögerung angelegte Kontrolliertheit. Beim Koitus gilt es nun, den Grad sexueller Erregung durch eine abgestimmte Interaktion des Paares soweit unter einer gewissen Kontrolle zu halten, bis der nicht mehr steuerbare Ablauf des orgastischen Geschehens durch eine bewusste Entscheidung zugelassen werden soll. Eine solche Gradwanderung zwischen

Kontrolle und Erregung ist Männern mit vorzeitigem Orgasmus jedoch nicht möglich, denn sie haben meist gar keine Wahlfreiheit, nicht wegen einer besonders hohen Erregung, sondern mehr aus einer allgemeinen Aufgeregtheit und Anspannung heraus. Kockott und Fahrner (2004) haben deshalb die Ejaculatio praecox als eine Störung bezeichnet, bei der der Patient nicht in der Lage ist, den Zeitpunkt der Ejakulation selbst zu steuern. Der Vorteil einer solchen Definition liegt auch darin, dass ausgeschlossen wird, dass sexuelle Verhaltensvarianten als Störung diagnostiziert werden, bei denen ein bewusster Wunsch nach schnellem Verkehr besteht.

Komorbidität

Die vorzeitige Ejakulation ist deutlich abhängig vom Lebensalter und von der sexuellen Erfahrung. Bei sexuell unerfahrenen und jungen Männern mit schnellen und starken Erektionen ist die Störung häufiger anzutreffen. Mit wachsender Erfahrung und zunehmender Vertrautheit mit dem eigenen Körper und dem der Partnerin tritt das Problem meist zurück. In der Regel ist die Ejaculatio praecox auf den Koitus begrenzt, der oft ebenfalls als wenig intensiv empfunden wird. Das Gefühl, die Ejakulation auch bei der Masturbation nicht kontrollieren zu können, scheint seltener aufzutreten. Etliche Patienten haben auch beim Petting keine Probleme, den Samenerguss zu steuern.

Eine Ejaculatio praecox kann zu Spannungen in einer Beziehung führen, wenn sich die Partnerin zur schnellen Reaktion gedrängt fühlt und sie dadurch die Lust am Verkehr verliert. Einige der Patienten reagieren mit Schuld- und Schamgefühlen gegenüber der Partnerin, selbst wenn diese das Problem anders bewertet. Andere Männer haben Angst vor neuen Partnerbeziehungen und ziehen sich zurück, so dass die Störung zu einer sozialen Isolation beitragen kann.

Eine primäre Ejaculatio praecox kann mit Schwierigkeiten, eine Erektion zu erreichen oder aufrechtzuerhalten, verbunden sein. Erklärbar ist dies durch einen im Laufe der Zeit auftretenden Selbstverstärkungsmechanismus der Versagensangst. Umgekehrt kann sich vor allem bei älteren Patienten eine Tendenz zum vorzeitigen Orgasmus entweder gleichzeitig oder nach der Herausbildung einer erektilen Dysfunktion entwickeln. Meist ist dabei auch die sexuelle Appetenz reduziert.

Auch können Männer, die ihren regelmäßigen Alkoholkonsum eingestellt haben, eine Ejaculatio praecox entwickeln, sofern sie zuvor den Orgasmus durch die Wirkung des Alkohols und nicht durch Verhaltensstrategien gesteuert haben.

Differenzialdiagnose

Zur Diagnosestellung ist das Alter des Patienten, seine gesamte sexuelle Erfahrung, die aktuelle Häufigkeit sexueller Aktivitäten, der Grad der Vertrautheit mit der Partnerin oder mit der Situation sowie die Länge der Erregungsphase und die Stärke der Stimulation zu berücksichtigen. Die Diagnose einer vorzeitigen Ejakulation sollte nur gestellt werden, wenn der Ejakulationsprozess vom Mann nicht gesteuert werden kann und/oder die Partnerin bei eigener unauffälliger Orgasmusfähigkeit aufgrund der gestörten Ejakulationskontrolle des Mannes nicht zum Höhepunkt kommt. Differenzialdiagnostisch ist die Ejaculatio praecox von einer erektilen Funktionsstörung und von einem vorzeitigen Erguss im Rahmen einer Entzündung des Urogenitaltraktes abzugrenzen. Ferner sollte differenzialdiagnostisch eine behandlungsbedürftige vorzeitige Ejakulation von einem schnellen Geschlechtsverkehr unterschieden werden, der von beiden Partnern bewusst gewollt wird.

Verlauf

Typischerweise tritt die Störung primär bei den ersten sexuellen Aktivitäten noch junger, unerfahrener Männern auf. Die meisten von ihnen lernen dann aber mit zunehmendem Alter und sexueller Erfahrung, den Orgasmus hinauszuzögern. Bei einigen bleibt das Problem jedoch bestehen, bei manchen auch bei der Masturbation, und wiederum andere verlieren nach einer Phase unauffälliger sexueller Funktion wieder die erlernte Fähigkeit, den Erguss zu steuern. Dies ist meist dann der Fall, wenn nur selten sexuelle Aktivitäten ausgeübt werden oder wenn eine starke Angst vor der ersten sexuellen Begegnung mit einer neuen Partnerin besteht. Dauert die Partnerschaft aber länger an, so sind die meisten Männer wieder in der Lage, den Erguss herauszuzögern. Bei einer neuen Partnerschaft tritt die Störung dann aber oft wieder auf. Häufig und typisch allerdings ist mehr die chronische Form der Störung, während ein partnerabhängiges oder situationsbezogenes Auftreten des Symptoms seltener zu beobachten ist.

Häufigkeit

Der vorzeitige Orgasmus ist wahrscheinlich das häufigste sexuelle Funktionsproblem des Mannes überhaupt. Da sich viele Männer und ihre Partnerinnen jedoch mit dieser Störung arrangieren, indem sie sich auf andere Weise stimulieren, einen zweiten Koitusversuch machen, ein Kondom benutzen oder der Mann sich wenig beim Vorspiel bewegt und auf dem Rücken liegt, suchen die Patienten seltener eine Beratung auf als Männer mit erektilen Dysfunktionen. In der Repräsentativstudie von Laumann et al. (1994) gaben 28,5 % der befragten Männer an, im Jahr davor über mehrere Monate das Problem eines vorzeitigen Orgasmus gehabt zu haben. In der Altersstufe von 55–59 Jahren stieg die Zahl auf 35,2 %. Insgesamt schwanken die Angaben zur Prävalenz der vorzeitigen Ejakulation in der Literatur zwischen 25 und 40 %.

Ursachen

Eine allgemeine Theorie zur Entstehung der Störung liegt bislang nicht vor. Jedoch ist auch der vorzeitige Orgasmus ein biopsychosoziales Phänomen, wobei gegenwärtig das biologische Substrat der Störung im Mittelpunkt der Forschung steht. Zur Erklärung der **psychischen** Ursachen bieten sich wieder lerntheoretische und tiefenpsychologisch fundierte Modellvorstellungen an. Die **lerntheoretische** Annahme einer Konditionierung konnte allerdings empirisch nicht belegt werden. Nach dieser Vorstellung, die vor allem von Masters und Johnson (1973) vertreten wurde, wird ein rascher Erregungsablauf durch z. B. heimliche oder verbotene sexuelle Kontakte konditioniert. Diese Theorie machte in den sexualfeindlicheren 50er Jahren sicherlich einen Sinn, aber die Tatsache, dass der vorzeitige Orgasmus auch unter anderen soziokulturellen Bedingungen auftritt, spricht gegen diese Annahme. Auch die Hypothese von Kaplan (1974), eine unzureichende Wahrnehmung des Erregungsablaufes als störungsverursachend anzusehen, fand keine Bestätigung. Die meisten Patienten haben sehr wohl eine ausreichend genaue Wahrnehmung ihrer sexuellen Erregung, sie verfügen aber nicht über Möglichkeiten, diese zu steuern. Barlow (1986) geht sogar von einer übergroßen kognitiven Aufmerksamkeit gegenüber der subjektiven und objektiven Erregung aus. In der Tat haben Untersuchungen gezeigt, dass Männer mit einem vorzeitigen Erguss zur Erregungskontrolle kognitive Ablenkungsstrategien einsetzen, während die Vergleichsgruppe der Nichtpatienten die Erregung mehr durch Veränderungen der koitalen Aktivität bzw. durch kleine Pausen steuerten. Es zeigte sich auch, dass Ejaculatio praecox-Patienten sich bei der Ejakulationskontrolle durch das sexuelle Verhalten der Partnerin sowie durch die Länge des Vorspiels und durch eine nachlassende Erektion beeinflusst sahen. Gedanken um die Befriedigung der Partnerin spielten ebenfalls eine große Rolle. Weniger als 10 % der Männer mit einem vorzeitigen Erguss haben die eigene Befriedigung im Blick, während dieser Prozentsatz in der Gruppe der Nichtpatienten bei ca. 50 % lag. Gemeinsam war Männern mit vorzeitigem Orgasmus, dass sie bei ihrer Partnerin eine geringere sexuelle Erregbarkeit beklagten und dass sie selbst weniger Erfahrung mit weiblicher Sexualität aufweisen konnten.

Angst spielt in allen Erklärungsansätzen sexueller Funktionsstörungen eine zentrale Rolle. Physiologisch erhöht Angst die Dominanz des Sympathikus und führt so wahrscheinlich zu einer schnelleren Auslösung des Orgasmusreflexes. Angst und ihre Abwehr spielen auch in **tiefenpsychologisch** fundierten Erklärungsansätzen eine Rolle. Zur Erklärung eines vorzeitigen Samenergusses werden allerdings eher ausagierte feindselige Impulse gegenüber der Frau angenommen, die sich in einer urethral-erotischen Lust am „Besudeln" ausdrücken können, oder sich auch versteckt in einem Enttäuschenwollen der Frau durch das Vorenthalten der sexuellen Befriedigung zeigen können. Die Ursache solcher prägenitalen Impulse wird in negativen Erfahrungen in der frühen Mutterbeziehung gesehen, aus denen eine Ambivalenz im Verhältnis zu Frauen resultiert.

Paarbezogene Einflüsse werden vor allem beim sekundären und episodisch verlaufenden Typus des vorzeitigen Orgasmus angenommen. Die Problematik kann zu einer Belastung der Beziehung führen und durch eine negative Interaktionsspirale einen Circulus vitiosus entstehen lassen. Der Mechanismus besteht darin, dass sich die Frau dem Mann zuliebe zur schnellen Reaktion gedrängt fühlt und dadurch das Interesse an der Sexualität verliert, was vom Mann als Bestätigung des eigenen Versagens gewertet wird. Diese Schuldgefühle führen beim Mann zu einer noch größeren Konzentration auf die Befriedigung der Partnerin, die sich davon wiederum noch bedrängter fühlt etc. Die Störung kann aber auch durch eine phallische Haltung der Partnerin begünstigt oder aufrechterhalten werden. Sagt sie z. B. vor dem Verkehr zu ihm „zeig mal, ob du ein Mann bist", kann dieser Druck den vorzeitigen Erguss hervorrufen und die Frau kann dann triumphierend feststellen, dass er „versagt" hat. Dadurch ist es ihr möglich, ihre eigene Angst vor dem „Penetriertwerden" unbewusst zu kaschieren.

Als **organische** Ursachen können Entzündungen des Urogenitaltrakts in Frage kommen. Selten spielen neurologische Störungen eine Rolle, ebenso wenig sind Pharmaka, die eine Vorzeitigkeit des Ergusses bewirken können, bekannt.

Verzögerter und ausbleibender Orgasmus

Verglichen mit dem vorzeitigen Erguss handelt es sich bei der männlichen Orgasmusstörung um ein sehr viel selteneres Erscheinungsbild. Kennzeichnend für die Störung ist, dass der Mann trotz vorhandener sexueller Erregung erst nach sehr langem Geschlechtsverkehr oder überhaupt nicht zum Orgasmus kommt. Der vergebliche, z. T. über eine Stunde und länger dauernde Versuch, den Höhepunkt durch heftige Bewegungen erzwingen zu wollen, endet für beide Partner meist mit völliger körperlicher Erschöpfung und Unzufriedenheit. Das Problem betrifft in der Regel nur den Koitus. Einige Männer können bei der Masturbation leichter zum Orgasmus kommen, oder auch dann, wenn sie durch die Partnerin manuell oder oral stimuliert werden. Andere Männer haben das Gefühl, kurz vor dem Höhepunkt zu stehen, erreichen ihn aber dann doch nicht. Manche Männer haben von vornherein die Gewissheit, die Orgasmusschwelle nicht überschreiten zu können. In den schwersten Fällen, die allerdings selten sind, wird ein Orgasmus ausschließlich beim Erwachen aus einem erotischen Traum erlebt. Die sexuelle Lust und Erektionsfähigkeit sind in der Regel nicht beeinträchtigt. Wie aus den Erläuterungen der Diagnosesysteme ersichtlich wird, kommen Orgasmusstörungen in unterschiedlicher Abstufung vor. Im DSM-IV-TR wird die männliche Orgasmusstörung als eine anhaltende oder wiederkehrende Verzögerung oder als ein Fehlen des Orgasmus nach einer normalen sexuellen Erregungsphase definiert (302.74). Zur Beurteilung des Kriteriums der „Verzögerung" sollte das Alter des Patienten berücksichtigt und eingeschätzt werden, inwieweit die sexuelle Stimulierung hinsichtlich Intensität, Dauer und Art ausreichend gewesen ist. In der ICD-10 wird unter der Kategorie F52.3 ausgeführt, dass der Orgasmus nicht oder nur stark verzögert eintritt und dass bei einem ständigen Auftreten einer Orgasmusstörung „körperliche oder konstitutionelle Faktoren schwer ausgeschlossen werden können, außer durch eine positive Reaktion auf eine psychologische Behandlung".

Beide Definitionen machen deutlich, dass es sich um zwei Formen der Störung handelt: um den verzögerten und um den ausbleibenden Orgasmus.

■ **Verzögerte Ejakulation (Ejaculatio retardata)**: Bei der verzögerten Ejakulation bzw. beim gehemmten Orgasmus erfolgt der Höhepunkt erst nach langer und mühsam empfundener Reizung. Die Störung kann praktikabhängig oder situativ bedingt sein. So haben manche Männer auch bei der Selbstbefriedigung, andere nur bei manueller oder oraler Stimulation, und einige Männer nur beim Koitus Schwierigkeiten, den Orgasmus zu erreichen.

■ **Ausbleibender Orgasmus (Ejaculatio deficiens sine orgasmo)**: Dieses Störungsbild kommt sehr viel seltener vor. Es ist dadurch gekennzeichnet, dass es trotz intensiver und anhaltender Reizung des Penis zu keiner Ejakulation kommt und dass auch das Orgasmuserleben ausbleibt. Auch diese schwere Variante der Orgasmusstörung kann praktikabhängig und situativ variieren.

Komorbidität

Viele koital anorgastische Männer berichten, dass sie zu Beginn des Verkehrs noch erregende Gefühle haben, dass dann aber mit zunehmenden Stoßbewegungen unangenehme Empfindungen einsetzen und sich das Gefühl einstellt, es auch bei noch längerer Dauer nicht schaffen zu können.

Eine männliche Orgasmusstörung kann eine erhebliche Belastung für die Partnerbeziehung sein, denn viele Paare erfahren den Geschlechtsverkehr nicht mehr als lustvoll, sondern als „harte Arbeit". Üblicherweise brechen die Paare den Koitus ab, wenn nach einer bestimmten Zeit die Erektion nachlässt oder eine Resignation eintritt, und in der Regel wird die Partnerin dann alternativ stimuliert. Da für die Frau der ausgedehnte Koitus aufgrund der nachlassenden Lubrikation oft auch unangenehm oder schmerzhaft ist, erlebt sie die anschließende manuelle oder orale Stimulation dann auch nicht mehr als lustvoll. Kommt hinzu, dass der Mann es ablehnt, durch die Frau alternativ zum Höhepunkt gebracht zu werden, fühlt sich die Partnerin auch noch überflüssig und abgelehnt. Auftretende Selbstwertzweifel auf beiden Seiten wegen der Tatsache, den anderen nicht zum Orgasmus bringen zu können, führen allmählich auch zu einem Nachlassen der sexuellen Motivation. Eine weitere Belastung für die Paarbeziehung stellt der Umstand dar, dass eine ausbleibende Ejakulation Infertilität zur Folge hat.

Eine Orgasmusstörung kann in Verbindung mit einer anderen sexuellen Funktionsstörung, vor allem mit einer erektilen Dysfunktion, auftreten, sie kann aber auch im Zusammenhang mit einer zwanghaften Persönlichkeitsstörung stehen oder infolge psychischer Erkrankungen (z. B. eine Major Depression oder Angststörung) vorkommen.

Differenzialdiagnose

Gelegentliche Schwierigkeiten, zum Orgasmus zu gelangen, die nicht anhaltend oder wiederkehrend auftreten, und nicht mit deutlichem Leiden oder zwischenmenschlichen Schwierigkeiten verbunden sind, werden nicht als männliche Orgasmusstörung diagnostiziert. Eine verzögerte oder gelegentlich ganz ausbleibende Ejakulation ist häufiger im höheren Lebensalter zu beobachten und gilt nicht als Störung. Auch ist zu beachten, dass mit zunehmendem Alter für Männer eine längere Stimulationsdauer erforderlich sein kann, um zum Orgasmus zu gelangen, so dass bei der Diagnosestellung Art, Dauer und Intensität der Stimulation zu berücksichtigen sind. Abzugrenzen ist die Orgasmushemmung auch vom „Koitus reservatus", unter dem der sich über Stunden erstreckende, willentlich herbeigeführte Koitus ohne Ejakulation verstanden wird. Diese Form des Verkehrs („Carezza") wird von einigen Menschen z. B. aus religiösen Gründen zur Förderung der spirituellen Entwicklung ausgeübt. Differenzialdiagnostisch ist ebenfalls die Abgrenzung zur erektilen Dysfunktion vorzunehmen, da bei einigen Patienten während des Koitus die Erektion abnimmt und sie aus diesem Grunde nicht zum Höhepunkt kommen. Da bei fehlender sexueller Lust keine Erregung aufkommt, die jedoch die Voraussetzung für das Orgasmuserleben ist, sollte auch das Vorliegen einer Appetenzstörung differenzialdiagnostisch erwogen werden. Ebenfalls ist bei der Orgasmushemmung zu klären, ob die Störung nicht Folge einer psychiatrischen Erkrankung oder einer Medikamenten- oder Drogeneinnahme ist.

Verlauf

In den meisten Fällen ist die Störung primär. Bei jungen oder Männern mittleren Alters tritt das Orgasmusproblem nur selten partiell auf.

Häufigkeit

Die Orgasmushemmung ist unter allen Störungsbildern dasjenige, für das am seltensten professionelle Hilfe gesucht wird. In klinischen Stichproben liegt der Anteil männlicher Patienten bei 3–8 % (Rosen und Leiblum 1995). Die Prävalenz in der Allgemeinbevölkerung dagegen ist höher als allgemein angenommen wird. In der Studie von Laumann et al. (1994) gaben 8,3 % der befragten Männer an, innerhalb der letzten zwölf Monate vor der Befragung unter einer Orgasmusunfähigkeit gelitten zu haben. In der Altersstufe der 50–54-jährigen Männer lag die Prozentzahl mit 14,2 % am höchsten. In ihrer Metaanalyse fanden Spector und Carey (1990) eine Streuungsbreite von 1–10 %.

Ursachen

Die **psychischen** Ursachen sind unspezifisch, so dass es also nicht möglich ist, spezielle Konstellationen zu identifizieren, die eine Orgasmushemmung z. B. von einer Erektionsstörung unterscheiden. Während die Grundkonflikte uncharakteristisch sind, gelten die Abwehrmechanismen dagegen für die jeweilige Störung als typisch. Aus tiefenpsychologischer Sicht versucht der Mann, das Aufkommen von Angst durch Kontrolle zu verhindern. Kaplan (1995) vergleicht die Orgasmushemmung mit der Obstipation oder dem Miktionsverhalt, bei denen vegetative Reflexe, die normalerweise der willkürlichen Kontrolle unterliegen, durch emotionale Erregung oder seelische Konflikte gehemmt werden. Die Orgasmushemmung wäre demnach als eine unwillkürliche Abwehrreaktion i. S. einer überschießenden Kontrolle zu verstehen. Anders als bei den anderen sexuellen Funktionsstörungen, bei denen Versagensängste und die Ebene der unmittelbaren Ursachen als vorrangig betrachtet werden, gehen die meisten psychodynamisch orientierten Erklärungsansätze davon aus, dass den männlichen Orgasmushemmungen tiefer verwurzelte Konflikte und unbewusste Ängste zugrunde liegen. Vor allem wird von einer unbewussten Furcht ausgegangen, in der Vagina zum Orgasmus zu kommen. Als Gründe kommen homoerotische Neigungen in Betracht, aber auch Inzestängste und die mit ihnen eng verbundenen Kastrationsängste werden genannt. Ängste, die Frau zu verletzen oder Angst vor Kontrollverlust und dem Loslassen sowie Feindseligkeit und Wut können ebenfalls eine Rolle spielen. Andere Erklärungsansätze gehen davon aus, dass der ausbleibenden Ejakulation eine „anale Lust am Zurückhalten" zugrunde liegt oder dass paraphile Impulse von Bedeutung sind. In solchen Fällen würde – wie auch bei latenter Homosexualität – die auf bestimmte Reize festgelegte Erregung durch das Einsetzen entsprechender Phantasien zwar zum Erlangen einer Erektion, nicht aber zum koitalen Orgasmus ausreichen. Ein anderes Konzept vertritt Apfelbaum (1989), der hinter einer Orgasmushemmung ein autosexuelles Verhalten des Mannes vermutet, der nur die eigene, masturbatorische sexuelle Aktivität zulassen und genießen kann.

Ein an der Oberfläche liegender Grund für eine Orgasmushemmung kann auch einfach die Angst vor einer resultierenden Schwangerschaft bei der Partnerin oder vor sexuell übertragbaren Krankheiten sein.

Bei Männern aus anderen Kulturkreisen kann das DHAT-Syndrom, also die (ungerechtfertigte) Angst um die schwächende Wirkung des Samenverlustes, deretwegen ein Zurückhalten des Orgasmus geboten ist, eine Rolle spielen.

Empirisch ist keines dieser Konzepte be- oder widerlegbar. Auch lerntheoretische Vorstellungen, dass traumatische Erfahrungen oder eine Angst, bei sexuellen Aktivitäten entdeckt werden zu können, ursächlich sein könnten, sind wissenschaftlich nicht bewiesen.

Organische Gründe können dann vermutet werden, wenn die Orgasmushemmung nicht nur den Koitus betrifft, sondern wenn sie global ist. Bei einer sekundären Störung liegen fast immer organische Ursachen zugrunde. Neben Alterungsvorgängen kommen dabei neurologische Läsionen, Tumoren, Trauma- und Operationsfolgen, Multiple Sklerose, Parkinsonismus, diabetische oder neuronale Neuropathien sowie Alkoholismus und Psychopharmaka, vor allem Sedativa, Neuroleptika, Antidepressiva und Lithium, in Betracht.

Ejakulation ohne Orgasmus

Die Ejaculatio sine orgasmo ist ein äußerst seltenes Störungsbild. Es ist dadurch gekennzeichnet, dass die Männer den Samenerguss ohne innere Berührung, ohne jegliche Lust- und Orgasmusgefühle und die mit ihnen physiologisch verbundenen pulsierenden orgastischen Muskelkontraktionen erleben, so dass es in manchen Fällen nur zur Emission in Form eines bloßen Herausfließens des Ejakulats kommt. Diese Orgasmusstörung geht meist einher mit einer allgemein reduzierten Fähigkeit zum Körpererleben.

Differenzialdiagnose

Differenzialdiagnostisch ist die Kategorie „mangelnde sexuelle Befriedigung" (F52.22) abzuwägen. Außerdem ist die Störung von der Unzufriedenheit einiger Männer zu unterscheiden, die ihr eigenes Orgasmuserleben nicht in Einklang mit ihren überhöhten Vorstellungen von sexueller Lust bringen können und deshalb über eine subjektiv empfundene mangelnde Intensität ihres Orgasmus klagen. Den Untersuchungen von Kinsey et al. (1948) zufolge erleben mindestens 1/5 aller Männer den Orgasmus als wenig intensiv und nachhaltig, so dass auch Kinsey daraus den Schluss zog, dass es sich bei dieser Form der sexuellen Unzufriedenheit um eine Verhaltensvariante ohne Symptomwert handelt.

Verlauf

Eine stark reduzierte subjektive Empfindung des Höhepunktes kann zu bestimmten Zeiten bei hoher seelischer und körperlicher Belastung bzw. Erschöpfung auftreten.

Ursache

Als **psychische** Ursache wird eine Verleugnung bzw. Abwehr intensiver Emotionen im Zusammenhang mit Sexualität angenommen. Verbunden ist die Orgasmushemmung manchmal mit einem Gefühl innerer Leere und Beziehungslosigkeit. Auch wird Sexualität von den betroffenen Männern eher als Routine betrachtet und mechanisch ausgeübt. Auf der Suche nach einem außergewöhnlichen Erlebnis wird dann oft zu Hilfsmitteln, wie Pornografie oder extremen Praktiken gegriffen. Eine **somatische** Ursache wurde bislang nicht gefunden.

Retrograde Ejakulation

Bei dieser Störung erfolgt der Samenerguss nicht durch die Harnröhre nach außen, sondern rückwärts in die Blase, und zwar unabhängig von der sexuellen Praktik. Im Gegensatz zur ausbleibenden Ejakulation werden aber Orgasmus und sexuelle Entspannung erlebt, so dass meist kein psychischer Leidensdruck besteht, wenn nicht ein Kinderwunsch bei einem der Partner eine Rolle spielt. **Diagnostisch** kann eine retrograde Ejakulation leicht durch eine Harnuntersuchung festgestellt werden. Die Störung hat immer organische Ursachen und tritt am häufigsten sekundär als Folge von Prostata-Operationen oder bei Diabetes mellitus auf, sie kann aber auch primär vorkommen.

Ausbleibende Ejakulation mit Orgasmus („trockener Orgasmus")

Im Erleben ähnlich dem Samenerguss in die Blase ist der ebenfalls selten vorkommende sog. trockene Orgasmus, bei dem keine Spermien im Urin nachweisbar sind. Auch diese Störung hat überwiegend körperliche Ursachen, z. B. eine diabetesbedingte Polyneuropathie. Vor allem kann das Problem aber infolge medikamentöser Nebenwirkung und hier besonders bei der Einnahme von Psychopharmaka auftreten.

Spermatorrhoe

Das Herausfließen von Sekret mit Spermien ohne Orgasmuserleben ist vorwiegend organisch, in seltenen Fällen psychisch bedingt.

11.4 Schmerzstörungen: Dyspareunie und Vaginismus

Zu den Schmerzstörungen, die bei der Immissio des Penis in die Vagina oder während des Koitus auftreten, gehören die Dyspareunie, die bei beiden Geschlechtern vorkommt, und der Vaginismus bei der Frau.

11.4.1 Dyspareunie

Als Dys- oder Algopareunie werden schmerzhafte Missempfindungen bezeichnet, die vor, während oder nach dem Koitus auftreten. Die Diagnose wird nur dann verwendet, wenn das Glied tatsächlich eingeführt werden kann und Geschlechtsverkehr stattfindet. Die dabei auftretenden Schmerzen können bei der Frau auf den kurzen Moment der Peniseinführung begrenzt sein, dann aber nachlassen oder verschwinden, sie können aber auch im Scheideninneren während des Geschlechtsverkehrs spürbar werden, manchmal auch nur bei starken Beckenbewegungen. Die Schmerzqualität ist unterschiedlich: Beim Einführen des Penis wird von einem Brennen, Stechen oder Jucken berichtet, der Schmerz im Inneren der Scheide wird als dumpf beschrieben, und die Schmerzen beim Orgasmus werden als wehenähnliche Krämpfe oder als diffuse Unterleibsschmerzen geschildert. Die Dauer und Intensität der Schmerzen wird von mild und vorübergehend bis andauernd und heftig im Auftreten und Ausprägung erlebt.

Schmerzen beim Koitus kommen auch bei Männern vor, allerdings erheblich seltener als bei Frauen.

Im DSM-IV-TR wird unter 302.76 als Hauptmerkmale der Dyspareunie wiederkehrende oder anhaltende genitale Schmerzen genannt, die mit dem Geschlechtsverkehr einhergehen. Die Störung könne sowohl bei Männern als auch bei Frauen auftreten. Die Diagnose wird nur gestellt, wenn keine körperliche Erkrankung zugrunde liegt, andernfalls wird die Diagnose „sexuelle Funktionsstörung aufgrund einer körperlichen Erkrankung" vorgeschlagen. Auch nach der ICD-10 darf die Diagnose „nichtorganische Dyspareunie" (F52.6) nur dann gestellt werden, wenn keine organische Ursache zugrunde liegt und wenn keine andere primäre Sexualstörung, z. B. ein Vaginismus oder ein Mangel oder Ausfall der vaginalen Lubrikation, vorliegt. Sollte der Dyspareunie ein lokales, krankhaftes Geschehen zugeordnet werden können, sollte diese Erkrankung dann entsprechend klassifiziert werden.

Komorbidität

Psychogene Dyspareunien treten selten isoliert, d. h. ohne andere Funktionsstörungen, auf.

Bei **Frauen** sind Schmerzen beim Geschlechtsverkehr, die nicht organisch z. B. durch Vernarbungen, Infektionen oder atrophische Vaginalschleimhäute verursacht sind, am häufigsten die Folge geringer oder ausbleibender Lubrikation, so dass schmerzhafter Geschlechtsverkehr meist als Begleiterscheinung einer Erregungsstörung oder eines Vaginismus auftritt und Appetenz- und Orgasmusprobleme nach sich ziehen kann. Psychogene Dyspareunien werden häufig durch phobische Schmerzerwartungen aufrechterhalten. Liegt eine organische Ursache oder Mitursache vor, können die Schmerzen auch nach deren Beseitigung fortbestehen, wobei in diesen Fällen von einer psychischen Überlagerung ausgegangen werden kann. In den meisten Fällen kommt es dann, wie auch bei chronischen organischen Dyspareunien, aufgrund der Schmerzerwartung sekundär zur sexuellen Vermeidung oder zu Aversionen. In äußerst seltenen Fällen kommt es bei beiden Geschlechtern vor, dass genitale Empfindungen als Schmerz missdeutet werden.

Wenn keine organischen Ursachen zugrunde liegen, treten Koitusschmerzen bei **Männern** mit einer ausgeprägten Eichelphobie auf. Diese ist durch eine starke Angst vor den Empfindungen der von der Vorhaut entblößten Glans gekennzeichnet. Die betroffenen Patienten erleben allein durch die sexuelle Schmerzerwartung bereits das bloße Berühren der Eichel als Missempfindungen, so dass sie den Koitus vermeiden. Neben Appetenzstörungen bei beiden Geschlechtern sind bei Männern erektile Dysfunktionen und Probleme in Partnerbeziehungen meist die Folge einer Dyspareunie.

Differenzialdiagnose

Die Dyspareunie bei Frauen macht eine genaue gynäkologische Abklärung erforderlich. Häufig zeigt allerdings die körperliche Untersuchung keine Auffälligkeiten. Umgekehrt sind pathologische Genitalbefunde nicht immer von eigentlich zu erwartenden Schmerzen begleitet.

Um die Diagnose einer Dyspareunie stellen zu können, muss das Störungsbild mit deutlichem Leiden oder zwischenmenschlichen

Schwierigkeiten einhergehen. Gelegentlich auftretende Schmerzen bei der Einführung oder beim Koitus haben die meisten Frauen schon erlebt, ohne dass Folgen für die sexuelle Appetenz und Befriedigung eingetreten sind. Deshalb darf in diesen Fällen die Diagnose nicht gestellt werden. Ebenso dürfen die Schmerzen nicht ausschließlich durch Vaginismus oder durch eine zu geringe Lubrikation verursacht sein. Das Störungsbild darf auch nicht auf eine medizinische Krankheit oder auf die direkte körperliche Wirkung einer Substanz zurückzuführen sein. Zu den Pharmaka, die in Verbindung mit genitalen Schmerzen gebracht werden, gehören Fluphenazien, Thioridazin und Amoxapin. Differenzialdiagnostisch sind Dyspareunien von Erregungs- und Appetenzstörungen abzugrenzen, bei Frauen zusätzlich vom Vaginismus und bei Männern von schmerzhaften nächtlichen Erektionen, deren Ursachen bisher noch immer nicht bekannt sind.

Verlauf

Wiederholte ausgeprägte Koitusschmerzen führen meist zur Vermeidung bzw. Einschränkung sexueller Aktivitäten. Nur wenige Patientinnen üben regelmäßig Geschlechtsverkehr aus. Bei ihnen sind die Schmerzen allerdings meist geringer ausgeprägt. Dyspareunien haben in der Regel einen chronischen Verlauf.

Häufigkeit

In der repräsentativen Untersuchung von Laumann et al. (1994) gaben 14,4 % aller befragten Frauen an, in den letzten 12 Monaten Schmerzen beim Verkehr gehabt zu haben. In der Altersgruppe von 18–24 Jahren waren es 21,5 % und in der Altersstufe von 25–29 Jahren 18,8 %. Ab dem 50. Lebensjahr nahm die Prozentzahl ab und lag bei den 50–54-Jährigen bei 7,4 % und bei den 55–59-Jährigen bei 8,7 %. Dieser leichte Wiederanstieg ist wohl mit atrophischen Vaginalveränderungen der Frauen in der Postmenopause zu erklären. In der gleichen Untersuchung wurden Koitusschmerzen im vorangegangenen Jahr von 3 % der Männer genannt, wobei die Prozentzahl bei den 18–24-Jährigen mit 5,7 % am höchsten lag.

Ursachen

Wie bei keiner anderen sexuellen Funktionsstörung der Frau steht ein Zusammenspiel somatischer und psychischer Ursachen so im Vordergrund wie bei Schmerzen beim Verkehr. Schätzungen zufolge liegen bei 50 % der Frauen gynäkologische Probleme wie Infektionen, Vernarbungen, operative Folgen oder Organdefekte wie z. B. eine kleine und nicht dehnbare Scheidenöffnung zugrunde, die besonders bei Frauen vorkommen kann, bei denen der erste Koitus erst relativ spät stattfand. Solche *somatischen* Beschwerden werden in sehr vielen Fällen psychisch überlagert, so dass die Schmerzen fortbestehen können, auch wenn der somatische Grund beseitigt werden konnte. Erklärbar ist dies durch die Erwartungsangst vor dem Wiederauftreten der Missempfindungen. Dadurch wird wiederum die sexuelle Erregung und damit die Lubrikation eingeschränkt oder verhindert, was erneute Schmerzreaktionen zur Folge hat. Am Ende stehen dann meist die Vermeidung sexueller Aktivitäten und Partnerprobleme. Auf jeden Fall sollten somatische Ursachen als erstes ausgeschlossen bzw. ausgeheilt werden, bevor die Diagnose Dyspareunie gestellt werden darf und nach psychogenen Gründen gesucht wird. Bei **Männern** ist eine Dyspareunie vorwiegend körperlich bedingt, z. B. als Folge eines genitalen Herpes oder einer Prostatitis. Psychisch bedingten Dyspareunien liegt oft eine Eichelphobie zugrunde, für die wiederum eine nicht selten vorkommende Hypersensibilität der Glans nach dem Orgasmus und der Ejakulation ursächlich sein kann.

Für die Entstehung einer Dyspareunie bei **Frauen** sind keine spezifischen *psychischen*

Faktoren verantwortlich, sondern es gelten die gleichen Verursachungsmöglichkeiten wie für andere Sexualstörungen. Dazu zählen sexueller Missbrauch, Sexualängste, Partnerprobleme etc. Am typischsten für eine Dyspareunie scheinen jedoch phobische oder sexuell aversive Reaktionen zu sein. In den meisten Fällen stehen die Koitusschmerzen am Ende einer Kette, die in der Regel mit Partnerproblemen und mangelnder Appetenz beginnt, dann zu Erregungsstörungen mit fehlender Lubrikation führt und schließlich mit Koitusbeschwerden endet. Akute somatische Störungen können diese Reaktionsfolge anstoßen und chronische Erkrankungen (z. B. eine Endometriose) aufrechterhalten.

Aus **psychodynamischer** Sicht stellt die Dyspareunie ein Konversionssymptom i. S. einer neurotischen Kompromissbildung eines Es-Über-Ich-Konfliktes dar. Nach **lerntheoretischer** Vorstellung wird die Dyspareunie durch die Antizipation von Missempfindungen beim Koitus aufrechterhalten und durch das Schmerzerleben verstärkt. Dieser Prozess ist besonders deutlich bei Männern mit einer Eichelphobie zu beobachten.

11.4.2 Vaginismus (Scheidenkrampf)

Der Vaginismus ist eine unwillkürliche und reflexartige Verkrampfung der Beckenbodenmuskulatur und des äußeren (distalen) Drittels der Vagina, die beim Koitusversuch auftritt. Dadurch wird die Einführung des Penis meist unmöglich oder sehr schmerzhaft. In ausgeprägten Fällen ist nicht einmal das Einführen eines Fingers, eines Tampons oder eine gynäkologische Untersuchung möglich. Die Verkrampfung selbst ist normalerweise nicht schmerzhaft. Auch kommt sie nicht vor, wenn der Penis einmal eingeführt ist. Ein „Verschließen" während des Verkehrs („Penis captivus") ist nur aus einigen wenigen Fallberichten bekannt. Die Diagnose Vaginismus sollte nicht verwendet werden, wenn die Symptomatik auf einer körperlichen Erkrankung beruht.

Das DSM-IV-TR beschreibt unter 306.51 den Vaginismus als eine wiederkehrende oder anhaltende unwillkürliche Kontraktion der perinealen Muskulatur im äußeren Drittel der Vagina, wenn eine vaginale Penetration mit dem Penis, dem Finger, einem Tampon oder einem Spekulum versucht wird. Weiterhin wird erläutert, dass bei einigen Frauen bereits die Erwartung einer vaginalen Einführung zu muskulären Spasmen führen kann. Die Kontraktion kann von leicht, verbunden mit einer gewissen Verengung und Unbehagen, bis schwer und penetrationsverhindernd reichen. Die sexuellen Reaktionen (z. B. Appetenz, Erregung, Orgasmus) können unbeeinträchtigt sein, solange keine Penetration versucht oder erwartet wird.

Die ICD-10 beschreibt den nichtorganischen Vaginismus unter F52.5 als Spasmus der die Vagina umgebenden Beckenbodenmuskulatur, wodurch der Introitus vaginale verschlossen wird. Die Imissio ist unmöglich oder schmerzhaft. Wenn der Vaginismus eine sekundäre Reaktion auf lokale Schmerzen sei, soll diese Diagnose nicht verwendet werden.

Anders als die übrigen sexuellen Funktionsstörungen greift der Vaginismus also nicht auf andere Bereiche des sexuellen Erlebens über, so dass die meisten vaginistischen Frauen in ihrer sexuellen Erregbarkeit und Orgasmusfähigkeit nicht beeinträchtigt sind. Durch manuelle oder orale Stimulation sind sie durchaus in der Lage, einen Höhepunkt zu erleben. Häufig vollziehen die Paare auch nichtvaginalen Verkehr, indem der Penis zwischen die Oberschenkel der Frau geführt wird (Femoralverkehr), damit auf diese Weise der Orgasmus gemeinsam erlebt werden kann. Durch solche Arrangements kann der Vaginismus über viele Jahre unbehandelt bleiben und muss nicht die Partnerschaft beeinträchtigen, solange Koitusversuche ausgenommen werden. Erstaunlich ist die häufig zu beobachtende Geduld und Sanftheit der

Partner vaginistischer Frauen. Durch die diesen Beziehungen meistens zugrunde liegende Kollusion (s. Kap. 10.1.2) wird in der Regel keine therapeutische Hilfe aufgesucht, es sei denn, es liegt ein Kinderwunsch vor.

Komorbidität

Die körperliche Verengung aufgrund der muskulären Kontraktion verhindert gewöhnlich den Koitus. In einigen Fällen kann die Verkrampfung so heftig und langanhaltend sein, dass sie Schmerzen verursacht. In extremen Fällen führt die Anspannung zu einem Beugen des Rückens. Bei einigen Frauen tritt der Vaginismus nur während sexueller Aktivitäten, nicht aber während einer gynäkologischen Untersuchung auf. Manchmal genügt den betroffenen Frauen allein die Vorstellung einer vaginalen Einführung, um Spasmen auszulösen. In leichteren Fällen gelingt einigen Frauen zumindest gelegentlich der Koitus, wenngleich nur unter Schmerzen. Wenn keine unbewusste Kollusion in der Partnerschaft besteht, werden Beziehungen oft beendet. Das Störungsbild wird häufiger bei jüngeren als bei älteren Frauen und bei Frauen mit negativer Einstellung zur Sexualität beobachtet.

Fast immer ist der Vaginismus eine primäre Störung, die oft mit einer unbewussten **Koitusphobie** oder einer bewussten Verletzungsangstphantasie bei der Defloration verbunden ist. Koitusphobien, die von Kaplan (1988) als sexuelles Paniksyndrom bezeichnet werden, können bewusstseinsnah sein und auch isoliert, also ohne Scheidenkrampf, auftreten. Anders als beim Vaginismus vermeiden Frauen mit dieser Symptomatik bereits schon den Versuch eines Koitus. Häufig reagieren die Frauen sogar mit panischen Fluchttendenzen. Auch die Koitusphobie ist in der Regel eine primäre Störung.

Wird trotz Vaginismus Geschlechtsverkehr ausgeübt, und treten dabei wie zu erwarten Schmerzen auf, wird nach dem DSM-IV-TR nicht die zusätzliche Diagnose der Dyspareunie gestellt.

Differenzialdiagnose

Die Diagnose Vaginismus sollte nicht verwendet werden, wenn die Symptomatik eine sekundäre Reaktion auf lokale Schmerzen ist. Vom Vaginismus sind differenzialdiagnostisch die o.g. Koitusphobien ohne Scheidenkrampf zu unterscheiden. Bei dieser Störungsform ist die Angst vor dem Verkehr so groß, dass es den Frauen unmöglich ist, auch nur den Versuch des Geschlechtsverkehrs zuzulassen. Ferner ist der Vaginismus von der Dyspareunie abzugrenzen.

Verlauf

Wie oben erwähnt, ist der Vaginismus vom lebenslangen Typus. Er beginnt gewöhnlich plötzlich und manifestiert sich erstmals während der ersten Versuche vaginaler Penetration durch einen Partner oder während der ersten gynäkologischen Untersuchung. Ohne Behandlung bleibt der Verlauf üblicherweise chronisch. Ein Vaginismus kann allerdings auch sekundär z. B. als Reaktion auf ein sexuelles Trauma oder eine medizinische Krankheit, und dann meist plötzlich, auftreten.

Häufigkeit

Über die Häufigkeit des Vaginismus in der Allgemeinbevölkerung liegen keine verlässlichen Daten vor. Schätzungen gehen aber von 10–17 % aus. Masters und Johnson (1970) berichten von 8,4 % vaginistischer Frauen in ihrer Probandengruppe.

Ursachen

Ein Vaginismus ist in jedem Fall psychogen und kann als Abwehrreflex gegen die vaginale Penetration verstanden werden, die unbewusst oder bewusstseinsnah als etwas Gefährliches, Angsterregendes oder Schmerzhaftes vorgestellt wird. Für die sekundäre vaginistische Reaktion können körperliche Traumen im Genitalbereich, wie z. B. eine schwere Geburt, Operationen oder Krankheiten wie Endometriose, aber auch traumatische Erlebnisse, wie sexuelle Gewalterfahrungen, ursächlich sein. Die spastische vaginale Verkrampfung kann sich auch sekundär nach wiederholten schmerzhaften Koituserfahrungen, quasi als Folge einer Dyspareunie, entwickeln.

Aus **psychodynamischer** Sicht liegt dem Vaginismus eine unverarbeitete ödipale Konfliktsituation zugrunde, die zur Ablehnung der weiblichen Geschlechtsidentität führt. Balint (1968) (nach Beck 1993) beschrieb drei unterschiedliche Persönlichkeitstypen vaginistischer Frauen: 1. den Dornröschentyp, der eine infantile Frau darstellt, die mit dem Partner in einem Bruderarrangement lebt; 2. den Brunhildetyp (nach Friedman 1962), der Sexualität als Geschlechterkampf versteht und Weiblichkeit als Zeichen von Schwäche und Passivität sieht und 3. den Bienenköniginityp, der zwar ein Kind möchte, aber die Sexualität verweigert, die als erniedrigend und unangenehm erlebt wird. Typ 2 entspricht dem von Fenichel (1945) beschriebenen Rachetypus des weiblichen Kastrationskomplexes, der durch den Vaginismus den aggressiven Wunsch ausdrückt, den Penis zu einem lächerlichen, seiner Potenz beraubten Organ machen zu wollen.

Aus **lerntheoretischer** Sicht stellt der Spasmus einen konditionierten Reflex dar, der sich nach einer auslösenden, schmerzhaft erlebten Penetrationserfahrung entwickelt. Durch die Koitusvermeidung wird das Symptom dann weiter aufrechterhalten.

Oft haben die Partner vaginistischer Frauen selbst unbewusste sexuelle Ängste, so dass es zu einer unbewussten Kollusion in der Beziehung kommen kann. Auf dieses Phänomen wurde ausführlich in Kap. 10.1.2, S. 112 eingegangen.

11.4.3 Andere sexuelle Schmerzstörungen

Es gibt sowohl bei Frauen als auch bei Männern Schmerzen und Missempfindungen im Zusammenhang mit sexueller Aktivität, die primär psychogen sind und nicht erst sekundär auftreten. Meistens sind solche Schmerzen aber organisch zumindest mitbedingt. Hier erwähnt seien migräneartigen Kopfschmerzen kurz vor dem Orgasmus (Cephalgia sexualis), Analsphinkterkrämpfe, schmerzhafte Ejakulationen, die z. B. durch Verengung der Harnröhre oder durch Infektionen bedingt sein können, Hodenziehen, das nach längeren Perioden sexueller Erregung ohne Ejakulation vor allem bei jungen Männern häufig auftritt, und Glansschmerzen beim Mann sowie Klitorisschmerzen und Beckenbodenkrämpfe (Pelipathia spastica) bei der Frau. Bei beiden Geschlechtern kommen auch genitale Hyperästhesien und genitales Hautjucken (Pruritus) vor.

In der ICD-10 wird noch unter der Kategorie F52.8 „andere sexuelle Funktionsstörungen, nicht verursacht durch eine organische Störung oder Erkrankung" die psychogene schmerzhafte Regelblutung (Dysmenorrhoe) genannt.

11.5 Nachorgastische Reaktionen

Einige Frauen und wenige Männer erleben nach dem Orgasmus beim Koitus oder auch nach der Masturbation genitale Missempfindungen, die sich z. B. in einem unangenehmen Ziehen oder Kribbeln äußern können. Andere klagen über Kreuz- und Kopfschmerzen. Häufiger als solche körperlichen Reaktionen sind nachorgastische Verstimmungen unterschiedlicher Art. Manche berichten, dass sie sich sehr lange nach dem Verkehr müde und abgeschlagen fühlen und nicht in Gang kommen. Auch wird von innerer Unruhe, Gereiztheit, Schlaflosigkeit, von Depressionen und Traurigkeit mit Weinanfällen, von innerer Leere, einem Ekel oder dysphorisch-aggressiver Stimmung, verbunden mit dem Wunsch, allein zu sein und sich vom Partner abzukehren, berichtet. Solche Reaktionen können nur kurz auftreten oder aber noch am folgenden Tag bestehen. Die Missempfindungen können so belastend sein, dass der Orgasmus regelrecht gefürchtet wird. Trotzdem handelt es sich um keine Funktionsstörungen im engeren Sinne, allerdings sind regelmäßig auftretende nachorgastische Verstimmungen ohne Vorhandensein sexueller Funktionsstörungen ausgesprochen selten. Nachorgastische Verstimmungen müssen von aggressiven oder enttäuschten Gefühlen gegenüber dem Partner nach einem Koitus bei Patienten mit sexuellen Dysfunktionen unterschieden werden.

Als **Ursache** der nachorgastischen Störungen, die von Sigusch (2001) auch als Satisfaktionsstörungen bezeichnet werden, werden zugrunde liegende neurotische oder Persönlichkeitsstörungen vermutet. Möglicherweise spielt aber auch ein geschlechtsunterschiedliches Verhalten eine Rolle. Für Männer ist die Ejakulation in der Regel der Schlusspunkt der sexuellen Aktivität, während Frauen sich nach dem Orgasmus noch Zärtlichkeiten wünschen, die aber meist ausbleiben, weil Männer – im Gegensatz zu Frauen – nach dem Orgasmus ein größeres Schlafbedürfnis haben.

11.6 Andere sexuelle Störungen: KORO und DHAT-Syndrom

Der Vollständigkeit halber sollen an dieser Stelle kulturabhängige sexuelle Störungen genannt werden, die auf spezifische Gemeinschaften oder kulturelle Gebiete beschränkt sind, und die nicht zu den funktionellen Sexualstörungen gehören. Dazu zählen KORO und das DHAT-Syndrom. Beide Krankheitsbilder werden in der ICD-10 der Kategorie F48.8 „andere neurotische Störungen" zugeordnet, die „gemischten Störungen des Verhaltens, der Überzeugungen und der Emotionen vorbehalten ist", deren Ursache und nosologische Einordnung noch unbekannt sind und die in unterschiedlicher Häufigkeit in verschiedenen Kulturen vorkommen. Betont wird in der ICD-10, dass diese Syndrome in enger Verbindung mit örtlich akzeptieren kulturellen Glaubens- und Verhaltensmustern stehen, und dass sie wahrscheinlich nicht als wahnhaft zu betrachten sind.

11.6.1 KORO

Der Begriff KORO ist wahrscheinlich malaiischer Herkunft. Die Störung tritt vor allem bei jüngeren Männern aus dem süd- und ostasiatischen Bereich auf. Gekennzeichnet ist das Syndrom durch Episoden plötzlicher und intensiver Angst, dass sich der Penis in den Körper zurückziehen und möglicherweise den Tod verursachen könnte. „Vorbeugend" binden sich die Patienten Gewichte an den Penis, was z. T. zu schweren Schädigungen führt. Bei Frauen zeigt sich die gleiche panische Angst in Bezug auf Vulva und Brustwarzen. Das Syndrom wurde erstmals 1834 von Pao beschrieben. Heute ist es unter einer Reihe verschiedener regionaler Begriffe bekannt: in China unter *shuk yang, shook yong* oder auch *suo yong*, in Assam unter *jinjinia bemar* und in Thailand unter *rok-joo*. In örtlich begrenzten ostasiatischen Gebieten tritt KORO zeitweise epidemisch auf. Gelegentlich findet man das Störungsbild auch im Westen.

11.6.2 DHAT-Syndrom

In einigen religiösen Vorstellungen, wie bei den Hindus oder Moslems, gilt der Samen als eine Quelle der Stärke, so dass man ihn nicht verschwenden dürfe. Entsprechend dieser religiösen Überzeugung wird der Samen in einem Reservoir im Kopf gespeichert, dessen Kapazität ca. 200 g betragen würde. Samen von guter Qualität sollte kräftig und zähflüssig sein „wie die Sahne frischer Milch". Ein Mann, der einen Speicher voll guten Samens besäße, würde mit extremer Kraft und Gesundheit ausgestattet sein. Deshalb findet sich in Indien, Sri Lanka und China noch häufig das DHAT-Syndrom, das durch eine schwere Angst vor dem Verlust des Samens und durch hypochondrische Befürchtungen in Zusammenhang mit der Absonderung von Sperma, weißlicher Verfärbung des Urins sowie durch Gefühle der Schwäche und Erschöpfung gekennzeichnet ist. In Indien wird das Syndrom *jiryan*, in Sri Lanka *sukra prameha* und in China *shen-k'uei* genannt.

12 Behandlung

Die Therapie einer sexuellen Funktionsstörung sollte auf der Erkenntnis biologischer, psychologischer und soziologischer Zusammenhänge bei der Entstehung der Störung basieren. Der frühere Grundsatz, dass organische Sexualstörungen ausschließlich medizinisch und psychogene Funktionsstörungen nur psychotherapeutisch zu behandeln seien, gilt inzwischen als überholt. Hinzu kommt, dass sexuelle Störungen in Beziehungen auftreten, so dass sich die Behandlung nicht nur auf den einzelnen Patienten, sondern auf das Paar richten sollte.

Nicht jeder Patient oder jedes Paar benötigt eine intensive Sexualtherapie. Weniger schwerwiegende Beeinträchtigungen lassen sich oft auch durch Beratungsgespräche günstig beeinflussen. Etwa ein Viertel bis ein Drittel aller sexueller Probleme, für die eine Behandlung gesucht wird, lässt sich erfahrungsgemäß durch Sexualberatung erheblich verbessern.

12.1 Sexualberatung

Eine Sexualberatung sollte als erste therapeutische Maßnahme erwogen werden. Sie kann sich bei leichten, noch nicht chronifizierten Problemen durchaus als ausreichend erweisen. Die zentrale Aufgabe der Sexualberatung ist es, unmittelbar wirksame pathogenetische Faktoren zu erkennen und sie durch geeignete Maßnahmen positiv zu beeinflussen. Das praktische Vorgehen kann sich an den ersten drei Stufen des PLISSET-Modells von Annon (1974) orientieren. Das „P" steht dabei für Permission (Erlaubnis), „LI" für Limited Information (begrenzte Information), „SS" für Specific Suggestions (konkrete Vorschläge) und „IT" für Intensive Therapy (intensive Therapie). Der Grundgedanke dieses Vierstufenmodells ist das vom Schweregrad der Problematik und den notwendigen Behandlungsmaßnahmen abhängige Fortschreiten von mehr oberflächlichen zu mehr in die Tiefe gehenden Interventionen. In der Stufe 1, **Erlaubnis**, gibt der Therapeut zu erkennen, dass über den gesamten sexuellen Bereich gesprochen werden darf, in der Stufe 2 gibt der Behandler die **Informationen**, die für die Patienten mit ihrer speziellen sexuellen Problematik wichtig sind, die Stufe 3 umfasst direkte **Vorschläge** und Empfehlungen und mit Stufe 4 ist die eigentliche intensive **Therapie** gemeint, die eine Beratung überschreitet. Häufige Beratungsthemen sind Aufklärung zu Fragen, die die „normale" Sexualität betreffen, Probleme im Umgang mit abweichender sexueller Orientierung, altersabhängige sexuelle Veränderungen, Sexualität in der Schwangerschaft, Fragen zur Empfängnisverhütung und Aufklärung über Wechseljahresbeschwerden, Kommunikationsprobleme zwischen den Generationen, die den Umgang mit Sexualität betreffen, Hilfe nach sexuellen Missbrauchserfahrungen sowie Auswirkungen körperlicher Erkrankungen auf die Sexualität und Information über Therapiemöglichkeiten. Sexualberatung ist ebenso wie Sexualtherapie partnerschaftsorientiert und sollte, wenn möglich, im Paar-Setting durchgeführt werden.

12.2 Psychotherapie

Psychotherapeutische Behandlung kann in unterschiedlicher Form, die sich nach der Grundproblematik der Störung richtet, stattfinden. Eine Einzeltherapie ist bei vorwiegender Persönlichkeitsproblematik indiziert, wobei bei einer tiefenpsychologisch fundierten Psychotherapie die gleichen therapeutischen

Regeln wie für die Behandlung anderer neurotischer Störungen gelten. Symptomorientierte, verhaltenstherapeutische Verfahren können sowohl in der Einzeltherapie als auch im Rahmen einer Paar- oder Gruppentherapie eingesetzt werden. Im Gegensatz zur Paartherapie besteht bei einer Einzelverhaltenstherapie mit Übungsanleitungen leicht die Gefahr, dass die therapeutische Beziehung sexualisiert wird, dadurch, dass sich die Phantasie des Patienten auf den Therapeuten als Partner richtet und sie, anders als in einer psychodynamisch orientierten Therapie, mit verhaltenstherapeutischen Techniken nicht bearbeitet werden kann. Ist das sexuelle Problem nicht Teil einer neurotischen oder einer Persönlichkeitsstörung, sondern das Hauptproblem, ist eine Sexualtherapie indiziert. Wenn jedoch eine nicht sexualbezogene Partnerschaftsproblematik im Vordergrund steht, ist eine Paartherapie angezeigt, in die aber sexualtherapeutische Anteile integriert sein können.

12.2.1 Einzeltherapie

Bei den Behandlungsmethoden sexueller Funktionsstörungen lassen sich verschiedene Entwicklungslinien und Ansätze unterscheiden, die in die spätere Sexualtherapie integriert werden konnten.

Die erste Hälfte des 20. Jahrhunderts wurde entscheidend von der Psychoanalyse Freuds geprägt. Mit sexuellen Störungen hat sich die Psychoanalyse als Therapieform allerdings nicht ausdrücklich befasst, da die Symptomebene in der Psychoanalyse sekundär ist und sexuelle Funktionsstörungen entsprechend wie die anderen neurotischen Störungen im Rahmen der allgemeinen und speziellen Neurosenlehre erklärt und behandelt werden, wobei der Fokus auf die zugrunde liegende psychodynamische Konfliktsituation gerichtet ist. Ein grundsätzliches Problem psychodynamischer Therapien ist die im Laufe der Zeit einsetzende funktionelle Autonomie der Symptome, durch die sich die sexuellen Symptome selbst dann nicht auflösen, wenn der zugrundeliegende Konflikt erfolgreich aufgearbeitet werden konnte, so dass die Erfolge psychoanalytischer Therapien bei sexuellen Dysfunktionen eher gering sind, sofern die Selbstverstärkungsmechanismen nicht gelöscht werden konnten.

Auch die Verhaltenstherapie, die in den 60er Jahren aus den Lerntheorien entwickelt wurde, hat sich mit der Behandlung speziell der sexuellen Funktionsstörungen bisher kaum befasst. Wolpe (1958) und Lazarus (1963) verwendeten die gleichen Techniken wie zur Behandlung von Phobien und anderer neurotischer Symptome. Zu diesen Methoden gehörte die systematische Desensibilisierung auf der Phantasieebene und die Muskelentspannung als antagonistische Reaktion auf angstauslösende Reize. Aversive Techniken wie „Flooding" und die klassische Konditionierung kamen zur Behandlung der Homosexualität und paraphiler Neigungen zum Einsatz, wurden aber aus ethischen Bedenken wieder aufgegeben. Erst später wurden von der Verhaltenstherapie Kognitionen zum Aufbau und zur Verstärkung erwünschten Verhaltens entwickelt und therapeutisch eingesetzt. Lerntheoretische Prinzipien und verhaltenstherapeutische Elemente bildeten allerdings später die Grundlage für die Sexualtherapie.

Grundsätzlich hängt der Erfolg einer jeden Einzeltherapie davon ab, ob
1. evtl. zugrunde liegende intrapsychische Konflikte des einzelnen Partners erfolgreich aufgearbeitet werden konnte,
2. die Selbstverstärkungsmechanismen, d. h. die Angst zu versagen und das Vermeidungsverhalten sich auflösen ließen,
3. möglicherweise vorhandene sexuelle Lerndefizite beseitigt werden konnten und
4. die Sexualität vom evtl. bestehenden Partnerkonflikt so entkoppelt werden konnte, dass er nicht mehr auf das Sexuelle übergreift.

Allerdings kann ein sexuelles Symptom auch zum Verschwinden gebracht werden, ohne dass das erste Kriterium erfüllt sein muss. Häufig gelingt es, die unverarbeiteten ursächlichen Konflikte und Ängste von der Sexualität zu entkoppeln. Kaplan (1974) spricht in diesem Zusammenhang von „bypass"-Techniken. Die Entkopplung wird durch ein Differenzierungslernen erreicht, durch das tieferliegende Ängste im Hinblick auf Koitus und Orgasmus gelöscht werden. Dies kann durch verhaltenstherapeutische Maßnahmen wie die systematische Desensibilisierung, die „Squeeze Technik" bei der vorzeitigen Ejakulation oder die Verwendung von Hegar-Stiften beim Vaginismus geschehen. Eine andere Methode besteht darin, die gesamte Sexualität des Patienten mit Hilfe von hypnotherapeutischen oder kognitiven Strategien so zu verändern bzw. umzudefinieren, dass sie nicht mehr vom ursächlichen Konflikt berührt wird.

Für die Praxis bedeutet dies, dass verschiedene therapeutische Maßnahmen aus unterschiedlichen Therapieverfahren auch in der Einzelbehandlung wirksam sein können und dass es sinnvoll ist, sie individuell in einem Gesamtbehandlungsplan zu kombinieren.

Ein Umbruch in der Behandlung sexueller Funktionsstörungen entstand 1970 durch die Beiträge von Masters und Johnson. Auf der Grundlage ihrer Arbeiten über die menschliche Sexualphysiologie entwickelten sie in den 60er Jahren ein eigenes, auf verhaltentherapeutischen Elementen beruhendes Behandlungskonzept, das mit einer Erfolgsquote von über 80 % und einer ungewöhnlich kurzen Therapiezeit von nur 14 Tagen das bis heute effizienteste Verfahren darstellt. Auch nach fünf Jahren soll es nur bei 5 % der Patienten zu einer Symptomverschlechterung gekommen sein. Ihr pragmatisch-atheoretisches Konzept, das den Abbau von Hemmungen und Ängsten durch stufenweise Übungen zum Ziel hat, wurde später therapietechnisch hinsichtlich einzelner Variablen von anderen Autoren fortentwickelt, aber der Kern des Konzeptes blieb unverändert erhalten.

12.2.2 Sexualtherapie

Die Sexualtherapie ist heute zur Behandlung sexueller Funktionsstörungen das Verfahren der Wahl. Als Sexualtherapie werden diejenigen Behandlungsformen bezeichnet, die auf dem Konzept von Masters und Johnson (1973) und den späteren Weiterentwicklungen beruhen, sowie andere symptomzentrierte und erfahrungsorientierte psychotherapeutische Verfahren für Paare und Einzelpatienten. Die Überlegenheit gegenüber ausschließlich verhaltenstherapeutischer oder psychoanalytischer Behandlung sowie der Gesprächstherapie konnte inzwischen nachgewiesen werden.

Eine entscheidende Neuerung gegenüber anderen Verfahren stellte das Sexualtherapie-Setting dar, das sich mit den Begriffen Paar-, Team- und Intensivtherapie beschreiben lässt. Außerdem kommt den therapeutischen Übungen eine besondere Bedeutung zu. Ausgehend von der Sichtweise, dass sich sexuelle Funktionsstörungen immer in der Beziehung zweier Menschen ausdrücken, unabhängig davon, wer von ihnen Symptomträger ist, gilt „das Paar als Patient", so dass die Behandlung auch in einer **Paartherapie** durchgeführt wird. Weiterhin führten Masters und Johnson die **Teamtherapie** ein, d. h., dass das Patientenpaar von einem Therapeutenpaar behandelt wird, damit jeder der beiden Partner einen Vertreter des eigenen Geschlechts auf der Therapeutenseite findet, der ihn aufgrund der eigenen Erfahrung besser verstehen und interpretieren kann. Außergewöhnlich im Konzept von Masters und Johnson war auch, dass die Behandlung als **Intensivtherapie** quasi stationär in einem Zeitraum von zwei bis drei Wochen durchgeführt wurde. Das Paar musste sich für diese Zeit in einem Hotel einmieten und sollte außerhalb der üblichen Alltagsverpflichtungen sein.

Nach einem festen Programm wurden täglich mehrere Sitzungen anberaumt. Die übrige Zeit stand dem Paar für die therapeutischen Übungen zur Verfügung. Diese setzten sich aus einer Reihe von systematisch strukturierten Verhaltensanweisungen mit ansteigendem Schwierigkeitsgrad zusammen. Die vom Paar berichteten Erfahrungen wurden dann jeweils in der nächsten Sitzung besprochen, in der auch die nächsten Therapieschritte erläutert wurden. Das zu Beginn der Behandlung ausgesprochene Koitusverbot hatte den Sinn, die Sexualität auf die jeweiligen Übungsschritte begrenzt zu halten und das Paar von sexueller Angst zu entlasten. Ziel war auch, das Paar Sexualität in allen körperlichen Ausdrucksformen und nicht nur auf den Geschlechtsakt konzentriert, erleben zu lassen. Dies geschah durch **Sensibilitätsübungen**, durch die das Paar lernte, den eigenen Körper und den des Partners wahrzunehmen und kennen zu lernen. Die stufenweise aufgebauten Übungen reichten dabei von nichtgenitalem, entspannungsbetonten über genitales erkundendes Streicheln sowie dem Erlernen des Spiels mit der Erregung bis zum Stimulieren und schließlich dem Einführen des Penis, zunächst ohne Beckenbewegung, dann mit erkundenden Bewegungen. Am Ende erfolgte die Freigabe der sexuellen Aktivität nach den individuellen Wünschen des Paares. Die Übungen waren so gehalten, dass beide Partner nach jeweils fünf Minuten die Rolle vom aktiven Streicher zum passiven Genießer wechselten, so dass die Übungszeit ca. 30 Minuten betrug. Die Partner sollten ein angenehmes räumliches Ambiente herstellen, also für gedämpftes Licht und Wärme sorgen, denn die Übungen wurden vollständig entkleidet durchgeführt. Der erste der beiden Partner sollte in der passiven Rolle sein, sich auf den Bauch legen und sich auf das kreative Gestreicheltwerden des aktiven Partners konzentrieren. Danach wurden die Rollen getauscht und nach ca. wiederum fünf Minuten sollte der erste Partner sich auf den Rücken legen, um in dieser Position das Gestreicheltwerden kennen zu lernen. Nach wiederum fünf Minuten erfolgt dann der Rollentausch, um dann nach weiteren fünf Minuten wieder die erste Übung auf dem Bauch liegend auszuführen, die dann ebenfalls im Rollenwechsel erfolgte. Beginnend mit nicht-forderndem Streicheln des gesamten Körpers unter Auslassung des Genitalbereiches („Sensate Focus") (Sensualitätsübung 1), erfolgte die Sensate Focus Übung 2, in der auch die Genitalregion und die weiblichen Brüste in die Streichelübungen einbezogen werden durften, allerdings nur durch „neutrales" Berühren. Dem erkundenden Streicheln (Übung 3) der Genitalien folgte als nächster Übungsschritt das stimulierende Streicheln (Übung 4). Zur Einführung des Penis in der nächsten Übung wurde die Koitusposition gewählt, bei der der Mann auf dem Rücken liegt und die Frau sich mit dem Gesicht so über ihn kniet, dass sie in den Übungen selbst das Glied einführen kann. In zwei weiteren Übungsschritten wurde diese Position erst ohne und dann mit erkundenden Bewegungen probiert, wobei der Schwerpunkt darauf lag, dass die Frau die Führung übernimmt und sich ganz auf ihre Vaginalempfindungen konzentriert. Schließlich durfte das Paar in dieser Position und später nach eigenen Wünschen zum Orgasmus kommen. In den anschließenden Besprechungen mit dem Therapeutenpaar wurden u. a. genaue Verhaltensinstruktionen bei aufgetretenen Schwierigkeiten, wie z. B. dem Kitzeligsein, gegeben.

Das dargestellte Schema wird bei der Behandlung aller sexuellen Funktionsstörungen durchgeführt. Bei der vorzeitigen Ejakulation und beim Vaginismus kommen allerdings noch ergänzend spezifische Schritte hinzu.

Masters und Johnson sahen sexuelle Störungen als Ausdruck sexueller Hemmungen und damit als Resultat unterdrückter Triebe an. Entsprechend sollte sich die sexuelle Lust durch Information, Aufklärung, Ermutigung und Übung wieder entfalten können. Die Partner sollten dabei stützende Hilfe fürei-

Tab. 12-1 Wirksamkeitsdaten der Sexualtherapie – ein Vergleich der Angaben von Masters und Johnson und anderen Autoren

	Masters und Johnson (1973)	Andere Autoren (nach Kockott und Fahrner 2004)
Symptomatik	Erfolg und Besserung	Besserung
sexuelle Appetenzstörungen	keine Angaben	niedrig
Ejaculatio praecox	97,4 %	ca. 80 %
sekundäre Erektionsstörungen	73,7 %	60–80 %
primäre Anorgasmie	83,4 %	ca. 80 %
sekundäre Anorgasmie der Frau	77,2 %	unterschiedlich: Orgasmusfähigkeit ohne Partner ist hoch, mit Partner bei 30–40 %
Vaginismus	100 %	ca. 80 %
Orgasmusstörung des Mannes	82,4 %	ca. 80 %

nander sein, die Dynamik des Paares jedoch war nicht Gegenstand des Konzeptes von Masters und Johnson. Deshalb war es in einer früheren Phase des Konzeptes bei alleinstehenden männlichen Patienten auch möglich, mit sog. Surrogatpartnerinnen, also bezahlten Frauen, zu arbeiten. Aus naheliegenden und berechtigten Gründen wurde später dieses Modell aber wieder aufgegeben.

Seit 1970 wurden zahlreiche Modifikationen vorgenommen und z. T. empirisch überprüft. Dabei zeigte sich, dass die Behandlung mit nur einem Therapeuten – sowie ambulant mit ein bis zwei Sitzungen wöchentlich – in gleicher Weise wirksam war. Eine weitere Entwicklung war das Einbeziehen der Paardynamik in die Therapie. Arentewicz und Schmidt (1993) erweiterten mit ihrem Hamburger Paartherapieprojekt die „Techniktheorie" der Übungen dahingehend, dass sie den Verhaltensanweisungen über den lerntheoretischen Zweck hinaus einen anderen Sinn gaben, indem sie sie als Katalysatoren für den therapeutischen Prozess ansahen und nach der Bedeutung der Übungserfahrungen für die Dynamik des Paares fragten. Aber auch möglicherweise vorhandene intrapsychische Konflikte des einzelnen Partners, z. B. die Angst vor passiver Hingabe und körperlicher Nähe, konnten durch die Übungen aktualisiert und gleichzeitig durch die Sicherheit des Koitusverbotes schrittweise reduziert werden. Durch das Sichtbarmachen und gleichzeitige Behandeln von Ängsten, Konflikten, Wünschen etc. des Einzelnen und des Paares stand damit nicht mehr nur die Therapie des sexuellen Symptoms, sondern auch die des Paares im Mittelpunkt des Konzeptes. Entsprechend nannten Arentewicz und Schmidt ihr Therapiekonzept **„Paartherapie bei funktionellen Sexualstörungen"**.

Auch Kaplan (1981) integrierte psycho- und partnerdynamische Aspekte in die Therapie und nannte ihr Konzept **„Neue Sexualtherapie"**.

Loewit (1994) ergänzte das Konzept von Masters und Johnson um den kommunikationstherapeutischen Aspekt. Er sah die sexuellen Probleme eines Paares vor allem als Störung ihrer Kommunikation an und war der Ansicht, dass die Sexualität für den Patienten weniger leistungsorientiert wird und weniger Versagensangst hervorruft, wenn mehr Wert auf die sexuelle Kommunikation gelegt werden würde.

Ausgehend von dieser Idee und der Überlegung, dass alle Menschen eine biopsychosoziale Absicherung brauchen, also den

Wunsch nach Erfüllung von Akzeptanz, Nähe, Geborgenheit und Sicherheit haben, wurde der Ansatz von Loewit (1994) zusammen mit Beier und Loewit (2004) zu einem eigenständigen Therapiekonzept, der sog. **syndyastischen Sexualtherapie**, weiterentwickelt, wobei der Begriff der Syndyastik von den Autoren neu eingeführt wurde. Das „syndyastische Prinzip" besteht darin, dass sexueller Körperkontakt als eine Form der Kommunikation gesehen wird, durch die das Gefühl der Zusammengehörigkeit und der Vertrautheit gefördert wird, so dass auf diese Weise psychosoziale Grundbedürfnisse erfüllt werden können. Der therapeutische Grundgedanke beruht also auf der Annahme einer gestörten gegenseitigen Befriedigung solcher elementaren Bedürfnisse. Ziel der syndyastischen Therapie ist neben der Wiederherstellung der gestörten Sexualfunktion deshalb auch die Verbesserung der Qualität der Beziehung mit Hilfe der neu verstandenen sexuellen Kommunikation. Die therapeutischen Paarübungen basieren ebenfalls auf dem Konzept von Masters und Johnson.

Effektivität der Sexualtherapie

Während Masters und Johnson (1973) über gute Erfolgsquoten, allerdings bei nicht exakt definierten Erfolgskriterien berichten, lassen spätere Ergebnisse eine ausgeprägte differentielle Wirksamkeit der Sexualtherapie sowie deutliche Unterschiede bei den verschiedenen Störungsbildern erkennen. Am niedrigsten sind die Erfolgsquoten bei Appetenzstörungen und am höchsten sind sie bei der primären Anorgasmie der Frau und beim Vaginismus. Tabelle 12-1 (S. 160) stellt die von Masters und Johnson angegebenen Wirksamkeitsdaten den späteren von Kockott und Fahrner (2004) beschriebenen Ergebnissen anderer Autoren gegenüber.
Die wenigen Studien zur Langzeitstabilität (3 Jahre und länger) zeigen zwar eine stabile Verbesserung der Paarbeziehungsqualität und der Zufriedenheit der einzelnen Partner, jedoch eine Instabilität und z. T. auch eine vorübergehende Verschlechterung der sexuellen Funktionsstörung, deretwegen die Therapie ursprünglich aufgenommen worden war.

12.2.3 Rückfallvermeidungstraining

Da empirische Studien gezeigt haben, dass bei einem Teil der Patienten die Behandlungseffekte nicht stabil blieben, wurde zu Therapieabschluss ein Rückfallvermeidungstraining in die Behandlung integriert (McCarthy 2001). Dabei werden Verhaltensweisen eingeübt, die das Paar bei einem Rückfall selbst alternativ anwenden kann. Auch werden Strategien wie z. B. Hobbys oder Sport, die bewusst inkompatibel zur Sexualität sind, gezielt eingesetzt, um einen eindeutig positiven Ausgleich herzustellen und um das Paar ggf. aus einem emotionalen Tief herausholen zu können. Aber auch Auffrischungssitzungen mit dem Therapeuten in größeren Abständen, in denen das Paar ggf. angewiesen wird, einige Sensualitätsübungen zu wiederholen, gehören zum Rückfallvermeidungsrepertoire dazu.

12.2.4 Gruppentherapie

Paargruppen

Aus ökonomischen Gründen und zur Nutzung der therapeutischen Vorteile wurde die Behandlung von Paaren auch in Gruppen von drei bis fünf Paaren von Kaplan et al. (1974) und in Deutschland vor allem von der Hamburger Arbeitsgruppe um Arentewicz durchgeführt. Die Paargruppen wurden meist symptom-homogen zusammengestellt und nach dem „Masters-Johnson-Konzept", allerdings mit jeweils dem einzelnen Paar individuell angemessenen Anleitungen, therapiert. Verglichen mit den Einzelpaarbehandlungen war dieses Setting etwas weniger erfolgreich und es gab eine deutlich höhere Quote von Trennungen der Paare. Dies kann darauf zurückgeführt werden, dass in Paargruppen die Möglichkeit besteht, dass der Patient u. U. von der Gruppe gegen seinen Partner unterstützt wird, aber auch darauf, dass Koalitionen mit anderen Gruppenteilnehmern eingegangen werden können. Das Phänomen, dass sich fast regelmäßig in der Gruppe ein Paar trennte, kann aber auch unter dem Aspekt der Gruppendynamik und der Dynamik von Paarbeziehungen verstanden werden: Das Spannungsfeld von Trennung und Harmonie, das in fast jeder Partnerschaft mehr oder weniger aktuell ist, kann sich gruppendynamisch so entfalten, dass auf ein Paar, stellvertretend für die anderen, die trennenden Affekte und Handlungen delegiert werden, während die anderen Paare dadurch die Möglichkeit einer projektiven Abwehr haben und sich harmonisierend zusammenschließen können. Von erfahrenen Therapeuten lässt sich der Abwehrcharakter der abgrenzenden Harmonisierung bei den anderen Paaren sowohl zum Schutz des therapiegefährdeten Paares bearbeiten als auch zum Zweck, dass sich jedes Paar mit dem eigenen Trennungsgefährdungspotenzial auseinandersetzen kann. Bei Nutzung dieser therapeutischen Vorteile können Gruppentherapien eine Alternative zu Einzelpaartherapien sein, und zu gleichen Erfolgen führen wie diese.

Frauen- und Männergruppen

Für Patienten mit sexuellen Störungen, die keinen festen Partner haben oder deren Partner nicht bereit ist, die Behandlung gemeinsam zu machen, wurden therapeutische **Frauengruppen** mit einer Therapeutin eingeführt. Barbach (1974) arbeitete bei anorgastischen Frauen in Anlehnung an die Konzepte von Masters und Johnson und die von LoPiccolo und Lobitz (1972) mit Verhaltensanleitungen zu bestimmten Übungen, die auf ein positives Verhältnis zum eigenen Körper und auf verstärktes Selbstvertrauen abzielten, wobei die Masturbation eine therapeutisch zentrale Rolle spielte. Frauen mit Orgasmusstörungen konnten in solchen reinen Frauengruppen erfolgreich therapiert werden.

Therapeutische **Männergruppen** haben sich dagegen aus verschiedenen Gründen weniger durchgesetzt. So werden bei Männern, die über ihre Körperwahrnehmungen in einer Männergruppe sprechen sollen, leicht Homosexualitäts-, aber auch Potenz- und Rivalitätsängste geweckt, die schließlich zum Ausscheiden aus der Gruppe führen können. Auch fällt es Männern, im Gegensatz zu Frauen, meist schwerer, eine schützende Gruppenkohärenz zu stiften. Das therapeutische Vorgehen in Männergruppen orientiert sich heute meist an dem von Zilbergeld (1975) entwickelten Behandlungsprogramm, in dem hauptsächlich Elemente des Selbstsicherheitstrainings zur erleichterten Kontaktaufnahme zu Frauen sowie eine Art systematischer Desensibilisierung bei der Masturbation zum Abbau von Versagensängsten eingesetzt werden.

12.2.5 Paartherapie

Eine nicht-sexualbezogene Paartherapie ist immer dann angezeigt, wenn allgemeine Paarkonflikte eindeutig im Vordergrund stehen und die sexuelle Problematik lediglich als Schauplatz für die Austragung dieser Konflikte dient.

12.2.6 Erfahrungsorientierte Therapien

Das Konzept von Masters und Johnson wurde vorwiegend von verhaltenstherapeutischer Seite im Laufe der Zeit durch neue Übungselemente ergänzt, hinter denen der Gedanke stand, dass der Abbau von Angst und Hemmungen zwar notwendig ist, dass er allein aber nicht zu einem positiven Erleben der Sexualität führt. Die daraufhin entwickelten verschiedenen Übungselemente können unter dem Begriff „Arousal Reconditioning" zusammengefasst werden. Sie haben das Ziel, die sexuelle Erregbarkeit und das Lustempfinden aufzubauen, um so zu einem positiven Erleben der Sexualität zu gelangen. Zu den Techniken gehören die von LoPiccolo und Lobitz (1972) entwickelten Übungen zur Selbsterfahrung des Körpers, der Gebrauch starker mechanischer Stimulation (Vibrator) bei Orgasmusstörungen und bei ausbleibender Ejakulation, der Einsatz von sexuellen Phantasien und die Anwendung enthemmender Rollenspiele, wie z. B. das Orgasmusrollenspiel von Lobitz und LoPiccolo (1972). Für Frauen, die noch nie einen Höhepunkt erlebt haben, wurde von LoPiccolo und Lobitz (1972) ein neunstufiges Programm entwickelt, durch das die Frau systematisch lernen kann, ihre Angst- und Schuldgefühle dem eigenen Körper gegenüber abzubauen, neue positive Gefühle sowie bestimmte sexuelle Fertigkeiten aufzubauen, und, sofern sie diese Form des sexuellen Erlebens bejaht, über Masturbation einen Orgasmus zu erreichen. Die Ergebnisse waren bei dieser Patientengruppe besser als die mit einem Vorgehen nach Masters und Johnson. Bei erektionsgestörten Patienten wies LoPiccolo (1991) darauf hin, dass gerade erfahrungsorientierte Übungen zu paradoxen Reaktionen i. S. einer „Meta-Versagensangst" führen können. Dies sei bei einigen seiner Patienten der Fall gewesen, die begonnen hätten, in einer entspannten, sinnlichen Situation, in der sich eigentlich eine Erektion hätte einstellen sollen, sich selbst zu beobachten und sich so unter Erwartungsdruck zu setzen.

12.2.7 Einzelübungen im Rahmen einer Paartherapie

Für manche Patienten mit einer ausgeprägten Aversion gegenüber Sexualität oder für Frauen mit sexuellen Missbrauchserfahrungen stellen die Sensualitätsübungen von Masters und Johnson bereits eine zu hohe Hürde dar, so dass in diesen Fällen im Rahmen der Paartherapie Einzelübungen vorgeschaltet werden können. Solche individualtherapeutische Anleitungen, die der körperlichen Selbsterkundung und Selbststimulation dienen sollen, werden häufig bei Frauen mit primären Erregungs- und Orgasmusstörungen oder bei Patientinnen eingesetzt, die mit ihrem Körper unzureichend vertraut sind oder die Probleme mit der körperlichen Selbstakzeptanz haben. Die Indikationsstellung sollte allerdings gut überlegt sein, denn durch Einzelübungen wird das paartherapeutische Setting verlassen, was Auswirkungen auf die therapeutische Beziehung und die Paardynamik haben kann.

12.3 Somatische Therapie

Somatische Behandlungsmethoden kommen vor allem bei erektilen Dysfunktionen zur Anwendung und lassen sich entsprechend der Leitlinien der Urologengesellschaft DGU 2001 unterteilen in 1. nicht-invasive Behandlungen, zu denen orale Medikationen und mechanische Hilfsmittel zählen, 2. teil-invasive Behandlungen (Injektionen) und 3. invasive Behandlungen (Operationen). Für die Behandlung sexueller Funktionsstörungen der Frau gibt es bisher keine überzeugende pharmakologische oder andere somatische Behandlung.

12.3.1 Nicht-invasive Behandlungen

Zu den nicht-invasiven Behandlungen gehören die orale Medikation, insbesondere Sildenafil (Viagra®), das inzwischen die größte Bedeutung bekommen hat, Aphrodisiaka, Apomorphin sowie Psychopharmaka und mechanische Hilfsmittel wie Vakuumpumpen, Penisringe, Gleitcremes und Vibratoren, aber auch transkutan applizierte Verfahren und als physiotherapeutische Maßnahme das Training der Beckenbodenmuskulatur.

Orale Medikation

Als orale Medikation zur Behandlung erektiler Dysfunktionen spielt der selektive Phosphodiesterasehemmer (PDE-5-Hemmer) Sildenafil, der ursprünglich zur Therapie der Koronarinsuffizienz entwickelt wurde, die zurzeit größte Rolle. Seit 1998 ist Viagra® im Handel und hat sich zur Behandlung von Erektionsstörungen mit und ohne definierte Ursache als wirksam erwiesen. Sildenafil bewirkt allerdings ausschließlich eine Verbesserung der Erektionsfähigkeit, nicht aber der Appetenz. Diese wird allenfalls sekundär als Reaktion auf die wiedererlangte Erektionsfähigkeit gesteigert. Möglicherweise bewirkt Viagra® eine verkürzte Refraktärzeit und es kann zu rascheren Ejakulationen kommen. Eine sehr gute Wirksamkeit hat sich in kontrollierten Studien bei erektionsgestörten Patienten mit traumatischen Rückenmarksschädigungen und psychisch bedingten Erektionsstörungen gezeigt, eine gute Effizienz wurde bei Patienten mit diabetesbedingten Erektionsstörungen und Erektionsbeeinträchtigungen nach Prostata-Operationen erreicht. Indikationsbereiche sind auch hypertoniebedingte Erektionsstörungen sowie Erektionsprobleme älterer Männer mit einer uneindeutigen Genese. Absolut kontraindiziert ist die gleichzeitige Gabe von Sildenafil mit nitrathaltigen Pharmaka, durch die gefährliche Blutdrucksenkungen auftreten können. Patienten mit Herzerkrankungen sollten vor der Sildenafil-Einnahme gründlich kardiologisch untersucht und beraten werden. Als unerwünschte Nebenwirkungen wurden in kontrollierten Studien Vasodilatation (Erröten), Kopfschmerzen, Dyspepsie, gelegentlich verstopfte Nase und Sehstörungen in Form eines Bläulichsehens im peripheren Gesichtsfeld, beschrieben. Alkohol verstärkt die gering blutdrucksenkende Wirkung von Sildenafil. Viagra® ist dosisabhängig zwischen 25 mg und 100 mg wirksam, wobei eine Steigerung auf 200 mg oder mehr keinen zusätzlichen Effekt ergibt. Der Wirkungseintritt geschieht mit sexueller Stimulation ca. $1/2$ bis 4 h nach Einnahme.

Inzwischen sind zwei weitere hochselektive Phosphodiesterasehemmer in den Handel gekommen. Es handelt sich um die Wirkstoffe Vardenafil (z. B. Levitra®), dessen chemische Struktur und Wirkungsdauer (5–6 h) Sildenafil sehr ähnlich ist, und Tadalafil (z. B. Cialis®), dessen Wirkung bis zu 36 Stunden dauert, so dass der Hersteller von einer täglichen Einnahme abrät.

Aphrodisiaka

Die pharmakologisch sehr unterschiedlich wirkenden Aphrodisiaka sind, wenn überhaupt, nur aufgrund ihres Placeboeffektes wirksam. Eine Ausnahme bildet das Yohimbin, ein früher aus der Rinde des afrikanischen Baumes Corynanthe Yohimbe hergestellter Extrakt, der heute als chemisch rein herstellbare Substanz (Yohimbin-HCl) erhältlich ist (z. B. Yocon-Glennwood®) und zur Therapie erektiler Dysfunktionen wirksam eingesetzt werden kann. In mehreren kontrollierten Studien in den letzten Jahren sowie in einer Meta-Analyse von Carey und Johnson (1996) konnte in der Behandlung von Appetenz- und Erektionsstörungen bei Männern eine begrenzte Überlegenheit von Yohimbin-HCl gegenüber Placebo nachgewiesen werden. Die Wirkung tritt frühestens zwei Wochen nach der Einnahme ein. Als Nebenwirkungen werden gelegentlich innere Unruhe, Händezittern, Schlafstörungen, Blutdrucksenkung und verstopfte Nase genannt.

Vor einiger Zeit wurde der Dopamin-Agonist **Apomorphin** in Deutschland für die Behandlung von Erektionsstörungen zugelassen. Die Nebenwirkungen, eine leichte bis mittlere Übelkeit, werden als mild und vorübergehend angegeben und auch eine gleichzeitige Behandlung mit nitrathaltigen Pharmaka soll möglich sein. Kontraindikationen werden nicht genannt, es wird jedoch vor einer Einnahme gewarnt, wenn Erkrankungen vorliegen, die eine sexuelle Aktivität nicht ratsam erscheinen lassen, wie z. B. eine schwere instabile Angina pectoris.

Psychopharmaka

Antidepressiva, wie der Serotonin-Wiederaufnahmehemmer Trazodon, haben oft sexuelle Nebenwirkungen, so dass sie auf umgekehrtem Wege als Therapeutika eingesetzt wurden. Placebo-kontrollierte Untersuchungen konnten aber keinen besseren Therapieeffekt nachweisen. Generell sind Psychopharmaka als alleiniges Therapeutikum unzureichend, allerdings kann eine zusätzliche Gabe von Antidepressiva bei nachgewiesener Grunderkrankung sinnvoll sein.

Mechanische Hilfsmittel

Vakuumpumpen und Penisringe sind relativ unschädliche Hilfsmittel, die allerdings nach der Einführung von Sildenafil ihre Bedeutung verloren haben. Die Vakuumerektionshilfe wird über den Penis gestülpt und verbessert durch Erzeugung eines Unterdrucks die Erektion. Ist diese erreicht, wird ein Spannring um die Peniswurzel gelegt und der Hohlkörper entfernt, so dass das in den Schwellkörpern befindliche Blut in diesen „gefangen" und damit die Erektion erhalten bleibt. Nach spätestens 30 Minuten muss das Spanngummiband entfernt werden, um Gewebeschäden zu vermeiden. Nach dem gleichen Prinzip funktionieren die aus Hartgummi bestehenden Penisringe, mit denen die Erektion aufrechterhalten werden kann. Sie werden mit Hilfe der drehbaren Öffnung um den Penisschaft unter dem Hodensack befestigt. Die bei einigen Penisringen auf der Oberfläche aufgeklebten Metallplättchen erzeugen einen schwachen elektrischen Strom, sobald Kontakt zu Feuchtigkeit besteht. Nicht belegt werden konnte, dass der Strom einen stimulierenden Effekt auf die Schwellmechanismen ausübt. Kontraindiziert sind Penisringe und Vakuum-Erektionssysteme bei Blutgerinnungsstörungen mit Blutungsneigung sowie bei Bluterkrankungen mit Thrombenbildung.

Gelegentlich werden zur Behandlung der ausbleibenden Ejakulation Vibratoren empfohlen. Sofern solche mechanischen Hilfsmittel bei totaler Ejakulationsunfähigkeit ein erstes Ejakulationserlebnis ermöglichen, können sie hilfreich sein. Bei praktikabhängiger Ejaculatio deficiens sind sie allerdings unwirksam. Der Einsatz von Vibratoren bei Frauen wird im Rahmen von erfahrungsorientierten Sexualtherapien empfohlen.

Verfahren mit transkutaner Applikation

Die Anwendung von transkutan verabreichtem Strom, die sog. funktionelle Elektromyostimulation, stellt eine Standardmethode zur Behandlung von Störungen der Skelett- oder quergestreiften Muskulatur dar. Deshalb lag es nahe, dieses Verfahren auch bei dem glattmuskulären kavernösen Gewebe des Penis anzuwenden, da es sich bei organisch bedingten Erektionsstörungen oft um eine Erkrankung der glatten Muskelzellen des Schwellkörpers handelt. Dieses als **„funktionelle Elektrostimulation des Corpus cavernosum"** (FEMCC) bezeichnete Verfahren, das mittels eines Stimulators über auf den Penisschaft aufgeklebte Oberflächenelektroden erfolgt, hat bereits erste erfolgversprechende Ergebnisse gezeigt.

Im Gegensatz dazu sind die Berichte über Versuche transkutaner Anwendung von Pharmaka, wie das Sprayen von Nitro auf die Glans und die Penisschafthaut, sowie anderer Substanzen, noch nicht aussagekräftig genug. Eine transdermale Applikationsweise (Pflaster) empfiehlt sich auch für die Testosteron-

oder Östrogensubstitution bei signifikant erniedrigtem Hormonspiegel.

12.3.2 Teil-invasive Behandlungen

Zu den teil-invasiven Behandlungen zählen die Schwellkörperautoinjektions-Therapie (SKAT) und die seit 1996 in den USA und später in verschiedenen europäischen Ländern zugelassene intraurethrale Applikation von Prostaglandin E1 (PGE 1) bei organisch bedingten Erektionsstörungen.

SKAT

Zur Diagnose von Gefäßveränderungen als Ursache sexueller Funktionsstörungen hat sich die Schwellkörperautoinjekions-Therapie (SKAT) seit langer Zeit bewährt. Die Methode besteht darin, dass vasoaktive Pharmaka in den Penisschwellkörper injiziert werden, durch die eine künstliche Erektion erreicht werden kann. Je nachdem, wie intakt der Schwellkörper ist, lässt sich rasch oder langsam eine unvollständige oder vollständige Erektion herbeiführen und diagnostisch verwerten. Inzwischen wird die intrakavernöse Injektion auch zur Behandlung von Erektionsstörungen angewandt. Meist während eines stationären Aufenthaltes wird den Patienten die nicht-schmerzhafte Injektionstechnik gezeigt, die dann bei Bedarf zu Hause selbst angewendet werden darf. Normalerweise entwickelt sich 10–20 Minuten nach der Injektion die Erektion, die je nach Dosierung zwischen 20 und 60 Minuten anhält. Als unverwünschte Nebenwirkung kann vor allem unter Papaverin als Monosubstanz ein Priapismus auftreten, der spätestens nach 6 Stunden behandelt werden muss, um eine irreversible Gewebszerstörung zu vermeiden. Bei der Kombination von Papaverin plus Phentolamin wurden prolongierte Erektionen weniger häufig festgestellt. Ein Nachteil der SKAT ist die Applikationsform und die Wirkweise, denn die Erektion tritt in jedem Fall, und somit auch unabhängig von der sexuellen Gestimmtheit des Patienten, auf. Es wird auch von Spontanerektionen berichtet, so dass aufgrund dieser Nachteile und der häufig vorkommenden Ablehnung durch die Partnerin die Behandlung aufgegeben wird. Als Mittel der Wahl zur intrakavernösen Therapie gilt heute die Injektion von PGE 1 (z. B. Caverject®, Viridal®)(Beier et al. 2005). Aber auch eine Kombination von Papaverin, Phentolamin, PGE 1 und auch mit Atropin als Vierfachkombination wurde inzwischen mit noch unklarem Ausgang getestet. Ebenfalls in der Erprobung befinden sich alternative Substanzen, deren Wirksamkeit und Nebenwirkungen noch detaillierter erforscht werden müssen.

Intraurethrale Applikation von PGE 1 (MUSE®)

Eine Studie an 1511 Patienten im Alter von 27 bis 88 Jahren über den Versuch, PGE 1 nicht intrakavernös, sondern transurethral zu applizieren, belegte eine hohe Akzeptanz des Verfahrens bei relativ guter Verträglichkeit und Sicherheit. Dosisabhängige Nebenwirkungen (Schwindel, Hypertonie) wurden nur bei sehr wenigen Patienten beobachtet. Kontraindikationen sind Blutgerinnungsstörungen und Schwangerschaft der Partnerin (Wehenauslösung). In Deutschland ist diese als MUSE® (Medizinisches Urethrales System zur Erektion) bezeichnete Behandlungsverfahren seit 1999 zugelassen. Die Anwendung erfolgt mit Hilfe eines sterilen Einmal-Applikators, der nach einer Miktion ca. 3 cm tief in die Harnröhre eingebracht wird. Durch einen Auslöseknopf wird die Substanz, die sich am Ende des Stäbchens befindet, freigesetzt. Nach 5–10 Minuten tritt die Erektion ein, die 70–80 Minuten anhalten soll.

12.3.3 Invasive Behandlungen

Gefäßchirurgische Eingriffe zur Verbesserung der Durchblutung der den Penis versorgenden arteriellen Gefäße sind durchgeführt worden, aber in ihren Ergebnissen sehr umstritten, da nach heutigem Wissen bei nur einem kleinen Teil der Patienten mit „venösem Leck" eine echte venöse Abflussstörung vorliegt.

Penis-Prothesen werden seit über 20 Jahren chirurgisch eingesetzt. Silikonprothesen bestehen aus Stäbchen, die in die beiden Schwellkörper eingesetzt werden. Derzeit sind drei Arten von Prothesen üblich: die starre Silikonprothese, die eine permanente Erektion bewirkt, Prothesen mit biegsamen Stäben, die entlang des Penis verlaufen, am perinealen Ende aber flexibel sind, so dass der Penis „in Gebrauch" gedreht werden kann und Prothesen mit flüssigkeitsgefüllten Stäben, die über ein unter der Bauchdecke befindliches Reservoir hydraulisch gefüllt und geleert werden können, so dass sich eine künstliche Gliedsteife entwickeln und zurückbilden lässt. Da die Operation zu einer irreversiblen Zerstörung der Penisschwellkörper führt, und der Patient dadurch auch von zukünftigen Therapieoptionen ausgeschlossen bleibt, sollte sie möglichst überhaupt nicht durchgeführt werden.

Auch nicht vorgenommen werden sollten „Schönheitsoperationen" am Genitale, wie chirurgische Penisverlängerungen oder Korrekturen z. B. der kleinen Schamlippen bei der Frau. Ebenfalls sollten operative Eingriffe bei Frauen „zur Behandlung" des Vaginismus unterlassen werden. In der falschen Annahme, dass es sich um einen anatomisch zu kleinen Scheideneingang handelt, wird dieser von manchen Ärzten dilatiert oder inzisiert. Sinnvoll und notwendig jedoch können Nachoperationen zur Korrektur z. B. von Narben etc. als Ursache von Dyspareunien sein.

12.4 Somato-Psychotherapie

Unter Somato-Psychotherapie wird eine Behandlungsform verstanden, die sowohl somatische als auch psychotherapeutische Anteile integriert. Solche Kombinationstherapien kommen vor allem bei älteren Männern mit Erektionsstörungen zum Einsatz, bei denen oft neben psychischen auch körperliche Ursachen bestehen. Aber auch bei einzelnen anderen Störungsbildern ist manchmal, wie im Folgenden dargestellt wird, eine Kombinationsbehandlung indiziert.

12.5 Therapie einzelner Störungsbilder

Vor jeder Behandlung steht die Diagnosestellung mit Abklärung der Ursachen. Bei primär körperlich bedingten Beeinträchtigungen der sexuellen Funktion liegt der Schwerpunkt auf der Linderung oder Beseitigung dieser Ursachen. In vielen Fällen, vor allem auch bei chronischen oder psychiatrischen Erkrankungen, ist eine zusätzliche Sexualberatung oder eine begleitende Psychotherapie indiziert.

Die relative Übersichtlichkeit der somatischen Behandlungsmöglichkeiten und die scheinbar einfach anzuwendenden psychotherapeutischen Techniken dürfen allerdings nicht dazu verleiten, diese ohne fachliche Erfahrung anzuwenden, denn jeder Therapieprozess ist ein hochkomplexes, individuelles Geschehen und jede Behandlung muss auf den Einzelfall zugeschnitten bleiben. Von therapeutischer Seite erfordert sie ein hohes Maß an klinischer Erfahrung und therapeutischer Fähigkeiten. Erwähnt sei an dieser Stelle der bedauerliche Umstand, dass nach den Richtlinien der gesetzlichen Versicherungen und der Beihilfevorschriften nur das tiefenpsychologisch fundierte Verfahren und die Verhaltenstherapie sowie die Psychoanalyse als ambulante Behandlungsmethoden zugelassen sind, wobei dies allerdings für alle psychischen Erkrankungen und nicht nur für die sexuellen Störungen gilt.

Bei der Behandlung der einzelnen Störungsbilder gelten die oben dargestellten Grundprinzipien und Methoden, so dass im folgenden Abschnitt nur auf Ergänzungen und Besonderheiten eingegangen werden soll.

12.5.1 Appetenzstörungen

Bei der Frau

Bei sekundären Appetenzstörungen, die auf schwerwiegenden Allgemeinerkrankungen, vulvo-vaginalen Defektzuständen, auf Östrogenmangel oder auf einer Hyperprolaktinämie beruhen, sind entsprechende somatotherapeutische Maßnahmen zu treffen. Auch bei einer psychiatrischen Grunderkrankung oder bei einem nachgewiesenen Androgenmangel sind medikamentöse Maßnahmen indiziert.

Liegen keine organischen Ursachen zugrunde, sind in jedem Einzelfall somato-psychotherapeutische Verfahren abzuwägen. Ist eine Psychotherapie nicht möglich oder nicht gewollt, kommen appetenzsteigernde Pharmaka wie Yohimbin oder antidepressiv wirkende Medikamente in Betracht. Auf keinen Fall sollten jedoch Drogen wie Amphetamine, Kokain, Cannabis oder Alkohol zur Luststeigerung angewendet oder empfohlen werden. Psychotherapeutischerseits haben Appetenzstörungen aufgrund ihrer meist sehr ausgeprägten multifaktoriellen Bedingtheit eine weniger günstige Prognose. Die psychotherapeutische Basis ist, wie auch bei den anderen sexuellen Störungsbildern, die Sexualtherapie, durch die dem Paar die Möglichkeit gegeben wird, sich wieder schrittweise an körperliche und sexuelle Kontakte heranzutasten. Dadurch können auch zugrunde liegende psychische Problembereiche sichtbar gemacht und bearbeitet werden. Gerade bei der Behandlung von Libidostörungen empfiehlt sich die Kombination verschiedener therapeutischer Strategien, entsprechend der hauptsächlichen Ursachen. So kann der Fokus auf die Partnerschaftsprobleme gerichtet sein und/oder auf der Bewältigung von Lebensbelastungen liegen, es können aber auch Persönlichkeitsstörungen und Konflikte sowie sexuelle Ängste psychotherapeutisch mit den unterschiedlichsten Verfahren behandelt werden. In eine Verhaltenstherapie integriert werden kann der kognitiv-behaviorale Behandlungsansatz, der auf die Veränderung der lusthemmenden Gedankenprozesse, Einstellungen und Gefühle zielt, mit denen die Patientin ihr sexuelles Bedürfnis abschaltet. Der systemische Ansatz fokussiert vor dem Hintergrund der Ursprungsfamilie die Beziehungsmuster in der aktuellen Partnerinteraktion. Kaplan (1981) entwickelte für die Appetenzstörungen die Methode der Psychosexualtherapie, die das verhaltenstherapeutische Vorgehen der klassischen Sexualtherapie mit den psychoanalytischen Prinzipien der Erkenntnisgewinnung kombiniert. In bestimmten Übungsaufgaben sollen die Patienten Einsicht in die unmittelbaren Auslöser des Symptoms bekommen, indem sie erkennen, mit welchen Mitteln sie ihre erotischen Impulse zu hemmen versuchen, damit sie diese Mechanismen dann aufgeben können. Bei einem gleichzeitigen Vorliegen einer Sexualphobie stellen nach Kaplan sexualtherapeutische Maßnahmen ein zu hohes Angst- und Paniklevel her, so dass die Symptome und die Sexualvermeidung dadurch verstärkt werden können. Damit sich die betroffenen Frauen überhaupt erst den Behandlungsmaßnahmen öffnen konnten, kombiniert Kaplan (1995) die sexualpsychotherapeutische Behandlung mit angstreduzierender Medikation.

Beim Mann

Auch für die Appetenzstörungen bei Männern gilt der Grundsatz, dass zunächst organische Ursachen und Grunderkrankungen beseitigt oder behandelt werden müssen. Die Therapie mit Sexualhormonen ist nur dann sinnvoll, wenn ein nachgewiesener Mangel besteht. Bei ausgeprägter sexualphobischer Symptomatik kann der Einsatz von Anxiolytika eine unterstützende Funktion einnehmen. Das nicht trizyklische Antidepressivum Trazodon (z. B. Thombran®) bewirkt bei Männern als Nebenwirkung eine Erektionsverbesserung durch die sekundär eine Appetenzsteigerung erreicht werden kann. Auch die Entscheidung über den Einsatz anderer Psychopharmaka zur Libidosteigerung, wie z. B. den selektiven MAO-Hemmer Typ B Selegilin, der bei älteren Patienten eine Appetenzsteigerung bewirkt, sollte in jedem Einzelfall gesondert getroffen und gut überlegt werden. Sinnvoll ist ihre Anwendung lediglich zur Behandlung einer bestehenden psychiatrischen Grunderkrankung.

Bei der psychotherapeutischen Behandlung von männlichen Appetenzstörungen gelten die gleichen Grundsätze wie bei der Therapie von Frauen. Eines der wenigen Behandlungsprogramme, das sich speziell mit männlichen Appetenzstörungen beschäftigt, stammt vom McCabe (1992). Mit Hilfe seines multimodalen Therapiekonzeptes sollen intrapsychische Konflikte und Beziehungsfaktoren bearbeitet, das sexuelle Repertoire erweitert, Einstellungen verändert und die sexuelle Kommunikation verbessert werden. Als therapeutische Strategien werden Kommunikationsübungen, Sensualitätsübungen nach Masters und Johnson sowie die Technik der angeleiteten erotischen Phantasie eingesetzt. Auch die Partnerin wird grundsätzlich in die Therapie einbezogen. Während sich die Qualität der Partnerschaft und sexuelle Ängste mit diesem Programm gut verbessern ließen, zeigte es hinsichtlich der sexuellen Appetenz aber nur eine geringe Wirksamkeit.

12.5.2 Erregungsstörungen

Bei der Frau

Sofern die Erregungsstörung auf mangelnde Lubrikation zurückzuführen ist, sind Gleitcremes oder Speichel nützliche Hilfsmittel.
Neben der Sexualtherapie und den gezielten Masturbationsübungen nach LoPiccolo und Lobitz (1972) wird auch das modifizierte Behandlungskonzept von Kaplan (1981) zur Therapie der weiblichen Erregungsstörung eingesetzt. Zur Reduktion der hemmenden Angst in dieser Phase empfiehlt Kaplan die Desensibilisierungsübungen aus dem Programm von Masters und Johnson, die bei Bedarf durch erotische Vorstellungen ergänzt werden sollen, um von den die Erregung störenden Ängsten abzulenken. Kaplans wesentlicher therapeutischer Grundgedanke ist dabei, dass die Frau in einer entspannten Atmosphäre ohne Druck schrittweise sexuelle Erregung zu spüren lernt, abgewehrte Empfindungen wiederentdeckt und Hemmungen abbauen kann. Darüber hinaus ist es das Ziel einer jeden Therapie, dass die Frau ihre eigenen Wünsche auszudrücken lernt und später in der Lage ist, sich gegen alles sexuelle Verhalten abzugrenzen, das sie nicht mag. Insbesondere für Frauen mit Missbrauchserfahrungen ist es von erheblicher Bedeutung, dass sie die Sicherheit gewinnen, eine sexuelle Situation selbst steuern zu können.

Beim Mann: Erektionsstörungen

Als somatische Therapiemöglichkeiten stehen heute die orale Medikation und die intraurethrale Applikation (MUSE®), die intrakavernöse Injektionstherapie (SKAT), die Substitution von Testosteron, chirurgische Maßnahmen, die funktionelle Elektromyostimulation des Corpus cavernosum (FEMCC), prothetische Versorgung und mechanische Hilfsmittel zur Verfügung (s. Kap. 12.3). Aus einem ganzheitlichen Behandlungsverständnis heraus sollten somatische Therapiemaßnahmen aber auch immer von psychologischer Beratung begleitet sein.

Während bei jüngeren Männern erektile Dysfunktionen meist psychisch bedingt sind, stehen bei älteren Männern dagegen das Nachlassen der zentralen und peripheren Erregbarkeit im Vordergrund, so dass das sexuelle System damit auch störanfälliger für psychische Einflüsse wird, die sich durch diese Schwächung leichter manifestieren können. Dies macht deutlich, dass gerade bei älteren Patienten ein somato-psychotherapeutisches Vorgehen unumgänglich ist.

Psychogene Erektionsstörungen beruhen neben Versagensangst oft auch auf sexuellen Lerndefiziten und auf der mehr oder weniger bewussten Einnahme der Beobachterrolle, die vor allem die Unsicherheit über die Erektionsfähigkeit noch verstärkt. Das sexualtherapeutische Konzept von Masters und Johnson zielt auf den Abbau dieser Ursachen ab. Da gerade für diesen Patientenkreis die wiederholte Erfahrung wichtig ist, dass sich eine abgeklungene Erektion nach einer angemessenen Stimulation wieder einstellt, empfehlen Masters und Johnson, dass im Rahmen der Sensualitätsübungen zusätzlich das absichtliche Aufbauen und Abklingenlassen der Erektion geübt wird. Diese sog. „Teasing-Methode" wird eingesetzt, wenn durch das Sensualitätstraining Erektionen wieder hergestellt werden konnten. Beim **manuellen Teasing** soll das Paar zunächst durch Streicheln oder masturbatorische Bewegungen eine Erektion herbeiführen. Danach soll eine kurze Pause erfolgen, damit sich die Erektion wieder zurückbilden kann. Dann erfolgt eine erneute Stimulation, so dass sich die Erektion wieder aufbauen kann. Diese Übung soll drei- bis viermal hintereinander ohne Leistungsdruck mit einem eher spielerischen (teasing) Charakter wiederholt werden. Wenn das Paar die manuelle Teasing-Technik ausreichend geübt hat, wird das sog. **koitale Teasing** empfohlen. Dabei kniet die Partnerin über dem auf dem Rücken liegenden Mann so, dass sein Penis ihre Vagina fast berührt. Dann beginnt die Partnerin, ihn manuell zu stimulieren, bis sich eine Erektion entwickelt hat. Sie führt dann selbst langsam den Penis ein, so dass der Mann unauffällig von der Verantwortung entbunden ist. Anschließend wird die Vereinigung gelöst und eine Entspannungspause eingelegt, bis sich die Erektion wieder zurückgebildet hat. Diese Übung wird so lange wiederholt, bis der Mann genügend Sicherheit gewonnen hat. Ist dies der Fall, kann die Frau nach der Einführung mit langsamen, aber nicht fordernden Beckenbewegungen beginnen. Nach einiger Zeit soll das Paar die Vereinigung wieder aufheben und sich entspannen. Danach soll erneut mit der Stimulierung begonnen werden und die Frau führt den Penis wiederum langsam ein. Dabei soll sich der Mann ganz auf die Wahrnehmung konzentrieren, aber noch passiv bleiben, während sich die Frau bewegt. Erst wenn er genügend Sicherheit über seine Erektionsfähigkeit gewonnen hat, darf auch er mit zurückhaltenden Beckenbewegungen beginnen, und beide dürfen zum Orgasmus kommen.

12.5.3 Orgasmusstörungen

Bei der Frau

Bei der Behandlung werden die primäre, die koitale und die partnerbezogene Anorgasmie unterschieden. Eine wichtige therapeutische Strategie für alle Störungsformen ist die Lösung der Patientinnen von ihrem Fixiertsein auf das Orgasmuserleben und der damit meist verbundenen Neigung zur Selbstbeobachtung. Dies wird durch das sexualtherapeutische Programm von Masters und Johnson ermöglicht, durch das die Patientin lernt, sich auf ihren gesamten Körper zu konzentrieren und eine optimale Entspannung zu erleben. Bei einer primären Anorgasmie kann es hilfreich sein, wenn die Patientin darüber hinaus masturbatorische Übungen

z. B. nach dem neunstufigen Programm von LoPiccolo und Lobitz (1972) durchführt, wobei ihr verdeutlicht werden sollte, dass es sich nicht um eine Selbstbefriedigung im eigentlichen Sinne handelt, gegen die oft Widerstände besteht, sondern um einen Weg, sich selbst kennen zu lernen, um somit auch die Partnerbeziehung verbessern zu können. Bei der koitalen Anorgasmie empfiehlt sich, im Rahmen der Sensualitätsübungen das sog. **Brückenmanöver** einzusetzen. Dabei lässt sich die Frau klitoral bis kurz *vor* dem Orgasmus, nicht in ihn hinein, stimulieren bzw. sie tut es selbst, um dann nach der Imissio den Orgasmusreflex durch die koitalen Beckenbewegungen auslösen zu lassen. Kaplan (2000) nennt dies die Brücke zwischen klitoraler Stimulierung und Koitus.

Bei partnerbezogenen Anorgasmien ist es unumgänglich, die Partnerkonflikte, aber auch möglicherweise zugrunde liegende Ängste und Hemmungen zu bearbeiten. Auch sollte bei der Frau ggf. eine Einstellungsänderung dahingehend erreicht werden, dass sie bereit wird, Verantwortung für ihre eigene Befriedigung zu übernehmen und für eine ausreichende Stimulation zu sorgen, damit für sie die Sexualität mehr wird als nur ein Mittel, dem Partner zu gefallen.

Beim Mann

Vorzeitiger Samenerguss

Die meisten Männer mit dieser Störung haben schon zu „Selbsthilfemaßnahmen" gegriffen, zu denen die Benutzung von Kondomen oder anästhesierende Salben gehören. Auch haben sie in der Regel schon psychologische und körperliche Praktiken, wie kognitive Ablenkung und „nur wenige Bewegungen ausführen" oder „auf dem Rücken liegen", ausprobiert. Helfen diese Maßnahmen nicht, suchen sie dann meist professionelle Hilfe auf. Ärztlicherseits werden oft Psychopharmaka verordnet, wobei Benzodiazepine aufgrund des Abhängigkeitsrisikos auf keinen Fall verschrieben werden sollten. Unter den Neuroleptika ist Thioridazin mit seiner eher ejakulationsverzögernden Wirkung bekannt, aber auch das trizyklische Antidepressivum Clomipramin (z. B. Anafranil®), das bei Bedarf ca. zwei bis vier Stunden vor dem Sexualkontakt eingenommen werden soll. Erfolgreich und mit relativ geringen Nebenwirkungen werden auch die Serotonin-Wiederaufnahmehemmer Fluoxetin (z. B. Fluctin®), Paroxetin (z. B. Tagonis®) und Sertralin (z. B. Zoloft®) gegeben, wobei Paroxetin und Sertralin die intravaginale Ejakulations-Latenzzeit (IELT) um das Vielfache verlängern sollen. Eine antidepressive Wirkung tritt jedoch nicht auf, denn diese setzt erst nach einer mehrwöchigen Einnahmedauer ein. In jedem Fall sollte die orale Medikation verantwortungsbewusst abgewogen und psychologisch begleitet sein.

Als psychotherapeutische Maßnahme haben sich neben dem sexualtherapeutischen Grundprogramm von Masters und Johnson und ggf. einer einzelpsychotherapeutischen Bearbeitung möglicher intrapsychischer Konflikte die Stop/Start-Methode und die Squeeze-Technik bewährt. Beide Übungen können auch ohne Sensualitätstraining angewendet werden, falls nicht genügend Therapiezeit zur Verfügung steht.

Stop/Start-Methode

Diese Methode zielt darauf ab, dass Männer lernen, den Zeitpunkt des „point of no return" genauer wahrzunehmen, um ihre Erregung und den Ejakulationsprozess besser steuern zu können. Eingebettet in die Sensualitätsübungen wird dieses Verfahren bei der Stufe „stimulierendes Streicheln" durchgeführt. Die Stop/Start-Technik basiert auf einem Ansatz von Semans (1956) und eignet sich für die Behandlung leichterer Ausprägungen des vorzeitigen Orgasmus. Im ersten Schritt wird der Patient von seiner Partnerin stimuliert, während er sich selbst ganz auf seine sexuellen Empfindungen und die zunehmende Erregung konzentriert. Sobald er sich der Orgasmussschwelle nähert, gibt der Mann seiner Partnerin ein Stop-Signal, woraufhin sie die sexuelle Stimulation unterbricht. Nach einem leichten Abklingen der sexuellen Erregung gibt der Patient wieder ein Start-Signal. Daraufhin stimuliert die Frau erneut den Partner, doch bei diesem Mal soll sich der Patient der Orgasmusschwelle noch stärker nähern, bevor wieder ein Stopzeichen gegeben wird. Dieses Vorgehen wird ca. drei- bis viermal wiederholt, bis beim letzten Mal die Orgasmusschwelle bewusst überschritten werden darf. Wichtig ist, dass die Erregung während der kurzen Stimulationspause nicht zu weit abfällt, so dass es zu einem Erektionsverlust kommt. Deshalb empfiehlt es sich, dem Patienten eine innere Skala vorzuschlagen, die von 0 bis 10 reicht, wobei 0 gar keine und 10 die stärkste Erregung darstellt. Das optimale Erregungsniveau liegt zwischen 6 und 8. Der Patient soll versuchen, sich so lange wie möglich in diesem Bereich zu bewegen, denn bei 9 ist die Nähe zur Orgasmusschwelle zu kritisch und unter 6 das Erregungsniveau zu schwach. Bis zu diesem Schritt kann der Patient die Stop/Start-Methode auch durch Selbststimulation üben. Ist die Steuerungsfähigkeit verbessert, kann das Verfahren auf den Koitus übertragen werden. Dazu legt sich der Mann auf den Rücken und die Frau kniet sich über ihn und führt den Penis in die Vagina ein. Zunächst sollen keine Beckenbewegungen ausgeführt werden, damit sich der Mann an das Gefühl und an diese Situation, in der es ja meist zum vorzeitigen Erguss kommt, gewöhnen kann. Wird der Drang zur Ejakulation zu groß, gibt er seiner Partnerin ein Stopzeichen, woraufhin die Vereinigung gelöst wird, um nach einer Erregungspause das Glied anschließend wieder einzuführen. Wenn dieser Schritt gelingt, darf der Mann sich weiter der Orgasmusschwelle nähern, indem er gerade so viele Beckenbewegungen ausführt, dass die Erektion erhalten bleibt, während die Partnerin sich noch nicht bewegen soll. Erst wenn der Mann den Ejakulationsprozess sicher kontrollieren kann, darf auch die Frau Beckenbewegungen ausführen. Beim letzten Schritt nehmen beide Partner eine seitliche Koitusstellung ein. In dieser Position darf die Frau ihr Becken frei bewegen und der Mann kann, wenn seine Erregung zu sehr ansteigt, seine Beckenbewegungen oder die koitale Verbindung unterbrechen und doch eine volle Erektion behalten. Gelingt auch das, sollte die Erfahrung auf die Koitusposition „Mann oben"-Stellung ausgedehnt werden, da diese Position von den meisten Patienten als besonders problematisch erlebt wird.

Die Stop/Start-Methode erweist sich oft als nicht ausreichend, so dass Masters und Johnson dieses Verfahren modifiziert als sog. Squeeze-Technik in ihr Programm aufgenommen haben.

Sqeeze-Technik

Die Squeeze-Technik wird ebenfalls während der letzten Stufen des Sensualitätstrainings eingesetzt und angewendet. Im ersten Schritt wird dem Paar empfohlen, eine Erektion herzustellen, wobei der Mann sich voll auf seine sexuellen Empfindungen und den Aufbau der sexuellen Erregung konzentrieren soll. Steigt der Drang zum Erguss durch die Stimulierung an, gibt der Mann wie bei der Stop/Start-Methode ein Zeichen. Doch diesmal übt die Partnerin oder der Mann selbst die Squeeze-Technik aus. Dabei legt die Frau ihren Daumen auf das Glied in Höhe des Frenulum und den Zeige- und Mittelfinger ober- und unterhalb der Kranzfurche auf der Rückseite der Eichel. Dann drückt sie den Daumen und die beiden anderen Finger für drei bis sechs Sekunden gegeneinander. Durch diesen Druck vermindert sich der Drang zur Ejakulation. Sollte der Druck für den Mann zu unangenehm sein, kann die Frau auch alternativ ca. 8–15 Sekunden lang etwas vorsichtiger drücken. Ist die Erektion ausreichend zurückgegangen, sollte die Frau den Penis wieder stimulieren und die Squeeze-Technik beginnt von Neuem. Insgesamt sollte diese Übung drei- bis viermal hintereinander angewendet werden, wobei der Mann sich jeweils dem Orgasmus immer weiter annähert. Auf jeden Fall soll aber das Drücken erfolgen, bevor sich der Ejakulationsprozess nicht mehr beeinflussen lässt. Am Ende einer Übungsfolge, bestehend aus Stimulation und Drücken, kann die Frau ihren Partner bis zum Orgasmus stimulieren, sofern er es wünscht. Auch die Squeeze-Technik kann auf den Koitus übertragen werden. Dazu wendet die Frau zunächst die Squeeze-Technik an. Geht die Erektion nach dem ersten Druck zurück, kniet sich die Frau über den auf dem Rücken liegenden Mann und führt den schlaffen Penis in die Vagina ein („Stopftechnik"). Nach ein paar Minuten beginnt sie, sich langsam zu bewegen, bis der Penis erigiert ist. Kurz vor dem Orgasmus gibt der Mann ihr ein Zeichen, sie nimmt den Penis aus der Scheide und wendet die Squeeze-Technik an. Sobald die Erektion zurückgegangen ist, führt die Frau den Penis erneut in die Vagina und beginnt die Übung von vorn. Wie bei der Stop/Start-Methode dürfen die Partner mit zunehmenden Übungserfolg, zunächst der Mann allein, später beide abwechselnd und dann beide gemeinsam, Beckenbewegungen ausüben. Der erste Schritt der Squeeze-Technik kann, wie bei der Stop/Start-Technik auch vom Mann selbst ausgeübt werden, sie hat dann aber nicht immer den gleichen Effekt.

Ejaculatio retrograda

Bei bestehendem Kinderwunsch empfiehlt sich die medikamentöse Therapie mit Ephedrin, Midodrin, Imipramin, Clomipramin oder Etilefrin. Zur homologen Insemination kann postkoitaler Urin zentrifugiert und aufbereitet werden.

Orgasmushemmung

Als mechanisches Hilfsmittel kommt die Vibratorstimulation in Frage, durch die ein erstes befreiendes Ejakulationserlebnis ausgelöst werden kann, durch das manchmal das Problem schon behoben sein kann.

Das therapeutische Grundprinzip der Behandlung männlicher Orgasmushemmungen besteht, wie bei der von weiblichen, darin, den Patienten aus seiner verkrampften Fixierung auf den Orgasmus zu lösen und ihn von seinem Kontrollbedürfnis abzulenken. Dies kann durch eine Maximierung der sexuellen Stimulation auch unter Zuhilfenahme erotischer Phantasien geschehen, aber auch durch die Sensualitätsübungen des sexualtherapeutischen Programms von Masters und Johnson, wobei als spezielle Technik, wie bei der Behandlung weiblicher Orgasmusstörungen, das sog. „Brückenmanöver" angewendet werden kann. Dabei wird der Patient von seiner Partnerin bis kurz vor Erreichen des Höhepunktes stimuliert. Erst dann wird der Penis in die Vagina eingeführt, damit der Orgasmus dort erlebt werden kann. Eine zusätzliche Stimulation des Penisschafts oder des Skrotums kann den Reiz bei Bedarf noch erhöhen.

Da den Orgasmushemmungen meist innere psychische Grundkonflikte oder unbewusste Beziehungsprobleme zugrunde liegen, empfiehlt es sich, diese gesondert zu bearbeiten.

Ein etwas anderer Therapieansatz stammt von Apfelbaum (1989), der mit seinem Konzept auf den Leistungsdruck orgasmusgehemmter Männer abzielt und als therapeutische Maßnahme die Umdeutung des Symptoms empfiehlt. Die Orgasmushemmung wird danach nicht als eine Unfähigkeit zu geben, sondern zu nehmen interpretiert. Dem Patienten wird vermittelt, dass er aufgrund seines Perfektionismus und der übermäßige Kontrolle zu sehr auf die Partnerin fixiert ist, statt sich selbst ganz seiner Lust hinzugeben. Entsprechend bestehen die therapeutischen Maßnahmen darin, den Patienten verstärkt zu sensibilisieren, sein subjektives Erregungsniveau besser wahrnehmen zu können und ihn zu befähigen, es zu steigern. Sollten sich alle Maßnahmen als erfolglos erweisen, kann bei einem bestehenden Kinderwunsch zur Ejakulatgewinnung eine transrektale Elektroejakulation von einem Urologen vorgenommen werden.

12.5.4 Schmerzstörungen: Dyspareunie und Vaginismus

Vor einer sexualtherapeutischen Behandlung der **Dyspareunie** müssen zunächst in jedem Fall die somatischen Ursachen abklärt und ggf. behandelt worden sein.

Neben der Durchführung des sexualtherapeutischen Programms nach Masters und Johnson können Hinweise zur Verwendung von Gleitcremes und zu Koituspositionen gegeben werden, bei denen die Penetration nicht so tief erfolgt. Als Maßnahmen zur Angstreduktion empfehlen sich zusätzlich Entspannungstrainings und bei Frauen das Erkunden der Vagina zunächst durch den eigenen Finger, später auch durch den des Partners, sowie der Gebrauch von Dilatoren verschiedener Größe, die auch zur Behandlung des Vaginismus eingesetzt werden.

Zur Behandlung der Dyspareunie bei Männern mit zugrunde liegender Eichelphobie empfiehlt sich die Kombination von Entspannungsverfahren und systematischer Desensibilisierung, wobei diese zunächst auf der Vorstellungsebene beginnen sollte. In schweren Fällen ist auch der Einsatz von angstlösender Medikation indiziert.

Entspannungsübungen und das systematische Desensibilisieren empfehlen sich auch zur Behandlung des **Vaginismus**. Ziel der **psychologischen** Vaginismustherapie ist ein stufenweiser Abbau der vaginistischen Verkrampfung und ein angstfreies Sich-einlassen-Können auf die Einführung des Penis. Dazu soll die Patientin sich zunächst mit Hilfe eines Spiegels durch leichtes manuelles Betasten mit dem eigenen Genitale vertraut machen. Im nächsten Schritt soll sie versuchen, in einem entspannten Zustand die eigene Fingerspitze in die Vagina einzuführen. Wenn dies gelingt, wird die Patientin angehalten, im nächsten Schritt einen, später zwei Finger usw. in die Scheide einzuführen. Alternativ sind Übungen mit den sog. Hegar-Stiften möglich. Diese Stäbe werden normalerweise in der Gynäkologie zu anderen Zwecken benutzt. Sie sind aus Leichtmetall, hohl, können leicht desinfiziert und mit der Hand erwärmt werden. Meistens wird ein Satz von 5 Dilatoren im Durchmesser von 10–26 mm benutzt. Die Stäbe dienen bei der Vaginismustherapie allerdings nicht zur Dehnung der Scheide, sondern ausschließlich zur Desensibilisierung der vaginistischen Reaktion und zum Abbau der unbewussten Ängste vor dem Verletztwerden durch den Penis. Die Patientin kann die Übung mit den Hegar-Stiften alleine oder auch im Rahmen der Sensualitätsübungen mit dem Partner zusammen vornehmen. Der Hegar-Stift mit dem kleinsten Durchmesser wird mit der Hand angewärmt, mit Gleitcreme eingerieben und so weit in die Scheide eingeführt, bis ein Widerstand spürbar ist. Auf keinen Fall darf der Stab gegen die vaginistische Reaktion gedrückt werden. Ist der Hegar-Stift eingeführt, sollte er ca. eine Viertelstunde in der Vagina belassen werden. In dieser Zeit führt die Frau weiter die Entspannung durch und achtet auf die Gefühle und Empfindungen im Genitalbereich. Wenn das Einführen des ersten Hegar-Stiftes nach mehrfacher Wiederholung keine Probleme mehr macht, werden in den darauffolgenden Schritten die weiteren Stifte mit zunehmender Dicke verwendet. Bei jedem Übungsdurchgang sollten mit ansteigendem Umfang alle bisher erfolgreich erprobten Stäbe nacheinander eingeführt werden, die ersten nur kurz, der jeweils dickste am längsten, bis etwa die Größe des erigierten Gliedes des Partners erreicht ist. Sobald der größte Stab problemlos verwendet werden konnte, wird im Rahmen der Sensibilitätsübungen langsam der

Penis eingeführt. Als Koitusposition empfiehlt sich dabei wieder die Stellung, in der die Frau über dem auf dem Rücken liegenden Partner kniet, um das Glied selbst einführen zu können.

Die Behandlung von vaginistischen Patientinnen hat eine sehr gute Prognose, da diese Störung meist isoliert besteht.

Als **somatische** Therapie werden seit langem Sedativa, Anxiolytika und Lokalanästhetika eingesetzt. In der Wirksamkeit umstritten ist auch die neu eingeführte intramuskuläre Injektion des Botulinumtoxins A.

III Störungen der Sexualpräferenz (Paraphilien)

13 Begriffe: Sexualpräferenz, Paraphilie, Deviation, Perversion, Dissexualität und Sexualdelinquenz

Da auf die große Variationsbreite menschlicher Sexualität und auf die damit verbundene Schwierigkeit, Grenzen zwischen „Normalität" und „Abweichung" zu ziehen, bereits ausführlich in den Kapiteln 1 und 4 sowie in Kapitel 6 eingegangen wurde, soll an dieser Stelle der Frage nach der unterschiedlichen Verwendung der verschiedenen Begriffe für abweichendes Sexualverhalten nachgegangen werden.

Sexuelle Abweichungen werden in der von der WHO herausgegebenen Krankheitsklassifikation ICD-10 als „Störungen der sexuellen Präferenz" bezeichnet. Im weitesten Sinne werden darunter alle Formen sexueller Befriedigung verstanden, die an außergewöhnliche Bedingungen geknüpft werden. Diese können aus einem sexuellen Drang nach einem unüblichen Sexualobjekt oder aus einer ungewöhnlichen Art sexueller Stimulierung bestehen. Das Wort „unüblich" beinhaltet, dass bestimmte Einstellungs- und Verhaltensstandards zugrunde gelegt werden. Solche Normvorstellungen sind jedoch von der jeweiligen Gesellschaftsform abhängig und unterliegen Wandlungen, so dass sie nur eine relative Gültigkeit haben. Von soziologischen oder statistischen Normdefinitionen ausgehend, wurden von wissenschaftlicher Seite in den letzten Jahrzehnten die Begriffe der „sexuellen Devianz" oder der „sexuellen Abweichungen" eingeführt, um dadurch eine Abgrenzung zum medizinischen Krankheitsmodell und dem Perversionsbegriff vorzunehmen. Sexuell abweichendes Verhalten als psychisch gestört zu betrachten und im Rahmen einer Krankheitslehre zu beschreiben, war seit der Entwicklung von psychiatrischen Krankheitssystematiken im 19. Jahrhundert üblich geworden. Nach dem Konzept der „Psychopathia sexualis" („sexuelle Geisteskrankheiten") wurde von Aberrationen (sex. Verirrungen), Deviationen, Anomalien und Perversionen gesprochen. Sie wurden als Degeneration des Gesunden und Natürlichen gesehen und mit Schwächungen oder Entzündungen des Nervensystems in Verbindung gebracht. Auch Freud (1905) übernahm den damals gebräuchlichen Begriff der Perversion, obwohl er gleichzeitig betonte, dass „nicht jede eigenwillige sexuelle Neigung oder Präferenz eines Menschen als psychisch gestört zu bewerten sei". Er vertrat vielmehr die Auffassung, dass jedes Kind zu Beginn seines Lebens „polymorph pervers" ist und dass erst im Laufe der verschiedenen Entwicklungsstadien der sexuelle Trieb „in die richtige Bahn" gelenkt wird. „Fixierungen" oder „Hemmungen" der psychosexuellen Entwicklung könnten Freud zufolge später beim erwachsenen Menschen zu sexuellen Perversionen führen.

Aufgrund des umgangssprachlich negativ bewerteten Begriffs der Perversion wird dieser Ausdruck in Fachkreisen nur noch im neurosenpsychologischen Kontext der Psychoanalyse verwendet, wobei dort in den letzten Jahren insofern eine Weiterentwicklung stattgefunden hat, als die perverse Symptombildung inzwischen von den meisten Autoren als eine Form kreativer Abwehrleistung eines vom Zerfall bedrohten Ichs verstanden wird.
Im DSM wurde vor ca. 30 Jahren der Diagnosebegriff Paraphilie neu eingeführt. Diese Bezeichnung bedeutet, dass eine Abweichung (griech. *para*: neben) im Objekt vorliegt, von

dem sich der Betroffene angezogen fühlt (*philie*). Der von Krauss geprägte Begriff stammt aus der Anfangsphase der Sexualwissenschaft und wurde durch Karpmann 1934 in die amerikanische Psychiatrie aufgenommen. Durch Money wurde er in den 70er Jahren in das DSM aufgenommen und so in den deutschsprachigen Raum gebracht.

Die Tatsache, dass in beiden Diagnosesystemen abweichende sexuelle Neigungen und Vorlieben undifferenziert in ihrer Auswirkung auf andere aufgeführt werden, macht deutlich, dass auch heute noch sämtliche sexuelle Deviationen als psychische Störungen betrachtet werden. Der Grund dafür ist, dass noch immer von der These ausgegangen wird, dass Paraphilien prinzipiell ein Risiko zur **Sexualdelinquenz** beinhalten. Beide Diagnosesysteme lassen unberücksichtigt, dass es auch abweichende sexuelle Präferenzen gibt wie den Fetischismus oder den Transvestitismus, die keine Gefahr für andere darstellen und unter denen die Betreffenden auch nicht leiden sowie sexuelle Abweichungen, die in gegenseitigem Einvernehmen gelebt werden, wie der sexuelle Sadomasochismus. Sinnvoller wäre es stattdessen gewesen, zwischen **sexuellen Präferenzstörungen** und **sexuellen Verhaltensstörungen** zu unterscheiden, und nur letztere in die Klassifikationssysteme aufzunehmen, wobei allerdings zu berücksichtigen gewesen wäre, dass bei einer Person durchaus beide Formen bestehen können. Fiedler (2004) unterscheidet im Hinblick auf eine mögliche soziale Gefährdung harmlose Formen der Präferenzstörungen, die er als inklinierende (lat. *inclinare* = sich zuneigen) Paraphilien bezeichnet und gefahrvolle Varianten, wie den sexuellen Sadismus oder die Pädophilie, die er „periculär" nennt. Zum sozialen Problem werden paraphile Neigungen nur in den Fällen, in denen sie in Verhalten mit nicht einverstandenen Personen umgesetzt werden und anderen dadurch Schaden zugefügt wird. Zur Kennzeichnung dieses sozialen Aspektes wurde von der forensischen Psychologie der Begriff der **Dissexualität** eingeführt, der als ein „sich im Sexuellen ausdrückendes Sozialversagen" definiert ist. Die sprachliche Analogie zum Begriff der **Dissozialität** als einem „fortgesetzten und allgemeinen Sozialversagen" wurde dabei durchaus beabsichtigt. Dissexualität und Dissozialität können sich allerdings auch überlappen, denn dissexuelle Verhaltensweisen, wie Vergewaltigung und sexueller Missbrauch, sind auch Teil der Dissozialität. Verletzen sexuelle Verhaltensstörungen durch Selbst- oder Fremdschädigung das Recht, wird eine juristische Norm überschritten und dissexuelles Verhalten wird zur **Sexualdelinquenz**. Allerdings sind nicht alle dissexuellen Handlungen, wie z. B. die Masturbation vor einer schlafenden Frau, strafbar, so dass Dissexualität nicht gleichbedeutend ist mit Sexualdelinquenz. Ebenso gibt es strafbare sexuelle Handlungen, die nicht dissexuell sind, wie z. B. der einverständliche sexuelle Kontakt zwischen einem früh entwickelten minderjährigen Mädchen mit einem volljährigen Jungen. Entgegen weitverbreiteter Vorurteile geht Dissexualität in den meisten Fällen nicht auf eine Paraphilie zurück, wie umgekehrt auch die meisten Menschen mit sexuellen Präferenzstörungen nicht dissexuell sind.

Aber es gibt auch Gründe, die es gerechtfertigt erscheinen lassen, Paraphilien als krankheitswertige und behandlungsbedürftige Störungen anzusehen und sie in das Diagnosesystem aufzunehmen, denn während die juristische Betrachtungsweise das Sozialversagen in den Mittelpunkt stellt und der soziologische Devianzbegriff lediglich von statistischen und soziologischen Normabweichungen ausgeht, berücksichtigt der medizinische Krankheitsbegriff zusätzlich einen anderen entscheidenden Aspekt, nämlich das Leiden an sich selbst. Gemeint ist, dass bei einer sexuellen Neigung auch innere psychologische Prozesse vorhanden sind, die sich nicht einfach dadurch erklären lassen, dass sie von einem Mittelwert abweichen und einer Norm widersprechen oder dass sie womöglich, wovon der Labeling-Ansatz ausgeht, Reaktionen auf äußere Verhältnisse sind, denn dann müssten in Zeiten gesellschaftlichen Wandels oder in sozialen Krisen sexuelle Deviationen zu- oder abnehmen, was nicht der Fall ist. Auch leidet ein Exhibitionist nicht darunter, dass es in der Öffentlichkeit verboten ist, das Genitale zu präsentieren, sondern vielmehr herrscht in ihm eine innere Dynamik, die sich erst durch eine Regelverletzung entlädt. Eine sexuelle Devianz stellt also nicht immer nur das bloße Abweichen von einer statistischen, soziologischen oder juristischen Norm dar, sondern sie beinhaltet auch eine innere Konfliktdynamik, unter der der Betroffene auch leiden kann, so dass dadurch ein wesentliches Krankheitskriterium erfüllt ist.

Da der Ausdruck Paraphilie alle Normdefinitionen umfasst und neben den harmlosen Varianten auch die krankheitswertigen und diejenigen Präferenzstörungen einschließt, die ein Sozialversagen beinhalten, erschien er den meisten Fachleuten der angemessenere, weil umfassendere Begriff zu sein, so dass er heute, wenn auch nicht unumstritten, zum gebräuchlichen Ausdruck in der Fachwelt geworden ist.

Ob Paraphilien als krankheitswertig und behandlungsbedürftig betrachtet werden, ob abweichende Sexualpräferenzen also Störungen darstellen, ist eine Frage der zugrunde liegenden Krankheitskriterien und Definitionen.

14 Definition und Klassifikation

14.1 Definition

Wie in der Einführung des 1. Abschnitts bereits gezeigt wurde, steht heute, bedingt durch den Einstellungswandel in der Gesellschaft, der Partneraspekt der Sexualität ganz im Vordergrund. Entsprechend haben sich auch die Definitionen der sexuellen Präferenzstörungen in den letzten Jahren dahingehend verändert, dass Aggressivität und das Nicht-berücksichtigen-Können von Partnerinteressen als wesentliche Störungskriterien angesehen werden. Besonders im DSM-IV-TR wird der gestörte Beziehungsaspekt zur Diagnostik in den Mittelpunkt gerückt, indem eine Störung schon definiert wird, wenn das sexuelle Begehren nicht auf partnerschaftlicher Gegenseitigkeit oder Zustimmung beruht, so dass dissexuelle Handlungen wie sexueller Missbrauch, aggressiver Sadismus, aber auch Frotteurismus (sog. „Hands-on-Delikte") sowie Exhibitionismus und Voyeurismus (sog. „Hands-off-Delikte") allein aufgrund der Tatsache, dass der Täter sie ausgelebt hat, als Störungen diagnostiziert werden, ohne dass ein Leidensdruck vorhanden sein muss. Daraus resultiert auch, dass eine Therapieberechtigung allein aus der tatsächlichen Gefährdung anderer oder der eigenen Person abgeleitet werden kann. Sexualpräferenzen ohne Fremdschädigung dagegen werden zwar diagnostiziert und damit als Störung betrachtet, aber nur dann behandelt, wenn der Betroffene einen Leidensdruck verspürt und sich sozial, beruflich oder in anderen Lebensbereichen massiv beeinträchtigt fühlt.

Das Ausmaß der Partnerschädigung ist, wie die Abbildung 14-1 zeigt, bei den jeweiligen dissexuellen Erscheinungsformen unterschiedlich stark ausgeprägt: Beim Voyeurismus ist sie am geringsten und beim periculä-

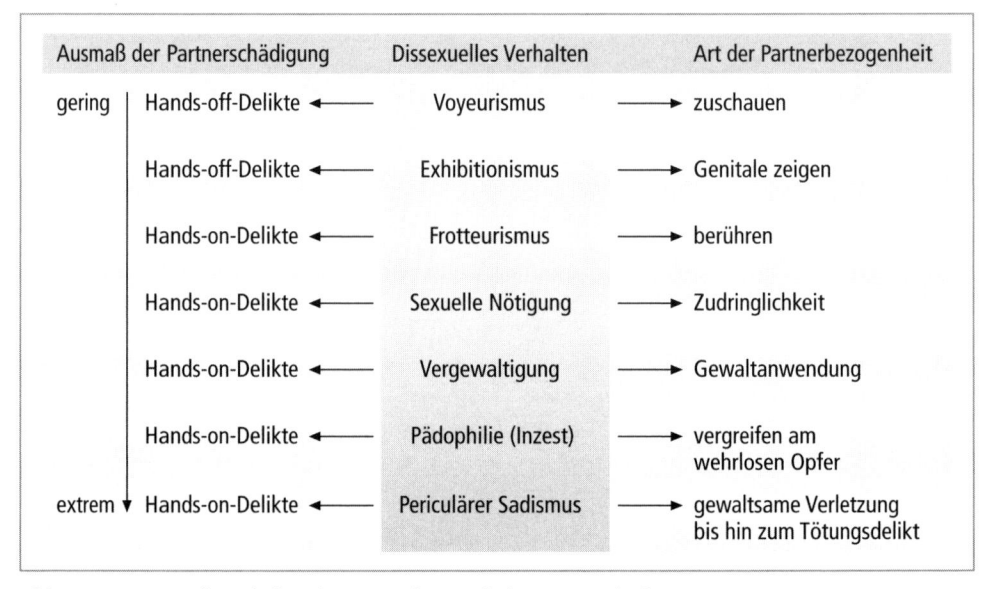

Ausmaß der Partnerschädigung		Dissexuelles Verhalten	Art der Partnerbezogenheit
gering	Hands-off-Delikte ←	Voyeurismus →	zuschauen
	Hands-off-Delikte ←	Exhibitionismus →	Genitale zeigen
	Hands-on-Delikte ←	Frotteurismus →	berühren
	Hands-on-Delikte ←	Sexuelle Nötigung →	Zudringlichkeit
	Hands-on-Delikte ←	Vergewaltigung →	Gewaltanwendung
	Hands-on-Delikte ←	Pädophilie (Inzest) →	vergreifen am wehrlosen Opfer
extrem ▼	Hands-on-Delikte ←	Periculärer Sadismus →	gewaltsame Verletzung bis hin zum Tötungsdelikt

Abb. 14-1 Dissexuelle Verhaltensformen und Ausmaß der Partnerschädigung

ren sexuellen Sadismus sowie beim Inzest geht sie soweit, dass das gesamte Leben des Opfers davon beeinträchtigt bleibt. Dazwischen liegen in aufsteigender Rangfolge vom Voyeurismus ausgehend der Exhibitionismus, der Frotteurismus, die sexuelle Nötigung, die Vergewaltigung, die Pädophilie und der Inzest sowie der periculäre sexuelle Sadismus.

Phantasien und Impulse gelten dann als paraphil, wenn sie zu unüblichen sexuellen Aktivitäten führen, und/oder wenn sie einen so großen Raum einnehmen, dass sie einen subjektiven Leidensdruck hervorrufen. Die Beeinträchtigung anderer ist in dieser Definition nicht enthalten.

14.2 Klassifikation

Paraphilien lassen sich entsprechend der Definition nach unüblichen Sexualobjekten oder ungewöhnlichen Stimulierungsarten klassifizieren. Zu den Sexualpräferenzstörungen bzgl. der Praktik können z. B. der Exhibitionismus, der Voyeurismus, der Sadomasochismus und der Frotteurismus gerechnet werden. Zu den unüblichen Sexualobjekten gehören Abweichungen hinsichtlich der Partnerwahl. Hierzu zählen z. B. Kinder (Pädophilie), alte Menschen (Gerontophilie), Tiere (Sodomie), Tote (Nekrophilie) oder bestimmte Objekte (Fetischismus), aber auch Gerüche, Schmutz, Einläufe (Klismaphilie), Ausscheidungen (Exkrementophilie, Urophilie) etc. Abweichungen hinsichtlich der Partnerwahl lassen sich auch nach der Einwilligungsfähigkeit des Partners differenzieren. So würden Pädophilie, Nekrophilie oder Somnophilie (schlafender Partner) unter die Störungen mit nicht einwilligungsfähigen Partnern fallen. Unübliche Sexualpraktiken können auch kombiniert auftreten, wie z. B. die reduzierte Sauerstoffaufnahme zur Steigerung der sexuellen Erregung (Hypoxyphilie) beim sexuellen Masochismus, oder in Verbindung mit atypischen Objekten vorkommen, wie es z. B. bei der sexuellen Stimulation durch amputierte oder missgebildete Gliedmaßen usw. der Fall ist. Sexuelle Abweichungen können auch hinsichtlich der Beziehungsform zwischen den Partnern eingeteilt werden. Dazu zählen z. B. Störungen wie die Telefonskatophilie, der Sadismus, der Exhibitionismus, oder die Vomerophilie (Erbrechen) und andere, bei denen das Leiden oder die Demütigung als sexuell erregend erlebt werden.

Tabelle 14-1 gibt einen Überblick der Klassifikationen in der ICD-10 und im DSM-IV-TR mit den entsprechenden Kodierungs-Nummern.

Für die Behandlung und Beurteilung der Prognose ist es notwendig, Sexualpräferenzstörungen auch hinsichtlich ihrer Schwere zu klassifizieren. Schorsch (1985) hat vier Intensitätsstufen unterschieden: Beim Schweregrad der Stufe 1 taucht ein abweichender Impuls einmalig oder sporadisch auf und er ist an einen aktuellen Konflikt oder eine besondere Lebenskrise gebunden. Bei Stufe 2 wird eine deviante Reaktion zum immer wiederkehrenden Konfliktlösungsmuster, ohne jedoch die sexuelle Orientierung zu bestimmen. Bei Stufe 3 entwickelt sich eine stabile, abweichende Orientierung und die Sexualität kann ohne den devianten Inhalt nicht oder nicht intensiv erlebt werden und bei Stufe 4 geht die fixierte sexuell abweichende Orientierung in eine progrediente Entwicklung über.

Giese (1973) hat ebenfalls eine charakteristische Entwicklung sexueller Abweichungen beschrieben und dabei Leitsymptome herausgearbeitet. Nach Giese sind „sexuelle Perversionen" durch einen „Verfall an die Sinnlichkeit" gekennzeichnet, d. h. dass spezifische Reize, wie z. B. das Anfassen oder der Anblick von Leder, einen Signalcharakter erhalten, dem der Betroffene nicht widerstehen kann. Charakteristisch ist auch eine zunehmende Frequenz des sexuell abweichenden Verhaltens mit jedoch abnehmender Befriedigung. Ein weiteres wichtiges Merkmal stellt die Periodizität des Dranges nach der sexuell abweichenden Betätigung dar. Innerhalb sol-

Tab. 14-1 Klassifikation und Kodierung sexueller Präferenzstörungen in ICD-10 und DSM-IV-TR

Sexuelle Präferenzstörung	Symptomatik	ICD-10	DSM-IV-TR
Fetischismus	sexuelle Erregung durch den Gebrauch unbelebter Objekte (z. B. Schuhe, weibliche Unterwäsche)	F65.0	302.81
Fetischistischer Transvestitismus	sexuelle Erregung im Zusammenhang mit dem Tragen der Kleidung des anderen Geschlechts (Cross dressing)	F65.1	302.3
Exhibitionismus	sexuelle Erregung durch Zur-Schau-Stellen der eigenen Genitalien in der Öffentlichkeit bzw. vor nichtsahnenden Fremden	F65.2	302.4
Voyeurismus	sexuelle Erregung durch die Beobachtung argloser Personen, die nackt sind, sich entkleiden oder sexuelle Handlungen ausführen	F65.3	302.82
Pädophilie	sexuelle Aktivität mit einem vorpubertären Kind (unter 13 Jahren)	F65.4	302.2
Sadomasochismus	sexuelle Erregung durch Zufügen bzw. Ertragen von Leiden und Erniedrigungen	F65.5	302.83 sexueller Masochismus 302.84 sexueller Sadismus
multiple Störungen der Sexualpräferenz	Nebeneinanderbestehen mehrerer sexueller Präferenzstörungen, ohne dass eine im Vordergrund steht. Häufigste Kombination: Fetischismus, Transvestitismus, Sadomasochismus	F65.6	
Andere Störungen der Sexualpräferenz		F65.8	
Frotteurismus	sexuelle Erregung durch Berühren oder Reiben der Genitalien an nicht einverstandenen fremden Frauen (meist im öffentlichen Gedränge)	F65.8	302.89
Nekrophilie	sexuelle Aktivitäten mit Leichen	F65.8	302.9 nicht näher bezeichnete Paraphilie
Sodomie (Zoophilie)	sexuelle Aktivitäten mit Tieren	F65.8	302.9 nicht näher bezeichnete Paraphilie
Telefonskatologie	sexuelle Erregung im Zusammenhang mit obszönen Telefonanrufen bei arglosen, nicht einverstandenen Frauen	F65.8	302.9 nicht näher bezeichnete Paraphilie
Exkrementenparaphilien (mögliche Überlappung mit Sadomasochismus, Fetischismus)	sexuelle Erregung durch Defäkieren (Koprophilie), Urinieren (Urophilie), Erbrechen (Vomerophilie) auf einem Partner oder umgekehrt	F65.8	302.9 nicht näher bezeichnete Paraphilie

Tab. 14-1 Fortsetzung

Sexuelle Präferenzstörung	Symptomatik	ICD-10	DSM-IV-TR
Klismaphilie	sexuelle Erregung durch Einläufe	F65.8	302.9 nicht näher bezeichnete Paraphilie
Asphyxie (Hypoxyphilie) (Überlappung mit Sadomasochismus)	sexuelle Erregung durch reduzierte Sauerstoffaufnahme	F65.8	302.9 nicht näher bezeichnete Paraphilie
Amputophilie (Überlappung mit Morphophilie, Partialismus)	sexuelle Erregung durch Partner mit amputierten Gliedmaßen	F65.8	302.9 nicht näher bezeichnete Paraphilie
Apotemnophilie (mögliche Überlappung mit sexuellem Masochismus)	sexuelle Erregung durch eigene amputierte Gliedmaßen	F65.8	302.9 nicht näher bezeichnete Paraphilie
Morphophilie (Überlappung mit Partialismus)	sexuelle Erregung durch bestimmte anatomische Abnormitäten	F65.8	302.9 nicht näher bezeichnete Paraphilie
Partialismus	sexuelle Erregung durch bestimmte Körperteile	F65.8	302.9 nicht näher bezeichnete Paraphilie
Gerontophilie	sexuelle Erregung durch sehr alte Menschen/Greise	F65.8	302.9 nicht näher bezeichnete Paraphilie
Somnophilie	sexuelle Aktivitäten mit schlafenden, nicht einverstandenen Menschen	F65.8	302.9 nicht näher bezeichnete Paraphilie

cher Perioden nimmt die Symptomatik auch zu. Später folgt ein Trend zum promiskuitiven und anonymen Sexualverhalten und ein weiterer Ausbau devianter Phantasien und Praktiken, die immer raffinierter werden. Hinzu kommt dann das „süchtige Erleben", das der 4. Intensitätsstufe von Schorsch entspricht und das durch eine dranghafte innere Unruhe gekennzeichnet ist, die von den Betroffenen selbst als eine Art „Sexualnot" erlebt und geschildert wird.

Eine als fixiert klassifizierte Paraphilie (entsprechend der 3. Intensitätsstufe nach Schorsch), sollte **zusammenfassend** die folgenden Kriterien erfüllen: Es tritt erstens ein stereotypes, ritualisiertes sexuelles Verhalten auf, d. h., dass dieselbe sexuelle Verhaltensweise immer wieder durchgespielt wird und dass nur dadurch sexuelle Befriedigung möglich ist. Ein zweites Merkmal ist, dass der Partner als Objekt gesehen wird, d. h., dass seine individuellen Bedürfnisse als zweitrangig gelten und nur akzeptiert werden, wenn sie den Erwartungen des Paraphilen entsprechen. Der Partner darf nicht er selbst sein, sondern es wird von ihm erwartet, dass er die ihm vorgegebene Rolle spielt. Ein drittes Charakteristikum ist, dass die körperliche und seelische Befriedigung nur unter den ganz speziellen Bedingungen erreicht werden kann, die für die Abweichung typisch sind, nicht dagegen aber beim gewöhnlichen Koitus, der als Ersatz empfunden wird. Im Laufe der Zeit kann sich dann ein progredienter Verlauf mit dessen typisch dranghaft-süchtigem Erleben entwickeln.

15 Diagnostik: DSM-IV-TR und ICD-10

Im DSM-IV-TR gibt es eine gemeinsame Definition für alle sexuellen Präferenzstörungen. Unter Paraphilien werden nach Kriterium A des DSM-IV-TR über einen Zeitraum von mindestens 6 Monaten wiederkehrende intensive, sexuelle erregende Phantasien, sexuell dranghafte Bedürfnisse oder Verhaltensweisen verstanden, die sich im Allgemeinen 1. auf nichtmenschliche Objekte (Fetischismus, Sodomie), 2. auf das Leiden oder die Demütigung von sich selbst oder des Partners und 3. auf Kinder oder andere nicht einwilligende oder nicht einwilligungsfähige Personen beziehen. Weiterhin wird im Kriterium A ausgeführt, dass – wie oben erwähnt – für manche Menschen paraphile Phantasien oder Stimuli für die sexuelle Erregung unumgänglich sind und stets in die sexuelle Aktivität einbezogen werden, während in anderen Fällen die paraphilen Neigungen nur episodisch, z. B. in Phasen stärkerer Belastung, auftreten und die Betroffenen zu anderen Zeiten ohne paraphile Phantasien oder Stimuli sexuell funktionsfähig sind. Verdeutlicht wird ferner im Kriterium A, dass bei Pädophilie, Voyeurismus, Exhibitionismus, Frotteurismus und sexuellem Sadismus die Diagnose einer psychischen Störung auch gestellt wird, wenn die Person das dranghafte Bedürfnis mit einer nicht einverstandenen Person **ausgelebt** hat und nicht nur, wenn das dranghafte Bedürfnis oder die sexuellen Phantasien zu deutlichem Leiden oder zu zwischenmenschlichen Schwierigkeiten führen. Bei den übrigen Paraphilien wird die Diagnose nur gestellt, wenn das Kriterium B erfüllt ist, d. h., wenn das Verhalten, das sexuell dranghafte Bedürfnis oder die Phantasien in klinisch bedeutsamer Weise zu Leiden oder Beeinträchtigungen in sozialen, beruflichen oder anderen wichtigen Funktionsbereichen führen. Beim einvernehmlich realisierten sexuellen Sadismus wird also die Diagnose ebenso wenig gestellt wie bei anderen Paraphilien, die keinen Leidensdruck hervorrufen, sofern sie keine weiteren Beeinträchtigungen (Eigengefährdung) und keine Delinquenz beinhalten.

In der ICD-10 gibt es keine zusammenfassende Definition der Paraphilien, die ICD-Forschungskriterien decken sich allerdings inhaltlich weitgehend mit den Ausführungen im DSM-IV-TR. Unter dem Oberbegriff „Störung der sexuellen Präferenz" werden als erstes Kriterium wiederholt auftretende intensive sexuelle Impulse und Phantasien genannt, die sich auf ungewöhnliche Gegenstände und Aktivitäten beziehen, als zweites Kriterium ein Handeln oder eine Beeinträchtigung entsprechend diesen Impulsen und als drittes Kriterium ein Bestehen der Präferenz seit mindestens 6 Monaten. Eine weitere Bedingung ist wie im DSM-IV-TR, das Vorhandensein eines Leidens oder einer Beeinträchtigung in sozialen, beruflichen oder anderen wichtigen Funktionsbereichen.

15.1 Besonderheiten in beiden Diagnosesystemen

Auffallend ist, dass in beiden Diagnosesystemen Paraphilieformen wie Sodomie, Nekrophilie etc. nicht mehr als nosologische Einheiten einzeln aufgeführt werden, sondern dass sie unter die Kategorie „andere Störungen der Sexualpräferenz" fallen. Nur im DSM-IV-TR wird dem Frotteurismus eine eigene Kategorie eingeräumt. Ein Unterschied in den Diagnosesystemen besteht auch hinsichtlich der Pädophilie. Im DSM-IV-TR gehört zur Diagnose „Pädophilie" eindeutig, dass die Kinder noch nicht in der Pubertät, sondern 13 Jahre oder jünger sind und dass der Pädophile mindestens 16 Jahre alt ist und der Altersabstand zwischen ihm und den Kindern mindestens 5 Jahre beträgt (Kriterium C). Die ICD-10 bleibt hier in den Beschreibungen unklarer. Dafür wird, anders als im DSM-IV-TR, in der ICD-10 ein multiples Vorkommen von Paraphilien berücksichtigt, denn es kommt nicht selten vor, dass mehrere sexuelle Präferenzstörungen neben- oder nacheinander auftreten (Crossing).

15.2 Nicht näher bezeichnete Präferenzstörungen und paraphilieverwandte Störungen

Unter die Kategorie „nicht näher bezeichnete Paraphilien" (DSM-IV-TR) bzw. „sonstige Störungen der Sexualpräferenz" (ICD-10) fallen alle diejenigen sexuell abweichende Phänomene, die im Glossar (Anhang, S. 313) aufgeführt wurden. Dazu zählen beispielsweise unübliche Bindungen sexueller Erregung an außergewöhnliche, für die meisten anderen Menschen sexuell bedeutungslose Situationen, z. B. wie ein Kind behandelt zu werden (Infantilismus) oder die Eigen- oder Fremdstimulierung durch atypische Objekte, wie z. B. Kot, Urin, Blut etc. Zu dieser Restkategorie zählen aber auch die sog. **paraphilieverwandten Störungen**, wie die zwanghafte Masturbation, die Abhängigkeit von Pornographie oder Telefonsex und die ausgedehnte hetero- oder homosexuelle Promiskuität. Solche vor allem autoerotisch sexuelle Aktivitäten gelten deshalb als paraphilieverwandt, weil sie die Suchtmerkmale mit Präferenzstörungen gemeinsam haben und weil es bei den Betroffenen durch ihren extensiven Charakter zu starken Einschränkungen des sozialen, beruflichen und beziehungsmäßigen Lebensbereiches und damit zu Leidensdruck kommt. Deshalb werden paraphilieverwand-

te Störungen von McElroy et al. (1999) auch als „nicht-paraphile sexuelle Süchtigkeit" bezeichnet. Sie kommt bei ca. 80 % der Präferenzstörungen vor und wird von den Autoren in die Nähe zu anderen psychiatrischen Erkrankungen, besonders den affektiven Störungen, den Zwangs- und Impulskontrollstörungen, gerückt.

15.3 Diagnoseschritte

Zur Diagnosestellung einer Paraphilie sind, wie Abbildung 15-1 verdeutlicht, folgende Schritte notwendig: Zunächst ist festzustellen, ob ein Symptom einer Präferenzstörung einmalig oder wiederholt aufgetreten ist. Das Auftreten mehrerer Symptome innerhalb von mindestens 6 Monaten hat den gleichen Stellenwert wie das gehäufte Auftreten einer einzelnen Präferenzstörung. Traten mehrere Symptome auf, wäre die Diagnose der multiplen Präferenzstörung zu stellen. Trifft das „6-Monats-Kriterium" nicht zu, ist das paraphile Symptom evtl. im Rahmen einer anderen, z. B. einer Borderline-Persönlichkeit oder einer Impulskontrollstörung zu sehen. Für die Schwere der Störung ist zu prüfen, ob zusätzlich eine Form der paraphilieverwandten Störungen vorliegt. Ist dies der Fall, wird diese als „nicht näher bezeichnete Präferenzstörung" in der ICD-10 unter F65.9 diagnostiziert. Für die Beurteilung der Schwere der Präferenzstörung sollten die von Schorsch 1985 beschriebenen Progredienzkriterien herangezogen werden, die im Übrigen auch auf die papaphilieverwandten Störungen zutreffen. Dazu zählen das periodische, dranghaft gesteigerte sexuelle Verlangen mit innere Unruhe, die starke sexuelle Phantasiebesetzung, die kürzeren Abstände zwischen den entsprechenden Manifestationen, die signalhaften Auslöser der sexuellen Handlungen und die starke Fixierung. Liegt eine Progredienz i. S. von Schorsch oder eine Paraphilie kombiniert mit einer paraphilieverwandten Störung und Sadismus vor, deu-

```
┌─────────────────────────────────────────────────────────────────────────────┐
│  Eines der in den Diagnose-                                                 │
│  systemen angeführten                                                       │
│  Symptome ist aufgetreten                                                   │
│  und führt zu Leiden oder                                                   │
│  sozialen Beeinträchtigungen.                                               │
│            │                                                                │
│            ▼                                                                │
│  Innerhalb von sechs Monaten                        Das „paraphile" Symptom │
│  sind mehrmals die gleichen    ──nein──►            ist evtl. im Rahmen einer│
│  bzw. mehrere unterschiedliche          Auftreten mehrerer  anderen Störung │
│  Symptome aufgetreten.          ──ja──► Symptome:   (z.B. Border-           │
│            │                            multiple Präferenz-  line-Persönlichkeit,│
│           ja▼                           störung F65.6       Impuls-          │
│  Interessen des Sexualpartners                              Kontrollstörung)│
│  konnten berücksichtigt bzw.   ──ja──►              Vorliegen einer „leichten│
│  Selbstschädigung vermieden                         Präferenzstörung";      │
│  werden.                                            Behandlung nur bei      │
│            │                                        subjektivem Leidensdruck│
│           nein▼                                                             │
│  Es liegt eine Präferenzstörung  Schwerekriterien:  Vorliegen einer         │
│  und u.U. dissexuelles Verhalten Progredienz, para- schweren Präferenzstörung│
│  vor.                        ──► philieverwandte  ──►                       │
│                                  Störungen, Sadismus                        │
│                                         │                                   │
│                                         ▼                                   │
│                                  Die paraphilie-                            │
│                                  verwandte Störung                          │
│                                  wird unter F65.9                           │
│                                  bzw. 302.9 kodiert.                        │
└─────────────────────────────────────────────────────────────────────────────┘
```

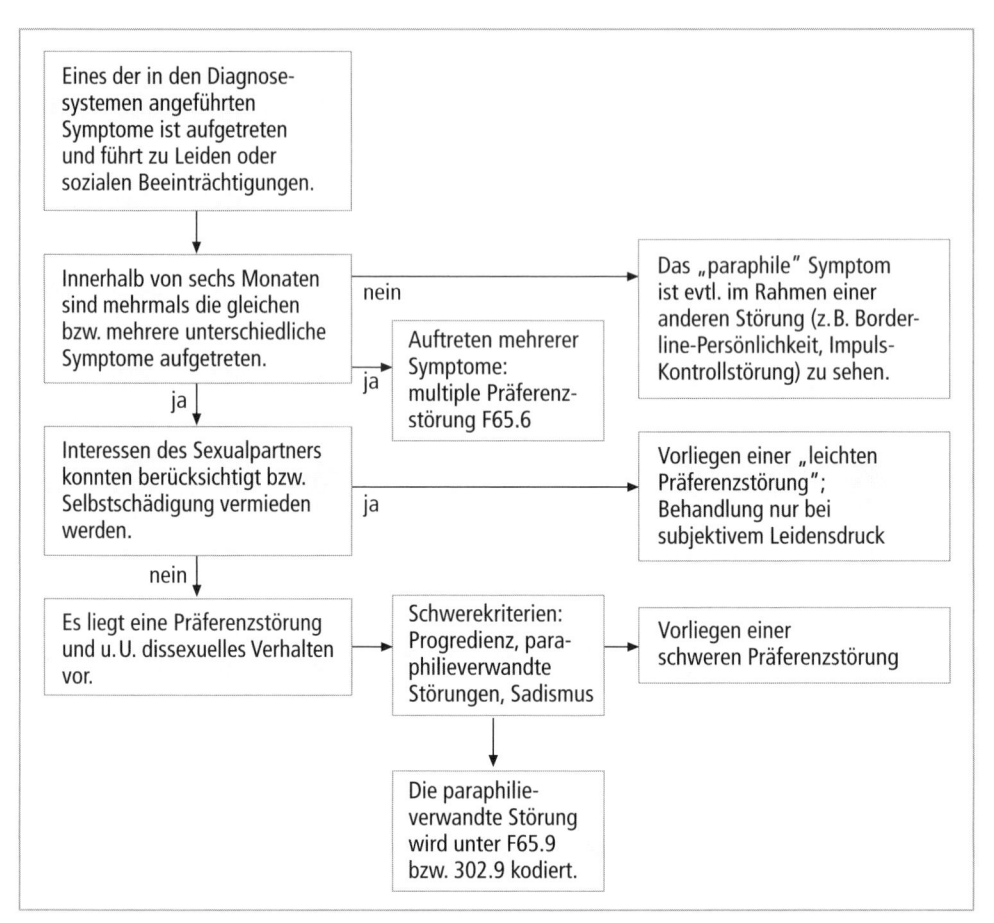

Abb. 15-1 Schema zur Beurteilung der Schwere einer Sexualpräferenzstörung (in Anlehnung an Berner et al. 2004)

tet dies auf eine schwere Präferenzstörung hin. Diagnostische bzw. therapierelevante Kriterien sind auch die Beziehungsfähigkeit, d. h. die Fähigkeit des Patienten, die Partnerinteressen zu berücksichtigen sowie die soziale Kompetenz und die begleitende Persönlichkeitsstörung, wobei eine Borderline- und eine antisoziale Persönlichkeitsstörung eine sehr ungünstige Therapieprognose haben. Erschwerend wirken sich auch hinzukommende Komorbiditäten aus. Bei einer leichten Präferenzstörung sind die Betroffenen in der Lage, die Interessen des Sexualpartners zu berücksichtigen.

16 Epidemiologie

Da nur wenige Menschen mit Paraphilien von sich aus Hilfe suchen, werden sie in klinischen Einrichtungen selten diagnostiziert, so dass die Häufigkeit des Vorkommens von Präferenzstörungen sehr schwer abzuschätzen ist.

Hinzu kommt, dass sich die meisten Betroffenen auch gar nicht als gestört empfinden. Bei denjenigen, die jedoch eine auf Paraphilien spezialisierte Behandlungseinrichtung aufsuchen, finden sich am häufigsten Pädophilie, Voyeurismus und Exhibitionismus. Sexueller Masochismus und Sadismus werden dort dagegen wesentlich seltener gesehen.

Aufgrund des großen kommerziellen Marktes für paraphile Pornographie und entsprechendes Zubehör lässt sich vermuten, dass die Dunkelziffer der Paraphilien und damit die Prävalenz in der Gesellschaft hoch ist.

Präferenzstörungen treten überwiegend bei Männern auf. Neben Einzelfalldarstellungen gibt es nur wenige Beschreibungen über Paraphilien bei Frauen.

Auch im **kriminellen Kontext** kommt auf 100 männliche Sexualdelinquenten höchstens eine weibliche Täterin. Hingegen wurden mindestens 25 % der Frauen und 10 % der Männer einmal in ihrem Leben Opfer sexueller Übergriffe, die meisten davon bereits vor dem 18. Lebensjahr. 40 % der Frauen sind schon einmal einem Exhibitionisten begegnet. Hinsichtlich sexueller Gewalterfahrungen zeigen polizeiliche Kriminalstatistiken ebenfalls, dass mehr Frauen als Männer Opfer werden. So sind 8,6 % der Frauen und 2,8 % der Männer bereits vor dem 16. Lebensjahr sexuell missbraucht worden. Eine Differenzierung nach einmaligen und länger anhaltenden Übergriffen zeigt eine Tendenz zur Einmaligkeit bei außerfamiliären Sexualstraftaten, während die familiären eher Wiederholungstaten sind. Aus den jährlichen Geburtszahlen konnte errechnet werden, dass es jedes Jahr ca. 40.000 neue Fälle missbrauchter Mädchen und 10.000 neue Fälle missbrauchter Jungen geben wird. Dies entspricht in etwa auch der bekannten Opferrelation von 75 % weiblichen und 25 % männlichen Kindern. Umgekehrt wird aus diesen Viktimierungszahlen geschlossen, dass etwa 5 % der Männer und 0,5 % der Frauen der Allgemeinbevölkerung Mädchen vor dem Erreichen des 14. Lebensjahres sexuell belästigt haben.

Paraphiles Verhalten i. S. von Einzelereignissen oder auch als Begleitphantasien bei der Masturbation kommen vor allem bei Männern recht häufig vor. In ihrer „Berliner Männerstudie" zu Erscheinungsformen und Häufigkeit sexueller Erregungsmuster in der **Allgemeinbevölkerung** fanden Beier et al. (in Vorb., aus: Beier et al. 2005), dass 57,6 % der befragten Männer paraphile Erregungsmuster als Teil ihrer Phantasiewelt kannten. 46,9 % nutzten diese zur Erregungssteigerung bei der Masturbation und 43,9 % lebten sie auch auf der Verhaltensebene aus. Zu den abgefragten paraphilen sexuellen Erregungsmustern zählten nichtmenschliche Objekte (Fetische), das Tragen von Frauenkleidung, das Gedemütigtwerden oder das Quälen anderer Personen, das heimliche Beobachten von Intimsituationen, das Präsentieren des Genitale gegenüber Fremden, das Berühren fremder Personen in der Öffentlichkeit sowie kindliche Körper.

Im Einzelnen hatten 34,3 % der Männer voyeuristische Sexualphantasien, 24,1 % gaben diese als Begleitphantasien bei der Selbstbefriedigung an und 17,7 % haben diese auch bereits schon ausgelebt. 29,5 % der Männer hatten Sexualphantasien über nichtmenschliche Objekte, 26 % setzten fetischistische Begleitphantasien bei der Selbstbefriedigung ein und 24,1 % lebten fetischistische Neigungen auch aus. 21,4 % der Männer hatten Phantasien, andere Personen zu quälen, 19,6 % setzten diese Phantasien bei der Masturbation ein und 15,3 % hatten dieses Verhalten schon ausgelebt. Masochistische Phantasien wiesen 15,5 % der Männer auf, 13,4 % setzten sie bei der Selbstbefriedigung ein und 12,1 % der Männer lebten diese aus.

27,8 % der Partnerinnen der befragten Männer kannten ebenfalls paraphile Erregungsmuster als Teil ihrer Phantasiewelt, 23,1 % setzten diese bei der Selbstbefriedigung ein und ebenso viele lebten sie auch auf der Verhaltensebene aus. Im Einzelnen hatten 17,6 % der Frauen masochistische Phantasien, 15,7 % nutzten diese zur Erregungssteigerung bei der Selbstbefriedigung und 16,7 % hatten diese Phantasien auch ausgelebt. Sadistische Phantasien hatten hingegen nur 7,4 % der Frauen, von 5,6 % wurden sie auch bei der Masturbation herangezogen und 6,5 % der Frauen setzten sie auch in die Tat um. Fetischistische Sexualphantasien wiesen 13,9 % der Frauen auf, 13 % hatten diese als Begleitphantasien bei der Selbstbefriedigung und 12,0 % hatten fetischistisches Verhalten ausgelebt. Auch voyeuristische, exhibitionistische oder frotteuristische Erregungsmuster sind im Gegensatz zu den Männern von Frauen nur höchst selten angegeben worden. 9,3 % der Frauen hatten solche Phantasien, aber nur 0,9 % lebten diese auch aus. Exhibitionistische Sexualphantasien, die sie auch als Begleitphantasien bei der Masturbation einsetzten, wiesen 1,9 % der Frauen auf, wobei 0,9 % der Frauen sich auch exhibitionistisch verhalten haben. Der Anteil von dissexuellem Verhalten bei Frauen war äußerst gering. Nur eine von 108 Frauen hatte sexuelle Handlungen an einem Mädchen begangen, während insgesamt 17 von 373 Männern Kinder sexuell missbraucht hatten, wobei es sich in 12 Fällen um Mädchen, in einem Fall um einen Jungen und in vier Fällen sowohl um Mädchen als auch um Jungen handelte.

Zusammengefasst zeigte die Studie, dass Frauen die Tendenz hatten, stärker auf sadistische oder masochistische Erregungsmuster anzusprechen, und dass ein beachtlicher Anteil der befragten Männer ein dissexuelles Potenzial aufwies und auf dissexuelle Impulse wie Pädophilie, Exhibitionismus, Voyeurismus, Sadismus und Frotteurismus reagierte oder solche Handlungen sogar bereits begangen hatte. Allerdings empfanden auch fast ein Drittel der Männer die paraphilen Inhalte als für sie inadäquat und verzichteten darauf, sie ausleben zu wollen, selbst wenn diese nicht mit einer Fremdgefährdung einhergingen.

17 Ätiologie und Pathogenese

Störungen der Sexualpräferenz sind in ihrer Verursachung genauso multifaktoriell bedingt wie die Genese der sexuellen Funktionsstörungen. Als Ursachen werden konstitutioinell-biologische Faktoren, distale Ursachen wie frühkindliche Sozialisationsbedingungen (Bindungsstörungen, ggf. sexuelle Missbrauchs- und Gewalterlebnisse) und proximale Ursachen (aktuelle Lebenssituation) unterschieden, zu denen Partnerschaftsprobleme, Verlust von Arbeitsplatz, Geburt eines Kindes, Selbstwertkrisen etc. gerechnet werden können. Neben den genannten Ursachen spielen auch persönlichkeitsbedingte Faktoren eine Rolle, allerdings weniger im ursächlichen Sinn, sondern vielmehr als eine Art Bindeglied zu anderen bestehenden psychischen Störungen oder auch zu akuten Verfassungen.

17.1 Persönlichkeitsfaktoren

Persönlichkeitsfaktoren spielen für das Verständnis sexueller Präferenzstörungen eine sehr unterschiedliche Rolle. Bezüglich ihrer Bedeutung lässt sich fragen, 1. welche Persönlichkeitszüge generell in einer sexuellen Partnerschaft relevant sind, 2. falls vorhanden, welchen Stellenwert eine paraphile Symptomatik in der Persönlichkeitsstruktur hat und 3. in welchem Ausmaß sie ggf. in die Persönlichkeit integriert worden ist.

■ **Zu Punkt 1:** Eine sexuelle Partnerschaft setzt eine Gleichrangigkeit und einen Kontakt auf gleichgestimmter Stufe voraus. Um einem erwachsenen gleichrangigen Partner begegnen zu können, bedarf es eines gesunden Selbstwertgefühls. Hinzu kommt die Fähigkeit, wahrnehmen zu können, ob und wie weit der Partner sexuell mitgehen kann und welche Bedürfnisse er hat. Genauso entscheidend ist in einer sexuellen Partnerschaft die Fähigkeit, mit Frustration umgehen und Aggressionen steuern zu können. Bei paraphilen Handlungen sind solche Persönlichkeitsaspekte in der Regel beeinträchtigt, wobei das Ausmaß der Störung einen Einfluss sowohl auf die Schwere der Symptomatik als auch auf die Prognose bei Dissexualität hat.

■ **Zu Punkt 2:** Die paraphile Symptomatik kann begrenzt und durch feste Ritualisierung gekennzeichnet sein, so dass sie möglicherweise auch im Kontrast zur übrigen Persönlichkeit steht und als ich-dyston erlebt wird, wie z. B. bei typischen Exhibitionisten, sie kann sich aber auch auf weite Teile der Persönlichkeit erstrecken und im Zusammenhang mit einer geringen Ich-Stärke und einer damit verbundenen Störung der Impulskontrolle zu sexuellen Aggressionsdurchbrüchen führen, wie es bei dissozialen Tätern der Fall ist. Unter Umständen kann die Symptomatik auch die gesamte Persönlichkeit umfassen, so dass ohne sie ein Leben für den Betroffenen nicht mehr vorstellbar ist.

■ **Zu Punkt 3:** Die paraphile Symptomatik kann in sehr unterschiedlichem Ausmaß in die Persönlichkeit integriert sein und unterschiedlich nah empfunden werden. Bei einer ich-nahen bzw. ich-syntonen Symptomatik werden die paraphilen Neigungen voll akzeptiert und ins Selbstkonzept positiv integriert, bei einer ich-fremden bzw. ich-dystonen Symptomatik dagegen sind die paraphilen Wünsche nicht mit dem Selbstbild in Einklang zu bringen und das negativ bewertete Symptom wird als etwas Fremdes und nicht zur Persönlichkeit Gehöriges erlebt. Schorsch

(1980) unterscheidet vier Stufen der Ich-Nähe und psychischen Integration einer Paraphilie in die Persönlichkeit: eine **Bejahung** und damit eine ich-syntone Integration sexueller Präferenzstörungen kommt häufig bei harmlosen paraphilen Neigungen vor, die in der Gesellschaft durchaus geduldet werden. Oft kämpfen die Betroffenen auch für die Akzeptanz ihrer Neigungen. Bei einem **partiellen Zulassen und Kanalisieren der Paraphilie** wird die abweichende sexuelle Neigung zwar akzeptiert und als ich-synton gelebt, aber sie wird nur in einem umgrenzten Rahmen, wie z. B. in einer bestimmten Subkultur, etwa einem sadomasochistischen Zirkel, zugelassen oder sie wird dahingehend kanalisiert, dass sie auf Masturbationsphantasien oder Begleitphantasien beim Koitus begrenzt bleibt. Charakteristisch ist hierbei also die Zweiteilung der Sexualität in einen begrenzt akzeptierten und gelebten paraphilen Teil, der nach Außen verheimlicht wird, und in einen Teil äußerlich unauffälliger Heterosexualität. In einigen Fällen kann die Zweigleisigkeit jedoch nicht immer aufrechterhalten werden, und es kommt dann zu einem progredienten Verlauf oder zur Bildung von Potenzstörungen als Folge dieser Spaltung. Bei einer **Ablehnung der ich-dystonen Paraphilie** rufen die abweichenden Triebwünsche so starke Ängste oder Schamgefühle hervor, dass sie als fremd und als nicht zur Person gehörig erlebt werden. In diesen Fällen führt die paraphile Neigung zu derart starken inneren Spannungen, dass therapeutische Hilfe gesucht wird, die von Menschen dieser Gruppe am häufigsten in Anspruch genommen wird. Bei einer **Verleugnung** kann die Paraphilie vollständig aus dem bewussten Erleben eliminiert und in völlig nichtsexuelle Aktivitäten eingebaut sein, wie z. B. beim Erziehungssadismus, so dass dem Betreffenden die sexuelle Motivation gar nicht bewusst zugänglich ist.

Das Ausmaß der Ich-Nähe einer paraphilen Neigung ist auch für die Prognose einer paraphilen Entwicklung und für die psychotherapeutische Behandlungsindikation von Bedeutung. Je ich-dystoner eine Paraphilie ist, je mehr sie also als etwas Fremdes, nicht zur eigenen Person Gehöriges erlebt wird, desto größer ist die Gefahr einer „süchtig-perversen" Entwicklung, wie Giese (1973) sie beschrieben hat (s. o.) und je schwieriger ist der psychotherapeutische Zugang. Schorsch (1971) hat solche Entwicklungen später auch klinisch-empirisch bestätigt.

Zusammenfassend lässt sich festhalten, dass paraphile Männer in der Regel eine gestörte männliche Identität sowie eine narzisstische Persönlichkeitsstörung aufweisen. Auch haben sie Probleme im Umgang mit Aggressionen, d. h., sie neigen zu Impulsdurchbrüchen und sie können aufgrund ihrer Ich-Defizite auch keine stabilen Partnerbeziehungen eingehen oder aufrechterhalten.

17.1.1 Persönlichkeitsstörungen und Sexualdelinquenz

Bezüglich der Zusammenhänge von Persönlichkeitsstörungen, Paraphilien und sexueller Delinquenz deuten die wenigen Forschungsarbeiten darauf hin, dass Paraphilien für die Entwicklung sexueller Delinquenz eine eher geringe Rolle spielen, dass aber das Vorhandensein einer Paraphilie und einer antisozialen Persönlichkeitsstörung Hauptrisikofaktoren für die *Wiederholung* von Sexualdelikten sind. Im Übrigen machen aber Vergleiche zwischen paraphilen und nicht-paraphilen Sexualstraftätern (Prentky und Knight 1991; Freund et al. 1997) deutlich, dass bei nicht-paraphilen Straftätern ein deutlich höheres Ausmaß an Aggressivität und Gewalt vorhanden ist und dass sie häufiger Persönlichkeitsstörungen aufweisen. Außerdem fehlt ihren Taten die sexualisierte Zwanghaftigkeit. Kennzeichnend für typische paraphile Sexualstraftäter dagegen ist, dass sie nur so viel Gewalt einsetzen, wie erforderlich ist, um das Opfer zum Mitmachen zu zwingen. Nicht-paraphile Vergewaltiger hingegen haben andere Ziele. Sie benutzen Sexualität, um Gewalt und Macht als solches auszuüben.

Ahlmeyer et al. (2003) untersuchten in einer Studie u. a. Persönlichkeitsstörungen bei Sexualdelinquenten und fanden zwei unterschiedliche Gruppen: Die eine Gruppe der Sexualdelinquenten wies in deutlich erhöhtem Maß selbstunsichere, ängstlich-vermeidende, aber auch depressive Persönlichkeitsstörungen auf. Möglicherweise erklären diese Persönlichkeitsmerkmale den höheren Anteil sozialer Ängste, sozialer Phobien und affektiver Störungen, der unter Sexualdelinquenten zu finden ist, da sie signifikant mit Sozialangst und Dysthymie / Depressivität korrelieren. Besonders häufig lassen sich diese Merkmalskombinationen bei pädosexuellen Tätern finden. In dieser Tätergruppe sind insbesondere deutlich auch schizoide Sexualdelinquenten zu finden, deren Lebensgeschichte durch eine starke Vereinsamung geprägt ist, wobei die o.g. Persönlichkeitsmerkmale und psychische Störungen, insbesondere Sozialängste und soziale Phobien, noch hinzutreten. Bei der anderen Gruppe der Sexualdelinquenten stand eine enthemmende Störung der Impulskontrolle im Vordergrund. In dieser Gruppe ließen sich in höherem Maße dissoziale bzw. antisoziale Persönlichkeitsstörungen finden. Täter mit dieser Persönlichkeitsstruktur kommen sowohl in der Gruppe der Vergewaltiger als auch, allerdings seltener, in der der Kindesmissbraucher, vor. Unter den pädosexuellen Tätern wurden neben den o.g. Persönlichkeitsmerkmalen auch gehäuft dependente Persönlichkeitsstörungen festgestellt. Das Vorhandensein von Dependenz konnte sogar als Unterscheidungsmerkmal zwischen Kindesmissbrauchstätern und Vergewaltigern herangezogen werden. Dies entspricht den immer wieder gemachten Beobachtungen, dass es sich bei Missbrauchstätern meist um unauffällige, zurückhaltende und eher überangepasste Menschen handelt.

17.1.2 Sexualstraftätertypologien

Es gibt eine Reihe von Typologien aggressiver Sexualstraftäter, die die Diagnostik und die Entscheidung über Prognose und Therapie erleichtern sollen. Im deutschsprachigen Raum wurden derartige Typologien von Wille (1968), Schorsch (1971) und Beier (1995) aufgestellt. In der Kieler Studie analysierten Wille und Kröhn (1990) für das Jahr 1982 sämtliche polizeilich bekannt gewordenen Täter und Opfer sexueller Aggressionsdelikte in einer kombiniert kriminologisch-sexualwissenschaftlichen Feldstudie, um einzelne Tätermerkmale unterscheidbar zu machen. Da zu den Typologien von Beier (1995) auch Prognosedaten vorliegen, sollen sie hier zugrunde gelegt werden. Beier konnte unter den aggressiven Sexualstraftätern fünf verschiedene Gruppen ausmachen:

Sexuell unerfahrene Jugendliche

Sie kommen meist aus intakten, unauffälligen familiären Verhältnissen und zeigen erst im Rahmen der Pubertätsentwicklung Auffälligkeiten. Die Verarbeitung der neuen Körpererfahrung in der Adoleszenz bereiten ihnen Schwierigkeiten, so dass sie nicht selten als schüchterne Einzelgänger daraus hervorgehen. Bei ihrem dissexuellen Verhalten handelt es sich eher um eine Episode, so dass sie in der o.g. Studie nicht erneut aufgefallen waren.

Dissoziale Täter

Hierbei handelt es sich um früh sozial randständige Delinquenten mit niedrigem Bildungsniveau und unstetem beruflichen Werdegang. Sie haben sehr viele, aber wenig dauerhafte Intimbeziehungen und ihre Dissexualität ist Teil ihres dissozialen Verhaltens, das auch durch Eigentums- und/oder andere nichtsexuelle Aggressionsdelikte, z. T. auch unter Alkohol, zum Ausdruck kommt. Bei dieser Tätergruppe liegt ein besonders hohes Rückfallrisiko vor. In der o.g. Untersuchung kam es bei 75 % der Fälle zu erneuten sexuellen Übergriffen.

„Symbolisch agierende" Täter

Diese Sexualdelinquenten sind sozial gut integriert und zeigen keine groben Auffälligkeiten in der frühkindlichen und pubertären Entwicklung. Allerdings sind ihre vorhandenen Partnerschaftserfahrungen emotional sehr ambivalent besetzt, was z. T. durch narzisstische, in seltenen Fällen aber auch durch latent-paraphile Persönlichkeitskomponenten begründet sein kann. Sie verkennen langfristig ihre eigenen Anteile an den von ihnen als sehr unbefriedigend erlebten Beziehungskonstellationen und zeigen gegenüber der aktuellen oder ehemaligen Partnerin eine starke Feindseligkeit. Ihre Tat ist oft symbolisch gemeinter sexueller Ausdruck von Aggressionen gegenüber „der" Frau schlechthin. Wenn keine paraphilen Anteile und keine sexuellen Funktionsstörungen vorliegen, haben diese Täter meist eine gute Therapiefähigkeit und eine günstige Prognose. In der o.g. Studie wurde keiner dieser Täter erneut rückfällig.

Intelligenzgeminderte Täter

Hier handelt es sich um erheblich intelligenzgeminderte, d. h. mindestens debile Täter mit eingeschränkter psychosozialer Kompetenz. Obwohl in der o.g. Studie nur einer von 7 Tätern rückfällig wurde, verläuft die soziale Entwicklung solcher Täter nicht sehr günstig.

Sadistische Täter

Eine sehr kleine Gruppe, die bei forensisch-sexualmedizinischen Begutachtungen weniger als 5 % ausmacht, und die mit den vier vorgenannten tätertypologischen Beschreibungen nicht zu vergleichen ist, umfasst den psychisch und psychosexuell abnormen Gewalttäter mit sadistischen Zügen. Nach außen zeigen diese Täter unauffällige Persönlichkeitszüge und sie fallen selbst im familiären Umfeld lange Zeit nicht auf. Die Serientaten dieser Täter sind jedoch durch eine zunehmende Gefährlichkeit gekennzeichnet, da die sexuelle Befriedigung dabei zunehmend nachlässt und durch immer größere, z. T. auch ritualisierte Gewalt, kompensiert werden muss. Nur bei wenigen Tätern verläuft die Symptomatik allerdings so progredient, dass auch der Tod des Opfers in Kauf genommen wird. Wichtig ist, schon frühzeitig Besonderheiten bei aggressiven Sexualdelikten, wie z. B. Beißen, Brennen, Stechen, Schneiden, quälende Probierschnitte, angedrohte Amputationen usw. wahrzunehmen, und sie als höchste Alarmzeichen zu verstehen (Beier et al. 2005).

17.2 Psychodynamische Theorien

Aus psychodynamischer Sicht entspricht die Perversionsbildung trotz aller Differenzierungen der Entstehung der neurotischen Symptombildung und hat, wie sie, die Aufgabe, Angst zu binden und eine seelische Stabilisierung herbeizuführen.

In den „Drei Abhandlungen zur Sexualtheorie" ging Freud (1905) davon aus, dass in einer ungestörten Entwicklung von dem „polymorph-pervers" angelegten Kind die Partialtriebe, die zunächst noch einen eher spielerisch-lustvollen Charakter haben, in eine erwachsene, genitale Sexualität integriert und damit so transformiert werden, dass später eine reife Sexualität gelebt werden kann. In seiner frühen Neurosentheorie verstand Freud die Neurose als Folge der Verdrängung dieser primär triebhaft-sexuellen Impulse ins Unbewusste, von wo aus sie, seiner damaligen Auffassung zufolge, Symptome hervorrufen. Das Fortbestehen eines nicht integrierten und transformierten Partialtriebes (Es-Abkömmlings) verstand Freud als Perversion. In diesem Zusammenhang bezeichnete Freud die Neurose auch als Negativ der Perversion i. S. der Abwehr der Perversion. Das Charakteristische der Perversionen bestand nach Freuds damaliger Auffassung also darin, dass Partialtriebäußerungen fortbestehen, ohne dass sie das psycho-physische Gleichgewicht bedrohen würden. Im Rahmen des Freud'schen zweiten topischen Modells mit der Unterscheidung der drei Instanzen „Es", „Ich" und „Über-Ich" stand später und bis in die 60er Jahre die Abwehr der Kastrationsangst im Mittelpunkt der klassischen psychoanalytischen Theorien der sexuellen Perversion. Die Kastrationsangst wird in der phallischen Phase (3.–4. Lebensjahr) akut, in der sich der Junge mit seinen aktiven Regungen (Schauen, Sich-Zeigen) gerne der Mutter als aktiver potenzieller Liebhaber präsentiert, andererseits aber verstärkt auch die Geschlechtsunterschiede, d. h. die Penislosigkeit der Mutter, registriert, so dass er die Vorstellung entwickelt, sie hätte ihn eingebüßt. In der „normalen" männlichen Entwicklung überwindet bzw. verdrängt der Junge die Kastrationsangst, d. h. die Vorstellung, dass phallische Aktivitäten Kastration zur Folge haben, indem er sich mit dem Vater identifiziert und so das Rivalitätsverhältnis um die Mutter auflöst, aus der triebaufschiebenden Gewissheit heraus, später – wie der Vater – eine Frau zu haben. Bei der Perversion dagegen kann der Junge die Realitätswahrnehmung, dass Frauen keinen Penis haben, nicht aushalten. Er schreckt zurück, gibt die phallische Aktivität auf und kehrt auf die frühere anale Entwicklungsstufe zurück. Aufgrund des Ausweichens vor der ödipalen Konfliktsituation entwickelt der später perverse Patient keine reife, genitale Sexualität, sondern eine Sexualität aus analen und phallischen Elementen. Dabei bedient er sich der Abwehrmechanismen der Verleugnung und Spaltung. Verleugnet wird die Penislosigkeit, während die Realitätswahrnehmung gespalten wird, wobei aber das realitätsangepasste Ich sehr wohl um die Geschlechtsunterschiede weiß.

Die Auflösung des Kastrationskomplexes gelingt in der normalen Entwicklung jedoch nur, wenn der Junge mit einer gewissen Selbstsicherheit in die ödipale Situation eintreten kann. Nach neuerer psychoanalytischer Auffassung ist für eine später manifest werdende perverse Entwicklung charakteristisch, dass die ödipale Kastrationsangst zusätzlich frühe Ängste vor Vernichtung und Selbstverlust aktualisiert. Auf der Basis dieser narzisstischen Defizite entwickelt sich dann ein labiles männliches Selbstwertgefühl, verbunden mit einem angstvollen Verhältnis zu Frauen und einem schwachen Über-Ich. Diese Ängste werden dann in sexueller Form abgewehrt, aber es entsteht eine innere Notwendigkeit, sich der phallisch-sexuellen Unversehrtheit ständig neu zu vergewissern, und zwar in einer Weise, die die Bedrohung durch das erwachsene weibliche Genital umgeht. Diesen reparativ-stabilisierenden Aspekt der Perversion hat Morgenthaler (1974) mit dem Konstrukt der „perversen Plombe" beschrieben, die die Lücke einer unvollständigen narzisstischen Organisation i. S. eines Reparaturmechanismus füllt, aber doch aus „anderem Material" ist, und damit der Gesamtpersönlichkeit mehr oder weniger fremd bleibt. Die wesentlichen Konflikte können so ausagiert oder ausphantasiert werden, ohne dass die Kohärenz des restlichen Selbst und dessen Funktionen in der Realität gefährdet wird. Mit anderen Worten: die strukturellen Mängel im Selbstsystem und die mit der brüchigen Identität verbundenen Ängste werden durch eine Forcierung genitaler Lustimpulse erfolgreich abgewehrt. Der Abwehrmechanismus ist die Sexualisierung, aber in einer übersteigerten Funktion, denn normalerweise gilt, dass genitale Erregung und sexuelle Befriedigung sowohl das Selbst als auch die Geschlechtsidentität stärken und die Autonomie fördern.

Schorsch et al. (1985) haben den Ausdrucks- und Bedeutungsgehalt der perversen Symptomatik bei Sexualdelinquenten analysiert, da aus diesen Merkmalen wichtige Rückschlüsse auf die Art des zugrunde liegenden Problems gezogen werden können. Sie beschreiben sieben Aspekte, die deutlich auf einen präödipalen Konflikt mit fragiler männlicher Identität und einem narzisstischen Erleben sowie auf resultierende Aggressionen und Partnerschaftsproblematiken hinweisen. Die **Demonstration von Männlichkeit** vor dem Hintergrund einer gestörten männlichen Identität zeigt sich am auffallendsten beim Exhibitionismus, bei dem Gefühle von Männlichkeit und Potenz deutlich inszeniert werden. Gewissermaßen das Gegenteil ist das **Ausweichen vor Genitalität** bei Paraphilen, die ebenfalls eine ausgeprägte Männlichkeitsproblematik aufweisen, die aber vor der als aggressiv und zerstörerisch erlebten genitalen Sexualität zurückschrecken und in eine warme, prägenitale Harmonie regredieren, wie es insbesondere bei manchen Formen der Pädophilie der Fall ist. Ein Im-Vordergrundstehen von **Wut und Hass** entspringt in der Regel aus Ohnmachtsgefühlen, Frustrationen etc. aufgrund früher erlebter Entwertung mit resultierender Selbstwertproblematik. Ein paraphiles Verhalten kann auch als **oppositioneller Ausbruch** besonders bei Männern eine Rolle spielen, die sich in überkontrollierten abhängigen Partnerbeziehungen befinden und bei denen die Wut gegen die Kontrolle und die kontrollierende Partnerin durch episodisch vorgenommene paraphile Handlungen ein Ventil findet, das von der Beziehung abgespalten ist und diese nicht gefährdet. Ein solches Verhalten kann aber auch bei einer sehr rigiden Lebensführung als Opposition und extremer Kontrast eingesetzt werden. Durch **Omnipotenz**, durch ein Allmachtserleben also, können vorhandene Gefühle der Nichtigkeit und Wertlosigkeit sexuell kompensiert werden, was besonders bei aggressiven Sexualdelikten deutlich wird. Das perverse Symptom kann allerdings auch zum **Auffüllen innerer Leere** dienen und Gefühle der Einsamkeit und Depressivität überdecken, aber auch Trost bei Frustrationen spenden und dadurch eine Möglichkeit schaffen, die eigene Lebendigkeit zu spüren. Eine **identifikatorische Wunscherfüllung** ist ein vor allem in der Pädophilie sich zeigender deutlicher Ausdrucksgehalt. Eigene Selbstanteile wie Schwäche und Bedürftigkeit werden in das Kind projiziert und daraus Wünsche nach Zärtlichkeit und Geborgenheit abgeleitet, die dann vom Pädophilen „erfüllt" werden.

Mit ihren Untersuchungen haben Schorsch et al. (1985) die Theorie über die bei Paraphilen charakteristischerweise zu findenden Frühstörungen (narzisstische und Borderline-Störung) sowie der zugehörigen typischen Abwehrmechanismen, wissenschaftlich bestätigt.

Auch im Konzept von Stoller (1979) spielt der narzisstische Aspekt insofern eine Rolle, als für Stoller die Perversion die Umkehrung einer in der Kindheit erlebten Niederlage darstellt, die in einen Triumph im Erwachsenenalter umgewandelt wird. Für Stoller ist der perverse Akt also eine Reinszenierung des Traumas, das durch eine in der Kindheit passiv erlebte Kränkung (z. B. eine Beschämung, eine Frustration etc.) durch die Mutter zum Zeitpunkt der Männlichkeitsentwicklung entstanden ist, doch diesmal mit einem triumphierenden Ausgang (z. B. der Triumph des Exhibitionisten über die erschreckende Frau). Stoller definiert die Perversion damit als eine erotische Form der Feindseligkeit, als eine Phantasie, die gewöhnlich ausagiert werden muss, manchmal auch als Tagtraum oder in Form der Pornographie. Zur Steigerung der Erregung wird ein Risiko, eine Angstlust benötigt.

Wenn eine bestimmte sexuelle Handlung nicht mit einem ganz bestimmten inneren Erleben einhergeht, wenn es z. B. nicht auf die oben beschriebene „Umkehrung von Niederlage in Triumph" zurückgeführt werden kann, wird es in der psychodynamischen Definition nicht als pervers bezeichnet, denn aus psychoanalytischer Sicht wird eine Symptomatik nur dann als sexuelle Perversion definiert, wenn sie bestimmte Kriterien erfüllt. Reiche (2001) hat fünf solcher klinischen Kriterien angegeben: 1. das Benutzen eines Fetischs bzw. einen fetischistischen Umgang mit Teilen des Partners, wobei der Fetischbegriff in einer sehr weiten Form verwendet wird und sich auf fast jede Entfremdung im Liebesakt beziehen kann (in der Pädophilie kann sogar das ganze Kind zu einem Fetisch werden), 2. die perverse Szene, in die die zentrale innere Objektbeziehung externalisiert wird, wobei es sich bei den meisten ritualisierten perversen Szenen um die oben beschriebene Umwandlung einer in der Kindheit erlittenen Niederlage in einen Triumph durch die Ausübung der perversen sexuellen Aktivität handelt, 3. das Element der sexuellen Erregung und Entladung selbst (Orgasmus), 4. die Komponente der süchtigen Unaufschiebbarkeit und 5. das Phänomen der „Perversion in der Perversion", womit gemeint ist, dass in jeder manifesten Perversion, wie in einer russischen Puppe, eine latente Perversion enthalten ist. Das hat zur Folge, dass oft nach therapeutischer Auflösung eines perversen Symptoms ein neues entwickelt wird, als ob es im ersten Symptom versteckt gewesen wäre. Morgenthaler (1974) hat als erster dieses Phänomen beschrieben und daraus geschlossen, dass viele Perversionen eine fragile Persönlichkeit so stabilisieren, dass es bei Wegfall des gewohnten Befriedigungsmechanismus entweder zum Zusammenbruch oder eben zur Entwicklung einer neuen Perversion kommen muss.

Anhand der genannten Kriterien beantwortet Reiche auch die Frage, ob es Perversionen bei Frauen gibt. In der Literatur sei kein einziger Fall beschrieben worden, in dem eine Patientin alle fünf Kriterien erfüllt hätte. Andere Autoren sehen in bestimmten Verhaltensauffälligkeiten bei Frauen parallele Gegebenheiten. Kaplan (1991) stellt Essstörungen den männlichen Perversionen gleich und Beier (2000) sieht Probleme im Bereich der sexuellen Reproduktion (Abort, Schwangerschaftsabbruch, unerfüllter Kinderwunsch, eingebildete Schwangerschaft, nicht wahrgenommene Schwangerschaft) als „weibliche Analogien" zur männlichen Perversion und nennt sie „Reproversion". Die „Plombenbildung" bei Frauen würde dieser Überlegung zufolge die reproduktive Dimension bzw. das Essverhalten betreffen und nicht, wie bei Männern, die Lustdimension der Sexualität. Da solche Erscheinungsformen nicht mit einem Orgasmus oder einer Lubrikation einhergehen, dürfen sie nach den ICD-10- oder DSM-IV-TR-Kriterien jedoch nicht als Paraphilien diagnostiziert werden.

Zusammenfassend lässt sich feststellen, dass fast alle psychoanalytischen Autoren, die sich in den letzten Jahren mit der Theorie der sexuellen Perversion beschäftigt haben, in der Perversion eine kreative Abwehrleistung in dem Sinne sehen, als sie Funktionen für den Aufbau, den Zusammenhalt, die soziale Anpassung und das Selbsterleben der Persönlichkeit hat. Für Morgenthaler (1974) hat die Perversion, wie oben beschrieben, die Funktion der Plombe, für Khan (1983) hat sie die Funktion, die narzisstische Spannung aufzuheben, die mit der Dissoziation früher Beziehungen zusammenhängt, und für McDougall (1985) hat sie die Funktion, bestimmte unbewusste Phantasien zu bewahren, insbesondere die von der Wiedererlangung des idealisierten väterlichen Phallus als einem „Bollwerk gegen die allmächtige Mutter".

Aus therapeutischer Sicht wäre bei diesen Konzepten der Schwerpunkt der Behandlung auf die Bearbeitung der narzisstischen bzw. Borderline-Persönlichkeitsstörung und auf den frühen Mutterkonflikt zu legen, während nach dem triebdynamischen Modell die Behandlung der ödipalen Konfliktsituation im Vordergrund stünde.

Wenngleich das Kastrationsabwehrkonzept, das z. B. bei Fenichel (1945) noch eine zentrale Rolle spielte, in der psychoanalytischen Theorienbildung inzwischen als überholt gilt, lassen sich einige Perversionen mit erhaltener Beziehungsfähigkeit auch heute noch im Rahmen dieses Konzeptes erklären. Als typische Abwehrmechanismen gelten dabei die Verleugnung der Penislosigkeit der Mutter und die Abspaltung, durch die die persistierende Vorstellung einer „phallischen Mutter", bei gleichzeitigem Wissen um die „genitale Realität" ermöglicht wird, sowie die Triebregression, durch die Triebäußerungen früherer Entwicklungsstufen, besonders der analen und der phallisch-narzisstischen Phase, wieder aufgenommen werden. Typische Manifestationen analer und phallisch-narzisstischer Triebäußerungen sind z. B. das Vorzeigen des Genitales, das Zuschauen, aggressiv-libidinöses Attackieren und sich attackieren lassen etc. Die gemeinsamen Grundlagen aller Perversionen ist die Abwehr von Ängsten, die von der Erwachsenensexualität und der Frau ausgehen. Bei Perversionsformen, bei der die Partnerwahl deviant ist, wie z. B. bei der Pädophilie oder der Sodomie, aber auch beim Frotteurismus, wird besonders deutlich, dass Perversionen auch Ersatz- oder Ausweichhandlungen darstellen können.

Aufgrund der Komplexität psychoanalytischer Theorien muss an dieser Stelle auf weiterführende Literatur verwiesen werden. Eine zusammenfassende Übersicht ist bei Becker (2001) zu finden. Einzelne klinische Erscheinungsbilder wurden von Becker und Schorsch (1976) anhand der klassischen triebdynamischen Lehre dargestellt.

17.3 Lerntheoretische Konzepte

Nicht allen Sexualpräferenzstörungen liegt zwangsläufig ein intrapsychischer Konflikt zugrunde, sondern Paraphilien können auch auf ein erlerntes Verhalten zurückgeführt werden. Lerntheoretische Konzepte erklären Präferenzstörungen zum einen mit der klassischen Konditionierung, d. h. mit der Koppelung eines ungewöhnlichen Reizes (z. B. Wäschestück) mit einer sexuellen Erregung, zum anderen durch operante Konditionierung, die dadurch entstehen kann, dass bei einer bestimmten Erregtheit immer wieder der gleiche spezielle Weg zur entspannenden Lusterfahrung (Orgasmus) gesucht wird, der dann als Belohnung erlebt und beibehalten wird. Durch differenzielle Verstärkung, die darin bestehen kann, dass der Kontakt zu einer realen Partnerin frustrierend und die deviante Eigenstimulierung belohnend erlebt wurde, und durch soziales Lernen kann sich das deviante Verhalten dann weiter verfestigen. Da die Modelle der klassischen und operanten Konditionierung allein nicht überzeugend sind, schon deshalb nicht, weil danach wesentlich mehr Menschen Paraphilien aufweisen müssten, da sexuelle Erregung mit allen möglichen Reizen zusammenfallen kann, wiesen einige Lerntheoretiker (Meyer und Chesser 1971) darauf hin, dass zur Erklärung weitere Faktoren hinzukommen müssten. Dabei kann es sich um kognitive (Einstellungen, Erwartungen, Haltungen), emotionale (Motivation), konstitutionelle und evtl. biologische Einflüsse, wie Zeiten erhöhter Sexualhormonspiegel (z. B. in der Pubertät), handeln. Auch haben Behavioristen über das Vorhandensein einer möglichen inneren Bereitschaft spekuliert, von bestimmten Klassen von Reizen sexuell stimuliert zu werden. Eine solche sog. Preparedness-Hypothese (Seligman 1971) wurde zur Erklärung der Schlangenphobien herangezogen, die weitverbreitet sind, obwohl sie kaum klassisch konditioniert worden sein können, wohingegen Phobien z. B. vor elektrischem Strom nicht bekannt sind, obwohl es häufiger vorkommt, einen Stromschlag zu erleiden als von einer Schlange gebissen zu werden.

Aus der kognitiven Verhaltenstherapie stammende Konzepte legen den Schwerpunkt auf Denk- und Wahrnehmungsprozesse sowie auf Einstellungen und nehmen als Ursache der Paraphilien eine Art Selbsttäuschung an, durch die im Sinne einer kognitiven Verzerrung der längerfristige Nachteil gegenüber der sofortigen Befriedigung ausgeblendet wird. An dieser Stelle setzen als kognitive Methoden der Verhaltensänderung sog. therapeutische Unstrukturierungs-Interventionen ein, durch die gezielt Entscheidungen für einen langfristigen und gegen einen kurzfristigen Erfolg eingeübt werden.

17.4 Biomedizinische Ursachen

Ein biomedizinisches Erklärungskonzept bezieht die Gebiete der Neurophysiologie, Biochemie und Pharmakologie ein und stellt die komplexen Zusammenhänge zwischen Sexualhormonen, Neurotransmittern und sexuellem Verhalten dar.

Durchgängige auffallende Hormonbefunde sind bei Paraphilen bisher nicht gefunden worden. Bekannt ist aber inzwischen, dass Androgene nicht nur die sexuelle Aktivität, sondern auch die Phantasiebildung beeinflussen. So zeigten Untersuchungen, dass ihr drängender Charakter bei einer Testosteronreduktion signifikant abnahm. Unabhängig von der Testosteronwirkung können Phantasien aber auch Merkmale von Zwangsideen, verbunden mit Zwangshandlungen, annehmen, so dass Paraphilien inzwischen von einigen Autoren eher dem Spektrum der Zwangsstörungen zugerechnet werden, u. a. deswegen, weil einige Präferenzstörungen auch bei einem verminderten Testosteronspiegel vorkommen. Unterstützt wird diese Annahme auch dadurch, dass sowohl bei Zwangsstörungen als auch bei paraphiler Symptomatik zumindest bei einigen Patienten in pharmakologischen Behandlungsstudien die Effektivität von Serotonin-Wiederaufnahmehemmern nachgewiesen werden konnte, was auch der Komorbidität von Paraphilien mit Depressivität, Sucht und Angststörungen entspricht. Ein Konsens scheint von wissenschaftlicher Seite inzwischen bezüglich der Annahme zu bestehen, dass zumindest Untergruppen von Präferenzstörungen dem Zwangsspektrum angehören könnten.

Die Bedeutung der verschiedenen Neurotransmitter auf das sexuelle Verhalten und Erleben ist bis heute noch nicht völlig geklärt. Grundsätzlich wird zwar bislang davon ausgegangen, dass sich Serotonin bremsend und Dopamin steigernd auf die Sexualität auswirken, aber bei Parkinson-Erkrankten wurde z. B. in Zusammenhang mit einer den Dopaminspiegel erhöhenden Therapie auch von einer Reduzierung sexueller Wünsche berichtet. Ebenso soll es neben verstärkten sexuellen Bedürfnissen auch zu paraphiler Symptomatik gekommen sein.

Gelegentlich werden bei einigen Sexualstraftätern linkstemporale EEG-Auffälligkeiten gefunden, die pathogenetische Bedeutung ist jedoch noch nicht geklärt. Über weitere biologische Besonderheiten wurde in der Literatur bisher nicht berichtet.

17.5 Integrative psychologische Erklärungsansätze für die paraphile Sexualdelinquenz

Bei der Entwicklung periculärer Paraphilien wird immer wieder eine Trias beobachtet, die gekennzeichnet ist durch zunehmende **Tagträumereien**, die im weiteren Verlauf von immer häufigerer Masturbation mit immer abweichenderen Phantasien abgelöst und von einer zunehmenden sozialen **Isolation** begleitet werden. Die meisten späteren paraphilen Sexualgewalttäter wenden sich zumindest zeitweilig auch anderen paraphilen Handlungen zu („Crossing"), die ebenfalls als Ausgleich für das Einsamkeitserleben eingesetzt werden. Die genannten Faktoren tragen allmählich zu einem Prozess bei, in dem die Betreffenden schließlich jeglichen Sinn für sexuelle Normalität verlieren.

Einer derartigen Entwicklung gehen distale und proximale Ursachen voraus. Zu den distalen Faktoren zählen Bindungs- und Kompetenzdefizite sowie fehlende elterliche Modelle zum Erlernen eines angemessenen Sozialverhaltens. Stattdessen wachsen die meisten späteren Täter in einer Umgebung häuslicher Gewalt auf und werden als Kind selbst Opfer von psychischem und sexuellem Missbrauch. Auch werden sie häufig geschlagen, so dass sie kaum tragfähige Bindungen zu anderen Menschen aufbauen können. Hinzu kommt, dass viele Väter und Mütter selbst über wenig soziale Kompetenzen verfügen und ein sozial verarmtes, zurückgezogenes Leben führen. Die meisten Väter gelten als aggressiv, häufig betrunken und wenig gesetzeskonform. Die Beobachtung eines solchen elterlichen Modellverhaltens führt zusammen mit den negativen Kindheitserfahrungen und der fehlenden Erziehung dazu, dass die Kinder später selbst Gewalt gegenüber anderen einzusetzen und eine geringe Selbstwertschätzung entwickeln, die mitverantwortlich dafür ist, dass die Kinder und Jugendlichen auch keinen Sinn darin sehen, sich anderen gegenüber respektvoll zu verhalten. Dies hat zur Folge, dass sie zunehmend sozial ausgegrenzt werden. Tagträumereien und eine vermehrte Phantasietätigkeit treten dann an die Stelle sozialer Beziehungen und Gemeinschaften. Allmählich stellt sich auch eine Angst vor realen sozialen und sexuellen Begegnungen ein, die wiederum eine zunehmende Phantasietätigkeit über sexuelle Interaktionen bewirkt, bis es schließlich tatsächlich zu sexuellen Übergriffen kommt, die den phantasierten Vorstellungen von Sexualität entsprechen. Unsichere Bindungsstile sind gerade für pädophile Missbrauchstäter kennzeichnend und machen sich unterschiedlich bemerkbar: So gibt es einerseits dependente spätere Täter, die ein überstarkes Bedürfnis nach Nähe und Zuwendung haben, gleichzeitig jedoch daran zweifeln, ob ihnen dies durch gleichaltrige Partner gewährt wird, andererseits gibt es schizoide spätere Missbrauchstäter, die Ängste vor engen zwischenmenschlichen Beziehungen haben und die intime Kontakte mit Gleichaltrigen vermeiden, um keine Zurückweisung erfahren zu müssen. Beide Gruppen sind von daher disponiert, auf Kinder als Partner auszuweichen und sie zu missbrauchen. Dabei kann sich sexuelle Erregung einstellen und sich eine Pädophilie entwickeln. Gemeinsam ist späteren Sexualdelinquenten auch, dass sie eine innere Hemmung bzw. Abwehr gegenüber unangenehmen emotionalen Prozessen haben. Als Folge können sich Angst und Depressionen einstellen, die in der weiteren Entwicklung möglicherweise mit Alkohol- und Drogenkonsum bekämpft werden. In der Übergangszeit zur Jugend können auch langwirkende und schwer beeinflussbare falsche Einstellungen und Grundhaltungen gebildet werden, die im weiteren Erleben das Verhalten bestimmen. Solche Überzeugungen können Rechtfertigungen und nachträgliche Rationalisierungen ihrer sexuellen Übergriffe sein („das Opfer hat mich provoziert"), aber z. B. auch Vorstellungen, dass Kinder sexuell motivierte Wesen seien, die wie Erwachsene Lust an der Sexualität hätten. Damit einher gehen auch Ansichten, dass, wer die Macht besitzt, tun kann, was er wolle und dass der Stärkere sich durchsetzen darf. Eine andere Kognition ist, davon überzeugt zu sein, selbst keine Kontrolle über die eigene Sexualität zu besitzen und zu glauben, den vielen sexuellen Reizen in Medien etc. unkontrolliert ausgeliefert zu sein. Ein weiteres kognitives Problem bei Sexualstraftätern ist, dass sie alles ausblenden, was auf langfristig negative Folgen ihres Verhaltens hindeuten könnte.

Kommen proximale Bedingungen, wie z. B. Frustrationen und psychische Belastungen hinzu, kann es dann durch die genannten Vulnerabilitäten und das Zusammenspiel aller Faktoren zum sexuellen Übergriff als Kompensationsversuch kommen, wobei dieser zuvor in der Regel innerlich immer wieder durchgespielt wurde, so dass der Täter, wie Abbildung 17-1 zeigt, schließlich nur noch sein Opfer zu suchen braucht.

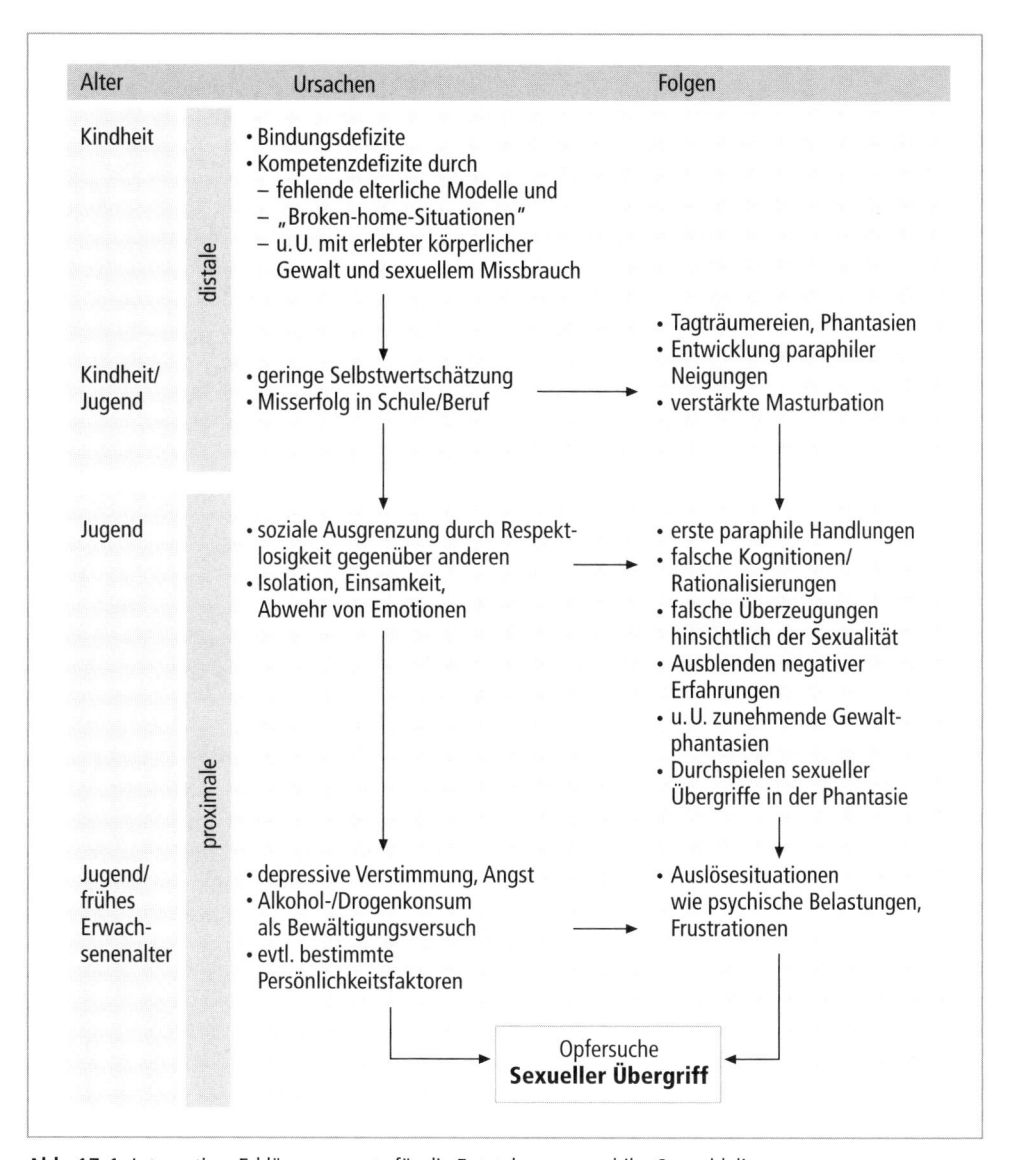

17.5 Integrative psychologische Erklärungsansätze für die paraphile Sexualdelinquenz

Alter	Ursachen	Folgen

Kindheit	• Bindungsdefizite
	• Kompetenzdefizite durch
	  – fehlende elterliche Modelle und
	  – „Broken-home-Situationen"
	  – u.U. mit erlebter körperlicher Gewalt und sexuellem Missbrauch	

Kindheit/ Jugend	• geringe Selbstwertschätzung • Misserfolg in Schule/Beruf	• Tagträumereien, Phantasien • Entwicklung paraphiler Neigungen • verstärkte Masturbation
Jugend	• soziale Ausgrenzung durch Respektlosigkeit gegenüber anderen • Isolation, Einsamkeit, Abwehr von Emotionen	• erste paraphile Handlungen • falsche Kognitionen/Rationalisierungen • falsche Überzeugungen hinsichtlich der Sexualität • Ausblenden negativer Erfahrungen • u.U. zunehmende Gewaltphantasien • Durchspielen sexueller Übergriffe in der Phantasie
Jugend/ frühes Erwachsenenalter	• depressive Verstimmung, Angst • Alkohol-/Drogenkonsum als Bewältigungsversuch • evtl. bestimmte Persönlichkeitsfaktoren	• Auslösesituationen wie psychische Belastungen, Frustrationen

Opfersuche
Sexueller Übergriff

Abb. 17-1 Integrativer Erklärungsansatz für die Entstehung paraphiler Sexualdelinquenz

18 Symptomatik

Sexuelle Präferenzstörungen können in unterschiedlichsten paraphilen Mustern und Erscheinungsformen sowie mit den verschiedensten Partnereinbindungen auftreten. So kann das Umsetzen paraphiler Phantasien mit einem nicht einwilligenden oder nicht einwilligungsfähigen Partner erfolgen, wobei auch Schaden für ihn in Kauf genommen wird, wie es beim sexuellen Sadismus oder bei der Pädophilie der Fall ist; Paraphilien können aber auch zu Selbstverletzungen, wie beim sexuellen Masochismus, führen. Wenn der Sexualpartner es ablehnt, sich an den ungewöhnlichen sexuellen Neigungen zu beteiligen, oder wenn andere Menschen die ungewöhnlichen sexuellen Verhaltensweisen als abstoßend oder verwerflich empfinden, kommt es darüber hinaus auch zu Beeinträchtigungen der sozialen Beziehungen. In einigen Fällen kann das deviante Verhalten, wie das Sammeln von fetischistisch besetzten Objekten, zur Hauptaktivität des Betroffenen werden. Manchmal ergreifen Paraphile auch eine berufliche Tätigkeit, durch die sie ständig mit dem bevorzugten Reiz in Verbindung sein können. Beispiele sind der Verkauf von Schuhen beim Schuhfetischismus, die berufliche Betreuung von Kindern bei Pädophilen, die Kameraüberwachung in Umkleidekabinen beim Voyeurismus oder das Fotografieren des bevorzugten Stimulus bei Berufsfotografen. Paraphile Menschen, die keinen bereitwilligen Partner zur Umsetzung ihrer Phantasien haben, nehmen meist die Dienste von Prostituierten in Anspruch oder sie leben ihre Phantasien im Rahmen eines sexuellen Übergriffs an einem Opfer aus.

Nur wenige Menschen mit Präferenzstörungen weisen starke Schuld- oder Schamgefühle auf, obwohl manche Zweifel haben, ob sie vom Partner voll akzeptiert werden würden, wenn er von ihren Vorlieben wüsste. Die meisten Paraphilen suchen von daher erst dann Hilfe auf, wenn ihr Verhalten sie mit der Gesellschaft oder mit ihrem Sexualpartner in Konflikt gebracht hat. Dabei verneinen sie, an der Präferenzstörung direkt zu leiden und berichten, dass ihr einziges Problem die sozialen Belastungen seien, die aufgrund der Reaktionen der anderen auf ihr Verhalten entstünden. Daneben gibt es aber auch einige Paraphile, die sogar extrem unter Schuld- und Schamgefühlen leiden und über Depressionen wegen ihres Sexualverhaltens, das sie selbst für unakzeptabel und unmoralisch halten, klagen.

Verlauf

Paraphile Phantasien und Verhaltensweisen beginnen meist in der Kindheit oder Pubertät. Sie nehmen dann zu und bleiben in den meisten Fällen ab dem frühen Erwachsenenalter stabil, wobei die Ausgestaltung der paraphilen Phantasien allerdings oft lebenslang fortgesetzt wird. Präferenzstörungen verlaufen also in der Regel chronisch und lebenslang, aber bei manchen Erwachsenen können sowohl die Phantasien als auch die Handlungen mit dem Älterwerden abnehmen. In einigen Fällen, vor allem als Reaktion auf psychosoziale Belastungsfaktoren oder in Abhängigkeit zu anderen psychischen Störungen oder auch mit wachsender Möglichkeit, die paraphilen Wünsche ausleben zu können, kann die Paraphilie noch bis etwa zum Ende des 4. Lebensjahrzehntes einen progredienten Verlauf annehmen. Auch wenn das paraphile Aktivitätsmuster über das ganze Leben erhalten bleibt, gibt es Perioden, in denen die innere Unruhe von den Betroffenen stärker erlebt wird als in anderen Zeiten, ebenso wie es Phasen geben kann, in denen die Phantasien weniger häufig auftreten und die dranghaften Bedürfnisse deutlich zurückgehen. Mit zunehmenden Alter nimmt aber allgemein die Symptomatik an Intensität ab und verschwindet auf der Verhaltensebene z. T. ganz.

Differenzialdiagnose

Ein gelegentlicher Einsatz ungewöhnlicher sexueller Phantasien, Verhaltensweisen oder Objekte zur Stimulierung der sexuellen Erregung ist nicht als Paraphilie zu diagnostizieren. Vielmehr gilt ihr Einsatz nur dann als paraphil, wenn er so unverzichtbar ist, dass es andernfalls zu einer sexuellen Funktionsstörung kommt. Des Weiteren wird die Diagnose gestellt, wenn das paraphile Verhalten die Einbeziehung einer nicht einwilligenden oder nicht einwilligungsfähigen Person erfordert, wenn es zu juristischen Schwierigkeiten führt, soziale Beziehungen gefährdet oder einen Leidensdruck hervorruft.

Ungewöhnliches sexuelles Verhalten kann auch im Rahmen anderer Erkrankungen und Störungen auftreten und ist von Paraphilien differenzialdiagnostisch abzugrenzen. Zu denken ist dabei an eine geistige Behinderung, an eine Demenz, an eine Schizophrenie oder an affektive Störungen vor allem in manischen Episoden, an Persönlichkeitsstörungen wie vor allem die emotional instabile, die antisoziale und die schizoide, sowie an Impulskontrollstörungen aufgrund unterschiedlicher Ursachen und an psychoorganische Störungen aufgrund körperlicher Erkrankungen oder Substanzintoxikation. Typischerweise treten ungewöhnliche sexuelle Handlungen im Rahmen dieser genannten Störungen eher vereinzelt auf und meist auch erst in ihrem Verlauf. Ein weiteres differenzialdiagnostisches Kriterium ist, dass die Betreffenden beim ersten Auftreten auch meist schon älter sind.

Komorbidität

Ungeklärt ist, wie häufig Präferenzstörungen als isolierte Störungen auftreten. Über die Komorbidität zu psychischen Erkrankungen und anderen Störungen ist dagegen mehr bekannt.

Eine Komorbidität haben sexuelle Präferenzstörungen zu affektiven Störungen, vor allem zur Major Depression, aber auch zu Dysphorie und zu Mischzuständen sowie zu Suchterkrankungen. Besonders unter Kindesmissbrauchern und unter Männern mit Vergewaltigungsdelikten wurde ein höherer Anteil an Alkoholmissbrauch festgestellt. Auf eine hohe Komorbidität von Präferenzstörungen mit paraphilieverwandten Störungen wurde bereits in Kapitel 15.2, S. 187 hingewiesen. Auch Angststörungen und Sozialphobien wurden gehäuft bei paraphilen Menschen diagnostiziert. Zwangsstörungen dagegen wurden nur in geringem Maße gefunden, häufiger jedoch einzelne Zwangssymptome. Impulskontrollstörungen, besonders zwanghaftes Stehlen und Spielen, aber auch andere Impulshandlungen wie Essen, Trinken und Gewalthandlungen treten wiederum oft gleichzeitig mit Paraphilie auf. Auch korrelieren sexuelle Präferenzstörungen mit dem Aufmerksamkeitsdefizits-Hyperaktivitäts-Syndrom (ADHS). So finden sich bei Kindern und Jugendlichen mit ADHS in ihrer späteren Entwicklung gehäuft Paraphilien bzw. Sexualstraftaten, wie Blocher et al. (2001) und Vaih-Koch et al. (2001), aufzeigen konnten. Auch Kafka und Hennen (2002) fanden in ihrer Untersuchung, dass knapp ein Viertel der Patienten mit Sexualpräferenzstörungen ein ADHS-Syndrom aufwiesen.

Die Häufigkeit der Komorbidität mit Persönlichkeitsstörungen hängt stark davon ab, unter welchen Selektionsbedingungen die Präferenzstörungen angetroffen werden. Bei Paraphilen, die nie mit dem Gericht in Kontakt gekommen sind, sind sie wohl seltener, obwohl keine konkreten Zahlen vorliegen. Im forensischen Bereich ist mit 80 % zu rechnen, wobei dissoziale, impulsive, narzisstische und Borderline-Störungen am häufigsten angetroffen werden.

Allgemein haben neben den genannten Persönlichkeitsstörungen auch schizoide, schizotypische, zwanghafte und vermeidende Persönlichkeitsstörungen eine hohe Komorbidität zu Paraphilien.

Eine weitere Auffälligkeit wurde besonders bei gewalttätigen Sexualstraftätern gefunden. Bei diesen wurden signifikant häufiger unspezifische Gehirnabnormitäten gegenüber weniger gewalttätigen Sexualdelinquenten diagnostiziert, wobei überwiegend Frontal-, Temporal- und Parietalhirn betroffen waren. Dagegen erhöhen weder Schizophrenie noch leichtere oder schwerere Intelligenzminderung das Risiko, ein Sexualdelikt zu begehen (Berner et al. 2004).

18.1 Fetischismus

Der Begriff „Fetisch" stammt aus dem portugiesischen Wort *feitiço* und bedeutet übersetzt „Zauber". Portugiesische Forschungsreisende im 15. Jahrhundert gebrauchten diesen Ausdruck für die geschnitzten Tier- und Menschenfiguren aus Holz und Stein, die die Eingeborenen in Westafrika als Kultgegenstände verehrten, weil sie glaubten, dass sich mit ihnen ein göttlicher Zauber verbindet. Zeitgleich wurde der Begriff Fetischismus von Binet (1887) und Krafft-Ebing (1886) in die Psychologie eingeführt und für ein sexuell motiviertes Verhalten verwendet.

Das Hauptmerkmal des Fetischismus ist, dass zur Erreichung sexueller Erregung oder des Orgasmus bestimmte unbelebte Gegenstände oder auch Körperteile notwendig sind. Am häufigsten benutzen Fetischisten weibliche Unterwäschestücke, Seidenstrümpfe, schöne Schuhe, Perlenketten und Toilettenartikel. Manche Fetischisten finden es erregend, diese Stimuli heimlich zu berühren, zu betrachten oder zu beriechen, oder sie küssen das Objekt einfach nur. Andere masturbieren dabei oder sie bitten die Partnerin, den Fetisch anzuziehen. Einige Fetischisten sind fast ausschließlich daran interessiert, sich eine Sammlung der begehrten Objekte anzulegen. Manche begehen dabei auch kleinere Diebstähle, um so viele Gegenstände wie möglich zu besitzen. Dabei können Fetischisten auch schon beim Wegnehmen der begehrten Kleidungsstücke zu einer sexuellen Befriedigung kommen. Einige Betroffene machen auch Teile des weiblichen Körpers, wie Haarlocken, Füße, Fußknöchel, Hände, Fingernägel, Ohren oder Brüste zum Fetisch oder auch Körperausscheidungen wie Kot oder Urin. Dabei kann es auch Verschiebungen geben auf Gerüche oder Windeln, die an die Ausscheidungen erinnern. Oft ist der Fetisch auch mit sinnlichen Qualitäten der weiblichen Haut oder des Genitales verbunden, wie bei Seide, Pelzen, Samt, Leder, Gummi usw. Unterschiedlich ist auch der Grad, in dem der Fetisch in die partnerschaftliche Sexualität integriert werden kann. Dies kann bei einer fetischistischen Besetzung von Körperteilen, z. B. der Brust oder des Fußes, so geschickt geschehen, dass der Fetischcharakter kaum auffällt, ebenso wie bei am Körper getragenen Fetischen wie z. B. Kleidung aus bestimmtem Material oder Reizwäsche. Der Geschlechtsverkehr kann in dieser Form bevorzugt werden oder ausschließlich auch nur so möglich sein. Wenn der Fetisch nicht verfügbar ist, kann es beim Mann zu Erektionsstörungen kommen. Schließlich kann der Fetisch ganz losgelöst von der partnerschaftlichen Sexualität sein und selbst ein Partneräquivalent werden, wie in Fällen, in denen in einen Schuh oder in ein Stück Unterwäsche masturbiert wird, oder in denen der Partner durch das Spiegelbild des eigenen Körpers ersetzt wird, wie beim sexuellen Narzissmus.

Grundsätzlich ist die Vielfalt von Gegenständen oder Materialien, die zum Fetisch erhoben werden können, unbegrenzt. In Übergangsformen zum Sadomasochismus können die Fetische auch Symbole von Unterwerfung und Abhängigkeit sein, wie z. B. Fesseln und Peitschen. Eine moderne Variante ist die Vorliebe für Frauen in nasser Kleidung (wet-look), wobei es darum geht, die Nässe in den eigenen Kleidern hochsteigen zu spüren oder zuzuschauen, wie dies bei anderen geschieht. Um sich möglichst viel Kontakt mit dem bevorzugten Objekt zu sichern, kann der Fetischist außerordentlich kreativ werden und seine Neigung auch zum Beruf machen. Zwar haben gewisse Gegenstände und Körperteile eine sexuell stimulierende Anziehungskraft auch für „normale" Menschen, aber die unfreiwillige und unwiderstehliche Vorliebe für ein bestimmtes Objekt unterscheidet den Fetischisten genauso vom Nicht-Devianten wie das Ausmaß, in dem der Fetisch zum dominierenden Lebensmittelpunkt des Betroffenen wird. Neben einer Anhäufung von Fetischen ist auch die Tendenz zur Anonymisierung und Isolierung typisch. Ein anderes charakteristisches Merkmal des Fetischismus ist die von Gebsattel bereits 1929 beschriebene „Pars pro toto-Bildung", d. h. das Nehmen eines Teils des Partners für das Ganze. Dieser Prozess geschieht dadurch, dass zunächst der Partner durch ein Abbild von ihm repräsentiert wird. Später verblasst er hinter diesem Bild und schließlich fungiert das Abbild, der Fetisch, selbst als Partner. Die Folge für den Fetischisten ist, dass er nicht auf eine Vielfalt sexueller Stimulierungsmöglichkeiten oder auf ein ganzheitliches sexuelles Erleben zurückgreifen kann, sondern dass seine Möglichkeiten auf nur wenige begrenzte Reize beschränkt sind. So entsteht ein sich wiederholendes oder ausschließliches Muster zur Erlangung der sexuellen Erregung, das etwas Schematisch-Zwanghaftes und Unpersönliches hat, worunter die Betroffenen auch leiden können, und zwar in einer Weise, dass Beeinträchtigungen in sozialen, beruflichen oder anderen wichtigen Funktionsbereichen entstehen. In diesen Fällen ist auch das Kriterium B des DSM-IV-TR erfüllt, in dem der Fetischismus unter der Kategorie 302.81 geführt wird. Die Diagnose darf nach dem Kriterium A des DSM-IV-TR allerdings nur gestellt werden, „wenn die intensiv sexuell erregenden Phantasien, die dranghaften Bedürfnisse oder Verhaltensweisen, die den Gebrauch von **unbelebten** Objekten beinhalten, mindestens über einen Zeitraum von 6 Monaten wiederkehren". In der ICD-10 wird unter F65.0 ausgeführt, dass der Fetisch die wichtigste Quelle sexueller Erregung darstellen oder für die sexuelle Befriedigung unerlässlich sein muss. Fetischistische Phantasien werden nach der ICD-10 nur dann als Störungen angesehen, wenn sie in Rituale ausmünden und so zwingend und inakzeptabel werden, dass sie den Geschlechtsverkehr beeinträchtigen und für den Betroffenen zur Qual werden.

Wissenschaftlich umstritten ist die Formulierung im DSM-IV-TR, dass es sich bei den Fetischen um „unbelebte Objekte" handeln muss, da damit die wichtige sexuell-fetischistische Neigung zu Körperteilen ausgeschlossen bleibt. Auch sind einige Autoren der Auffassung, dass neben dem Partialismus noch weitere „leblose Objekte" zum Fetischismus hinzugerechnet werden sollten, wie z. B. die Nekrophilie, die Zoophilie oder auch die Koprophilie und Urophilie. Diese Paraphilieformen werden bislang im DSM-IV-TR unter der Kategorie 302.9 und in der ICD-10 unter der Kategorie F65.9 als „nicht näher bezeichnete Paraphilie" klassifiziert.

Vorkommen

Fetischistische Neigungen finden sich fast ausschließlich bei Männern. Über die Häufigkeit gibt es kaum Hinweise, aber die wachsende Fetisch-Industrie und die Vielzahl von Adressen im Internet, in denen Bildvorlagen für ganz spezielle Vorlieben angeboten werden, lässt auf eine hohe Dunkelziffer schließen. In der im 16. Kapitel erwähnten Studie von Beier et al. (2005) gaben 29,5 % der betroffenen Männer und 13,9 % ihrer befragten Partnerinnen an, fetischistische Phantasien gehabt zu haben. 26 % der Männer und 13 % der Partnerinnen hatten sie als Begleitphantasien bei der Selbstbefriedigung und 24,1 % der Männer und 12 % der Partnerinnen hatten sich bereits fetischistisch verhalten.

Komorbidität

Fetischistische Elemente i. S. einer Ablösung der sexuellen Erregung vom spezifisch Persönlichen und Beziehungsmäßigen lassen sich letztlich bei fast allen Präferenzstörungen beobachten und bei jeder Paraphilie ist der psychische Mechanismus der fetischistischen Inszenierung von zentraler Bedeutung. Der Fetischismus als nosologische Einheit zählt zu den harmlosen Paraphilien und spielt im forensischen Kontext kaum eine Rolle. Gelegentlich werden Fetischisten durch Diebstähle von weiblichen Kleidungsstücken auffällig. Auch bei Kleptomanen finden sich manchmal fetischistisch-sexuelle Motive für den Diebstahl. Auch im klinischen Bereich ist der Fetischismus selten anzutreffen. In einer großen Londoner Klinik wurden in einem Zeitraum von 20 Jahren nur 48 Fälle registriert (Chalkley und Powell 1983).

Verlauf

Die Störung beginnt gewöhnlich in der Adoleszenz, obwohl der Fetisch seine besondere Bedeutung bereits in der frühen Kindheit erlangt haben kann, dadurch dass er mit einer Person assoziiert wurde, zu der der Fetischist als Kind eine vertraut-intime Beziehung hatte. Hat sich ein Fetischismus ausgebildet, neigt er zu chronischem Verlauf.

Differenzialdiagnose

Ein Kleidungsstück oder ein intimer Gegenstand kann in jeder Liebesbeziehung zum Inbegriff der geliebten Person oder zum Repräsentanten für sie in ihrer Abwesenheit werden. In diesen Fällen handelt es sich nicht um fetischistische Objekte. Auch wird die Diagnose nicht gestellt, wenn die Objekte zum Zwecke der genitalen Stimulation extra hergestellt werden, wie z. B. Vibratoren. Differenzialdiagnostisch abzugrenzen ist der Fetischismus auch vom transvestitischen Fetischismus. Für die Diagnosestellung ist ein Zeitraum von mindestens 6 Monaten erforderlich, in denen die fetischistischen Phantasien, dranghaften Bedürfnisse oder Verhaltensweisen wiederholt aufgetreten sein müssen.

Ursachen

Aus **psychodynamischer Sicht** steht beim Fetischismus die Trennungsangst, verbunden mit der Sehnsucht nach der Rückkehr in die Einheit mit der Mutter, im Vordergrund. Die Verwendung des Fetischs, der nach Chasseguet-Smirgel (1986) die Sammelstelle aller mütterlichen Teilobjekte darstellt, die das Kind im Laufe der Entwicklung verloren hat, (vgl. Brustwarze, Kotstange, mütterlicher Phallus etc.) dient dabei der Abwehr, indem er „vorgeschoben wird".

Einige Fetische, die keine Körperteile repräsentieren, erinnern an sog. Übergangsobjekte (Winnicott 1973) und lassen den Zusammenhang bzw. den Stellenwert zu Gegenständen aus der Kindheit, wie z. B. die Schmusedecke, erkennen. Unter Übergangsobjekten werden Gegenstände verstanden, die ein Ersatz für elterliche Funktionen darstellen und mit denen ein Kind üblicherweise die schwierige Phase der Ablösung von der Mutter überbrückt.

Das Problem entsteht am Ende der analen Phase beim Eintritt in die phallische Phase durch die notwendig werdende Verarbeitung der ödipalen Konfliktsituation, in der der Junge die Identifizierung mit der Mutter aufgeben muss, um sie als Partnerin akzeptieren zu können. Dabei wird die alte Angst, sich von der Mutter lösen zu müssen, aktualisiert. Diese Angst wird vom Fetischisten regressiv abgewehrt, indem er die Einheit mit der Mutter durch Wiederbelegung oraler Beziehungsformen wieder herzustellen versucht. Damit werden z. B. Berührungen und Geruch wieder wichtig und es kommt zur Erotisierung introjizierter mütterlicher Teilobjekte, wie z. B. Brustgeruch usw. Würde der Junge nach Freuds Kastrationsangstabwehrkonzept in der phallischen Phase die Ablösung von der Mutter wieder rückgängig machen wollen, würde dies die Gefahr der Verschmelzung mit der Mutter als penislosem Wesen bedeuten, was die Kastrationsangst aktualisieren würde. Diese Kastrationsangst wird nun damit abgewehrt, dass der Junge die in der phallischen Phase gemachte Feststellung, dass die Mutter keinen Penis hat, verleugnet und zu der Vorstellung der analen Phase von der phallischen Mutter zurückkehrt. Die beiden an sich unvereinbaren Bestrebungen, einerseits mit der Mutter zu verschmelzen, andererseits den Penis behalten zu wollen, bewirken einen ständigen Konflikt, der im Fetischismus einen Kompromiss findet. Die Kompromissbildung im neurosenpsychologischen Sinne liegt darin, dass der Fetisch einerseits das mütterliche Teilobjekt verkörpert und so dem Fetischisten eine partielle Einheit mit der Mutter verschafft und er andererseits in einem direkten oder indirekten Zusammenhang mit dem mütterlichen Phallus dadurch steht, dass er ihn entweder direkt verkörpert, wie man es z. B. beim Schuh- Stiefel- oder Strumpffetischismus finden kann, oder dadurch, dass er ihn indirekt wie beim Unterwäschefetischismus symbolisiert, bei dem der Fetisch dort ist, „wohinter sich der mütterliche Phallus verbirgt".

In der **Lerntheorie** wird bei der Entstehung des Fetischismus von einem klassischen Konditionierungsprozess ausgegangen. Als Beleg für diese Hypothese wird von Verhaltenstherapeuten meist eine Untersuchung von Rachman (1966) genannt, der paraphilen jungen Männern wiederholt Bilder von attraktiven nackten Frauen und dazwischen Bilder von Frauenstiefeln zeigte. Schließlich lösten auch die Stiefel allein sexuelle Erregung aus. Die auf diese Weise konditionierte fetischistische Reaktion hielt allerdings nicht lange an. Da die klassische Konditionierung keine ausreichende Erklärung sein kann, wurden „Prägungen" für bestimmte Reize vermutet.

Für die These einer evolutionsbiologischen Disposition könnte die Beobachtung sprechen, dass sich Fetischismus auch bei Primaten finden lässt. Die sog. Preparedness-Hypothese, nach der die Eigenart der Gegenstände selbst bestimmte Qualitäten einschließen, für die Menschen eine gewisse Bereitschaft mitbringen, sexuell darauf zu reagieren, bzw. die Hypothese, durch bestimmte phylogenetisch vorbereitete Klassen von Reizen sexuell empfänglich zu sein, wird möglicherweise von Bancroft (1985) unterstützt, der herausfand, dass sich die gewählten Fetische immer wieder ganz bestimmten Klassen zuordnen lassen. Er arbeitete drei prinzipielle Eigenschaften sexueller Stimuli heraus, die einen Fetisch ausmachen. Danach muss es sich 1. um einen Teil eines Körpers handeln, 2. um die leblose Erweiterung eines Körpers (z. B. ein Kleidungsstück) und 3. um die besondere Qualität einer spezifischen taktilen Stimulation (durch Beschaffenheit oder Eigenart eines Materials). Andere Autoren haben hinzugefügt, dass in vielen Fällen auch 4. sensorische wie gustatorische oder olfaktorische Qualitäten dazugehören müssen.

Bei der konkreten Ausgestaltung evtl. evolutionär vorbestimmter Auslöser sexueller Erregung müssen allerdings auch sich ständig ändernde kulturelle Einflüsse berücksichtigt werden, die die konkrete Wahl und Qualität eines Fetischs beeinflussen. Während früher z. B. Kleidungsstücke aus Samt und Seide fetischistisch bevorzugt wurden, geht es heute eher um Gummi, Leder und Plastik.

18.2 Fetischistischer Transvestitismus (Transvestitismus)

Eng verwandt mit dem Fetischismus ist der „fetischistische Transvestitismus", der in der ICD-10 unter der Kategorie F65.1 und im DSM-IV-TR unter der Nummer 302.3 als „transvestitischer Fetischismus" geführt wird. Gebräuchlich ist auch der Ausdruck Transvestitismus, in dem die lateinischen Worte *trans* (über) und *vestis* (Kleidung) enthalten sind. Die in beiden Diagnosesystemen vorgenommene Begriffsverbindung von Fetischismus und Transvestitismus legt nahe, dass es zwischen beiden Paraphilieformen fließende Übergänge gibt. In gewisser Weise kann der Transvestitismus auch als generalisierter gegengeschlechtlicher Kleiderfetischismus aufgefasst werden. Früher wurde jede Art der Verkleidung, die nicht der eigenen Geschlechtsrolle entsprach (engl. *cross dressing*) als Transvestitismus bezeichnet. Das Tragen typischer Kleidungsstücke des anderen Geschlechts gilt heute jedoch nicht mehr als Paraphilie. Der fetischistische Transvestitismus als Präferenzstörung ist vielmehr dadurch gekennzeichnet, dass das Anlegen und Tragen der gegengeschlechtlichen Kleidung die Voraussetzung zum sexuellen Erleben und Orgasmus ist, d. h., dass die Verkleidung eine intensive sexuelle Stimulation für den Betroffenen bedeutet. In den meisten Fällen entsteht die sexuelle Erregung durch die Vorstellung, weiblich zu sein, weshalb diese Paraphilieform früher auch als Autogynäphilie bezeichnet wurde. Begleitende Gedanken können von der Phantasie reichen, sich selbst vollständig als Frau gekleidet zu sehen, ohne dass die Genitalien dabei eine Rolle spielen, bis hin zum Wunsch, eine Frau mit weiblichen Genitalien auch zu sein. Andere Transvestiten dagegen phantasieren beim Tragen der weiblichen Kleidung während der Masturbation, das weibliche Objekt ihrer vorgestellten Handlung zu sein. Die Frauenkleidung erhält für den Betroffenen ihre erregende Wirkung in erster Linie als Symbol der Weiblichkeit und nicht als Fetisch mit bestimmten Objekteigenschaften.

In der Regel besitzt ein Transvestit eine ganze Kollektion weiblicher Kleidung, die er unterschiedlich benutzt. Manche Männer verkleiden sich nur, wenn sie Bars und einschlägige Clubs aufsuchen, andere tragen weibliche Unterwäsche oder Strümpfe unter ihren Männerkleidern, einige kleiden und schminken sich auch tagsüber vollständig als Frau. Ein kleiner Prozentsatz zeigt sich öffentlich auch gerne zum Vergnügen anderer, z. B. als Frauenimitator in Nachtclubs, wobei das Ausmaß, in dem diese Transvestiten erfolgreich sind, von ihren Manierismen, vom Körperbau und vom Geschick beim Tragen der weiblichen Kleidung abhängt. In vielen Fällen wird das Cross dressing bis zum Erwachsenenalter nicht öffentlich vorgenommen, sondern es findet privat, meist vor dem Spiegel und im Geheimen statt, so dass selbst Angehörige und Bekannte selten davon etwas erfahren. Nach dem eingetretenen Orgasmus und dem Nachlassen der sexuellen Erregung haben Fetischisten den starken Wunsch, die Kleidung wieder abzulegen.

Transvestitismus wird meist nicht regelmäßig, sondern nur phasenweise ausgeübt. Die längsten von Transvestiten berichteten Episoden, in denen sie es durchgehalten haben, keine Frauenkleider anzuziehen, betragen nur wenige Monate oder höchstens ein Jahr. Ein Drittel der von Brown (1995) befragten Transvestiten hatte schon zumindest einmal versucht, alle Frauenkleider wegzuwerfen und aufzuhören. Den heimlichen Wunsch, dies zu tun, äußerten 75 % der Befragten.

Die meisten Transvestiten sind verheiratet und heterosexuell. Einige Betroffene beziehen ihre Frauen in ihr Verkleidungsverhalten ein. Allerdings zeigen neuere Forschungsarbeiten zu den Persönlichkeitsmerkmalen von Transvestiten, dass viele recht feindselig und selbstbezogen sind und nur über eine begrenzte Fähigkeit zu Intimität verfügen. In

Folge dessen treten in hohem Maße eheliche Streitigkeiten auf, die über das Kleidungsverhalten hinausgehen. Dies deckt sich auch mit den Beobachtungen, dass Transvestiten eher weniger Sexualpartner haben.

Verlauf

Die Störung beginnt meist in der Kindheit oder der frühen Adoleszenz. Die anfängliche Cross-dressing-Erfahrung kann ein heimliches teilweises, aber auch ein vollständiges Tragen der Kleidung des anderen Geschlechts sein. Später kann sich der Verkleidungszwang verstärken, und ein partielles Tragen kann mit der Zeit in ein vollständiges Tragen der gegengeschlechtlichen Kleidung übergehen. Von fast allen Transvestiten wird berichtet, dass zu Beginn der Entwicklung ihrer transvestitischen Neigungen ein bestimmtes Kleidungsstück eine erotische Wirkung auf sie auszuüben begann und dass sie es dann gewohnheitsmäßig zunächst bei der Masturbation und dann später auch beim Geschlechtsverkehr zur Steigerung der sexuellen Erregung benutzten. Mit zunehmendem Alter, etwa bis zum 40. Lebensjahr, verliert sich bei vielen Transvestiten das sexuelle Verlangen ganz, nachdem es meist schon zuvor zeitweise oder permanent geringer geworden ist. Bei vor allem älteren Transvestiten ändern sich im Laufe der Zeit auch die Gründe zum Cross dressing. In einer Studie gaben 86 % der durchschnittlich 45 Jahre alten Männer an, dass sie mit zunehmendem Alter immer weniger aus sexuellen Motiven zum Tragen gegengeschlechtlicher Kleidung stimuliert wurden. Stattdessen habe bei ihnen das Bedürfnis zugenommen, die in ihnen vorhandenen gegengeschlechtlichen Rollenanteile, d. h. die Frau im eigenen Selbst, wenigstens zeitweilig deutlich und offen zum Ausdruck bringen zu wollen.

In einigen Fällen wird das Tragen der weiblichen Kleidung auch zur Angst- und Depressionsabwehr eingesetzt oder es trägt zu einer inneren Beruhigung bei. Bei anderen Transvestiten kann, insbesondere in Belastungssituationen, ein Gefühl des Unbehagens im eigenen Geschlecht, eine sog. **Geschlechtsdysphorie**, mit oder ohne depressive Symptome, auftreten. Bei einem kleinen Prozentsatz solcher Betroffenen wird die Geschlechtsdysphorie zu einem festen Bestandteil des klinischen Bildes und geht mit dem Bedürfnis einher, sich ständig als Frau kleiden und entsprechend leben zu wollen, so dass der Wunsch nach einer hormonellen oder operativen Geschlechtsumwandlung entstehen kann. Eine Störung der Geschlechtsidentität, bei der der Betroffene wirklich glaubt, weiblichen Geschlechts zu sein, kommt bei Transvestiten allerdings nur selten vor.

Da in beiden Diagnosesystemen der Transvestismus dadurch definiert ist, dass das Cross dressing an eine sexuelle Erregung gekoppelt ist, trifft auf Transvestiten, bei denen sich im Laufe ihres Lebens bzw. des zunehmenden Alters die Motivation ändert, die Diagnose eines fetischistischen Transvestitismus nicht mehr zu. In der ICD-10 ist eine weitere Kategorie, nämlich „Transvestitismus unter Beibehaltung beider Geschlechtsrollen" (F64.1) unter der Rubrik F64 „Störungen der Geschlechtsidentität" aufgeführt. Diese Kategorie ist für diejenigen oben genannten Menschen vorgesehen, die die gegengeschlechtliche Kleidung tragen, um zeitweilig die Erfahrung der Zugehörigkeit zum anderen Geschlecht zu erleben, ohne dass das Cross dressing an eine sexuelle Erregung gekoppelt ist. Bei dieser Form ist die Motivation für das Verkleiden also nicht, sexuell erregt zu werden, sondern die gegengeschlechtlichen Aspekte im eigenen Selbst zu erleben. Da dies für etliche Männer zumindest irgendwann einmal im Laufe des Lebens ein Bedürfnis zu sein scheint, ist es schwer nachzuvollziehen, dass in der ICD-10 dieses Phänomen als Störung gilt, zumal ausdrücklich ein Leiden der Betroffenen dort nicht gefordert wird und auch in den diagnostischen Leitlinien erwähnt wird, dass ein Wunsch nach langfristiger Geschlechtsumwandlung oder chirurgischer Korrektur nicht besteht.

Differenzialdiagnose

Differenzialdiagnostisch ist der transvestitische Fetischismus vom Transsexualismus abzugrenzen, da es sich um zwei getrennte Störungen handelt. Der transsexuelle Transvestitismus unterscheidet sich vom transvestitischen Fetischismus dadurch, dass beim Transsexualismus beim Tragen der Kleidung des anderen Geschlechts keine sexuelle Erregung auftritt und auch kein Verlangen besteht, nach dem erfolgten Orgasmus die weibliche Kleidung abzulegen. Vielmehr entspricht die gegengeschlechtliche Kleidung beim Transsexuellen der subjektiv erlebten Geschlechtsidentität, auch wenn diese dem biologischen Geschlecht entgegensteht. Der Transvestit dagegen identifiziert sich nicht mit dem Gegengeschlecht, sondern er findet es erregend, nur zeitweilig als Mann in die Rolle der Frau zu schlüpfen, ohne die eigene biologische Geschlechtsidentität in Frage zu stellen. Die meisten Transvestiten wehren sich vehement, wenn sie mit Transsexuellen verwechselt werden. Allerdings gibt es zwischen transvestitischem Fetischismus und Transsexualismus fließende Übergänge, denn bei einigen Transvestiten bildet sich später eine Transsexualität (s. Kap. 29.2, S. 287) heraus. Wie oben erwähnt, gibt es beim Transvestitismus auch einen Entwicklungsverlauf, der darin münden kann, dass die Männer immer häufiger das Bedürfnis haben, die weiblichen Anteile ihrer Persönlichkeit ausleben und zeigen zu wollen. Wenn dieser Aspekt im Vordergrund steht und das Tragen der gegengeschlechtlichen Kleidung nicht mehr von sexueller Erregung begleitet ist, liegt differenzialdiagnostisch kein fetischistischen Transvestitismus mehr vor, sondern gemäß Kategorie F64.1 der ICD-10 ein „Transvestitismus unter Beibehaltung beider Geschlechtsrollen". Brierley (1979) hat ein Kontinuum in der Entwicklung des Transvestitismus beschrieben, das von einer frühen fetischistischen Phase bis hin zu einer späten Phase mit „Transvestitenrollen-Identität" reichen kann. Docter (1988) hat dies an einer größeren Stichprobe von 110 Männern überprüft und dabei eine frühe, eine mittlere und eine späte Entwicklungsphase gefunden. Gekennzeichnet ist der Entwicklungsverlauf dadurch, dass 1. die Häufigkeit zunimmt, mit der sich die Betreffenden verkleiden, 2. das Interesse ansteigt, ausgesprochen feminine Verhaltensmuster und Rolleneigenarten zu präsentieren und 3. die Episoden zunehmen, in denen sich die Betreffenden betont selbstbewusst als Frau erleben und zeigen möchten.

Transvestitische Phantasien, Bedürfnisse und Verhaltensweisen, die nicht mindestens über einen Zeitraum von 6 Monaten wiederkehrend auftreten, werden nicht als Störung diagnostiziert.

Komorbidität

In der o. g. Untersuchung gaben mehr als die Hälfte der Transvestiten an, dass das gelegentliche Tragen der gegengeschlechtlichen Kleidung nur geringe oder gar keine negativen Konsequenzen für ihr Leben gehabt hätte. Die meisten Transvestiten fühlen sich mit ihrer Neigung wohl und verspüren keinen Wunsch, das biologische Geschlecht zu wechseln. Nur eine kleine Minderheit hegt den ernsten Wunsch, die gegengeschlechtliche Kleidung andauernd tragen zu wollen, in der Regel jedoch, ohne sich selbst bereits als transsexuell zu bezeichnen. Die meisten Transvestiten geben aber auch an, dass es einige, sogar manchmal viele Jahre der inneren Unsicherheit gegeben habe, bis sie sich mit ihrer sexuellen Präferenz endgültig haben anfreunden können.

In einigen Fällen verspüren Transvestiten jedoch ein anhaltendes Unbehagen über die eigene Geschlechtsrolle oder -identität. In diesen seltenen Fällen kann die Geschlechtsdysphorie zur Entwicklung eines sekundären

Transsexualismus führen. In manchen Fällen wird das Tragen der weiblichen Kleidung auch zur Angst- und Depressionsabwehr eingesetzt.
Der transvestitische Fetischismus kann mit sexuellem Masochismus einhergehen.

Vorkommen

Transvestitismus ist nicht mit Homosexualität zu verwechseln, wenngleich auch gelegentliche homosexuelle Kontakte bei Transvestiten vorkommen können. Transvestiten fühlen sich weiterhin als Angehörige des eigenen Geschlechts. Die Störung ist bisher nur bei sexuell auf Frauen orientierten Männern beschrieben worden.
In der in Abschnitt III.4 erwähnten „Berliner Männerstudie" von Beier et al. (2005) gaben 4,8 % der Männer an, Phantasien zu haben, Frauenkleider zu tragen. 5,6 % setzten diese Phantasien bei der Selbstbefriedigung ein und 2,7 % gaben an, dass sie sich tatsächlich schon transvestitisch betätigt haben.

Ursachen

Die Ursachen für den Transvestitismus sind – wie auch bei den anderen Paraphilien – letztlich unbekannt bzw. es lassen sich keine empirischen Befunde zur Absicherung der vorhandenen Theorievorschläge finden. Die meisten Erklärungsversuche sind außerdem nicht spezifisch auf den Transvestitismus zugeschnitten. Aus **psychoanalytischer** Sicht stellt der Transvestitismus die Aufhebung der Trennung von der Mutter und die Wiedervereinigung mit ihr dar. In der ödipalen Phase muss der Junge die Identifizierung mit der Mutter aufgeben, um eine von ihr unabhängige Identität zu entwickeln. Dadurch werden Ängste, sich von ihr lösen zu müssen, freigesetzt. Wenn er ihnen nachgäbe und mit ihr wieder verschmelzen würde, würde die Kastrationsangst aktualisiert werden, denn die Beibehaltung der Verschmelzung mit der Mutter bedeutet das Wahrnehmen ihrer Penislosigkeit. Der Transvestit wehrt die Kastrationsangst durch Verleugnung der Penislosigkeit der Mutter ab. Auf diese Weise kann er in seiner Vorstellung mit der Mutter verschmelzen und seinen Penis dabei behalten. Durch die weibliche Erscheinung und das Tragen des Phallus kann der Transvestit die Vereinigung des Gegensätzlichen im Moment der sexuellen Erregung ermöglichen.
Andere psychodynamische Hypothesen gehen davon aus, dass der Transvestit unbewusst einen gleichgeschlechtlichen Partner sucht, wobei er durch die Verkleidung und Annahme der Identität des weiblichen Geschlechts seine unbewussten homosexuellen Impulse abwehrt.
Lerntheoretische Annahmen, dass der Transvestitismus als Ergebnis eines operanten Konditionierungsprozesses zu verstehen ist, scheinen wenig überzeugend. In einigen Fallstudien wurde beschrieben, dass Transvestiten als Kinder für das Verkleiden von ihren Eltern oder anderen Erwachsenen positiv verstärkt und als „niedlich" bezeichnet wurden. Auch wurde vermutet, dass ein wiederholtes Masturbieren in Frauenkleidern den Transvestitismus i. S. einer klassischen Konditionierung bewirken könne. Im Unterschied zum psychoanalytischen Triebmodell erklären Konditionierungsprozesse jedoch die Intensität des sexuellen Dranges nicht befriedigend. Deshalb wurden Konzepte entwickelt, die von einem Zusammenspiel biologischer und psychischer Faktoren ausgehen, die in besonderen, kritischen Zeitperioden wirksam werden würden und für die Entstehung der Geschlechtsidentität und der sexuellen Partnerorientierung entscheidend seien. Unter diesen Gesichtspunkten hat Money (1986) das Konzept sog. Love-Maps („innere Landkarten der Verliebtheit") entwickelt. Diese würden durch eingeübtes Verhalten eine Art Eigendynamik entfalten und zur treibenden Kraft werden, wiederholt erfahrene sexuelle Befriedigungsmuster beizubehalten, die als beglückend erlebt worden sind.

18.3 Exhibitionismus

Der Begriff Exhibitionismus wurde von Lasègue (1877) geprägt und aus dem lateinischen Wort *exhibere* (zeigen) abgeleitet. Beim Exhibitionismus besteht das Hauptmerkmal darin, einer fremden Person, meist handelt es sich um Frauen oder Kinder, ohne Aufforderung das Genitale zu zeigen, um sich durch das Erschrecken oder durch die Überraschung der unfreiwilligen Betrachterin eine sexuelle Befriedigung zu verschaffen. Gewöhnlich stehen Exhibitionisten in einiger Distanz von ihren Objekten entfernt und machen manchmal auch durch Zurufe auf sich aufmerksam, aber ansonsten kommt es nur selten vor, dass sie direkt Kontakt mit den Frauen aufnehmen oder weitere sexuelle Handlungen mit ihnen unternehmen. Auch werden sie normalerweise nicht aggressiv oder gewalttätig. Manchmal masturbieren Exhibitionisten, während sie ihr Genitale zeigen, oder sie phantasieren dabei, dass die Frau durch das Zurschaustellen sexuell erregt wird. In anderen Fällen befriedigen sich Exhibitionisten auch erst zu Hause, während sie sich die Szene wieder in Erinnerung rufen. Nach der sexuellen Entspannung folgt meist schlagartig die Ernüchterung, verbunden mit Gefühlen der Scham, Reue und Erniedrigung sowie der Einsicht in das Absurde ihres Tuns. Nicht immer haben sie bei der Exhibition auch eine Erektion.

Häufig spielt die stimulierende und enthemmende Wirkung von Alkohol in der Tatsituation eine Rolle. Bei der Beziehungsinszenierung mit der Frau, vor der exhibiert wird, geht es um die Demonstration von Macht, Überlegenheit und Triumph des sich eigentlich ohnmächtig und Frauen unterlegen fühlenden Exhibitionisten.

Dem Akt des Entblößens geht eine große innere psychische Spannung, eine sexuelle Aufgeladenheit mit Rastlosigkeit, Unruhe und Getriebensein voraus. Im Moment des Wartens kann die Anspannung soweit reichen, dass der Exhibitionist Kopfschmerzen und Zuckungen bekommt. Von den Exhibitionisten selbst wird immer wieder die subjektiv erlebte Zwanghaftigkeit ihres Verhaltens beschrieben und dass sie, obwohl durch ihr Verhalten die soziale Existenz z. T. massiv gefährdet ist, sie wegen der enormen Dranghaftigkeit nicht von ihrem Tun ablassen können. Die innere Verfassung der Exhibitionisten vor ihrer Tat wirkt durch die extreme Einengung der Aufmerksamkeit auf den Akt der Entblößung und aufgrund der Unfähigkeit zur Einfühlung in die Reaktion der Frauen, eigenartig realitätsfern. Unkorrigierbar durch die realen Umstände projiziert der Exhibitionist seine sexuell geladene Gestimmtheit in das weibliche Gegenüber hinein und es ist ihm in dem Moment nicht vorstellbar, dass die betreffende Frau völlig anders gestimmt ist und ihr im Moment nichts ferner liegt als die Sexualität. Zur Überprüfung der Gestimmtheit der Frau kann es aufgrund der sprachlichen Kommunikationslosigkeit der Entblößungssituation auch gar nicht kommen und so geht die Projektion der sexuellen Erregung in die Frau ins Leere. Eine tatsächliche Kommunikation wird vom Exhibitionisten auch gar nicht beabsichtigt, denn er glaubt, dass die Mächtigkeit des Phallus über alle Schamgrenzen hinweg eine hinreichende Sprache auf nonverbaler Ebene darstellt, die auch verstanden wird. Der Exhibitionist unterstellt also, dass das entblößte Genitale ernst genommen wird und dass die Frau neugierig und fasziniert hinschauen wird. Gerade eine solche Reaktion, nämlich das Fasziniert- oder Überwältigtwerden durch die symbolische Macht des Phallus, bleibt im Allgemeinen jedoch aus. Vielmehr beinhaltet das Erschrecken der Frau, falls es gezeigt wird, mehr die Furcht vor realer Aggression. Auch andere Reaktionen der Frauen wie moralische Entrüstung, mitleidige Zuwendung, Lachen, herablassende und abschätzige Äußerungen oder auch nur neutrales Verhalten gehen an der Intention des Exhibitionisten vorbei, ohne dass er es begreift. Wenn es ihm jedoch bewusst wird, erlischt sein Spannungszustand schlagartig und lässt nur noch Beschämung zurück. Gehen Frauen auf das scheinbare Angebot ein, erschrecken die Exhibitionisten und treten die Flucht an, denn sie sind dann nicht mehr Herr der Situation und können sie nicht mehr kontrollieren, was für den exhibitionistischen Akt aber entscheidend ist. Neben dem Element der Kommunikationslosigkeit ist das der Überraschung für Exhibitionisten ein wichtiger Bestandteil, da sie mit ihrer tiefen Angst, als Mann abgelehnt und entwertet zu werden, damit die normale Annäherung überspringen und die Frau in die Defensive bringen können. Reagieren die Frauen dagegen verschreckt, panisch oder mit Ekel, steigert dies die Erregung des Exhibitionisten, denn das Erschrecken der Frau wird als Beweis für die Macht des Phallus erlebt und als orgastischer Triumph gefeiert. Zu diesem Siegesgefühl gehört auch, dass manche Exhibitionisten bestimmte Orte immer wieder aufsuchen, und sich dabei der Gefahr aussetzen, angezeigt und festgenommen zu werden, denn die Festnahme selbst wird vom Exhibitionisten als Beweis dafür erlebt, dass der Phallus ein gefährliches Erschrecken auslösen kann.

Die meisten Exhibitionisten empfinden ihren inneren Drang als persönlichkeitsfremd. Mit der Erklärung von Experten, dass sie mit ihrem Agieren die Frauen schockieren wollen, können Exhibitionisten allerdings meist wenig anfangen.

Der Exhibitionismus, der in der ICD-10 unter der Kategorie F65.2 genannt wird, beschränkt sich meist auf heterosexuelle Männer. Für einige ist der Exhibitionismus die einzige sexuelle Betätigung, während andere zur gleichen Zeit ein aktives eheliches Geschlechtsleben haben. Über die Hälfte der Exhibitionisten ist verheiratet, doch die sexuelle Beziehung zu ihren Frauen ist wenig befriedigend. Bei ehelichen Konflikten, in Zeiten emotionaler Belastung oder in Krisensituationen kann der innere Drang zur Exhibition verstärkt auftreten, manchmal kann die Neigung auch erst in diesen Zeiten manifest werden. Dazwischen können lange Perioden ohne exhibitionistische Handlungen vorkommen. Exhibitionisten, die in Partnerschaften leben, geben sich in der sexuellen Interaktion auffallend passiv. Viele zweifeln an ihrer Männlichkeit und manche Exhibitionisten scheinen stark an eine besitzergreifende Mutter gebunden zu sein. Exhibitionisten haben im Allgemeinen Schwierigkeiten in zwischenmenschlichen Beziehungen und sind unreif in ihrem Verhalten gegenüber dem anderen Geschlecht.

Obwohl der Exhibitionismus eine strafbare Handlung i. S. des Erregens öffentlichen Ärgernisses ist (sog. „hands-off-Delikt"), gehört er zu den harmloseren aller Sexualdelikte (s. Abb. 14-1, S. 182). Auch ist die Auswirkung der Exhibition vor Kindern meist geringer als allgemein angenommen wird. Im DSM-IV-TR wird der Exhibitionismus unter 302.4 geführt. Die Diagnose wird bereits gestellt, wenn er ausgelebt wurde, da das Kriterium des Leidensdruckes bei einem Sexualdelikt im DSM-IV-TR generell nicht ausschlaggebend ist.

Verlauf

Der Exhibitionismus beginnt gewöhnlich vor dem 18. Lebensjahr, obwohl er auch noch in einem späteren Alter auftreten kann. Der Beginn der Störung ist bimodal verteilt, mit den Höhepunkten jeweils um das 15. und das 25. Lebensjahr. Jenseits des 40. Lebensjahres wird über einen Anteil älterer Exhibitionisten zwischen 6 % und 25 % berichtet (Murphy 1997). Dafür, dass die Störung nach dem 40. Lebensjahr zurückgeht, spricht auch die Tatsache, dass es in höheren Altersgruppen nur selten zu Festnahmen kommt. Bei Jugendlichen ist ein exhibitionistisches Verhalten häufig Ausdruck einer verlängerten Reifungskrise und nicht einer Paraphilie im eigentlichen Sinne. Es hat dann eher die Bedeutung einer entlastenden Ausweichhandlung in dem Sinne, dass sich die Jugendlichen aufgrund von Selbstwertproblemen dem männlichen Rollenverhalten nicht gewachsen fühlen und sich hinter dem unpersönlichen Demonstrieren der phallischen Kraft verstecken. Gerade weil das exhibitionistische Verhalten bei Jugendlichen eher für „pubertären Unsinn" gehalten wird, kommt es zu ersten Anzeigen in der Regel auch erst Mitte der zwanziger Jahre.

Exhibitionismus macht in den westlichen Gesellschaften jeweils etwa ein Drittel aller zur Anzeige gebrachten Sexualstraftaten aus.

Vorkommen

Jüngere Exhibitionisten sind manchmal in ihrer sexuellen Entwicklung zurückgeblieben und weisen Selbstwertprobleme auf. Bei diesen Männern ist der Exhibitionismus oft nur Ausdruck einer krisenhaften Lebensphase, so dass er nur eine gewisse Zeit durchgeführt wird. Exhibitionisten mittleren Alters sind oft bemerkenswert unauffällig und sozial integriert. Sie leben einen ereignisarmen, überschaubaren Alltag mit geringem individuellem Spielraum, so dass die Exhibition als befreiender Ausbruch aus dem geregelten Alltag und dem Eingeschnürtsein in starre Ordnungen verstanden werden kann. Im Intimleben mit ihrer Partnerin nehmen Exhibitionisten eher eine passive Haltung ein und erwarten von der Partnerin die Überwindung der Schamschranke, ganz im Kontrast zu ihrer exhibitionistischen Handlung außerhalb der Beziehung. Der Exhibitionismus in der Altersgruppe über 40 Jahre kommt, wie oben erwähnt, deutlich seltener vor. **Typische** Exhibitionisten stammen aus geordneten und sozial integrierten Familien ohne erkennbare Auffälligkeiten. Als Kind sind sie eher angepasst, zurückgezogen und isoliert. Die soziale und berufliche Entwicklung verläuft unauffällig, und ihre mangelnde Durchsetzungsfähigkeit steht im Widerspruch zu ihrer exhibitionistischen Sexualität. Zur Sexualdelinquenz kommt es in der Regel im Alter von Mitte 20. Ohne therapeutische Hilfe bleiben Exhibitionisten in der Regel bis zum Alter von Mitte 40 rückfällig. Daneben gibt es allerdings auch **atypische** Exhibitionisten, die aus sozial ungünstigem Milieu kommen, früh eine Außenseiterposition z. B. aufgrund auffallender Körpermängel einnehmen und die häufig eine zusätzliche Dissozialität aufweisen. Nicht selten findet man in dieser Gruppe auch hirnorganisch bedingte Defizite durch posttraumatische Belastung oder durch Alkohol.

Auch beim Exhibitionismus handelt es sich um eine Pars pro toto-Symptomatik, da das Präsentieren des Genitales für das Ganze einer sexuellen Begegnung genommen wird. Dadurch wird die Unfähigkeit kompensiert, eine offene und intime sexuelle Kommunikation stattfinden zu lassen und sich in einer Partnerschaft sexuell unbefangen zu verhalten.

Die meisten Exhibitionisten sind Männer, ihre Opfer sind meist weiblich. Es gibt nur extrem wenige Frauen, die zum Exhibitionismus neigen, wobei deren Opfer in den meisten Fällen ebenfalls Frauen sind. In der Literatur sind nur zwei Fälle bekannt, in denen Frauen wegen einer Exhibition gegenüber Männern auffällig wurden.

Bezüglich der Häufigkeit des Exhibitionismus liegen kaum Angaben vor. In ihrer aktuellen Berliner Männerstudie fanden Beier et al. (2005), dass 3,5 % der befragten Männer exhibitionistische Sexualphantasien angaben, 3,2 % hatten diese Phantasien bei der Selbstbefriedigung und 2,1 % der Männer berichteten, sich auch schon exhibitionistisch betätigt zu haben. 1,9 % ihrer Partnerinnen gaben exhibitionistische Phantasien an, die sie auch bei der Masturbation einsetzten und 0,9 % der befragten Frauen berichteten, sich auch tatsächlich exhibitionistisch verhalten zu haben.

Komorbidität

Im Allgemeinen liegen bei Exhibitionisten keine psychischen Störungen vor. Nur in wenigen Fällen lässt sich eine geistige Retardierung finden.

Gelegentlich wird von einem gemeinsamen Vorkommen von Exhibitionismus und Voyeurismus berichtet, allerdings überwiegt in der Regel eine der beiden polaren Tendenzen und die zweite tritt dann gelegentlich im Rahmen der Phantasien hinzu. Das gleichzeitige Auftreten oder das Nacheinandervorkommen von Paraphilien wird „Crossing" genannt. Das typische Crossing dieser Paraphilien hat in letzter Zeit zu der Vermutung geführt, dass es sich sogar um ein gemeinsames Syndrom handeln könne. Ein Vertreter des Konzeptes des engen Zusammenhangs nicht nur von Exhibitionismus und Voyeurismus, sondern auch von Frotteurismus ist Freund (1990), der in diesen drei Formen eine „Störung des sexuellen Werbungsverhaltens" sieht und für diese Störungsgruppe den Begriff „Courtship Disorder" einführte, mit dem im angelsächsischen Raum und in der Ethologie das Werbungs- und Balzverhalten bei Tieren beschrieben wird. In einer Entsprechung postuliert Freund, dass sich auch das menschliche sexuelle Werbungsverhalten in Phasen einteilen lässt, von denen vier im Hinblick auf die Erklärung der Paraphilien eine besondere Bedeutung haben. Hierzu zählt die Phase der Sichtung des potenziellen Partners (Störung: Voyeurismus), die der prätaktilen Interaktion, die des Schauens, Lächelns, Sich-in-Szene-Setzens vor dem ausgewählten Partner (Störung: Exhibitionismus), die der taktilen Interaktion (Störung: Frotteurismus) und die der genitalen Vereinigung (Störung: sexuelle Übergriffe wie z. B. bei der Pädophilie). Bei einer Überbetonung oder Fehlentwicklung einzelner oder auch mehrerer Stadien des sexuellen Werbungsverhaltens entstehen nach Freund z. B. die oben in Klammern genannten Paraphilien. Diesen störanfälligen Phasen im Werbungsverhalten wurden von Freund et al. (1997) später einige weitere Varianten angefügt, die bestimmte Besonderheiten in der Ausgestaltung der genannten Paraphilien ausmachen: beim Exhibitionismus wird z. B. die Erotophonie (obszöne Telefonanrufe) als weitere prototypische Möglichkeit der Fehlerhaftigkeit eines sich in Szene setzenden Werbungsverhaltens genannt.

Da im Konzept der Courtship Disorder die Gleichzeitigkeits- oder Sukzessionsdiagnosen der drei Paraphilien (Exhibitionismus, Voyeurismus, Frotteurismus) von zentraler Bedeutung sind, lag es nahe, einen wissenschaftlichen Nachweis zu erbringen. In einer groß angelegten Untersuchung konnten Freund et al. (1997) in der Tat ein Nebeneinander-Vorkommen der drei genannten Paraphilien finden. Gleichzeitig konnte in dieser Studie eine progrediente Entwicklung der drei Paraphilien hin zu zunehmend aggressiveren Sexualdelikten erwartungsgemäß nicht bestätigt werden. Im Gegenteil kamen diese drei Störungen im Zusammenhang mit sexuellen Übergriffen um so seltener vor, je gewalttätiger bzw. sadistischer die Sexualhandlungen ausgefallen waren.

Schätzungen zufolge begehen nur zwischen 7–15 % der Exhibitionisten später Vergewaltigungen. Bei dieser Gruppe wird die Progredienz i. S. einer zunehmenden Aggression und Verletzung des Opfers meist auch schon nach wenigen exhibitionistischen oder voyeuristischen Handlungen sichtbar, denn diese Exhibitionistengruppe gibt schon frühzeitig die Distanz auf und spricht die Frauen aggressiv an, geht ihnen auch nach oder berührt sie. Auch präsentiert sie sich vor Kindern, was ansonsten nur selten bei exhibitionistischen oder voyeuristischen Präferenzstörungen vorkommt.

Differenzialdiagnose

Exhibitionistische Handlungen können im Rahmen einer Epilepsie oder eines cerebralen Abbaus auftreten und sind differenzialdiagnostisch vom Exhibitionismus zu unterscheiden. Auch gilt das kurze Entblößen des Gesäßes vor Fremden nicht als Exhibitionismus, ebenso wenig wie das o.g. pubertierende Verhalten einiger Jugendlicher. Vielmehr erfordern die diagnostischen Kriterien einen Zeitraum von mindestens 6 Monaten, in dem die exhibitionistischen Phantasien, dranghaften Bedürfnisse oder Verhaltensweisen wiederkehrend aufgetreten sein müssen. Nach dem Kriterium B des DSM-IV-TR genügt das Ausgelebthaben, um die Diagnose zu stellen.

Ursachen

Über die Entstehungsbedingungen des Exhibitionismus ist wenig bekannt. Aus **psychodynamischer** Sicht wehrt der Exhibitionist seine Kastrationsängste ab, indem er aus der entsetzten Reaktion des Opfers ableitet, dass er einen erschreckenden Phallus besitzt und damit mächtiger als die penislose Frau ist. Durch den exhibitionistischen Akt kann sich der Täter immer wieder neu seiner Männlichkeit versichern. Hinzu kommt, dass der Exhibitionist durch das Vorzeigen seines Penis die Frau unbewusst aufzufordern versucht, ihrerseits ihren Penis zu zeigen, wodurch die Kastration verleugnet und die Kastrationsangst abgewehrt werden würde. Ein anderer Aspekt ist die unbewusste Abwehr der eigenen zerstörerischen Impulse, die die Frau bedrohen könnten. Beim Exhibitionisten geschieht dies zum einen durch die Einhaltung einer schützenden Distanz, und zum anderen dadurch, dass nicht die Person, sondern nur das Genitale in die Situation eingebracht wird. Die aggressiven Impulse, die die Frau bedrohen könnten, werden also entschärft in Form einer bedrohlichen Geste dargestellt, so dass dadurch die Angst vor einer möglichen Handlung abgewehrt ist. Aus **lerntheoretischer** Sicht wird vermutet, dass die wiederholte Verknüpfung von sexueller Erregung mit der Vorstellung, von einer Frau gesehen zu werden, nach dem Prinzip der klassischen Konditionierung bei Männern dazu führen würde, durch Exhibition in sexuelle Erregung zu geraten. Das Courtship Disorder-Konzept von Freund et al. (1997) geht davon aus, dass Exhibitionisten aufgrund ihrer Unfähigkeit, persönliche Nähe und die notwendige Aufgabe von Schamgrenzen in der intimen sexuellen Begegnung miteinander zu verbinden, auf halbem Wege der Beziehungsanbahnung stehen geblieben sind und demzufolge nur an raschen, anonymen und unverbindlichen sexuellen Kontakten interessiert sind, die sie durch falsches Werbungsverhalten, nämlich durch ihr Zurschaustellen des Genitales, herbeiführen wollen. Ihr sexuelles Werben geschieht also sozusagen mit falschen Mitteln, am falschen Ort und zur falschen Zeit.

18.4 Voyeurismus

Das Hauptmerkmal des Voyeurismus (franz. *voir*: schauen), auch Scopophilie oder Mixoskopie genannt, sind wiederkehrende, intensive sexuelle Impulse, heimlich ahnungslose fremde Menschen, die nackt sind, oder die sich gerade ausziehen oder sexuelle Handlungen ausführen, zu beobachten. Das Risiko, entdeckt zu werden, erhöht dabei oft noch die Erregung des Voyeurs, der umgangssprachlich auch „Spanner" genannt wird. Das Zuschauen geschieht ausschließlich, um sexuelle Erregung zu bekommen, nicht aber als Vorbereitung weiterer sexueller Aktivitäten, so dass auch hier die Pars pro toto-Bildung deutlich wird. Bei den meisten Voyeuren kommt es bereits während des Zuschauens zu einem Orgasmus, der üblicherweise durch gleichzeitiges Masturbieren gefördert wird. Die Selbstbefriedigung kann allerdings auch nach der Beobachtung erfolgen, wenn der Voyeur sein Zuschauen in der Phantasie nacherlebt. Oftmals stellen sich die Voyeure beim Zuschauen auch vor, mit der beobachteten Person sexuellen Kontakt zu haben, aber in der Realität kommt es hierzu nur selten. Das lustvolle Betrachten ist an die Einseitigkeit, Heimlichkeit und strikte Anonymität gebunden. Diese Elemente stellen einen starken sexuellen Reiz dar und gehören zum Kern der Paraphilie. Deshalb sucht der Voyeur eine Situation, in der er selbst nicht gesehen werden kann, wobei die Angstlust vor dem Entdecktwerden als zusätzliche Stimulation erlebt werden kann. Hinzu kommt die lustfördernde Vorstellung, wie sehr sich die beobachtete Person verletzt und gedemütigt fühlen würde, wenn sie um die Beobachtung wüsste. Ohne diese Elemente wäre es nicht verstehbar, warum ein Voyeur es nicht sexuell erregend findet, einer Frau zuzuschauen, die sich bewusst nur für ihn entkleidet, oder warum er in Striptease- oder Peepshows nicht sexuell befriedigt wird, ebenso wenig wie ein Exhibitionist in Freikörperkulturgruppen. Um ihr Ziel zu erreichen, klettern Voyeure Fassaden hoch, bohren Löcher in die Wände und dringen manchmal heimlich in Wohnungen ein, um dort zu lauschen oder auch Gegenstände fortzunehmen, wobei es nicht um den Diebstahl selbst geht, sondern um das Durchwühlen intimer Bereiche wie Wäscheschränke, Handtaschen, Schubladen etc. Neben der Heimlichkeit ist es, wie bereits oben erwähnt, für den Voyeur wichtig, dass er nicht in das Geschehen involviert ist, sondern dass er unberührbar und anonym bleibt. Zwar ist der Aspekt, Macht und Kontrolle über die Situation zu haben, nicht so ausgeprägt wie beim Exhibitionismus, aber auch der Voyeur verletzt die Intimgrenzen anderer, ohne dass diese darauf Einfluss haben. Es gibt verschiedene Formen des voyeuristischen Verhaltens: manche bevorzugen das Beobachten von Geschlechtsverkehr und suchen gezielt bestimmte Orte wie Parks oder Wälder auf, von denen sie wissen, dass sich dort Paare aufhalten, andere klettern auf Schlafzimmerbalkone oder dringen in Wohnungen ein, um sexuellen Geräuschen zu lauschen, wiederum andere beobachten heimlich wartende Frauen, z. B. an Bahn- oder Bushaltestellen, um dabei zu onanieren. Einige Voyeure beobachten Frauen beim Ausziehen in Umkleidekabinen, andere beim Baden oder Urinieren, indem sie Löcher in Duschräume oder Toiletten bohren.

Bei der schweren Form des Voyeurismus stellt das Spannen die einzige Form sexueller Aktivität dar, bei gleichzeitiger Unfähigkeit, normale sexuelle Kontakte einzugehen. Andere Voyeure unterhalten neben ihrer voyeuristischen Tätigkeit normale Sexualbeziehungen. Nur sehr selten kommt es vor, dass ein Voyeur offen aggressiv wird und seine Anonymität aufgibt. Wenn dies geschieht, dann meist erst dann, wenn die voyeuristische Situation gestört und er entdeckt wird. Die Aggression dient dann dem Verdecken der für ihn beschämenden Situation. Bei Voyeuren handelt es sich meist um junge, alleinstehende, schüchterne und gehemmte Menschen, die Angst vor direkteren sexuellen Kontakten haben und bei denen das Zuschauen als Ersatzbefriedigung dient, wobei es ihnen zusätzlich das Gefühl verschafft, Macht über die beobachtete Person zu haben In der ICD-10 wird der Voyeurismus unter F65.3 geführt. Im DSM-IV-TR, in dem er unter 302.81 genannt ist, wird die Diagnose bereits gestellt, wenn das „hands-off-Delikt" ausgelebt wurde, so dass ein Leidensdruck nicht erforderlich sein muss.

Verlauf

Voyeuristisches Verhalten entsteht in mehr als der Hälfte der Fälle bereits vor dem 15. Lebensjahr. Nach dem 20. Lebensjahr lässt sich Voyeurismus selten erstmals finden (Abel und Rouleau 1990). Voyeurismus tritt öfter gleichzeitig oder nacheinander mit exhibitionistischem Verhalten auf.

Vorkommen

Da Voyeurismus heimlich ausgeübt wird, ist die Häufigkeit schwer einzuschätzen. Erfahrene Voyeure berichten allerdings, dass Voyeurismus nicht selten vorkommt und dass sich größere Gruppen von Männern immer wieder an bestimmten Orten treffen und voneinander wissen, aber nie miteinander kommunizieren, da ja die Vereinzelung die zentrale Bedingung dieser Paraphilieform darstellt.

In der Berliner Männerstudie von Beier et al. (2005) gaben 34,3 % der befragten Männer an, voyeuristische Phantasien gehabt zu haben, 24,1 % davon hatten sie als Begleitphantasien bei der Selbstbefriedigung und 17,7 % der befragten Männer haben sich auch schon voyeuristisch betätigt. Ihre befragten Partnerinnen gaben jeweils mit 9,3 % an, voyeuristische Phantasien, und diese auch bei der Masturbation, gehabt zu haben. Allerdings haben nur 0,9 % der Frauen auch voyeuristische Aktivitäten gezeigt. Das Vorkommen von Voyeurismus in der Vorgeschichte von inhaftierten Sexualdelinquenten liegt unterschiedlichen Untersuchungen zufolge bei ca. 30 %.

Angaben zum weiblichen Voyeurismus liegen nur von Frauen vor, die wegen sexuellen Missbrauchs von Kindern gerichtlich verfolgt wurden. Ein Viertel dieser Frauen berichtete, früher schon ein- oder mehrmals nackten Männern und Jugendlichen zum Zwecke sexueller Erregung heimlich zugeschaut zu haben.

Der Voyeurismus stellt zwar ein Sexualvergehen dar („hands-off-Delikt"), aber kein schweres. Da er jedoch einen unerträglichen Eingriff in die Privatsphäre darstellt, kommt es immer wieder zu Anzeigen und Strafverfolgung wegen Beleidigung oder Belästigung bzw. wegen des Verstoßes gegen die guten Sitten. Die Tatsache, dass in Dänemark nach der Aufhebung aller Verkaufsbeschränkungen für pornographisches Material an Erwachsene Polizeiberichten zufolge der Voyeurismus signifikant abgenommen hat (Kutchinsky 1970), ist nach Expertenmeinung eher auf eine falsche Diagnosestellung zurückzuführen.

Differenzialdiagnose

Die Abhängigkeit von Pornographiekonsum oder Peepshows und dergl. gilt nicht als Voyeurismus, sondern eher als paraphilieverwandte Störung. Entsprechend der diagnostischen Kriterien ist eine Zeitraum von mindestens 6 Monaten erforderlich, in denen voyeuristische Impulse auftreten müssen, um die Diagnose stellen zu können. Wurde der Voyeurismus aber ausgelebt, wird nach dem Kriterium B des DSM-IV-TR die Diagnose auf jeden Fall gestellt.

Komorbidität

Das Vorkommen von Exhibitionismus, Voyeurismus und Frotteurismus bei ein und der gleichen Person gleichzeitig oder nacheinander wurde bereits im Abschnitt über den Exhibitionismus erwähnt. Freund et al. (1990) führen dieses typisches Crossing auf ein gestörtes Werbungsverhalten zurück, für das sie den Begriff der „Courtship Disorder" einführten. Nach diesem Konzept ist der Voyeurismus auf eine Störung der Sichtungsphase des potenziellen Partners zurückzuführen. Als zusätzliche Variante nennen Freund et al. (1997), dass einige Voyeure auch Frauen beobachten, die nicht in einer sexuell stimulierenden Situation sind, sondern die urinieren oder defäkieren. Die Störung wird hierbei in der spezifischen Wahl des Zielobjektes (Ausscheidungen statt Sexualität) gesehen.

In vielen Fällen geht der Voyeurismus mit einem Mangel an sozialen Fertigkeiten, sozialen Ängsten und Phobien sowie mit Schwierigkeiten im Umgang mit intimen zwischenmenschlichen Situationen einher.

Ursachen

Aus **psychodynamischer** Sicht wird angenommen, dass die mit dem weiblichen Genitale verbundene Kastrationsangst durch regressive Aktivierung voyeuristischer Partialtriebe aus der phallisch-narzisstischen Phase abgewehrt wird und sich der Voyeur aufgrund seiner unbewussten Angst vor dem Geschlechtsverkehr mit einer Vorform sexuellen Verhaltens begnügt. Demnach steht beim Voyeurismus das lustvolle Beobachten der anatomischen Unterschiede im Rahmen der kindlichen sexuellen Neugierde im Vordergrund. Im scharfen, durchbohrenden Spähen drücken sich zusätzlich phallische Aggressionen aus. Bei der Abwehr der Kastrationsangst spielt eine Rolle, ob der Voyeur die Frau, d. h. das weibliche Genitale, beobachten will oder eher den Geschlechtsverkehr zwischen Mann und Frau. Beim Sehenwollen des weiblichen Genitales kann seine Kastrationsangst auf zweifache Weise abgewehrt werden: zum einen kann sich der Voyeur durch den Anblick, dass die Frau penislos ist und nicht er, seiner Unversehrtheit versichern, zum anderen spielt hier wieder die Vorstellung von der phallischen Frau eine Rolle, denn allen entgegensetzten Beobachtungen zum Trotz sucht der Voyeur unbewusst weiter nach dem Phallus der Frau, d. h. er verleugnet die Kastration und wehrt damit die Kastrationsangst ab. Dieser Aspekt ist auch bei denjenigen Voyeuren besonders deutlich, die die Frau bei phallisch aktiven Betätigungen wie bei der Masturbation, beim Urinieren oder auch beim Kotausscheiden beobachten wollen, wobei die Exkremente dabei als Phallusäquivalente gesehen werden. Bei denjenigen Voyeuren, die auf die Beobachtung des Geschlechtsverkehr abzielen, liegen häufig kindlich traumatisierende Erlebnisse, die abgewehrt werden müssen, zugrunde wie die Beobachtung des elterlichen Geschlechtsverkehrs in der Kindheit, durch die beim Kind die angstbesetzte Vorstellung ausgelöst wird, dass die Mutter dabei verletzt oder misshandelt wird. Durch das wiederholte Beobachten einer solchen ursprünglich traumatisierenden Situation wird vom Voyeur eine Bewältigung dadurch versucht, dass er sich immer wieder zu vergewissern versucht, dass die Frau den Geschlechtsverkehr überlebt hat und dabei nicht genital verletzt wurde, so dass auch er keine Kastrationsangst zu haben braucht.

Aus **lerntheoretischer** Sicht wird das voyeuristische Verhalten durch klassische oder operante Konditionierung erklärt. Nach dem Prinzip der klassischen Konditionierung wird ein zufälliges heimliches Beobachten mit einer sexuellen Erregung wiederholt gekoppelt, so dass schließlich das heimliche Beobachten die sexuelle Erregung auslösen soll. Nach dem Modell der operanten Konditionieren stellt der Orgasmus die Belohnung dar, so dass dieser Weg der Befriedigung positiv verstärkt und damit beibehalten wird.

18.5 Frotteurismus

Der Begriff Frotteurismus leitet sich aus dem französischen Wort *frotter* (reiben) ab. Das Hauptmerkmal des Frotteurismus sind wiederkehrende, intensive sexuell dranghafte Bedürfnisse oder Verhaltensweisen, eine andere Person, die damit nicht einverstanden ist, zu berühren oder sich an ihr zu reiben, oder entsprechend sexuell erregende Phantasien zu haben. Wie beim Exhibitionismus und beim Voyeurismus muss der Betroffene nach den Kriterien des DSM-IV-TR, in dem der Frotteurismus unter der Kategorie 302.89 geführt wird, seinen Impulsen entsprechend gehandelt oder unter ihnen gelitten haben, um eine Diagnose rechtfertigen zu können. In der ICD-10 wird der Frotteurismus nicht als eigene Störung aufgeführt, sondern er fällt unter die Kategorie F65.8 „Sonstige Störungen der Sexualpräferenz", sofern das Pressen oder Reiben des eigenen Körpers an anderen Personen der sexuellen Erregung dient.

Für seine sexuellen Handlungen sucht sich der Frotteur vor allem überfüllte Orte, wie Menschenansammlungen, öffentliche Verkehrsmittel oder Aufzüge aus. Bei der Frottage reibt der Täter seine Genitalien an den Oberschenkeln oder am Gesäß seines ungewollt eng bei ihm stehenden Opfers oder er berührt und streichelt es an den Brüsten oder im Genitalbereich mit den Händen. Häufig phantasieren die Frotteure während ihrer Handlungen eine reale, meist eine beschützende Beziehung zu ihrem Opfer. Gleichzeitig versuchen sie ihr Verhalten so zu gestalten, dass sie sich jederzeit von dem körperlichen Kontakt zurückziehen und so einer Entdeckung und möglichen strafrechtlichen Verfolgung entgehen können.

Verlauf

Der Frotteurismus beginnt gewöhnlich mit der Adoleszenz im Alter zwischen 15 und 25 Jahren, danach nimmt die Häufigkeit der frotteuristischen Handlungen allmählich ab und oft verschwinden sie ganz.

Vorkommen

In der Rechtspraxis oder Begutachtung spielt der Frotteurismus selten eine Rolle. Da frotteuristische Handlungen nur selten zur Anzeige führen, liegen über die Häufigkeiten keine genauen Angaben vor. Beier et al. (2005) stellten in ihrer „Berliner Männerstudie" fest, dass 13,1 % der befragten Männer voyeuristische Sexualphantasien angaben, 7 % hatten sie auch bei der Masturbation und 6,4 % hatten sich bereits voyeuristisch verhalten. 2,8 % ihrer Partnerinnen gaben an, voyeuristische Sexualphantasien zu haben, und diese auch bei der Masturbation einzusetzen, ebenso viele Frauen berichteten, sie auch tatsächlich ausgelebt zu haben.
Obwohl Frotteurismus eine Paraphilie darstellt, bei der das Opfer körperlich berührt wird (sog. „hands-on"-Delikt), wird die Tat meist von Seiten der Polizei, aber oftmals auch seitens des Opfers, das zwar in der Regel unmittelbar ärgerlich reagiert, dann den Vorfall meist aber rasch vergisst, als Bagatellfall abgehandelt.

Komorbidität

Auf das Crossing von Exhibitionismus, Voyeurismus und Frotteurismus wurde in den betreffenden Abschnitten bereits hingewiesen, auch auf das Konzept von Freund et al. (1990), der bei diesen Paraphilien von einer Störung des sexuellen und speziell beim Frotteurismus, des taktilen Werbungsverhaltens ausgeht. Als zusätzliche Variante des Frotteurismus beschreiben Freund et al. (1997) die Möglichkeit, dass die Betreffenden das Reiben oder Berühren fremder Personen nicht selbst ausführen, sondern sich dadurch erregen, dass sie anderen bei der Frottage zuschauen können.

Differenzialdiagnose

Da zur Diagnosestellung gehört, dass die frotteuristischen Phantasien, Bedürfnisse und Verhaltensweisen dranghaft und mindestens über 6 Monate wiederkehrend erlebt worden sein müssen, gilt ein gelegentliches Berühren ahnungsloser Frauen, das manchmal von pubertierenden Jungen ausgeübt wird, nicht als frotteuristisches Verhalten.

Ursachen

Während Freund et al. (1990) beim Frotteurismus von einer Störung des Werbungsverhaltens ausgeht, kann aus **psychodynamischer** Sicht der Frotteurismus als eine anonyme Ausweich- und Ersatzhandlung verstanden werden, der die Angst vor dem realen Geschlechtsverkehr und der damit verbundenen personalen Nähe zugrunde liegt. Aus **lerntheoretischem** Verständnis kann der Frotteurismus mit der operanten Konditionierung erklärt werden, wobei das frotteuristische Verhalten durch den eintretenden Orgasmus belohnt wird.

18.6 Pädophilie, sexueller Kindesmissbrauch und Inzest

In dem Ausdruck Pädophilie stecken die griechischen Worte für Knabe/Kind (*pais*) und Liebhaber (*philos*), so dass Pädophilie wörtlich übersetzt „Liebe zu Kindern" bedeutet. Der Begriff geht auf Krafft-Ebing (1886) zurück, der ursprünglich davon ausging, dass es sich bei dieser Störung um ein „Ausweichen auf minderwertige Sexualpartner bei Männern handele, die aus verschiedenen Gründen im Rivalitätskampf mit anderen Männer unterlegen seien". Erst später sprach Krafft-Ebing von einer eigenständigen Objektwahl und nannte die Abweichung „Paedophilia erotica". Heute wird für diese genuine Form auch der Ausdruck Kernpädophilie verwendet, aus dem hervorgeht, dass es sich bei den Pädophilen nicht um eine einheitliche Tätergruppe handelt.

Das Hauptmerkmal der Pädophilie besteht darin, dass sexuelle Befriedigung durch Beobachten, Berühren oder durch einfache bis komplexe sexuelle Handlungen an präpubertären Kindern gesucht wird. Während in der ICD-10, in der die Pädophilie unter der Kategorie F65.4 geführt wird, der Zeitraum der Vorpubertät nicht altersmäßig spezifiziert wird, sondern nur erwähnt wird, dass sich die sexuelle Präferenz auf Kinder richtet, „die sich zumeist in der Vorpubertät" oder „im frühen Stadium der Pubertät befinden", wird im DSM-IV-TR das Alter der Kinder auf 13 Jahre oder jünger festgelegt. Das Alter des Pädophilen muss nach Kriterium C des DSM-IV-TR 16 Jahre oder mehr betragen und es wird verlangt, dass der Pädophile mindestens fünf Jahre älter ist als das Kind. Für Pädophile in der späten Adoleszenz wurde kein genauer Altersunterschied festgelegt, sondern es wird eine klinische Beurteilung verlangt, bei der die sexuelle Reife des Kindes und die Altersdifferenz in Rechnung zu stellen sind. Dies spielt z. B. in Fällen eine Rolle, in denen ein 18-Jähriger sexuelle Handlungen an einem 13-jährigen Mädchen vornimmt.

Im Allgemeinen werden Pädophile von Kindern einer ganz bestimmten Altersspanne sexuell angezogen. Einige Pädophile bevorzugen dabei Jungen, andere Mädchen und einige Pädophile werden sowohl von Jungen als auch von Mädchen erregt. Diejenigen, die Interesse nur an Mädchen haben, begehren gewöhnlich Acht- bis Zehnjährige, wohingegen diejenigen, die sich von Jungen angezogen fühlen, in der Regel etwas ältere Kinder vorziehen. Heterosexuelle Pädophile haben meist „nur" ein bis zwei Opfer, die sie im familiären oder bekannten Umfeld und eher selten in der eigenen Wohnung missbrauchen, wohingegen homosexuelle Pädophile wesentlich mehr, angeblich bis zu 100 Kontakte haben sollen. Außerdem ist unter ihnen ein höherer Anteil von ausschließlich auf Kinder fixierten Pädophilen zu finden. Im DSM-IV-TR wird neben der Differenzierung von hetero- und homosexueller Pädophilie zwischen Pädophilen, die ausschließlich sexuell auf Kinder orientiert sind („ausschließlicher Typus") und Pädophilen unterschieden, die manchmal auch an Erwachsenen sexuelles Interesse haben („nicht ausschließlicher Typus"). Als Kriterium A wird im DSM-IV-TR genannt, dass, um eine Pädophilie zu diagnostizieren, über einen Zeitraum von mindestens sechs Monaten wiederkehrende intensive sexuell erregende Phantasien, sexuell dranghafte Bedürfnisse oder Verhaltensweisen vorliegen müssen, die sexuelle Handlungen mit einem präpubertären Kind oder Kindern, die in der Regel 13 Jahre oder jünger sein müssen, beinhalten. Nach dem Kriterium B des DSM-IV-TR wird die Diagnose einer Pädophilie aber auch gestellt, wenn der Betroffene seine dranghaften Bedürfnisse ausgelebt hat. Ein einzelner Vorfall erfüllt dagegen nach der ICD-10 die Diagnosestellung, für die eine anhaltende oder vorherrschende Veranlagung gefordert wird, nicht, insbesondere, wenn der Handelnde selbst noch ein Jugendlicher ist. Ferner werden im DSM-IV-TR unterschiedliche Aktivitätsmuster von Pädophilen erläutert. So wird beschrieben, dass einige Pädophile ihr sexuelles Verhalten auf das Entkleiden und Anschauen des Kindes, auf das Entblößen der eigenen Person oder auf das Masturbieren in Gegenwart des Kindes oder auch auf das sanfte Berühren und Streicheln des Kindes begrenzen, andere Pädophile üben dagegen Fellatio oder Cunnilingus bei dem Kind aus und dringen mit ihren Fingern, fremden Gegenständen oder dem Penis in die Vagina, den Mund oder den Anus des Kindes ein, wobei sie zur Erreichung dieser Ziele in unterschiedlichem Maße auch Gewalt anwenden. Vom Tatgeschehen her überwiegen genitale Berührungen und der Wunsch nach Oralstimulierung des kindlichen Genitals bzw. umgekehrt nach manuellem oder oralem Stimuliertwerden durch das Kind. Versuchter oder vollzogener Koitus bzw. Analverkehr kommen zwar auch bei sehr jungen Opfern vor, dies ist aber eher die Ausnahme. Begründet werden die sexuellen Aktivitäten im Allgemeinen mit Ausreden oder Rationalisierungen wie, dass diese „erzieherischen Wert" für das Kind hätten, oder dass es daraus „sexuelle Lust" gewinnen würde oder dass das Kind selbst „sexuell provozierend" gewesen sei. Bezüglich des Leidensdrucks, der sonst üblicherweise ein wesentliches Kriterium darstellt, um eine Störung zu diagnostizieren, wird im DSM-IV-TR bei der Pädophilie wieder eine Ausnahme gemacht, die dadurch begründet ist, dass viele Pädophile ihr Erleben als ich-synton empfinden und deshalb kein deutliches Leiden aufweisen. Damit kann die Diagnose nach dem DSM-IV-TR bei Personen gestellt werden, bei denen ein pädophiles Erregungsmuster vorliegt, und bei Menschen, die ihre Phantasien oder dranghaften Bedürfnisse bei einem Kind ausgelebt haben.

Bezüglich der Qualität der Beziehung wird im DSM-IV-TR beschrieben, dass einige Täter das Kind bedrohen, um eine Entdeckung zu verhindern, während andere aufwändige Vorgehensweisen entwickeln, um Zugang zu den Kindern zu erhalten. So versuchen sie, das Vertrauen der Mutter zu gewinnen oder sie heiraten eine Frau mit einem attraktiven Kind oder sie tauschen mit anderen Pädophilen Kinder aus oder in seltenen Fällen nehmen sie auch Pflegekinder aus nicht industrialisierten Ländern auf oder sie entführen sogar Kinder von Fremden. Außer in Fällen, in denen die Pädophilie mit sexuellem Sadismus einhergeht, gehen Pädophile gewöhnlich auf die Bedürfnisse des Kindes ein, um dadurch dessen Zuneigung, Interesse und Loyalität zu gewinnen und um das Kind daran zu hindern, die sexuellen Aktivitäten zur Anzeige zu bringen.

Wie oben erwähnt handelt es sich bei den Pädophilen nicht um eine einheitliche Tätergruppe, sondern in beiden Diagnosesystemen wird auch sexueller Kindesmissbrauch und Inzest zur Pädophilie gezählt. Im DSM-IV-TR wird dazu ausgeführt, dass die von der Störung Betroffenen ihre Aktivitäten auf eigene Kinder, Stiefkinder oder Verwandte beschränken können oder sie machen Kinder außerhalb ihrer Familie zum Opfer. Auch in der ICD-10 werden Täter als pädophil bezeichnet, „die eigentlich erwachsene Sexualpartner vorziehen, bei der Aufnahme geeigneter Kontakte aber dauernd frustriert werden und sich deshalb ersatzweise Kindern zuwenden". In diesem Zusammenhang wird darauf hingewiesen, „dass Männer, die ihre eigenen Kinder im Alter der Vorpubertät sexuell belästigen, sich manchmal auch anderen Kindern nähern, wobei es sich in beiden Fällen um Pädophilie handelt".

Die fehlende Differenzierung zwischen Inzest, sexuellem Kindesmissbrauch und Pädophilie bot Anlass für Kritik, und führte zu einer wissenschaftlichen Auseinandersetzung darüber, ob die Pädophiliediagnose beibehalten werden sollte oder ob pädophiles Verhalten nicht generell als „sexueller Missbrauch bei Kindern" zu bezeichnen sei. Die Vertreter der Beibehaltung der Pädophiliediagnose fordern eine strikte Trennung von Pädophilie und sexuellem Missbrauch an Kindern und begründen dies mit den beiden Argumenten, dass sich zum einen unter den verurteilten Sexualstraftätern nur ein geringer Anteil (etwa 12 bis 20 %) Pädophiler finden lässt und dass sich zum anderen Kernpädophile von Missbrauchstätern in ihrem Verhalten und Empfinden unterscheiden würden. Die Gegner der Pädophiliediagnose weisen dagegen darauf hin, dass die Behandlungskonzepte bei sexuellen Missbrauchstätern und Pädophilen die gleichen seien und dass die bisher bekannten Rückfallzahlen in beiden Gruppen gleich hoch seien bzw. bei entsprechender Behandlung gleichartig vermindert werden konnten.

Beier et al. (2005) unterscheiden sexuelle Kindesmissbrauchstäter, bei denen der sexuelle Übergriff auf das Kind eine **Ersatzhandlung** für die eigentlich gewünschte sexuelle Beziehung zu einem altersentsprechenden Partner ist, von Tätern, bei denen das sexuelle Bedürfnis auf den kindlichen Körper als einem spezifischen sexuell-erotischen Stimulus ausgerichtet ist. Diesen Täterkreis differenzieren sie in **Täter mit pädophiler Hauptströmung**, deren Interesse primär auf kindliche Körper in einem bestimmten Entwicklungsstand gerichtet ist und die sich der kindlichen Welt zughörig fühlen, und in **Täter mit pädophiler Nebenströmung**, die zwar auch ein gewisses Interesse am kindlichen Körper als besonderem Stimulus haben, meist aber mit altersadäquaten liierten Partnerinnen ein befriedigendes Sexualleben haben und die nur ab und zu in Versuchungssituationen oder in partnerschaftlichen Krisenzeiten ihre latenten sexuellen Neigungen mit Kindern ausleben. Im DSM-IV-TR wird diese Tätergruppe als „nicht ausschließlicher Typus" bezeichnet. Bei sexuellen Missbrauchstätern, bei denen der sexuelle Übergriff auf das Kind eine Ersatzhandlung darstellt, handelt es sich meist um sexuell unerfahrene Jugendliche, um dissoziale oder intelligenzgeminderte Täter. Die **sexuell unerfahrenen Jugendlichen** sind in der Regel gehemmte Einzelgänger ohne ausreichende Kontaktmöglichkeiten, die aber gleichzeitig starke Wünsche nach sexuellen Erlebnissen und Erfahrungen haben, ohne dass es ihnen möglich ist, zu altersadäquaten Partnerinnen Beziehungen aufzunehmen. Diese Jugendlichen stammen meist aus unauffälligen familiären Verhältnissen und gehen durch ihre pädosexuellen Handlungen den Weg des geringsten Widerstandes. Bei ihren Missbrauchshandlungen wenden sie meist keine Gewalt an. Die **dissozialen Täter** kommen meist aus sozial randständigen Verhältnissen. Sie haben in der Regel einen niedrigen Schulabschluss und keine Berufsausbildung und sind in ihrer Lebensführung instabil. Zwar verfügen sie über sexuelle Vorerfahrungen, aber sie haben häufig wechselnde Beziehungen zu Partnerinnen im Erwachsenenalter. Dissoziale Täter haben wenig Einfühlung in ihre kindlichen Opfer und sind in ihrer sexuellen Gestimmtheit so eingegrenzt, dass sie den Altersunterschied kaum wahrnehmen und deshalb auch nicht in Konflikt geraten. Eine solche Haltung sowie eine geringe Triebkontrolliertheit spielt auch bei manchen Fällen von Vater-Tochter-Inzest eine entscheidende Rolle. Daneben gibt es eine Gruppe von **intelligenzgeminderten** Pädophilen, die neben ihrer Minderbegabung kontaktgestört und retardiert sind und deshalb mit erwachsenen Partnern Schwierigkeiten haben. Sie greifen ebenfalls auf die vertrauten, leichter zugänglichen kindlichen und jugendlichen Opfer zurück, die sie oft mit kleinen Geschenken an sich binden. Nicht selten kommt es bei diesen Tätern auch zur Gewaltanwendung. Sie stammen meist aus „broken home"-Verhältnissen mit gewalttätigen Vätern oder kalten Müttern. Bei einem Teil dieser Tätergruppe sind Hirnschädigungen nachzuweisen.

Bei den **genuinen** Pädophilen bzw. bei den Tätern mit pädophiler Hauptströmung, die im DSM-IV-TR als ausschließlicher Typus bezeichnet werden, handelt es sich um Täter, deren sexuelles Interesse primär auf kindliche Körper in einem bestimmten Entwicklungsstand gerichtet ist. Hierbei handelt es sich um eine heterogene Gruppe, die jedoch als gemeinsames Merkmal hat, dass ein oft „pädagogisch getöntes Interesse" an der „Welt des Kindes" besteht, der sich diese Täter „irgendwie zugehörig fühlen". Da diese Form der Pädophilie häufig in eine pädagogische oder „väterliche" Beziehung eingebettet ist, kann die pädophile Neigung bei den Betroffenen bereits früh die Berufswahl bestimmen, indem sie Tätigkeiten bevorzugen, die sie in die Nähe von Kindern oder Jugendlichen bringen und in denen sie scheinbar harmlose körperliche Kontakte zu Kindern zeigen können. Deshalb üben Pädophile häufig erzieherische Berufe aus (Lehrer, Sozialarbeiter, Chorleiter, Jugendpfarrer, Sporttrainer, Musikpädagogen, Jugendgruppenführer etc.), denen sie sich dann häufig übertrieben engagiert hingeben und in denen sie versuchen, mit ihrem Enthusiasmus die Kinder und Jugendlichen von sich zu begeistern und deren Vertrauen auch dadurch zu erwerben, dass sie keinen Zwang und keine Autorität einsetzen, um ihre pädagogischen Ziele zu erreichen. Für pädophile Pädagogen ist es außerdem charakteristisch, dass sie ihre rollenspezifische Distanz zu den Schützlingen aufgeben und sich so integrieren, dass sie sich in ihrem Verhalten und Empfinden nicht mehr von ihnen unterscheiden. Da sich Täter und Opfer über längere Zeit kennen und z. T. auch über die Eltern miteinander verbunden sind, wird ein Vertrauensverhältnis geschaffen, das durch Besuche zu Hause und durch einen privaten Umgang so gestärkt ist, dass es in diesem Rahmen nicht ungewöhnlich erscheint, wenn der Pädophile auf sexuelle Themen zu sprechen kommt und das Kind sich darauf einlässt. Offene Gespräche und vertrauensvolle Zuwendungen werden jedoch von dem Pädophilen umgedeutet und als erotische Zuneigung und Verliebtheit erlebt. Aufgrund der typischen Verleugnung und Verkennung der Asymmetrie der Beziehung zwischen dem Pädophilen und dem Kind entwickelt der Pädophile die Vorstellung, dass das Kind auch an der Sexualität interessiert ist und dass es für das Kind pädagogisch wertvoll sei, von ihm „behutsam in sexuelle Handlungen eingewiesen zu werden", „um erste schlechte Erfahrungen mit anderen zu verhindern". Einem genuinen Pädophilen geht es dabei primär nicht darum, sich mit dem kindlichen Körper als Sexualobjekt zu befriedigen, wie dies beim sexuellen Missbrauch der Fall ist, sondern es geht ihm darum, in die kindliche Welt hineinzukommen und ein Teil von ihr zu sein, denn nur dort fühlt er sich frei und gelöst von den Erwartungen der Erwachsenenwelt, die ihn ängstigen. Aus dieser erlebten Illusion heraus spricht er auch die Sprache der Kinder und verhält sich wie sie, so dass sich das Kind aufgrund dieser Vertrautheit gegen die sexuellen Handlungen meist nicht zu wehren weiß. Gerade das Einschleichen in die kindliche Psyche führt auch dazu, dass es den Kindern so schwer fällt, die sexuellen Übergriffe „zu verraten". Sie machen auch mit, weil sie dem Pädosexuellen durch ablehnendes Verhalten nicht „weh tun" wollen. Ihr Mitmachen wird aber von dem Pädophilen umgedeutet und er glaubt, dass das Kind Gefallen an den sexuellen Handlungen hat. Deshalb halten Pädophile sich selbst auch nicht für Kindesmissbraucher und sie verkennen die schädlichen Folgen ihres Tuns. Die Opfer nehmen jedoch in jedem Fall Schaden an, selbst wenn sie es vor sich und manchmal auch in wissenschaftlichen Befragungen es zu verleugnen suchen. Auch wenn sexuelle Funktionsstörungen nicht die Folge sind, können doch andere, indirekt sexuelle Auswirkungen entstehen, unabhängig davon, um welchen Tätertypus der Pädophilie es sich gehandelt haben mag. Oft kommt es nämlich vor, dass missbrauchte Kinder später Beziehungen früh „sexualisieren", d. h., sie rasch auf eine sexuelle Ebene bringen, um „lieb gehabt zu werden", weil sie in extremen Fällen gar keine andere Form einer vertrauten Beziehung zu einem Menschen kennen gelernt haben. Diese Haltung missbrauchter Opfer führt dazu, dass sie als Erwachsene gefährdet sind, wieder missbraucht zu werden, z. B. dann, wenn eine Autoritätsperson, z. B. der Arzt, der Pfarrer oder Therapeut, das vermeintlich sexuelle Beziehungsangebot annimmt. Sexuell missbrauchte Menschen sind später aufgrund ihres emotionalen Dissoziiertseins selten in der Lage, sexuelle Empfindungen mit Liebe gekoppelt zu erleben. Deshalb arbeiten später einige Frauen auch als Prostituierte oder Callgirls, aber nicht, weil sie Spaß an diesen Berufen haben, sondern weil sie es gewohnt sind, sich benutzen zu lassen. Andere psychische Folgeschäden sexueller Missbrauchserfahrungen in der Kindheit sind bei fast allen Betroffenen Störungen der Affektivität (Depressionen, Angst, Panikattacken), selbstverletzendes Verhalten, psychosomatische Beschwerden und Störungen des Körpergefühls. Die Schwere der Symptome hängt dabei von der Häufigkeit und Art der Missbrauchserfahrung sowie von hinzukommenden günstigen oder schädigenden Umgebungsfaktoren ab.

Sexualstraftäter mit sog. **pädophiler Nebenströmung**, also Pädophile „nicht ausschließlichen Typus", stammen in der Regel aus einem unauffälligen sozialen Milieu mit ausreichender Schul- und Berufsausbildung. Ihr Interesse am kindlichen Körper ist ebenfalls genuin und nicht als Ersatzhandlung zu sehen. Diese Pädophilengruppe hat meist mit erwachsenen Partnern befriedigende sexuelle Beziehungen und nur mitunter treten pädophile Wünsche auf. Meistens sind diese Täter sozial gut integriert und oft sind sie verheiratet. Bestätigt wird dies durch viele Schilderungen von Psychotherapie-Patientinnen aus der Mittel- oder Oberschicht, die von ihren Vätern missbraucht worden sind, ohne dass es ihnen als Kind direkt bewusst gewesen war. Die übergriffigen sexuellen Handlungen waren oft so subtil, dass z. T. auch die Mütter zugegen waren, ohne einzugreifen, so dass die Kinder glaubten, dass solche Handlungen „normal" seien. Dazu ein Beispiel: Eine Patientin berichtet, dass ihr der Vater in Gegenwart der Mutter, wie er sagte, „extra noch mal die Scheide ausgeduscht hat, damit sie zum Ablecken sauber sei". Als er mit dem Kind alleine war, demonstrierte er ihm das auch, ohne dass sich die Mutter über die plötzlich verschlossene Badezimmertür zu wundern schien („silent partner"). Auch Liebkosungen und Zärtlichkeiten beim Zubettbringen des Kindes oder ein Zusammenbaden mit dem Kind bewegen sich auf der schmalen Grenze zum sexuellen Missbrauch. Für die Beurteilung ausschlaggebend ist in jedem Einzelfall die Motivation des Vaters, nämlich ob er mit dem Kind badet oder es auszieht, um es sexuell zu betrachten oder ob dies aus der elterlichen Aufgabe heraus geschieht, dies tun zu müssen. Die gleiche Frage stellt sich, wenn der Vater auf den Spielplatz geht: Tut er dies als Aufsichtsperson oder stellt der Aufenthalt dort für ihn eine Möglichkeit dar, Kindern in pädophiler Absicht zu begegnen.

18.6.1 Päderastie, Ephebophilie, Parthenophilie

Die Pädophilie der männlichen Täter kann ausschließlich auf Jungen gerichtet sein. Solche Täter, auch **Päderasten** genannt, bemühen sich meist um eine gewaltfreie und möglichst persönliche nahe Beziehung zu den oft idealisierten Jungen, die sie mit altersentsprechenden Spielen und durch die eigene kindlich-naive Verhaltensunbefangenheit für sich einzunehmen versuchen. Daneben gibt es Pädophile, deren sexuelles Interesse sich nicht auf präpubertäre Jungen, sondern auf pubertäre bis peripubertäre männliche Jugendliche („Epheben") richtet, die im Alter von ca. 13–18 Jahren bereits mindestens in die erste Phase der körperlichen Sexualentwicklung eingetreten sind. Diese Pädophilieform wird **Ephebophilie** genannt. Das sexuelle Interesse von Ephebophilen gilt also entweder frühreifen Jungen bis oder unter 13 Jahre, die schon in die Pubertät eingetreten sind, oder älteren Jugendlichen, die bereits in der Pubertät sind. Bei der **Parthenophilie** handelt es sich um das gegengeschlechtliche Pendant zur Ephebophilie. Das sexuelle Interesse bezieht sich also auf peri- bis pubertäre weibliche Jugendliche (*Parthénos*: griech. Jungfrau), die sich im Alter von ca. 12–17 Jahren mindestens in der ersten Phase der körperlichen Sexualentwicklung befinden oder aber auch auf Mädchen, die bereits mit 11 oder 12 Jahren sexuell entwickelt, juristisch aber noch Kinder sind. Wie bei der Ephebophilie liegt hier aber keine Pädophilie im eigentlichen Sinne vor, denn nach den Kriterien des DSM-IV-TR beinhaltet die Pädophilie sexuelle Handlungen mit einem präpubertären Kind, das in der Regel 13 Jahre oder jünger ist.

18.6.2 Inzest

Inzest (lat. *incestum*: Blutschande, Unzucht) umfasst sexuelle Beziehungen zwischen den Angehörigen einer Familie. In beiden Diagnosesystemen gilt Inzest nicht als eigenständiges Störungsbild. Statt dessen werden Inzesthandlungen an Kindern sowohl in der ICD-10 als auch im DSM-IV-TR der Pädophilie zugerechnet. In der ICD-10 heißt es dazu in den Kriterien, dass Männer, die ihre eigenen Kinder im Alter der Vorpubertät sexuell belästigen, sich manchmal auch anderen Kindern annähern; in beiden Fällen handele es sich um Pädophilie. Im DSM-IV-TR wird erläutert, dass pädosexuelle Aktivitäten auf eigene Kinder, Stiefkinder oder Verwandte beschränkt sein können. Vorgesehen ist allerdings im DSM-IV-TR, dass bei der Diagnosestellung bestimmt werden soll, ob sich die Pädophilie auf Inzest beschränkt. Nicht alle Inzesthandlungen sind pädophil motiviert. Häufig handelt es sich um Ersatzhandlungen, bei denen die Inzestopfer typischerweise meist älter sind als die Kinder, die von pädophil motivierten Tätern begehrt werden. Die häufigsten inzestuösen Beziehungen finden jedoch unter etwa gleichaltrigen Geschwistern statt. Inzestfamilien sind dadurch gekennzeichnet, dass sie nach außen als sehr abgeschirmt erscheinen. Innerhalb der Familien herrschen jedoch strenge Moralvorstellungen, vor allem, was die Sexualität betrifft. Die Mütter werden meist als schwache, oft auch als psychisch und körperlich kranke Frauen geschildert, die sich nicht trauen, eine vom Vater unabhängige Meinung zu haben, und die auch nicht als störende, eifersüchtige und die inzestuösen Handlungen verhindernde Dritte auftauchen. Aus diesem Grund verleugnen diese auch als „silent partners" bezeichneten Mütter ihre Ahnungen von den Missbrauchsbeziehungen ihrer Töchter. Wörtliche Hinweise der Kinder werden entsprechend bagatellisiert oder mit feindseliger Ablehnung beantwortet. Erstaunlicherweise werden in diesen Familien die Kontakte von den missbrauchten Kindern später, wenn sie eigene Partner haben, meist nicht abgebrochen. Stattdessen besteht vielfach weiterhin ein enger Familienverband und ein hoher stabiler Zusammenhalt zwischen den missbrauchten Töchtern und ihren Eltern. Psychodynamisch ist dies dadurch zu erklären, dass die Tochter eine große Ambivalenz dem Vater gegenüber einerseits aufgrund des Missbrauchs und andererseits aufgrund des „Auserwähltseins" von ihm, das sie ja auch positiv erlebt, verspürt und auch gleichzeitig gegenüber der ödipal abgelehnten Mutter, mit der sie in eine bewusst erlebte Konkurrenz getreten ist. Allerdings gibt es auch Inzestfamilien, die keine klaren Grenzen nach außen ziehen. In diesen Fällen haben die Eltern meist mehrere Partner, denen sie auch z. T. ihre Kinder zur Verfügung stellen, manchmal sogar gegen Geld. Von Maisch (1987) werden zwei Familienformen beschrieben, die durch unterschiedliches Verhalten der Väter gekennzeichnet sind. Zum einen gibt es die von einer schlechten Ehe enttäuschten Väter, die ihre Wünsche auf die Töchter verlagern und sie zur vertrauten Freundin und Partnerin machen, so dass es zu einer Vater-Tochter-Koalition mit Isolierung der Ehefrau und Mutter kommt. Die Spaltung wird in der Regel dadurch begünstigt, dass die Tochter gewöhnlich zur Mutter eine von Kindheit an kühle oder feindselige Beziehung hat, während sie von dem sich fürsorglich gebenden Vater Wärme, Zuwendung und Aufwertung, schließlich auch in der Rolle seiner sexuellen Partnerin erfährt. Zum anderen werden egoistische, besitzergreifende Väter beschrieben, die versuchen, die Töchter ihren Müttern zu entfremden. Sie haben ein intensives sexuelles Interesse, sind eifersüchtig auf jeden anderen, also auch auf die Mutter und Freunde, und fordern auf aggressive

Weise Unterwürfigkeit und Gehorsam. Die Mütter und Töchter fühlen sich dem meist hilflos ausgeliefert und erleben sich von der Umwelt isoliert. Nicht selten liegt bei diesen Vätern auch ein Alkoholproblem vor. Oft sind es die ältesten Töchter, die von solchen väterlichen Vergehen betroffen sind. Die sexuellen Handlungen beginnen gewöhnlich vor dem 12. Lebensjahr durch Streicheln, masturbatorische Handlungen oder oral-genitale Kontakte. In der Pubertät werden sie dann mit sexuellem Verkehr oft über viele Jahre weitergeführt und die Töchter übernehmen dann praktisch die Stellung der Mutter in der Familie, wobei die subjektiv erlebte Aufwertung Anlass für (verdrängte) Schuldgefühle bietet. Die Beendigung des inzestuösen Verhältnisses geschieht später fast immer durch die Töchter, die sich irgendwann nach gleichaltrigen Partnern umsehen und aus der Beziehung austreten.

Häufigkeit von Inzesthandlungen

Da Inzesthandlungen nur äußerst selten angezeigt werden, liegen über die Häufigkeit kaum verlässliche Zahlen vor. In einer Repräsentativbefragung der Kriminologischen Forschungsstelle Niedersachsen (KFN) (Wetzels u. Pfeifer 1995) gaben 27,9 % der befragten Frauen an, von Familienmitgliedern in der Kindheit und Jugend sexuell missbraucht worden zu sein. Davon war es bei 7,8 % der Frauen der eigene Vater, bei 5,8 % der Stiefvater und bei 14,3 % waren es andere männliche Familienmitglieder. Wenn der Stiefvater oder Vater der Täter war, beinhalten die Übergriffe häufiger eine Penetration und, verglichen mit dem Missbrauch durch andere Familienangehörige, Bekannte oder Fremde, begannen sie meist auch in einem jüngeren Alter und erstreckten sich über einen längeren Zeitraum. Untersuchungen von Maisch (1968) ergaben eine Häufigkeit von Vater-Sohn-Inzest von 5 %, von Mutter-Sohn-Inzest von 4 % und von Mutter-Tochter-Inzest von 1 %. Bei den durch Mütter, aber auch bei den zwischen Geschwistern vorgenommenen Inzesthandlungen spielt die persönliche und seelische Beziehung oft eine größere Rolle als die reine Triebbefriedigung selbst.

Vorkommen

Bei der Pädophilie handelt es sich um die häufigste Paraphilieform, die laut ICD-10 aber nur selten bei Frauen vorkommt. In den letzten Jahren gibt es allerdings verstärkt Hinweise, dass Frauen sehr wohl Kinder sexuell missbrauchen und zu einem gewissen Anteil auch die Kriterien der Pädophiliediagnose erfüllen.

Bezüglich der Häufigkeit und Verbreitung des sexuellen Missbrauchs in der Kindheit gibt es eine Fülle von Daten, die jedoch kritisch zu betrachten sind. Zum einen liegt das daran, dass den Studien unterschiedliche Definitionen des kindlichen sexuellen Missbrauchs zugrunde liegen, zum anderen ist die Festlegung der Altersgrenze der Kindheit und der Altersabstand zu den Tätern sowie die Stichprobenauswahl oft sehr unterschiedlich. Auch der Befragungsmodus beeinflusst die Prävalenzraten, da Interviews oft mehr aufdecken können als Fragebögen. Die Angaben zur Häufigkeit von erlebtem sexuellem Missbrauch schwanken bei Berücksichtigung **internationaler** Veröffentlichungen zwischen 3 % und 31 % bei Männern und zwischen 4 % und 62 % bei Frauen. Die Angaben zu den Häufigkeiten sexueller Missbrauchserfahrungen vor dem 14. Lebensjahr in **Deutschland** liegen bei einer weit gefassten Definition zwischen 11,9 % und 23 % bei Frauen und bei Männern zwischen 2,1 % und 5,8 % (Richter-Appelt und Tiefensee 1996). Zu ähnlichen Zahlen kam eine Untersuchung von Raupp und Eggers (1993), die an über 1000 Berufsschülern und Studenten in Essen eine Fragebogenstudie durchführten, in der als Kriterien für sexuellen Missbrauch sexuelle Erlebnisse vor dem 15. Lebensjahr mit einem mindestens 5 Jahre älteren Partner festgelegt wurden. Bei geringerem Altersunterschied wurde gefragt, ob der Kontakt unter Zwang und/oder unter negativen Gefühlen erlebt wurde. Die sexuellen Erlebnisse wurden eingeteilt in solche mit Körperkontakt, wobei vaginaler, analer oder oraler Verkehr von vorgenommenen Berührungen unterschieden wurde, und in Erlebnisse ohne Körperkontakt, zu denen Reden über Sex, Gesten, Pornographie und Exhibitionismus gerechnet wurden. Bei einem Rücklauf von 92 % berichteten 25 % der Frauen und 6 % der Männer über Missbrauchserfahrungen i. S. eines weitgefassten Kriteriums. Zu Körperkontakt (Berührungen) überredet oder gezwungen worden waren 14 % der Frauen und 4 % der Männer. Von übergriffigem Sexualverkehr in der Kindheit berichteten 2 % der Frauen und 2 % der Männer. Allen Studien zufolge sind Mädchen deutlich häufiger von Missbrauchserlebnissen betroffen als Jungen. Auch erleben Mädchen sowohl intra- als auch extrafamiliär sehr viel häufiger sexuelle Übergriffe durch Männer. Jungen dagegen werden eher extra- als intrafamiliär missbraucht, wobei die Täter ebenfalls meist Männer sind. Diese Tatsache hat dazu geführt, dass die Häufigkeit von Missbrauchserlebnissen bei Jungen lange Zeit unterschätzt wurde, da solche sexuellen Übergriffe meist als homosexuelle Erlebnisse fehlgedeutet wurden. Hinzu kommt, dass missbrauchte Jungen sich selbst nicht gern als Opfer sehen wollen, da dies eine narzisstische Kränkung bedeuten würde. Auch bringen Männer, im Gegensatz zu Frauen, auftretende Probleme im Erwachsenenalter nur selten mit den sexuellen Missbrauchserfahrungen in der Kindheit in Verbindung. Aus diesem Grunde suchen Männer nur äußerst selten wegen ihrer erlebten Missbrauchserfahrungen eine Therapie auf, sondern sie geben in der Regel andere Anlässe als Beweggründe an.

Unabhängig von methodischen Problemen lässt sich **schlussfolgern**, dass sexueller Missbrauch ein international verbreitetes Problem darstellt. Unter Berücksichtigung der Dunkelziffer kann davon ausgegangen werden, dass in Deutschland jedes 4. bis 5. Mädchen und jeder 9. Junge während der Kindheit sexuell missbraucht wurde.

Verlauf

Die Pädophilie beginnt gewöhnlich in der Adoleszenz, einige Pädophile berichten jedoch, dass sie sich bis ins mittlere Erwachsenenalter nicht durch Kinder erregt gefühlt hätten. Der Verlauf ist üblicherweise chronisch, insbesondere bei jenen, die auf Jungen orientiert sind. Die Angaben im DSM-IV-TR, dass die Rückfallquote für Pädophile, die eine Neigung zu Jungen haben, ungefähr zweimal so hoch sei wie für jene, die Mädchen bevorzugen, wurden inzwischen aufgrund von Langzeitbeobachtungen in Frage gestellt, aus denen hervorgeht, dass die Rückfallrate gleich hoch ist (Marshall 1997). Missbrauchstäter mit einer dissozialen Persönlichkeitsstörung und einer hohen Gewaltbereitschaft beginnen meist schon in früher Jugend mit sexuellen Übergriffen bei minderjährigen Opfern.

Differenzialdiagnose

Im DSM-IV-TR wird darauf hingewiesen, dass Spätadoleszente, die sich in einer fortdauernden sexuellen Beziehung mit einem 12- bis 13-jährigen Partner befinden, nicht als pädophil anzusehen sind. In der ICD-10 wird differenzialdiagnostisch angemerkt, dass Kontakte zwischen Erwachsenen und bereits geschlechtsreifen Jugendlichen, vor allem wenn es sich um gleichgeschlechtliche handelt, gesellschaftlich nicht gebilligt werden, dass es sich bei solchen Verbindungen aber nicht notwendigerweise um pädophile Kontakte handeln müsse.

Komorbidität

Als hochproblematisch gelten sexuelle Kindesmissbrauchstäter, bei denen neben einer pädophilen Haupt- oder Nebenströmung eine Dissozialität vorliegt. Diese Tätergruppe lehnt die pädophile Neigung oft gerade wegen der zusätzlich bestehenden narzisstischen und/oder antisozialen Persönlichkeitsstörungen heftig ab, so dass es aufgrund der innerlich verhassten pädophilen Impulse zu sehr aggressiven und opferniedrigenden Tathandlungen kommen kann. Eine dissoziale Persönlichkeitsstörung lässt sich bei ca. 7–12 % der Missbrauchstäter finden.

Bei einer großen Zahl von sexuellen Kindesmissbrauchern lassen sich psychische Störungen, vor allem soziale Unsicherheiten, ein niedriges Selbstwertgefühl, geringe Impulskontrolle, Ängste, Depressionen und Phobien sowie Alkoholmissbrauch und depressive Anpassungsstörungen finden. Bei nur weniger als 5 % der Täter geschehen die Missbrauchshandlungen im Zusammenhang mit einer Psychose (Schizophrenie). Bei Frauen, die zu pädophilen Handlungen neigen, lässt sich gewöhnlich eine Borderline-Persönlichkeitsstörung finden.

Ursachen

Oftmals sind Missbrauchstäter selbst ehemalige Opfer. Verschiedenen Untersuchungen zufolge berichten zwischen 40 % und 60 % der befragten Täter, selbst in ihrer Kindheit sexuell missbraucht worden zu sein.

Gegenüber den bisher beschriebenen Paraphilien nimmt die Pädophilie insofern eine Sonderstellung ein, als sie sich lediglich in der abweichenden Partnerwahl von der nicht-devianten Sexualität unterscheidet. Deshalb kann das Sexualverhalten auch sonst in allen üblichen Schattierungen vorkommen. So kann es genital ausgerichtet sein, es können aber zusätzlich auch andere deviante Verhaltensweisen wie Fetischismus, Sadomasochismus, Exhibitionismus und Voyeurismus vorhanden sein. Dieser Variantenreichtum pädophiler Beziehungsformen erschwert eine umfassende **psychodynamische** Erklärung der Pädophilie, aber dennoch lassen sich einige Aspekte aufzeigen, die mit der devianten Partnerwahl zusammenhängen. Im Wesentlichen hat die Pädophilie zwei Wurzeln: Die eine Wurzel hat sie mit den übrigen Perversionen gemeinsam, nämlich die Abwehr von Ängsten, die von der Erwachsenensexualität und dem weiblichen Genitale ausgehen. Diese Ängste können sich als Potenzängste in dem Gefühl zeigen, genital minderwertig zu sein, einen zu kleinen Penis zu haben oder eine Frau nicht befriedigen zu können. Das kindliche Genitale dagegen verschafft dem Pädophilen nicht nur das Gefühl, genital vollwertig zu sein, so dass die o.g. Ängste vermindert werden, sondern auch das Erleben von Macht anstelle der in der Beziehung zur erwachsenen Frau befürchteten Ohnmacht. Auch kann die Angst vor dem weiblichen Genitale und der Erwachsenensexualität darin bestehen, dass beides mit Merkmalen wie verletzt, unsauber und minderwertig verbunden ist und als ekelerregend empfunden wird. Die unbewusste Motivation für die Wahl eines Kindes zum Partner ist hierbei zum einen die Abwehr analer Triebwünsche, da der kindliche Körper und das kindliche Genitale als sauber und rein erlebt werden. Kommt die Identifikation mit der „kindlichen Unschuld" hinzu, können zusätzlich Gefühle, selbst schuldig und befleckt zu sein, abgewehrt werden. Zum anderen geht es um die Abwehr von Kastrationsängsten dadurch, dass sich der Pädophile immer wieder von der Existenz des kindlichen Penis durch das Vorzeigen-Lassen und „In-die-Hose-Fassen" überzeugen muss. Die andere Wurzel der Pädophilie liegt darin, dass der Pädophile die eigene kindliche Situation regressiv wiederherzustellen versucht, dadurch dass er sich in der pädophilen Situation in dem Kind wiedererkennt und sich mit ihm identifiziert. In der Art und Weise, wie er mit dem Kind umgeht, erfüllt er sich selbst seine Wunschphantasien nach Zärtlichkeit, Hautkontakten und Verwöhnung, indem er das tut, was er sich unbewusst wünscht, dass es seine Mutter mit ihm getan hätte. Die pädophile Partnerwahl ist in diesem Fall eine narzisstische und keine, bei der das Kind als Person direkt gemeint ist. Dadurch, dass der Pädosexuelle gleichzeitig unbewusst die Rolle der Mutter übernimmt befriedigt der Pädophile in dem Kind nicht nur seine eigenen Bedürfnisse nach Geborgenheit und liebevoller Beschäftigung mit seinem Genitale, sondern er erfährt darüber hinaus durch die Identifikation mit dem Kind zusätzlich eine erhebliche narzisstische Zufuhr, durch die sein schwaches Ich gestärkt wird. Die narzisstische Zufuhr wird aber nicht nur dadurch, dass sich die Mutter ihm in dem Kind zuwendet und es wichtig nimmt erlebt, sondern auch dadurch, dass sich der Pädophile gegenüber dem Kind in der Position des Überlegenen und Mächtigen fühlt. Das erklärt auch, warum es für Pädophile häufig unwichtig ist, um welches Geschlecht es sich bei dem Kind handelt. Durch die Pädophilie können also nicht nur Ängste abgewehrt werden, sondern es wird eine neue Mutter-Kind-Beziehung hergestellt, die mit positiven Gefühlen und einer größeren Befriedigung erlebt wird als die frustrierende reale Mutter-Kind-Beziehung, die durch das pädophile Verhalten gleichsam ungeschehen gemacht wird. Problematischer wird es, wenn der Pädophile die Rollen zu tauschen versucht und von dem Kind wünscht, dass es sich ihm wie eine Mutter zuwendet, da das Kind auf diese projektive Identifizierung nicht vorbereitet ist und diese immer etwas Gewaltsames hat. Kritisch wird es auch dann, wenn die Mutter-Kind-Inszenierung nicht unbefriedigte Triebwünsche, sondern vielmehr Straferwartungen erfüllt, die aus verbotenen Impulsen oder sexuellen Aktivitäten herrühren können oder auch durch eine verstärkte Identifikation mit frustrierenden mütterlichen Introjekten. In solchen Fällen kann es dann zur realen aggressiven Bemächtigung und Verletzung oder sogar zur Tötung des Kindes kommen.

Lerntheoretische Erklärungen gehen von klassischen oder operanten Konditionierungsprozessen mit der Annahme aus, dass durch wiederholte Masturbation in Verbindung mit Kindern oder entsprechendem Phantasiematerial, wie Kinderpornographie, das pädophile Verhalten erlernt worden ist. Aber auch soziales Lernen durch Beobachtung spielt wohl besonders in jüngster Zeit, u. a. bedingt durch vermehrte Einflusse durch Medien und Internet, als Erklärungsmodell eine zunehmende Rolle.

Angesichts der Schwierigkeiten, sicher zwischen genuiner Pädophilie und allgemeinem sexuellen Missbrauch unterscheiden zu können, wird heute in der psychologischen **Ätiologieforschung** zunächst nach Erklärungsmustern für sexuellen Missbrauch an Kindern als Gesamtphänomen gesucht, um anschließend Gruppen von Tätern zu identifizieren, von denen dann eine Untergruppe als pädophil im engeren Sinn bezeichnet werden kann. In der Gesamtgruppe der Missbrauchstäter wurden überzufällig häufig Alkohol- und Medikamentenmissbrauch sowie die weiter unten genannten Merkmale beobachtet. Alkoholkonsum und Medikamentenmissbrauch scheinen das Risiko sexueller Übergriffe unabhängig davon zu erhöhen, ob bei den Betreffenden eine Pädophiliediagnose gestellt werden konnte oder nicht. Auch wurde nachgewiesen, dass Missbrauchstäter häufiger zu sexuellen Phantasien über Kinder neigen, wenn sie sich in schlechter Stimmung befinden und dann zu Alkohol greifen. In solchen Situationen besteht die erhöhte Gefahr, dass die Betroffenen die zunächst phantasierten Impulse auch in Handlungen umsetzen. Pädophile und nicht-pädophile Missbrauchstäter haben Untersuchungen zufolge auch erhebliche soziale Kompetenzdefizite und ein niedriges Selbstwertgefühl. Unter Missbrauchstätern findet man gehäuft sozial ängstliche, dependente und selbstunsichere Menschen, die aufgrund ihrer oft auch vorhandenen schizoiden Persönlichkeitsanteile soziale Kontakte vermeiden, unter Einsamkeit leiden und keine heterosexuellen Beziehungen pflegen (s. Kap. 17.1.2). Die beiden letzten Merkmale treffen z. B. auf zölibatär lebende Priester zu, die zu sexuell-pädophilen Übergriffen neigen (Hanson et al. 2004). Das Vorhandensein des Merkmals „Dependenz" hat sich sogar als so charakteristisch erwiesen, dass es zur Unterscheidung von Missbrauchstätern und Vergewaltigern herangezogen werden kann.

Bei Jugendlichen und jungen erwachsenen Missbrauchstätern liegen häufig Probleme in der Schulausbildung und im Beruf vor sowie familiäre „broken home-Situationen". Einige Missbrauchstäter verfügen nur über eine geringe Impulskontrolle, was ihre Neigung zu sexuellen Übergriffen und ihre Bereitschaft, Gewalttätigkeiten zu begehen, erklärt. Dennoch fügt nur ein sehr kleiner Teil pädophiler Täter ihren Opfern schwere körperliche Verletzungen zu. Von daher neigen einige Wissenschaftler dazu, die gewalttätige Form des pädophilen Kindesmissbrauchs eher dem Bereich des sexuellen Sadismus zuzuordnen. In dieser Gruppe lassen sich gehäuft dissoziale Persönlichkeitsstörungen finden. Etwa die Hälfte der Missbrauchstäter dieser Untergruppe beginnt bereits in früher Jugend mit sexuellen Übergriffen bei minderjährigen Opfern.

18.7 Sadomasochismus

Beim Sadomasochismus, der in der ICD-10 unter der Kategorie F65.5 und im DSM-IV-TR nur getrennt aufgeführt wird, wird die sexuelle Erregung durch Zufügung von Schmerzen, Erniedrigung oder Fesseln erreicht. Die Lust am Erleiden dieser Art der Stimulation wird Masochismus, die Lust am Zufügen Sadismus genannt. Empfindet jemand sowohl bei masochistischen als auch bei sadistischen Aktivitäten sexuelle Erregung, handelt es sich um Sadomasochismus. Sadismus und Masochismus sind vermutlich zwei Pole einer zusammengehörigen paraphilen Neigung, zu der beide komplementäre sexuelle Rollen dazugehören, denn das Entscheidende für den Sadisten ist die totale Auslieferung und Hingabe des Partners, den er beherrschen will und für den Masochisten, sich dem Partner völlig auszuliefern und sich dessen Gewalt hinzugeben. Sadomasochismus ist somit die Sexualisierung eines Herrschafts-Unterwerfungs-Verhältnisses, wobei das Zufügen oder Erleiden von physischem Schmerz auch fehlen kann. Der Schmerz ist nur insofern wichtig, als er der stärkste Ausdruck des Ausgeliefertseins und der Hingabe bzw. des uneingeschränkten Verfügens über den anderen ist. Deshalb ist die von Schrenck-Notzing (1892) eingeführte Bezeichnung „Algolagnie" (Schmerzliebe) für diese Störungsgruppe, die er als Erster in zwei Bereiche einteilte, wenig zutreffend, denn der Schmerz an sich, ohne die spezifische sadomasochistische Situation, erfüllt keine lustbringende Funktion.

Im Gegensatz zu anderen sexuellen Präferenzstörungen handelt es sich beim Sadomasochismus um eine Beziehungsparaphilie komplementärer Natur, so dass stabile und emotional getragene Partnerschaften durchaus möglich sind, wenngleich sie nur selten vorkommen. Die Variationsbreite sadomasochistischer Beziehungen kann von ausschließlichen, sehr intensiven Liebesbeziehungen, die z. T. an Hörigkeit grenzen, bis zu eher flüchtigen Begegnungen oder anonymen Praktiken reichen, bei denen einzelne schmerzhafte oder erniedrigende Techniken, wie Beschmieren mit Exkrementen, Urinieren, Auflecken von Menstruationsblut etc. eine zentrale, aber isolierte Rolle spielen. Praktiziert wird der Sadomasochismus in homosexuellen, heterosexuellen, pädophilen, aber auch in sodomitischen und autoerotischen Beziehungen in beiden Rollenkombinationen. Allerdings kann die Inszenierung eines Dominanz-Submissivitäts-Verhältnisses auch auf die Phantasie beschränkt bleiben und nur bei der Masturbation, evtl. unterstützt durch entsprechendes pornographisches Material, oder aber auch als Begleitphantasie beim „normalen" Koitus, eingesetzt werden. Manifester Sadomasochismus wird meist in einer abgegrenzten Subkultur gelebt, zu der Außenstehende keinen Zugang haben, so dass die wissenschaftliche Untersuchung von Spengler (1979) die erste war, in der den soziologischen Besonderheiten solcher sadomasochistischer Gruppenarrangements nachgegangen wurde. Die Beziehungsarrangements die häufig durch offene oder kodierte Kontaktanzeigen zustande kommen, laufen auf die Inszenierung von ritualisierten Situationen hinaus, in denen das Dominanz- und Unterwerfungs-Thema in vielfältigen Varianten (Lehrer-Schüler, Domina-Sklave, Folterer-Gefangener, Vergewaltiger-Opfer, auch imaginäre „Hinrichtungen", Schlagen, Auspeitschen, verbale Erniedrigungen, Fesseln etc.) durchgespielt wird. Dabei wird ein reiches, oft fetischartiges Inventar an Ketten, Stöcken, Peitschen, Nadeln, Hoden- und Brustwarzenklammern oder sogar speziell eingerichtete „Folterkammern" eingesetzt. Allen sadomasochistischen Varianten ist gemeinsam, dass sie nach einem ritualisierten Spiel, dessen Regeln zu Beginn festgelegt werden, ablaufen und gegen die nicht verstoßen werden darf. Das Rollenspiel wird mit dem Verlassen der sexuellen Situation wieder abgestreift. Den Beteiligten ist das Artifizielle und Fiktive ihrer Inszenierungen stets bewusst und das disziplinierte Einhalten der Spielregeln ist die Voraussetzung, da sich ansonsten ein Masochist nicht auf die Unterwerfung einlassen würde. Entgegen allgemeiner Vorstellung wird also in solchen Salons, Privatzirkeln oder Bordellen nicht eine zügellose Aggression oder Gewalt ausagiert, sondern es herrscht eine kontrollierte Beherrschtheit, die für den sadomasochistischen Akt wesentlich ist. Auch sind Sadomasochisten im Allgemeinen im sozialen oder beruflichen Alltag nicht aggressiver oder unterwürfiger als andere Menschen. Sie lassen lediglich nur für einige Stunden ihre reale Existenz hinter sich und spielen eine Zeit lang z. B. den zum Objekt degradierten Sklaven, der sich die Maske des Tieres überstreift und der „Herrin" dient und auf ihre Befehlsgewalt hört.

Prostitution spielt in der sadomasochistischen Szene eine weit größere Rolle als bei anderen Paraphilien. Der Grund dafür liegt in der ungleichen Geschlechterverteilung, denn echte sadistische Präferenzen sind bei Frauen relativ selten zu finden, so dass es sich bei den als „Domina" auftretenden Frauen meistens um Professionelle handelt.

Der Wechsel von einer Position in die andere beim Sadomasochismus wird als „Switch" bezeichnet. Meist überwiegt eine Position, aber mehr als die Hälfte der untersuchten Sadomasochisten berichteten, dass ihnen auch ein Switch möglich sei. In der Phantasie leben Sadomasochisten auf jeden Fall beide Rollen aus, denn Sadisten benötigen die Identifizierung mit der masochistischen Rolle und Masochisten die Identifizierung mit der sadistischen Position, da nur durch diese Identifikation ihnen der Wert der Dominanz bzw. der Unterwerfung im ganzen Ausmaß emotional spürbar wird. Dennoch gibt es mehr Menschen mit ausschließlichem sexuellen Masochismus als mit Sadismus. Das Verhältnis wird mit etwa 4:1 angegeben.

Ursachen

Aus **psychodynamischer** Sicht spielt beim Sadomasochismus die Ablösungsproblematik von der Mutter eine wichtige Rolle. Im Vordergrund steht die Angst, sich einerseits von der Mutter lösen zu müssen, andererseits aber auch die Angst, sich von ihr nicht lösen zu können und wieder in alte Abhängigkeiten zu geraten und von der Mutter bemächtigt zu werden. Die Mutter ist also ambivalent besetzt und enthält im Erleben des Sadomasochisten bedrohliche Anteile, die sowohl aus der Kastrationsangst in der ödipalen Situation als auch im Zuge der Regression als Angst vor der bemächtigenden, die Selbständigkeit verhindernden Frau erklärt werden können. Aufgrund dieser Angstkomponenten kommt es zur Regression auf die aggressiven Partialtriebe der Analphase, die beim Sadomasochismus durch primäre Identifikation und

Projektion abgewehrt werden. Mit Hilfe beider Abwehrmechanismen wird eine duale Einheit zwischen Sadist und seinem Opfer entsprechend der oralen Beziehungsform hergestellt, die durch eine wechselnde Identifizierung ermöglicht wird. So kann der Sadist masochistische und der Masochist sadistische Anteile im sexuellen Verhalten ausleben und beide in sich abwechselnder Form. Daneben können Bestrafungsängste und -wünsche, die durch das Zulassen der aggressiven Impulse entstehen, abgewehrt werden, denn durch die Herstellung der dualen Einheit zwischen Sadist und seinem Opfer bestraft sich der Sadist aufgrund der wechselnden Identifizierung mit dem Opfer gleichzeitig selber für seine eigenen verpönten Triebregungen, so dass dem Anspruch des Über-Ich Genüge getan ist, und er verschafft sich zugleich aufgrund der Straferfüllung Gewissenserleichterung. Durch die strenge Ritualisierung werden zusätzlich die zerstörerischen aggressiven Regungen entschärft und der Partner geschützt. Die duale Einheit zwischen dem Sadisten und seinem Opfer hat aber auch eine weitere Bedeutungskomponente, die darin besteht, dass eine Frau als solche den Sadisten mit seinen sowohl geliebten als auch gehassten weiblichen Introjekten konfrontiert, was bei ihm zu ambivalenten Gefühle gegenüber der Frau bzw. gegenüber seinen eigenen weiblichen Anteilen in sich führt. In der sadomasochistischen Aktion lebt der Sadist diese Ambivalenzen aus, indem er das seine Kastrationsangst auslösende bedrohliche Weibliche attackiert und seine Zerstörung wünscht und zugleich seiner Sehnsucht nachkommt, mit dem Weiblichen wieder verschmelzen und in ihm aufgehen zu wollen, was sich dadurch ausdrückt, dass er die Frau rituell töten will, um sie sich so ganz wieder zu eigen machen zu können.

Beim masochistischen Part geht es um die Abwehr der gleichen Ängste wie beim Sadismus, nur dass der Masochist die Kastrationsängste dadurch abwehrt, dass er sich den kastrationsähnlichen quälenden Arrangements unterwirft, aber in Form ritualisierter Abläufe, deren Regeln er mitbestimmen kann, so dass er die reale Bedrohung nicht mehr zu fürchten braucht. Der zweite Aspekt des Masochismus liegt in der Beschwichtigung des strafenden Über-Ichs durch Leiden, wobei der Masochist die Bestrafung für seine vorhandenen aggressiv-sadistischen Wünsche lustvoll erlebt. Auch stellt er die Über-Ich-Ansprüche dadurch zufrieden, dass er auf das Ausleben seiner männlich-phallisch-aggressiven Strebungen verzichtet und diese Seite stattdessen in die Frau hineinprojiziert und sich von ihr mit Phallussymbolen bewaffnet schlagen lässt. Der Bedrohung durch die weiblichen Anteile begegnet er nicht durch Aggression, sondern durch Unterordnung. Unterwerfungs- und Kastrationsrituale dienen aber nicht nur der Verringerung der Kastrationsangst, sondern in ihnen äußert sich auch der Wunsch nach Aufgabe der männlichen Selbständigkeit und das Suchen nach einer intensiven oralen Beziehung zwischen Mutter und Kind. Diese Tendenz zur Selbstaufgabe und zur Rückkehr in die ungetrennte Mutterbeziehung vor der Separation ist bei denjenigen Masochisten deutlich, bei denen Hinrichtungs- und Tötungsrituale zum festen Bestandteil des sadomasochistischen Arrangements gehören.

18.7.1 Sexueller Masochismus

Der Begriff Masochismus wurde von Krafft-Ebing (1986) von dem Namen des Schriftstellers Leopold Baron von Sacher-Masoch abgeleitet, in dessen Roman „Venus im Pelz" (1870) der männliche Protagonist nur mit einem Zobel bekleidet einer die Peitsche schwingenden Domina als Sklave dienen muss.

Als Hauptmerkmale des sexuellen Masochismus, der im DSM-IV-TR unter der Nummer 302.83 geführt wird, werden über einen Zeitraum von mindestens 6 Monaten wiederkehrende intensive sexuell erregende Phantasien, sexuell dranghafte Bedürfnisse oder Verhaltensweisen genannt, die einen realen, nicht simulierten Akt der Demütigung, des Geschlagen- bzw. Gefesseltwerdens oder des sonstigen Leidens beinhalten. In den Erläuterungen wird ausgeführt, dass einige Menschen an masochistischen Phantasien leiden, die sie nur während des Geschlechtsverkehrs oder während der Masturbation haben, nach denen sie aber ansonsten nicht handeln. Solche Vorstellungen drehen sich gewöhnlich darum, vergewaltigt und dabei von anderen festgehalten oder gefesselt zu werden, so dass keine Fluchtmöglichkeit besteht. Andere Masochisten setzen ihre Bedürfnisse an sich selbst um, indem sie sich selbst fesseln, oder sich mit Nadeln stechen, sich elektrische Schocks zufügen oder indem sie sich selbst verstümmeln etc. Die meisten Masochisten leben ihre Bedürfnisse aber zusammen mit einem Partner aus. Zu den partnerbezogenen masochistischen Handlungen zählen die direkte körperliche Knechtschaft durch Unterwerfen oder die sensorische durch Verbinden der Augen. Aber auch das Verprügeltwerden, das „den Hinternversohlt- oder Ohrfeigenbekommen", das Ausgepeitschtwerden, das „Schnittwunden-zugefügt-Bekommen", Elektroschocks, „Nadeln und Stechen" und das Gedemütigtwerden, wie z. B. mit Urin oder mit Fäkalien beschmutzt zu werden, oder das Gezwungenwerden, wie ein Hund zu kriechen und zu bellen, oder das Beschimpftwerden, gehören dazu. Auch kann das erzwungene Tragen der Kleidung des anderen Geschlechts gewünscht werden, sofern dies für den Masochisten als demütigend erlebt wird. Ein anderes masochistisches Verlangen kann darin bestehen, sich wie ein hilfloses Kleinkind behandeln zu lassen und gewindelt zu werden („Infantilismus"). Als besonders gefährliche Erscheinungsform des sexuellen Masochismus zählt die **Hypoxyphilie** (Asphyxie), die aufgrund der bekannten Erfahrung praktiziert wird, dass durch verminderte Sauerstoffaufnahme sexuelle Erregung hervorgerufen wird. Eine Sauerstoffreduktion kann mit Hilfe einer Brustkompression oder mit Hilfe einer Schlinge, eines Knebels, eines Plastikbeutels oder einer Maske, aber auch chemisch erreicht werden. Häufig wird dazu ein flüchtiges Nitrit verwendet, das aufgrund einer peripheren Gefäßerweiterung eine vorübergehende Minderung der Sauerstoffversorgung im Gehirn verursacht. Solche Handlungen können alleine (autoerotische Asphyxie) oder mit einem Partner durchgeführt werden. Dabei können aufgrund von Anwendungsfehlern mitunter nicht beabsichtigte Todesfälle auftreten. Schätzungen zufolge ist davon auszugehen, dass 1–2 derartige Todesfälle pro 1 Mio. Einwohner jedes Jahr entdeckt und angezeigt werden.

Vorkommen

Bei etlichen Menschen bleiben die masochistischen Handlungen viele Jahre lang in ihrer Gefährlichkeit gleich. Einige Masochisten hingegen steigern im Laufe der Zeit oder in Phasen starker Belastung die Schwere der masochistischen Handlungen, so dass es zu Verletzungen oder auch zu Todesfällen kommen kann. Extreme Formen masochistischer Sexualpraktiken kommen fast ausschließlich bei Männern vor. Frauen sind außerdem nur selten Opfer von autoerotischen Asphyxieunfällen.

Wie bei anderen sexuellen Minderheiten macht sich auch in der sadomasochistischen Subkultur eine Bewegung breit, die diese sexuelle Erlebensform, wie seinerzeit die Homosexualität, entpathologisiert sehen möchte. Als wissenschaftlicher Verfechter weist Fiedler (2004) auf neuere Forschungsarbeiten hin, die aufzeigen, dass sich der inklinierende (harmlose) Masochismus ohne große Schwierigkeiten mit anderen sexuellen Vorlieben, die in unserer Gesellschaft üblicherweise als normal und bereichernd angesehen werden, in eine Reihe stellen lässt. Hinzu kommt, so argumentiert er, dass die inklinierenden sexuellmasochistischen Praktiken in aller Regel mit großer Vorsicht und Behutsamkeit durchgeführt werden, so dass es nur in Ausnahmefällen zu Verletzungen kommt. Auch würden die Betroffenen hinsichtlich ihrer sozialen Anpassung eher über dem Durchschnitt liegen und sich durch Eigenschaften wie eine ausgesprochene Zuverlässigkeit und durch hohe Ansprüche an sich selbst auszeichnen. Auch psychische Komorbiditäten seien Untersuchungen zufolge nicht zu finden. Vorkommende Selbstverletzungen, die zu Notaufnahmen führen, oder die sogar tödliche Folgen haben können, seien nach Fiedler auf Fehlinformationen oder „Pannen" zurückzuführen und nicht sexuell motiviert. Alle bisherigen über den inklinierenden sexuellen Masochismus vorliegenden Erkenntnisse ließen, so Fiedler, nur den Schluss zu, dass es sich bei dieser sexuellen Präferenz *nicht* um eine psychische Störung und damit auch *nicht* um eine Paraphilie handelt. Bezüglich der Häufigkeit gelangt Baumeister (1989) zu der Einschätzung, dass sich ungefähr 5–10 % der Menschen irgendwann in ihrem Leben zeitweilig oder länger sexuell masochistisch betätigen. Etwa doppelt so viel hätten masochistische Phantasien bei der Masturbation. Diese Zahlen decken sich in etwa mit der Berliner Männerstudie von Beier et al. (2005), in der 13,4 % der Männer und 15,7 % der Frauen das Gedemütigtwerden als Begleitphantasien bei der Selbstbefriedigung angaben. Durchgängig vorhandener Masochismus als sexuelle Präferenzstörung ist allen konservativen Schätzungen zufolge bei ungefähr 1–2 % der Population zu finden (Baumeister und Butler 1997).

Der Masochismus ist die einzige Paraphilie, die bei Frauen nicht ganz selten ist. Im DSM-IV-TR wird ein Geschlechtsverhältnis von 20 Männern zu einer Frau geschätzt. Über die Verteilung sadistischer und masochistischer Vorlieben bei beiden Geschlechtern sind die Untersuchungsergebnisse nicht eindeutig. Becker (2002) berichtet aus ihrer Literaturübersicht, dass die Verteilung bei Männern und Frauen gleich sei, andere Autoren gehen von einem leichten Überwiegen masochistischer gegenüber sadistischen Bedürfnissen bei Frauen aus. Bezüglich der Zusammenhänge zwischen sozioökonomischem Status und sexuellem Masochismus zeigt sich, dass in den unteren gesellschaftlichen Schichten sexueller Masochismus so gut wie gar nicht verbreitet ist. Die meisten Mitglieder sadomasochistischer Clubs gehören der oberen Mittelschicht an und verfügen über eine gute Schulbildung. Gleiches wird von Prostituierten berichtet, bei denen masochistische Praktiken häufig von hochgebildeten Leuten nachgefragt werden (Diana 1985; Smith u. Cox 1983). Sexueller Masochismus ist weiter verbreitet als der sexuelle Sadismus. In der Literatur wird üblicherweise ein Verhältnis von 4:1 angegeben. Die meisten sexuellen Sadisten hatten zuerst masochistische Vorlieben gehabt, bevor sie später in die dominante Rolle wechselten. Der Anteil von Frauen in der Subkultur liegt Schätzungen zufolge bei ca. 10 %. Davon sollen angeblich nur 1 % Prostituierte sein.

Verlauf

Masochistische sexuelle Phantasien treten vermutlich bereits während der Kindheit auf. Das Alter, in dem masochistische Aktivitäten zum ersten Mal mit einem Partner aufgenommen werden, variiert zwar, liegt aber gewöhnlich in der frühen Adoleszenz. Einige Masochisten entdecken erst durch einen entsprechenden sexuell motivierten Partner später im Erwachsenenalter ihr Interesse an masochistischer Sexualität. Sexueller Masochismus verläuft gewöhnlich chronisch. Bezüglich der Praktiken neigen die Betroffenen dazu, immer die gleiche masochistische Handlung zu wiederholen.

Komorbidität

Einige sexuelle Masochisten weisen zusätzlich Fetischismus, transvestitischen Fetischismus oder sexuellen Sadismus auf. Masochismus lässt sich in homosexuellen, heterosexuellen und pädophilen Beziehungen finden, er kommt aber auch autoerotisch vor. In Ausnahmefällen treten masochistische Handlungen bei geistiger Behinderung, Demenz und bei sonstigen hirnorganischen Prozessen auf, vereinzelt auch in manischen Episoden oder in schizophrenen Schüben sowie bei Medikamenten- und Alkoholmissbrauch. Isolierter Masochismus scheint nach Berner (2000) häufiger mit einer gehemmt-neurotischen Persönlichkeitsstruktur und einer Neigung zu Abhängigkeit, Depression und Angst einherzugehen.

Differenzialdiagnose

Als diagnostische Leitlinie wird in der ICD-10 angeführt, dass gering ausgeprägte sadomasochistische Stimulation zur Steigerung einer im Übrigen normalen Sexualität häufig vorkommt, so dass die Diagnose des sexuellen Sadomasochismus nur dann gestellt werden sollte, wenn die sadomasochistischen Betätigungen die hauptsächliche Quelle der Erregung darstellen oder sie für die sexuelle Befriedigung unerlässlich sind. Im DSM-IV-TR wird wie üblich ein Zeitraum von 6 Monaten gefordert, in denen wiederkehrende intensive sexuell-masochistische Phantasien, dranghafte Bedürfnisse oder Verhaltensweisen auftreten müssen, die in klinisch bedeutsamer Weise Leiden oder Beeinträchtigungen in sozialen, beruflichen oder anderen wichtigen Funktionsbereichen verursachen.

Ursachen

Die klassische **psychoanalytische** Erklärung des Masochismus wurde bereits im vorangegangenen Abschnitt dargestellt. Aus **lerntheoretischer** Sicht entwickelt sich der Masochismus über klassische und operante Konditionierung sowohl bei sexuellen Kontakten als auch über Masturbationsphantasien. Als positiver Verstärker gilt bei der operanten Konditionierung das Orgasmuserleben. Bei der klassischen Konditionierung wird ein Schmerzreiz mit Lust gekoppelt, so dass er als konditionierter Reiz die sexuelle Erregung schließlich allein auslösen kann. In der Literatur wird dazu der Fall eines pubertierenden Jungen geschildert, der sich den Arm brach und anschließend von einer attraktiven Krankenschwester gehalten und liebkost wurde, während der Arzt den Bruch ohne Betäubung zu richten versuchte. Der Junge spürte eine Kombination von Schmerz und sexueller Erregung, die als ursächlich für seine späteren masochistischen Impulse und Handlungen gehalten wurden. Ein möglicher **psychologischer** Erklärungsansatz stellt die Opponent-Prozess-Theorie dar, die von der Annahme ausgeht, dass sich ein lebender Organismus ständig in Prozessen bewegt, die auf eine Aufrechterhaltung der Homöostase abzielen, wobei aber euphorisierende Erfahrungen bevorzugt werden. Auf deutliche Abweichungen vom Gleichgewicht folgen Phasen deutlicher Gegenbewegungen, mit denen das Gleichgewicht wieder hergestellt wird. So folgen auf bewusst hergestellte Stimmungssteigerungen in aller Regel Phasen der Niedergeschlagenheit, die meist länger andauern als die vorhergehenden gehobenen Phasen, bis sich alles wieder auf ein Mittelmaß hin reguliert hat. Masochismus wird innerhalb dieses Denkansatzes als Beispiel für ein gegenteiliges Geschehen gesehen. Die negative Erlebensphase bekommt eine zunehmend hohe Attraktivität für ihre Wiederholung dadurch, dass sich der Masochist anschließend in einer ebenfalls länger andauernden Phase erhöhter Euphorie und Zufriedenheit befindet. Da Menschen in der Lage sind, die Folgen ihrer Handlungen zu antizipieren, können sie auch einen Gefahrenzustand gezielt aufsuchen (z. B. Bungee-Springen), um anschließend eine bewusste Entlastung zu erleben. Dies deckt sich mit Berichten von Masochisten, wonach sie sich nach maso-sexuellen Erfahrungen fast immer für längere Zeit in glücklicher und z. T. euphorischer Stimmung befunden hätten.

18.7.2 Sexueller Sadismus

Der Begriff „Sadismus" wurde ebenfalls von Krafft-Ebing geprägt, der den Ausdruck vom Namen des Marquis de Sade (1740–1814) ableitete, der in seinem Werk „Die 120 Tage von Sodom" eine Vielzahl sexuell sadistischer Praktiken beschrieb und der später in einer Irrenanstalt endete.

Als Hauptmerkmal werden im DSM-IV-TR, in dem sexueller Sadismus unter der Nummer 302.84 geführt wird, über einen Zeitraum von mindestens 6 Monaten wiederkehrende intensive sexuell erregende Phantasien, sexuell dranghafte Bedürfnisse oder Verhaltensweisen genannt, die reale, nicht simulierte Handlungen beinhalten, in denen das psychische oder physische Leiden einschließlich der Demütigung des Opfers, für den Betroffenen sexuell erregend ist. Weiterhin wird ausgeführt, dass einige Menschen an sadistischen Phantasien leiden, die sie nur während der sexuellen Aktivität entfalten, aber nach denen sie ansonsten nicht handeln. Solche sadistischen Phantasien beinhalten gewöhnlich die völlige Kontrolle über ein Opfer, das den bevorstehenden sadistischen Akt fürchtet. Andere Sadisten setzen ihre dranghaften Bedürfnisse mit einem Partner um, der bereitwillig Schmerz und Demütigung erleidet und gegenpolige sexuell-masochistische Neigungen aufweist. Entscheidend für die sexuelle Erregung beim Sadismus ist das Leiden des Opfers, das durch die Dominanz des Sadisten entsteht. Das Herrschaftsverhältnis wird dadurch zum Ausdruck gebracht, dass der Sadist das Opfer z. B. zum Kriechen zwingt oder es in einem Käfig hält. Andere sadistische Handlungen beinhalten, das Opfer zu züchtigen, ihm die Augen zu verbinden, ihm Ohrfeigen zu geben oder ihm „den Hintern zu versohlen", es auszupeitschen, ihm Elektroschocks oder Schnittwunden zuzufügen, es zu kneifen, zu verbrennen, es zu vergewaltigen, zu würgen, zu foltern, es zu verstümmeln oder auch zu töten. Bei sexuell sadistischen Handlungen mit nichteinwilligenden oder nicht einwilligungsfähigen Partnern wird im DSM-IV-TR die Diagnose auch gestellt, wenn der Betroffene keinen Leidensdruck verspürt.

Beim sexuellen Sadismus geht es nicht um ein Äußern zielloser Gewalttätigkeit, sondern darum, ein totales Beherrschungsverhältnis herzustellen, das als sexuell erregend erlebt wird. Weil eine solche Form der Bemächtigung unter normalen Umständen nur selten durchführbar ist, ist der Sadist auf die Fiktion und auf den Masochisten angewiesen, denn nur er bringt ihm die völlige Wehrlosigkeit entgegen. Legitimieren es allerdings die Umstände, kann es vorkommen, dass ein Sadist sein Spiel in die Realität umsetzt. Berichte über Soldaten im Umgang mit Gefangenen oder über Aufseher in Konzentrationslagern etc. beweisen, dass die geschilderten Brutalitäten auch eindeutig sexuell motiviert gewesen waren. Die oft beschriebene Diskrepanz zwischen den ausgeübten Grausamkeiten und der Unauffälligkeit der Täterpersönlichkeiten im Alltag zeigt, dass sadistische Haltungen einfach abstreifbar sind und ohne sichtbare Verbindung mit dem übrigen Leben bestehen können.

Sadistische Handlungen, die an Kindern oder geistig Behinderten vorgenommen werden, werden häufig von Männern ausgeübt, die als Polizisten oder Geistliche auftreten und die ihre Opfer inquisitorisch verhören, um sie anschließend für vermeintliche Übertretungen oder „Sünden" zu „bestrafen". Wenn solche Sadisten als Lehrer oder Erzieher tätig sind, werden sexuell-sadistische Impulse unter Umständen in Erziehungspraktiken eingeflochten, so dass in diesen Fällen auch von „Erziehungssadismus" gesprochen wird.

Sadistische Attacken gegen fremde Frauen und sadistische Tötungsdelikte, im Volksmund Lustmorde genannt, sind eher selten. In der Regel geht ihnen eine Beschäftigung mit sadistischen Phantasien lange Zeit voraus und bei der eigentlichen Tat handelt es sich dann nur noch um eine Ausführung der Phantasieinhalte, die zuvor immer wieder durchgespielt worden sind, bis die Grenze zwischen Phantasie und Wirklichkeit so fließend wurde, dass es zur Tat nur noch ein kleiner Schritt war. In diesem Zusammenhang sei auf die Gefahren der deutlich zunehmenden sadomasochistischen Pornographie und deren Verbreitung im Internet hingewiesen, da dieses Material zum einen nicht nur unkontrolliert von Sadomasochisten angeschaut wird, wobei, wie oben erwähnt, durch ständig wiederholten Konsum die Gefahr der Grenzvermischung steigt, sondern es animiert zum anderen auch viele andere Menschen, da sexuelle Aggressivität und Sadomasochismus im Allgemeinen einen hohen Stimulationscharakter haben, auch wenn dies im Einzelfall abgewehrt und üblicherweise verleugnet wird. Dadurch, dass das Imaginäre durch gehäuftes Anschauen, verbunden mit nachlassendem Realitätsabgleich, immer übergewichtiger wird, wird es schließlich auch zunehmend als „normal" empfunden und die Schritte werden immer kleiner, die Phantasie auch in Taten, schließlich auch mit nicht einwilligenden Personen, auf unkontrollierte Weise umzusetzen. In realen sadomasochistischen Gruppenarrangements oder in Zirkeln dagegen werden die sadistischen Impulse beherrscht und das Einhalten der Grenze sowie die Freiwilligkeit ist sichergestellt. Die Mitglieder treffen feste Vereinbarungen über die Art der Zufügung von Schmerzen und Demütigungen, wobei es gewöhnlich der Masochist ist, der die sadistischen Aktivitäten seines Partners anweist und kontrolliert. Bei solchem inklinierenden sexuellen Sadismus ist im Gegensatz zum periculären Sadismus, die Bereitschaft und Zustimmung des Partners gegeben, so dass nach den Kriterien des DSM-IV-TR eine klinische Bedeutsamkeit, die die Diagnose rechtfertigt, nur erfüllt wäre, wenn Leiden oder Beeinträchtigungen beim Betroffenen vorliegen, nicht aber, wenn der sexuelle Sadismus mit einer einverstandenen Person ausgelebt wurde.

Komorbidität

Verschiedenen Studien zufolge ist bei vielen sexuellen sadistischen Straftätern ein Crossing mit unterschiedlichen paraphilen Bereichen wie Fetischismus, Voyeurismus oder Exhibitionismus und bei einigen auch mit fetischistischem Transvestitismus zu finden.
Beim ausgeprägten sexuellen Sadismus, insbesondere, wenn dieser mit einer antisozialen Persönlichkeitsstörung verbunden ist, kann es dazu kommen, dass die Sadisten ihre Opfer ernsthaft verletzen oder töten. Zur Bemessung des **Schweregrades** des Sadismus können zwei Kriterien herangezogen werden, die besonders für Sexualstraftäter und zur Unterstützung der forensischen Sadismusdiagnose entwickelt wurden. Zu ihnen gehören das Vorliegen von Progredienz und das der nachfolgend beschriebenen acht Persönlichkeitseigenschaften bzw. Verhaltensweisen, von denen vier gegeben sein sollen, um einen schweren Sadismus zu diagnostizieren. Das erste Merkmal ist die Anwendung körperlicher Grausamkeit, um sich in Beziehungen durchzusetzen, das zweite ist die Erniedrigung und Beschämung von Menschen in Gegenwart Dritter, das dritte ist die ungewöhnlich harte Behandlung oder Bestrafung eines Abhängigen (z. B. eines Kindes oder eines Gefangenen), das vierte Merkmal ist das Sich-Amüsieren über seelische oder körperliche Leiden anderer, das fünfte ist das Lügen in der Absicht, anderen zu schaden oder Schmerz zuzufügen, das sechste Merkmal ist das Durchsetzen des eigenen Willens mittels Furchteinflößung, das siebte ist das Beschneiden der Freiheit von Menschen, zu denen eine enge Beziehung besteht, und das achte Merkmal ist das Fasziniertsein von Gewalt, Waffen, Kampfsportarten, Verletzung oder Folter (Berner et al. 2004). Da es besonders im gerichtspsychiatrischen Bereich auch darum geht, **indirekte Sadismuszeichen** bei einer Straftat zu erkennen, da die Täter ihre sexuelle Präferenzstörung gern verbergen, um sich nicht ihre Chance auf frühe Entlassung

zu verderben, haben Knight und Prentky (1990) **forensisch diagnostische Sadismuskriterien** entwickelt, die indirekte Sadismuszeichen erkennen lassen, wobei bei Kriterium A das Vorhandensein eines einzigen der sechs aufgeführten Merkmale ausreichen soll und bei Kriterium B, das weniger eindeutig ist, zwei der fünf Merkmale, um die Diagnose Sadismus zu gestatten. Das erste Merkmal des Kriteriums A ist, Phantasien von gleichzeitig aggressivem und sexuellem Inhalt zu haben. Das zweite Merkmal ist die Steigerung der sexuellen Erregung durch Furcht oder Schmerz des Opfers. Das dritte sind symbolisch-sadistische Handlungen, das vierte ist eine drehbuchartig ritualisierte Gewalt in den Delikten. Das fünfte Merkmal ist sexueller Verkehr mit dem toten Opfer und das sechste die Verstümmelung erogener Zonen der getöteten Opfer. Zu den Merkmalen des Kriteriums B gehören erstens Gewalt gegen erogene Zonen, zweitens das Zufügen von Verbrennungen, drittens sexueller Verkehr mit dem bewusstlosen Opfer, viertens das schmerzhafte Einführen von Gegenständen in Vagina oder Anus des Opfers und fünftens die Verwendung von Faeces und/oder Urin zur Erniedrigung des Opfers.

In forensisch-sexualmedizinischen Begutachtungen machen sexuell sadistische Täter weniger als 5 % aus. Bei einigen periculären sexuellen Sadisten scheinen nicht so sehr sexuelle Handlungen für die sexuelle Erregung verantwortlich zu sein, sondern vielmehr die Ausübung von Gewalt. Entsprechend geht es in der Art der von ihnen bevorzugten Pornographie auch mehr um gewaltverherrlichendes Material. Für die ausgeführten paraphilen Tötungsdelikte ist es typisch, dass sie vom Täter imaginär fast zwanghaft vorweggenommen werden und dass er sich von seinen Gewaltphantasien zur Tat geradezu getrieben fühlt. Untersuchungen über solche Täter und über sexuell motivierte Tötungsdelikte beziehen sich aufgrund der niedrigen Zahl vorwiegend auf Einzelfallanalysen. Die Auswertungen zeigten jedoch Gemeinsamkeiten im Tatvorgehen. Auffällig war, dass etwa die Hälfte der Täter nachts stundenlang und ziellos auf der Suche nach Opfern mit dem Auto in der Gegend herumgefahren war. Fast alle untersuchten Täter hatten ihre Tötungsdelikte sorgfältig geplant. Ebenfalls bei fast allen ließ sich feststellen, dass sie ihre Opfer zunächst entführten und dann mit verbundenen Augen mindestens 24 Stunden gefesselt und geknebelt gefangen hielten. Sexuell wurden Erniedrigung, anale Vergewaltigung und erzwungene Fellatio bevorzugt. Hinzu kamen gewaltsamer Geschlechtsverkehr und das Einführen fremder Gegenstände in die Vagina. Fast alle Täter hatten ihre Opfer gequält und gefoltert, ein großer Teil der untersuchten Täter hatten ihre Opfer in bewusster Tötungsabsicht ermordet. Mehr als die Hälfte der Täter haben ihre Taten in Tagebüchern oder auf Video- oder Tonaufzeichnungen dokumentiert und die schrecklichsten Szenen auch auf Fotos oder in Zeichnungen festgehalten. Sehr viele Täter bewahrten von der Tat irgendeinen Sachgegenstand zur Erinnerung an das Opfer auf. In mehr als einem Drittel der Fälle war eine zweite Täterperson bei den Gewalttakten assistierend beteiligt. Bei solchen Täterpaaren spielte meist ein Haupttäter die dominante Rolle, während die zweite Person in der Regel in psychischer Abhängigkeit von ihm stand. Oft waren es Frauen, die die männlichen Täter bei ihren Gewalthandlungen unterstützten. Solche Frauen wurden häufig selbst viele Jahre von diesen Tätern mit Gewalt unterdrückt und sexuell missbraucht. Sie handelten oft in dem Glauben, dass ihre Mitwirkung sie selbst vor künftigen sexuell extremen Gewalttätigkeiten ihrer Partner schützen würde. Während die Hälfte der Täter in ihrer Umgebung als solide und anständige Bürger galt, betrieb die andere Hälfte exzessiven Alkohol- und Drogenmissbrauch. Fast alle Täter kamen aus „Broken home"-Situationen und hatten ihr ganzes Leben hindurch Schwierigkeiten in heterosexuellen Beziehungen, so dass eine soziale Isolation oft die Folge war. Ein Viertel der Täter wurde als Kind körperlich misshandelt und bei 20 % fanden sich Hinweise zu selbst erlebtem sexuellen Missbrauch (Dietz et al. 1990).

Nicht bei allen sexuell-sadistischen Tötungsdelikten spielt die Anwendung von Gewalt zum Zwecke der sexuellen Erregung und Befriedigung die entscheidende Rolle, sondern in einigen Fällen ziehen die Täter aus dem Tötungsvorgang selbst eine sexuelle Erregung und es kommt zu keinerlei sexuellen Übergriffen. Der Lustgewinn besteht dabei in erster Linie aus der Vorbereitung und dann erst aus der Durchführung der Tat selbst, wobei das Verlangen nach dieser Form der Befriedigung so stark werden kann, dass einige Delinquenten so lange Wiederholungstaten begehen, bis sie festgenommen werden. Eine durch das Internet sich zunehmend verbreitende Form solch sexuell sadistisch-motivierter Tötungsdelikte ist der **Kannibalismus**, der streng ritualisiert zwischen den Partnern z. T. vertraglich vereinbart wird.

Vorkommen

Sexueller Sadomasochismus kommt zwar bei Menschen mit unterschiedlicher sexueller Orientierung vor, in mehr als 85 % der Fälle sind die Betroffenen jedoch heterosexuell. Auch bei Frauen wird, anders als bei anderen Paraphilien, sexueller Sadismus diagnostiziert. Umstritten ist jedoch, ob es sich bei den betreffenden Frauen nicht eher um Prostituierte handelt. Sadistische Neigungen kommen seltener vor als masochistische, das Verhältnis wird auf 1:4 geschätzt. Menschen mit inklinierendem sexuellen Sadismus sind meist sozial gut integriert und liegen hinsichtlich ihrer sozialen Anpassung z. T. eher über dem Durchschnitt.

Hinsichtlich der Prävalenz sadistischer Begleitphantasien bei der Masturbation gaben 19,6 % der befragten Männer der „Berliner Männerstudie" von Beier et al. (2005) an, diese zu haben und 15,3 % der befragten Männer berichteten, andere Menschen auch tatsächlich sexuell gequält zu haben. 5,6 % der befragten Partnerinnen gaben sadistische Begleitphantasien bei der Selbstbefriedigung an und 6,5 % behaupteten, diese Phantasien auch in Verhalten umgesetzt zu haben.

Verlauf

Sexuell-sadistische Phantasien können, ebenso wie die masochistischen, bereits in der Kindheit auftreten. Zu ersten sadistischen Aktivitäten kommt es gewöhnlich im frühen Erwachsenenalter, wobei das Alter aber variieren kann. Sadistische Handlungen können viele Jahre lang das gleiche Niveau beibehalten, ohne dass sich das Bedürfnis entwickelt, die Intensität der körperlichen Schädigung zu steigern. Meistens nimmt jedoch die Schwere der sadistischen Handlungen mit der Zeit zu. In ausgeprägten Fällen kann es dann in Kombination mit einer antisozialen Persönlichkeitsstörung zu Verletzungen oder zur Tötung des Opfers kommen. In der Regel verläuft sexueller Sadismus also chronisch.

Differenzialdiagnose

In der ICD-10 wird darauf hingewiesen, dass sich sexueller Sadismus manchmal nur schwer von Grausamkeiten in sexuellen Situationen oder von Wut, die nichts mit Erotik zu tun hat, unterscheiden lässt. Deshalb sollte die Diagnose nur gestellt werden, wenn Qualen zur Stimulation erotischer Gefühle notwendig sind. Sexuelle Gewalttätigkeit, die aufgrund psychoorganischer Psychosen oder anderer psychiatrischer Erkrankungen begangen wird, erfüllt nicht die Diagnose des sexuellen Sadomasochismus.

Ursachen

Aus neuerer **psychoanalytischer** Sicht wird das sadistische Erleben eng mit einer defizitär verlaufenden Persönlichkeitsentwicklung in Verbindung gebracht. Dabei wird davon ausgegangen, dass eine mangelnde Zufuhr von positiven Emotionen in der frühen Kindheit und eine durch diese Kränkungen entstandenen „narzisstische Wunde" zu Aggressionen und Ängsten sowie zu Verzweiflung aufgrund des ungestillten Liebeshungers geführt hat. Diese Gefühle lösen später gegenüber der versagenden Mutter den Wunsch aus, sie für immer zu beherrschen, um sicherzustellen, dass sie sich der ersehnten liebevollen Zuwendung nicht entziehen kann. Die aggressiven Wünsche werden dann in der weiteren Entwicklung des Jungen sexualisiert, so dass es zu einer Verkopplung sadistisch ausgeformter Phantasien mit sexueller Erregung kommt. In einer sadomasochistischen Täter-Opfer-Konstellation lässt der sadistische Partner zum einen die masochistische Partnerin sein eigenes Liebesleid erleben, zum anderen hat er die Möglichkeit, seine Aggressionen gegenüber der Frau als dem versagenden Objekt direkt auszuleben. Aus **lerntheoretischer** Sicht wird der Sadismus durch klassische Konditionierung erklärt, die dadurch erfolgen kann, dass z. B. ein Jugendlicher einem Tier oder einem Menschen unabsichtlich Schmerzen zufügt und dabei eine sexuelle Erregung bekommen hat. Die Assoziation zwischen Schmerzufügen und sexueller Erregung bildet demnach die Grundlage für den sexuellen Sadismus. Auch spricht aus lerntheoretischer Sicht das Modell-Lernen eine große Rolle, so z. B., wenn Jugendliche beobachten, dass es anderen Menschen Lust bereitet, wenn sie Dritten Schmerz zufügen.

Ätiologische psychologische Faktoren werden in familiären „Broken home"-Situationen mit emotionaler Vernachlässigung und physischer Gewalt sowie in sexuellem Missbrauch in der Kindheit und Jugend gesehen. Hinzu kommen können Alkoholismus eines oder beider Elternteile. Liegen solche Verhältnisse vor, können soziale Verhaltensweisen nicht ausreichend erlernt werden und es entwickelt sich ein negatives Selbstbild mit geringer Selbstwertschätzung, so dass sich die Betreffenden auch anderen gegenüber nicht wertschätzend verhalten können. Entsprechend des Integrationsmodells von Arrigo und Purcell (2001) geschieht die periculäre sexuell-sadistische Entwicklung durch einen Aufschaukelungsprozess, der mit Zurückweisung beginnt und mit Kontrollverlust und einem Tötungsdelikt enden kann (s. Abb. 17-1, S. 201). Aufgrund seines respektlosen Verhaltens anderen gegenüber wird der Jugendliche aus der Gemeinschaft ausgegrenzt und er flieht zunehmend in Tagträumereien, die bald an die Stelle sozialer Beziehungen treten. Die reale Isolation und Einsamkeit verstärken wiederum das Abdriften in sexuelle Phantasien und es entwickelt sich ein erhöhtes Masturbationsbedürfnis, das zunehmend mit paraphilen Interessen gekoppelt wird. Diese beziehen sich meist auf ungewöhnliche Objekte (Fetische) oder Handlungen, wobei voyeuristische, exhibitionistische und sadistische Rituale eine wichtige Rolle spielen. Die zunehmende Phantasietätigkeit als Ersatz für reale zwischenmenschliche Beziehungen wirkt zwar zunächst wie ein geheimes und machtvolles Elixier, aber bald führt es zu einem völligen Kontaktverlust zur realen Welt mit der Folge, dass sich der Paraphile in seiner Phantasiewelt seine eigenen erotischen Vorstellungen von intimen Begegnungen aufbaut, die fernab jeglicher Realität liegen. Solchen Phantasien ist gemeinsam, dass sie immer größer werdende Vorstellungen von Macht, Überlegenheit, Ausbeutung anderer, Rachegefühle, Nötigung und von Erniedrigung und Demütigung der Opfer beinhalten. Die begleitende Masturbation ermöglicht es dann, sexuelle Befriedigung angesichts solcher sadistischer Phantasiebilder zu erleben. Werden diese Erfahrungen stetig wiederholt, setzt ein Lernprozess ein, der dazu führt, dass der sexuell Deviante schließlich jeden Sinn für sexuelle Normalität verliert und dass sich seine Phantasien fast ausschließlich nur noch um Gewalt und Sexualität drehen. Der Gebrauch von Alkohol, Drogen und Pornographie führt dann bei einem Teil der späteren Täter dazu, dass bald jede Form von Gewaltdarstellungen sexuell erregend wirkt. Alkohol- und Drogeneinfluss erleichtert später auch die Umsetzung der phantasierten Übergriffe in die reale Tat, wobei einige Dissexuelle zunächst harmlosere Sexualdelikte wie Voyeurismus und Exhibitionismus begehen, während es bei anderen sehr bald zu schwererer Delinquenz wie sexueller Nötigung, Gewalt oder schließlich auch zu Tötungsdelikten kommen kann.

18.8 Multiple Sexualpräferenzstörungen

In der ICD-10 wird unter der Kategorie F65.6 berücksichtigt, dass in manchen Fällen bei einer Person mehrere sexuelle Präferenzstörungen vorliegen können, ohne dass eine im Vordergrund steht. Die häufigste Kombination besteht aus Fetischismus, Transvestitismus und Sadomasochismus.

Noch bis vor nicht allzu langer Zeit ging man davon aus, dass Paraphile nur eine einzige Präferenzstörung aufweisen. Inzwischen gibt es ausreichende Befunde darüber, dass Paraphile nacheinander oder gleichzeitig auch mehrere Sexualpräferenzstörungen haben können. So ergaben Untersuchungen an Sexualstraftätern, dass ca. ein Drittel derjenigen, die durch Sexualdelikte *mit* Körperkontakt, wie z. B. Vergewaltigung oder Pädophilie, auffällig geworden waren, auch zeitgleich oder im bisherigen Leben eine oder mehrere Paraphilien aus dem Bereich der Sexualdelinquenz *ohne* Körperkontakt, wie z. B. Voyeurismus oder Exhibitionismus aufwiesen. Ein solches „Crossing" geschieht jedoch nicht nur zwischen unterschiedlichen Paraphilien, sondern auch zwischen Handlungen mit Familienmitgliedern und mit fremden Personen sowie mit weiblichen und mit männlichen Opfern. Das Crossing gilt als Risikomarker, der, wenn er früh bei Jugendlichen und Heranwachsenden beobachtet wird, unter Umständen für präventive Überlegungen und Frühintervention in Betracht gezogen werden kann. Als ein Risikokriterium kann aber auch die durchschnittliche Häufigkeit angesehen werden, mit der der einzelne Betroffene von Paraphilie zu Paraphilie wechselt.

Abel und Osborn (1992) haben in einer Untersuchung paraphile Patienten nach ihren aktuell im Mittelpunkt der Behandlung stehenden Paraphilien primärdiagnostiziert und dann die Häufigkeit derjenigen paraphilen Handlungen bestimmt, die zeitgleich oder prämorbid durchgeführt wurden (Sekundärdiagnose). Im APA Task Force Report von 1999 wurden, wie Tabelle 18-1 zeigt, zusätzliche Sekundärparaphilien angegeben, die nur in geringerer Fallzahl als Primärdiagnose vergeben wurden, die aber wegen ihrer größeren Häufigkeit als Crossing-Phänomen mit in die Tabelle aufgenommen wurden. Insgesamt wurden 120 Fälle gezählt. Bei den in Tabelle 18-1 angegebenen Zahlen handelt es sich um die entsprechenden Prozentangaben. Die aktuelle Primärdiagnose ist in der waagerechten Zeile und die sekundäre Gleichzeitigkeitsdiagnose in der senkrechten Spalte dargestellt. So geht beispielsweise aus der Tabelle hervor, dass 46 % der wegen sexuellem Sadismus behandelten Täter im Laufe des Lebens auch eine Vergewaltigung vorgenommen und 27 % der Exhibitionisten auch voyeuristische Betätigungen ausgeübt haben. Insgesamt zeigt die Tabelle, dass das Crossing im Bereich der paraphilen Sexualdelinquenz weit verbreitet ist.

18.9 Andere Störungen der Sexualpräferenz

Außer den oben beschriebenen Paraphilien gibt es eine Vielzahl anderer relativ ungewöhnlicher sexueller Präferenzen und Aktivitäten, die im Glossar (s. Anhang, S. 313) aufgelistet werden. Einige dieser Praktiken kommen nur sehr selten vor, andere treten auch im Rahmen der oben beschriebenen Pa-

Tab 18-1 Crossing: Wechseldiagnosen bei Paraphilien (Prozentangaben) nach APA 1999; S. 48 f.

	Primärdiagnose									
	Pädophilie Mädchen/ fremd	Pädophilie Jungen/ fremd	Pädophilie Mädchen/ Inzest	Pädophilie Jungen/ Inzest	Vergewal- tigung	Exhibitio- nismus	Voyeurismus	Frotteurismus	Sexueller Sadismus	Öffentliche Masturbation
Sekundärdiagnose										
Pädophilie Mädchen/fremd		37	19	27	17	13	15	14	36	18
Pädophilie Jungen/fremd	22		5	32	2	8	0	0	18	6
Pädophilie Mädchen/Inzest	30	5		32	5	12	4	1	18	12
Pädophilie Jungen/Inzest	7	13	6		0	3	0	0	0	0
Vergewaltigung	10	3	10	18		14	33	14	46	12
Exhibitionismus	18	12	10	6	11		26	17	9	29
Voyeurismus	14	10	7	18	14	27		14	36	41
Frotteurismus	7	5	3	9	6	17	11		9	12
Sexueller Sadismus	1	5	3	3	9	3	0	8		12
Öffentliche Masturbation	2	1	1	3	4	10	7	0	0	
Sexueller Masochismus	2	3	1	0	0	3	4	0	9	0
Obszöne Telefonanrufe	5	0	1	3	5	3	7	6	0	6
Fetischismus	5	2	3	12	1	4	15	11	0	18

raphilien auf. So können das Schlucken von Urin, das Verschmieren von Kot oder das Durchstechen von Vorhaut oder Brustwarzen ebenso wie die Eigenstrangulation auch zu den masochistischen Verhaltensweisen gezählt werden. Darüber hinaus gibt es eine Vielzahl von verschiedenen ausgefallenen und devianten Masturbationsritualen, wie das Einführen von Gegenständen in das Rektum oder in die männliche Harnröhre, die nach der ICD-10 dann als abweichend gelten, wenn sie anstelle gebräuchlicher sexueller Praktiken verwendet werden. In diesen Fällen und bei allen anderen Paraphilieformen, die nicht eigens aufgeführt wurden, ist in der ICD-10 die Kategorie F65.8 „andere Störungen der Sexualpräferenz" und im DSM-IV-TR die Nr. 302.9 „nicht näher bezeichnete Paraphilie" anzugeben. Beispielhaft aufgelistet werden in der ICD-10 obszöne Telefonanrufe (Skatologie), Frotteurismus, sexuelle Handlungen an Tieren (Sodomie), Strangulation und Nutzung des Sauerstoffmangels zur Steigerung der sexuellen Erregung oder eine Vorliebe für Partner mit bestimmten anatomischen Abnormitäten wie z. B. amputierten Gliedmaßen. Aber auch die Nekrophilie, d. h. der sexuelle Verkehr mit Leichen, ist unter dieser Kategorie zu verschlüsseln. Im DSM-IV-TR werden darüber hinaus noch die Koprophilie (Fäkalien), die Klismaphilie (Klistierspritzen) und die Urophilie (Urin) genannt. In letzter Zeit ist eine durch das Internet mit der Möglichkeit der weltweiten Suche nach entsprechenden „Partnern" geförderte Deviation zu beobachten, mit der sich Beier (2006) wissenschaftlich befasst hat: der sexuell motivierte Kannibalismus. Durch den „Kannibalen von Rothenburg" geriet diese Perversion in das Blickfeld der Öffentlichkeit und auch das Ausmaß ihrer Verbreitung wurde offenbar.

Aus der Vielzahl der nicht näher bezeichneten Präferenzstörungen werden nachfolgend einige der selteneren Formen paraphilen Erlebens umrissen.

18.9.1 Sodomie (Zoophilie)

Der Begriff Sodomie bezieht sich auf die im Alten Testament erwähnte sittenverfallene Stadt Sodom. Unter Sodomie wird der sexuelle Verkehr zwischen einem Menschen und einem Tier bezeichnet. Da somit der Ausdruck Sodomie unkorrekt ist, wird auch der Begriff Zoophilie verwendet.

Die Vorstellung einer sexuellen Verbindung zwischen Mensch und Tier fand seit jeher nicht nur in der Mythologie, sondern auch in der Kunst ein großes Interesse. So wird in der Mythologie z. B. beschrieben, dass der oberste griechische Gott Zeus in Tiergestalt Umgang mit Frauen hatte, indem er sich Leda als Schwan und Europa als Stier näherte. Auch ließ sich der Sage nach die Königin von Kreta, Pasiphae, von einem Stier begatten und gebar danach den Minotaurus, ein menschliches Ungeheuer mit einem Stierkopf. Auch die Kunst hat sich diesem Thema gewidmet, wobei interessanterweise bei der überwiegenden Zahl der Abbildungen eine Frau beim Sexualakt mit einem Tier zu sehen ist. Darstellungen des sexuellen Kontakts von Männern mit weiblichen Tieren sind dagegen eher selten zu finden.

Reale sexuelle Tierkontakte kommen heute kaum noch vor, allenfalls als vorübergehende, situationsbedingte Ersatzhandlungen vor allem in ländlichen Gegenden, oder auch bei Soldaten im Krieg. Von daher treffen die Daten aus den Untersuchungen von Kinsey et al. (1948, 1953) über eine Prävalenz von 8 % bei Männern und 3,6 % bei Frauen auf die heutigen Verhältnisse nicht mehr zu und gelten als zu hoch. Stattdessen wird bei Männern die Prävalenz sodomitischer Kontakte zwischen der Pubertät und dem Alter von 20 Jahren von Giese (1973) auf etwas weniger als 1 %, und bei unverheirateten Männern nach dem 25. Lebensjahr auf nur noch 0,04 % geschätzt. Bei Frauen ist von einer noch geringeren Häufigkeit auszugehen.

Laut Kinseys Studie gaben Frauen vor allem Sexualbeziehungen zu in ihrem Hause lebenden Lieblingstieren an, während es bei Männern häufig Tiere auf Farmen wie Schafe, Kälber, Ziegen, Kühe, Hühner, Hunde und Katzen, aber auch Enten und Hühner waren, die als Sexualobjekte genommen wurden, wobei solche Kontakte in der Regel nur selten wiederholt wurden. Dabei ist der Koitus nicht die einzige Form des sexuellen Kontakts, sondern es kommt vor allem bei Frauen auch zum Cunnilingus oder zu masturbatorischen Handlungen an den Tieren. In einigen Fällen werden auch sadistische Verhaltensweisen gezeigt, die allerdings nach dem Tierschutzgesetz strafbar sind. Auch gibt es Sodomie sowohl in hetero- als auch in homosexueller Variante, wie aus Falldarstellungen von Männern bekannt ist, die Fellatio an männlichen Tieren ausgeübt haben.

18.9.2 Gerontophilie

Bei der Gerontophilie handelt es sich um eine sexuelle Präferenzstörung, bei der, wie bei der Pädophilie, das Lebensalter des Partners eine entscheidende Rolle spielt. Bei dieser Paraphilieform ist das sexuelle Verlangen, im extremen Gegensatz zur Pädophilie, auf den alten Menschen gerichtet. Die begehrte Altersspanne ist allerdings nicht eindeutig zu bestimmen. Vielmehr sind bestimmte altersbedingte Merkmale wie Weißhaarigkeit, greisenhafte Magerkeit, Hirnleistungsschwäche, aber auch klimateriumsbedingte Veränderungen, Auslöser für das sexuelle Verlangen. Nach oben gibt es deshalb keine Altersgrenze und selbst das Siechtum bis zum Tode kann als sexuell erregend erlebt werden. Das Phänomen der Fixierung auf Altersmerkmale legt die Vermutung nahe, dass eine Komorbidität mit Fetischismus besteht und das Auslösen sexueller Erregung durch Altersschwäche und Siechtum deuten auf eine Komorbidität zu sadomasochistischen Neigungen hin. Da Gerontophilie, anders als die Pädophilie, eine große Zeitspanne zur Verfügung hat, und da die Betroffenen wegen ihrer Kontakte zu alten Menschen sozial sogar positiv bestätigt werden, fällt diese Paraphilieform häufig gar nicht auf.

18.9.3 Nekrophilie

Als Nekrophilie wird die sexuelle Befriedigung an Leichen bezeichnet. Spoerri (1959) berichtet von 47 in der Literatur beschriebenen Fällen von Nekrophilie, wobei sich das Alter der Täter zwischen 16 (evtl. 11) und 57 Jahren bewegte. Nur in einem Fall handelte es sich um eine nekrophile Frau. Das Alter der missbrauchten Toten reichte von 7 Monaten bis zu 70 Jahren. In 9 Fällen wurde die Leiche zerstückelt. Einbrüche in Leichenhallen und sog. Leichenschändungen sind typische Delikte, die auf das Konto nekrophiler Täter gehen. Andere Nekrophile suchen aufgrund ihrer Neigungen auch gerne beruflichen Kontakt zu Toten, wie z. B. durch Beschäftigungen in Bestattungsunternehmen.
Bei der Nekrophilie spielt wieder die Pars pro toto-Bildung eine Rolle, indem der Leichnam als Teil des lebendigen Menschen gesehen wird. Da der Tote auch als Fetisch gesehen werden kann, ist von einer Komorbidität zum Fetischismus auszugehen. Auch liegt die Vermutung nahe, dass komorbid sexuell-sadistische Impulse eine Rolle spielen.

18.9.4 Monomentophilie

Die Monomentophilie, auch Pygmalionismus genannt, stellt in gewisser Weise eine Parallele zur Nekrophilie dar, denn auch hier geht es um eine den ganzen Partner verkörpernde Pars pro toto-Bildung. Allerdings handelt es sich nicht um einen toten Körper als Abbild, sondern um eine Statue oder Plastik, die durch verschiedene Lichteinflüsse für den Betreffenden lebendig wirken und sexuelle Erregung auslösen kann. Paraphile Verhaltensweisen bestehen aus Masturbationshandlungen mit den Statuen oder aus koitusähnlichen Akten durch Anpressen an die Figur bis zum Erreichen des Orgasmus. Es kann allerdings auch nur zum Betrachten oder zum Umarmen und Küssen der begehrten Statuen kommen.

18.9.5 Exkrementophilie/ Urophilie

Bei der Exkrementophilie geht es um die Vorliebe für Ausscheidungen wie Kot, Urin (Urophilie), Menstrualsekret, Sperma und Speichel. Auch hier handelt es sich um eine Pars pro toto-Bildung, wobei die Körperexkremente als Teil eines Partners fungieren und Fetischfunktion haben können.

18.9.6 Klismaphilie

Bei dieser Präferenzstörung handelt es sich um eine sexuelle Fixierung auf Einläufe. Die Paraphilie kann autoerotisch oder zusammen mit einem Partner als Vorspiel zum Koitus oder als Ersatz für ihn praktiziert werden. Die sexuelle Erregung wird durch das Erhalten von Einläufen oder durch die aktive Anwendung beim Partner hervorgerufen. Die Klismaphilie kommt sowohl bei Männern als auch bei Frauen vor und kann als erweiterte Form der Analerotik verstanden werden.

18.9.7 Asphyxophilie

Seit langem ist bekannt, dass erhängte Männer mit dem Eintritt der Bewusstlosigkeit eine Erektion bekommen und manchmal auch ejakulieren. Die auf diesem Wissen basierende Asphyxophilie führt dazu, dass die Betroffenen, um eine dosierte Strangulation herbeizuführen, komplizierte Maschinerien entwickeln, und diese so steuern, dass es jeweils am Rande einer lebensgefährlichen Erstickung zur Ejakulation kommt. Die Asphyxophilie kann zu den sadomasochistischen Präferenzstörungen gezählt werden.

18.9.8 Apotemnophilie

Bei dieser Paraphilieform löst die Amputiertheit eigener Körperteile oder die des Partners sexuelle Erregung aus. Einige Betroffene versuchen sogar, Ärzte zu einer medizinisch unnötigen Amputation zu bewegen. Andere suchen sich bewusst Sexualpartner, die schon amputiert sind, um ihre erotische Befriedigung zu steigern.

18.9.9 Obszöne Telefonanrufe (Telefonskatologie)

Die Telefonskatologie ist eine Präferenzstörung, bei der sexuelle Erregung durch obszöne Telefonanrufe gewonnen wird. Bei den Paraphilen handelt es sich fast ausschließlich um Männer mit schwerwiegenden Problemen in zwischenmenschlichen Beziehungen, die die einseitige Anonymität des Telefons nutzen und einen übers Telefon indirekten Kontakt zu einer Frau herstellen, um sich dann in ihrer telefonischen Gegenwart zu befriedigen. Es gibt verschiedene Arten obszöner Anrufe: beim wahrscheinlich häufigsten Typ schildert der Täter seine masturbatorische Handlung, die er während des Telefonats ausführt. Bei der zweiten Variante bedroht der Anrufer das Opfer, indem er ihm z. B. sagt, dass er es beobachtet habe oder dass er es „erwischen wird". Beim dritten Typ versucht der Anrufer, die Opfer zu veranlassen, intime Einzelheiten aus ihrem Leben preiszugeben, indem er z. B. behauptet, dass es sich um Verbraucherverhalten bzgl. Damenunterwäsche handele. Viele Anrufer stellen sich auch als sog. Sexualforscher Psychologischer Institute oder Ärzte vom Gesundheitsamt vor, die wissenschaftliche Telefonumfragen über sexualhygienische Themen wie Menstruation und sexuelle Praktiken durchführen.

Wenn das Opfer sich auf das Telefonat einlässt, ruft der anonyme Täter wiederholt an, häufig sucht er sich aber auch neue Gesprächspartnerinnen. Durch den Gebrauch von Anrufbeantwortern und durch die Möglichkeit, die Telefonnummer des Anrufers im Display zu lesen, sind solche Anrufe rückläufig geworden.

19 Therapie

Nicht alle Paraphilien werden von den Betroffenen als Störungen empfunden und als behandlungsbedürftig angesehen. Menschen mit inklinierenden Paraphilien suchen in der Regel nur eine Behandlung auf, wenn ein Leidensdruck zugrunde liegt, der aber meist eher durch die Ablehnung des Partners oder durch das Bekanntwerden der Paraphilie und der damit verbundenen sozialen, sekundären Beeinträchtigung herrührt als von der sexuellen Präferenz selbst. Da die Therapiemotivation dieser Paraphilen im Gegensatz zu den meisten Sexualdelinquenten eigen- und nicht fremdbestimmt ist, können beratende Gespräche als therapeutische Intervention ausreichend sein und eine Reihe von Aufgaben erfüllen.

19.1 Beratung

Beratungsgespräche können paraphilen Patienten erstmals die Möglichkeit geben, offen, auf Wunsch auch in Anwesenheit der begleitenden Partnerin, über ihre Präferenz zu sprechen. In diesen Fällen steht die Entlastungs- und Aufklärungsfunktion im Vordergrund. Daneben kann auch geklärt werden, ob der Patient eine Veränderung des devianten Verhaltens wünscht, oder ob er vielmehr lernen möchte, mit den Folgen besser umgehen zu können. Ebenfalls kann erörtert werden, ob und ggf. unter welchen Umständen die Paraphilie zumindest teilweise gelebt werden kann. Im Einzelfall bleibt dann zu entscheiden, ob eine Therapie indiziert ist und ob der Leidensdruck dafür groß genug ist oder ob entsprechende Motivationsarbeit erst noch zu leisten wäre. Ggf. schließt sich als weiterer Beratungsinhalt daran an, Informationen über unterschiedliche therapeutische Möglichkeiten, Ziele und Voraussetzungen zu geben. Evtl. zeigt sich innerhalb einer Beratungssituation auch, dass zusätzliche Gespräche mit Angehörigen oder anderen Betroffenen erforderlich werden, um Verständnis für die sexuellen Besonderheiten des Patienten zu wecken.

Das übergeordnete Ziel von Beratungsgesprächen kann allgemein darin gesehen werden, dem Patienten zu vermitteln, seine Paraphilie in die eigene Verantwortung zu nehmen und sich nicht mehr hilflos seinem Leiden ausgeliefert zu fühlen.

19.2 Psychotherapeutische Behandlung

Für die Indikation der Behandlungsmethoden ist zwischen therapiemotivierten Patienten mit leichten Präferenzstörungen, bei denen Standardtherapien empfohlen werden können, und Sexualdelinquenten zu unterscheiden, bei denen eine Behandlungsmotivation in der Regel erst entsteht, wenn ein Strafverfahren droht oder wenn das Gericht eine Therapieauflage verhängt hat. In den meisten solcher Fälle bleibt die Mitarbeitsbereitschaft in einer Therapie trotzdem eher eingeschränkt, so dass als wesentliche Voraussetzung für eine Psychotherapie die Verantwortungsübernahme des Täters für sein dissexuelles Verhalten gelten kann. Bei entsprechender Eignung haben sich für diesen Patientenkreis schulenübergreifende und multimodulare Therapieprogramme bewährt.

Unabhängig von der Art der eingesetzten Verfahren lassen sich bestimmte Grundsätze aufstellen, die für die Durchführung von Psychotherapien sowohl bei leichten Präferenzstörungen als auch bei sexualdelinquentem

Verhalten methodenübergreifend gelten. Dazu zählt vor allem die Vorgabe einer klaren Struktur mit Festlegung der Grenzen therapeutischen Handelns. So sollte deutlich gemacht werden, dass eine „Heilung" des Patienten nur selten möglich ist, dass aber erreicht werden kann, dass der Betroffene lernt, seine Devianz unter Kontrolle zu halten und eine adäquate zwischenmenschliche Kommunikation zu entwickeln. Weiterhin sollte die Therapie am Anfang einen unterstützenden Charakter haben, denn zu diesem Zeitpunkt müssen oft soziale Belange vordringlich geklärt werden.

Als Standardmethoden für die Behandlung leichter Paraphilien kommen bei entsprechender Therapiemotivation des Patienten tiefenpsychologisch fundierte und verhaltenstherapeutische Verfahren in Frage. **Tiefenpsychologische Behandlungen** orientieren sich in den letzten Jahrzehnten vorwiegend an den neueren psychoanalytischen Theorien, die von zugrunde liegenden Frühstörungen ausgehen und die die Devianz als „Plombe" der Persönlichkeit verstehen. Schwerpunkt solcher Behandlungen ist deshalb die Bearbeitung der zugrundeliegenden frühen Persönlichkeitsstörung, d. h. des frühen Mutterkonfliktes und der brüchigen Eigenidentität, wobei für die Behandlung das spezifische Erscheinungsbild der Paraphilie selbst keine Rolle spielt.

Zu den **verhaltenstherapeutischen** Techniken, die bei der Behandlung von Paraphilien angewendet wurden, zählen unterschiedliche Verfahren, mit deren Hilfe das abweichende Verhalten reduziert bzw. gelöscht werden soll. Die vor allem in den 60er Jahren häufiger durchgeführte **Aversionstherapie** besteht darin, dass dem Patienten negative Stimuli, z. B. Elektroschocks, verabreicht werden, während er angewiesen wird, bildliche Darstellungen des „unerwünschten" devianten Verhaltens zu betrachten. Eine ebenfalls auf dem klassischen Konditionierungsprinzip beruhende Variante stellt die **verdeckte Sensibilisierung** dar, bei der der Patient sich den aversiven Reiz nur innerlich vorstellen soll. Dazu wird der Patient aufgefordert, sich den Beginn seiner paraphilen Verhaltenskette vorzustellen und ihn dann mit einem unlustvollen Reiz zu verknüpfen. Zu den abgewandelten Aversionstherapien gehört auch das **antizipatorische Vermeidungslernen**, bei dem der Patient einen aversiven Reiz mit seinem Verhalten vermeiden kann, indem er z. B. statt ein Dia mit paraphilem Inhalt ein neutrales oder sexuell nicht paraphiles Bild zur Betrachtung auswählt. Beim **Aversionsvermeidungslernen** kann der Patient die Darbietung eines aversiven Stimulus z. B. durch Umschalten auf ein neutrales Dia beenden. Durch die sog. **Desensibilisierungsverfahren** wird versucht, durch schrittweise Konfrontation mit „normalen" heterosexuellen Situationen und Verhaltensweisen den Patienten deren angstbesetzten Charakter zu nehmen bzw. sie zu neutralisieren. Solche Techniken sind in Fällen erfolgversprechend, in denen es sich bei dem paraphilen Verhalten um Ersatzhandlungen handelt, die aus Angst vor Frauen vorgenommen werden. Die Methode beruht auf dem Prinzip der „reziproken Hemmung", das besagt, dass körperliche Entspannung und Angst unvereinbar sind. Entsprechend wird der Patient aufgefordert, sich in tiefer Entspannung die am wenigsten angstauslösende Situation der zuvor aufgestellten „Angsthierarchie", die in der Regel aus einer Reihe heterosexueller Situationen besteht, vorzustellen und zwar so oft und so lange, bis die Vorstellung keine Angst mehr auslöst. Danach wird die nächste angstbesetzte Stufe der Hierarchie imaginiert, bis so schließlich auch die am meisten angstbesetzte Handlung entspannt erlebt werden kann. Eine weitere verhaltenstherapeutische Technik, die **Orgasmus-Rekonditionierung**, beruht auf der operanten Konditionierung von Phantasieinhalten bei der Masturbation mit dem Orgasmus als positivem Verstärker. Dazu wird der Patient angeleitet, zunächst unter Verwendung seiner paraphilen Phantasien zu masturbieren, dann aber kurz vor der Ejakulation und dem

Orgasmus auf gerade ihn noch stimulierende nicht-paraphile Inhalte umzuschalten. Die neuen erwünschten Vorstellungen werden dabei durch den Orgasmus positiv verstärkt. Das gedankliche Überwechseln von der paraphilen Phantasie zum erwünschten Inhalt, wie z. B. dem Sexualverkehr mit einer Frau, wird dann immer früher eingeleitet, bis die deviante Vorstellung schließlich nicht mehr nötig wird. Weitere therapeutische Techniken, sind das Abklingenlassen der Erregung oder auch das Zufügen einer Überdosierung der Erregung (Reizüberflutung) wie das sog. **Flooding** (Implosionstherapie), bei dem z. B. ein Fetischist angehalten wird, so lange mit dem Fetisch zu masturbieren, bis sich die erregende Wirkung durch das Prinzip der Habituation verliert. Zum verhaltenstherapeutischen Repertoire gehören auch ich-stärkende Verfahren, wie **Selbstbehauptungs- und soziale Kompetenztrainings**, die meist in Verbindung mit einer der o.g. Methoden mit dem Ziel eingesetzt werden, die Fähigkeit des Patienten zur Aufnahme einer persönlichen Beziehung zu steigern. Aber auch **Selbstkontrollmethoden**, wie die Selbstbeobachtung und Selbstprotokollierung, werden in unterschiedlicher Form eingesetzt. Ziel dieser Verfahren ist die Kontrolle über die paraphilen Wünsche zu verbessern, indem die Wahrnehmung dafür geschärft werden soll, in welchen Situationen und unter welchen Umständen die devianten Bedürfnisse auftreten, damit durch entsprechende **Vermeidungs- und Ablenkungsstrategien** ein sich anbahnendes Verhalten rechtzeitig unterbrochen werden kann. Als kognitive verhaltenstherapeutische Methoden kommen dafür der „**Gedankenstopp**" und die **verdeckte kognitive Reflexkontrolle**, bei der sich der Patient die negativen Konsequenzen des paraphilen Verhaltens und die positiven Folgen des Verzichtes gedanklich vorstellen soll, in Betracht.

Da verhaltenstherapeutische Einzelmaßnahmen und tiefenpsychologisch fundierte Verfahren allenfalls nur bei leichten Paraphilien positive Therapieergebnisse aufweisen, wurden für schwere Präferenzstörungen und vor allem für Sexualdelinquenten, schulenübergreifende multimodulare Trainingsprogramme entwickelt, die heute als Mittel der Wahl gelten. Sehr bewährt haben sich integrative Therapieprogramme, die psychodynamische und verhaltenstherapeutische Konzepte, aber auch pharmakologische Möglichkeiten berücksichtigen und in denen die unterschiedlichen Therapieziele dem einzelnen Patienten und seiner persönlichen Problematik angepasst werden können.

Ein solches **schulenübergreifendes Therapieprogramm** wurde von Schorsch et al. (1985) für Sexualdelinquenten entwickelt. Auf der Basis eines psychodynamischen Verständnisses, bei dem die sexuelle Devianz als Ausdruck eines frühkindlichen Beziehungsproblems gesehen und das Symptom als „Plombe" verstanden wird, die einen stabilisierenden Effekt für die ganze Persönlichkeit hat, werden entsprechend auch viele unterstützende und z. T. verhaltenstherapeutische Elemente eingesetzt, von denen das Erlernen der Wahrnehmungsdifferenzierung für die Auslösebedingungen des problematischen Verhaltens und dessen Kontrolle im Vordergrund stehen. Im Einzelfall können auch psychodynamische Zusammenhänge aufgedeckt und z. B. Vertrauens- oder Machtaspekte bewusst gemacht werden. Zeigt sich, dass Partnerkonflikte beteiligt sind, werden auch die Partnerinnen in Paargesprächen einbezogen. Je nachdem, welche Voraussetzungen der Patient mitbringt, kann ggf. auch ein Herausarbeiten der emotionalen Bedeutung des Symptoms oder der Funktion bestimmter Verhaltensmuster zum besseren Verständnis der sexuellen Deviation erfolgen. Zu den unterstützenden Maßnahmen zählen Hilfen bei der Bewältigung äußerer Lebensumstände und aktueller Krisen z. B. durch Sozialtrainings oder durch Arbeits- und Wohnungsvermittlungen. Die besten Behandlungsergebnisse erzielten in diesem Programm selbstunsichere, „depressive" Patienten und die schlechtesten schwer gestörte, dissoziale

Patienten. In der Katamnese nach durchschnittlich zwei Jahren konnte die Besserung bei zwei Dritteln der Patienten weiterhin nachgewiesen werden.

Daneben gibt es verschiedene **kognitiv-verhaltenstherapeutische Behandlungsprogramme** (KVT), die ebenfalls eine nachgewiesene Effektivität aufweisen und die derzeit am häufigsten angewandt werden. So gut wie alle dieser KVT-Programme sind multimodular und können auf verschiedene Behandlungsziele zugeschnitten werden. Ein Schwerpunkt bildet das sog. **Deliktszenario** (Deliktzyklus, Deliktentscheidungskette), in dem das Tatgeschehen in einzelnen Schritten analysiert wird. U.a. lernt der Betroffene dabei in der Gruppenarbeit zu erkennen, mit welchen kognitiven Verzerrungen, Verleugnungen und Bagatellisierungen er zu der Entscheidung kam, seine paraphile Handlung auszuführen. Typische Bagatellisierungen sind z. B. Sätze wie „Es war ja nur eine Berührung" oder typische kognitive Verzerrungen sind scheinbar harmlose Bemerkungen wie „Heute bringe ich wieder die Tochter zu Bett" etc. Außerdem lernen die Patienten, den Entscheidungsprozess vom Motiv zur Tat in vier Stufen zu unterteilen, um frühzeitig gegensteuern zu können. Die erste Stufe besteht dabei in der inneren Entscheidung zur Überschreitung einer Grenze, auf der zweiten Stufe wird die eigene innere Hemmung und auf der dritten Stufe auch die Unwilligkeit des Opfers überwunden, auf der vierten Stufe wird dann eine Situation geschaffen, die den Übergriff möglich macht. Die sich an diesen Lernprozess anschließende Behandlung enthält gewöhnlich verschiedene Bausteine, die z. T. aus den o.g. verhaltenstherapeutischen Einzeltechniken bestehen und die zu einem individuellen Therapieprogramm zusammengesetzt werden können. Das wichtigste Therapieziel wird darin gesehen, erstens die Selbstkontrolle des Patienten bzw. die Kontrolle des sexuell devianten Verhaltens zu fördern. Die dazu angewendeten verhaltenstherapeutischen Techniken sind die **verdeckte Sensibilisierung** (der Patient ruft sich eine deviante Handlung lebhaft ins Gedächtnis und kombiniert das Bild mit einem besonders unangenehmen Ereignis), **Selbstkontrollmethoden** (der Patient erlernt z. B. alternative Verhaltensformen, die mit der devianten Handlung unvereinbar sind; Beispiel: ein Exhibitionist geht auf eine Frau zu und lässt sich die Uhrzeit sagen statt sich zu entblößen) und **Stimuluskontrollmethoden** (der Patient erlernt die Wahrnehmung der Umstände, unter denen sein deviantes Verhalten häufig auftritt und ändert sein Verhalten so, dass er gar nicht erst in solche Situationen gerät; Beispiel: ein pädophiler Täter sorgt dafür, über keine unstrukturierte Freizeit zu verfügen und Kinderspielplätze zu vermeiden). Ein weiteres Therapieziel ist zweitens, dem Patienten Methoden zum Aufbau üblichen Sexualverhaltens zu vermitteln. Dabei empfehlen sich Variationen des **Sexualtherapieprogramms** nach Masters und Johnson (1973), das bereits im Kapitel über die Therapie sexueller Funktionsstörungen dargestellt wurde. Ein dritter therapeutischer Schwerpunkt liegt im Aufbau sozialer Fertigkeiten und der interpersonellen Kommunikation sowie des Selbstwertgefühls. Hierzu werden **soziale Kompetenz- und Kommunikationstrainings** zur Verbesserung des Problemlöseverhaltens angewandt und im **Rollenspiel** eingeübt sowie **Selbstbehauptungstrainings** zur Stärkung der Beziehungsfähigkeit und des Selbstwertgefühls durchgeführt. Das vierte Therapieziel ist, dass jeder Patient angehalten wird, seinen eigenen **Rückfallprophylaxeplan** zu entwickeln und sich für den Rest seines Lebens dafür verantwortlich zu zeigen, ihn auch anzuwenden. Dazu gehört das Ausarbeiten einer Reihe von Coping-Strategien, mit denen er bei einem drohenden Rückfall selbst gegensteuern kann. Die Bewältigungsstrategien sollten dabei so ausgearbeitet sein, dass sie gut in den neuen, anzustrebenden Lebensstil integriert werden können. Neben solchem sog. inneren Management ist es auch wichtig, dass der Patient sich ggf. auch auf ein äußeres Management zu stützen lernt, das so aussehen kann, dass er in kritischen Situationen andere, mit dem Problem vertraute Menschen kontaktiert, um dadurch den paraphilen Handlungsimpuls leichter unterdrücken zu können. (Solche Programme werden auch als sog. Booster-Programme vor der Entlassung aus dem Gefängnis oder aus Suchtkliniken angeboten).

Die genannten Behandlungsziele basieren auf Forschungsergebnissen über die spezifischen Defizite von Sexualstraftätern, zu denen neben den o.g. typischen kognitiven Wahrnehmungsstilen (Verleugnungen, Bagatellisierungen, kognitive Verzerrungen) die geringe Opferempathie, ein geringes Selbstwertgefühl, Beziehungsprobleme sowie Schwierigkeiten, Gefühle der Einsamkeit ertragen zu können, gehören. Aber auch ein Mangel an Bindung sowie allgemeine Probleme beim Bewältigen von Konfliktsituationen und Frustrationserlebnissen stellen ebenso wie sexualisierende Verarbeitungsstrategien in Stress- und Überforderungssituationen typische Defizite von Sexualdelinquenten dar.

Die positiven Effekte der KVT-Programme gelten heute als erwiesen. Besonders bewährt haben sich die Arbeit mit den Deliktentscheidungsketten, die zu deutlichen Veränderungen der kognitiven Verzerrungen führen, sowie die Rückfallsverhütungsprogramme. Aber auch andere Module solcher Programme, wie die Arbeit an Opferempathie und an Themen wie Intimität sowie Wutmanagement, haben sich als effektiv erwiesen.

19.2.1 Psychotherapieergebnisse

Neuere Metaanalysen an Untersuchungen mit Katamnesen von durchschnittlich fünfjähriger Dauer (Hall 1995; Hanson u. Bussière 1998) zeigen zum einen, dass die Rückfallquote psychotherapeutisch behandelter Patienten um ca. 30 % niedriger ist als die der nicht behandelten und zum anderen, dass es keinen deutlichen Erfolgsunterschied zwischen den verschiedenen Therapieformen gibt. Allerdings war ein entscheidender prognostischer Faktor der *Abschluss* einer Therapie. Als prognostisch besonders ungünstige Faktoren erwiesen sich neben dem Abbruch einer Behandlung eine starke paraphile Fixierung und dissoziale Persönlichkeitsstörungen.

19.3 Medikamentöse Behandlung

Bei der Behandlung von Paraphilien sollte zwar die Psychotherapie den Vorrang haben, aber nicht alle Patienten sind dafür geeignet, so dass auch Medikamente entweder kombiniert mit Psychotherapien oder als einzelne Darreichung ihre Berechtigung haben. Eine medikamentöse Behandlung ist bei Patienten mit eingeschränkter oder aufgehobener Psychotherapiefähigkeit wie es z. B. bei Minderbegabten der Fall ist, indiziert, sie ist manchmal aber auch zur Unterstützung einer Psychotherapie, vor allem in krisenhaften Lebenssituationen, angezeigt. In einigen Fällen wird durch eine medikamentöse Dämpfung der sexuellen Appetenz eine Psychotherapie auch erst ermöglicht. Eine Medikation zusätzlich zur Psychotherapie ist aber auch bei Patienten angebracht, die sich massiv von ihren paraphilen Bedürfnissen bedrängt und beeinträchtigt fühlen und bei dissexuellen Tätern, die ihre Impulse nicht mehr steuern können sowie bei Paraphilen mit depressiver, ängstlicher und zwanghafte Symptomatik.

Als somatische Behandlungsmöglichkeiten stehen Antiandrogene und Antidepressiva zur Verfügung. Grundsätzlich sollte der Einsatz medikamentöser Therapie jedoch immer in einen Gesamtbehandlungsplan unter Einbeziehung psychotherapeutischer Verfahren eingebettet sein.

19.3.1 Antiandrogene („chemische Kastration")

Die Einführung von Antiandrogenen (sog. hormonelle bzw. chemische Kastration) in die Behandlung von Männern mit dissexuellen Verhaltensabweichungen hat die chirurgische Kastration, die allerdings auf freiwilliger Basis weiterhin erlaubt ist, in den Hintergrund gedrängt, u. a., weil die Wirkung der Medikamente reversibel ist.

Am weitesten verbreitet ist in Deutschland die Verschreibung von Cyproteronacetat (CPA) (z. B. Androcur®) während in den USA das ähnlich wirkende Medroxyprogesteronacetat verwendet wird. Bei richtiger Dosierung wird durch CPA der Testosteronspiegel reduziert, so dass es zu einem Rückgang der sexuellen Appetenz und der Erektions- und Ejakulationsfähigkeit kommt. Auch zeigten Studien, dass es unter der Einnahme von CPA zu einer signifikanten Reduktion von Phantasiebildung, aktiver Masturbation und sexuellem Handlungsdruck, aber auch der passiven Erregbarkeit kommt. Als Nebenwirkung werden Müdigkeit, Konzentrationsstörungen, muskuläre Leistungsschwäche, Brustbildung und Gewichtszunahme genannt. In seltenen Fällen kann es zu Thrombosen kommen, die das sofortige Absetzen des Medikamentes erforderlich machen. Allerdings ist die Wirkung von CPA nicht immer konstant. Vor allem durch Alkoholkonsum kann sie nicht nur abgeschwächt, sondern sogar aufgehoben werden. Auch sollten aufgrund der Leberbelastung und der Ergebnisse aus Tierversuchen, bei denen in seltenen Fällen Leberzellkarzinome auftraten, regelmäßige Laborkontrollen durchgeführt werden. CPA kann oral und bei problematischer Compliance intramuskulär gespritzt werden. Nach dem Absetzen der Medikation endet die Wirkung jedoch. Der Effekt einer solchen Behandlung hat sich bei schweren Fällen mindestens als ebenso gut erwiesen wie die Effizienz der bisher untersuchten Psychotherapieverfahren.

Alternativ zu CPA kommen die LHRH- bzw. GnRH Agonisten Triptorelin (z. B. Decapeptyl®, Trenantone®) Goserelin (z. B. Zoladex®) und Leuprorelin (z. B. Uno-Enantone®)in Frage, die subkutan z. T. nur alle drei Monate verabreicht zu werden brauchen. Nach Behandlungsbeginn kommt es anfangs zu einer vermehrten Testosteronausschüttung, so dass sich eine sechswöchentliche zusätzliche Antiandrogengabe (CPA) empfiehlt, um die Nebenwirkungen zu vermindern. Danach senkt sich der Testosteronspiegel auf Kastrationswerte und die sexuelle Phantasietätigkeit sowie der sexuelle Drang lassen deutlich nach. Als Nebenwirkung tritt eine Abnahme der Knochendichte auf, so dass es zur Osteoporose kommen kann. Rechtlich gesehen sind in Deutschland die Präparate vom Hersteller bisher nur zur Behandlung des Prostata-Karzinoms vorgesehen. Auch aus diesem Grund gilt CPA derzeit noch als Mittel der Wahl.

19.3.2 Serotonin-Wiederaufnahmehemmer (SSRI)

Selektive Serotonin-Wiederaufnahmehemmer werden eigentlich zur Behandlung von Depressionen, Angstzuständen, Zwängen und Zwangsimpulsen eingesetzt, sie haben sich aber auch zur Behandlung von sexueller Impulsivität bewährt. Die bekanntesten Wirkstoffe sind Fluoxetin (z. B. Fluctin®), Fluvoxamin® (z. B. Fevarin®), Paroxetin (z. B. Seroxat®), Sertralin (z. B. Zoloft®, Gladem®) oder Citalopram (z. B. Cipramil®). Sie erhöhen das Serotonin-Angebot an den Synapsen und greifen dadurch modulierend in die Affektentwicklung ein. Durch das verlangsamte Ansteigen von Affekten werden diese deshalb besser kognitiv steuerbar. Die klinische Wirkung von SSRI besteht in einer Verminderung von sexueller Appetenz, Erregbarkeit und Ejakulationsfähigkeit. Jedoch konnten diese Effekte nicht in allen Fällen nachgewiesen werden, so dass die SSRI-Medikation vorläufig nur bei weniger gefährlicher Dissexualität, wie z. B. beim chronischen Exhibitionismus, in Kombination mit Psychotherapie empfohlen wird.

19.4 Chirurgische Kastration

Wenngleich die Einführung von Antiandrogenen die chirurgische Kastration abgelöst hat, kann sie nach dem Gesetz über die freiwillige Kastration von 1969 auf Antrag und mit Genehmigung durch die zuständigen Ärztekammern weiterhin durchgeführt werden. Wille und Beier (1989, 1997) haben den kriminalpräventiven Effekt chirurgischer Kastrationen untersucht und festgestellt, dass nach dem Eingriff Appetenz und sexuelle Aktivitäten bei den Betroffenen reduziert waren. Bei gut 70 % war sechs Monate nach dem Eingriff die sexuelle Aktivität so gut wie erloschen. Ca. 25 % waren aber noch nach drei Jahren und 20 % sogar noch nach fünf Jahren fähig, sexuellen Verkehr auszuüben. 70 % der nachuntersuchten kastrierten Sexualstraftäter waren mit ihrer sozialen und sexuellen Befindlichkeit voll, 20 % eingeschränkt und 10 % gar nicht zufrieden. Da die Kastration nur auf freiwilliger Basis vorgenommen werden darf, kam es in der Praxis so gut wie gar nicht vor, dass die Betroffenen durch selbstverschaffte Hormonsubstitution die Wirkung des Eingriffes wieder rückgängig gemacht haben. Die sexuelle Rückfälligkeit der kastrierten Sexualstraftäter lag bei 3 %, die der Kontrollgruppe der nichtkastrierten Antragsteller bei 46 %.

19.5 Somato-psychotherapeutisches Behandlungsschema

Je nach Schweregrad der Paraphilie ist eine Kombination aus Psychotherapie und Medikation indiziert. Berner et al. (2004) haben in Anlehnung an Bradford (2001) ein in Abbildung 19-1 dargestelltes kombiniertes Behandlungsschema vorgeschlagen, das in seinem Kern die Aussage enthält, dass eine Psychotherapie bei allen Präferenzstörungen ohne direkten körperlichen Kontakt mit dem Gegenüber (Hands-off-Präferenzen) als Behandlung der Wahl gilt. Bei Präferenzstörungen mit direktem körperlichen Kontakt (Hands-on-Delikte) und bei Paraphilien, die den Betroffenen stark beeinträchtigen, ist zusätzlich zur Psychotherapie eine medikamentöse Behandlung indiziert. Die am wenigsten einschränkende Medikation wäre dann ein SSRI, reicht dieses nicht aus und liegt eine massive Eigen- oder Fremdgefährdung vor, sollten antihormonelle Medikamente wie CPA oder LHRH-Agonisten verabreicht werden. Dabei sind, wie Abbildung 19-1 verdeutlicht, Kombinationen von SSRI und antihormoneller Therapie ebenso wie die Kombination von CPA und LHRH-Agonisten möglich.

19.6 Prognose

Da das Erstellen von Prognosen für die Beurteilung der Rückfallgefahr bei Straftätern von großer Bedeutung ist, wurden etliche Prognoseinstrumente entwickelt, die unterschiedliche Risikofaktoren berücksichtigen. Zwar wurden diese Instrumente für Straftäter und nicht primär für Sexualdelinquenten geschaffen, aber einige prognostische Aussagen lassen sich auch auf sie übertragen. Allen Verfahren ist gemeinsam, dass sie Variablen wie Anpassungsverhalten, Empathiefähigkeit, familiäre Bedingungen, das Verhalten bei der

Straftat, multiple Formen von Sexualdelikten, Progredienz der Sexualdelikte, das Vorliegen einer sexuellen Deviation, deliktfördernde Ansichten, frühe Gewaltdelikte u. a. erfassen. In einer Metaanalyse von Hanson und Molten-Bourgon (2004), in der 153 Studien aus 9 Ländern mit insgesamt 31.216 Sexualstraftätern einbezogen wurden, konnten jedoch lediglich vier Kriterien ermittelt werden, die für eine Rückfälligkeit Bedeutung haben. Diese Faktoren waren sexuelle Abweichung, Antisozialität, ungewöhnliche sexuelle Einstellungen und partnerschaftlich-intime Defizite. Die übrigen psychologischen Probleme, wie eine ungünstige familiäre Situation etc. können diesen Ergebnissen zufolge zwar die begangenen Sexualstraftaten selbst erklären, sie erhöhen aber nicht das Rückfallrisiko.

Zusammenfassend kann festgestellt werden, dass die beiden Hauptrisikofaktoren für die **Wiederholung** von Sexualdelikten das Vorliegen einer Störung der Sexualpräferenz und

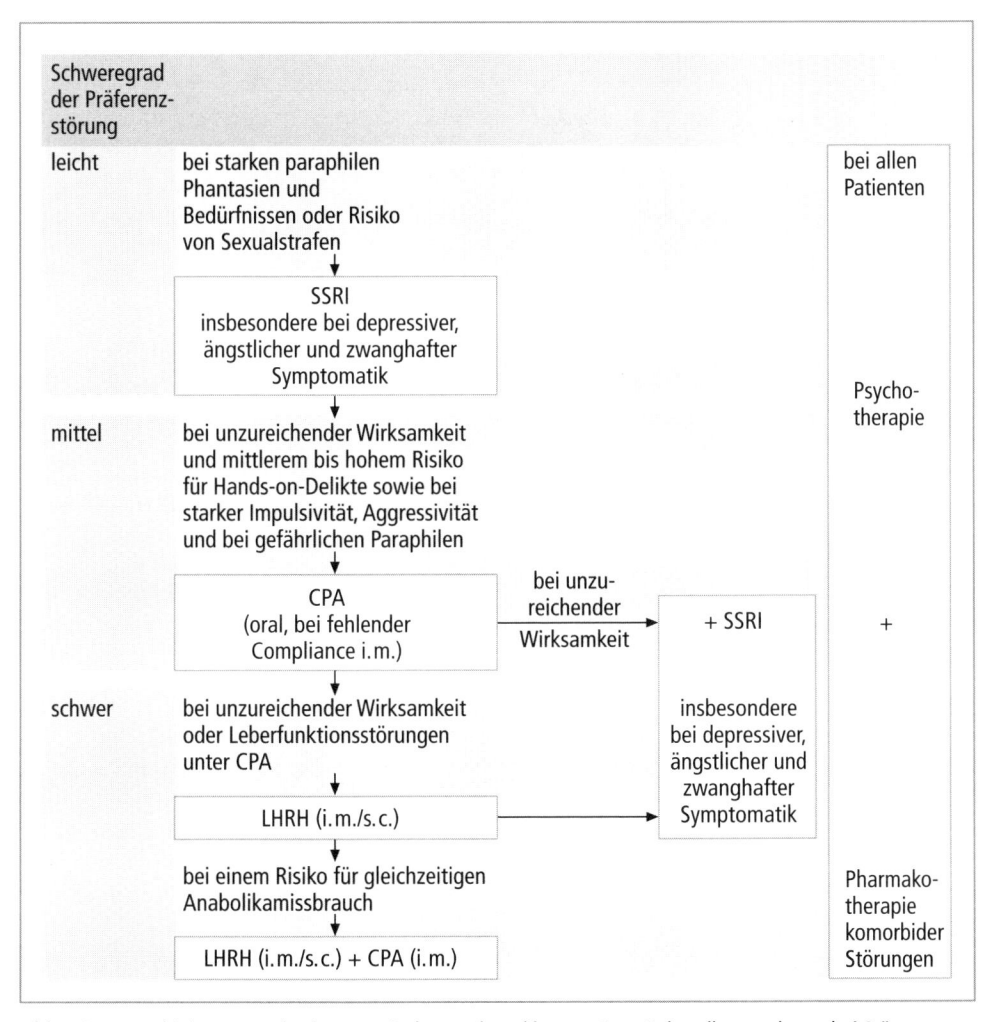

Schweregrad der Präferenzstörung			
leicht	bei starken paraphilen Phantasien und Bedürfnissen oder Risiko von Sexualstrafen ↓ SSRI insbesondere bei depressiver, ängstlicher und zwanghafter Symptomatik		bei allen Patienten
mittel	bei unzureichender Wirksamkeit und mittlerem bis hohem Risiko für Hands-on-Delikte sowie bei starker Impulsivität, Aggressivität und bei gefährlichen Paraphilen ↓ CPA (oral, bei fehlender Compliance i.m.)	bei unzureichender Wirksamkeit → + SSRI insbesondere bei depressiver, ängstlicher und zwanghafter Symptomatik	Psychotherapie +
schwer	bei unzureichender Wirksamkeit oder Leberfunktionsstörungen unter CPA ↓ LHRH (i.m./s.c.) bei einem Risiko für gleichzeitigen Anabolikamissbrauch ↓ LHRH (i.m./s.c.) + CPA (i.m.)		Pharmakotherapie komorbider Störungen

Abb. 19-1 Kombiniertes psychotherapeutisches und medikamentöses Behandlungsschema bei Störungen der Sexualpräferenz (nach Berner et al. 2004)

das Vorhandensein einer antisozialen Persönlichkeitsstörung sind.

Dabei haben Hands-off-Delikte, wie Exhibitionismus und Voyeurismus, aber auch extrafamiliärer sexueller Missbrauch und Sexualdelikte mit fremden Opfern unterschiedlichen Studien zufolge (Übersicht bei Prentky und Burgess 2000) ein höheres Rückfallrisiko. Mit einem niedrigen Rückfallrisiko geht dagegen die reguläre Teilnahme an einer psychotherapeutischen oder medikamentösen Behandlung einher.

IV Transsexualität

20 Einführung: gestörte Geschlechtsidentität

Der Begriff Geschlechtsidentität beschreibt das Bewusstsein, weiblich oder männlich zu sein. Wie sich die Geschlechtsidentität entwickelt, wann sie abgeschlossen ist, ob sie erzieherisch beeinflussbar ist und andere grundlegende Fragen wurden bereits in Kapitel 2.2.4 erörtert, so dass an dieser Stelle nur der Hinweis darauf gegeben werden soll.

Da das Geschlecht so fundamental mit der Identität verknüpft ist, erscheint es den meisten Menschen unvorstellbar, es ändern zu wollen, selbst wenn sie anhaltende oder zeitweise Probleme mit ihrer Geschlechtsidentität haben.

Bei Menschen mit Geschlechtsidentitätsstörungen fehlt die innerpsychische Übereinstimmung zwischen der Geschlechtsidentität und dem biologischen Geschlecht. Das Gefühl des Unbehagens oder der Nichtzugehörigkeit zum eigenen Geschlecht kann dabei unterschiedliche Intensitäten annehmen und von einer leichten Form der Unzufriedenheit mit dem biologischen Geschlecht über eine stärkere Geschlechtsdysphorie bis hin zur schwersten Form der Ablehnung reichen, die die Betreffenden in den Grundfesten ihrer Existenz erschüttern kann: die Transsexualität.

21 Ein Leben im falschen Körper

Als transsexuell werden Menschen bezeichnet, die sich im falschen Körper wähnen. Biologisch sind sie eindeutig männlich oder weiblich, aber da sie sich vollständig dem gegenteiligen Geschlecht zugehörig fühlen, empfinden sie das Leben in ihrem biologischen Geschlecht als „Irrtum der Natur". Das paradoxe Zugehörigkeitsgefühl lässt sich in der Regel bis in die Kindheit zurückverfolgen. Transsexuelle lehnen nicht nur ihr Geburtsgeschlecht und dessen körperliche Merkmale ab, sondern auch die von der Gesellschaft an ihre biologische Geschlechtszugehörigkeit geknüpften Rollenerwartungen. Da sie sich vollständig und konstant als Angehörige des anderen Geschlechts empfinden, sind sie bestrebt, ihr Äußeres den inneren Empfindungen anzupassen und auch juristisch und gesellschaftlich anerkannt in der Rolle des anderen Geschlechts zu leben. Von daher liegt es nahe, dass sie einen intensiven Wunsch auch nach körperlicher Angleichung an das psychologisch empfundene Geschlecht entwickeln, der gleichzeitig mit einem starken Leidensdruck am biologischen Geschlecht verbunden ist.

Wenn das transsexuelle Verlangen nach hormoneller und operativer Geschlechtsumwandlung mindestens zwei Jahre besteht und nicht Ausdruck einer anderen psychischen Störung ist, sind die diagnostischen Kriterien des Transsexualismus in der ICD-10 erfüllt. Transsexualität ist also zunächst eine selbst gestellte Diagnose des Patienten.

22   Transsexuell – und was nun?

Das Problem der Transsexualität und wie mit ihr verfahren werden soll, ist erst seit den 60er Jahren mit dem Aufkommen der Möglichkeit geschlechtsumwandelnder Operationen entstanden. In dieser Zeit setzte sich die Bezeichnung Transsexualität bzw. Transsexualismus für beide Geschlechter auch erst durch. Aus ihrem individuellen Leiden heraus und auf ihrer Suche nach einem Ausweg begannen die Patienten, die Mediziner zu Operationen zu drängen, wobei die Operationsangebote der Ärzte die Wünsche der Patienten auch in diese Richtung lenkten. Aber nicht nur die Medizin, sondern auch die Gesetzgebung und Rechtsprechung ließen sich auf die Ansprüche der Transsexuellen ein und kamen ihrem Verlangen nach Geschlechtswechsel im Laufe der Jahre immer weiter nach. Seit 1980 gibt es in Deutschland ein Transsexuellengesetz (TSG), das die juristischen Voraussetzungen der Vornamens- und Personenstandsänderung regelt. Die jüngste Entwicklung geht sogar dahin, dass die Forderung erhoben wird, die Wahl der Geschlechtszugehörigkeit als eine freie Willensentscheidung des Einzelnen zu akzeptieren und in Analogie zur homosexuellen Orientierung Transsexualität zu entpathologisieren und sie als eine Normvariante geschlechtlichen Seins zu betrachten. Vor diesem Hintergrund wird auch von einigen Betroffenen das Beharren der Ärzte auf dem Alltagstest und die differenzialdiagnostische Abwägung vor der Einleitung solch immerhin erheblicher körperverändernder Behandlungsmaßnahmen als eine Missachtung genuiner Selbstbestimmungsrechte empfunden, während im Vergleich dazu die Patienten vor 80 Jahren noch um die Berechtigung kämpften, Kleidung und Haartracht des anderen Geschlechts zu tragen.

Parallel dazu setzte von wissenschaftlicher Seite her eine Kontroverse über die „richtige" Behandlung transsexueller Patienten ein. Kritiker der Operationen, wie Langer (1985) und Springer (1981) wandten sich dagegen, dass auf der Basis einer Selbstdiagnose und einer Selbstindikation der Patienten eine ihrer Ansicht nach psychische Erkrankung mit chirurgischen Mitteln, statt durch Psychotherapie behandelt werde. Die Befürworter der Operationen argumentierten, dass transsexuelle Wünsche sich als psychotherapieresistent erwiesen hätten und dass der starke Leidensdruck der Patienten nur durch Operationen gelindert werden könne. Gegen dieses Argument ließ sich wiederum einwenden, dass Psychotherapien nur dann erfolgreich sein können, wenn sie auf freiwilliger Basis unter Mitarbeit des Patienten geschehen, so dass die geforderte Auflage, dass sich eine Psychotherapie als unwirksam herausgestellt haben muss, bevor die Operation eingeleitet werden kann, von den Patienten bewusst durch ein Scheiternlassen der Therapie umgangen werden kann, um so das Operationsziel zu erreichen. Dennoch setzte sich die Position der Operationsbefürworter durch, allerdings um den Preis eines Circulus vitiosus von Diagnostik und Indikation, der darin besteht, dass einerseits derjenige als transsexuell diagnostiziert wird, der anhaltend und überzeugend geschlechtsumwandelnde Operationen anstrebt und dass andererseits Operationen nur dann indiziert sind, wenn eine Transsexualität vorliegt.

Hinzu kam die Forderung nach „absoluter diagnostischer Eindeutigkeit" zur Herausfilterung der „echten" Transsexualität. Als „echt" transsexuell galten dabei Menschen, die „psychisch nicht gestört" sind, womit gleichzeitig erklärt wurde, dass Psychotherapie bei ihnen nicht helfen könne. Auch gingen Operationsbefürworter davon aus, dass „echte" Transsexualität mit Homosexualität und Transvestitismus „nichts zu tun hat und streng von ihnen zu unterscheiden sei" (Schorsch 1974). Durch die Aussage, die irreversiblen somatischen Eingriffe nur bei „eindeutiger" Diagnose und nach sorgfältiger Auswahl „geeigneter" Kandidaten durchführen zu wollen, wurde der Eindruck einer gewissen Erfolgsgarantie und auch die Illusion geweckt, dass eine operative „Umwandlung des Geschlechts" tatsächlich möglich sei. Durch chirurgische Maßnahmen lassen sich jedoch weder die Spuren des ursprünglichen Geschlechts vollständig auslöschen, noch stellt sich durch eine Operation zwangsläufig die Identität des anderen Geschlechts ein.

Die Diskussion um die „echte" Transsexualität und die geforderte strikte Abgrenzbarkeit vom Transvestitismus blendete das Problem der großen Variationsbreite von Geschlechtsidentitätsstörungen dabei völlig aus. Im Vorgriff auf Kapitel 29 sei hier erwähnt, dass es (primäre) Transsexuelle gibt, die bereits von früher Kindheit an und während ihrer ganzen sexuellen Entwicklung transsexuell sind und (sekundäre) Transsexuelle, bei denen die Anzeichen eines Zugehörigkeitsgefühles zum anderen Geschlecht erst später und weniger deutlich auftreten. Oft handelt es sich bei ihnen um Transvestiten und effeminierte Homosexuelle, die über viele Jahre hinweg in der sozialen Rolle ihres biologischen Geschlechts gelebt und u. U. sogar geheiratet haben. Hinzu kommt die vorgenommene Differenzierung hinsichtlich der sexuellen Partnerorientierung, wobei zwischen asexuellen, homosexuellen, heterosexuellen und bisexuellen Transsexuellen unterschieden wurde. Eine solche Differenzierung ist in Fällen bedeutsam, bei denen sexuelle Orientierungskonflikte vorliegen, die erscheinungsbildlich zwar einer transsexuellen Entwicklung ähneln, die strukturell und nosologisch aber anders gelagert sind. Dies trifft insbesondere auf effeminierte Homosexuelle zu, die sich als Frau erleben und bei denen der Wunsch nach einem männlichen Partner subjektiv als heterosexuell empfunden wird und in ein Verlangen nach einer Geschlechtsumwandlung mündet, wobei bei diesen stark konflikthaften homosexuellen Entwicklungen der transsexuelle Wunsch als Abwehr bedrohlicher homosexueller Impulse interpretiert werden kann. Der unbewusste Symptomgewinn besteht dann darin, einen gleichgeschlechtlichen Partner zu haben, der aber als heterosexuell erlebt wird. Daneben gibt es auch eine Vielzahl anderer transsexueller Entwicklungen. So gibt es eine kleine Gruppe von Mann-zu-Frau-Transsexuellen, die sexuell auf Frauen orientiert ist und die sich als „lesbisch" erlebt, oder der transsexuelle Wunsch selbst kann in vielen Fällen variieren und z. B. zu unterschiedlichen Teiloperationswünschen führen.

Viele der Probleme im diagnostischen und therapeutischen Umgang mit Transsexuellen wurden inzwischen erkannt und einige Vorstellungen, wie die von einer einfachen Abgrenzbarkeit der Transsexualität vom Transvestitismus, wurden revidiert. Ebenso wurde die damalige Polarisierung von Psychotherapie oder somatischer Behandlung zugunsten einer „Sowohl-als-auch-Haltung" aufgegeben. Eine wesentliche nosologische Richtungsänderung wurde 1994 durch die Einführung der Diagnose „Geschlechtsidentitätsstörung" in das DSM-IV vorgenommen, die zu einer Entkoppelung der Transsexualitätsdiagnose von der Indikation zu operativen Maßnahmen führte mit dem Ziel, dem Patienten den „Operationsdruck" zu nehmen, der nun nicht mehr Voraussetzung war, um als Transsexueller anerkannt zu werden. Damit konnte der Handlungsspielraum für andere Lösungswege erweitert werden, die in einer längerfristigen psychologischen Begleitung seither individuell mit dem Patienten entwickelt werden können.

23 Geschlechtsidentitätsstörungen: zur Geschichte eines Begriffs

Die Entwicklung der Terminologie vollzog mehrere Wendungen. Ende des 19. Jahrhunderts wurde in psychiatrisch-sexualwissenschaftlichen Falldarstellungen (Krafft-Ebing 1886) zunehmend über Männer berichtet, „die dranghaft Frauenkleider tragen, unter ihrer Geschlechtszugehörigkeit leiden und sich dem anderen Geschlecht seelisch zugehörig fühlen würden". Der Psychiater Westphal beschrieb 1870 erstmals solche Fälle unter dem Begriff „konträre Sexualempfindung". 1910 wurde der Ausdruck „Transvestitismus" von Hirschfeld geprägt. Er war es auch, der 1923 zum ersten Mal im „Jahrbuch sexueller Zwischenstufen" den Ausdruck „seelischer Transsexualismus" gebrauchte. Im anglo-amerikanischen Sprachraum verwendet Cauldwell 1949 den Begriff der „Psychopathia transsexualis", der zunächst nicht weiter aufgegriffen wurde. Dass sich der Ausdruck Transsexualismus schließlich in den 60er Jahren durchgesetzt hat, ist auf den Amerikaner Benjamin zurückzuführen, der 1953 die erste Abgrenzung zum Transvestitismus vornahm und 1966 auch die erste Monographie über das „Transsexuelle Phänomen" publizierte. In den 30er Jahren des 20. Jahrhunderts wurden in Deutschland erstmals von Mühsam (1926) und Abraham (1932) über Genitalumwandlungen an männlichen und weiblichen Transvestiten berichtet. Die medizinische Fachwelt wurde jedoch erst durch die von Hamburger und Stürup 1953 in Dänemark durchgeführte operative Geschlechtsumwandlung des ehemaligen amerikanischen Soldaten George Jørgensen aufmerksam, über die in einer angesehenen amerikanischen Fachzeitschrift berichtet wurde und die später auf der ganzen Welt Schlagzeilen machte. Diese Umwandlung war der Beginn einer großen Zahl transsexueller Operationen, die später auch zu einer geänderten Rechtssprechung führten. Seit den 60er Jahren wurden transsexuelle Entwicklungen auch systematisch von transvestitischen, homosexuellen und intersexuellen Richtungen unterschieden.

In Nordamerika und Europa entstanden ab den 60er Jahren zahlreiche „Gender Identity Clinics", die sich auf die Diagnostik und Behandlung von transsexuellen Patienten spezialisierten. Aus diesen Zentren stammen auch die Forschungen auf diesem Gebiet und aus deren wissenschaftlichem Austausch ging die internationale Fachgesellschaft Harry Benjamin International Gender Dysphoria Association (HBIGDA) hervor, deren 1979 erstmals vorgelegten und seitdem mehrfach überarbeiteten Richtlinien („Standards of Care") für das Vorgehen in Diagnostik, Therapie und Begutachtung internationalen Maßstab haben (1997 wurden deutsche Standards von einer Expertenkommission unter der Leitung von Becker herausgegeben). In Deutschland wurden an Universitätskliniken sexualwissenschaftliche Abteilungen mit Transsexualitätssprechstunden eingerichtet und zur zentralen Anlaufstelle für die betroffenen Patienten. Transsexuelle Operationen wurden in München, Mannheim, Heidelberg, Hamburg, Gießen, Wiesbaden und Kiel durchgeführt. Um 1980 war die operative Geschlechtsumwandlung in mindestens 40 medizinischen Zentren in der westlichen Welt zur Routine geworden. Sie blieb aber umstritten und die Gegner argumentierten, dass die Geschlechtsumwandlung eine „drastische Nichtlösung" für ein rein psychologisches Problem und der Lobotomie vergleichbar sei (Restak 1979). In der Tat sind die langfristigen Auswirkungen, die die Operation hat, kaum belegt. Manche Menschen kommen offenbar noch Jahre nach der Behandlung gut zurecht, andere dagegen geraten in schwere psychische Schwierigkeiten, die möglicherweise durch die Fixierung auf das transsexuelle Verlangen nur verdeckt worden waren und die nach der Operation schließlich offenbar werden. Auch wurde kritisiert, dass die Geschlechtsumwandlungen auf der Grundlage einer Selbstdiagnose vorgenommen wurden und dass es sich, wie Langer (1985) es formuliert, bei der Transsexualität gar nicht um eine Krankheitseinheit handelt, sondern „um eine gemeinsame Endstrecke verschiedener Verfassungen und Verläufe mit dem gemeinsamen Kern einer gestörten, konflikthaften Geschlechtsidentität". Um der heterogenen Gruppe der Geschlechtsidentitätsstörungen gerechter werden zu können, wurden zwischen 1980 und 1994 die diagnostischen Leitlinien für Transsexualität im DSM mehrfach revidiert. Eine weitere wichtige Änderung wurde im DSM-IV durch die Differenzierung der Übergänge vom transvestitischen Fetischismus zur Transsexualität vorgenommen, die dem klinischen Alltag sehr viel mehr entspricht als die alte Ausschlussdiagnostik. In der ICD-10 ist allerdings bis heute der Wunsch nach „körperlicher Umwandlungsbehandlung" für die Diagnose zwingend erforderlich. Besteht er nicht, soll die Diagnose „Transvestitismus unter Beibehaltung beider Geschlechtsrollen" (F64.1) gestellt werden. Die Abgrenzung zum „fetischistischen Transvestitismus" (F65.1) wird durch das Fehlen sexueller Erregung beim Tragen der Kleidung des anderen Geschlechts angegeben.

24 Terminologie, Definition und Klassifikation

24.1 Terminologie

Obwohl es sich eigentlich bei der Transsexualität nicht um ein Problem der Sexualität, sondern um ein Problem der Identität mit dem Geschlechtserleben handelt, hat sich dieser Ausdruck in der Wissenschaft, in der Rechtsprechung, aber auch in der Alltagssprache durchgesetzt und sich gegen den Ende der 80er Jahre aufkommenden alternativen Begriff „Transgender" bzw. „Transgenderismus" behauptet. In beiden Diagnosesystemen wird der Terminus Geschlechtsidentitätsstörung als Oberbegriff verwendet, unter den die Transsexualität als besondere Form subsummiert wird.

Abgegrenzt werden muss die Geschlechtsidentität von der Geschlechtsrolle. Sie spiegelt in der Regel das äußere Verhaltensmuster der inneren Geschlechtsempfindung wider. Als sexuelle Orientierung wird die erotische Ausrichtung eines Menschen (homo-, hetero-, bi-, asexuell), die auch das Phantasieleben mit einbezieht, bezeichnet.

Analog zum Begriff der Homosexualität wird von den meisten Wissenschaftlern die Bezeichnung Transsexualität und nicht Transsexualismus bevorzugt, da ja auch nicht von Homosexualismus gesprochen wird.

Transsexualität wurde als eigene diagnostische Kategorie erstmals vor etwas mehr als 25 Jahren in die beiden damals gültigen international relevanten Klassifikationssysteme ICD-9 (1978, deutsch: 1980) und DSM-III (1980, deutsch: 1984) aufgenommen. Die Weiterentwicklung der beiden Diagnosesysteme führte inzwischen zu unterschiedlichen Terminologien. In der ICD-10 wird Transsexualität bis heute noch als eng eingrenzbares Phänomen betrachtet und als eigene Kategorie den „Störungen der Geschlechtsidentität" untergeordnet, während im DSM-IV eher die Vielfalt der Geschlechtsidentitätsstörungen und die individuellen Gegebenheiten berücksichtigt werden.

24.2 Klassifikation in der ICD-10

In der von der WHO 1991 auf Deutsch herausgegebenen und derzeit gültigen Fassung der ICD-10 werden „Störungen der Geschlechtsidentität", (F64) zusammen mit den „Störungen der Sexualpräferenz" (F65) und den „psychischen und Verhaltensstörungen in Verbindung mit der sexuellen Entwicklung und Orientierung" (F66) dem Kapitel „Persönlichkeits- und Verhaltensstörungen" (F6) zugeordnet (s. Tab. 24-1). Unter die „Störungen der Geschlechtsidentität" fallen der „Transsexualismus" (F64.0), der „Transvestitismus unter Beibehaltung beider Geschlechtsrollen" (F64.1), die „Störungen der Geschlechtsidentität des Kindesalters" (F64.2) sowie andere (F64.8) und nicht näher bezeichnete Geschlechtsidentitätsstörungen (F64.9).

Als problematisch wird allgemein die Kategorie F64.1 gesehen, bei der an „Patienten" gedacht wird, die gegengeschlechtliche Kleidung tragen, „um zeitweilig die Erfahrung der Zugehörigkeit zum anderen Geschlecht zu erleben". Die Vorgabe, dass es sich um einen nicht-transsexuellen Typus handeln müsse und dass der fetischistische Transvestitismus ebenfalls ausgeschlossen sein muss, macht diese Kategorie praxisfern, zumal es kaum einen Anlass für eine Diagnosestellung geben dürfte. Alle vorkommenden Übergänge bleiben zudem in der ICD-10 unberücksichtigt. Auch wird kritisiert, dass gemäß den diagnostischen Leitlinien der Transsexualis-

Tab. 24-1 Klassifikation der Geschlechtsidentitätsstörungen in der ICD-10

F6 Persönlichkeits- und Verhaltensstörungen					
F64	Störungen der Geschlechtsidentität	F65	Störungen der Sexualpräferenz	F66	Psychische und Verhaltensprobleme in Verbindung mit der sexuellen Entwicklung und Orientierung
F64.0	Transsexualismus	F65.0	Fetischismus	F66.0	sexuelle Reifungskrise
F64.1	Transvestitismus unter Beibehaltung beider Geschlechtsrollen	F65.1	Fetischistischer Transvestitismus	F66.1	ich-dystone Sexualorientierung
		F65.2	Exhibitionismus	F66.2	sexuelle Beziehungsstörung
F64.2	Störungen der Geschlechtsidentität des Kindesalters	F65.3	Voyeurismus	F66.8	andere psychosexuelle Entwicklungsstörungen
		F65.4	Pädophilie		
F64.8	andere Störungen der Geschlechtsidentität	F65.5	Sadomasochismus		
		F65.6	multiple Störungen der Sexualpräferenz		
F64.9	nicht näher bezeichnete Störungen der Geschlechtsidentität				

mus nicht ein Symptom einer anderen psychischen Störung sein darf, wobei offen bleibt, welche anderen psychischen Störungen außer der Schizophrenie, die ausdrücklich erwähnt wird, gemeint sind. Gerade die ätiologisch relevante Borderline-Persönlichkeitsstörung wird weder als Ausschlussdiagnose der Transsexualität noch als Ausschlusskriterium der Indikation zu somatischen Maßnahmen explizit erwähnt. Der wichtigste Kritikpunkt, der bereits in den anderen Abschnitten erwähnt wurde, besteht in der zu engen Kopplung der Transsexualität an den Wunsch nach Geschlechtsumwandlung, womit dem schon oben beschriebenen diagnostisch-therapeutischen Zirkelschluss Vorschub geleistet wird.

24.3 Klassifikation im DSM-IV-TR

Anders als in der ICD-10 ist der Operationswunsch im DSM-IV-TR ein mögliches, jedoch kein zwingend erforderliches Kriterium. Eine andere deutliche Abweichung von der ICD-10 besteht darin, dass der Begriff „Transsexualität" durch „Geschlechtsidentitätsstörungen" ersetzt wurde. Im Gegensatz zur ICD-10 handelt das DSM-IV-TR auch die diagnostischen Kriterien für alle Altersstufen zusammen ab, wobei aber eine getrennte Kodierung für Geschlechtsidentitätsstörungen bei Adoleszenten und Erwachsenen (302.85) und bei Kindern (302.6) vorgenommen wurde, wobei die Heranwachsenden prinzipiell den Erwachsenen, im Einzelfall in Abhängigkeit vom individuellen Entwicklungsniveau, auch den Kindern zugeordnet werden können. Da vor allem jüngere Jugendliche häufiger zurückhaltend und oft auch bezüglich des Zugehörigkeitsgefühls zum anderen Geschlecht sich noch unsicher seien oder Angst vor der Reaktion der Familie haben, sollte die Diagnose nach den Erläuterungen im DSM-IV-TR nur gestellt werden, wenn eindeutige Merkmale vorliegen oder wenn eine längere Verlaufsbeobachtung stattgefunden hat.

Als Spezifikationskriterium wird im DSM-IV-TR die Angabe der sexuellen Orientierung „auf Männer, auf Frauen, auf beide Geschlechter oder auf keines der beiden Geschlechter" genannt. In diesem Zusammenhang wird darauf hingewiesen, dass es bei biologischen Männern mit Geschlechtsidentitätsstörungen im Wesentlichen zwei Entwicklungswege und damit zwei „Untergruppen" gibt, die sich in der Vorgeschichte, tendenziell auch in der postoperativen Zufriedenheit und in der Ausrichtung der sexuellen Orientierung (auf Männer oder auf Frauen) unterscheiden. Eine der ICD-10 entsprechende Kategorie „Transvestitismus unter Beibehaltung beider Geschlechtsrollen" ist im DSM-IV-TR nicht enthalten, stattdessen werden zwei Möglichkeiten genannt: Bei Männern, die sowohl alle Kriterien der Geschlechtsidentitätsstörung als auch des transvestitischen Fetischismus erfüllen, sollten beide Diagnosen gestellt werden. Die Zusatzkodierung „mit Geschlechtsdysphorie" ist für Männer mit transvestitischem Fetischismus und Geschlechtsdysphorie vorgesehen, die ansonsten nicht alle Kriterien der Geschlechtsidentitätsstörung erfüllen.

Zu den nicht näher bezeichneten Geschlechtsidentitätsstörungen, die zusammen mit den Störungen im Kindesalter unter 302.6 aufgeführt werden, zählen Intersexsyndrome und begleitende Geschlechtsdysphorie, vorübergehende belastungsbedingte Neigung zum Cross dressing und andauernde Vereinnahmung durch Gedanken über Kastration oder Penektomie ohne ein Verlangen danach, die Geschlechtsmerkmale des anderen Geschlechts zu erlangen (s. Tab. 24-2).

Tab. 24-2 Geschlechtsidentitätsstörungen bei Jugendlichen oder Erwachsenen

DSM-IV-TR	ICD-10
Geschlechtsidentitätsstörungen bei Jugendlichen und Erwachsenen (302.85)	**Transsexualismus (F64.0)**
A. „Ein starkes und andauerndes Zugehörigkeitsgefühl zum anderen Geschlecht (nicht lediglich das Verlangen nach irgendwelchen kulturellen Vorteilen, die als mit der Zugehörigkeit zum anderen Geschlecht verbunden empfunden werden)."	Symptomatik: • Wunsch, als Angehöriger des anderen Geschlechts zu leben und anerkannt zu werden, meist einhergehend mit dem Gefühl des Unbehagens oder der Nichtzugehörigkeit zum eigenen anatomischen Geschlecht. • Wunsch nach hormoneller und chirurgischer Behandlung, um den eigenen Körper dem bevorzugten Geschlecht so weit wie möglich anzugleichen.
B. „Andauerndes Unbehagen im Geburtsgeschlecht oder das Gefühl, dass es nicht das richtige ist. Bei Jugendlichen und Erwachsenen manifestiert sich das Störungsbild durch Symptome wie das Eingenommensein von Gedanken darüber, die primären und sekundären Geschlechtsmerkmale loszuwerden (z. B. Nachsuchen um Hormone, Operation oder andere Maßnahmen, welche körperlich die Geschlechtsmerkmale so verändern, dass das Aussehen des anderen Geschlechts simuliert wird) oder der Glaube, im falschen Geschlecht geboren zu sein."	Diagnostische Leitlinien: • Die transsexuelle Identität muss mindestens zwei Jahre durchgehend bestanden haben. • Sie darf nicht Ausdruck einer anderen psychischen Störung, wie z. B. einer Schizophrenie, sein. • Ein Zusammenhang mit intersexuellen, genetischen oder geschlechtschromosomalen Anomalien muss ausgeschlossen sein.

Tab. 24-2 Fortsetzung

DSM-IV-TR	ICD-10
Geschlechtsidentitätsstörungen bei Jugendlichen und Erwachsenen (302.85)	**Transsexualismus (F64.0)**
C. Ausschluss somatischer Intersex-Syndrome D. Es besteht ein klinisch relevantes Leiden oder Beeinträchtigungen in sozialen, beruflichen oder anderen wichtigen Funktionsbereichen. **Zusatzkodierungen** Es soll bestimmt werden, ob (für Personen nach Abschluss der sexuellen Entwicklung) eine sexuelle Orientierung auf Männer, auf Frauen, auf beide Geschlechter oder weder auf Männer noch auf Frauen besteht. Kodierung: basierend auf dem Alter: • Geschlechtsidentitätsstörung bei Kindern (302.6) • Geschlechtsidentitätsstörung bei Jugendlichen oder Erwachsenen (302.85)	**Transvestitismus unter Beibehaltung beider Geschlechtsrollen (F64.1)** • Cross dressing, um zeitweilig die Erfahrung der Zugehörigkeit zum anderen Geschlecht zu erleben • kein Wunsch nach langfristiger Geschlechtsumwandlung oder chirurgischer Korrektur • *dazugehöriger Begriff:* Störung der Geschlechtsidentität in der Adoleszenz oder im Erwachsenenalter, nicht-transsexueller Typus • *Ausschlussdiagnose:* fetischistischer Transvestitismus (F65.1)
	Störungen der Geschlechtsidentität des Kindesalters (F64.2) (s. Tab. 30-1, S. 296)
Verlauf Hinweis auf zwei Untergruppen bei biologischen Männern	**Andere Störungen der Geschlechtsidentität (F64.8)** wird nicht näher erläutert
Differenzialdiagnose Kein grundsätzlicher Ausschluss der Diagnose wegen des Bestehens einer anderen psychischen Störung, auch nicht wegen einer Schizophrenie (im Gegensatz zur ICD-10). *Besonderheiten:* Bei Männern, die alle Kriterien der Geschlechtsidentitätsstörung und des fetischistischen Transvestitismus erfüllen, sind beide Diagnosen zu stellen. *Zusatzkodierung:* „mit Geschlechtsdysphorie" bei Männern mit fetischistischem Transvestitismus und Geschlechtsdysphorie, die nicht alle Kriterien der Geschlechtsidentitätsstörung erfüllen.	**Nicht näher bezeichnete Störung der Geschlechtsidentität (F64.9)** • *dazugehöriger Begriff:* nicht näher bezeichnete Störung der Geschlechtsrolle
Nicht näher bezeichnete Geschlechtsidentitätsstörung (302.6) Als Beispiele werden genannt: • Intersex-Syndrom mit Geschlechtsdysphorie • vorübergehende belastungsbedingte Neigung zum Cross dressing • andauernde Vereinnahmung durch Gedanken über Kastration oder Penektomie ohne ein Verlangen, die Geschlechtsmerkmale des anderen Geschlechts zu erlangen	

25 Diagnostik

Angesichts der weitreichenden und irreversiblen Konsequenzen einer hormonellen und/oder chirurgischen Geschlechtsumwandlungsbehandlung besteht im Interesse der Patienten die Notwendigkeit einer sorgfältigen und gesicherten Diagnostik und Differenzialdiagnostik. Eine Indikationsstellung sollte dabei nicht nur die aktuellen Wünsche des Patienten berücksichtigen, sondern es muss auch erwogen werden, ob das Leiden der Patienten durch eine solche Maßnahme dauerhaft gelindert werden kann. Um verbindliche Richtlinien für die Diagnostik, Behandlung und Begutachtung von Transsexuellen zu schaffen und da die „Standards of Care" der Harry Benjamin International Gender Dysphoria Association (HBIGDA 2001) auf deutsche Verhältnisse nur begrenzt anwendbar sind, setzte sich unter der Leitung von Sophienette Becker eine von der Deutschen Gesellschaft für Sexualforschung einberufene Expertenkommission unter Beteiligung der Akademie für Sexualwissenschaften und der Gesellschaft für Sexualmedizin zusammen, die die nachfolgenden „Standards der Behandlung und Begutachtung von Transsexuellen" entwickelte und 1997 veröffentlichte.

In der Einleitung wird betont, dass, falls der diagnostische Prozess ergibt, dass die Diagnose Transsexualität i. S. der Standards nicht vorliegt, auch die „Standards der Behandlung und Begutachtung von Transsexuellen" nicht angewendet werden dürfen.

25.1 Standarddiagnostik in Deutschland seit 1997

Für die Diagnose der Transsexualität müssen entsprechend den Standards der Diagnostik und Differenzialdiagnostik (Becker et al. 1997) folgende Kriterien erfüllt sein:

- eine tiefgreifende und dauerhafte gegengeschlechtliche Identifikation,
- ein anhaltendes Unbehagen hinsichtlich der biologischen Geschlechtszughörigkeit bzw. eine Gefühl der Inadäquatheit in der entsprechenden Geschlechtsrolle,
- ein klinisch relevanter Leidensdruck und/oder Beeinträchtigungen in sozialen, beruflichen oder anderen wichtigen Funktionen.

Diese Kriterien entsprechen weitestgehend denen, die im DSM-IV-TR und der ICD-10 genannt werden. Im Unterschied zu diesen Klassifikationssystemen wird jedoch ein intersexuelles Syndrom nicht zwingend als Ausschlusskriterium betrachtet. In derartigen Fällen sollte allerdings geprüft werden, ob anstelle des Transsexuellengesetzes die Regelung des § 47 Personenstandsgesetz („Irrtümliche Geschlechtsfeststellung zum Zeitpunkt der Geburt") anzuwenden ist.

Zur Feststellung der drei oben genannten Kriterien sind die nachfolgend dargestellten diagnostischen Maßnahmen erforderlich:

- eine Erhebung der biographischen Anamnese mit den Schwerpunkten Geschlechtsidentitätsentwicklung, psychosexuelle Entwicklung (einschließlich der sexuellen Orientierung), gegenwärtige Lebenssituation;
- eine körperliche Untersuchung mit Erhebung des gynäkologischen bzw. andrologi-

schen/urologischen sowie endokrinologischen Befundes;
- eine klinisch-psychiatrische/psychologische Diagnostik, da viele Patienten mit Störung der Geschlechtsidentität erhebliche psychopathologische Auffälligkeiten aufweisen. Diese können der Geschlechtsidentitätsstörung vorausgegangen oder reaktiv sein, aber auch gleichzeitig bestehen.

Die klinisch-psychiatrische/psychologische Diagnostik soll breit angelegt sein. Untersucht und beurteilt werden sollen
- das Strukturniveau der Persönlichkeit und deren Defizite,
- das psychosoziale Funktionsniveau,
- neurotische Dispositionen bzw. Konflikte,
- Abhängigkeiten bzw. Süchte,
- suizidale Tendenzen und selbstbeschädigendes Verhalten,
- Paraphilien,
- psychotische Erkrankungen,
- hirnorganische Störungen und
- Minderbegabungen.

25.2 Standards der Differenzialdiagnostik

Da es im Bereich der Geschlechtsidentitätsstörungen eine Vielfalt an Verlaufsformen, Persönlichkeitsstrukturen, assoziierten psychosozialen Merkmalen und sexuellen Partnerpräferenzen gibt, ist eine präzise Differenzialdiagnostik erforderlich. Folgende Differenzialdiagnosen sind den „Standards" entsprechend zu beachten:
- Unbehagen, Schwierigkeiten oder Nicht-Konformität mit den gängigen Geschlechtsrollenerwartungen, ohne dass es dabei zu einer überdauernden und profunden Störung der geschlechtlichen Identität gekommen ist;
- partielle oder passagere Störungen der Geschlechtsidentität, etwa bei Adoleszenzkrisen;
- Transvestitismus und fetischistischer Transvestitismus, bei denen es in krisenhaften Verfassungen zu einem Geschlechtsumwandlungswunsch kommen kann;
- Schwierigkeiten mit der geschlechtlichen Identität, die aus der Ablehnung einer homosexuellen Orientierung resultieren;
- eine psychotische Verkennung der geschlechtlichen Identität;
- schwere Persönlichkeitsstörungen mit Auswirkungen auf die Geschlechtsidentität (Becker et al. 1997).

26 Epidemiologie

Zuverlässige Daten über die Prävalenz von transsexuellen Geschlechtsidentitätsstörungen liegen bis heute nicht vor, da die vorhandenen Zahlen je nach den zugrunde gelegten Erhebungskriterien und dem jeweiligen Untersuchungsland sehr variieren. So beziehen internationale empirische Studien ausschließlich Transsexuelle ein, die hormonell und operativ behandelt wurden oder/und sich juristisch um die Anerkennung im anderen Geschlecht bemüht haben. Für Deutschland liegen dagegen Prävalenzdaten vor, die durch die Auswertung der Anträge auf Vornamens- bzw. Personenstandsänderung nach dem Transsexuellengesetz gewonnen wurden. Außerdem existieren Daten, die auf der Auswertung von Patientenakten aus den Jahren 1964 bis 1998 von vier Spezialambulanzen an Universitätskliniken (Hamburg, Frankfurt, München, Münster) basieren. Aus ihnen ist die sog. Geschlechterdifferenz (Sex Ratio), die das Verhältnis von Transsexuellen mit männlichem zu Transsexuellen mit weiblichem Körpergeschlecht ausdrückt, zu entnehmen. An dieser von Garrels et al. (2000) durchgeführten Untersuchung haben sich insgesamt 1785 Personen beteiligt. Für den Gesamtzeitraum von 1970 bis 1998 ergab sich eine Sex Ratio von 1,9:1 zugunsten der Transsexuellen mit männlichem Körpergeschlecht, d. h., dass es fast doppelt so viele transsexuelle Männer gab wie Frauen. Vergleicht man jedoch die Fünfjahres-Perioden miteinander (s. Tab. 26-1), zeigt sich eine langsame Abnahme der Sex Ratio mit einer deutlichen Annäherung der beiden Ausgangsgeschlechter auf ein Verhältnis von 1,2 : 1 in den Jahren von 1995 bis 1998.

Die eingangs erwähnten Prävalenzdaten für Deutschland aufgrund der gerichtlichen Entscheidungen zur Vornamens- bzw. Personenstandsänderung gem. dem Transsexuellengesetz basieren auf den Erhebungen von Osburg und Weitze (1993) aus den Jahren

Tab. 26-1 Geschlechterverhältnis bei Transsexuellen in Deutschland, nach Fünf- und Zehnjahresperioden; nach Berechnungen von Garrels et al. (2000)

Perioden		MFT* n	FMT** n	FMT %	Sex-Ratio M : F
	1970–1974	74	26	26,0	2,8 : 1
	1975–1979	176	101	36,5	1,7 : 1
Zehnjahres-Prävalenz	**1970–1979**	**250**	**127**	**33,7**	**2,0 : 1**
	1980–1984	201	98	32,8	2,1 : 1
	1985–1989	273	117	30,0	2,3 : 1
Zehnjahres-Prävalenz	**1980–1989**	**474**	**215**	**31,2**	**2,2 : 1**
	1990–1994	271	136	33,4	2,0 : 1
	1995–1998	164	136	45,3	1,2 : 1
Zehnjahres-Prävalenz	**1990–1998**	**435**	**272**	**38,5**	**1,6 : 1**
		1.159	614	34,0	1,9 : 1

* MFT = Mann-zu-Frau-Transsexuelle; ** FMT = Frau-zu-Mann-Transsexuelle

1981 bis 1990. In diesem Zehnjahres-Zeitraum wurden insgesamt 1.422 Entscheidungen gem. dem TSG getroffen, von denen 683 die „kleine" und 733 die „große Lösung" betrafen. 6 Personen (0,4 %) wollten eine Entscheidung rückgängig machen, davon lediglich eine Person eine Personenstandsänderung. Die meisten der 1199 Antragsteller betrieben beide Verfahren gleichzeitig und beantragten nicht nur die Vornamens-, sondern auch die Personenstandsänderung. Ca. 20–30 % der Antragsteller gaben sich mit der Änderung des Vornamens zufrieden. Das Durchschnittsalter aller Antragsteller betrug 33 Jahre. Insgesamt ergibt sich nach dieser Untersuchung eine „bereinigte" Zehnjahres-Prävalenz von 2,1 Transsexuellen pro 100.000 volljährige Einwohner. Bei Mann-zu-Frau-Transsexuellen (MFT) liegt sie bei 2,4 und bei Frau-zu-Mann-Transsexuellen (FMT) bei 1,0. Ein Überwiegen der Transsexualität bei Männern ist auch in anderen Ländern festzustellen (USA 4:1, Australien 4,2:1, England 3,2:1, Schweden 2,8:1). Nur in Polen (Godlewski 1988) und in der Tschechoslowakei (Brzek und Sipova 1983) liegt ein umgekehrtes Verhältnis vor. Dort wird von einer Relation von 5 Frauen auf 1 Mann berichtet. Über die Gründe für die unterschiedliche Häufigkeit von Geschlechtsidentitätsstörungen bei Frauen und Männern ist bislang wenig bekannt. Für die auch lt. DSM-IV-TR wesentlich häufiger vorzufindende Überweisung von Jungen mit Geschlechtsidentitätsstörungen in Kinderkliniken wird als Erklärung angegeben, dass dies ein Ausdruck dafür sein kann, dass ein dem anderen Geschlecht zugehöriges Verhalten bei Jungen ein größerer Makel sei als bei Mädchen.

Zusammenfassend lässt sich aus allen empirisch fundierten Daten schätzen, dass es in Deutschland ca. 2.000 bis max. 4.000 Transsexuelle gibt. Die internationalen Prävalenzdaten entsprechen im Wesentlichen denen, die für die alte Bundesrepublik Deutschland errechnet worden sind. Bezüglich der Geschlechtsdifferenz gibt es international ca. 3 MFT und 1 FMT auf 100.000 erwachsene Einwohner, eine Prävalenzrate, die in etwa auch der im DSM-IV-TR genannten entspricht. In Deutschland hat sich das Geschlechterverhältnis (Sex Ratio) im Laufe der letzten Jahrzehnte allerdings zugunsten der weiblichen Transsexuellen so weit verschoben, dass es seit Mitte der 90er Jahre fast zu einer Annäherung der beiden Ausgangsgeschlechter im Verhältnis 1,2:1 gekommen ist.

27 Ätiologie

Die Ursachen von Geschlechtsidentitätsstörungen sind letztlich nach wie vor relativ unbekannt. Es ist aber von einem Wechselspiel somatischer, psychischer und sozialer Faktoren auszugehen. Aufgrund der Komplexität dieses Gebietes und der Schwierigkeit einer fachübergreifenden Forschung gibt es erst seit den letzten 10 Jahren Bemühungen, einen integrativen biomedizinisch-psychosozialen Ansatz empirisch zu überprüfen (s. Kap. 27.3). Bisher lassen sich die diskutierten Hypothesen über die Ursache zwei Gruppen zuordnen: zum einen gibt es biomedizinische bzw. primär biologisch fundierte Erklärungen, die insbesondere pränatale Sexualhormonungleichgewichte und deren Wirkung auf das Gehirn und/oder genetische Einflüsse für pathogenetisch halten (s. Kap. 4.4.2, S. 67), und zum anderen existieren psychodynamisch orientierte Erklärungen, die Fehlidentifikationen oder schwere frühkindliche psychische Traumatisierungen für störungsursächlich halten. Da im Grundlagenteil auf die Entwicklung der Geschlechtsidentität und der sexuellen Orientierung bereits eingegangen wurde, werden hier die nachfolgenden hypothetischen Annahmen über die biomedizinischen Ursachen nur zusammengefasst dargestellt.

27.1 Biomedizinische Ursachen

Befunde bei biologischen Männern mit transsexueller Geschlechtsidentität ergaben weder bei den Androgenspiegeln noch bei denen der Östrogene oder Gonadotropine wissenschaftlich stichhaltige Unterschiede zwischen transsexuellen und nicht-transsexuellen Männern. Auch die hirnanatomischen Befunde zur Hypothese einer unzureichenden Maskulinisierung bzw. Defeminisierung hypothalamischer Kernregionen bei diesen Männern sind wissenschaftlich nicht gesichert.

Bei biologischen Frauen mit transsexueller Geschlechtsidentitätsstörung belegen dagegen einige Untersuchungen erhöhte Werte bezüglich eines oder mehrerer Androgene, z. T. mit begleitenden körperlichen Veränderungen i. S. eines polyzystischen Ovarialsyndroms. Hyperandrogynämien gehen bei hormonell unbehandelten Frauen im Erwachsenenalter überdurchschnittlich häufig mit einer Maskulinisierung des Körperbildes einher. Da jedoch hyperandrogynämische Zustandsbilder, Virilisierungserscheinungen und polyzystisches Ovarialsyndrom auch ohne Geschlechtsidentitätsstörung bei Frauen vorkommen und sogar wesentlich häufiger sind als transsexuelle Geschlechtsidentitätsstörungen, kann diese Sexualhormondysbalance allein nicht die Ursache der Transsexualität sein.

Auch genetische Störungen i. S. von Chromosomenaberrationen konnten bislang als Ursache nicht nachgewiesen werden.

Die Analyse der Hirnstrukturen brachten bisher ebenfalls keine Ergebnisse, die Transsexualität erklären könnten.

27.2 Psychodynamische Theorien

Aufgrund der Vielfalt der Entwicklungen, die in Geschlechtsidentitätsstörungen münden können, ist eine einheitliche, spezifische oder gar monokausale psychogenetische Erklärung nicht möglich. Zum psychogenetischen Verständnis am meisten beigetragen haben psychoanalytische Theorien, denen aber unterschiedliche Erklärungsansätze zugrunde liegen.

Nach vorherrschender Meinung liegt transsexuellen Entwicklungen eine schwere Störung der Mutter-Kind-Beziehung in der entwicklungspsychologischen Phase der „Wiederannäherung" vorwiegend im 2. Lebensjahr zugrunde, die zu Ich-Struktur-Defiziten bzw. zu einer pathologischen Entwicklung des Selbst und der Objektbeziehungen und zum Vorherrschen „früher" Abwehrmechanismen wie Spaltung, Projektion, projektive Identifizierung, Idealisierung und Verleugnung führt.

Autoren wie Person und Ovesey (1974), aber auch Socarides (1969) gehen von einer solchen Störung des „Separations- und Individuationsprozesses", wie Mahler et al. (1978) ihn für die ersten drei Lebensjahre beschrieben haben, aus. Separation bezeichnet dabei die Loslösung von der Mutter, d. h. die Distanzierung von ihr, und Individuation bedeutet die Entwicklung innerpsychischer Autonomie. Zeitlich fällt der Autonomiekonflikt in die präödipale bzw. frühe genitale Phase. Gekennzeichnet ist der Separations- und Individuationsprozess durch einen ständigen Wechsel zwischen der Angst vor Verlust der Autonomie und der Angst vor dem Verlust des Objektes, wobei sich dieser Konflikt im Gefühlserleben durch ein entsprechendes Schwanken zwischen dem Gefühl der Omnipotenz und dem Gefühl hilfloser Abhängigkeit widerspiegelt. Bei einer misslungenen Verarbeitung dieser für die Identitätsentwicklung entscheidenden Phase können „gute" und „böse" Selbst- und Objektrepräsentanzen, nicht integriert werden und es bleibt beim Vorherrschen der o.g. „frühen" Abwehrmechanismen, insbesondere der Spaltung.

Eine solche Konstellation gilt allgemein als für die Borderline-Persönlichkeitsstörung typisch, so dass die meisten Autoren auch die Transsexualität dieser Störung zuordnen. Dies bedeutet aber nicht, dass alle Patienten mit transsexueller Symptomatik fünf der neun im DSM-IV-TR geforderten Kriterien einer Borderline-Persönlichkeitsstörung aufweisen, obwohl dies nicht selten vorkommt. Ungeklärt bleibt dabei die Frage, ob die transsexuelle Symptomatik Kompensation oder Ausdruck der Borderline-Persönlichkeitsstörung ist.

Auf die Frage, wie sich transsexuelle Patienten von anderen Borderline-Patienten unterscheiden, geben Person und Ovesey die Antwort, dass der spezifische Unterschied in der „Ambiguität" bzw. Ambivalenz der Kerngeschlechtsidentität transsexueller Patienten liegt, wobei sie selbst diese aus der Verschmelzungsphantasie herleiten („Verschmelzungswunsch als Reaktion auf Trennungsangst"), es aber offen lassen, ob die Ambiguität aus anderen psychischen, biologischen oder biopsychologischen Ursprüngen resultiert und erst daraus folgend die Entwicklung der Verschmelzungsphantasie beeinflusst. Diagnostisch und ätiologisch unterscheiden die Autoren primäre und sekundäre Transsexuelle und zählen zu den letzteren Transvestiten und effeminierte Homosexuelle. Alle drei Formen führen sie auf eine unbewältigte Separationsphase zurück. Strukturdiagnostisch ordnen sie nur den primären Transsexualismus den Borderline-Störungen zu und sehen in Abgrenzung zu anderen Borderline-Störungen mit einer unbeeinträchtigten Geschlechtsidentität hier die „Ambiguität der Kerngeschlechtlichkeit" im Mittelpunkt. Frau-zu-Mann-Transsexuelle ordnen die Autoren immer den sekundären Transsexuellen zu und sehen sie letztlich als homosexuelle Frauen mit einer männlichen Geschlechtsidentität, die allerdings nicht seit frühester Kindheit vorhanden ist. Für Mann-zu-Frau-Transsexuelle gilt diese Ambiguität als belegt. Offen bleibt noch die Frage, worin sich die Ambiguität Transsexueller von der bei perversen Patienten unterscheidet. Nach Meyer (1974) hängt es von dem individuellen Grad der Symbolisierungsfähigkeit ab, ob es zu einer perversen oder einer transsexuellen Entwicklung kommt.

Nach Socarides unterscheidet sich die Transsexualität und die mit ihr seiner Meinung nach eng verwandte Homosexualität, von Perversionen nur durch den Wunsch nach Geschlechtsumwandlung. So ist für Socarides Transsexualität der perverse Wunsch eines homosexuellen Mannes, mit dem er seine innere Konfliktspannung lösen will. Der Ursprung des Wunsches nach Geschlechtsumwandlung rührt dem Autor zufolge von denselben Faktoren her, die bei Perversionen vorlägen, nämlich von einem Misslingen der Separations-Individuationsphase. Dem stimmen Sigusch und Reiche (1980) im Prinzip zu und bezeichnen die Transsexualität als eine Perversion, die ihr Ziel mit scheinbar nichtsexuellen Mitteln erreicht, wobei bei der Transsexualität der ganze Körper sexualisiert sei bzw. die Funktion eines abgespaltenen Partialobjektes habe. Der Wunsch nach Geschlechtswechsel ist für die Autoren selbst der Spaltungsakt, in dem (bei männlichen Transsexuellen) die männlichen Geschlechtsmerkmale „als total schlecht" und die weiblichen „als total gut" erlebt werden. Männliche und weibliche Selbst- und Objektrepräsentanzen bleiben bei Transsexuellen durch den Spaltungsmechanismus völlig unverbunden.

Das Misslingen der Wiederannäherungsphase und der Lösungsversuch der späteren Transsexuellen lässt sich in etwa folgendermaßen darstellen: Bei den späteren Mann-zu-Frau-Transsexuellen dominiert in der Wiederannäherungsphase die Angst vor dem Verlust des Objekts. Diese Trennungsangst wird mit Hilfe der Phantasie einer symbiotischen Verschmelzung mit der Mutter abgewehrt. Da sie nun mit der Mutter eins sind, können sie auch nicht mehr von ihr verlassen werden. Die bedrohliche eigene Aggression wird als „männlich" abgespalten.

Bei den späteren Frau-zu-Mann-Transsexuellen dominiert dagegen in der Wiederannäherungsphase die Angst vor der Verschmelzung. Die Angst vor dem Verlust der Autonomie wird mit Hilfe der omnipotenten Phantasie, dem männlichen Geschlecht anzugehören, abgewehrt. Da Frau-zu-Mann-Transsexuelle nun in der Phantasie ein anderes Geschlecht als die Mutter haben, droht auch keine Fusion mehr mit ihr. Die bedrohliche eigene Verletzlichkeit wird als „weiblich" abgespalten.

Damit kann der transsexuelle Wunsch als „Rettungsphantasie" i. S. der narzisstischen Plombe als Abwehrleistung gegenüber massiven Vernichtungsängsten verstanden werden, die das Ich vor Desintegration bzw. das Selbst vor Auflösung schützt. Aus einem ausweglosen Problem kann nun ein auswegversprechendes Problem, das der Transsexualität, werden. Da bei Patienten mit früher Manifestation der Geschlechtsidentitätsstörung diese Abwehrleistung bereits in den ersten Lebensjahren geschieht und zu einem festen Bestandteil ihrer psychischen Struktur wird, wirken manche dieser Patienten psychisch unauffällig. Bei Patienten mit späterer Manifestation der Transsexualität geschieht diese Abwehrleistung erst regressiv in einer Krise bzw. dann, wenn ihre bisherige narzisstische Plombe, z. B. eine Perversion wie der transvestitische Fetischismus, nicht mehr trägt. Die Bezeichnung „Plombe" stammt von Morgenthaler (1974), der damit die psychische Funktion der Perversion als Reparationsversuch eines brüchigen Selbst beschrieben hat, der den Patienten vor schwerer narzisstischer Depression mit Gefühlen der Leere und der Desintegration schützt und das Überflutetwerden durch archaische Ängste vor Verschmelzung und Auflösung verhindert. Auch der transsexuelle Wunsch kann als narzisstischer Stabilisierungsversuch verstanden werden, der, wie alle Abwehrleistungen, das Individuum vor Ängsten und psychischen Katastrophen schützt und der als neurotische Kompromisslösung gleichzeitig eine kreative Abwehrleistung darstellt.

Die individuelle Ausgestaltung und die Tragfähigkeit der transsexuellen Abwehrmechanismen sowie ihre Integration in die psychische Struktur hängen auch von dem weiteren Verlauf der psychosexuellen Entwicklung ab. Insbesondere in der ödipalen Phase und in der Pubertät werden die abgespaltenen Selbstanteile und die narzisstische Wunde, die ja durch die transsexuelle Identität geschlossen werden sollte, reaktiviert, was neue Abwehrleistungen erfordert. Andererseits wird das Erleben dieser Phasen durch das Vorherrschen von Spaltungs-Mechanismen beeinflusst. Gerade in der ödipalen Situation, in der alle früheren Ängste um die psychophysische Integrität neu belebt und nun sexuell interpretiert werden, wirkt sich die Spaltung vor allem auf die Schwierigkeit der Integration libidinöser und aggressiver Triebanteile aus. Dies kann zu einer Sexualisierung des narzisstischen Mangels oder zu einer massiven Abwehr der Sexualität, aber auch zu einer depressiven Konfliktvermeidung und zu einer Spaltung zwischen einem idealisierten Ich-Ideal und einem projizierten sadistischen Über-Ich führen. Das gleiche, allerdings in noch stärkerem Maße, gilt für die Pubertät, in der Autonomieanforderungen in den verschiedensten Bereichen (Körper, Triebe, Eltern etc.) gestellt werden (Becker 2004). Stoller (1979) vertritt die Position, dass Familienkonstellationen unter Einbeziehung der Großeltern für die Genese der Transsexualität verantwortlich sind. Danach behandelt die Großmutter ihre Tochter, also die Mutter des Transsexuellen, als Neutrum, während sie vom Großvater im männlichen Verhalten bestärkt wird. Die Tochter verhält sich daraufhin anhaltend jungenhaft und möchte auch bewusst ein Junge sein. In der Pubertät gibt sie dann diese Identität auf und bindet sich später an einen passiven und distanzierten Mann, der sie dominieren lässt. Der gemeinsame Sohn, also der Transsexuelle, soll nun nicht die gehasste und geneidete Männlichkeit entwickeln. Deshalb bindet die Mutter ihn in einer „Geschlechtersymbiose" an sich und hält den Vater des Transsexuellen auf Abstand, um die Symbiose verlängern zu können. Der ödipale Konflikt wird somit umgangen und es kommt zu einer konfliktfreien weiblichen Kerngeschlechtsidentität.

Der transsexuelle Sohn erlebt die Mutter nicht als getrennt und auch nicht als homosexuelles Objekt. Während nach Stoller die Genese der Mann-zu-Frau-Transsexuellen also in einer nichttraumatischen Konfliktlosigkeit geschieht, was nicht nur von vielen Autoren kritisiert, sondern auch widerlegt wurde, verläuft die Entwicklung der Frau-zu-Mann-Transsexualität eher dramatisch. Psychopathogenetisch macht Stoller vor allem eine mental abwesende, depressive, unbewusst männlich identifizierte Mutter verantwortlich. Der dominante Vater würde sich dieser Ehefrau entziehen und an seine Stelle unbewusst die Tochter als Ehemann-Surrogat delegieren. Weibliches Verhalten dieser („transsexual-to-be") Tochter würde entmutigt und männliches bestärkt.

Auch der Stoller-Schüler Lothstein (1979) hebt den familiendynamischen Aspekt der Transsexualität hervor. Bei seinem Versuch, typische Eltern, besonders Mütter von Transsexuellen ausfindig machen zu können, stellte er sehr starke psychische Störungen, in manchen Fällen sogar Psychosen, bei den Müttern fest. Sie fühlen sich durch die normale Entwicklung des Kindes, vor allem durch seine Geschlechtsentwicklung, bedroht und erlauben dem Kind eine Verselbständigung und Abgrenzung nur in Bereichen, die nichts mit seinem Geschlecht zu tun haben. Als Folge erleben die Patienten in der Kindheit ihr „wahres Selbst" i. S. von Winnicott (1960) als das Andersgeschlechtliche und als ein in ihnen verborgenes „Geheimnis". Indem das Kind nun die von der Mutter auf es projizierten Konflikte z. B. durch Cross dressing auslebt, entgeht es der aggressiven Destruktivität durch die Mutter. Da die normale Selbstentwicklung des Kindes aufgrund der psychischen Störung durch die Mutter verhindert wurde, wird das resultierende „leere" Selbst des Kindes nun durch die transsexuelle Identität strukturiert, so dass die Entwicklung des transsexuellen Selbst die Rettung eines sonst von Zerstörung bedrohten Selbst bedeutet.

27.3 Psychosoziale Aspekte

In psychosozialen Modellen wird das Fehlen gleichgeschlechtlicher Rollenmodelle und die mangelnde Förderung, sich andersgeschlechtlich zu verhalten, als ätiologisch relevant betrachtet. Ein entscheidender psychopathogenetischer Faktor wird auch in einem depressiven und zurückgezogenen Verhalten der Mütter gesehen, obwohl die Beschreibungen von „typischen" Müttern Transsexueller in den verschiedenen familiendynamisch-ätiologischen Konzepten zu keinen einheitlichen Ergebnissen geführt hat. Als prädisponierend für eine Störung der Geschlechtsidentität gilt auch körperlicher und sexueller Missbrauch.

27.4 Biopsychosoziales Erklärungsmodell

Wissenschaftstheoretisch betrachtet können biomedizinische Theorien zwar das Objektivierbare messen und das Allgemeine beschreiben, aber nicht den Einzelfall erklären, so wie umgekehrt psychoanalytische Ansätze zwar das Individuelle erklären, aber nicht das Regelhafte wissenschaftlich überprüfbar belegen können. Einen Ausweg aus diesem Dilemma könnten Forschungsvorhaben bieten, die beide Methoden integrieren und alle ätiologisch relevanten Faktoren berücksichtigen würden, um auf diese Weise die Wirklichkeit realitätsgerechter abbilden zu können.

Ein solches umfassendes, empirisch überprüfbares biopsychosoziales Erklärungsmodell liegt aber aufgrund der Komplexität der Materie bisher nicht vor.

Einen Ansatz in diese Richtung stellt jedoch die Studie von Bosinski (1996) dar, der die verschiedenen Erklärungsmodelle an einer einzigen Stichprobe von Patienten untersuchte, um so die Einflüsse der verschiedenen Faktoren (z. B. der biologischen *und gleichzeitig* der Sozialisationsbedingungen) gewichten zu können. In seiner Studie bezog er nicht nur eine vergleichbare gesunde Kontrollgruppe ein, sondern er ergänzte die Angaben der transsexuellen Probanden zu ihrem geschlechtsatypischen Verhalten in Kindheit und Jugend auch durch fremdanamnestische Daten. Bei seinen Versuchspersonen handelt es sich um alle Patienten, die sich innerhalb eines Jahres in der Abteilung für Sexualmedizin der Universität Kiel mit dem Wunsch nach Geschlechtsumwandlung vorstellten und hormonell unbehandelt waren. Neben psychologischen Untersuchungen mit Eigen- und Fremdanamnesen wurden die Patienten anthropometrisch, endokrinologisch und gynäkologisch untersucht.

Während sich bei den biologischen Männern mit transsexueller Geschlechtsidentitätsstörung (MFT) keine signifikanten Abweichungen ergaben, sondern allenfalls Auffälligkeiten, die die Annahme sozialisationsbedingter Einflüsse stützten, wies hingegen die Stichprobe der biologischen Frauen mit transsexueller Geschlechtsidentitätsstörung (FMT) eine ganze Reihe von sowohl biomedizinischen als auch sozialisationsbedingten Auffälligkeiten auf. So konnte bei über 60 % der 16 FMT eine abnorme Erhöhung der Androgene, die allerdings nicht die Werte des männlichen Bereichs erreichten, nachgewiesen werden. 50 % der FMT wiesen ein polyzystisches Ovarialsyndrom (PCOS) auf, wobei die zusätzlichen PCOS-Symptome wie Hirsutismus und Adipositas sowie Oligomenorrhoen bei den FMT häufiger auftraten als bei der Kontrollgruppe. Insgesamt lag die PCOS-Häufigkeit erheblich über der Normalpopulation. Auch ergaben sich Hinweise auf das Vorliegen von Störungen der adrenalen Steroidbiosynthese (AGS-ähnliche Zustandsbilder). Die Untersuchungen der Körperbauproportionen ergab, dass die FMT ihrem männlichen Identitätsgeschlecht ähnlicher als ihrem weiblichem Geburtsgeschlecht waren und dass sie einen eher maskulinen Habitus, der auch die von äußeren Einflüssen unabhängigen Knochenmaße betraf, aufwiesen.

Die Befunde zur Sozialisation zeigten eine in den ersten sechs Lebensjahren signifikant häufiger vorhandene asymmetrische Familienstruktur. Besonders auffällig war, dass der Vaterverlust von den FMT teilweise traumatisch erlebt wurde. Sofern die FMT mit einem Vater oder Stiefvater aufwuchsen, gaben sie signifikant häufiger als die Kontrollgruppe an, dass die Väter ihr Vorbild waren, dass sie so sein wollten wie sie und dass sie in der Kindheit gemeinsame Aktivitäten, insbesondere Fußballspiele und Handwerksarbeiten mit ihnen unternommen haben. Auch zeigten alle FMT eine Vorliebe für jungentypische Spiele, die sie überdurchschnittlich häufig auch mit männlichen Kameraden betrieben. Entsprechend hatten alle FMT schon in der Kindheit eine Abneigung gegen Mädchenkleidung, Mädchenfrisuren und Mädchenspiele. Allerdings tauchte der ausdrückliche Wunsch, ein Junge sein zu wollen, in der Kindheit eher selten auf. Vielmehr gaben die FMT an, sich darüber keine sonderlichen Gedanken gemacht zu haben. Alle FMT berichteten, die Brustentwicklung sowie die Menarche als traumatischen Vorgang erlebt zu haben. Auffällig war, dass sich die Erklärung von der unterschied, die einige Frauen der Vergleichsgruppe mit den gleichen Problemen angegeben hatten: während die FMT schilderten, „todunglücklich" gewesen zu sein, da dies ihrem bis dahin vorherrschenden Selbstbild, „irgendwie doch kein Mädchen zu sein", widersprach und sie erkennen mussten, dass die Sache nun „blutiger Ernst" war, berichteten die Frauen der Kontrollgruppe, sich nur körperlich noch nicht reif dafür gefühlt zu haben. Bei ihnen war das Problem also nur ein Ausdruck eines vorübergehenden Alterskonflikts, während es bei den FMT ein bleibender massiver Geschlechtsrollenkonflikt wurde. Alle Angaben zur Störungsentwicklung wurden von den Müttern fremdanamnestisch bestätigt.

Aus diesen Befunden entwarf Bosinski ein hypothetisches biopsychosoziales Phasen-Modell, allerdings nur für die Entstehung der Frau-zu-Mann-Transsexualität und mit dem Hinweis, dass es aufgrund einiger noch spekulativer Annahmen und Lücken noch weiterer Untersuchungen bedarf.

Zusammenfassend geht Bosinski in seinem Erklärungsmodell von der Vermutung aus, dass die hyperandrogenämischen Zustandsbilder Ausdruck hormoneller Dysbalancen sind, die bereits prä-/perinatal bestanden. In der Kindheit kommt als weiterer Faktor hinzu, dass das transsexuelle Mädchen nicht die akzeptierte Gewissheit von der Unverwechselbarkeit der Geschlechtszugehörigkeit entwickelt. Eine konstante, akzeptierende und identifizierende Selbstzuordnung zum eigenen Geschlecht ist aber nach entwicklungspsychologischer Erkenntnis eine wesentliche Voraussetzung für die Etablierung der Geschlechtsidentität. Die Gründe für das Fehlen und die Selbstzuordnung als „den Jungen ähnlich" liegen nach Bosinski an hormonellen Imbalancen, die die Aktivität, Motorik und Aufmerksamkeit des Kindes auf jungentypisches Verhalten hin beeinflussten sowie an aktiven Selbstorganisationsprozessen, aufgrund derer sich das Kind die Geschlechtsrolle aneignet. Verstärkt durch soziale Lernprozesse und familiendynamische Gegebenheiten, die Bosinski in seinem Modell im einzelnen näher erläutert, wird das jungenhafte Verhalten und das „Sich-Wohlfühlen" in dieser Rolle bekräftigt. In der Pubertät kommt es bei den FMT zur vehementen Ablehnung des weiblichen Körpers, hervorgerufen durch die Menstruation und die Brustentwicklung, die der Phantasie, eigentlich ein Junge zu sein, ein deutliches Ende setzen. Während die „jungenhafte Selbstzuordnung" in der Kindheit noch unreflektiert verlief, erleben sich die FMT aufgrund der fehlenden weiblichen Ausstrahlung ab der Pubertät nun auch bewusst im Selbstbild als Junge, und werden durch die Umwelt wegen ihres maskulinen körperlichen Erscheinungsbildes darin auch bekräftigt, so dass sie ihr jungenhaftes vorpubertäres Verhalten nach der Pubertät fortsetzen. Die in dieser Zeit bewusst werdende, auf Frauen ausgerichtete sexuelle Orientierung wird passend zum männlichen Zugehörigkeitsgefühl und zum körperlichen Erscheinungsbild empfunden. Die homosexuelle Orientierung führt Bosinski wiederum auf hormonelle Dysbalancen zurück, die durch eine Fülle von endokrinologischen Daten belegt sind. Der in der Kindheit beginnende Prozess der männlichen Fehlidentifikation kommt somit in der Pubertät zu einem relativen Abschluss und endet in einer „Flucht aus der Weiblichkeit" (Beier et al. 2005).

28 Symptomatik

Die Transsexualität ist dadurch gekennzeichnet, dass die Betroffenen ein extremes Unwohlsein durch ihre biologische Geschlechtlichkeit verspüren und dass sie in dem Bewusstsein leben, eigentlich dem anderen Geschlecht anzugehören. Transsexuelle fühlen sich im falschen Körper gefangen, verkennen aber nicht die anatomische Realität. Die früher von Ulrichs (1899) für die Homosexuellen verwendete Formulierung, „es habe sich bei ihnen eine weibliche Seele in einen männlichen Körper verirrt", beschreibt auch in etwa die psychische Situation von Transsexuellen. Die innere Gewissheit, im falschen Körper zu leben, führt zu dem Wunsch nach einer geschlechtsumwandelnden Operation und dazu, juristisch und sozial anerkannt als Angehöriger des anderen Geschlechts zu leben.

Nach den diagnostischen Leitlinien der ICD-10, in der die Transsexualität unter der Kategorie F64.0 verzeichnet ist, muss die transsexuelle Identität mindestens zwei Jahre durchgehend bestanden haben und darf nicht ein Symptom einer anderen psychischen Störung, wie z. B. einer Schizophrenie, sein. Ebenfalls muss ein Zusammenhang mit intersexuellen, genetischen oder geschlechtschromosomalen Anomalien ausgeschlossen sein.

Im DSM-IV-TR wurde der Begriff der Transsexualität durch die Bezeichnung Geschlechtsidentitätsstörungen ersetzt. Gekennzeichnet sind Geschlechtsidentitätsstörungen nach Kriterium A durch ein starkes und andauerndes Zugehörigkeitsgefühl zum anderen Geschlecht und durch das Verlangen oder auch das Bestehen darauf, dem anderen Geschlecht anzugehören. Nach Kriterium B darf dieser Wunsch nicht mit dem Verlangen nach irgendwelchen kulturellen Vorteilen, die als mit der Zugehörigkeit zum anderen Geschlecht verknüpft empfunden werden, verbunden sein, sondern es muss ein andauerndes Unbehagen im Geburtsgeschlecht vorliegen oder das Gefühl, dass die Geschlechtsrolle dieses Geschlechts für den Betreffenden nicht die richtige ist. Bei der Diagnosestellung muss nach Kriterium C ausgeschlossen sein, dass der Betreffende gleichzeitig ein somatisches Intersex-Syndrom aufweist. Kriterium D erfordert ein in klinisch bedeutsamer Weise bestehendes Leiden oder Beeinträchtigungen in sozialen, beruflichen oder anderen wichtigen Funktionsbereichen. Dazu wird im DSM-IV-TR erläutert, dass das Leiden sich über die Lebensspanne auf verschiedene Weise manifestieren kann. Bei jüngeren Kindern zeigt es sich im geäußerten Kummer über ihr Geburtsgeschlecht. Bei älteren Kindern kommt es aufgrund des Versagens beim Entwickeln geschlechtsangemessener Fertigkeiten und adäquater Beziehungen zu Altersgenossen ihres biologischen Geschlechts häufig zu Isolation und Leiden, wobei sich einige Kinder weigern können, die Schule zu besuchen, weil sie dort gehänselt oder gezwungen werden, die für ihr Geburtsgeschlecht typische Kleidung zu tragen. Bei Jugendlichen und Erwachsenen sind Beziehungsschwierigkeiten verbreitet und die Leistungsfähigkeit in der Schule und bei der Arbeit kann durch die Vereinnahmung durch die Wünsche nach Zugehörigkeit zum anderen Geschlecht häufig gestört sein.

Als Zusatzkodierung kann im DSM-IV-TR die sexuelle Orientierung festgehalten werden, die „auf Männer", „auf Frauen", „auf beide Geschlechter" oder „weder auf Männer noch auf Frauen" gerichtet sein kann. In den Erläuterungen dazu heißt es, dass bei Männern mit Geschlechtsidentitätsstörungen sehr häufig alle vier Möglichkeiten vorkommen. Diejenigen, die auf Männer orientiert sind, erleben den Beginn der Störung meist in der Kindheit oder im frühen Jugendalter, während diejenigen Männer, die sexuell auf Frauen, auf beide Geschlechter oder auf keines von beiden orientiert sind, meist berichten, dass ihre Geschlechtsdysphorie im frühen oder mittleren Erwachsenenalter begonnen hat. Bei Männern, die weder auf Männer noch auf Frauen orientiert sind, handelt es sich meist um Einzelgänger mit schizoiden Zügen. Bei Frauen mit Geschlechtsidentitätsstörung ist die sexuelle Orientierung meist auf Frauen ausgerichtet. Es gibt nur verhältnismäßig wenige Fälle, bei denen eine sexuelle Orientierung auf Männer vorliegt.

Komorbidität

Zur Komorbidität wird im DSM-IV-TR erläutert, dass viele Personen mit Geschlechtsidentitätsstörung im Verlauf zunehmend sozial isoliert sind. Ausgrenzung und Ächtung tragen wiederum zu einem niedrigen Selbstwertgefühl bei und können, wenn die Geschlechtsidentitätsstörungen im Kindesalter auftreten, zu Schulaversion oder Schulabbruch führen. Ächtung und Verspottungen sind besonders Jungen ausgesetzt. Dies hängt möglicherweise mit ihren oft ausgeprägten weiblichen Manierismen und Sprachmustern zusammen. Das Störungsbild kann so beherrschend sein, dass das Leben einiger Patienten sich nur noch um Aktivitäten dreht, die das Leiden an der Geschlechtszugehörigkeit mindern. Häufig sind die Betroffenen auch völlig von der Beschäftigung mit ihrem Erscheinungsbild vereinnahmt, was insbesondere in der frühen Phase des Wechsels zu einem Leben im anderen Geschlecht vorkommt. Die Beziehung zu einem Elternteil oder zu beiden Eltern kann ebenfalls ernsthaft gestört sein. Einige Männer mit Geschlechtsidentitätsstörung greifen zur Selbstbehandlung mit Hormonen. In sehr seltenen Fällen kann es auch zu einer Kastration oder einer Penektomie an sich selbst kommen. Insbesondere in großstädtischen Ballungsgebieten gehen einige Männer mit dieser Störung der Prostitution nach und gehen damit ein hohes Risiko für eine HIV-Infektion ein. Häufig treten Suizidversuche und Störungen im Zusammenhang mit psychotropen Substanzen auf.

Frauen mit Geschlechtsidentitätsstörungen erfahren allgemein eine geringere Ächtung und haben, zumindest bis zur Adoleszenz, meist weniger unter der Ablehnung durch Altersgenossen zu leiden.

Männer weisen häufiger begleitende Persönlichkeitsstörungen auf als Frauen. Erwachsene Männer, die sexuell vor allem auf Frauen oder manchmal auf beide Geschlechter orientiert sind, geben meist an, dass sie durch Gedanken oder Vorstellungen von sich selbst als Frau sexuell erregt werden (Autogynäphilie). Nach außen leben sie asexuell und manchmal sind sie auch auf keines der beiden Geschlechter sexuell orientiert. Bei einigen Männern bezieht sich die Phantasie nicht auf Kleidung, sondern auf andere weibliche Attribute. So masturbieren sie z. B. bei der Phantasie, eine nackte Frau zu sein, wobei sie sich vor allem auf die weiblichen Brüste und die Vulva konzentrieren, oder sie befriedigen sich selbst, während sie sich bei einer typisch weiblichen Beschäftigung wie z. B. Stricken vorstellen. In den meisten dieser Fälle wäre die Diagnose eines transvestitischen Fetischismus, zumindest in der Vergangenheit, gerechtfertigt.

Bei **Kindern** mit Geschlechtsidentitätsstörung können gleichzeitig Trennungsängste, generalisierte Angststörungen und Symptome der Depression auftreten. Besonders bei Jugendlichen besteht ein Risiko für Depressionen, Suizidgedanken und Suizidversuche.

Verlauf

Transsexuelle Entwicklungen sind äußerst heterogen (s. Kap. 29). Gemeinsam ist ihnen aber der meist chronische Verlauf. Gelegentlich sind auch Spontanremissionen zu beobachten.

Vorkommen

Bei der Erstvorstellung sind die meisten Frau-zu-Mann-Transsexuellen (FMT) zwischen 20 und 30 Jahre alt, in den letzten zehn Jahren zunehmend auch jünger. FMT jenseits des 40. Lebensjahres kommen zwar vor, sind aber zunehmend seltener geworden. Die Altersspanne von Mann-zu-Frau-Transsexuellen (MFT) erstreckt sich zwar vom 18. bis zum 70. Lebensjahr, es lassen sich aber in Abhängigkeit von der Verlaufsform zwei Altersgipfel, einen um Mitte 20 Jahre bei androphilen und einen von Mitte bis Ende 30 Jahre bei gynäphilen Männern feststellen.

Differenzialdiagnose

Die Geschlechtsidentitätsstörung unterscheidet sich von einer einfachen Unangepasstheit an übliches Geschlechtsrollenverhalten durch die Intensität der transsexuellen Wünsche und Aktivitäten sowie durch das Maß des Beherrschtseins durch sie. Ein „Wildfang-Verhalten" von Mädchen oder ein „Memmen-Verhalten" von Jungen gilt genauso wenig als Geschlechtsidentitätsstörung bei Kindern wie ein Verhalten bei Erwachsenen, das lediglich die kulturellen Stereotype von Weiblichkeit oder Männlichkeit nicht erfüllt.

Ebenfalls differenzialdiagnostisch von Geschlechtsidentitätsstörungen abzugrenzen sind vorübergehende Störungen der Geschlechtsidentität z. B. bei Adoleszenzkrisen, die gerade bei pubertierenden Mädchen im Zusammenhang mit belastenden psychischen und sozialen Faktoren (wie etwa Trennung der Eltern, sexueller Missbrauch oder Abgelehntwerden durch die Peergroup) ein geschlechtsatypisches Verhalten hervorrufen können, das einer frühen transsexuellen Geschlechtsidentitätsstörung ähnlich ist. Solche Zustandsbilder können tatsächlich den Beginn einer transsexuellen Geschlechtsidentitätsstörung anzeigen, oft geht eine solche Entwicklung aber auch in eine Borderline-Störung über. Manchmal bilden sich diese Verläufe auch von selbst zurück oder sie können durch eine Psychotherapie gebessert werden. Aus diesem Grund darf eine Geschlechtsumwandlung vor dem 18. Lebensjahr auch nicht durchgeführt werden.

Abzugrenzen von der transsexuellen Geschlechtsidentitätsstörung sind auch Schwierigkeiten, die aus einer konflikthaften Homosexualität resultieren. Aufgrund der in der Bevölkerung gewachsenen Akzeptanz gegenüber der Homosexualität werden aber immer weniger Patienten vorstellig, bei denen sich hinter dem Transsexuellenwunsch die Vorstellung verbirgt, dass nur ein Mann Frauen bzw. nur eine Frau Männer lieben kann und die, weil sie die Homosexualität moralisch ablehnen, in der Geschlechtsumwandlung einen Ausweg sehen. Patienten, hinter deren Transexuellenwünschen sich eine solche konflikthafte, ich-dystone Homosexualität verbirgt, kommen heutzutage überwiegend aus meist islamischen Kulturen.

Differenzialdiagnostisch abzugrenzen sind ferner psychotische Erkrankungen. Insbesondere bei einer Schizophrenie kann manchmal der Wahngedanke auftreten, dem anderen Geschlecht anzugehören. Ein Unterscheidungsmerkmal der psychotischen gegenüber der nicht-psychotischen transsexuellen Geschlechtsidentitätsstörung ist, dass der Schizophrene die Realität verkennt und glaubt, dem anderen Geschlecht bereits anzugehören, während der nicht-psychotische Patient sehr wohl weiß, dass er biologisch einem anderen als dem innerlich empfundenen Identitätsgeschlecht angehört.

Nur sehr selten treten sowohl eine Schizophrenie als auch eine Geschlechtsidentitätsstörung nebeneinander auf. In diesen Fällen ist die Geschlechtsidentitätsstörung auch in psychosefreien Phasen vorhanden. In der Regel stellt die Diagnose einer Psychose ein Ausschlusskriterium für die Indikation zur Geschlechtsumwandlungsbehandlung dar.

Keine Ausschlussdiagnose stellen jedoch Borderline-Störungen dar, die häufig bei Patienten mit Geschlechtsidentitätsstörungen zu finden sind. Anders würde es auch keinen Sinn machen, da Geschlechtsidentitätsstörungen von vielen Autoren den Borderline-Störungen zugeordnet werden.

Der Ausschluss der Diagnose Transsexualität bei Vorliegen einer Intersexualität gilt wissenschaftlich als umstritten, ist aber in beiden Diagnosesystemen vorgeschrieben. Für Patienten, die ein Geschlechtsidentitätsproblem bei einem gleichzeitigen angeborenen somatischen Intersex-Syndrom haben, ist im DSM-IV-TR die Kategorie „nicht näher bezeichnete Geschlechtsidentitätsstörung" vorgesehen.

Die häufigste und zugleich schwierigste Differenzialdiagnose stellt der fetischistische Transvestitismus dar, zumal es gerade bei auf Frauen orientierten biologischen Männern mit transsexueller Geschlechtsidentitätsstörung fließende Übergänge zur Transsexualität gibt. Im DSM-IV-TR wird die Möglichkeit vorgeschlagen, dass bei Männern, die sowohl alle Kriterien der transsexuellen Geschlechtsidentitätsstörung als auch des transvestitischen Fetischismus erfüllen, beide Diagnosen gestellt werden sollten. Falls ein Transvestitismus mit einer Geschlechtsdysphorie verbunden ist, ansonsten jedoch nicht alle Kriterien der Geschlechtsidentitätsstörung erfüllt sind, sollte nach dem DSM-IV-TR die Zusatzkodierung „mit Geschlechtsdysphorie" verwendet werden. Beide vorgeschlagenen Möglichkeiten lösen das Problem im Einzelfall nicht immer eindeutig, denn es gibt einige Männern mit transvestitischem Fetischismus und Geschlechtsdysphorie, die im späteren Verlauf dann doch alle Kriterien der transsexuellen Geschlechtsidentitätsstörung aufweisen.

29 Transsexuelle Entwicklungen

Transsexuelle Entwicklungen von Frauen und Männern unterscheiden sich in vielen klinischen und soziokulturellen Aspekten. So verlaufen transsexuelle Entwicklungen bei Frauen weniger auffällig. Außerdem scheinen Frauen insgesamt psychisch und sozial besser integriert, psychisch stabiler und psychopathologisch unauffälliger zu sein als transsexuelle Männer. Geschlechtsidentitätsstörungen bei Frauen sind bis heute weniger erforscht als bei Männern, was zum einen an der größeren Häufigkeit von Geschlechtsidentitätsstörungen bei Männern liegt, zum anderen aber auch darauf zurückgeführt werden kann, dass Geschlechtsidentitätsstörungen bei Männern gesellschaftlich negativer bewertet werden als bei Frauen. Dies hängt wohl damit zusammen, dass die männliche Rolle gesellschaftlich und kulturell noch immer höher bewertet wird, so dass eine sich männlich gebende Frau auf mehr Verständnis stößt. Hinzu kommt, dass Frauen generell mehr Flexibilität in der psychosexuellen Ausrichtung zugebilligt wird. Aufgrund der unterschiedlichen Verläufe transsexueller Entwicklungen bei biologischen Männern und Frauen (s. Tab. 29-1) werden sie nachfolgend getrennt dargestellt.

29.1 Geschlechtsidentitätsstörung bei biologischen Frauen

Die meisten FMT zeigen schon in sehr früher Kindheit, in der Regel ab dem 3. Lebensjahr, ein auch fremdanamnestisch bestätigtes jungenhaftes Verhalten. Eigenanamnestisch erinnern sich die FMT, sich von früh an mit einer großen Selbstverständlichkeit für einen Jungen gehalten zu haben, wobei der bewusste Wunsch nach einem Penis jedoch nicht bestanden habe. Entsprechend hatten FMT als Kinder auch eine Aversion gegen alle mädchenhaften Attribute wie Kleider, Spielzeug und Frisur. Während es mit den Müttern häufiger darüber zu Auseinandersetzungen kam, stießen die Mädchen seitens der Väter mit ihrem „Cross gender"-Verhalten auf wohlwollende Toleranz. Sie galten als „Papas kleiner Junge" und wurden für ihr handwerkliches Geschick oder das fußballerische Interesse gelobt. Wenn die Mädchen ohne Väter aufwuchsen, fühlten sie sich als „Mann im Haus" bzw. als „Beschützer der Mutter". Von den Jungen, mit denen sie am liebsten spielten, wurden sie als „gleichartig" akzeptiert. Oft wurden sie auch von anderen aufgrund ihres Äußeren für einen Jungen gehalten oder sie taten selbst alles, um als „Junge durchzugehen". Über ihr Geschlecht, so berichten die FMT, dachten sie „gar nicht groß nach"; „es war einfach so".

Die Pubertät wird von allen FMT als Katastrophe, als „blutiges Erwachen", als beschämender Zusammenbruch einer Illusion beschrieben und die körperlichen Veränderungen werden als Zeichen der Weiblichkeit heftig abgelehnt. Deshalb werden Brüste auch durch weite Kleidung oder durch eine gebeugte Körperhaltung kaschiert oder manchmal auch durch Abschnürungen mittels Bandagen verborgen. Auch wird das Betrachten der verhassten Körperteile strikt vermieden. Die Menstruation wird ebenfalls dramatisch erlebt und oft kommt es zu Dys- und Oligomenorrhoen, die allerdings auch durch ein überdurchschnittlich häufiges Vorhandensein polyzystischer Ovarien mitbedingt sein können. Während in der Kindheit – wie oben beschrieben – das jungenhafte Verhalten unbewusst war und gar nicht re-

29.1 Geschlechtsidentitätsstörung bei biologischen Frauen

Tab. 29-1 Transsexuelle Entwicklungen bei biologischen Frauen und Männern

Biologische Frauen		Biologische Männer	
gynäphil	androphil	androphil	gynäphil
• empfinden sich als (heterosexueller) Mann • sind sexuell auf Frauen orientiert • *Erstvorstellung*: ca. 25–35 Jahre Subgruppen: *depressiv-abhängige FMT* • verarbeiten die körperlichen Veränderungen in der Pupertät depressiv • sozialer Rückzug • erleben sich im Selbstbild als unzureichendes männliches Imitat • geben sich nach außen als kumpelhafte Neutren • häufig adipös • in Beziehungen Angst, wegen eines „richtigen" Mannes verlassen zu werden • „stille Symptomatik" *forciert autonome FMT*: • verarbeiten die körperlichen Veränderungen in der Pubertät durch Verleugnung • setzen nach der Pubertät die Beziehungen zu Jungen als „Gleiche" fort • Selbstbild als Junge bleibt relativ stabil erhalten *schwer traumatisierte FMT*: • „lärmende Symptomatik" • traumatisierende Kindheitserfahrungen • fast alle haben Borderline-Persönlichkeit • maligne konflikthafte Abhängigkeitsbeziehungen zu Frauen • oft dissoziales Verhalten	• empfinden sich als „schwuler" Mann • sind sexuell auf Männer orientiert • kommen selten vor	• empfinden sich als (heterosexuelle) Frau • sind sexuell auf Männer orientiert • Vorhandensein vieler Untergruppen, die auf einem Kontinuum zwischen konflikthafter Homosexualität und Homosexualität bei konflikthafter Männlichkeit eingeordnet werden können • *Manifestation*: ab dem Kindesalter bzw. ab der frühen Adoleszenz • frühes Cross dressing • erleben sich z. T. zunächst als homosexuell oder nie homosexuell • lebenslange Geschlechtsdysphorie • *Erstvorstellung*: Mitte 20 Jahre	• empfinden sich als (lesbische) Frau • sind sexuell auf Frauen orientiert und/oder sexuell orientiert auf die Vorstellung von sich selbst als Frau *(autogynäphil)* • *Manifestation*: erst später und gradueller • als Kind Gefühle der Wertlosigkeit, Unzulänglichkeit; häufig traumatische Krankheits- und Missbrauchserfahrungen • heimliches Cross dressing • sind wechselhafter bzgl. des Zugehörigkeitsgefühls zum anderen Geschlecht • sind unentschiedener bzgl. der Geschlechtsumwandlungsoperation • sind nach der Geschlechtsumwandlungsoperation eher unzufrieden • in der Vorgeschichte transvestitischer Fetischismus, z. T. zusätzliche Paraphilie (meist Masochismus) • oft verheiratet oder feste Partnerschaft, z. T. eigene Kinder • oft symbiotische Beziehungen mit dem Dilemma: starker Wunsch als Frau zu leben, Angst, die Partnerin zu verlieren • in der Folge: Angst, Depressionen, Suizidgefährdung, Alkohol, Drogen • Krisenauslöser sind auf einem Kontinuum zwischen Überforderung als Mann und dem Verlust von Sicherheit in einer Beziehung anzusiedeln • transsexueller Wunsch als Lösung • *Erstvorstellung*: Mitte bis Ende 30 Jahre

flektiert wurde, kommt es während und nach der Pubertät meist zu einer offenen bewussten Demonstration und dem verstärkten Bedürfnis, sich männlich zu geben. Dies spiegelt sich in der überbetonten maskulinen Kleidung und Haartracht und auch im Verhalten wider. Die vorher vorhandene Akzeptanz durch die Väter lässt aufgrund dessen schlagartig nach.

In ihrer psychosexuellen Ausrichtung haben die meisten FMT eine gynäphile sexuelle Orientierung, d. h. sie fühlen sich durch Frauen angezogen, allerdings in der Position eines „heterosexuellen Mannes, der eine heterosexuelle Frau begehrt". Einige FMT haben „ein einziges Mal versucht, mit einem Mann zu schlafen, um zu wissen, ob sie nicht doch normal seien", andere FMT haben lesbische Beziehungen gehabt oder sich auch zeitweise als lesbisch bezeichnet, sich später jedoch davon distanziert. Manche FMT versuchen auch ihr biologisches Geschlecht zu verbergen und geben sich der Partnerin gegenüber als Mann aus, wobei sie das Vermeiden intimer Situationen mit religiösen oder moralischen Bedenken begründen. Solche FMT suchen in der Regel professionelle Hilfe erst dann auf, wenn die Wahrheit entdeckt wurde und sich die Partnerin aufgrund dessen abgewandt hat oder sie geben an, nicht länger „mit der Lüge leben" zu wollen. Andere FMT fürchten solche Enttäuschungen und leben deshalb sozial isoliert, wobei einige davon auch zu Betäubungsmitteln greifen. Einigen FMT gelingt jedoch der Aufbau einer stabilen Partnerschaft mit Frauen, wobei in solchen Fällen die Partnerinnen meist über die Transsexualität informiert sind und die FMT als Männer akzeptieren. Diese Paare leben heterosexuell wie Mann und Frau zusammen. Dabei legt die FMT meist großen Wert auf die Befriedigung ihrer Partnerin, lehnt aber selbst intime Berührungen ab, so dass sie oft unbefriedigt bleibt. Dies kann nach Jahren zu emotionalen Spannungen führen, die dann zum Grund werden, professionelle Hilfe in Anspruch zu nehmen.

Die familiäre Situation betreffend heiraten FMT selten als Frauen, werden selten schwanger und haben selten als Frauen Kinder. Nach erfolgtem sozialen Geschlechtswechsel übernehmen FMT jedoch gern die Vaterrolle in einer Partnerschaft mit einer Frau, die bereits Kinder hat. Nach einer Heirat bemühen sich FMT nicht selten um ein gemeinsames Kind mit ihrer Partnerin mittels künstlicher Befruchtung. Die Partnerinnen der FMT sind in der überwiegenden Zahl heterosexuell und hatten vorher ausschließlich Beziehungen zu heterosexuellen Männern, die sie häufig aber im Vergleich mit den FMT als zu machohaft beschreiben. Ein Teil der Partnerinnen ist älter als die FMT und hat häufig bereits Kinder.

Sexualität spielt in diesen Beziehungen eine wichtige Rolle, die Genitalbereiche der FMT dürfen in der Regel aber erst nach erfolgter Geschlechtsumwandlung berührt werden.

In letzter Zeit wird zunehmend auch von androphilen FMT mit heterosexueller Orientierung berichtet, die sich als „schwul" erleben.

Bei den Wünschen nach medizinischer Körperveränderung stehen das „Loswerdenwollen" der Brüste und der Menstruationsblutung an erster Stelle, während das Erhalten eines Penis meist nicht als vordringlich gesehen wird, was damit zusammenhängen mag, dass die heterosexuellen Partnerinnen weniger Wert darauf zu legen scheinen.

Psychopathologisch finden sich mitbedingt durch die übrigen sozialen, familiären und individuellen Faktoren neben insgesamt unauffälligen Persönlichkeiten aggressiv-antisoziale und Borderline-Persönlichkeitsstrukturen in Abhängigkeit davon, welcher Subgruppe (nach Becker 2004) die FMT zugeordnet werden können.

Becker (2004), die auf eine langjährige klinische Erfahrung im Umgang mit FMT zurückblicken kann, hat drei **Subtypen** von FMT beschrieben.

Die zur Subgruppe 1 gehörenden **depressiv-abhängigen** FMT verarbeiten die Pubertät depressiv und ziehen sich sozial zurück. Häufig entwickeln sie eine Adipositas und manchmal später auch eine, allerdings sozial unauffällige, Alkoholabhängigkeit. Oft haben sie eine schmerzhafte und starke Menstruation. Ab der Pubertät überwiegt der Hass auf den weiblichen Körper, gleichzeitig wird das männliche Selbstbild nicht mehr mit Stolz erlebt, sondern als unzureichendes Imitat und auch die Beziehungen zu männlichen Freundschaften werden nun nicht mehr als gleichartig empfunden. Nach außen wechseln sie jetzt in die Rolle von kumpelhaften Neutren über und lassen sich gern mit einem neutralen Kindernamen (z. B. „Pix") anreden. Die FMT dieser Gruppe gehen seltener frühe Beziehungen zu Mädchen ein und wenn, versuchen sie, sich in der Beziehung „als Mann" zu fühlen, wobei sie aber unter anhaltenden Ängsten leiden, wegen eines „richtigen" Mannes verlassen zu werden. Meist verlieben sie sich jedoch nur heimlich. Zur Mutter und/oder zum Vater haben sie aufgrund ihrer Autonomiekonflikte ein eher problematisches, abhängiges Verhältnis und in Beziehungen leiden sie meist an massiven Verlustängsten. Oft erleben sie auch tatsächlich, von ihren Partnerinnen wegen eines Mannes verlassen zu werden.

Eine zweite Subgruppe von FMT, die Becker als **„forciert autonom"** bezeichnet, erlebt die körperlichen Veränderungen der Pubertät zwar ebenfalls als Schock, verarbeitet diesen aber durch Verleugnung. Schon früh suchen die Mädchen soziale Bestätigung als Junge und werden in fremder Umgebung auch als solche angesehen. Während und nach der Pubertät setzen sie ihre Freundschaften zu Jungen einfach als „Gleiche" fort und gehen oftmals früh Beziehungen zu Mädchen ein, bei denen sie auch „als Junge" erfolgreich sind. Trotz des Einbruchs der körperlichen Veränderungen bleibt ihr Selbstbild als Junge relativ stabil erhalten. Die Menstruation ist bei ihnen eher unregelmäßig und schwach, aber mit wenig Beschwerden verbunden.

Zu den Eltern hatten sie meist schon von klein auf ein eher distanziertes Verhältnis, besonders zur Mutter. Von ihr fühlten sie sich schon früh abgelehnt oder nicht wahrgenommen, was hauptsächlich daran lag, dass sie psychisch krank war. Insgesamt ist die Entwicklung dieser „transsexuals-to-be" ab frühester Kindheit durch starke Autonomiebestrebungen und der entsprechenden Abwehr passiver Bedürfnisse gekennzeichnet.

Während die Kindheit der beiden vorausgegangenen Subgruppen psychisch unauffällig verläuft und sich bei den FMT der Subgruppe 1 in der Pubertät eine eher oft von der Außenwelt unbemerkte stille Symptomatik entwickelt, fällt bei der Subgruppe 3 spätestens ab der Pubertät eine „lärmende" Symptomatik auf. Diese Subgruppe bezeichnet Becker als **schwer traumatisiert**, da sie in der Kindheit schweren psychischen Belastungen ausgesetzt war. Schon früh erfuhren diese FMT körperliche Misshandlungen, sexuelle Traumatisierung, ernste körperliche Erkrankungen, frühe Trennung von den Eltern, Heimaufenthalte und gravierende emotionale Verluste, an die sie selbst zum größten Teil kaum eigene Erinnerungen haben. Bezüglich ihres Geschlechtsidentitätsgefühls haben diese FMT ebenfalls eine frühe „Gewissheit", ein Junge zu sein, ab der Pubertät treten jedoch psychische Auffälligkeiten wie dissoziales Verhalten, exzessive Alkohol- und/oder Drogenabhängigkeit, Selbstverletzungen, Bulimie etc. auf. Viele von ihnen haben in ihrer Geschlechtsrolle als Mädchen sehr negative Erfahrungen gemacht. Einige der FMT dieser Subgruppe gehen später sexuelle Beziehungen zu Männern ein, in denen sie misshandelt werden. Andere wiederum unterhalten eine konflikthafte, maligne Abhängigkeitsbeziehung zu einer Frau. Fast alle FMT dieser Gruppe weisen eine Borderline-Persönlichkeitsstruktur auf. Bei den meisten besteht der Wunsch nach „Auslöschung" und „Vernichtung" des Weiblichen. Sofern ein männliches Selbstbild vorhanden ist, hat es Merkmale eines Größenselbst.

Daneben beschreibt Becker (2004) FMT mit einer Anorexie in der Vorgeschichte, die keiner der drei Subgruppen zuzuordnen sind. Wenn die transsexuelle Entwicklung bei diesen Patientinnen gelingt, können sie eine relativ gute psychosoziale Integration erreichen, jedoch besteht selten eine Partnerschaft zu einer Frau. Bei anderen Patientinnen gelingt dieser Weg nicht. Sie entwickeln kein stabiles männliches Selbstbild und bleiben stattdessen in ihrer Anorexie und in schweren Abhängigkeitsbeziehungen gefangen.

29.2 Geschlechtsidentitätsstörung bei biologischen Männern

Geschlechtsidentitätsstörungen bei Männern wurden auf unterschiedliche Weise typologisiert. So wurden Unterscheidungen danach vorgenommen, ob die sexuelle Orientierung auf Männer, auf Frauen oder auf beide ausgerichtet ist und danach, welche geschlechtliche Vorstellung der Transsexuelle von sich selbst hat, d. h. ob er sich als Frau oder (lesbischer) Mann erlebt. Es wurde aber auch nach dem Alter des Auftretens des transsexuellen Wunsches differenziert und von einer „early-" bzw. „late-onset"-Transsexualität gesprochen. Eine weitere Typologisierung Transsexueller bestand darin, sie hinsichtlich des Vorliegens von transvestitischem Fetischismus in der Vorgeschichte zu differenzieren und eine „primäre" von einer „sekundären" Transsexualität zu unterscheiden.
Im DSM-IV-TR werden unter Berücksichtigung aller Typologien zwei Hauptverlaufsformen transsexueller Entwicklungen bei erwachsenen Männern unterschieden: eine „ursprüngliche" Transsexualität, die bereits in der Kindheit beginnt, und eine später auftretende Transsexualität, die sich gradueller und oft aus einem transvestitischen Fetischismus entwickelt. Beide Gruppen unterscheiden sich u. a. hinsichtlich der Prognose des Erfolgs der Geschlechtsumwandlungsoperation und hinsichtlich der sexuellen Orientierung, wobei zwischen sexuell orientiert auf Männer (androphil), auf Frauen (gynäphil), auf beide Geschlechter oder auf keines differenziert wird.

Hinsichtlich der Geschlechtsvorstellung Transsexueller von sich selbst lassen sich zwei Formen unterscheiden: zum einen gibt es sexuell auf Männer (androphile) orientierte biologische Männer, die sich als (heterosexuelle) Frau empfinden und die eine Partnerschaft mit einem (heterosexuellen) Mann anstreben, und zum anderen gibt es sexuell auf Frauen orientierte (gynäphile) biologische Männer, die sich selbst als (lesbische) Frau empfinden und die eine Partnerschaft mit einer Frau anstreben. Daneben gibt es aber auch transsexuelle Männer, die keine Wünsche nach einer Partnerschaft haben und die nach außen hin „asexuell" wirken, die aber tatsächlich „autogynäphil" orientiert sind und in der Phantasie sexuell mit sich selbst als Frau verkehren. Bei gynä- oder autogynäphilen MFT manifestiert sich die Geschlechtsidentitätsstörung später und in der Vorgeschichte ist meist ein transvestitischer Fetischismus zu finden.

Zu den beiden Hauptverlaufsformen transsexueller Entwicklungen heißt es wörtlich im DSM-IV-TR: „Die erste Form ist die Fortsetzung einer bereits in der Kindheit beginnenden Geschlechtsidentitätsstörung. Diese Patienten werden typischerweise in der späten Adoleszenz oder im Erwachsenenalter vorstellig. Bei der anderen Verlaufsform treten die offeneren Anzeichen eines Zugehörigkeitsgefühls zum anderen Geschlecht später und gradueller auf, bei einer klinischen Vorstellung im frühen bis mittleren Erwachsenenalter üblicherweise im Gefolge, manchmal aber auch gleichzeitig mit transvestitischem Fetischismus. Die Gruppe mit späterem Beginn der Störung kann im Ausmaß des Zugehörigkeitsgefühls zum anderen Geschlecht wechselhafter sein, bezüglich der Geschlechtsumwandlungsoperation unentschiedener, mit größerer Wahrscheinlichkeit sexuell auf Frauen orientiert, und die Wahrscheinlichkeit, dass sie nach einer Geschlechtsumwandlungsoperation zufrieden sind, kann bei ihnen geringer sein. Männer mit Geschlechtsidentitätsstörung, die sexuell auf Männer orientiert sind, werden eher in der Adoleszenz oder im jungen Erwachsenenalter mit der Vorgeschichte einer lebenslang bestehenden Geschlechtsdysphorie vorstellig. Im Gegensatz dazu werden diejenigen, die sexuell auf Frauen, auf beide Geschlechter oder weder auf Frauen noch auf Männer orientiert sind, tendenziell später vorstellig und haben typischerweise eine Vorgeschichte von transvestitischem Fetischismus. Üblicherweise möchten Männer, die sexuell orientiert auf Frauen waren, nach einer Geschlechtsangleichung mit einer Frau entweder in einer lesbischen Beziehung oder als Schwestern zusammenleben. Wenn die Geschlechtsidentitätsstörung im Erwachsenenalter auftritt, verläuft sie eher chronisch, Spontanremissionen sind jedoch berichtet worden" (DSM-IV-TR 2003, 641).

Schätzungen zufolge gehören mehr als drei Viertel der MFT der zweiten Gruppe der Verlaufsformen an. Zwar lassen sich die meisten Männer mit transsexueller Symptomatik einer der beiden Gruppen zuordnen, es gibt aber auch Ausnahmen, wie z. B. einige manifest gynäphil orientierte Transsexuelle, die in der Vergangenheit homosexuelle Phantasien oder auch Kontakte hatten, ohne deshalb bisexuell zu sein.

29.2.1 Androphil orientierte transsexuelle Männer

Das Alter bei der Erstvorstellung androphil orientierter MFT liegt durchschnittlich bei Mitte 20. Bei diesen MFT hat sich die Geschlechtsidentitätsstörung bereits in der Kindheit manifestiert. So zeigten sie eine klare Vorliebe für Mädchenspiele, Puppen, Schminksachen und Mädchenfrisuren. Auch trugen sie gerne Kleider und spielten am liebsten mit Mädchen. Von ihren Müttern oder Familien wurden sie erstaunlich wohlwollend toleriert, in der Gruppe der Gleichaltrigen nahmen sie dagegen oft eine Außenseiterposition ein und wurden gehänselt. Schon sehr früh äußerten sie den Wunsch, ein Mädchen sein zu wollen. In der Pubertät verliebten sie sich in Jungen oder in Männer und phantasierten bei der Selbstbefriedigung, eine von ihnen begehrte Frau zu sein. Gelegentlich kam es auch zu homosexuellen Kontakten, die aber unbefriedigend blieben, weil der eigene männliche Körper nicht akzeptiert und lustvoll in die homosexuelle Begegnung eingebracht werden konnte. Da sich diese MFT als Frau empfinden, heterosexuelle Männer begehren und heterosexuelle Beziehungen anstreben, suchen sie nach solchen Kontakten, anfangs oft heimlich und in fremder Umgebung mit weiblicher Aufmachung. Dabei achten sie aber darauf, selbst nicht genital berührt zu werden. Gerade dieses Versteckspiel bzw. das Verzichtenmüssen auf sexuelle Befriedigung führt später zu dem transsexuellen Wunsch, „den Körper dem Gefühl anzupassen".

Der transsexuelle Coming-out-Prozess ähnelt dem bei der Homosexualität, allerdings kommt erschwerend das Gefühl dazu, nicht nur anders zu lieben, sondern sich selbst auch anders, nämlich als Frau, zu empfinden. Die getragene Frauenkleidung entspricht dem weiblichen Selbstbild und spielt bei der Selbstbefriedigung keine oder nur eine geringe Rolle, anders als beim transvestitischen Fetischismus, bei dem sie sexuell erregend erlebt wird. Männliche körperliche Merkmale wie Bartwuchs und Stimmbruch werden zwar als störend empfunden, sie werden aber nicht so vehement abgelehnt, wie es bei biologischen Frauen hinsichtlich ihrer körperlichen Veränderungen der Fall ist. Erektionen werden meist als unpassend erlebt, weil sie mit dem Selbstbild als Frau kollidieren, gleichzeitig werden sie aber auch als Ausdruck der Lust empfunden. Eine Aversion gegen die männlichen Geschlechtsteile ist nur in seltenen Fällen so heftig, dass es zu Selbstkastrationen kommt. Meist wird das Glied nach hinten gebunden und die Hoden in den Leistenkanal hochgedrückt.

Hinsichtlich der Wünsche nach körperlichen Veränderungen steht eine kohabitationsfähige Scheide an erster Stelle. Des Weiteren werden weibliche Brüste und die Beseitigung des Bartwuchses verlangt.

Die Entwicklung androphil orientierter transsexueller Männer verläuft allerdings nicht so einheitlich, wie es oben dargestellt wurde. Gemeinsam ist allen Verläufen nur, dass die Geschlechtsidentitätsstörungen sich bereits in der Kindheit manifestierten. So gibt es eine Gruppe von MFT, die zunächst homosexuell lebte und erst allmählich eine langsame, stabile Entwicklung zur Transsexualität durchmachte. Diese MFT leben später als Frau sozial gut integriert mit einem heterosexuellen Partner, ebenso wie die oben erwähnten MFT, die nur kurze Zeit unbefriedigende homosexuelle Kontakte hatten und sich frühzeitig transsexuell entwickelten. Einige der zunächst homosexuellen MFT lehnen trotz ihrer ausgeprägten weiblichen Identifizierung ihre männlichen Genitalien und die Erektion gar nicht so sehr ab, da sie aber bei homosexuellen Kontakten oft von ihren Partnern charakteristisch als zu weiblich empfunden und deshalb abgelehnt werden, wollen sie nicht mehr als homosexuelle Männer leben. Manche von ihnen finden dann einen bisexuellen Partner, andere entwickeln transsexuelle Wünsche. Wiederum andere androphile MFT verlieben sich nur heimlich in Männer und bei einigen geht es mehr um die sexuell erregende Phantasie, von einem Mann als Frau begehrt zu werden. Daneben gibt es eine Untergruppe von androphilen Transsexuellen, die sich nie als homosexuell erlebt und die auch nie sexuelle Kontakte zu Jungen oder Männern gehabt hat. Sie masturbieren eher wenig und praktizieren die Selbstbefriedigung „rein mechanisch", weil sie sie als konflikthaft erleben.

Zusammengefasst lässt sich die Gruppe der androphilen MFT nach Becker (2004) auf einem Kontinuum zwischen konflikthafter Homosexualität und Homosexualität bei konflikthafter Männlichkeit ansiedeln. Viele dieser MFT sind in psychopathologischer Hinsicht unauffällig; andere weisen je nach Persönlichkeitsstruktur, intellektuellem Niveau oder den Bewältigungsstilen depressive Zustandsbilder, dependente Persönlichkeitsstörungen oder Suchterkrankungen auf (Becker 2004; Beier et al. 2005).

29.2.2 Gynäphil orientierte transsexuelle Männer

Diese Patienten kommen durchschnittlich ca. 15 Jahre später, also im Alter von Mitte bis Ende 30 zur Erstvorstellung. Die Vorgeschichte und Psychodynamik dieser MFT ist sehr unterschiedlich, eine Gemeinsamkeit ist jedoch, dass ihr transsexueller Wunsch sich später manifestiert und dass in der Vorgeschichte oft ein transvestitischer Fetischismus zu finden ist. Einige MFT dieser Gruppe haben sogar längere Zeit in heterosexuellen Partnerschaften, z. T. auch mit eigenen Kindern, gelebt. Im Unterschied zu den androphil orientierten MFT zeigten gynäphil orientierte MFT in der Kindheit meist kein offenes Cross dressing, sondern sie bedienten sich vielmehr heimlich aus dem Wäscheschrank der Mutter und probierten die Kleidungsstücke an. Für einige Patienten hatte dies auch eine tröstende Funktion. Vor allem wird von denjenigen MFT darüber berichtet, die einen feindlichen Vater und eine geliebte Mutter erlebt hatten, die sich dem Vater hilflos ausgeliefert fühlte. In der Pubertät, die von vielen MFT als krisenhaft geschildert wird, weil sie „sexuelle Spätzünder" und Frauen gegenüber gehemmt gewesen seien, begannen die Patienten zunehmend weibliche Kleidung bei der Masturbation vor dem Spiegel zu tragen und sich selbst als begehrenswerte Frau zu sehen oder die Masturbationsphantasien richteten sich auf Frauen, von denen sie sich sexuell begehrt zu werden wünschten. Die ersten sexuellen Kontakte finden bei gynäphil orientierten MFT in der Realität auch meist mit Frauen statt. Zu Beginn einer Partnerschaft trennen sich die Patienten in der Regel erleichtert von ihren weiblichen Accessoires, im weiteren Verlauf kommt es dann aber doch wieder zum Aufleben der transvestitisch-fetischistischen Aktivitäten, die dann neben der Beziehung weiter fortgesetzt werden. Bei einigen MFT entwickelt sich auf diese Weise ein jahrelanges sexuell-erotisches Doppelleben zwischen der heterosexuellen Partnerschaft einerseits und der heimlichen transvestitisch-fetischistischen Praxis andererseits, wobei es gar nicht immer zu dem Wunsch kommen muss, ganz als Frau zu leben. Manchen Patienten gelingt es, ihre transvestitischen Neigungen in abgemilderter Form in die Beziehung zu integrieren, aber die meisten leiden zunehmend unter der Last ihrer sexuellen und sozialen Doppelrolle.

Andere Patienten empfinden unerträgliche Spannungen durch ein gleichzeitiges „Mann- und Frau-Sein-Wollen". Zwar drängt es sie nach geschlechtlicher Eindeutigkeit, aber sobald sie diese leben, reagiert der gegengeschlechtliche Teil in ihnen panisch.

Manche verheiratete gynäphil orientierte MFT, die in sehr abhängigen, symbiotischen Beziehungen zu ihren Partnerinnen leben, werden mit dem schier unlösbaren Dilemma, einerseits ganz als Frau leben und andererseits die Partnerin nicht verlieren zu wollen, schwer fertig. Einige Paare finden insofern einen Kompromiss, als sie die Partnerschaft wie eine symbiotische Frauenfreundschaft ohne Sexualität fortsetzen, so dass der Patient den Kindern auch als Frau in der Vaterrolle erhalten bleiben kann. Andere Paare arrangieren sich dahingehend, dass der Mann nach außen weiterhin die männliche Rolle spielt, sich aber zu Hause weiblich ausstatten und zeigen darf. Manchmal akzeptieren die Partnerinnen sogar die Folge einer Hormontherapie. Aber viele MFT zerbrechen an solchem inner- und außerfamiliären Doppelleben, und berufliches Versagen oder soziale Isolation können die Folge sein. Im psychischen Bereich treten gerade bei symbiotischen Beziehungen nach erfolgten Trennungen Angstzustände, Depressionen und Suizidgedanken auf. Das Cross dressing wird dann verstärkt als Beruhigungsmittel eingesetzt, aber es verliert zunehmend die Funktion der narzisstischen Plombe und die schon seit der Kindheit bestehende Geschlechtsidentitätsstörung mündet zunehmend in ein transsexuelles Verlangen, das jetzt als Lösung der Probleme gesehen wird. Bei einem großen Teil der Patienten lassen sich als auslösende Bedingungen für solche Krisen neben Trennungen auch narzisstische Faktoren wie das Älterwerden, eigene körperliche Krankheiten oder Kränkungen im Beruf feststellen. Aber auch phantasierte Trennungen der Partnerinnen (durch Erkrankung oder durch ihre Autonomiebestrebungen sowie durch die Geburt eines Kindes mit dem Verlust der alleinigen Zuwendung durch die Partnerin) können Triggerfunktion bekommen.

Die meisten gynäphil orientierten MFT sind sowohl sexuell auf Frauen als auch auf die Vorstellung von sich selbst als Frau orientiert (autogynäphil), wobei sich das Verhältnis der beiden Komponenten im Verlauf der Entwicklung verändern kann. Nur eine kleinere Gruppe ist schon immer *ausschließlich* autogynäphil orientiert gewesen. Solche Patienten leben meist isoliert und ohne Partnerschaft, so dass die sexuelle Orientierung nach außen gar nicht sichtbar wird. Das Alter dieser Patienten bei der Erstvorstellung liegt meist jenseits der 40 Jahre. Der Anlass ist meist nicht erkennbar und wird in der Regel mit dem Argument gerechtfertigt, „die Angelegenheit nun mal ins Reine bringen zu wollen".

Zwar manifestierte sich bei den gynäphil orientierten MFT der transsexuelle Wunsch erst später, aber auch diese Patienten waren schon in der Kindheit tiefgreifend in ihrer Geschlechtsidentität gestört. Auch wenn sie nie ein feminines Verhalten zeigten, waren viele von ihnen schon lange weiblich identifiziert und hatten schon als Kind die tröstende Phantasie, später ein Leben als Mädchen zu führen, das sie sich leichter und mit mehr Anerkennung und Zuwendung verbunden vorstellten. Viele dieser Patienten fühlten sich schon als Kind wertlos und abgelehnt. Bei einigen hing dies mit dem Gefühl zusammen, kein richtiger Junge zu sein, bei anderen beruhte das Gefühl auf anderen Unzulänglichkeiten wie zu klein, zu schwach, zu dick, sprachgestört oder ähnliches zu sein. Auch machten etliche dieser Patienten als Kind traumatische Erfahrungen mit Erkrankungen, Operationen etc., die mit Trennungen von den Eltern verbunden waren. Andere wurden körperlich misshandelt oder auch sexuell traumatisiert. Entsprechend weisen gynäphil orientierte Patienten die meisten psychopathologischen Auffälligkeiten auf. So finden sich histrionische Persönlichkeitsstörungen, Borderline-Strukturen, z. T. antisoziale Persönlichkeitsstörungen sowie Depressionen, Angstzustände, Alkoholprobleme und suizidale Tendenzen.

Bei einigen Patienten besteht neben dem transvestitischen Fetischismus eine weitere Deviation, meist ein Masochismus, seltener ein Sadismus, eine Asphyxophilie oder eine Pädophilie. Manche gynäphil orientierten MFT leben die Paraphilie mit Prostituierten z. T. auch in der entsprechenden Rolle als Frau aus.

Viele gynäphil orientierte MFT leben unauffällig und zeigen im *Alltagsleben* ein „normales" männliches Auftreten. Etliche haben auch typisch männliche Berufe gewählt, in denen sie erfolgreich sind, und fühlen sich dabei wohler als vor der Pubertät. Leben die Patienten allein, so wechseln die meisten von ihnen sofort nach Arbeitsschluss in die weibliche Rolle über und kleiden sich als Frau. In bestehenden Partnerschaften werden gelegentlich heimliche Ausflüge unternommen, um in fremder Umgebung anonym als Frau auftreten zu können. Mit ihrer „lesbischen" Ausrichtung haben sie in der Praxis jedoch oft Schwierigkeiten, eine lesbisch orientierte Frau zu finden, die sie als „umoperierte Frau" akzeptiert. Auch in bereits bestehenden „normalen" Partnerschaften fällt es den meisten Partnerinnen schwer, ihren Mann nach dem transsexuellen „Coming out" in dieser Rolle zu akzeptieren. Die Ehen zerbrechen entweder oder sie bleiben aufgrund gemeinsamer Verpflichtungen bestehen, wobei die psychischen Belastungen und Stressoren auch hier für beide Partner hoch sein können. Häufig kommt es zu dem Versuch, sich mit Alkohol zu betäuben oder die Patienten reagieren mit massiven Depressionen und/oder Angstzuständen, wenn das bisherige Arrangement nicht mehr trägt. In einer solchen narzisstischen Krise tritt der Transvestitismus dann meist wieder verstärkt auf, aber er funktioniert nicht mehr als narzisstische Plombe, sondern als Gegenmittel gegen die Depression.

Wenn gynäphil orientierte Patienten offen als Frau auftreten, unterscheiden sie sich nicht von androphil orientierten transsexuellen Männern. In ihren konkreten Geschlechtsumwandlungswünschen wird der primäre transvestitische Ursprung aber noch dadurch sichtbar, dadurch, dass sie Wert auf große Brüste legen und bezüglich ihrer Einstellung zu den Genitalien oft ambivalent sind: Einerseits lehnen sie den Penis ab, andererseits setzen sie ihn aber zur Masturbation oder zum heterosexuellen Verkehr mit der Partnerin lustvoll ein. Aus diesem Grunde gibt es Patienten, die damit zufrieden sind, ein Mann mit Penis und Brüsten zu sein („She-male").

Zusammengefasst lässt sich die Gruppe der gynäphilen Patienten nach Becker (2004) auf einem Kontinuum zwischen beschädigter Männlichkeit, gescheiterter Integration weiblicher und männlicher Selbstanteile und Paraphilie ansiedeln, wobei der transsexuelle Wunsch die Funktion einer Flucht aus einer brüchig gewordenen Rolle und Identität bekommt (Becker 2004; Beier et al. 2005).

30 Geschlechtsidentitätsstörungen im Kindesalter

Längsschnittsuntersuchungen (Green 1987) von Jungen mit mädchenhaftem Verhalten im Kindesalter ergaben, dass 75 % später im Erwachsenenalter eine homosexuelle Orientierung ohne Geschlechtsidentitätsstörung aufwiesen. Ca. 20 % dieser Jungen waren im Erwachsenenalter heterosexuell ohne Geschlechtsidentitätsstörung und 5 % zeigten massive Symptome einer transsexuellen Geschlechtsidentitätsstörung im Erwachsenenalter. Die Studie zeigte außerdem, dass die Jungen im Kindesalter besonders unter Ausgrenzung und Hänseleien durch Gleichaltrige litten und komorbide, psychopathologisch relevante Symptome entwickelten. Aufgrund der Ergebnisse dieser in den 60er Jahren durchgeführten Untersuchung wurden *Geschlechtsidentitätsstörungen im Kindesalter* in beiden Klassifikationssystemen als eigenständige Störung aufgenommen.

30.1 Diagnostik bei Kindern

Die Diagnostik einer Geschlechtsidentitätsstörung im Kindesalter sollte auf die Exploration, die Verhaltensbeobachtung und die endokrinologisch-pädiatrische Untersuchung zum Ausschluss eines Intersex-Syndroms gestützt sein. Die psychologisch-diagnostische Methodik wird hier als bekannt vorausgesetzt. Erwähnt werden soll jedoch, dass neben der Erhebung der Fremdanamnese durch beide Elternteile bei der Exploration des Kindes vor allem herausgefunden werden sollte, ob das Kind um die Existenz zweier Geschlechter weiß, ob es sie unterscheiden kann, ob es die Konstanz der Geschlechtszugehörigkeit kennt, wie es sich selbst einordnet und welche Geschlechterrollenvorstellungen das Kind von Mädchen und Jungen hat. Auch sollten Lieblingsspielzeuge, Spielkameraden und Rollen-, Körper- und Kleidungswünsche erfragt werden.

30.1.1 Klassifikation in der ICD-10

Störungen der Geschlechtsidentität im Kindesalter werden in der ICD-10 unter der Kategorie F64.2 im Kapitel F6 („Persönlichkeits- und Verhaltensstörungen") im Anschluss an die nur im Erwachsenenalter diagnostizierbare Transsexualität (F64.0) geführt (s. Tab. 24-1, S. 266 und 30-1, S. 296). Als diagnostisches Kriterium wird genannt, dass die Störung sich während der frühen Kindheit, d. h. noch lange vor der Pubertät, manifestiert haben muss. Ausdrücklich betont wird, dass es sich nicht um eine bloße Fehlanpassung an das stereotype sexuelle Rollenverhalten handeln darf und dass nicht nur eine bloße Knabenhaftigkeit bei Mädchen und ein mädchenhaftes Verhalten bei Jungen vorliegen darf, um die Diagnose zu stellen. Darauf hingewiesen wird auch, dass die Diagnose nach Erreichen der Pubertät nicht mehr gestellt werden darf. Nach dem Forschungskriterium D der ICD 10 muss die Störung mindestens 6 Monate vorliegen.

Unsicherheiten hinsichtlich der Geschlechtsidentität bei Heranwachsenden sind unter der Kategorie F66 „psychische und Verhaltensstörungen in Verbindung mit der sexuellen Entwicklung und Orientierung" zu klassifizieren. Als Unterkategorien werden die sexuelle Reifungskrise (F66.0), die ich-dystone Sexualorientierung (F66.1) und die sexuelle Beziehungsstörung (F66.2) genannt.

Eine sexuelle Reifungskrise ist nach den Ausführungen der ICD-10 dadurch gekennzeichnet, dass die betroffenen Jugendlichen unter einer Unsicherheit hinsichtlich ihrer Geschlechtsidentität oder der sexuellen Orientierung leiden, was zu Ängsten oder Depressionen führe. Solche Krisen kämen meist bei Heranwachsenden vor, die sich hinsichtlich ihrer homo-, hetero- oder bisexuellen Orientierung nicht sicher sind, aber auch bei Menschen, die nach einer Zeit scheinbar stabiler sexueller Orientierung die Erfahrung machen, dass sich ihre sexuelle Orientierung ändert. Bei der ich-dystonen Sexualorientierung (F66.1), so die Erläuterungen der ICD-10, ist die Geschlechtsidentität oder die sexuelle Präferenz zwar eindeutig, aber der Betroffene hat den Wunsch, sie wegen der damit verbundenen psychischen Verhaltens- oder Erlebensstörungen zu ändern und unterzieht sich möglicherweise deshalb einer Behandlung. Bereitet die Geschlechtsidentität bei der Aufnahme und der Aufrechterhaltung einer Beziehung mit einem Sexualpartner Probleme, so ist nach der ICD-10 die Diagnose F66.2 „sexuelle Beziehungsstörungen" zu stellen.

Die Kategorien F66.0 oder F66.1 gelten als Ausschlussdiagnosen für eine Geschlechtsidentitätsstörung im Kindesalter.

30.1.2 Klassifikation im DSM-IV-TR

Geschlechtsidentitätsstörungen im Kindesalter werden im DSM-IV-TR gemeinsam mit der Störung im Erwachsenenalter (302.85) beschrieben, aber unter der Nummer 302.6 kodiert. Bei Jugendlichen können die klinischen Merkmale abhängig vom individuellen Entwicklungsniveau denen des Kindes- oder denen des Erwachsenenalters ähneln. Die Kriterien und Kodierungen sollten dementsprechend angewendet werden.

Zur Diagnosestellung wird im DSM-IV-TR unter Kriterium A gefordert, dass mindestens vier der in Tabelle 30-1 aufgeführten fünf Merkmale gegeben sein müssen. Kriterium B fordert, dass ein anhaltendes Unbehagen im Geburtsgeschlecht oder das Gefühl vorhanden sein muss, dass die Geschlechterrolle des eigenen Geschlechts als nicht die richtige empfunden wird, was sich bei Kindern durch verschiedene Äußerungen, die in Tabelle 30-1 (S. 296) wiedergegeben werden, zeigen kann. Kriterium C verlangt den Ausschluss eines somatischen Intersex-Syndroms und Kriterium D ein klinisch bedeutsames Leiden oder Beeinträchtigungen in sozialen oder anderen wichtigen Funktionsbereichen.

30.2 Epidemiologie

Genaue Zahlen zur Prävalenz von Geschlechtsidentitätsstörungen im Kindesalter liegen nicht vor. Allerdings werden in ambulanten Einrichtungen Jungen drei- bis sechsmal häufiger wegen Geschlechtsidentitätsstörungen vorgestellt als Mädchen (Bosinski et al. 1996). Dies kann mit der größeren Toleranz gegenüber sich jungenhaft verhaltenden Mädchen zusammenhängen, aber nach Beier et al. (2005) auch damit, dass sowohl die pränatale somatosexuelle als auch die postnatale psychosexuelle Entwicklung beim männlichen Geschlecht komplizierter ist als beim weiblichen.

Nach Schätzungen beträgt die Prävalenz der Geschlechtsidentitätsstörungen im Kindesalter ca. 40:100.000. Bei ca. 700.000 Geburten pro Jahr wären demzufolge in Deutschland jährlich ca. 280 Kinder betroffen (Beier et al. 2005).

30.3 Ätiologie

Auch die Ursachen der Geschlechtsidentitätsstörungen im Kindesalter sind nur ungenügend geklärt.

Abweichende **biomedizinische** Befunde konnten bis auf die höhere Zahl älterer Brüder bei Jungen mit Geschlechtsidentitätsstörungen, die den Befunden bei erwachsenen homosexuell orientierten Männern entsprechen (Blanchard et al. 1995), nicht gefunden werden.

Bezüglich der **familiären Einflüsse** wird immer wieder eine wohlwollende Toleranz seitens der Eltern und oft auch der Großeltern gegenüber dem Cross gender-Verhalten der Kinder beschrieben. Bei Jungen wurden auch Hinweise auf größere Nähe und eine engere Beziehung zwischen Mutter und Sohn verbunden mit häufigerer Abwesenheit des Vaters gefunden, der damit weniger als männliches Identifikationsmodell zur Verfügung stand. Die Mütter der Jungen zeigten öfter Rollenunsicherheiten im eigenen Geschlecht sowie depressive und andere Persönlichkeitsstörungen. Mädchen wurden in der Regel zumindest bis zur Pubertät durch ihre Väter in ihrem „Wildfang"-Verhalten bestärkt, wobei sich dies in der Regel während und nach der Pubertät schlagartig änderte.

Hinsichtlich der Frage, ob Traumatisierungen und soziale Ängste bei der Entwicklung von Geschlechtsidentitätsstörungen eine Rolle spielen, zeigen Befunde, dass sie nur bei ca. 20 % der Betroffenen vor allem in Familien mit niedrigem Sozialstatus nachzuweisen sind (Meyenburg 2001, Fiedler 2004). Aus den dargestellten Befunden zur Familiensituation lassen sich allerdings keinerlei Kausalzusammenhänge schlussfolgern, denn bei der überwiegenden Zahl von Kindern mit ähnlichen Sozialisationsbedingungen liegen keine Geschlechtsidentitätsstörungen vor.

Jungen mit und ohne Geschlechtsidentitätsstörungen zeigen hinsichtlich einiger **Temperamentseigenarten** Unterschiede. So wurde in Untersuchungen gefunden, dass geschlechtsidentitätsgestörte Jungen ein niedrigeres Aktivitätsniveau haben und aggressive und kämpferische Spiele eher vermeiden (s. auch Kap. 2.2.5). Hier könnten genetische und hormonelle Einflüsse vorliegen, auf die in Kapitel 4.2 hingewiesen wurde.

30.4 Symptomatik bei Kindern

Kinder mit Geschlechtsidentitätsstörungen äußern von sehr früher Kindheit (2.–4. Lebensjahr) an, dass sie mit ihrem eigenen Geschlecht nicht zufrieden sind und dass sie lieber dem anderen Geschlecht zugehören möchten. Sie beschäftigen sich beständig mit Tätigkeiten, Spielen oder Aufmachung des anderen Geschlechts und lehnen die Aktivitäten und äußeren Merkmale des eigenen Geschlechts ab. Auch bevorzugen sie in ausgeprägter Weise Spielgefährten des anderen Geschlechts (s. Tab. 30-1). Besonders Jungen sind etwa ab dem Alter von 7 oder 8 Jahren Hänseleien und sozialen Ausgrenzungserfahrungen ausgesetzt, durch die ein Leidensdruck entsteht, charakteristischerweise aber nicht aus der Geschlechtsidentitätsstörung selbst. Mädchen sind weniger von sozialer Ächtung und Spott betroffen als Jungen. Typischerweise werden die Kinder zum Zeitpunkt der Einschulung aufgrund der Besorgnis der Eltern, dass „diese Phase" nicht vorübergeht, einer Beratungsinstitution vorgestellt.

In seltenen Fällen ist bei beiden Geschlechtern die Geschlechtsidentitätsstörung mit einem anhaltenden Nichtanerkennen des angeborenen Geschlechts verbunden. In solchen Fällen behaupten Mädchen z. B., dass sie einen Penis haben oder einen bekommen werden, oder sie lehnen es ab, sitzend zu urinieren, Brüste zu bekommen und zu menstruieren. Bei Jungen kann es zu Äußerungen kommen wie, dass sie sich körperlich zu Frauen entwickeln werden, dass die Geschlechtsteile abstoßend seien und verschwinden werden oder dass es besser wäre, keinen Penis und keine Hoden zu haben.

Tab. 30-1 Diagnostik von Geschlechtsidentitätsstörungen im Kindesalter

DSM-IV-TR 302.6	ICD-10 F64.2
A. Bei Kindern manifestiert sich das Störungsbild durch vier (oder mehr) der folgenden Merkmale: (1) wiederholt geäußertes Verlangen oder Bestehen darauf, dem anderen Geschlecht anzugehören, (2) bei Jungen Neigung zum Tragen der Kleidung des anderen Geschlechts oder Imitation weiblicher Aufmachung; bei Mädchen das Bestehen darauf, nur eine dem männlichen Stereotyp entsprechende Bekleidung zu tragen, (3) starke und andauernde Neigung zum Auftreten als Angehöriger des anderen Geschlechts in Phantasie- und Rollenspielen oder anhaltende Phantasien über die eigene Zugehörigkeit zum anderen Geschlecht, (4) intensives Verlangen nach Teilnahme an Spielen und Freizeitbeschäftigungen, die für das andere Geschlecht typisch sind, (5) ausgeprägte Bevorzugung von Spielgefährten des anderen Geschlechts. B. Anhaltendes Unbehagen im Geburtsgeschlecht oder Gefühl der Person, dass die Geschlechtsrolle des eigenen Geschlechts für sie nicht die richtige ist. Bei Kindern ist das Störungsbild durch eines der folgenden Merkmale gekennzeichnet: Bei Jungen die Behauptung, dass der Penis oder die Hoden abstoßend seien oder verschwinden werden, oder die Behauptung, dass es besser wäre, keinen Penis zu haben, oder eine Aversion gegen Rauf- und Tobespiele und eine Ablehnung von typischem Jungenspielzeug, Jungenspielen und Jungenbeschäftigungen. Bei Mädchen Ablehnung des Urinierens im Sitzen, die Behauptung, dass sie einen Penis haben oder ihnen ein solcher wachsen wird, oder die Behauptung, dass sie keine Brust bekommen möchten oder nicht menstruieren möchten oder eine ausgeprägte Aversion gegen normative weibliche Bekleidung.	• anhaltendes und starkes Unbehagen über das angeborene Geschlecht • starker Wunsch oder die Beteuerung, dem anderen Geschlecht anzugehören • beständige Beschäftigung mit der Kleidung oder den Aktivitäten des anderen Geschlechts oder eine Ablehnung des eigenen Geschlechts • Manifestation typischerweise erstmals im Vorschulalter oder während der frühen Kindheit, jedoch immer lange vor der Pubertät, • Das Cross dressing erzeugt keine sexuelle Erregung. • Während der ersten Schuljahre kommt es meist zu einer sozialen Ächtung, die in den späteren Jahren der Kindheit durch demütigenden Spott der anderen Jungen ihren Höhepunkt erreicht. • Bei Jungen kann offenkundig feminines Verhalten während der frühen Adoleszenz nachlassen. • Etwa ein bis zwei Drittel der Jungen mit einer Geschlechtsidentitätsstörung in der Kindheit weisen während und nach der Adoleszenz eine homosexuelle Orientierung auf; im Erwachsenenleben entwickeln sehr wenige einen Transsexualismus. • Mädchen mit Geschlechtsidentitätsstörungen erleben meist nicht denselben Grad sozialer Ächtung wie Jungen, obwohl sie unter Neckereien in der späten Kindheit oder Adoleszenz leiden können. • Die meisten Mädchen geben das übertriebene Verlangen nach männlichen Aktivitäten oder Kleidung auf, wenn sie sich der Adoleszenz nähern, einige behalten eine männliche Identifikation und können später eine homosexuelle Orientierung zeigen. • In seltenen Fällen ist bei beiden Geschlechtern die Geschlechtsidentitätsstörung verbunden mit einem anhaltenden Nichtanerkennen des angeborenen Geschlechts. Bei Mädchen kann sich dies in der wiederholten Behauptung äußern, dass sie einen Penis haben, oder einer wachsen wird. Sie lehnen es ab, sitzend zu urinieren, Brüste zu bekommen und zu menstruieren. Bei Jungen kann sich dies in der wiederholten Behauptung äußern, dass sie sich körperlich zu Frauen entwickeln werden, dass Penis und Hoden abstoßend seien und verschwinden werden und dass es besser wäre, keinen Penis und keine Hoden zu haben.

Tab. 30-1 Fortsetzung

DSM-IV-TR 302.6	ICD-10 F64.2
C. Das Störungsbild ist nicht von einem somatischen Intersex-Syndrom begleitet. D. Das Störungsbild verursacht in klinisch bedeutsamer Weise Leiden oder Beeinträchtigungen in sozialen, beruflichen oder anderen wichtigen Funktionsbereichen.	• Charakteristischerweise behaupten Kinder mit Geschlechtsidentitätsstörungen, dadurch nicht beunruhigt zu sein, trotzdem können sie durch Konflikte mit den Erwartungen ihrer Familie und ihrer Altersgenossen oder durch Neckereien bzw. Ablehnung verstört sein. • In ambulanten Einrichtungen kommen Störungen der Geschlechtsidentität bei Mädchen seltener vor als bei Jungen; nicht bekannt ist, ob sich diese Geschlechtsverteilung auch in der Durchschnittsbevölkerung findet. **Differenzialdiagnose:** • Nach Erreichen der Pubertät darf diese Diagnose nicht mehr gestellt werden. • Bloße Knabenhaftigkeit bei Mädchen und ein mädchenhaftes Verhalten bei Jungen reicht zur Diagnosestellung nicht aus. **Ausschlussdiagnosen:** • sexuelle Reifungskrise (F66.0) • ich-dystone Sexualorientierung (F66.1)

30.5 Verlaufsprognosen bei Kindern und Jugendlichen

Bei ca. 20 % der Jungen lässt das mädchenhafte Verhalten während der frühen Adoleszenz nach und es entwickelt sich eine heterosexuelle Geschlechtspartnerorientierung mit einer dem biologischen Geschlecht entsprechenden Identität. Bei etwa drei Viertel der Jungen mit einer Geschlechtsidentitätsstörung in der Kindheit entwickelt sich während und nach der Adoleszenz eine homo- oder bisexuelle Orientierung, jedoch ohne gleichzeitige Identitätsstörung. Nur bei ca. 5–6 % (Zucker und Bradley 1995) entsteht im zunehmenden Alter eine transsexuelle Geschlechtsidentitätsstörung. Auch von den meisten Mädchen wird das Cross-gender-Verhalten aufgegeben, wenn sie sich der Adoleszenz nähern. Nur einige wenige behalten eine männliche Identifikation bei und können später eine homosexuelle Orientierung zeigen. Diesbezügliche Prozentsätze sind allerdings bisher nicht bekannt.

Wie bei den Erwachsenen handelt es sich auch bei Störungen der Geschlechtsidentität in der Kindheit nicht um ein homogenes Störungsbild.

Wie erwähnt ist eine spätere Transsexualität im Unterschied zu den anderen möglichen Entwicklungen eine Verlaufsform, die nur eine kleine Minderheit betrifft.

In seltenen Fällen können Geschlechtsidentitätsstörungen und Geschlechtsdysphorie bis ins hohe Erwachsenenalter hinein andauern, wobei manchmal auch noch später ein Coming out in Richtung Homosexualität, Bisexualität oder Transsexualität auftreten kann.

In anderen Fällen stellt sich aber auch erst in der Jugend oder frühen Adoleszenz eine Geschlechtsdysphorie ein, aus der sich bei Männern eine zweite Verlaufsform der Transsexualität entwickeln kann, bei der zunächst das Cross dressing sexuell erregend erlebt wird. Im Laufe der Zeit kann sich aus dem transvestitischen Fetischismus dann der transsexuelle Wunsch herauskristallisieren.

Bei Fortbestehen der kindlichen Geschlechtsidentitätsstörung in der Jugendzeit können sich negative psychische und soziale Folgewirkungen einstellen, die bis hin zu Depressionen und Suizidgedanken reichen können. Viele Jugendliche versuchen, aufgrund erwarteter negativer sozialer Reaktionen ihre geschlechtsatypischen Neigungen zu verbergen. Dies geschieht meist vergeblich, denn sie fallen zumindest in ihren Familien, in denen dabei aber eher an die Möglichkeit einer homosexuellen Entwicklung gedacht wird, doch irgendwann auf.

30.6 Therapeutische Möglichkeiten bei Kindern

Eine Behandlungsnotwendigkeit ergibt sich für diejenigen Fälle, in denen ein Leiden besteht, wobei zunächst zu klären ist, wodurch es sich begründet. So kann es durch Ausgrenzungserlebnisse durch die Peergroup oder durch Erwachsene herrühren, es kann aber auch die Folge sozialer Kompetenzdefizite oder komorbider psychischer Auffälligkeiten, wie Ängstlichkeit, Isoliertheit und Dysthymie sein. In diesen Fällen sollte die Stärkung des Selbstbewusstseins und der Abbau der psychischen Symptomatik im Zentrum einer Kindertherapie stehen, die möglichst früh einsetzen sollte. In den relativ wenigen Fällen, in denen das Leiden die Folge einer transsexuellen Entwicklung selbst ist, sollten die Eltern zunächst über die unterschiedlichen Entwicklungsverläufe informiert und aufgeklärt werden. Dazu zählt auch, dass die Eltern darauf hingewiesen werden, dass es bis heute keine psychologischen Behandlungsformen gibt, die eine transsexuelle Entwicklung verhindern oder umkehren können. Allerdings könnte versucht werden, rollenkonformes Geschlechtsverhalten zu fördern und entsprechende Einstellungen positiv zu bekräftigen. Manchmal spiegelt das Leiden aber auch nur die homophoben Ängste der Eltern wider. Familien- oder Elterntherapien können in solchen Fällen geeignete Maßnahmen sein, solche Befürchtungen abzubauen. Hormonelle und chirurgische Behandlungsmaßnahmen dürfen vor Abschluss des 18. Lebensjahres nicht durchgeführt werden.

Zusammengefasst sollte das Ziel von Behandlungen bei Kindern vorrangig darin gesehen werden, alle Faktoren zu beseitigen, die einer psychisch gesunden Entwicklung im Wege stehen. Zur Herstellung entsprechender familiärer und sozialer Umgebungsbedingungen können Maßnahmen wie Familien- oder Elterntherapien notwendig werden. Aufgrund der unsicheren Prognose des individuellen Verlaufs in der Kindheit sollte die Geschlechtsidentitätsstörung selbst nicht in den Mittelpunkt der Behandlung gerückt werden. Unterstützt wird diese Sichtweise durch die Tatsache, dass bisher durch keine kontrollierten Studien nachgewiesen werden konnte, dass sich irgendeine der potenziellen Entwicklungen durch medizinische oder psychologische Behandlung hätte verhindern oder gar umkehren lassen.

31 Behandlung Transsexueller

Psychotherapie oder hormonell-operative Geschlechtsumwandlung galten lange Zeit als konträre Alternativen bei der Behandlung transsexueller Patienten. Die Befürworter der Psychotherapie argumentierten, dass auf diese Weise der Patient von seinem Wunsch nach Geschlechtsumwandlung abgebracht werden könnte, und dass die Indikation zur somatischen Behandlung allenfalls bei einem Nichtgelingen des Versuchs gegeben sei. Die Operationsbefürworter argumentierten dagegen, dass eine Operation die einzig angemessene Behandlung für „echte" Transsexuelle sei, da sie psychisch gesund seien und keine Psychotherapie bräuchten. Beide Positionen schienen lange Zeit verhärtet, zumal Operationsbefürworter Berichte über transsexuelle Patienten, die tatsächlich im Verlauf einer Psychotherapie „umgestimmt" wurden, nicht zur Kenntnis nahmen oder behaupteten, dass es sich nicht um „echte" Transsexuelle gehandelt habe, während Psychotherapiebefürworter der anderen Seite vorwarfen, Körperverletzung zu betreiben.

Wie unten noch ausgeführt wird, zeigen klinische Erfahrungen jedoch, dass es häufig die psychisch „gesünderen" Transsexuellen sind, die eine Psychotherapie wünschen und von ihr auch profitieren, während oft gerade die schwer gestörten transsexuellen Patienten, die psychisch unauffällig wirken können, aufgrund ihrer starren Abwehr eine Psychotherapie vermeiden.

Im Laufe der letzten 30 Jahre hat sich eine Sichtweise durchgesetzt, die psychotherapeutische und somatische Behandlungen nicht als Alternativen versteht, sondern die die Psychotherapie als eine begleitende Maßnahme eines länger währenden und ergebnisoffenen, zeitlich gestuften Prozesses betrachtet, der sowohl der Verlaufsdiagnostik als auch der Indikationsstellung für somatische Behandlungsmaßnahmen dienen soll, und in dem die Möglichkeit besteht, auf jeder Stufe des Behandlungsprozesses erneut eine individuell-angemessene Lösung auszuloten.

Ein solches prozesshaftes diagnostisch-therapeutisches Vorgehen basiert auf den „Standards of Care" der Harry Benjamin International Gender Dysphoria Association (HBIGDA), deren Ziel es ist, neben der Qualitätssicherung mehr Transparenz und Einheitlichkeit bei der Indikationsstellung und Durchführung geschlechtsumwandelnder Eingriffe herzustellen und den beliebigen, frei verfügbaren Zugang zu solch schweren und irreversiblen Behandlungen zu verhindern. In Deutschland wurden 1997 die „Standards der Behandlung und Begutachtung von Transsexuellen" herausgegeben, die von einer Expertenkommission, die sich aus Mitgliedern der drei sexualwissenschaftlichen Fachgesellschaften zusammensetzte, erarbeitet wurden. Diese, den amerikanischen Standards entlehnten, aber auf deutsche Verhältnisse zugeschnittenen Richtlinien, enthalten Standards für die Diagnostik, für die Differenzial- und Verlaufsdiagnostik, für die psychotherapeutische Begleitung sowie für die Indikation zu den somatischen Behandlungen und die Durchführung selbst. Auch geben die Richtlinien die Begutachtung nach dem Transsexuellengesetz (TSG) vor. Im Gegensatz zu den HBIGDA, die auch Richtlinien für die Diagnostik und Behandlung von Kindern und Jugendlichen beinhalten, beschränken sich die deutschen Standards auf Erwachsene.

Sowohl die amerikanischen als auch die deutschen Standards basieren u. a. auf katamnestischen Untersuchungen operierter Transsexueller. In Deutschland werteten Pfäfflin und Junge (1992) alle im Zeitraum von 1961 bis 1991 dokumentierten Katamnesen aus und kamen so zu bestimmten personenbezogenen und sozialen sowie zu behandlungsspezifischen prognostischen Risikofaktoren, mit denen es sich im Einzelfall in etwa abschätzen lässt, wie sich der Patient nach einer somatischen Umwandlungsbehandlung fühlen wird. Aufgrund ihrer Studie gewannen Pfäfflin und Junge die Erkenntnis, dass für die postoperative psychische Stabilität und Zufriedenheit des Patienten nicht die somatische Behandlung allein entscheidend ist, sondern auch ihre Einbettung in einen langfristigen Behandlungsprozess. Für die Prognose haben solche behandlungsspezifische Faktoren eine mindestens ebenso große Bedeutung wie psychische und soziale Risikofaktoren. Zu ihnen zählten Pfäfflin und Junge (1992) psychotische Episoden, geistige Behinderung, instabile Persönlichkeit, Substanzenabhängigkeit, anhaltende Kriminalität und Unfähigkeit, für den eigenen Lebensunterhalt aufzukommen, mangelnde familiäre Unterstützung, ausgeprägtes geschlechtsspezifisches Erscheinungsbild, langer Militärdienst, starkes sexuelles Interesse mit viel heterosexueller Erfahrung und fortgeschrittenes Lebensalter bei Behandlungsbeginn. Bei den Patienten, die die körperliche Umwandlung bereuen, fanden sich 7–8 dieser Faktoren im Vergleich zu ca. 3 Faktoren bei Patienten, denen es danach deutlich besser ging.

Insgesamt beurteilt die katamnestische Forschung die psychosoziale Situation geschlechtsumgewandelter Transsexueller günstig. Bei mehr als 75 % der Patienten lassen sich postoperativ positive Effekte nachweisen. Bei dieser Bewertung ist aber zu berücksichtigen, dass der katamnestische Zeitraum der Untersuchungen in der Regel unter 10 Jahren liegt, so dass über die Langzeitfolgen operierter Transsexueller im Alter kaum etwas bekannt ist.

Sog. Reuefälle gelten in der internationalen katamnestischen Literatur als selten, sie scheinen in letzter Zeit aber deutlich zuzunehmen. Auch ist mit einer hohen Dunkelziffer zu rechnen, da zum einen sich nicht alle betroffenen Patienten eingestehen, dass ihre irreversible Entscheidung falsch war, zum anderen müssen auch diejenigen Patienten, die postoperativ schwer depressiv oder suizidal geworden sind, als versteckte Reuefälle angesehen werden. Bei den bekannt gewordenen Reuefällen handelt es sich um Patienten, die mit den sozialen Folgen nicht fertig wurden oder um Patienten, die mit dem Operationsergebnis nicht zufrieden waren und viele Folgeoperationen haben durchführen lassen.

31.1 Stufen des diagnostisch-therapeutischen Vorgehens

Die Frage, ob eine Indikation zu geschlechtsumwandelnden Maßnahmen gestellt werden kann oder nicht, soll entsprechend den „Standards" in einem längeren, zeitlich gestuften diagnostisch-therapeutischen Prozess geklärt werden. Die erste Stufe beinhaltet die Diagnostik der Störung und neben der Informationsvermittlung und dem Kennenlernen des Patienten auch die Klärung der Frage, ob die weiteren Funktionen der Psychotherapie und Indikationsstellung in einer Hand bleiben oder verteilt werden sollen. Ausdrücklich wird in den „Standards" darauf hingewiesen, dass die Selbstdiagnose und „die Heftigkeit des Geschlechtsumwandlungswunsches allein nicht als zuverlässige Indikatoren für das Vorliegen einer Transsexualität gewertet werden können".

Stufe zwei umfasst den Alltagstest, Stufe drei die Hormonbehandlung, Stufe 4 die geschlechtskorrigierenden Operationen und Stufe 5 die somatische und psychotherapeutische Nachsorge des Patienten. Die Zeitspanne für die notwendige psychotherapeutische Begleitung und Beobachtung umfasst in diesem Phasenmodell mindestens eineinhalb Jahre, sie sollte jedoch möglichst länger ausfallen und auch die Nachsorge einschließen. Die dritte Stufe, die gegengeschlechtliche Hormonmedikation, kann frühestens nach einem mindestens einjährigen Alltagstest durchgeführt werden, in dem der Patient weitgehende Sicherheit in seiner neuen Geschlechtsrolle gewonnen haben sollte und die Möglichkeiten und Grenzen der somatischen Behandlung realistisch einzuschätzen gelernt hat. Wenn alle 4 Stufen positiv durchlaufen sind, kann nach Erfüllung der weiteren Kriterien die Indikation zur chirurgischen Geschlechtsumwandlung gegeben werden. Diese darf frühestens ein halbes Jahr nach der hormonellen Behandlung eingeleitet werden. Voraussetzung ist, dass die Diagnose überprüft und die Kriterien zur hormonellen Behandlung erfüllt wurden, d. h., dass der Patient mindestens eineinhalb Jahre das Leben im gewünschten Geschlecht in der Alltagssituation erprobt hat und der Therapeut ihn im gleichen Zeitraum kennengelernt und begleitet hat. Für die hormonellen und operativen Maßnahmen enthalten die „Standards" ebenfalls entsprechend ausgearbeitete Empfehlungen.

31.1.1 Verlaufsdiagnostik

Während die Basisdiagnostik der entspricht, die zur Einleitung einer Psychotherapie notwendig ist, erstreckt sich die weiterführende Diagnostik auf eine längere Verlaufsbeobachtung, in die die Ergebnisse der Psychotherapie einfließen. Zu Beginn wird unter Einbeziehung des Patienten die Frage entschieden, ob der Psychotherapeut später auch die Indikation zu den somatischen Maßnahmen stellen und als Gutachter im Rahmen des TSG-Verfahrens tätig werden soll oder ob beide Funktionen, wie es in den amerikanischen Leitlinien vorgesehen ist, getrennt gehalten werden sollen. Im letzten Fall sollte der für die Indikation und das Gutachten zuständige Arzt oder Psychologe den Patienten frühzeitig kennen lernen und ihn in größeren Abständen regelmäßig sehen, um später den Verlauf besser beurteilen zu können. Mit dem Patienten sollte einvernehmlich geklärt werden, ob die beiden getrennten Behandler sich austauschen werden oder nicht. Der Vorteil von getrennten Funktionen ist, dass sich die Patienten in einer Psychotherapie mehr öffnen können, ohne fürchten zu müssen, dass ihre Äußerungen als Grund gegen eine somatische Maßnahme verwendet werden. Der Nachteil einer Trennung von Psychotherapeut und Gutachter liegt darin, dass der Patient zu zwei Behandlern eine Beziehung entwickeln muss, was gerade bei Patienten mit einer Borderline-Struktur problematisch werden kann.

Ist der Psychotherapeut gleichzeitig der Gutachter, liegt der Vorteil darin, dass er den Patienten am besten kennt; allerdings besteht dabei auch die Gefahr, dass der Patient sich geschönt darstellt. Um die Psychotherapie als echte Chance für sich nutzen zu können, entscheiden sich einige Patienten deshalb für das Modell der getrennten Funktionen.

31.1.2 Psychotherapie

Im Gegensatz zu den amerikanischen Richtlinien, in denen eine Psychotherapie nicht vorgeschrieben ist, wird in den deutschen „Standards der Behandlung und Begutachtung von Transsexuellen" (Becker et al. 1997) der Psychotherapie in Verbindung mit dem Alltagstest eine zentrale Bedeutung eingeräumt. Sie hat die Funktion einer selektiven Verlaufsdiagnostik und damit einer schrittweisen Absicherung der Indikation zur körperlichen Geschlechtsumwandlung und muss in jedem Fall vor der Einleitung somatischer Behandlungsmaßnahmen durchgeführt werden. Im ungünstigsten Fall betrachten die Patienten sie deshalb als Auflage, die sie abzusitzen haben bevor „es endlich losgeht", im günstigsten Fall sehen die Patienten in ihr eine Möglichkeit, einen eigenen spezifischen Weg für sich zu finden, mit dem sie sich arrangieren können. Dazu ist es jedoch notwendig, dass sich der Therapeut für jeden möglichen Ausgang des Behandlungsprozesses offen zeigt und dies dem Patienten auch deutlich macht. Ziel der Psychotherapie ist es also nicht, den Patienten von seinem Umwandlungswunsch abzubringen oder ihn darin zu bestärken. Es kann jedoch im Verlauf der Psychotherapie dazu kommen, dass sich der Patient mit seinem biologischen Geschlecht aussöhnt und den Umwandlungswunsch aufgibt. Ein anderer Ausgang kann der sein, dass der Patient sich ohne operative Umwandlung nur mit einer Hormonbehandlung arrangiert. Selbstverständlich kann der Patient durch die Psychotherapie auch zu der Gewissheit gelangen, dass der transsexuelle Weg mit allen medizinischen und juristischen Konsequenzen für ihn der richtige ist.

Zu den Aufgaben der psychologischen Begleitung zählt aber auch die Bearbeitung von Konfliktbereichen. Vor allem ist dem Patienten zu vermitteln, dass er seine Lebens- und Vorgeschichte mitnimmt und sie nicht durch die Umwandlung hinter sich lässt, und dass eine Idealisierung des Wunschgeschlechtes als Flucht vor bestehenden Schwierigkeiten verstanden werden kann. Auch sollte dem Patienten von Beginn an deutlich sein, dass die psychotherapeutische Aufarbeitung seiner Biographie primär dazu dient, ihm das postoperative Leben zu erleichtern.

In einer tiefenpsychologisch fundierten Psychotherapie kommt der Klärung der Frage nach der Tragfähigkeit der Abwehr eine entscheidende Bedeutung für die postoperative Zufriedenheit zu. Da nach psychodynamischem Verständnis in dem transsexuellen Wunsch ein Selbstheilungsversuch des Patienten gesehen werden kann, der eine notwendige Abwehrleistung i. S. einer „narzisstischen Plombe" darstellt, sollte mit dem Patienten bearbeitet werden, ob durch die Realisierung des transsexuellen Wunsches diese schützende Abwehrfunktion erhalten bleiben kann, d. h. ob im angestrebten Geschlecht ausreichende und tragende Entfaltungsmöglichkeiten zur Verfügung stehen werden.

Während früher der Fokus der Psychotherapie mehr auf der Bearbeitung der Geschlechtsidentitätsproblematik lag, umfasst die Psychotherapie nach heutigem Standard die gesamte individuelle Problematik des Patienten. Bei einigen Patienten, die anfangs die geforderten regelmäßigen therapeutischen Kontakte nur „abgesessen haben", kann im Laufe der Zeit doch noch eine Psychotherapiemotivation geweckt und somit eine fruchtbare Zusammenarbeit entwickelt werden.

31.1.3 Alltagstest und psychologische Begleitung

Ein wesentlicher Bestandteil des diagnostisch-therapeutischen Prozesses ist der sog. Alltagstest, in dem der Patient mindestens ein Jahr lang kontinuierlich und in allen sozialen Bereichen das Leben im angestrebten Geschlecht erproben muss, bevor, entsprechend den deutschen „Standards", die Indikation zur Hormonbehandlung gestellt werden darf. Der Begriff „Alltagstest" bedeutet nicht, dass der Patient getestet werden soll, sondern vielmehr, dass er selbst den Alltag in seinem gewünschten Geschlecht erleben und seine Erfahrungen in der begleitenden Psychotherapie bearbeiten kann. Lehnen Patienten die Alltagserprobung mit dem Argument ab, sich erst in der Öffentlichkeit zeigen zu wollen, wenn sie eine „richtige" Frau bzw. ein „richtiger" Mann geworden sind, darf die Indikation nicht gestellt werden. Dazu kann den Patienten erläutert werden, dass derjenige, der erst durch eine Umwandlung zur Frau bzw. zum Mann werden will, nicht transsexuell ist, sondern u. U. illusionäre Wünsche in eine „Neugeburt", die es gar nicht geben kann, projiziert, denn Transsexualität bedeutet, dass sich der Patient bereits schon *vor* der Umwandlungsbehandlung als Angehöriger des anderen biologischen Geschlechts empfindet. Die somatische Umwandlung wird also weder das Denken, Fühlen und Verhalten verändern noch eine grundsätzlich andere Reaktion der Umwelt bewirken, so dass die Alltagstesterfahrungen vor der Transformationsbehandlung im Wesentlichen die gleichen sein werden wie danach. Wenn ein Patient am Alltagstest scheitert, ist also die Wahrscheinlichkeit groß, dass er auch nach einer Umwandlung Schwierigkeiten bekommt. Dies bestätigen auch alle katamnestischen Untersuchungen. Entscheidend für die Wirkung in der Öffentlichkeit ist nicht die körperliche Umwandlung, die ja nur eine Angleichung des vorherigen Empfindens sein soll, sondern dass der Patient durch eine innerpsychische Sicherheit ein in sich stimmiges Auftreten in seinem Wunschgeschlecht vermittelt.

Oft wird die Weigerung auch mit der nachvollziehbaren Befürchtung begründet, dass Probleme in der Öffentlichkeit entstehen werden, wenn der Pass noch das Geburtsgeschlecht ausweist. Diese Bedenken können sich mit einer entsprechenden Aufklärung des Patienten über die rechtlichen Tatbestände ausräumen lassen. So sollte der Patient darauf hingewiesen werden, dass in Deutschland weder das Cross dressing noch das Auftreten unter einem anderen als dem Taufnahmen strafbar ist. Nur bei Bankverträgen und vor Gericht gilt die Pflicht, den richtigen Vornamen anzugeben. Im übrigen kann dem Patienten ein von der Behandlungsinstitution offiziell ausgestelltes Zertifikat ausgehändigt werden, in dem bescheinigt wird, dass der Patient sich wegen einer transsexuellen Geschlechtsidentitätsstörung im sog. Alltagstest befindet und deshalb in der Öffentlichkeit in der Kleidung des anderen Geschlechts auftritt und den in der Bescheinigung genannten Namen führt. Haben die Patienten bereits einen Antrag auf Vornamensänderung gestellt, können sie diesen auch vom zuständigen Amtsgericht schriftlich beurkunden lassen und mit sich führen. Lassen sich die Patienten auf die Alltagstestbedingung ein, kommt es zu den unterschiedlichsten Reaktionen. Einige Patienten erleben ihn als eine zu absolvierende Prüfung oder als Zumutung, andere machen daraus eine übertriebene Inszenierung und entwickeln ein klischeehaftes Leben im gewünschten Geschlecht, manche Patienten empfinden ihn aber auch als neues und bereicherndes Erlebnis. Aufgabe der begleitenden Psychotherapie ist die Bearbeitung und Auswertung dieser Erfahrungen. Zu beobachten ist, dass Patienten dabei in ganz unterschiedlichem Ausmaße Hürden und Hindernisse zu bewältigen haben. So berichten einige Patienten, dass ihre Arbeitgeber wegen des Geschlechtsrollenwechsels eine Kündigung erwägen, obwohl es rechtlich dafür keinerlei Grundlage gibt. Andere, vor allem jüngere Patienten, schildern, dass ihr „transsexuelles Coming out" auf starke Ablehnung seitens der Herkunftsfamilie stieß und manchmal auch zum Kontaktabbruch führte, wobei eine Rolle spielte, dass sich die Familie weigerte, den Patienten mit dem neuen Vornamen anzusprechen. In dem Ignoriertwerden erleben die Patienten ihre schmerzhaften Kindheitserfahrungen, denen sie durch den transsexuellen Wunsch zu entkommen hofften, dann wieder neu. Oft kommt es aber auch zu einem allmählichen Akzeptieren durch die Familie und in manchen Familien werden die Patienten sogar zu einer raschen Operation gedrängt. Häufig brechen in Familien auch bis dahin latente Konflikte, vor allem zwischen den Eltern, auf.

Auch haben es beide Geschlechter aufgrund ihrer unterschiedlichen Ausgangspositionen bei ihrer Alltagserfahrung verschieden schwer: Während biologische Männer einen radikaleren Schnitt zwischen dem „Noch-Mann-Sein" und dem Leben als Frau machen müssen, können sich biologische Frauen eher durch unterschiedliche Abstufungen allmählich an das öffentliche „Mann-Sein" gewöhnen. Auch erleben sie z. T. die öffentliche Rolle als Mann positiv bestärkend durch die gewonnene Möglichkeit, sich jetzt besser durchsetzen zu können, während MFT dadurch, dass ihr biologisches Geschlecht noch leichter erkennbar ist, auf größere Ablehnung in der Öffentlichkeit treffen. Auch stoßen MFT in Partnerschaften auf mehr Probleme, da sie für heterosexuelle Männer, solange sie einen Penis haben, noch Männer bleiben. Hinzu kommt, dass heterosexuelle Männer dazu neigen, selbst auf operierte MFT häufig mit der Angst zu reagieren, selbst homosexuell sein zu können und deshalb solche Beziehungen meiden. Etliche transsexuelle Frauen dagegen haben bereits vor ihrer somatischen Behandlung eine heterosexuelle Partnerin, die in ihnen einen Mann sieht, so dass die Beziehung einfach fortgesetzt werden kann. Auch bei einem neuen Kennenlernen erhalten Frauen leichter die Beziehung aufrecht, wenn sie das biologische Geschlecht erfahren, ohne Furcht vor möglichen homosexuellen Neigungen zu haben.

Im Alltagstest heißt es vor allem für die Patienten, sich mit den Rollenerwartungen, die an das gewünschte Geschlecht von der Gesellschaft gestellt werden, nun real auseinandersetzen zu müssen. In der psychologischen Begleitung gilt es dabei, dem Patienten den Druck einer klischeehaften Selbstdarstellung zu nehmen und ihn darin zu unterstützen, seinen individuellen Weg zu finden.

Aber auch alternative Lösungsversuche gilt es im Blick zu behalten, ebenso wie die Klärung einiger diagnostischer Fragen wie z. B.: „Will der Patient mit seiner Umwandlung den heterosexuellen Ansprüchen des Partners genügen?" „Liegen dem Umwandlungsbegehren nicht zugelassene homosexuelle Anteile zugrunde?" „Lässt sich ggf. ein transvestitischer Fetischismus in einer heterosexuellen Partnerschaft leben?" „Ist für eine gynäphile FMT nicht auch das lesbische Zusammenleben mit einer Frau eine Lösung?" etc.

Insgesamt verlaufen die Alltagstesterfahrungen für Transsexuelle, bei denen die Geschlechtsidentitätsstörung seit der Kindheit besteht, unproblematischer und sie werden in der Regel auch von ihren Familien mehr unterstützt.

Für MFT mit transvestitischer Vorgeschichte, die sich erst später dem anderen Geschlecht zugehörig zu fühlen begannen, hat der Alltagstest ohne Hormonbehandlung oft eine destabilisierende Wirkung, und ihre innere Zerrissenheit kann sich in unerträglichem Maße bemerkbar machen. Ein Beharren auf das Einhalten des einjährigen Alltagstests kann bei einigen dieser Patienten zur „wilden" Hormoneinnahme und zu vorschnellen Operationen ohne Indikation führen, so dass in solchen Fällen zu erwägen ist, ob die Psychotherapie nicht mit einer Hormonbehandlung kombiniert werden sollte. Auch in anderen begründeten Ausnahmen kann es zu der Entscheidung kommen, den Alltagstest nicht in allen sozialen Bereichen zu verlangen, sondern erst ab dem Beginn der Hormonbehandlung. Nach den amerikanischen „Standards" der HBIGDA kann mit geschlechtsumwandelnden Maßnahmen bereits nach nur drei Monaten Alltagstest *oder* nach drei Monaten Psychotherapie begonnen werden, sofern das Kriterium der „readiness", d. h. des richtigen Zeitpunkts für die Durchführung, erfüllt ist.

Bei einem fruchtbaren Behandlungsverlauf bricht der Patient die Psychotherapie nicht mit Beendigung des Alltagstestes und der Indikationsstellung zur Umwandlungsbehandlung ab, sondern er nimmt das Angebot wahr, ihn postoperativ mit seinen Belastungen und Erfahrungen weiterhin psychologisch begleiten zu wollen. Während Beier et al. (2005) berichten, dass dieses Angebot nur selten angenommen wird, da die Patienten nicht an ihre Vorgeschichte erinnert werden wollen, beschreibt Becker (2004), dass nach ihren Erfahrungen viele transsexuelle Patienten erst nach der Operation bereit und in der Lage sind, sich für ihre Probleme zu öffnen und dass sie erst ab diesem Zeitpunkt in der Lage sind, bis dahin tief verdrängte Erlebnisse zu bearbeiten.

31.1.4 Indikation zur geschlechtsumwandelnden Behandlung

Die Indikation zu den somatischen Maßnahmen hängt entscheidend von der Bewältigung des Alltagstests ab. Da es sich um schwerwiegende, irreversible körperliche Eingriffe handelt, muss die Indikationsstellung mit großer Sorgfalt und unter Berücksichtigung des Einzelfalls erfolgen.

Aus arztrechtlichen Haftungsgründen empfiehlt es sich dringend, sich an den „Standards" zu orientieren und diese zu beachten. Hilfreich für den Gutachter ist die Beantwortung der Fragen, ob die somatische Behandlung voraussichtlich den Leidensdruck des Patienten lindern bzw. zu seiner psychischen Stabilität beitragen wird und warum der Patient diese Behandlung zu dem gegebenen Zeitpunkt braucht. Wichtig ist an dieser Stelle noch einmal der Hinweis, dass sich die Indikation zur Umwandlung *nicht* aus der Diagnose Transsexualität ergibt.

Die deutschen „Standards" (Becker et al. 1997) fordern vor Beginn der somatischen Behandlung drei inhaltliche Kriterien, die beim Patienten erfüllt sein müssen:
1. muss eine innere Stimmigkeit und Konstanz des Identitätsgeschlechts und seiner individuellen Ausgestaltung gegeben sein,
2. muss die gewünschte Geschlechtsrolle für den konkreten Patienten lebbar sein und
3. muss der Patient über eine realistische Einschätzung der Möglichkeiten und Grenzen somatischer Behandlungen verfügen.

Bereits vor der Psychotherapie sollte mit dem Patienten geklärt werden, ob sich der behandelnde Psychotherapeut an der Indikationsstellung zur Hormonbehandlung und zur operativen Umwandlung beteiligen soll, weil er den Patienten am besten kennt, oder ob er dies ablehnen soll, um die therapeutische Beziehung nicht zu gefährden. Falls der Psychotherapeut die Indikationsstellung nicht übernimmt, muss sich ein hinzugezogener indikationsstellender Gutachter davon überzeugen, dass die bis dahin erfolgte Psychotherapie entsprechend den vorliegenden Standards durchgeführt wurde.

Indikation zur hormonellen Behandlung

Die deutschen „Standards" erfordern neben den bereits genannten inhaltlichen Kriterien als formale Voraussetzung ein Mindestalter von 18 Jahren sowie einen mindestens einjährigen Alltagstest mit mindestens einer einjährigen psychotherapeutischen Begleitung. Dennoch gibt es Ärzte, die ohne Fachkenntnisse und z. T. auch ohne den Patienten näher zu kennen, Hormone verschreiben und sich nicht darüber klar sind, dass es sich um einen entscheidenden Eingriff handelt. Beier et al (2005) beschreiben dazu den Fall einer biologischen Frau, die in der 20. Schwangerschaftswoche einen Abbruch verlangte, weil sie eine Schädigung des Kindes durch das ihr seit Monaten applizierte Testosteronpräparat befürchtete. Dieses wurde der verheirateten Frau, die offensichtlich Koitus mit einem Mann ausgeübt hatte, ärztlicherseits verordnet, da sie angegeben hatte, sich als Mann zu fühlen und deshalb hormonell behandelt werden wollte.

Allerdings ist es für Patienten auch nicht schwer, sich ohne ärztliche Verordnung Hormone zu beschaffen. Einige Patienten nehmen, obwohl sie sich im Alltagstest befinden, gleichzeitig heimlich Hormone ein oder sie kommen schon auf diese Weise „vorbehandelt" mit dem Anliegen nach einer Geschlechtsumwandlung in die Beratungseinrichtung, nicht wissend, dass die Indikationsstellung durch die „Verfälschung" gefährdet werden kann.

Eine Hormonbehandlung nach einer „offiziellen" Indikation kann zusammen mit einer Psychotherapie auch eine eigenständige Lösung für den Patienten sein. Entsprechend des stufenweisen Vorgehens innerhalb des diagnostisch-therapeutischen Vorgehens muss sie nicht zwangsweise in den Wunsch nach einer operativen Umwandlung münden oder automatisch nach den Richtlinien dazu führen.

Indikation zu geschlechtstransformierenden Operationen

Nach den deutschen „Standards" darf die Indikation zum Beginn der chirurgischen Umwandlungsbehandlung frühestens nach 1,5 Jahren Alltagstest und nach mindestens 1,5 Jahren Kontakt zu einem Psychotherapeuten sowie nach einer halbjährigen Phase der konträrgeschlechtlichen Hormonapplikation gestellt werden. Anders als die deutschen „Standards" sehen die amerikanischen Richtlinien der HBIGDA die Möglichkeit vor, dass bei biologischen Frauen die operative Brustentfernung zeitlich mit dem Beginn der Hormonbehandlung stattfinden kann. Auch verlangen die amerikanischen „Standards" nur ein Jahr Alltagstest und eine Psychotherapie nur dann, wenn sie indiziert war.

Ergebnisse

Als besonders problematisch haben sich bei FMT die Operationen zum Penisaufbau erwiesen. Oftmals werden nach den Erfahrungen von Becker (2004) die FMT nicht über die Möglichkeiten und Grenzen sowie über die Anzahl der Operationen und möglichen Komplikationen realistisch aufgeklärt, so dass sich zunehmend mehr FMT, meist nach einer Reihe von Folgeoperationen darüber beschweren, „nicht wirklich gewusst zu haben, was auf sie zukommt".
Umstritten ist, ob die operative Penoid-Konstruktion, die ca. 50 % der Patientinnen wünschen, langfristig für die psychische Stabilität von FMT erforderlich ist, denn es gibt viele FMT, die sich gegen eine Phalloplastik entschieden haben und trotzdem von einer erfüllten Sexualität berichten. Auch beziehen sich die katamnestischen Untersuchungen über die günstigen Operationsergebnisse bei FMT überwiegend auf biologische transsexuelle Frauen ohne Genitalaufbauplastik. In den letzten Jahren wird der Wunsch nach einer Penoid-Konstruktion von FMT deutlich häufiger als früher geäußert. Es scheinen jedoch keinesfalls die „echteren", „stabileren" FMT und auch nicht ihre Partnerinnen zu sein, die auf einer Penoid-Konstruktion bestehen (Becker 2004). Als Voraussetzung zur Personenstandsänderung nach § 8 TSG wird ein Genitalaufbau nicht gefordert.

Mann-zu-Frau-Transformationen sind inzwischen zu standardisierten Eingriffen geworden, die zu mehr als 80 % zu guten funktionellen und kosmetischen Ergebnissen führen.

31.1.5 Nachbetreuung

Obwohl gemäß den „Standards" nach der operativen Geschlechtsumwandlung eine psychotherapeutische Begleitung nicht mehr vorgesehen ist, sollte sie empfohlen werden, auch mit dem Hinweis, dass katamnestische Untersuchungen gezeigt haben, dass Patienten, die über einen längeren Zeitraum kontinuierlichen Kontakt zu der Behandlungseinrichtung hielten, sich postoperativ psychisch stabiler zeigen als andere Patienten. Zu den anderen für den weiteren Lebensverlauf prognostisch günstigen Faktoren zählen nach Pfäfflin und Junge (1992) der erwähnte Alltagstest, die Durchführung einer Hormonbehandlung, die psychiatrisch-psychotherapeutische Behandlung und Begleitung, geschlechtstransformierende Operationen und deren Qualität sowie die juristische Anerkennung des Geschlechtswechsels durch Namens- und Personenstandsänderung.

32 Rechtliche Aspekte

Die rechtliche Situation Transsexueller hat sich durch das Inkrafttreten des Transsexuellengesetzes und die Möglichkeit der Kostenübernahme der Geschlechtsumwandlungsbehandlung durch die Krankenkassen und Privatversicherungen deutlich verbessert.

32.1 Das Transsexuellengesetz (TSG)

Das Transsexuellengesetz, das die juristischen Voraussetzungen der Namens- und Personenstandsänderung für deutsche Staatsangehörige regelt, wurde am 10. September 1980 im Bundesgesetzblatt verkündet; am 01.01.1981 ist es in Kraft getreten. Es ist das einzige Gesetz, das zur Linderung des Leidens einer speziellen Patientengruppe geschaffen wurde. Danach sind für Menschen mit transsexuellen Geschlechtsidentitätsstörungen zwei Möglichkeiten vorgesehen: erstens die **Vornamensänderung**, die beim zuständigen Amtsgericht entsprechend dem Zugehörigkeitsempfinden zum anderen Geschlecht bei unverändertem Eintrag des Geburtsgeschlechts in Geburtenregister und Standesamtspapieren beantragt werden kann (§ 1 TSG) und zweitens die darüber hinausgehende **Personenstandsänderung**, die die Änderung des Geschlechtseintrags auch im Geburtsregister beinhaltet (§ 8 TSG).

Die Änderung des Vornamens ohne Personenstandsänderung wird auch als „kleine Lösung" bezeichnet. Sie setzt keinerlei somatische Behandlung voraus und ist auch für verheiratete Transsexuelle möglich.

Die als „große Lösung" bezeichnete Personenstandsänderung nach § 8 TSG ist erst nach einer geschlechtsumwandelnden Operation möglich und setzt voraus, dass der Antragsteller nicht verheiratet ist.

Für beide Verfahren ist das Erstellen von Gutachten durch Sachverständige erforderlich.

Im Gutachten zur Vornamensänderung nach § 1 TSG müssen die Sachverständigen zu den Fragen Stellung nehmen, ob die antragstellende Person sich „aufgrund ihrer transsexuellen Prägung nicht mehr dem in ihrem Geburtseintrag angegebenen, sondern dem anderen Geschlecht zugehörig empfindet und seit mindestens drei Jahren unter dem Zwang steht, ihren Vorstellungen entsprechend zu leben" (§ 1 TSG Abs. 1) und „ob mit hoher Wahrscheinlichkeit anzunehmen ist, dass sich ihr Zugehörigkeitsempfinden zum anderen Geschlecht nicht mehr ändern wird" (§ 1 TSG Abs. 1 Nr. 2).

Durch Beschlüsse des Bundesverfassungsgerichts aus den Jahren 1982 und 1993 wurde die im ursprünglichen Gesetz noch vorgesehene Altersgrenze von 25 Jahren für beide Lösungen aufgehoben (§ 1 TSG Abs. 1 Nr. 3). Im § 1 TSG Abs. 1 Nr. 1 ist geregelt, dass es sich um einen deutschen Bürger oder um eine Person handeln muss, die ihren Wohnsitz im Geltungsbereich des Gesetzes hat.

Für das Gutachten zur Personenstandsänderung nach § 8 TSG muss über die drei Voraussetzungen des § 1 Abs. 1 Nr. 1–3 hinausgehend Stellung genommen werden zu der Frage, ob die antragstellende Person „dauernd fortpflanzungsunfähig ist" und „sich einem ihre äußeren Geschlechtsmerkmale verändernden operativen Eingriff unterzogen hat, durch den eine deutliche Annäherung an das Erscheinungsbild des anderen Geschlechts erreicht worden ist" (§ 8 TSG Abs. 1 Nr. 3). In § 8 TSG Abs. 1 Nr. 2 wird darüber hinaus gefordert, dass die antragstellende Person nicht verheiratet ist.

Gerade der vom Gesetz vorgeschriebene Zwang zur Scheidung vor der Personenstandsänderung wird von vielen verheirateten MFT, die mit ihrer Ehefrau und oft auch mit ihren Kindern zusammenleben wollen, als unzumutbarer Eingriff in ihre Lebensführung empfunden. Für FMT dagegen stellt die geforderte Ehelosigkeit kaum ein Problem dar, weil es so gut wie nie vorkommt, dass sie eine bestehende Ehe aufrechterhalten wollen. Dagegen stellt die gesetzliche Forderung der Fortpflanzungsunfähigkeit für FMT einen Zwang zur operativen Entfernung des Uterus dar, der oft als Verstoß gegen die körperliche Integrität erlebt wird, zumal die Menstruation zum Zeitpunkt der Antragstellung durch die Hormonbehandlung sowieso nicht mehr vorhanden ist.

Becker et al. (2001) kritisierten in ihrer Stellungnahme zur Revision des Transsexuellengesetzes diese Gesetzesforderungen deshalb als kontraproduktiv für eine an individuellen Lösungen orientierte Behandlung entsprechend den „Standards".

32.1.1 Begutachtung zur Vornamensänderung

Das Procedere zu § 1 TSG besteht darin, dass der Patient seinen Antrag an das Amtsgericht am Sitz des für seinen Wohnsitz zuständigen Landgerichts stellt. Der zuständige Richter für Personenstandsangelegenheiten ist dann gehalten, zwei unabhängige Gutachten einzuholen, in denen die Sachverständigen dazu Stellung nehmen müssen, ob sich nach den Erkenntnissen der medizinischen Wissenschaft das Zugehörigkeitsempfinden des Antragstellers mit hoher Wahrscheinlichkeit nicht mehr ändern wird. Die Crux des Verlangens, eine Irreversibilitätsprognose für die Vornamensänderung zu stellen besteht darin, dass einerseits die sog. kleine Lösung dem Betroffenen *vor* der Entscheidung zu somatischen Eingriffen den Alltagstest erleichtern soll und andererseits vom Gericht eine endgültige Prognose und sichere Diagnose verlangt wird, die, wenn überhaupt, frühestens *nach* einem längeren Alltagstest möglich ist. Hinzu kommt, dass die Transsexuellen ohne fachliche Beratung einen solchen Antrag auf Vornamensänderung stellen können und dass nach erfolgter Vornamensänderung der Antrag auf Personenstandsänderung dann von den Transsexuellen mit dem Verweis begründet wird, dass in den Gutachten die Unwiderruflichkeit ihrer Transsexualität bereits festgestellt worden sei, da sonst ja ihr Vorname nicht geändert worden wäre.

Eine weitere Schwierigkeit liegt in der Terminologie der im TSG an den Gutachter gestellten Fragen, die nicht dem Stand der wissenschaftlichen Diskussion entsprechen. Deshalb wurden in den „Standards der Begutachtung nach dem Transsexuellengesetz" (Becker et al. 1997) die juristisch formulierten Kriterien des § 1 TSG sexualmedizinisch interpretiert. Im einzelnen wird Stellung genommen zu den Begriffen der transsexuellen „Prägung", des mindestens dreijährigen „Zwangs" und der „hohen" Wahrscheinlichkeit der Unveränderbarkeit des Zugehörigkeitsempfindens zum anderen Geschlecht.

Ein weiteres Problem des Gesetzes ist die Frage der Qualifikation der Sachverständigen, die nicht näher festgelegt ist. Jedem herangezogenen Sachverständigen ist allerdings für die inhaltliche Anfertigung des Gutachtens sowie für das ordnungsgemäße Verfahren die genaue Beachtung der „Standards für die Behandlung und Begutachtung von Transsexuellen" dringend zu empfehlen.

32.1.2 Begutachtung zur Personenstandsänderung

Bei der Begutachtung gem. § 8 TSG ist zu klären, ob die Kriterien nach § 1 vorliegen, eine dauerhafte Unfruchtbarkeit gegeben und „eine deutliche Annäherung an das körperliche Erscheinungsbild des anderen Geschlechts" erzielt worden ist. Die Erfüllung der letztgenannten Voraussetzung wird anhand der Operationsberichte und der körperlichen Untersuchung festgestellt und richtet sich nach dem Stand des medizinischen Wissens, der Operationstechniken und der aktuellen Rechtsprechung. Bei biologischen Frauen wird die Brust-, Uterus- und Eierstocksentfernung, nicht aber eine Phallo-Plastik und ein Verschluss der Scheide erwartet. Eine mehrjährige Hormonbehandlung und Sterilisation wird derzeit von den Gerichten nicht als ausreichend akzeptiert. Bei biologischen Männern wird eine meist durch Hormonbehandlung zu erreichende Brustvergrößerung, die Entfernung des Penis und der Hoden sowie die Anlage einer Neo-Vagina gefordert.

32.2 Kostenübernahme durch die Krankenkassen

Im Jahre 1987 hat das Bundessozialgericht in einer Grundsatzentscheidung Transsexualität versicherungsrechtlich als Krankheit und geschlechtsumwandelnde somatische Behandlungen als medizinische Heileingriffe unter der Voraussetzung eingestuft, dass ein erheblicher psychischer Leidensdruck vorliegt, der anders nicht gelindert werden kann. Seit einer Entscheidung des Bundesgerichtshofes aus dem Jahre 1995 können Transsexuelle die Kostenübernahme für chirurgische Eingriffe von den gesetzlichen und privaten Krankenversicherungen verlangen. Die Überprüfung der Indikationskriterien wird allerdings von den verschiedenen Krankenkassen und ihren medizinischen Diensten unterschiedlich gehandhabt. Die von den Krankenkassen übernommenen Kosten einer vollständigen Frau-zu-Mann-Genitaltransformation betragen bei nur vier veranschlagten Eingriffen derzeit ca. 62.000,– €. Die Kosten der Mann-zu-Frau-Transformationen belaufen sich nach der Gebührenordnung der gesetzlichen Versicherung auf derzeit ca. 14.000,– €. Nicht eingerechnet sind dabei die Kosten für evtl. notwendige Folgebehandlungen, die die gesetzlichen und privaten Krankenkassen zu tragen hätten.

Anhang

Kleines Glossar sexueller Abweichungen
(zusammengestellt in Anlehnung an Fiedler 2004)

Abstinentia sexualis: freiwillige Keuschheit; sowohl als Abweichung wie auch als Therapieziel beschrieben

Akrotomophilie: sexuelle Erregung beim Anblick fehlender Gliedmaßen

Algolagnie: „Schmerzgeilheit"; zusammenfassender Begriff für Sadismus (aktive Algolagnie) und Masochismus (passive Algolagnie); Synonym für Sadomasochismus

Amelotatismus: sexuelle Erregung hervorgerufen durch Missbildungen ohne Gliedmaßen

Amor insanus: krankhafte Liebe; Synonym für Erotomanie

Amputophilie: sexuelle Erregung hervorgerufen durch amputierte Gliedmaßen beim Partner

Analismus: Analverkehr mit einer anderen Person

Andromanie: Synonym für Nymphomanie

Anilingus: Belecken des Anus als sexuelle Handlung

Apandrie: krankhafte Abneigung gegen Männer

Aphanisis: völliges Verschwinden sexuellen Verlangens

Aphrodisie: krankhaft gesteigerte sexuelle Appetenz

Apotemnophilie: sexuelle Erregung hervorgerufen durch eigene amputierte Gliedmaßen

Asphyxophilie: synonym für Hypophyxolie

Autoerotik: sexuelle Handlungen werden an sich selbst ausgeführt

Autogynäphilie: sexuelle Erregung durch ein Selbsterleben als Frau ohne Ablehnung des männlichen Genitale

Automonosexualismus: auf die eigene Person sich beziehende sexuelle Spannung, nicht zwingend mit Masturbation verbunden

Bestialismus: Bestialität; häufig auch als Synonym für Sodomie verwendet

Bestiophilie: Synonym für Sodomie

Bisexualität: sexuelle Beziehungen zum gleichen wie zum anderen Geschlecht

Cunnilingus: Belecken der weiblichen Scham als heterosexuelle oder homosexuelle Praktik

Dipoldismus: Erziehungssadismus

Don-Juanismus: nach dem Sagen umwobenen Verführer Don Juan Tenorio von Sevilla benannte Form sexueller Störung beim Mann: Weibstollheit

Effeminatio: extremer Grad einer passiven Homosexualität beim Mann, der sich damit wie eine Frau verhält (effeminieren)

Eonismus: nach dem berühmten Transvestiten Chevalier d'Eon eingesetzte Bezeichnung für Transvestitismus

Ephebophilie: „Jünglingsliebe"; homosexuelle Neigungen zu Jünglingen

Erotismus: enorm gesteigerte Leidenschaftlichkeit beim Koitus

Erotodromomanie: übersteigerte Betätigung oder Aktivitäten in der Absicht, sexuelle Wünsche zu unterdrücken

Erotographomanie: unermüdliche Darstellung des Obszönen in Briefen und anderen Schriften

Erotomanie: exzessives sexuelles Verlangen bzw. sexuelle Sucht

Erotopath: jemand, der an abnormen und perversen sexuellen Impulsen leidet

Erotophonie: das Führen obszöner Telefonanrufe zum Zwecke sexueller Erregung (engl. Telephone Scatophilia)

Eviration: Entmännlichung; bei homosexuellen Männern vermutete Umwandlung des Gefühlslebens, bei der alles typisch Männliche gemieden, alles typisch Weibliche gesucht wird

Exkrementophilie: Synonym für Urolagnie

Fellatio: Praktik homosexueller oder heterosexueller Befriedigung, wobei der Penis des Geschlechtspartners in den Mund genommen wird

Fetischismus: sexuelle Handlungen mit einem leblosen Objekt

Flagellantismus: Geißelsucht; betroffene Männer lauern gewöhnlich jungen Mädchen auf, um ihnen zum Zwecke sexueller Erregung mit einer Gerte über das Gesäß zu schlagen; selten wird durch Herunterziehen des Schlüpfers nachgeschaut, welche Wirkung erzielt wurde

Flagellomanie: Bezeichnung für Selbstgeißelung zum Zwecke sexueller Erregung; zumeist finden sich gemischte religiöse und sexuelle Motive

Formikophilie: sexuelle Erregung beim Anblick oder Spiel mit kleinen Tieren (Schlangen, Frösche, Enten usw.)

Frigidität: Geschlechtskälte der Frau; Fehlen sexueller Erregung und Befriedigung beim Geschlechtsverkehr

Frotteurismus; Frottage: das Reiben des eigenen Körpers an dazu nicht bereiten Personen zwecks sexueller Erregung

Furor amatorius: überlebhafte Sexualität

Furor genitalis: Synonym für Erotomanie

Gerontophilie: sexuelle Beziehungen jüngerer Erwachsener mit einem deutlich älteren Menschen

Geruchsfetischismus; Geruchsmasochismus: sexuelle Erregung beim Riechen bestimmter Gerüche des Geschlechtspartners (Genital; Faeces)

Gynäkomanie: übersteigertes Verlangen nach Frauen; Schürzenjägerei

Gynäkrotie: ständiges sexuelles Verlangen, Frauen zu schlagen

Gynäphobie: krankhafte Abneigung gegen Frauen

Hemmungshomosexualität: bei psychisch kontaktgestörten Menschen vermutete Homosexualität als Ersatzhandlung; der gleichgeschlechtliche Partner ist leichter zugänglich und wird deshalb bevorzugt

Homosexualität; Homophilie: sexuelle Beziehungen zum gleichen Geschlecht

Hyperaesthesia sexualis: sexuelle Übererregbarkeit

Hyperaphrodisie: krankhaft gesteigerter Geschlechtstrieb

Hypererosie; Hypersexualismus: Synonym für Erotomanie; übermäßige sexuelle Aktivität

Hyphephilie: sexuell getönte Freude am Anfassen von Samt, Seide und anderen Stoffen

Hypoxyphilie: die Unterbindung der Sauerstoffzufuhr durch zeitweiliges Erhängen oder Einschnüren des Halses bzw. Überstreifen von luftdichten Beuteln/Tüten über den Kopf zum Zwecke sexueller Erregung

Ideogamie: Fähigkeit von Mann oder Frau zur Ausübung des Geschlechtsverkehrs nur mit einem bestimmten Partner, während gegenüber anderen Impotenz oder Frigidität besteht

Idolatrie: Synonym für Fetischismus

Impotenz: Gefühlskälte des Mannes; fehlende sexuelle Erregung und Befriedigung

Infantilismus: sexuelle Erregung beim Behandeltwerden wie ein Kind

Inversion: häufig gebrauchtes Synonym für Homosexualität

Inzest: sexuelle Handlungen mit einem nahen (Bluts-)Verwandten

Kannibalismus, sexueller: das Essen von Menschen zum Zwecke sexueller Erregung

Kleptolagnie; Kleptophilie: zwanghaftes Stehlen zum Zwecke sexueller Erregung

Klismaphilie: sexuelle Erregung durch rektalen Einlauf mit einem Klistiergerät (von Wasser, Alkohol, Kaffee, Yoghurt usw.); zwanghaftes anales Duschen zum Zwecke sexueller Befriedigung

Klitoromanie: Synonym für Nymphomanie

Konträre Sexualempfindung; Konträrsexualität: häufig gebrauchte Synonyme für Homosexualität

Koprophemie: obszönes Sprechen in Gegenwart des anderen Geschlechts zwecks sexueller Erregung

Koprophilie, Koprolagnie: zum Zwecke sexueller Erregung mit dem eigenen oder dem Kot des Partners/der Partnerin spielen

Kopropraxie: seltener gebrauchtes Synonym für Exhibitionismus

Korophilie: Neigung lesbischer Frauen zu jungen Mädchen

Masochismus: sich während sexueller Handlungen mit anderen Leid zufügen oder erniedrigen lassen

Metatropismus: Synonym für Masochismus

Metromanie: extreme Nymphomanie

Misogynie: Abneigung gegen Frauen

Mixoskopie: anderen zwecks sexueller Erregung beim Geschlechtsakt zuschauen

Monomentophilie: Synonym für Pygmalionismus

Morphophilie: sexuelle Attraktion und Erregung beim Anblick ausgewählter Körperteile oder Kleidungsstücke anderer Menschen (Haare, Beine, Hüften usw.); löst nur ein Körperteil sexuelle Erregung aus, spricht man von Partialismus

Mysophilie: sexuelle Erregung beim Betasten, Beriechen oder Befühlen von Binden und Tampons, die der Menstruationshygiene dienen

Narratophilie: das laute Erzählen obszöner und anrüchiger Geschichten zum Zwecke sexueller Erregung

Nekrophilie; Nekromanie: sexuelles Interesse bzw. sexuelle Handlungen an einem Leichnam

Nekrosadismus: Zerstückelung von Leichen aus sexuellen Motiven

Nymphomanie: exzessives sexuelles Verlangen bzw. sexuelle Sucht der Frau

Olfaktophilie: sexuelle Erregung gegenüber Gerüchen und Düften

Oralismus: Oraler Geschlechtsverkehr mit einer anderen Person

Päderastie: Bezeichnung für einen Mann mit homosexueller Neigung, insbesondere zu Kindern und Jugendlichen des gleichen Geschlechts

Päderosis; Pädophilia erotica: Geschlechtsverkehr mit Kindern des anderen Geschlechts

Pädophilie: sexuelle Handlungen Erwachsener mit einem Kind

Pagismus: Synonym für Masochismus

Paradoxia sexualis: sexuelle Betätigung jenseits der als physiologisch erachteten zeitlichen Grenzen im Kleinkind- oder Greisenalter

Parasexualität: allgemeines Synonym für Paraphilien

Parerotosien: Synonym für Perversion

Partialismus: sexuelle Erregung beim Anblick eines bestimmten Körperteils (Haare, Bein, Fuß, Lippen); wurde früher dem Fetischismus zugerechnet

Passiophilie: Synonym für Masochismus

Perversion: ein Begriff ursprünglich zur Kennzeichnung allgemeiner Normverstöße relativ zu den Sitten der Gesellschaft, in klinischen Arbeiten des letzten Jahrhunderts zunehmend für normwidriges sexuelles Verhalten und Störungen der Sexualpräferenz gebräuchlich; in der Psychiatrie heute durch den Begriff Paraphilien ersetzt

Pictophilie: sexuelle Erregung beim Anschauen von Bildern, Filmen oder Videos mit pornographischen Szenen, allein oder mit einem Partner

Pikazismus: Synonym für Exkrementophilie

Pollutionismus: sexuelle Befriedigung durch Beschmutzen weiblicher Kleider mit Samen

Pseudolie: Synonym für Erotografonamie

Psycholagnie: sexuelle Erregung durch Phantasien und Tagträumereien

Psychopathia sexualis periodica: nur periodisch, z. B. während der Menstruation auftretender vermehrter Geschlechtsdrang mit Neigung zu perversen Handlungen

Psychosexueller Hermaphroditismus: seltener gebrauchtes Synonym für Homosexualität

Pygmalionismus: sexuelle Handlungen mit einer Statue

Pyrolagnie: zwanghaftes Feuerlegen zum Zwecke sexueller Erregung oder sexuelle Erregung beim Anblick von Feuer

Renifleur: Schnüffler; jemand, der durch bestimmte Gerüche wie Urin oder Faeces sexuell erregt wird

Sadismus: Erniedrigung des Geschlechtspartners/der Geschlechtspartnerin oder das (gewaltsame) Zufügen von Leiden während sexueller Handlungen

Sadomasochismus: gleichzeitiges Vorhandensein von Sadismus und Masochismus

Saliromanie: den Körper, Kleidungsstücke oder Besitzstände anderer Menschen beschmutzen oder zerstören, um sexuelle Erregung zu erlangen

Sapphismus; sapphistische Liebe: Homosexualität zwischen Frauen

Satyriasis; Satyriomanie: exzessives sexuelles Verlangen bzw. sexuelle Sucht des Mannes

Servilismus: Synonym für Masochismus

Sexualpsychopathie: Abwegigkeiten des Sexuallebens, die wesentlich mit Anlagefaktoren in einen Zusammenhang gestellt werden

Sexualverachtungswahn: damit wurde eine besondere Form erotischer Wahnbildung „sexuell unbefriedigter Wesen" bezeichnet

Sexuelle Ersatzbefriedigung: Ersatz der als vermeintlich „normal" betrachteten sexuellen Handlungen durch andere Formen sexueller Betätigungen (z. B. durch Perversion, Paraphilien)

Skatophilie: zum Zwecke sexueller Erregung mit den eigenen oder Exkrementen des Partners/der Partnerin spielen

Skop(t)ophilie; Skop(t)olagnie: das heimliche Beobachten von Nacktheit und sexuellen Handlungen anderer Personen; Synonyma für Voyeurismus

Skythenwahnsinn: Synonym für Transvestitismus

Sodomie: seit dem Mittelalter zunächst allgemeine Bezeichnung für die unterschiedlichsten Perversionen/Paraphilien; später eingeschränkt auf sexuelle Handlungen mit Tieren, damit Synonym für Zoophilie

Somnophilie: sexuelle Erregung durch den schlafenden Partner

Stigmatophilie: sexuelle Erregung beim Anblick von Tätowierungen, Tattoos oder vom Piercing-Schmuck des Partners

Strangulation: Nutzung des Sauerstoffmangels zur Steigerung der sexuellen Erregung

Stuprum: alte Bezeichnung für illegalen Sexualverkehr, meist in der Bedeutung eines gewaltsamen Übergriffs (Stuprum violentum)

Telefonskatologie: sexuelle Erregung durch telefonisch mitgeteilte Bedrohungen

Telefonskatophilie: sexuelle Erregung durch telefonisch mitgeteilte Obszönitäten (Erotophonie)

Transsexualismus, Transsexualität: lebhafter Wunsch, die biologische Geschlechtszugehörigkeit zu wechseln

Transvestismus; Transvestitismus: die Kleidung des anderen Geschlechts zum Zwecke sexueller Erregung anlegen und tragen

Tribadie; Tribadismus: gleichgeschlechtliche Liebe zwischen Frauen; weibliche Homosexualität

Triebanomalie: ursprüngliches Synonym für Perversion bzw. Paraphilie.

Troilismus: sexuelle Handlungen, die mit zwei oder drei anderen Personen ausgeführt werden

Undinismus: nach dem weiblichen Wassergeist Undine bezeichnete sexuelle Anomalie, bei der Sexualität mit dem Gedanken an Harn, Wasserlassen und Wasser verbunden ist

Uranismus: seltener gebrauchtes Synonym für Homosexualität; zumeist gemeint ist die männliche Homosexualität

Urningtum: selten gebrauchtes Synonym für Homosexualität; geprägt von K.H. Ulrichs, der unter dem Pseudonym Numa Numantius (1879) in Schriften die soziale Anerkennung des Urningtums forderte und für die Ehe unter Urningen eintrat

Urophilie; Urolagnie: zum Zwecke sexueller Erregung mit dem eigenen oder dem Urin des Partners/der Partnerin spielen; auch sexuelle Erregung durch Zuschauen beim Urinieren

Vampirismus: das Trinken oder Saugen von menschlichem Blut zum Zwecke sexueller Erregung

Viraginität: männliche Verhaltensweisen bei Frauen, soweit sie Ausdruck weiblicher Homosexualität sind

Vomerophilie: das künstlich herbeigeführte Erbrechen von Nahrung zum Zwecke sexueller Erregung

Voyeurismus: das heimliche Beobachten von Nacktheit und sexuellen Handlungen anderer Personen

Zooerastie: Synonym für Sodomie

Zoophilie: sexuelle Handlungen mit einem Tier

Literatur

Abel GG, Osborn C. Stopping sexual violence. Psychiatric Annals. 1992; 22: 301–6.

Abel GG, Rouleau JL. The Nature and Extent of Sexual Assault. In: Marshall WL, Laws DR, Barbaree HE (eds). Handbook of Sexual Assault. New York: Plenum Press 1990; 9–22.

Abraham F. Genitalumwandlung an zwei männlichen Transvestiten. Z Sexualwiss 1931/32; 18: 223–6.

Ahlmeyer S, Kleinsasser D, Stoner J, Retzlaff P. Psychopathology of incarcerated sex offenders. J of Person Disorders 2003; 17: 306–19.

Althof SE. Psychogenic Impotence: Treatment of Men and Couples. In: Leiblum SR, Rosen RC. Couples Therapy for Erectile Disorders: Conceptual and Clinical Considerations. J of Sex Marit Therap 1991; 17: 2.

Althof SE. Psychogenic Impotence: Treatment of Men and Couples. In: Leiblum SR, Rosen RC (eds). Principles and practice of sex therapy. Update for the 1990's. New York: Guilford Press 1989.

Annon J. The Behavioral Treatment of Sexual Problems. Vol. 1: Brief Therapy. Honolulu: Enabling Systems 1974.

APA – American Psychiatric Association. Diagnostisches und Statistisches Manual psychiatrischer Störungen – Textrevision-DSM-IV-TR. Göttingen: Hogrefe 2003.

APA – American Psychiatric Association. Dangerous sex offenders. A Task-Force Report. Washington, D.C. American Psychiatric Association 1999.

Apfelbaum B. Retarded ejaculation: A much-misunderstood syndrome. In: Leiblum SR, Rosen RC (eds). Principles and practice of sex therapy: Update for the 1990's. New York: Guilford Press 1989.

Arentewicz G, Schmidt G. Sexuell gestörte Beziehungen. 3. Aufl. Stuttgart: Enke 1993.

Arrigo BA, Purcell CE. Explaining paraphilias and lust murder: Toward an integrated model. Int J of Offender Therapy and Comparative Criminology 2001; 45: 6–31.

Bagemihl B. Biological exuberances: animal homosexuality and natural diversity. New York: St. Martin's Press 1999.

Bailey JM, Pillard RC. Genetic study of male sexual orientation. Archives of General Psychiatry 1991; 48: 1089–96.

Bakwin H. Erotic feelings in infants and young children. Am. J of Diseases of Childhood 1973; 126: 52–4.

Bancroft J. Human sexuality and its problems. Edinburgh: Churchill Livingstone 1989.

Bancroft J. Grundlagen und Probleme menschlicher Sexualität. Stuttgart: Enke 1985.

Barbach J. Group treatment of preorgasmic women. J Sex Marit Therap 1974; 1: 139–45.

Barlow DH. Causes of Sexual Dysfunction: The Role of Anxiety and Cognitive Interference. Jour. of Consult Clin. Psychol. 1986; 54: 140–8.

Baumeister RS. Masochism and the self. Hillsdale, New York: Erlbaum 1989.

Baumeister RS, Butler JL. Sexual masochism: deviance without pathology. In: Laws DR, O'Donohue WT (eds). Sexual deviance: Theory, Assessment, and Treatment. New York: Guilford Press 1997; 225–39.

Beck JG. Vaginismus. In: O'Donohue WT und Geer, JH (eds). Handbook of Sexual Dysfunctions. Assessment and Treatment. Boston: Allyn & Bacon 1993.

Becker JV, Skinner L, Abel G, Treacy E. Incidence and types of sexual dysfunctions in rape and incest victims. Jour Sex Marit Therap 1982; 8: 65–74.

Becker N. Psychoanalytische Theorie sexueller Perversionen. In: Sigusch V (Hrsg.). Sexuelle Störungen und ihre Behandlung. 3. Aufl. Stuttgart, New York: Thieme 2001.

Becker N, Schorsch E. Die psychoanalytische Theorie sexueller Deviationen. In: Schorsch E, Schmidt G (Hrsg.). Ergebnisse zur Sexualforschung. Frankfurt/M., Berlin, Wien: Ullstein 1976.

Becker S. Transsexualität – Geschlechtsidentitätsstörung. In: Kockott G, Fahrner EM (Hrsg.). Sexualstörungen. Stuttgart, New York: Thieme 2004.

Becker S. Weibliche Perversion. Zeitschrift f. Sex. Forsch. 2002; 15: 281–301.

Becker S, Berner W, Dannecker M, Richter-Appelt H. Stellungnahme zur Anfrage des Ministeriums des Inneren (V 5a-133 115-1/1) vom 11. Dezember 2000 zur Revision des Transsexuellengesetzes. Z Sexualforsch 2001; 11: 155–62.

Becker S, Bosinski HAG, Clement U, Eicher W, Goerlich TM, Hartmann U, Kockott G, Langer D, Preuss WF, Schmidt G, Springer A, Wille R. Standards der Behandlung und Begutachtung von Transsexuellen der Deutschen Gesellschaft für Sexualforschung, der Akademie für Sexualmedizin und der Gesellschaft für Sexualwissenschaft. Abgedruckt in Z Sexualforsch 1997; 10: 147–56.

Beier KM. Sexueller Kannibalismus. Sexualwissenschaftliche Analyse eines Phänomens. München: Elsevier 2006.

Beier KM. Female analogies to perversion. J Sex and Marit Ther 2000; 26: 79–93.

Beier KM. Dissexualität im Lebenslängsschnitt. Theoretische und empirische Untersuchungen zu Phänomenologie und Prognose begutachteter Sexualstraftäter. Berlin: Springer 1995.

Beier KM, Bosinski H, Loewit K. Sexualmedizin. 2. Aufl. München, Jena: Elsevier 2005.

Beier KM, Loewit K. Lust in Beziehung. Einführung in die syndyastische Sexualtherapie. Berlin, Heidelberg: Springer 2004.

Bell AP, Weinberg MS, Hammersmith SK. Sexual preference: its development in men and women. Bloomington: Indiana University Press 1981.

Bem DJ. Exotic Becomes Erotic: A developmental theory of sexual orientation. Psych Rev 1996; 103: 320–35.

Benjamin H. Transexual Phenomenon. New York: Julian 1966.

Benjamin H. Transsexualism and transvestitism as psycho-somatic and somato-psychic syndromes. Am J Psychother 1954; 8: 219–30.

Benjamin H. Transvestitism and transsexualism. Int J Sex 1953; 7: 12–4.

Berner W. Störungen der Sexualität. Paraphilie und Perversion. In: Kernberg O, Dulz B (Hrsg.). Handbuch der Borderline-Störungen. Stuttgart, New York: Schattauer 2000; 319–31.

Berner W, Hill A, Briken E, Kraus C. Störungen der Sexualpräferenz – Paraphilien. In: Kockott G, Fahrner EM (Hrsg.). Sexualstörungen. Stuttgart, New York: Thieme 2004.

Berscheid E, Walster E. Physical Attractiveness. In: Berkowitz WR. Advances in Exp Social Psych 1974; 7: 158–212.

Bieber I, Dain HJ, Dince PR, Drellich MG, Grand HC, Gundlach RH, Kremer MW, Rifkin AH, Wilbur CB, Bieber TB. Homosexuality: A psychoanalytic study. New York: Random House 1962.

Binet A. Le fetichisme dans l'amour. Rev. Phil. 1887; 24: 143–67; 252–74.

Blanchard R, Zucker KJ, Bradley SJ. Hume CS. Birth order and sibling sex ratio in homosexual male adolescents and probably prehomosexual feminine boys. Develop Psychol 1995; 31: 22–30.

Blocher D, Henkel K. Symptome aus dem Spektrum des hyperkinetischen Syndroms bei Sexualdelinquenten. Fortschr Neurol Psychiat 2001; 69: 453–9.

Bosinksi, HAG. Sexualmedizinische Untersuchungen zu Ursachen und Verlauf transsexueller Geschlechtsidentitätsstörungen. Med Habil Univ Kiel 1996.

Bosinski, HAG, Arndt R, Sippell WG, Wille R. Geschlechtsidentitätsstörungen bei Kindern und Jugendlichen: Nosologie und Epidemiologie. Mschr Kinderheilkd 1996; 144: 1235–41.

Bradford JMW. The Neurobiology, Neuropharmacology and Pharmacological Treatment of Paraphilias and Compulsive Sexual Behaviour. Can J Psychiatry 2001; 46: 26–34.

Bräutigam W. Perversionen. In: Müller, C (Hrsg.). Lexikon der Psychiatrie. Berlin: Springer 1973.

Bräutigam W. Formen der Homosexualität, Erscheinungsweisen, Ursachen, Behandlung, Rechtsprechung. Stuttgart: Enke 1967.

Bräutigam W, Clement U. Sexualmedizin im Grundriss. 3. Aufl. Stuttgart: Thieme 1989.

Brierley H. Tranvestism: Illness, perversion, or choice. New York: Pergamon 1979.

Brown GR. Tranvestism. In: Gabbard GO (ed.). Treatments of Psychiatric disorders. (2nd ed). Washington, DC: American Psychiatric Press 1995; 1977–99.

Brzek A, Sipova L. Transsexuelle in Prag. Sexualmedizin 1983; 3: 110–2.

Buddeberg C. Sexualberatung. 2. Aufl. Stuttgart: Enke 1987.

Carey MP, Johnson BT. Effectiveness of Yohimbine in the treatment of disorders. 4 meta-analytic integrations. Arch Sex Behav 1996; 25: 341–60.

Carter DL, Prentky RA, Knight RA, Vanderveer PI, Boucher RJ. Use of pornography in the criminal and developmental histories of sexual offenders. J of Interpersonal Violence 1987; 2: 196–211.

Cass VC. Homosexual identity formation: A theoretical model. J of Homosexuality 1979; 4: 219–35.

Cauldwell DC. Psychopathia transsexualis. Sexology 1949; 16: 274–80.

Chalkley, AJ, Powell GE. The clinical description of fourty-eight cases of sexual fetishism. Brit Journ of Psychiat 1983; 143: 227–231.

Chasseguet-Smirgel J. Kreativität und Perversion. Frankfurt/M.: Nexus 1986.

Christenson CV. Sex Offenders. New York: Harper & Row 1965.

Church S, Henderson M, Barnard M, Hart G. Violence by clients towards female prostitutes in different work settings: Questionnaire survey. British Medical Journal 2001; 322: 524–5

Cooper, A.J. An Innovation in the "Behavioral" Treatment of a Case of non-consummation due to vaginism. Br. Jour. Psychiatry 1969; 115: 721–2.

Cooper AJ. Factual Study of Male Potency Disorders. Br. Jour. Psychiatry 1968; 114: 719–31.

Dannecker M. Engel des Begehrens. Die Sexualität der Figuren in Hubert Fichtes Werk. In: Heinrichs H-J (Hrsg.). Der Körper und seine Sprachen. Frankfurt/Main: Qumran 1985.

Dannecker M, Reiche R. Der gewöhnliche Homosexuelle. Frankfurt: Fischer 1974.

Darling C, Davidson J. Enhancing Relationships: understanding the feminine mystique of pretending orgasm. J Sex Marit Therap 1986; 12: 182–96.

Davis JA, Smith TW. General Social Surveys, 1972–1998: Cumulative Codebook. National Opinion Research Council. University of Chicago 1998.

Diana L. The prostitute and her clients. Springfield: Thomas 1985.

Dietz PE, Hazelwood RR, Warren J. The sexually sadistic criminal and his offences. Bulletin of the American Academy of Psychiatry and the Law. 1990; 18: 163–78.

Docter R. Tranvestites and transsexuals: Toward a theory of cross-gender-behavior. New York: Plenum 1988.

Dörner G. Zur Bedeutung pränataler Sexualhormonspiegel für die Entwicklung der sexuellen Orientierung, Geschlechtsidentität und der Gonadenfunktion. Sexuologie 1995; 2: 18–31.

Dörner G, Götz F, Rohde W. On the evocability of a positive oestrogen feedback action on LH secretion in female and male rats. Endokrinologie 1975; 66: 369–72.

Eicher W. Sexuelle Probleme und Störungen in der gynäkologischen Praxis. In: Sigusch V (Hrsg.). Sexuelle Störungen und ihre Behandlung. 3. Aufl. Stuttgart, New York: Thieme 2001.

Eicher W. Transsexualismus. Möglichkeiten und Grenzen der Geschlechtsumwandlung. Stuttgart, New York: Gustav Fischer 1984.

Eicher W. Die sexuelle Erlebnisfähigkeit und die Sexualstörungen der Frau. Stuttgart: G. Fischer 1975.

Eichner K, Habermehl W. Der RALF-Report. Hamburg: Hoffmann u. Campe 1978.

Elias J, Gebhard P. Sexuality and sexual learning in childhood. 1969. Phi Delta Kappa, Vol. LM7: 401–2, reprinted in: Rogers RS (ed.) Sexual education – rationale & reaction. London: Cambridge University Press, 1974; 143–54. Aus: Bancroft J. Grundlagen und Probleme menschlicher Sexualität. Stuttgart: Enke 1985.

Erikson EH. Identität und Lebenszyklus. Frankfurt/M. Suhrkamp 1976.

Eysenck HJ. Sexualität und Persönlichkeit. Wien: Europaverlag 1976.

Fahrner EM, Kockott G. Funktionelle Sexualstörungen. In: Reinecker H (Hrsg.). Lehrbuch der Klin. Psychologie. Göttingen, Toronto, Zürich: Hogrefe 1990.

Feldman HA., Goldstein I, Hatzichristou DG, Krane RJ, McKinlay JB. Impotence and its medical und psychosocial correlates: results of the Massachusetts Male Aging Study. J Urol 1994; 151: 54–61.

Fenichel U. Psychoanalytische Neurosenlehre (1945). Bd. 1. Olten: Walter 1974.

Ferenczi S. Zur Nosologie der männlichen Homosexualität. 1911. In: Ferenczi S. Bausteine zur Psychoanalyse I. Bern: Huber 1964.

Fiedler P. Sexuelle Orientierung und sexuelle Abweichung. Weinheim, Basel: Beltz 2004.

Fisher S. Der Orgasmus der Frau. München: Goldmann 1973.

Ford CS, Beach FA. Formen der Sexualität. Das Sexualverhalten bei Mensch und Tier. Reinbek: Rowohlt 1971.

Frank E, Anderson C, Rubinstein D. Frequency of sexual dysfunction in „normal" couples. New Engl J Med 1978; 299: 111–5.

Freud S. Drei Abhandlungen zur Sexualtheorie. 1905. Leipzig, Wien: Deuticke (Ges. Werke V) Frankfurt/M.: Fischer 1964; 27–145.

Freud S. Hemmung, Symptom und Angst. Intern. Psychoanal. Leipzig, Wien: Deuticke 1926. Ges. Werke, Bd. XIV (1948); 11–205.

Freud S. Gesammelte Werke. London: Imago 1941

Freud S. Über die allgemeinste Erniedrigung des Liebeslebens. Jb. Psychoanal. Psychopath. Forsch 1912; 4 (Ges. Werke 8, 78–91).

Freund K. Courtship disorders. In: Marshall WL, Laws DR, Barbaree HE (eds). Handbook of Sexual Assault: Issues, Theories, and Treatment of Offenders. New York: Plenum Press 1990; 195–207.

Freund K, Seto MC, Kuban M. Frotteurism: The theory of courtship disorder. In: Laws DR, O'Donohue WT (eds). Sexual deviance: Theory, assessment, and treatment. New York: Guilford Press 1997; 111–30.

Freund K, Watson R. Mapping the boundaries of courtship disorder. J of Sex Research 1990; 27: 589–606.

Friedman LJ. Virginität in der Ehe. München: Kindler 1962.

Galenson E, Roiphe H. The emergency of genital awareness during the second year of life. In: Friedmann RC, Richart RM, Vande Wile RL (eds). Sex differences in behaviour. New York: Wiley 1974.

Garde K, Lunde I. Female Sexual Behaviour. A Study in a random sample of fourty year old women. Maturitas 1980; 2: 225–40.

Garrels L, Kockott G, Preuss WF, Renter K, Schmidt G, Sigusch V, Windgassen K. Sex ratio of transsexuals in Germany: the development over three decades. Acta Psychiatr Scand 2000; 102: 445–8.

Gebhard P, Gagnon J, Pomeroy N, Christenson C. Sex offenders. New York: Harper & Row 1965.

Gebhard PH. Sexual Behavior of the Mentally Retarded. In: de la Cruz FF, La Veck GA (eds.). Human Sexuality and the Mentally Retarded. New York: Brunner & Mazel 1973: 29–49.

Gebhard PH, Johnson AB. The Kinsey Data. Philadelphia: Saunders 1979.

Gebsattel G von. Über Fetischismus. Nervenarzt 1929; 2: 8.

Giese H. Abnormes und perverses Verhalten. In: Giese H, Schorsch E: Zur Psychopathologie der Sexualität. Stuttgart: Enke 1973.

Giese H, Schmidt G. Studentensexualität. Hamburg: Rowohlt 1968.

Godlewski G. Transsexualism and anatomic sex: Ratio reversal in Poland. Arch Sex Behav 1988; 17: 547–9.

Goffman E. Asyle. Über die soziale Situation psychiatrischer Patienten und anderer Insassen. Frankfurt: Suhrkamp 1974.

Goldberg DC, Whipple B, Fishkin RE, Waxman H, Fink PJ, Weisberg M. The Grafenberg Spot and Female Ejaculation: A Review of Initial Hypothesis. J of Sex Marit Therap 1983; 9: 27–37.

Goos U. Konzepte der Bisexualität. Z f. Sexualforsch 2003; 16: 51–65.

Gräfenberg E. The role of the urethra in female orgasm. Int J of Sex 1950; 111: 145–8.

Green R. The „Sissy Boy Syndrome" and the development of homosexuality. New York: Yale Univ Press 1987.

Haeberle EJ. Die Sexualität des Menschen. Handbuch und Atlas. Berlin, New York: Walter de Gruyter 1983.

Hall GCN. Sexual offender recidivism revisited. A meta-analysis of recent treatment studies. Journ. Consult. Clin. Psychol. 1995; 63: 802–9.

Hamburger C, Stürup, GK. Tranvestism: Hormonal, psychiatric and surgical treatment. J Am Med Assoc (JAMA) 1953; 152: 391–6.

Hamer DH, Hu S, Magnuson VL, Hu N, Pattatucci AML. A linkage between DNA markers on the X-chromosome and male sexual orientation. Science 1993; 261: 321–7.

Hanson RK, Bussière MT. Predicting relapse: a meta-analysis of sexual offender recidivism studies. J Consult Clin Psychol 1998; 66: 348–62.

Hanson RK, Molton-Bourgon, K. Predictors of sexual recidivism: an updated meta-analysis. Public Works and Government Services Canada (Cat. No: PS 3-1/2004-2E-PDF) 2004.

Hanson RK, Pfäfflin F, Lütz M (eds). Sexual abuse in the catholic church. Scientific and Legal Perspectives. Rom Vatikan: Libreria Editrice Vaticano 2004.

Hariton EB, Singer JL. Women's fantasies during sexual intercourse: normative and theoretical implications. J Consulting and Clinical Psychology 1974; 42: 313–22.

Hirschfeld M. Die Transvestiten. Berlin: Pulvermacher 1910.

Hirschfeld M (Hrsg.). Jahrbuch der sexuellen Zwischenstufen. 23: 3–27. Stuttgart: Puttmann 1923.

Hirschfeld M. Sappho und Sokrates. 1896. In: Fiedler P. Sexuelle Orientierung und sexuelle Abweichung. Weinheim, Basel: Beltz 2004.

Hite S. Hite-Report. Das sexuelle Erleben der Frau. München: Bertelsmann 1977.

Hu S, Pattatucci AM, Patterson C, Li L, Fulker DW, Cherny SS, Kruglyak L, Hamer DH. Linkage between sexual orientation and chromosome Xq 28 in males but not in females. Nature Genetics 1995; 11: 248–56.

Johnson AM, Wadsworth J, Wellings K, Field J. Sexual Attitudes and Lifestyles. Oxford: Blackwell 1994.

Kafka MP, Hennen J. A DSM-IV Axis I Comorbidity Study of Males (N=120) with Paraphilias and Paraphilia-related Disorders. Sexual Abuse 2002; 14, 4: 349–66.

Kaplan HI, Sadock, BJ. Klinische Psychiatrie. Göttingen, Bern, Toronto, Seattle: Hogrefe 2000.

Kaplan HS. Sexualtherapie bei Störungen des sexuellen Verlangens. Stuttgart: Thieme 2000.

Kaplan HS. Sexualtherapie. Ein bewährter Weg für die Praxis. 4. Aufl. Stuttgart: Enke 1995.

Kaplan HS. Sexualaversion, sexuelle Phobien und Paniksyndrome. Stuttgart: Enke 1988.

Kaplan HS. Hemmungen der Lust: neue Konzepte der Psychosexualtherapie. Stuttgart: Enke 1981.

Kaplan HS. The classification of the femal sexual dysfunctions. J Sex Marital Ther 1974; 1: 124–38.

Kaplan HS, Kohl RN, Pomeroy WB, Hogan B. Group treatment of premature ejaculation. Arch Sex Behav 1974; 3: 443–452.

Kaplan LJ. Weibliche Perversionen. Hamburg: Hoffmann u. Campe, 1991.

Kegel AA. Sexual function of the pubococcygeus muscle. West. Jour. Surg. 1952; 60: 521–4.

Kelly M, Strassberg D, Kircher J. Attitudinal and experiential correlates of anorgasmia. Arch Sex Behav 1990; 19: 165–77.

Khan MMR. Entfremdung bei Perversionen. Frankfurt: Suhrkamp 1983.

Kinsey AC, Pomery WB, Martin CE, Gebhard PH. Sexual Behavior in the Human Female. Philadelphia: W.B. Saunders 1953.

Kinsey AC, Pomeroy WB, Martin C. Sexual Behavior in the Human Male. Philadelphia: W.B. Saunders 1948.

Klein F, Sepekoff B, Wolf T. Sexual orientation: A multi-variable dynamic process. J of Homosexuality 1985; 12: 35–49.

Knight RA, Prentky RA. Classifying sexual offenders: The development and corroboration of taxonomy models. In: Marshall, WL, Laws, RD, Barbaree, HE (eds). Handbook of Sexual Assault: Issues, theories, and treatment of offender. New York: Plenum Press 1990; 23–52.

Kockott G, Fahrner EM. Sexuelle Funktionsstörungen. In: Kockott G, Fahrner EM. Sexualstörungen. Stuttgart, New York: Thieme 2004.

Kockott G, Berner M. Sexualstörungen. In: Berger, M (Hrsg.). Psychische Erkrankungen. 2. Aufl. München: Elsevier 2004.

Kockott G (Hrsg.). Sexuelle Störungen. München, Wien, Baltimore: Urban & Schwarzenberg 1977.

Krafft-Ebing R Frh v. Psychopathia Sexualis. Stuttgart: Enke 1886.

Kutchinsky B. Studies on pornography and sex crimes in Denmark. Copenhagen: New Social Science Monographs 1970.

Langer D. Der Transsexuelle: Eine Herausforderung für Kooperation zwischen psychologischer und chirurgischer Medizin. Fortschr Neurol Psychiat 1985; 53: 67–85.

Lasègue CR. Les exhibitionistes. Paris: Presse Medicale 1877.

Laumann EU, Gagnon JH, Michael RT, Michaels S. Sexual dysfunction in the United States. Prevalence, Predictors and Outcomes. J Am Med Assoc 1999; 281: 537–45.

Laumann EU, Gagnon HJ, Michael RT, Michaels S. The Social Organization of Sexuality. Sexual Practices in the United States. Univ. of Chicago Press 1994.

Lautmann R. Konstruktionismus und Sexualwissenschaft. Z f Sexualforsch 1992; 5: 219–44.

Lazarus AA. The Treatment of Chronic Frigidity by systematic desensitization. J Nerv. Ment. Dis. 1963; 136: 272. Dt.: Die Behandlung der chronischen Frigidität durch systematische Desensibilisierung. In: Kockott G (Hrsg.). Sexuelle Störungen. München, Wien, Baltimore: Urban & Schwarzenberg 1977.

Leiblum SR, Rosen RC. Couples Therapy for Erectile Disorders: Conceptual and Clinical Considerations. J Sex Marit Therap 1991; 17: 2.

Levine SB. Sexual life. A Clinician's Guide. New York: Plenum Press 1992.

Lizza EF, Rosen RC. Definition and Classification of erectile dysfunction: report of the Nomenclature Committee of the International Society of Impotence Research. Int Jour Impot Res 1999; 11: 141–5.

Loewit K. Kommunikationszentrierte Sexualtherapie: Theorie und Umsetzung. Sexuologie 1994; 2 (1): 101–12.

LoPiccolo J. Postmodern sex therapy for erectile failure. Nordisk Sexologi 1991; 9: 205–25.

LoPiccolo J, Lobitz WC. The role of masturbation in the treatment of orgasmic dysfunction. Arch Sex Behav 1972; 2: 163–71 (dt: Die Bedeutung der Masturbation bei der Behandlung von Orgasmusstörungen. In: Kockott G (Hrsg.). Sexuelle Störungen. München, Wien, Baltimore: Urban & Schwarzenberg 1977.

Lothstein LM. Psychodynamics and Sociodynamics of Gender-Dysphoric States. Am J Psychoth 1979; 33: 214–38.

Mahler MS, Pine F, Bergmann A. Die psychische Geburt des Menschen. Symbiose und Individuation. Frankfurt: Fischer 1978.

Maisch H. Familiäre Sexualdelinquenz – die neue Emotionalisierung eines alten Dramas. In: Jäger H, Schorsch E: Sexualwissenschaft und Strafrecht. Stuttgart: Enke 1987.

Maisch H. Inzest. Hamburg: Rowohlt 1968.

Marshall WL. Pedophilia: Psychopathology and theory. In: Laws, DR, O'Donohue, W (eds). Sexual Deviance: theory, assessment, and treatment. New York: Guilford Press 1997; 152–74.

Marshall WL. Intimacy, Loneliness and sexual offenders. Behaviour Research and Therapy 1989; 27: 491–503.

Martin CE. Factors affecting sexual functioning in 60–79 years old married males. Arch Sex Behav 1981; 10: 399–420.

Masters WH, Johnson VE. Homosexualität. Frankfurt/M.: Ullstein 1979.

Masters WH, Johnson VE. Impotenz und Anorgasmie. Zur Therapie funktioneller Sexualstörung. Frankfurt/M.: Goverts, Krüger, Stahlberg 1973.

Masters WH, Johnson VE. Die sexuelle Reaktion. Reinbek: Rowohlt 1970.

Masters WH, Johnson VE. Die sexuelle Reaktion. Frankfurt/Main: Akademische Verlagsgesellschaft 1967.

Master WH, Johnson VE, Kolodny RC. Liebe und Sexualität. Frankfurt, Berlin: Ullstein 1993.

Maudsley H. Responsibility in mental disease. London: King 1874.

McCabe MP. Program for the treatment of inhibited sexual desire in males. Psychotherapy 1992; 29: 2.

McCarthy BW. Relapse prevention strategies and techniques with erectile dysfunction. J of Sex. Marit. Therap. 2001; 27: 1–8.

McClintock MK, Herdt G. Rethinking puberty: the development of sexual attraction. Current Directions in psychol. Science 1996; 5: 178–83.

McDougall J. Plädoyer für eine gewisse Anormalität. Frankfurt: Suhrkamp 1985.

McElroy SL, Soutullo CA. Psychiatric Features of 36 Men Convicted of Sexual Offenses. J Clin Psychiatric 1999; 60: 414–20.

Mertens W. Entwicklung der Psychosexualität und der Geschlechtsidentität. Bd. 1 u. 2. Stuttgart: Kohlhammer 1992.

Meyenburg B. Geschlechtsidentitätsstörungen im Kindes- und Jugendalter. In: Sigusch V (Hrsg.). Sexuelle Störungen und ihre Behandlung. Stuttgart: Thieme 2001

Meyer JK. Clinical Variants Among Applicants for Sex Reassignement. Arch Sex Behav 1974; 3: 527–58.

Meyer V, Chesser ES. Verhaltenstherapie in der klinischen Psychiatrie. Stuttgart: Thieme 1971.

Michael RT, Gagnon JH. Sex in America. Boston: Brown 1994. Dt. Sewende. Liebe in den Neunzigern – Der Report. München: Droemer Knaur 1994.

Money J. Love maps: clinical concepts of sexual/erotic health and pathology, paraphilia, gender transposition in childhood, adolescence and maturity. Buffalo, New York: Prometheus 1986.

Money J. Zur Geschichte des Konzepts Gender Identity. Zeitschrift f. Sexualforschung 1994; 7: 20–34.

Mooren S. Gesang der Sirenen. Sex am Telefon. Studie über einen jungen Modetrend. Die Zeit, Nr. 47, 18. Nov. 1994.

Morel BA. Traité des dégénérescences physiques, intellectuelles et morales de l'espèces humaine et des causes qui produisent ces variétés maladives. Paris: Baillière 1857.

Morgenthaler F. Homosexualität, Heterosexualität, Perversion. Frankfurt/M.: Fischer 1987.

Morgenthaler F. Die Stellung der Perversionen in Metapsychologie und Technik. Psyche 1974; 28: 1077–1098.

Mühsam R. Chirurgische Eingriffe bei Anomalien des Sexuallebens. Therapie der Gegenwart 1926; 67: 451–5.

Murphy WD. Exhibitionism: Psychopathology and Theory. In: Laws DR, O'Donohue WT (eds). Sexual Deviance: Theory, Assessment, and Treatment. New York: Guilford Press 1997; 22–39.

Newman G, Nichols CR. Sexual acitivities and attitudes in older persons. J Am Med Ass 1960; 173: 33–5.

Oliver MB, Hyde JS. Gender differences in sexuality: A metaanalysis. Pschol Bull 1993; 114: 29–51.

O'Neill RA. International Trafficking to the United States: A Contemporary Manifestation of slavery and organized crime. Washington, D.C.: DCI Exceptional Intelligence Analyst Program 1999.

Osburg S, Weitze C. Betrachtungen über 10 Jahre Transsexuellengesetz. Recht & Psychiatrie 1993; 11: 94–107.

Person E, Ovesey L. The Transsexual Syndrome in Males. I. Primary Transsexualism. Am J Psychother 1974; 28: 4–20.

Person E, Ovesey L. The Transsexual Syndrome in Males. II. Secondary Transsexualism. Am J Psychother 1974; 28: 174–93.

Pfäfflin F, Junge A. Nachuntersuchungen nach Geschlechtsumwandlung. In: Pfäfflin F, Junge A (Hrsg.). Geschlechtsumwandlung. Abhandlungen zur Transsexualität. Stuttgart, New York: Schattauer 1992.

Prentky RA, Burgess AW. Forensic Management of sexual offenders. New York: Kluwer Academic Plenum Publishers 2000.

Prentky RA, Knight RA. Identifying critical dimensions for discriminating among rapists. J of Consult and clin Psychol 1991; 59: 643–61.

Rachman S. Sexual fetishism: an experimental analogue. Psychol Rec 1966; 18: 25–27. Dt: Fetischismus: Ein experimentelles Modell. In: Kockott G (Hrsg.). Sexuelle Störungen. München, Wien, Baltimore: Urban & Schwarzenberg 1977.

Raupp U, Eggers C. Sexueller Missbrauch von Kindern. Monatsschrift für Kinderheilkunde 1993; 141: 316–22.

Regan PC. What if you can't get what you want? Pers Soc Psychol Bull 1998; 24: 1294–1303.

Reiche R. Psychoanalytische Therapie sexueller Perversionen. In: Sigusch V (Hrsg.). Sexuelle Störungen und ihre Behandlung. 3. Aufl. Stuttgart: Thieme 2001.

Restak RM. The sex-change conspiracy. Psychol. Today 1979; 20: 20–5.

Richter-Appelt H, Tiefensee J. Soziale und familiäre Gegebenheiten bei körperlichen Misshandlungen und sexuellen Missbrauchserfahrungen in der Kindheit aus der Sicht junger Erwachsener. Psychosomatik, Psychotherapie, Med. Psychologie 1996.

Rohde-Dachser C. Männliche und weibliche Homosexualität. Psyche 1994; 48: 827–41.

Rosen RC, Leiblum SR (eds). Case studies in sex therapy. New York: Guilford Press 1995.

Rush B. Medical inquiries and observations upon the diseases of the mind. Philadelphia: Richardson 1812.

Scheff TJ. Das Etikett „Geisteskrankheit". Soziale Interaktion und psychische Störung. Frankfurt: Fischer 1973.

Schiavi RC, Schreiner-Engell P, Mandeli J, Schanzer H, Cohen E. Healthy aging and male sexual function. Am J Psychiat 1990; 147 (6): 766–71.

Schmidt G. Paartherapie bei sexuellen Funktionsstörungen. In: Sigusch V (Hrsg.). Sexuelle Störungen und ihre Behandlung. Stuttgart, New York: Thieme 2001.

Schmidt G. Sexuelle Verhältnisse. Über das Verschwinden der Sexualmoral. Hamburg: Reinbek 1998.

Schmidt G. (Hrsg.). Jugendsexualität. Sozialer Wandel, Gruppenunterschiede, Konfliktfelder. Stuttgart: Enke 1993.

Schmidt G. Der Die Das. Herbstein: März 1986.

Schmidt G, Matthiesen S, Dekker A. Veränderungen des Sexualverhaltens von Studentinnen und Studenten 1966–1981–1996. In: Schmidt G, Strauß B. (Hrsg.). Sexualität und Spätmoderne. Stuttgart: Enke 1998.

Schmidt G, Sigusch V. Jugendsexualität. In: Sigusch V (Hrsg.). Ergebnisse zur Sexualmedizin. Köln: Wissenschaftsverlag 1972.

Schmidt G, Sigusch V. Sexuelle Verhaltensmuster bei jungen Arbeitern und Studenten. Beiträge zur Sexualforschung 1970; 49: 104–19.

Schnabl S. Intimverhalten, Sexualstörungen, Persönlichkeit. Berlin: VEB Deutscher Verlag der Wissenschaften 1973.

Schneider HD. Sexualverhalten in der zweiten Lebenshälfte. Stuttgart: Kohlhammer 1980.

Schorsch E. Sexuelle Perversionen. NMG 1985; 10: 253–60.

Schorsch E. Sexuelle Perversionen. In: Sigusch V (Hrsg.). Therapie sexueller Störungen. 2. Aufl. Stuttgart: Thieme 1980; 119–56.

Schorsch E. Phänomenologie der Transsexualität. Therapie: Geschlechtsumwandlung ohne Alternative. Sexualmedizin 1974; 3: 195–8.

Schorsch E. Sexualstraftäter. Stuttgart: Enke 1971.

Schorsch E, Galedary G, Haag A, Hauch M, Lohse H. Perversion als Straftat. Berlin, Heidelberg, New York: Springer 1985.

Schrenck-Notzing AV. Die Suggestions-Therapie bei krankhaften Erscheinungen des Geschlechtssinnes: mit besonderer Berücksichtigung der conträren Sexualempfindung. Stuttgart: Enke 1892.

Seligman, MEP. Phobias and Preparedness. Behav Ther 1971; 2: 307–20.

Semans J. Premature ejaculation. South Med 1956; 49: 352–8.

Sigusch V. Kultureller Wandel der Sexualität. In: Sigusch V (Hrsg.). Sexuelle Störungen und ihre Behandlung. Stuttgart, New York: Thieme 2001.

Sigusch V. Transsexuelle Entwicklungen. In: Sigusch V (Hrsg.). Sexuelle Störungen und ihre Behandlung. Stuttgart, New York: Thieme 2001.

Sigusch V. Organogenese sexueller Entwicklungsstörungen. In Sigusch V (Hrsg.). Sexuelle Störungen und ihre Behandlung. 3. Aufl. Stuttgart, New York: Thieme 2001.

Sigusch V. Die Mystifikation des Sexuellen. Frankfurt/Main. Campus 1984.

Sigusch V, Reiche R. Die Untersuchung und Behandlung transsexueller Patienten. In. Sigusch V (Hrsg.). Therapie sexueller Störungen. Stuttgart: Thieme 1980; 293–326.

Sigusch V, Schorsch E, Dannecker M, Schmidt G. Official statement by the German Society for Sex Research on the research of Prof. Dr. Günter Dörner on the subject of homosexuality. Guest Editorial. Arch. Sex. Behav. 1982; 11: 445–9.

Simons JS, Carey MP. Prevalence of Sexual Dysfunctions. Results from a Decade of Research. Arch Sex Behav 2001; 30: 177–219.

Smith H, Cox C, Dialogue with a dominatrix. In: Weinberg T, Kamel G (eds). S and M: Studies in sadomasochism. Buffalo/NY: Prometheus 1983; 80–6.

Smith TW. American sexual behavior: Trends, socio-demographic differences and risk bevavior. National Opinion Research Council. Univ. of Chicago 1998.

Socarides CW. The desire for sexual transformation: a psychiatric evaluation of transsexualism. Amer J Psychiat 1969; 125: 1419–25.

Spector IP, Carey MP. Incidence and prevalence of the sexual dysfunctions: A Critical Review of the Empirical Literature. Arch Sex Behav 1990; 19: 389–408.

Spengler A. Sadomasochisten und ihre Subkulturen. Frankfurt: Campus 1979.

Spoerri T. Nekrophilie, Strukturanalyse eines Falles. Basel 1959. In: Giese H, Schorsch E. Zur Psychopathologie der Sexualität. Stuttgart: Enke 1973.

Springer A. Pathologie der geschlechtlichen Identität. Transsexualismus und Homosexualität. Theorie, Klinik, Therapie. Wien, New York: Springer 1981.

Stoller RJ. Perversion. Die erotische Form von Hass. Reinbek: Rowohlt 1979.

Ulrichs KH. Vier Briefe. In: Hirschfeld M (Hrsg.). Jb. sex. Zwischenstufen 1899; 1: 29.

Vaih-Koch SR, Ponseti J. ADHD und Störung des Sozialverhaltens im Kindesalter als Prädiktoren aggressiver Sexualdelinquenz? Sexuologie 2001; 8: 1–18.

Vetter B. Psychiatrie. 6. Aufl. München, Jena: Urban & Fischer 2001.

Wagman M. Sex differences in types of daydreams. J of Personality and Social Psychology 1967; 7: 329–32.

Walder P. Body and Sex. In: Philipp A, Walder P. (Hrsg.). Techno. Zürich: Bilger 1995.

Weinberg G. Society and the healthy homosexual. New York: St. Martin's Press 1972.

Westphal C. Die konträre Sexualempfindung. Arch. Psychiat. 1870; 2: 73.

Wetzels P, Pfeifer C. Sexuelle Gewalt gegen Frauen im öffentlichen und im privaten Raum. Ergebnisse der KFN Opferbefragung 1992. Hannover: KN Forschungsbericht 1995; 37.

WHO-Weltgesundheitsorganisation. Internationale Klassifikation psychischer Störungen. ICD-10 Kap. 5 V (F). Klinisch-diagnostische Leitlinien. 2. Aufl. Bern: Huber 1993.

WHO. Education and treatment in human sexuality: the training of health professionals. Technical Report Series 572, WHO Geneva 1975.

Wille R, Beier KM. Nachuntersuchungen von kastrierten Sexualstraftätern. Sexuologie 4, 1997; 1: 1.

Wille R, Beier KM. Castration in Germany. Ann Sex Res 1989; 2: 103–33.

Wille R. Die forensisch-psychopathologische Beurteilung der Exhibitionisten, Pädophilen, Inszest- und Notzuchttäter. Med. habil., Univ. Kiel 1968.

Wille R, Kröhn W. Der sexuelle Gewalttäter: Persönlichkeitsstruktur und Therapiemöglichkeiten. In: Deutsche Richterakademie (Hrsg.). Gewalt an Frauen, Gewalt in der Familie. Heidelberg: Müller 1990; 87 ff.

Willi J. Die Zweierbeziehung. Reinbek: Rowohlt 1975.

Wilson GD. Gender differences in sexual phantasy: An evolutionary analysis. Pers Indiv Diff 1997; 22: 27–9.

Wilson GD. Sex differences in sexual fantasy patterns. In: Forleo R, Pasini W (eds). Medical sexology. Amsterdam: Elsevier 1980.

Winnicott DW. Vom Spiel zur Kreativität. Stuttgart: Klett 1973.

Winnicott DW. Ich-Verzerrung in Form des wahren und falschen Selbst. In: Winnicott DW. Reifungsprozesse und fördernde Umwelt. München: Kindler 1960; 182–99.

Wolpe J, Lazarus AA. Die Modifikation des Sexualverhaltens. In: Kockott, G (Hrsg.). Sexuelle Störungen. München, Wien, Baltimore: Urban & Schwarzenberg 1977.

Wolpe J. Psychotherapy by reciprocal inhibition. Stanford: Stanford University Press 1958.

Zemp A, Pircher E, Schoibel H. Sexualisierte Gewalt im behinderten Alltag: Jungen und Mädchen mit Behinderung als Opfer und Täter. Projektbericht. Wien: Bundesministerium f. Frauenangelegenheiten und Verbraucherschutz 1997.

Zilbergeld B. Group treatment of sexual dysfunction in men without partners. J Sex Marit Therap 1975; 1: 204–14.

Zimmer D. Sexualität und Partnerschaft. München, Wien, Baltimore: Urban & Schwarzenberg 1985.

Zucker KJ, Bradley SJ. Gender identity disorders and psychosexual problems in children and adolescents. New York, London: Guilford Press 1995.

Sachverzeichnis

A

Abnormität 17
Abspaltung 198
Abwehrkoalition 113
Abweichendes Verhalten 16
Adoleszenz 35
Adrenogenitales Syndrom
 (AGS) 25, 27
Aggressionstrieb 30, 32
AIDS 57, 70
Algolagnie 231
Algopareunie s. Dyspareunie
Alkohol 72, 81, 147
Alkoholiker 83
Alltagstest 301ff.
Ambiguität der Kerngeschlecht-
 lichkeit 274
Ambisexuell 70
American Psychiatric Association
 (APA) s. APA
Amoxapin 150
Amphetamine 83
Amputophilie 185
Amygdala 118
Anabolika-Doping 30
Analerotik 32
Anale Phase 31f., 107
Analsphinkterkrämpfe 153
Androgene 118f.
Androgenentzug 122
Androgen-Insuffizienz-
 Syndrom 26
Androgenmangel,
 bei Frauen 79, 128
Androgenresistenz-Syndrom 25
Androgen-Rezeptordefekt 26
Androgenspiegel 29
Androphile Frauen 285, 286
Androphile Männer 282, 285,
 287ff.
Angst 105f., 118, 146
– Abwehr 104, 106, 144
– Ärger 111
– aufgrund erlebter Traumen 110
– bewusstseinsnahe 107
– Beziehungsängste 106f.
– Geschlechtsidentitätsängste
 107, 109f.
– Gewissensängste 107
– pharmakologische Angst-
 reduktion 110

– Über-Ich-Ängste 106, 108f.
– unbewusste 107
– Verschmelzungswünsche
 und -ängste 107
Anorgasmie 124, 137
– koitale 170f.
– mit Ejakulation 140
– ohne Ejakulation 140
– partnerbezogene 170
– primäre 170
– psychogene 137
Antiandrogene 252f.
Antibabypille 7
Antidepressiva 147, 165
Antihistaminika 130
Antihormone 80
Antihypertensiva 80ff., 130
Antihypertonika 79
Antikonzeptiva 131
Antiretrovirale Mittel 80
APA 22, 89, 242
Aphrodisiaka 163f.
Apomorphin 163f.
Apotemnophilie 185
Appetenz 52f., 91f., 94
– hypersexuelle 128f.
Appetenzmangel 123
Appetenzminderung 128
Appetenzsteigerung 169
Appetenzstörungen 97, 123
– Behandlung 169
– beim Mann 127, 169
– bei der Frau 127, 168
– Differenzialdiagnose 125
– Häufigkeit 126
– Komorbidität 125
– Prognose 168
– sekundäre 168
– Ursachen 127
– Verlauf 126
Ärger 111
Aristoteles 4
Arousal Reconditioning 163
Asexualität 71
Asphyxie 185, 234
Asphyxophilie 246
Atmung 51f.
Atrophische Vulva-Vaginitis 132
Atropin 166
Aufmerksamkeitsdefizit-Hyper-
 aktivitäts-Syndrom (ADHS) 203

Autoerotik 31
Autoerotische Asphyxie 234
Autogynäphile Männer 291
Autogynäphilie 208, 281, 285
Autonomiekonflikt 274
Aversionstherapie 249
Aversionsvermeidungslernen 249
Aversive Techniken 157

B

Barbiturate 81
Bartholinische Drüsen 43
Beckenbodenkrämpfe 153
Begutachtung zur Personenstands-
 und Vornamensänderung 308
Behinderungen 72
Beihilfevorschriften 167
Bekker 60
Bell-Studie 69
Benjamin 5
Benkert 61
Benzodiazepine 171
Berliner Männerstudie 189
Beschneidung 45
Betablocker 79
Beziehungsängste 106f.
Bienenköniginyp 153
Binet 5
Bisexualität 70, 297
Blase 52
Blutdruck 49, 51f., 75
Borderline 204, 229
– Paraphilie 196f.
– Sexualpräferenzstörung 187f.
– Transsexualität 266, 274, 281f.
Botulinumtoxin A 175
Brückenmanöver 171, 173
Brunhildetyp 153
Brustwarzen (Mamillen)
 48, 51f., 53
Butches 65
Bypass-Techniken 158

C

Cannabis 81
Carezza-Praktiken 53, 146
Casanova 5
Cephalgia sexualis 153
Cervix 44
Chemikalien 72

Chirurgische Behandlungs-
  maßnahmen 298
Chromosomengeschlecht 23
Cialis® 164
Clomipramin 122
– ejakulationsverzögernde
  Wirkung 171
Coming-out 69f.
– Homosexualität 65, 297
– Phasen 65
– Stufenmodelle, sechsstufiges
  Modell von Cass 65
– transsexuelles 288, 292, 303
Corona glandis 45
Corpora cavernosa 45
Corpus spongiosum 45
Courtship Disorder 215f., 218
Cowper-Drüsen 43, 47, 50
Cross-dressing 208f.
Crossing 187, 199, 215, 242f.
Cunnilingus 85, 221, 245
Cyproteronacetat (CPA) 253ff.

D
Deliktszenario 251
Depression 83
Desensibilisierungsverfahren 249
Desexualisierung 9
Designer-Sex 9
Deviantes Verhalten 202
Deviation, Begriff 179
DHAT-Syndrom 99, 147, 154f.
Diabetes mellitus 72, 132ff. 136
Diagnosesysteme 21, 96, 99
Diagnostic and Statistical Manual
  of Mental Disorders (DSM)
  s. DSM
Diagnostisches und Statistisches
  Manual Psychischer Störungen
  (DSM) s. DSM
Dialysepatienten 78
Dilatoren 174
Dissexualität 179f., 253
Dissexuelle Täter 252
Dissozialität, Begriff 180
Dissoziale Täter 223
Domina 232f.
Dominanz-Submissivitäts-
  Verhalten 231
Don Juanismus 129
Dopamin 80
Dornröschentyp 153
Drogen 72
Drüsen, urethrale 44
DSM 21, 22
DSM-IV-TR 22, 89, 96, 99
– Erregungsstörungen 130

– Exhibitionismus 219
– Geschlechtsidentitätsstörungen
  288, 294, 297f.
– Paraphilie 183
– Sexualpräferenzstörung 184ff.
– Sexuelle Funktionsstörungen
  92, 97f.
– Transsexualität 265f., 280, 288
Dysmenorrhoe 153
Dyspareunie 52, 93f., 148
– Behandlung 174, 175
– Diagnose 149, 150
– Häufigkeit 150
– Komorbidität 149
– nichtorganische 149
– Ursachen 150f.
– Verlauf 150

E
Ehe 3
Eichel (Glans) 45, 50
Eichelphobie 149ff., 174
Eierstöcke (Ovarien) 45
Eigendynamik des Symptoms 116
Eileiter 45
Einzelpaarbehandlung 161
Einzeltherapie 156f.
Eizellen 45
Ejaculatio diurna spontana 124
Ejaculatio praecox s. Ejakulation,
  vorzeitige
Ejaculatio retrograda
  s. Ejakulation, retrograde
Ejaculatio tarda 137
Ejakularche 34, 56
Ejakulat 53
Ejakulation 45, 52f., 121
– ausbleibende (Ejaculatio
  deficiens sine orgasmo) 124,
  140, 145ff.
– Gefühl der Unvermeidbarkeit
  51, 53
– nach dem Orgasmus 53
– ohne Befriedigung 93
– ohne Orgasmus (Ejaculatio sine
  orgasmo) 124, 147
– retrograde 72, 76, 124, 140, 148
– – Therapie 173
– schmerzhafte 153
– verzögerte (Ejaculatio retardata)
  124, 140, 145
– vorzeitige 93, 97, 124, 137, 140
– – Behandlung 159
– – Definition 141f.
– – Diagnose 142
– – Häufigkeit 143
– – Komorbidität 142

– weibliche 44
Ejakulationsfähigkeit 75
Ejakulationsgang 47
Ejakulationsprozess, Stadien 53
Ejakulation in die Blase
  s. Ejakulation, retrograde
Elektra-Komplex 33
Elektroejakulation,
  transrektale 174
Emanzipationsbewegung 8
Emission 53, 75
– ohne Orgasmusgefühl 53
Endometrium 44
Entspannung 91
Entwicklungshomosexualität 64
Ephebophilie 225
Epididymides 45f.
Epilepsie 77
Erektile Dysfunktion 132, 134f.,
  145
– Behandlung 164
– organische Ursachen 136
Erektile Funktionsstörung 136, 142
Erektion 45, 53
– morgendliche 132f.
– nächtliche 132f.
– psychogene 75f., 132
– reflektorische 75f., 119, 132
– reflexogene 132
– Stadien 52
– ungewollte 42
Erektionsfähigkeit, im Alter 53
Erektionsstörungen 93, 97, 132,
  169
– aufgrund eines medizinischen
  Krankheitsfaktors 133
– Behandlung 164
– bei älteren Männern 170
– bei jüngeren Männern 170
– chronische 133
– Differenzialdiagnose 133
– Formen 132
– Häufigkeit 134
– Komorbidität 133
– Kriterien 133
– primäre 135
– psychogene 170
– sekundäre 135
– somatische Therapie 170
– substanzindizierte 133
– Ursachen 135
– Verlauf 134
Erfahrungsorientierte Therapien
  158, 162
Erotik 42
Erotomanie 5

Erregen öffentlichen Ärgernisses 20, 213
Erregung 75, 91f., 94, 106
– Auslöser 42
– erogene Zonen 42
– individuelle Varianz 54
– periphere 120
– Phasen 54
– physiologische Zeichen 50
– Verlaufskurve 54
Erregungsphase 48ff., 52
– bei älteren Frauen 52
– bei älteren Männern 53
Erregungsstörungen 93, 97, 124, 129, 137
– beim Mann 169
– bei der Frau 169
– Differenzialdiagnose 131
– DSM-IV-TR 130
– Häufigkeit 131
– ICD-10 130
– Komorbidität 130
– Ursachen 131f.
– Verlauf 131
Erziehungsgeschlecht 24
Erziehungssadismus 237
Es 195
E-Sex 9
Essstörungen 83, 197
Exhibitionismus 5, 183f., 186, 213
– Begriff 212
– bei Jugendlichen 213
– Crossing 215, 220
– Differenzialdiagnose 215
– DSM-IV-TR 219
– Häufigkeit 214
– Hauptmerkmale 212f.
– ICD-10 266
– Komorbidität 214, 238
– Sexualdelinquenz 214
– Ursachen 216
– Verlauf 213
Exhibitionisten 212f., 215ff.
– typische u. atypische 214
– Partnerschaften 213
Exkrementophilie 183f., 246

F

Fellatio 221
FEMCC 165, 169
Feminisierung 273
Feminisierung/Demaskulinisierung 67
Femmes 65
Femoralverkehr 115, 151
Fertilität 76
Fetisch 205ff.

Fetischismus 5, 183f., 208, 238
– Begriff 204
– Differenzialdiagnose 206
– Hauptmerkmal 204
– Klassifikation 266
– Komorbidität 206, 242
– Ursachen 206f.
– Verlauf 206
– Vorkommen 204
Fetischisten 204ff.
Fetischistischer Transvestitismus 184, 208, 238, 270
– Diagnose 209
– Geschlechtsdysphorie 283
– ICD-10 266
– Persönlichkeitsmerkmale 208
– Verkleidungsverhalten 208
– Verlauf 209
Fetischistische Inszenierung 206
Flooding 157, 250
Fluor vaginalis 78
Fluoxetin, ejakulationsverzögernde Wirkung 171
Fluphenazin 150
Follikelstimulierendes Hormon FSH 118
Förderung der Prostitution und Zuhälterei 19
Förderung sexueller Handlungen Minderjähriger 19
Forensische Sadismusdiagnose 238f.
Frauenbewegung 8
Frauengruppen 162
Frau-zu-Mann-Transsexuelle (FMT) 270f., 275, 277, 282
– androphile 286
– familiäre Situation 286
– Genese 276
– Genitaltransformation 309
– gynäphile 286
– psychopathologische Auffälligkeiten 285f.
– psychosexuelle Ausrichtung 286
– Sexualität 286
– Sozialisation 278
– Subtypen 286f.
Frenulum 43, 45
Frigidität 123, 125, 129
Frotteur 219
Frotteurismus 184, 186, 215, 244
– Differenzialdiagnose 220
– Hauptmerkmal 219
– Komorbidität 220
– Ursachen 220
– Verlauf 220
– Vorkommen 220

Funktionelle Elektromyostimulation 165
Funktionelle Sexualstörungen 91
Fußzellen (Sertoli-Zellen) 46

G

Galenos 4
Gebärmutter (Uterus) 44f., 50f.
Gebär- und Stillneid 33
Gedankenstopp 250
Gefäßchirurgische Eingriffe 167
Gegengeschlechtliche Hormonmedikation 301
Geistig Behinderte 84f.
Gender Identity 37
Gender Role 37
General sexual unresponsiveness 129
Genitalaufbauplastik 306
Genitales Hautjucken 153
Genitale Missempfindungen 153
Genitale Reaktionen 117, 120f.
Gerontophilie 183, 185, 245
Geschlechtsidentitätsängste 107, 109f.
Geschlecht
– cerebrales 24
– chromosomales 23
– endokrines 23
– Erziehungsgeschlecht 23
– genetisches 23
– genitales 23f.
– gonadales 23
– gonoduktales 23f.
– Identifizierungsgeschlecht 23f.
– psychologisches 24
– Zugehörigkeit 24
– Zuweisungsgeschlecht 23
Geschlechtschromosomen-Anomalie 26
Geschlechtsdysphorie 209f., 267, 281, 297
Geschlechtsentwicklung, körperliche 23f.
Geschlechtsidentität 24, 37, 259
– Begriff 259
– Entwicklung 37, 273
– gestörte 259
– transsexuelle 273
Geschlechtsidentitätsstörungen 89, 209, 259, 265, 275, 280
– Ätiologie 273
– Begriff 263
– Behandlungsmaßnahmen 298
– bei Frauen 281, 284
– bei Jugendlichen 281, 267f., 298
– bei Männern 281, 284, 288

- Diagnose 262, 270, 282, 264f., 294
- Entwicklung 295
- Epidemiologie 271
- Häufigkeit 272
- in der Kindheit 265f., 284, 288f., 292f.
- – biomedizinische Befunde 294
- – Diagnose 293, 294, 297
- – DSM-IV-TR 288, 294, 297f.
- – Epidemiologie 294
- – familiäre Einflüsse 295
- – ICD-10 264, 266, 293, 297f.
- – Komorbidität 281
- – Prävalenz 294
- – Symptomatik 295
- – Temperamentseigenarten 295
- – Therapie 298f.
- – Verlaufsprognosen 297
- in der Pubertät 284, 290
- Komorbidität 281
- nicht näher bezeichnete 265, 283
- Prävalenzdaten 270f.
- transsexuelle 283, 307
- – biologische Frauen 273
- – biologische Männer 277
- – Ursachen 273, 275ff.
- – Verlauf 281
- – Vorkommen 282
- – vorübergehende 282
Geschlechtskorrigierende Operationen 300
Geschlechtskrankheit 110
Geschlechtsorgane 42, 50
- beim Mann 45
- bei der Frau 43
Geschlechtspartnerorientierung 38, 69
- Entstehung 69
- erste sexuelle Zuneigung bei Kindern 38
- „Exotisches wird Erotisches"-Entwicklungstheorie 38
- in der Kindheit 69
Geschlechtspartner, Anzahl 57
Geschlechtsrolle 265
- Aneignung 37
- Konformität 69
- Vorstellungen 37
Geschlechtsumwandlung 260, 264, 266
- chirurgische 269
- hormonelle 269, 299, 305
- Indikation 269, 282, 301, 304
- operative 262f., 288, 299
- – Befürworter 261, 299

- – Ergebnis 300, 306
- – Kritiker 261
- – Nachbetreuung 300, 306
- – Reuefälle 300
- Rechtssprechung 263
- somatische Behandlung 300, 302, 309
Geschlechtsvarianten
- cerebrale 28
- genitale 27
- gonoduktale 27
- hormonell bedingte 26
Geschlechtsverkehr, Definition 91
Gesteigertes sexuelles Verlangen 99
Gestörtes Sexualverhalten 116
Gestörte Sexualität, Kriterien 89
Gesundheit
- seelische 20
- sexuelle 20, 21
Gewalttäter 194
Gewalt und Sexualität 240f.
Glans 50
Glansschmerzen 153
Glans (clitoridis) 43
Gleitcreme 164, 169
GnRH-Agonisten 253
Gonaden-Dysgenesie 26
Gonadotropin Releasing Hormon GnRH 118
Goserelin 253
G-Punkt (G-Spot) 44, 138
Gräfenberg 44
Gräfenberg-Zone 44, 138
Gruppentherapie 157, 161
Gutachten zur Personenstandsänderung 308f.
Gynäphile 285, 288
- Männer 282, 290, 290f.

H

Hands-off-Delikte 182
- Rückfallrisiko 256
Hands-on-Delikte 182
Harnblase 47
Harnröhre (Urethra) 45ff., 50, 52
Harry Benjamin International Gender Dysphoria Association (HBIGDA) 263, 269, 299, 304
Haschisch 83
Hauterotik 31
Hegar-Stifte 158, 174
Hemmungen 106
Hemmungshomosexualität 64
Hermaphrodismus 25, 27
Heroin 81, 83
Herzfrequenz 49, 75
Herzinfarkt 75

Hetero-homosexuelle Zuordnungsskala von Kinsey 61f.
Hippocampus 118
Hippokrates 4
Hite-Report 7
HIV-Infektion 110, 281
Hodensack (Skrotum) 45f., 50
Hodenziehen 153
Hoden (Testes) 45f., 50
Homoerotische Neigungen 147
Homophobie 64f.
Homosexualität 4, 115, 262
- Abwehr 64
- Anlagebedingtheit 67
- Behandlung 157
- bei Tieren 17, 66
- biologische Befunde 66
- Coming-out 65, 297
- DNA-Marker 67
- DSM 61
- Entwicklungshomosexualität 64
- Erforschung 6
- exogene hormonale Einflüsse 67
- genuine 64
- Hemmungssexualität 64
- ICD-10 61
- ich-dystone 282
- konflikthafte 282
- latente 64, 147
- männliche 64
- Mutterdominanz 69
- Neigungshomosexualität 64
- Pseudohomosexualität 64
- Psychiatrisierung 6
- psychopathologische Auffälligkeiten 66
- Sozialisationsbedingungen 66
- Subkulturen 65
- Tierexperimente 67
- transkulturelle Forschung 66
- Umwelteinflüsse 66
- Ursachen 66
- Vaterdominanz 69
- Vererbung 67
- weibliche 64, 70
Homosexuelle 68
- effeminierte 262
- Rechte 6
- Subkulturen 65
Homosexuelle Impulse, Abwehr 262
Hormonbehandlung 298, 300, 302
- Indikation 306f.
Hormone 45, 80
Hormonelle Störungen 79
Hormonproduktion 30
Hymen 43

Hyperandrogenisierung 27
Hyperventilation 49
Hypnotherapeutische Strategien 158
Hypnotika 82
Hypophyse 118
Hypophysen-Gonaden-Achse 79
Hypothalamus 24, 28, 67, 118
Hypothalamus-Hypophysen-vorderlappen-Gonaden-Zentrum 118
Hypoxyphilie 183, 185, 234
Hysterektomie 78

I

ICD 21, 22
ICD-10 22, 89, 91, 96
– Erregungsstörungen 130
– Exhibitionismus 266
– Fetischistischer Transvestitismus 266
– Geschlechtidentitätsstörung 264, 266, 267f., 297f.
– Homosexualität 61
– KORO 154
– Pädophilie 266
– Paraphilie 183, 186
– Sadomasochismus 266
– Sexualpräferenzstörung 184f.
– Sexuelle Funktionsstörungen 92, 97
– Transsexualität 264f., 280
– Voyeurismus 266
Ich 195
Ich-dystone Sexualorientierung 266, 294, 298
Ich-Ideal 276
Ich-Struktur-Defizite 274
Idealisierung 274
Implosionstherapie s. Flooding
Impotenz 123, 134
– psychogene 132
Indikation
– zur chirurgischen Geschlechtumwandlung 301
– zur hormonellen Geschlechtsumwandlung 305
– zur operativen Geschlechtsumwandlung 262, 305ff.
– zu somatischen Maßnahmen 305
Infantilismus 234
Informationsdefizite 114f.
Integrationsmodell von Arrigo und Purcell 241
Intelligenzgeminderte Pädophile 223

Intensivtherapie 158
Internationale Klassifikation psychischer Störungen (ICD) s. ICD
Internistische Erkrankungen 72f.
Intersex-Störungen 25
Intersex-Syndrom 24, 26f., 267, 280, 283
Interstitialzellen (Leydig-Zellen) 46
Intrakavernöse Therapie 166
Intraurethrale Applikation von Prostaglandin E1 s. PGE 1
Invasive Behandlungen 167
Inversion 61
Inzest 18, 84, 226, 227
Inzestängste 107, 147
Inzestfamilien 226
Inzesthandlungen
– an Kindern 226
– Häufigkeit 227
Inzestopfer 226
Inzestschranke 33

J

Jugendsexualität 55
Jungfernhäutchen 43

K

Kaan 5
Kannibalismus 240, 244
Kardiovaskuläre Erkrankungen 73, 75
Kastration 254, 281
Kastrationsangst 33, 107f., 147, 216
– Abwehr 195, 197, 207, 219, 229
Kastrationskomplex 195
Kastrierte Sexualstraftäter 254
Kegel 44
Kegelübungen 44
Keimdrüsen 46
Kernpädophilie 221
Kerthbeny 61
Keuschheitsbewegung 11
Kindesmissbraucher 193, 203, 222, 224, 228f.
Kindesmissbrauch, pädophiler 231
Kindlicher Gestaltwandel 29
Kinsey 55, 61f.
Kinsey-Report 8
Kinsey-Zuordnungsskala 63
Klassifikationssysteme 21, 96
Klassische Konditionierung 157, 198, 207
Kleiderfetischismus 208
Klein Sexual Orientation Grid (KSOG) 63

Kleptomane 206
Klimakterium 30, 54, 119
Klimakterium virili 30
Klinefelter-Syndrom 24f.
Klismaphilie 183, 185, 244, 246
Klitoris 43, 50ff.
Klitorisschmerzen 153
Kognitives Interferenzmodell 105
Kognitive Strategien 158
Kognitiv-verhaltenstherapeutische Behandlungsprogramme (KVT) 251f.
Koitales Teasing 170
Koitus
– erster 56
– Definition 91
– ohne Ejakulation 53
Koitusfrequenz 115
– Einfluss 57
Koitusphobie 152
Koituspositionen 55, 57, 115
Koitusverhalten 56
Koitus reservatus 146
Kokain 81, 83
Kolle, Oswald 7
Kollusionen 113
Konflikte 106
Konträre Sexualempfindung 263
Kopfschmerzen 153
Koprophilie 184, 204, 244
KORO 99, 154
Kostenübernahme 309
– durch die Krankenkassen 309
– durch private Krankenversicherungen 309
Krafft-Ebing 5
Krankheit
– internationale Klassifikation 21
– körperliche 72f.
– psychiatrische 21
– seelische 20
– sexuelle 20f.
Kriminologische Forschungsstelle Niedersachen (KFN) 227

L

Labeling-Theorie 17
Labia majora 43
Labia minora 43
Lasègue 5
Latenzperiode 34
Lean Sexuality 9
Leidenschaft 3
Leistungsdruck 131
Leonardo da Vinci 5
Lerndefizite 157
Leuprorelin 253

Levitra® 164
Leydig-Zellen 46
LHRH-Antagonisten 254f.
Liberalisierung 55
Libido 40
Libidostörungen 129
Liebe 3, 5
– Ehe 3
Liebestod 75
Limbisches System 117
Lithium 147
Love-Maps 211
Lubrikation 50, 52f.
– geringe 150
– mangelnde 130f.
– psychogene 76
– reflektorische 76
Lubrikations-Schwell-Reaktion 130
Lust-Appetenz 52
Lusthemmung 127
Lustlosigkeit 57, 123, 126
Lustmorde 237
Luteinisierendes Hormon LH 118

M

Madonna-Hure-Spaltung 107
Mamillen 48, 51f., 53
Mandelkern (Amygdala) 118
Mangelnde sexuelle Befriedigung 97, 99
Mangel oder Verlust von sexuellem Verlangen 97, 125
Manie 83
Männergruppen 162
Mann-zu-Frau-Transsexuelle s. MFT
Manuelles Teasing 170
MAO-Hemmer 80
Marihuana 83
Marquis de Sade 5, 237
Maskulinisierung 273
Maskulinisierung/Defeminisierung 67f.
Masochismus 5, 231ff.
– Differenzialdiagnose 236
– Geschlechtsverhältnis 235
– Häufigkeit 235
– Hauptmerkmale 233
– hyposexueller 234
– inkludierender 234f.
– isolierter 236
– Komorbidität 235
– Ursachen 236
– Verlauf 235
– Vorkommen 234
Masochisten 232ff., 238

Masochistische Sexualpraktiken 234
Massachusetts Male Aging Study (MMAS) 134f.
Mastektomie 79
Masturbation 4, 6, 55f., 60
– als Therapie 162
– Behandlung 60
– bei Jungen 29
– bei Kindern 28, 32
– bei Mädchen 29
– bei Tieren 17
– Einstellung zur 14, 115
– Kompensationscharakter 9
– Methoden 29, 61
– Techniken 60
– zwanghafte 187
Masturbationsübungen 169f.
Maximale sexuelle Reaktionsfähigkeit 54
Mechanische Hilfsmittel 163, 165
Medikamentöse Therapie 252, 254
Medizinisches Urethrales System zur Erektion (MUSE®) 166, 169
Medroxyprogesteronacetat 253
Menarche 34, 56
Menopause 30, 54
Menschenhandel 57
Menstruationszyklus 128
Methadon 81, 83
Methaqualon 83
MFT 270f., 275, 277, 282
– androphile 290
– autogynäphile 288, 291
– Genese 276
– Genitaltransformation 309
– gynäphile 288, 289f.
– – Geschlechtsumwandlungswünsche 292
– im Alltagsleben 292
– Perversion 292
– psychopathologische Auffälligkeiten 292
Missbrauch 200, 222, 225f., 230
– Strafbarkeit 19
– von Jugendlichen 19
– von Kindern 19, 222, 227, 231, 241
– von Schutzbefohlenen 19
Missbrauchserfahrung 225
Missbrauchshandlungen 229
Missbrauchstäter 200, 222f., 228
– nicht-pädophile 230
– Sadomasochismus 229, 231f.
Missbrauchte Jungen 228
Missbrauchte Kinder 226
Missbrauchte Opfer 224

Mixoskopie 216
Monoaminoxidase-Hemmer 81f., 122
Monomentophilie 245
Mons veneris 43
Morphium 81, 83
Morphophilie 185
Multimodulare Therapieprogramme 248
Multipara 50
Multiple Sexualpräferenzstörungen 242, 266
Multiple Sklerose 77f., 132f., 136, 147
Musculus Pubococcygeus (PC-Muskel) 44
MUSE® 166, 169
Muskelentspannung 157
Mutter-Kind-Inszenierung 230
Mutter-Kind-Symbiose 31, 107
Mutter-Sohn-Inzest 227
Mutter-Tochter-Inzest 227
Mythos 131

N

Nachorgastische Reaktionen 93, 153
– Verstimmung 93, 124
Namens- u. Personenstandsänderung 261, 303, 307f.
Narkotika 83
Narzisstische Plombe 195, 197, 249, 275, 302
Nebenhoden (Epididymides) 45f.
Nekrophilie 183f., 204, 244f.
Neosexuelle Revolution 9
Nervi splanchnici 120
Nervus pudendus 120
Neuro-physiologische Hemmung 110
Neuroleptika 80ff., 147
Neurologische Erkrankungen und Traumen 73, 75
Neurosenlehre 157
Neurosentheorie 194
Neurotizismusfaktor 111, 116
Neurotransmitter 80
Nierenschäden 78
Norm
– im 19. u. 20. Jahrhundert 13
– Abweichung 13, 16
– Anpassung 16
– im antiken Griechenland 13
– Definitionen 13, 179
– duale 18
– Einstellungsmuster 13f.
– Gruppendruck 16

– juristische 13, 16
– Kirche 13
– medizinische 13, 16
– im Mittelalter 13
– moralische 16
– in permissiven Gesellschaften 13
– sexuelle 13, 20
– soziale 16
– statistische 16
– Verhaltensregeln 13f.
Normalität
– Begriff 13
– Kriterien 16
Nullipara 50, 84f.
Nymphomanie 99, 129

O

Öbszöne Telefonanrufe (Skatologie) 44, 46
Ödipale Konfliktsituation 33f., 195, 197
Ödipale Phase 32, 34, 107
Ödipale Rivalität 107
Ödipus-Komplex 32
– negativer 33
Onanie 6, 60
Operative Eingriffe 72f.
Opiate 83
Opponent-Prozess-Theorie 236
Orale Phase 30, 107
Oral-kutane Phase 30
Oral-sadistische Phase 30
Organische Funktionsstörungen 156
Orgasmen, mehrere 54
Orgasmische Dysfunktion 137
Orgasmus 50ff., 91ff., 106, 121
– ausbleibender 144
– Beeinträchtigungen 122
– bei der Frau 44f., 49
– EEG 121
– erster 56
– gehemmter 124, 137, 140, 145
– gleichzeitiger 56
– klitoraler 54, 138
– Masturbation 61
– multipler 48
– negative Einflussfaktoren 122
– nicht genital bedingter 76
– ohne Befriedigung 93, 125
– ohne Ejakulation (Ejaculatio deficiens cum orgasmo) 53f., 72, 124, 140
– Phantasien 42
– physiologischer Vorgang 51
– Schwangerschaft 84f.
– vaginaler 54, 115, 138
– verzögerter 144
– vorzeitiger 141
Orgasmuserleben 53
Orgasmusfähigkeit, im Alter 139
Orgasmushäufigkeit 56, 139
Orgasmushemmungen 146f.
– Behandlung 173
Orgasmusphase 48ff., 53
Orgasmus-Rekonditionierung 249
Orgasmusrollenspiel 163
Orgasmusschwelle 138f.
Orgasmusstörungen (s.a. Anorgasmie) 137
– Behandlung 170
– Differenzialdiagnose 138
– Häufigkeit 139
– Komorbidität 138
– männliche 97, 137, 140, 144, 171
– – Definitionen 145
– – Differenzialdiagnose 146
– – Häufigkeit 146
– – Komorbidität 145
– – organische Ursachen 147
– – Prävalenz 146
– – psychische Ursachen 146
– – Verlauf 146
– praktikbezogene 138
– Psychopharmaka 82
– situative 138
– totale 138
– Ursachen 139, 140
– Vergewaltigung 139
– Verlauf 138
– weibliche 97, 137f., 170
Orgasmus praecox s. Ejakulation, vorzeitige
Orgastische Manschette 50f.
Orgastische Plattform 50f.
Östrogen 119
Östrogen-Feedback 67
Östrogenmangel 119, 131
Östrogenmangel-Syndrom 79, 128
Östrogenspiegel 119
Ovarektomie 79
Ovarien 45
Over-sexed 129

P

Paardynamik 111, 131, 162
Paargruppen 161f.
Paartherapie 157f., 160, 162f.
Päderasten 225
Pädophile 222, 228ff.
– genuine 225ff.
– silent partner 225
– Tätertypus 224
– – ausschließlicher 221, 223
– – dissozialer 223
– – intelligenzgeminderter 223
– – mit pädophiler Hauptströmung 223
– – mit pädophiler Nebenströmung 223
– – nicht ausschließlicher 221, 223, 225
– – sexuell unerfahrene Jugendliche 223
Pädophile Beziehungsformen 229
Pädophile Missbrauchstäter 200
Pädophile Pädagogen 224
Pädophilie 183f., 186, 200, 226f.
– Begriff 220
– Differenzialdiagnose 228
– Differenzierung zum Inzest und sexuellen Kindesmissbrauch 222
– Exhibitionismus 215
– genuine Form 221
– Hauptmerkmal 221
– homosexuelle 221
– Klassifikation, ICD-10 266
– Komorbidität 228
– Partnerwahl 229
– Rückfallquote 228
– Tätergruppe 222, 229
– Ursachen 229 ff.
– Verlauf 228
– Vorkommen 227
Pädosexuelle Handlungen 223
Pädosexuelle Täter 193, 230
Papaverin 166
Paraphile Sexualdelinquenz 242
Paraphile Verhaltensweisen 202
Paraphilie 89, 211, 215
– abweichende Partnerwahl 183
– Begriff 179
– Behandlungsziele 252
– Beratung 248
– Definitionen 181
– Diagnose 179
– Diagnosesysteme, Besonderheiten 186
– DSM-IV-TR 183
– Epidemiologie 189
– ICD-10 183, 186
– im Alter 203
– inklinierende 248
– Integration in die Persönlichkeit 192
– Klassifikation hinsichtlich ihres Schweregrades 183
– krankheitswertige und behandlungsbedürftige Störung 180
– Kriterien 181, 185, 186
– Leitsymptome 183

- medikamentöse Behandlung 252
- multimodulare Therapieprogramme 248
- nicht näher bezeichnete 187
- Normdefinitionen 181
- Persönlichkeitsstörung und Sexualdelinquenz 192
- Prävalenz
- – bei Frauen 189
- – bei Männern 189
- – bei Sexualdelinquenten 189
- Prognose 192, 254
- Psychotherapie 248, 252
- – antizipatorisches Vermeidungslernen 249
- – Aversionstherapie 249
- – Aversionsvermeidungslernen 249
- – Desensibilisierungsverfahren 249
- – Flooding 250
- – Gedankenstopp 250
- – Grundsätze 248
- – Indikation 248
- – kognitiv-verhaltenstherapeutische (KVT) 251f.
- – Motivation 248
- – Orgasmus-Rekonditionierung 249
- – Rollenspiel 251
- – Rückfallprophylaxe 251f.
- – schulenübergreifende Programme 250
- – Selbstbehauptungstraining 250f.
- – Selbstkontrollmethoden 250f.
- – Sensibilisierung 251
- – Sozialkompetenztraining 250f.
- – Standardmethoden 249
- – Stimuluskontrollmethoden 251
- – tiefenpsychologische Verfahren 249
- – verdeckte kognitive Reflexkontrolle 250
- – verdeckte Sensibilisierung 249
- – verhaltenstherapeutische Verfahren 249
- – Vermeidungs- u. Ablenkungsstrategien 250
- Risikofaktoren 254f.
- Rückfallquote 252
- Schuld- oder Schamgefühle 202
- soziales Lernen 198

- Symptomatik 202
- – – ich-dystone 191
- – – ich-syntone 191
- – Therapie 248
- – ungewöhnliche Stimulierungsarten 183
- – Ursachen 198
- – Verlauf 202
Paraphilieverwandte Störungen 187, 203
Parkinson-Krankheit 77
Parkinson-Medikamente 80ff.
Paroxetin, ejakulationsverzögernde Wirkung 171
Pars-pro-toto-Bildung 204, 216, 245f.
Pars-pro-toto-Symptomatik 214
Parthenophilie 225
Partialismus 185, 204
Partialtrieb 194f.
Partnerbeziehung, neurotische
- anal-sadistische 112
- narzisstische 112
- orale 112
- phallisch-ödipale 112
Partnerdynamik
- Kollusionen 112
- komplementäre neurotische Paarstrukturen 112
- unbewusste 113
- Wendung gegen den Partner 114
Partnerprobleme 111
- Arrangement 112
- bewusste 113
- Delegation des Problems 111
- Symptomträger 111
- Vaginistische Frauen und ihre Männer 112
Partnerschädigung, Ausmaß 182
Partnerschaft 112, 114, 131
- gynäphile Männer 290f.
Partnerschaftskonflikte 123, 125, 127
Partnersexualitätserfahrungen 9
Partnertherapieschulen 11
Partnerwahl 112, 123
- heterosexuelle 61
- homosexuelle 61
- körperliche Attraktivität 34, 36
- Matching-Hypothese 36
- pädophile 229
- soziale Stellung 36
- Theorie 38
Pathogenese 103
PC-Muskel (Musculus pubococcygeus) 44

PDE-5-Hemmer 164
Pelipathia spastica 153
Penis 45, 46, 50, 52
Penisneid 33
Penisplethysmographie 63
Penis-Prothesen 167
Penisringe 164f.
Penis captivus 151
Personenstandsänderung 261, 261, 303, 306
- Antrag 308
- Gutachten 307
- Qualifikation der Sachverständigen 308
Persönlichkeitsstörungen 188, 203f., 298, 266
Perversion 6, 89, 229, 275
- Abwehrmechanismen 195, 197
- als erotische Form der Feindseligkeit 196
- Begriff 179
- bei Frauen 197
- Kastrationsangst 195
- Kriterien 196f.
- narzisstische Defizite 195
- Plombe 195, 197
- psychodynamische Theorien 194f.
- Symptomatik 196
Perversionsbildung 194
Perversion in der Perversion 197
PGE 1 166
Phallische Phase 32
- phallisches Prinzip 32
Phallisch-narzisstische Phase 198
Phantasia morbosa 5
Phantasien 53, 55, 58f., 109
- ausprobierte 59
- exhibitionistische 216
- Frauen 59
- frotteuristische 220
- Inhalt 59
- Männer 59
- masochistische 234ff.
- Muster 59
- paraphile 183, 186, 202
- sadistische 237, 240
- sadomasochistische 241
- transvestitische 210
- ungewöhnliche 203
- voyeuristische 218, 220
Phantomorgasmus 76, 121
Pharmakologische Wirkstoffe 72
Phentolamin 166
Phimose 45
Plasmatestosteronspiegel 118

Plateauphase 48ff., 52, 92
– bei älteren Männern 53
Platon 4, 65
Plexus hypogastricus inferior 119f.
PLISSET-Modell 156
Plombe 195, 197, 249, 275
– Symptom als 250
Pluripara 50
Polymorph pervers 179, 194
Polyzystisches Ovarialsyndrom (PCOS) 277
Pornographische Schriften 20, 57f.
Pornographisierung des Alltagslebens 9
Potenzstörungen 56
Präadoleszenz 35
Präejakulatorische Sekretion 53
Pränatales Sexualhormongleichgewicht 273
Preparedness-Hypothese 198, 207
Priapismus 136, 166
Prinzip der reziproken Hemmung 249
Progesteron 119
Projektion 274
Projektive Identifikation 274
Prolaktin 119
Prostata 47
Prostatektomie, Operationstechnik 78
Prostituierte 235, 240
Prostitution 57, 281
Pruritus 153
Pseudohermaphrodismus 25, 28
Pseudohomosexualität 64
Psychische Erkrankungen 203
– Depression 83
– Essstörungen 83
– Manie 83
– Schizophrenie 83
Psychoanalyse 6, 157, 167
Psychoanalytische Entwicklungslehre 30
Psychodelika 83
Psychodynamisch orientierte Therapie 157
Psychogene Sexualstörungen 99, 156
Psychopathia sexualis 5, 179
Psychopathia transsexualis 263
Psychopharmaka 80ff., 147f., 163, 165
Psychosexualtherapie 168
Psychosexuelle Entwicklung 30
– Erwachsenenalter 34
– Jugendalter 34
– Kleinkindalter 31

– psychische u. Verhaltensstörungen 265f.
– Säuglingsalter 30
– Schulalter 34
– Vorschulalter 32
Psychosomatische Reaktionskette 118
Psychotherapie 156, 167, 252, 254f.
– bei Transsexuellen 261, 299
– erfahrungsorientierte 158
– symptomzentrierte 158
Psychotherapiefähigkeit
– aufgehobene 252
– eingeschränkte 252
Pubertät 34
– Beginn 29
– Ende 29
– geschlechtstypische Unterschiede 29
– Hormonspiegel 29
– körperlicher Prozess 29, 35
– Sexualverhalten 29
Pulsfrequenz 49, 51f.
Pygmalionismus
s. Monomentophilie

Q
Querschnittslähmung 42, 75f.

R
Rachetypus 153
RALF-Report 7
5-α-Reduktase-Mangel 25, 27
Reflexerektion 76f.
Reflexive Reize 42
– Erotik 42
– psychische Reize 42
– visuelle Reize 42
Refraktärperiode 51ff.
Reprovension 197
Retrograde Emission 76
Richtlinien der gesetzlichen Versicherungen 167
Rollenspiel 251
Rückbildung 92
Rückbildungsphase 48ff., 137
– bei älteren Männern 53
Rückenmarksverletzung, Schwangerschaft 76
Rückfallprophylaxe 251f.
Rückfallvermeidungstraining 161

S
Sacher-Masoch 5, 233
Sadismus 5, 183, 186, 231, 237
– Angstabwehr 233
– Crossing 238

– Differenzialdiagnose 240
– Hauptmerkmal 237
– indirekte Zeichen 238f.
– inklinierender 238, 240
– Komorbidität 238
– periculärer 238f.
– Schweregrad 238
– Ursachen 240
– Verlauf 240
– Vorkommen 235, 240
Sadisten 232f., 237
Sadistische Begleitphantasien, Prävalenz 240
Sadistische Handlungen
– an Kindern 237
– mit nichteinwilligenden Partnern 237
Sadistische Straftäter 237f.
Sadomasochismus 184, 231, 236, 242
– Klassifikation, ICD-10 266
– Prostitution 232
– Subkultur 231, 234
– Switch 232
– Ursachen, aus psychodynamischer Sicht 232
– Verteilung sadistischer und masochistischer Vorlieben 235
– Vorkommen 240
Sadomasochisten 232, 238
– Beziehungen 231
– Clubs, Szene 232, 235
Sadomasochistische Täter-Opfer-Konstellation 241
Sadomasochistisches Gruppenarrangement 232
Sakrale Wurzelläsion 76
Sakralmark 119
Samen 51
Samenblase 47
Samenflüssigkeit 45
– Menge 51
Samenleiter (Vas deferens) 46f.
– Ampulle 46
Samenstrang 46, 50
Samenzellen 46f., 50
San-Francisco-Studie 69
Satisfaktionsstörungen 154
Satyriasis 99, 129
Schädel-Hirn-Trauma 78
Schamlippen 43, 50ff.
Scheideneingang 43
Scheidenkrampf s. Vaginismus
Scheide (Vagina) 43f., 50ff.
Scheinzwitter 28
Schilddrüsenhormone 80
Schizophrenie 83

Schlaganfall 77
Schmerzhafter Geschlechtsverkehr s. Dyspareunie
Schmerzhafte Regelblutung 153
Schmerzstörungen 148, 153, 175
Schulenübergreifende Therapieprogramme 250
Schwangerschaft 84
– Sexualverhalten 85
Schweiß 51f.
Schwellkörper 45, 50
Schwellkörperautoinjektions-Therapie (SKAT) s. SKAT
Schwere Allgemeinerkrankungen 72f.
Scopophilie 216
Sedativa 83, 147
Selbstbefriedigung 60
Selbstbehauptungstraining 250f.
Selbstkontrollmethoden 250f.
Selbstsicherheitstraining 162
Selbstverstärkungsmechanismen 116f., 157
Selegilin 169
Selektiver Phosphodiesterasehemmer (PDE-5-Hemmer) 164
Selektive Serotonin-Wiederaufnahmehemmer (SSRI) s. SSRI
Selfsex 9
Sensate Focus 159
Sensibilisierung 251
Sensibilitätsübungen 159
Sensualitätsübungen 163, 173
Separation-Individuation 273f.
Serotonin 80
Sertoli-Zellen 46
Sertralin, ejakulationsverzögernde Wirkung 171
Sex-Flush 48, 51ff.
Sexologie 4f.
Sexualabwehrstrukturen 112
Sexualängste 110
Sexualberatung 115, 156
Sexualdelikte
– mit Körperkontakt 242
– ohne Körperkontakt 242
– Rückfälligkeit 255
Sexualdelinquenten 194, 222, 250, 252
– dissoziale 193
– intelligenzgeminderte 194
– mit pädophiler Nebenströmung 225
– nicht-paraphile 192
– paraphile 192
– Persönlichkeitsmerkmale 193
– Persönlichkeitsstörungen 193

– Rückfallgefahr 254f.
– sadistische 194, 238f.
– sexuell unerfahrene Jugendliche 193
– symbolisch agierende 194
– Typlogien 193
Sexualdelinquenz 180, 192, 214, 248
– Begriff 179
– paraphile
– – Entstehung 201
– – integrative psychologische Erklärungsansätze 199f.
Sexualerleben, Formen 55
Sexualforschung 7
– Abteilungen 4
– Gegenstand 17
– Geschichte 13
– Institute 4, 6
Sexualgewalttäter 199
Sexualhormonspiegel 29
Sexualisierung 9
Sexualität 5
– Abneigungen 12
– Aggression 11
– Alltag 8
– Ängste 11f.
– Auswirkungen verschiedener Faktoren 72
– Aversion 8
– Bedeutung 3, 13
– Bedürfniserfahrung 11
– Begriff 3f., 23
– Beziehung 11
– Beziehungsgeschichte 12
– Distanz 10
– Drogen 83
– Ehe 3, 36
– Einfluss 89
– elektronische 9
– Fortpflanzung 17
– Funktionen 3
– geistige Behinderung 83
– Geschlechtsgeschichte 12
– geschlechtstypische Klischees 10
– gesunde 89
– im Alter 39ff., 53
– individuelle Geschichte 11
– Konflikte 11f.
– Langeweile 11
– Leidenschaft 10
– Liberalisierung 11
– Liebe 3
– Lustlosigkeit 10
– Medien 8
– Nähe-Distanz-Gleichgewicht 10
– narzisstische Funktion 11

– Neubewertung 6
– Orientierung 12
– phallisch-aggressive Anteile 11
– psychosomatisches System 117, 121
– Schwangerschaft 84
– Sinn 11
– Tagträume 12
– Trivialisierung 10
– Variationsbreite 55
– Verzicht 12
– Vorlieben 12
– Zwang 8
Sexualleben, erfülltes 139
Sexually Dimorphic Nucleus of the Preoptic Area (SDN-POA) 28, 67
Sexualmythen 115, 127, 139f.
Sexualpartner 57
Sexualpathologie, psychiatrische 6
Sexualphantasien s. Phantasien
Sexualphobie 123, 125, 168
Sexualpräferenz
– Begriff 179
– Entwicklung 38f.
Sexualpräferenzstörungen 89, 179, 265
– Ätiologie 191
– Beurteilung der Schwere 188
– Definition 182
– Diagnostik 203, 184
– DSM-IV-TR 184ff.
– Epidemiologie 189
– Hands-off-Delikte 182
– Hands-on-Delikte 182
– ICD-10 184ff.
– inklinierende 180
– Klassifikation 182, 184ff.
– kombinierte psychotherapeutische u. medikamentöse Behandlung 255
– Komorbidität
– – Auffälligkeit bei gewalttätigen Sexualstraftätern 204
– – Aufmerksamkeitsdefizit-Hyperaktivitäts-Syndrom (ADHS) 203
– – paraphilieverwandte Störungen 203
– – Persönlichkeitsstörungen 203
– – psychische Erkrankungen 203
– – Zwangsstörungen 199
– Kriterien 187f.
– leichte 188
– Leidensdruck 182
– multiple 187

- Partnerschädigung 182
- Pathogenese 191
- periculäre 180
- Preparedness-Hypothese 198
- Persönlichkeitsfaktoren, Bedeutung 191
- Prävalenz
- – bei Frauen 189
- – bei Männern 189
- – bei Sexualdelinquenten 189
- Schuld- oder Schamgefühle 202
- schwere 187
- soziales Lernen 198
- Symptomatik 202
- Therapieberechtigung 182
- Ursachen 191, 198
- Verlauf 202
Sexualpsychopathie 5
Sexualstörungen 3, 89f.
- chronifizierte 116
- Diagnostik 96
Sexualstrafrecht 18
Sexualstraftaten 84, 214
Sexualstraftäter
s. Sexualdelinquenten
Sexualtherapie 156ff., 251
- Effektivität 161
- Erfolgsquote 161
- neue 160
- Setting 158
- syndyastische 161
- Wirksamkeitsdaten 160
Sexualtrieb 30, 32, 129
Sexualverhalten 4, 57f.
- Bevölkerungsdurchschnitt 55
- Frauen 8
- Geschlechtsunterschiede 36, 37
- Gewalt 8, 240f.
- heute 8
- – Jungen 8
- – Mädchen 8
- im Alter 41
- in Deutschland 55f.
- Lustlosigkeit 8
- Männer 8
- normatives 13
- Pubertät 29
- Spiegel der Lebenserfahrung 12
- Studien 8
- Theorie 4
- unauffälliges 20
- Verhältnis der Geschlechter 55
- verschiedener Bevölkerungsgruppen 55
- virtuelles 9
- Wandel 8, 55

- wissenschaftliche Beschäftigung 7
- zentrale Erfahrungsbereiche 12
Sexualverlangen 52
Sexualvermeidung 125
Sexualwissenschaft 4f.
Sexuelle Abweichung 5, 17, 20, 180
- Begriff 179
- Kirche 6
- medizinisches Erklärungsmodell 20
- Psychiatrisierung 6
Sexuelle Aktivität 39, 47, 75, 105
Sexuelle Anhedonie 96, 125
Sexuelle Anpassung 17
Sexuelle Anziehung, Auslöser 39
Sexuelle Aversion 93, 97, 99, 123, 125
Sexuelle Befreiung 7
Sexuelle Beziehungsstörung 266
Sexuelle Devianz 179, 181
Sexuelle Dysfunktionen 75, 91, 99, 123, 157
- Prävalenz 134
- Verursachung 103
Sexuelle Erregung s. Erregung
Sexuelle Funktionsfähigkeit 72
Sexuelle Funktionsstörungen 78, 89, 107, 124, 135, 203
- Ätiologie 103
- aufgrund einer körperlichen Erkrankung 98
- aufgrund eines medizinischen Krankheitsfaktors 96
- Begriffe 91
- Behandlung 156f., 159, 167f.
- – Erfolgsquote 158
- beim Mann, pharmakologische Wirkstoffe 81f.
- Beschreibungsmerkmale
- – formale 92, 94, 96
- – inhaltliche 92, 96
- Definition 91f.
- duales Verursachungsmodell 104
- Einfluss des Alters 101
- Einfluss von Medikamenten 79
- Entstehung 103
- Epidemiologie 100
- Folgen von Alkohol und Drogen 80
- Inzidenz 100
- Klassifikation 72, 91ff., 94
- – DSM-IV-TR 92, 97f.
- – ICD-10 92, 97f.
- – von Arentewicz und Schmidt 92f.

- – von Bräutigam und Clement 94
- körperliche Ursachen 72, 117
- Lern-, Wissens- und Erfahrungsdefizite 104, 114f.
- Neurotizismusfaktor 111, 116
- nicht näher bezeichnete 96
- organische Ursachen 103
- Pathogenese 103
- Prävalenz 100
- psychische Ursachen 103f.
- – Angst 104, 106
- – partnerschaftliche Probleme 104
- – Selbstverstärkungsmechanismen 104
- psychologische Erkrankungen 83
- Psychotherapie 156f.
- Sexualberatung 156
- substanzinduzierte 96, 98
- Subtypen 94f.
- Symptomwandel 102
- Therapie 116, 156
- Vorkommen 100
Sexuelle Gewalttätigkeit 8, 240f.
Sexuelle Hemmungen 113, 127
Sexuelle Hypoaktivität 125
Sexuelle Inappetenz 71, 92f.
Sexuelle Kindesmissbrauchstäter
s. Kindesmissbraucher
Sexuelle Langeweile 57
- Abwehr 10
Sexuelle Missbrauchserfahrung
s. Missbrauchserfahrungen
Sexuelle Missbrauchstäter
s. Missbrauchstäter
Sexuelle Nötigung 19
Sexuelle Orientierung 265
- Bestimmung 63
- Entwicklung 70
Sexuelle Phantasien s. Phantasien
Sexuelle Praktiken 109
- Häufigkeit 55
- Vorkommen 55
Sexuelle Reaktionen 42, 121
- Forschungen 8
- Physiologie 7, 47
- Reaktionsmuster 47
- therapeutische Beschäftigung 8
- Ursachen 42
Sexuelle Reaktionsphase 53
Sexuelle Reifungskrise 266, 298
Sexuelle Reize 42, 62
- reflexive Reize 42
Sexuelle Reizunempfindlichkeit 52

Sexuelle Revolution 132
– dritte 9
– erste 6
– zweite 7
Sexuelle Stimulierung 50
Sexuelle Süchtigkeit 129, 185
– nicht-paraphile 187
Sexuelle Tierkontakte 244
Sexuelle Träume 56
Sexuelle Verhaltensstörungen 180
Sexueller Kindesmissbrauch
  s. Missbrauch, von Kindern
Sexueller Masochismus
  s. Masochismus
Sexueller Missbrauch
  s. Missbrauch
Sexueller Narzissmuss 204
Sexueller Reaktionszyklus 52, 85, 92, 123
– beim Mann 49
– bei der Frau 49
– körperliche Veränderungen 49
– Masters und Johnson 49
– psychische Veränderungen 49
– Vierphasenschema 48
Sexueller Rückzug 9
Sexueller Sadismus s. Sadismus
Sexueller Sadomasochismus
  s. Sadomasochismus
Sexueller Übergriff 200f., 223
Sexuelles Paniksyndrom 152
Sexuelles Reaktionsmuster
– im Alter 52
– physiologisches Grundprinzip 42
– physiologische Veränderungen 52
Sexuelles Verlangen s. Appetenz
Sex-Videos 58
Sex Ratio 271
Sildenafil s. Viagra®
Silent partner 225f.
Single-Bewegung 11
SKAT 136, 166, 169
Skatologie 244, 246
Skrotum 45f., 50
Smegma 45
Sodomie 183f., 244f.
Somatische Behandlungsmöglichkeiten 252
Somatische Therapie 163
– invasive Behandlungen 163, 167
– Leitlinien der Urologengesellschaft DGU 163
– nicht-invasive Behandlungen
– – mechanische Hilfsmittel 163
– – orale Medikationen 163

– teil-invasive Behandlungen 163, 166
Somato-Psychotherapie 167, 254
Somnophilie 183, 185
Soranos von Ephesos 4
Sozialkompetenztraining 250f.
Spaltung 195, 274, 276
Spanner 216
Spermatorrhoe 124, 140, 148
Sphinkter 53
Spinale Zentren 118f.
Squeeze-Technik 158, 171ff.
SSRI 80, 82, 253ff.
Standards der Begutachtung nach dem Transsexuellengesetz 308
Standards der Behandlung und Begutachtung von Transsexuellen 269, 299, 301
Standards of Care 263, 269, 299
Stellungnahme zur Revision des Transsexuellengesetzes 308
Stimuluskontrollmethoden 251
Stopftechnik 76, 173
Stop/Start-Methode 171f.
Störungen der sexuellen Erregung
  s. Erregungsstörungen
Störungen mit sexuell bedingten Schmerzen 97
Störung des sexuellen Werbeverhaltens s. Courtship Disorder
Strafgesetzbuch 18
Streicheln 159
Stuffing (Stopftechnik) 76
Summa theologica, Naturrecht 17
Surrogatpartnerinnen 160
Switch 232
Symbiotische Beziehungen 113
Symptomträger 111
Symptom als Plombe 250
Syndyastik 161
Systematische Desensibilisierung 157f.

T

Tachykardie 49
Tadalafil 164
Taktile Stimulation 121
Teamtherapie 158
Teasing-Methode 170
Teil-invasive Behandlungen 166
Telefonsex 9
Telefonskatophilie 183f.
Temporallappenepilepsie 77
Testes 45f., 50
Testikuläre Feminisierung 25f.
Testosteronspiegel 29f.
Testosteron, bei der Frau 118

Therapieprogramme, integrative 250
Thioridazin 150
– ejakulationsverzögernde Wirkung 171
Thomas von Aquin 17
Thorakalmark 119
Tiefenpsychologische Verfahren 156, 167
Tötungsdelikte 242
– sadistische 237, 240
– sexuell motivierte 239
– Tatvorgehen 239
Transgender 265
Transkutane Applikation 165
Transpiration 50
Transsexualismus 5, 210f., 261, 266, 267f.
– Abgrenzung zum Transvestitismus 262f.
– seelischer 263
Transsexualität 259, 261f., 302
– Abgrenzung zum Transvestitismus 262ff.
– Abwehr 274f.
– als Krankheit 309
– Borderline 274
– Coming-out 289, 292, 297, 303
– Diagnose 260, 262, 268f.
– – Leitlinien 264, 280
– early-onset 288
– Homosexualität 275, 282
– Klassifikation
– – DSM-III 265
– – DSM-IV-TR 265f., 280
– – ICD-10 264f., 280
– – ICD-9 265
– Kriterien 269
– late-onset 288, 297
– Leitlinien 264
– narzisstische Plombe 275, 302
– Operationswunsch 266, 300
– Symptomatik 280
– Terminologie 265f.
– Verlaufsdiagnose 301
Transsexuelle 210, 272, 276
– androphile 288, 290
– asexuelle 262, 288
– autogynäphile 288
– Behandlung 299
– – Alltagstest 301ff.
– – diagnostisch-therapeutisches Vorgehen 300f.
– – hormonell-operative Geschlechtsumwandlung 299
– – Kontroverse 261

– – prognostische Risikofaktoren 300
– bisexuelle 262
– DSM-IV-TR 288
– Geschlechterdifferenz 271
– gynäphile 288, 290
– heterosexuelle 262
– homosexuelle 262
– operierte
– – Katamnesen 299
– – Reuefälle 300
– primäre 262, 288
– Psychotherapie 299, 301
– rechtliche Situation 307
– sekundäre 262, 274, 288
– typische Eltern 276
– Typologisierung 288
Transsexuellengesetz (TSG) 261, 269, 299, 308
– große Lösung 307
– kleine Lösung 307
– Personenstandsänderung 307
– Qualifikation der Sachverständigen 308
Transsexueller Wunsch 275
Transsexuelle Entwicklung 281, 284, 290
– bei biologischen Frauen und Männern 285
– Hauptverlaufsformen 288
Transsexuelle Identität 276
Transsexuelle Operationen 263
Transvestiten 208ff., 262
Transvestitischer Fetischismus 206, 211
– Differenzialdiagnose 210
– Komorbidität 210
– Transsexualität 267, 287f., 292, 298
Transvestitismus 5, 208, 242, 262, 270
– Cross-dressing 209
– Geschlechtsdysphorie 209, 283
– Motive 209
– Persönlichkeitsmerkmale 208
– transsexueller 210
– unter Beibehaltung beider Geschlechtsrollen 209f., 264ff.
– Ursachen 211
– Verkleidungsverhalten 208
– Vorkommen 211
Tantra-Praktiken 53
Trazodon 165, 169
Triphasisches Konzept 52, 92

Triplo-X-Anomalie 26
Triptorelin 253
Trizyklische Antidepressiva 80, 82
Trockener Orgasmus
  s. Orgasmus, ohne Ejakulation
Tunten 65
Turner-Syndrom 24ff.
Turn off-Effekt 127

U
Übergangsobjekte 206
Übergriffiger Sexualverkehr in der Kindheit 228
Über-Ich 33, 107, 195, 276
Über-Ich-Ängste 106, 108f.
Unterwerfung 232
Urethra 45ff., 50, 52
Urogenitale Erkrankungen 73, 78
Urophilie 183f., 204, 244, 246
Urvertrauen 31
Uterus 44f., 50f.

V
Vaginales Zeltphänomen 50, 78
Vaginale Photoplethysmographie 63
Vaginaltubus 43
Vagina 43f., 50ff.
Vaginismus 44, 93, 97, 124, 148, 151
– Behandlung 158, 159, 174
– Diagnose 152
– Häufigkeit 152
– Komorbidität 152
– Persönlichkeitstypen 153
– Therapie 174f.
– Ursachen 152f.
– Verlauf 152
Vakuum-Erektionssysteme 165
Vakuumpumpen 163, 165
Vardenafil 164
Vater-Sohn-Inzest 227
Vater-Tochter-Inzest 223
Vater-Tochter-Koalition 226
Venushügel (Mons veneris) 43
Verdeckte kognitive Reflexkontrolle 250
Verdeckte Sensibilisierung 249
Vergewaltiger 192
– Persönlichkeitsstörungen 231
Vergewaltigung 19, 59, 110, 215
– Phantasien 58
Vergewaltigungsdelikte 203
Verhaltensstörungen 266

Verhaltenstherapie 157, 167, 197, 249
Verleugnung 195, 198, 274
Vermeidungs- und Ablenkungsstrategien 250
Versagensgefühle 133
Versagens- und Leistungsangst 104f., 116, 146
Versagen genitaler Reaktionen 97, 130, 132
Vestibulum vaginae 43
Viagra® 163f.
Vibrator 163ff.
Vomerophilie 183f.
Vorhaut 45, 51
Vorhof (Vestibulum vaginae) 43
Vornamensänderung 261, 303, 307f.
– Begutachtung 308
– Irreversibilitätsprognose 308
Voyeur 216f., 219
Voyeurismus 184, 186, 215, 219, 238
– Crossing 218, 220
– Differenzialdiagnose 218
– Hauptmerkmal 216
– ICD-10 266
– Komorbidität 218
– Ursachen 219
– Verlauf 217
– Vorkommen 218
– weiblicher 218
Vulva 43
Vulvektomie 79

W
Wechseldiagnose bei Paraphilien 243
Weibliche Sexualität 15, 64
Werbungs- und Balzverhalten 215
Wissensdefizite 114f.
World Health Organization (WHO) 20ff., 89
Wutmanagement 252

X
XXX-Anomalie 24
XXX-Trisomie 26
XYY-Anomalie 24, 26

Z
Zoophilie 184, 204, 244
Zuweisungsgeschlecht 24
Zwitter 27